3판

딱 한 번 읽는

조직행동

강대석 저

도서출판 시대가치

『이 저서는 2023학년도 인하대학교의 지원에 의하여 연구되었음.』

3판 **머리말**

누구든 한 번만 읽고서도 이해가 다 돼버려 '휙' 하고 내던져 버렸으면 한다는 심정으로 이 책이 집필되었다는 사실은 이제 많이들 아는 이야기가 됐다. 그동안 다양한 독자들로부터 호평받게 되어 이렇듯 개정 3판까지 출간하게 되니 새삼 보람도 느껴진다. 이번 개정판에서도 '딱 한 번'을 제목에 내건 이상 가독성 향상을 최고의 우선순위로 놓고 이를 위해서 더욱 노력했다.

이번 개정에서는 회계사나 노무사, 그리고 각종 시험 등에 대한 준비서 기능을 강화하는 데 역점을 두었다. 본서가 더 많은 독자층을 확보하기 위해서는 수험서의 기능도 필요하다고 인식하여 이를 염두에 두고서 어떤 출제 의도를 가진 문제이건 수험생들이 잘 대응할 수 있도록 했다. 본서에서의 지식을 확장 응용해 가면서 더 완전한 지식에 가까워질 수 있게 효과적으로 활용해 주길 바라는 마음이다.

새로운 영화로 1장과 4장, 11장을 교체했다. 각 장에서 영화를 가지고 다가간다는 점은 이 책만의 독특한 장점이다. 요즘 학생들이 유튜브 같은 미디어와 친숙한 세대이다 보니 영화 콘텐츠를 통해 학습 주제에 접근하는 것이 새로운 지식을 접하는 데서 겪는 불안이나 어려움 해소에 유익하게 작용했다. 앞으로도 각 장의 주제를 더 쉽게 연상할 만한 영화들을 발굴하고 선별하여 계속 다채롭게 만들어 갈 생각이다.

마지막으로 영문 번역 투의 문장을 매끄럽게 수정했다. 나름 변명할 구실이 없는 것은 아니지만 초판 편집과정에서부터 이러한 오류들이 많았음을 시인한다. 이 책이 여전히 미흡하고 불충분하다고 생각하고서 앞으로도 끊임없이 보완하고 수정하며 긍정적으로 변화시켜 갈 것이다. 이것이 딱 한 번 읽을 생각에 이 책을 구매한 독자들에게 할 수 있는 예의이고 책임이라는 생각에는 변함이 없다.

2023년 올여름 장마 종료 소식을 듣고서

강 대 석

차 례

제 1 장 조직행동에 대한 소개 2

[시네마 ORGB] 이미테이션 게임(The Imitation Game) / 4

1. 조직행동의 기초 ······ 6
   1.1 조직행동이란 무엇인가? 6
   1.2 조직행동의 특징과 분석수준 8
   1.3 조직행동의 주요 변인 및 연구방법 12
2. 조직행동과 경영관리 ······ 15
   2.1 매니지먼트 기능과 매니저의 역할 16
   2.2 매니지먼트 스킬 18
   2.3 조직행동과 매니지먼트 20
3. 조직행동의 도전과제 ······ 22
   3.1 사회 · 문화적 환경의 변화 22
   3.2 글로벌 경쟁 심화 26
   3.3 기술 변화 28
4. 이 책의 구성 ······ 29

» 단원 요약 ······ 30
» 논의할 문제 ······ 31
» 더 읽을거리 ······ 31

제 2 장 개인차에 대한 이해: 성격과 능력 32

[시네마 ORGB] 이보다 더 좋을 순 없다(As Good As It Gets) / 34

1. 개인차는 왜 중요한가? ······ 36
2. 성격 특성 ······ 40
   2.1 성격차원 1: MBTI 40

2.2 성격차원 2: 성격의 5요인(Big Five) 43
2.3 조직행동에 영향을 주는 다른 성격차원들 46

3. 능 력 ········ 52
3.1 인지지능 52
3.2 실용지능 54
3.3 감성지능 55

» 단원 요약 ········ 59
» 논의할 문제 ········ 59
» 더 읽을거리 ········ 60

제3장 가치(관), 태도, 감정 62

[시네마 ORGB] 그렇게 아버지가 된다(そして父になる) / 64

1. 가치(관) ········ 66
1.1 가치(관)의 특성 66
1.2 직업가치와 윤리적 가치 71
1.3 가치 갈등 74

2. 태도: 행동의 변화 ········ 76
2.1 태도의 개념 77
2.2 태도와 행동 79
2.3 업무태도 82

3. 감 정 ········ 88
3.1 감정 및 기분의 특징 88
3.2 감정의 종류 및 기능 91
3.3 감정노동 93

» 단원 요약 ········ 96
» 논의할 문제 ········ 97
» 더 읽을거리 ········ 97

제 4 장 지각과 귀인 100

[시네마 ORGB] 더 헌트(The Hunt) / 102

1. 지각의 본질 ········· 104
   - 1.1 사회적 지각의 개념 104
   - 1.2 지각 프로세스에 영향을 주는 요인들 108
   - 1.3 대인 지각에서의 편향과 문제점 110
2. 귀인이론 ········· 113
   - 2.1 귀인의 개념 113
   - 2.2 내부귀인과 외부귀인 115
   - 2.3 귀인오류 118
3. 지각과 관련된 주요 연구변인들 ········· 121

» 단원 요약 ········· 124

» 논의할 문제 ········· 125

» 더 읽을거리 ········· 125

제 5 장 모티베이션 128

[시네마 ORGB] 블라인드 사이드(The Blind Side) / 130

1. 무엇이 행동을 유발하는 것일까? ········· 132
2. 욕구중심이론 ········· 137
   - 2.1 매슬로우의 욕구단계설 137
   - 2.2 알더퍼의 ERG 이론 139
   - 2.3 허쯔버그의 2요인 이론 140
   - 2.4 맥클러랜드의 획득된 욕구이론 142
3. 프로세스중심이론 ········· 144
   - 3.1 기대이론 145
   - 3.2 공정성이론 148
   - 3.3 직무특성모델 151
4. 강화이론 ········· 154
   - 4.1 강화 유형 154
   - 4.2 강화 계획 156
   - 4.3 행동수정의 장 · 단점 158

» 단원 요약 ······ 160
» 논의할 문제 ······ 161
» 더 읽을거리 ······ 161

제6장 모티베이션의 확장: 자기규제이론들 164

[시네마 ORGB] 위플래쉬(Whiplash) / 166

1. 성과관리와 자기규제 ······ 168
2. 목표설정이론 ······ 173
3. 사회인지이론 ······ 180
4. 수행자 관점 적용 ······ 184

» 단원 요약 ······ 188
» 논의할 문제 ······ 189
» 더 읽을거리 ······ 189

제7장 팀과 집단 192

[시네마 ORGB] 배틀 오브 비보이(Battle of the Year) / 194

1. 팀이란 무엇인가? ······ 196
   1.1 팀의 개념과 중요성 196
   1.2 팀의 유형 199
   1.3 팀의 기능과 효과성 202
2. 팀 프로세스와 팀워크 프로세스 ······ 205
   2.1 팀은 항상 개별 팀원의 합 그 이상일까? 205
   2.2 팀의 발전단계 208
   2.3 개인을 팀플레이어로 변화시키기 211
3. 집단/팀의 중요 개념들 ······ 214
   3.1 구 성 214
   3.2 지 위 216
   3.3 역 할 217
   3.4 규 범 219

3.5 응집력 221
» 단원 요약 223
» 논의할 문제 224
» 더 읽을거리 224

제8장 커뮤니케이션 226

[시네마 ORGB] 인턴(The Intern) / 228

1. 커뮤니케이션과 매니저 230
   1.1 커뮤니케이션이란 무엇인가? 230
   1.2 커뮤니케이션 프로세스 233
   1.3 효과적인 커뮤니케이션을 하는 매니저 234
2. 개인 간 커뮤니케이션 237
   2.1 커뮤니케이션 채널들 237
   2.2 커뮤니케이션의 장애요인들 240
   2.3 지원적인 커뮤니케이션과 효과적인 피드백 스킬 244
3. 조직에서의 커뮤니케이션 247
   3.1 공식적 커뮤니케이션과 비공식적 커뮤니케이션 247
   3.2 제언과 침묵 254
   3.3 새로운 기술을 통한 커뮤니케이션 257

» 단원 요약 262
» 논의할 문제 263
» 더 읽을거리 263

제9장 의사결정 266

[시네마 ORGB] 머니볼(Moneyball) / 268

1. 결정의 상황과 의사결정 모델 270
   1.1 의사결정의 상황 270
   1.2 합리적 모델 271
   1.3 합리적 모델의 대안 274

2. 집단의사결정 ······ 279
2.1 집단의사결정의 장 · 단점 280
2.2 집단사고와 집단극화 283
2.3 집단의사결정을 개선하기 위한 기법들 286
3. 의사결정에서의 창의성과 윤리성 ······ 288
» 단원 요약 ······ 294
» 논의할 문제 ······ 294
» 더 읽을거리 ······ 295

제10장 리더십 효과성: 전략적 리더십과 팀 리더십 298

[시네마 ORGB] 잡스(Jobs) / 300
1. 리더십과 조직성과 ······ 302
2. 전략적 리더십 ······ 306
2.1 전략적 리더십의 개념 306
2.2 전략적 리더십의 구성요소 310
2.3 전략적 리더십의 유형 315
3. 팀 리더십 ······ 318
3.1 팀 리더십의 본질 319
3.2 팀 리더십의 기능들 321
3.3 공유리더십 322
» 단원 요약 ······ 331
» 논의할 문제 ······ 332
» 더 읽을거리 ······ 332

제11장 리더십 스타일과 행동 334

[시네마 ORGB] 콜 오브 와일드(The call of the Wild) / 336
1. 리더십의 본질 ······ 338
2. 전통적인 리더십 이론 ······ 342
2.1 리더십 특성들에 관한 연구 342

2.2 리더십 행동학파 344
2.3 상황적합 리더십 이론 346
3. 리더십에 대한 새로운 접근 ··· 354
3.1 변혁적 리더십 354
3.2 서번트리더십 358
3.3 진(정)성리더십 360
3.4 셀프리더십과 수퍼리더십 362
» 단원 요약 ··· 365
» 논의할 문제 ··· 366
» 더 읽을거리 ··· 366

제12장 권력과 정치 368

[시네마 ORGB] 빅쇼트(The Big Short) / 370
1. 권력의 개념 ··· 372
1.1 권력과 의존성 372
1.2 권력의 유형 및 원천 374
1.3 임파워먼트와 권력의 윤리적 사용 377
2. 조직에서의 정치적 행동 ··· 380
2.1 조직정치의 지각 381
2.2 영향력 전술 383
2.3 조직에서의 정치적 행동 관리 385
3. 정치적 스킬과 인상관리 ··· 388
3.1 정치적 스킬 388
3.2 인상관리 391
3.3 정치적 스킬과 인상관리의 관계 393
» 단원 요약 ··· 396
» 논의할 문제 ··· 397
» 더 읽을거리 ··· 397

제13장 갈등과 협상 400

[시네마 ORGB] 리멤버 타이탄(Remember The Titans) / 402

1. 갈등관리 스킬의 중요성 ······ 404
   - 1.1 다양한 갈등 국면 404
   - 1.2 갈등의 수준 405
   - 1.3 순기능적 갈등 vs. 역기능적 갈등 407
2. 조직 내 갈등의 진단과 관리 ······ 410
   - 2.1 갈등의 초점과 원인 410
   - 2.2 갈등관리전략 415
   - 2.3 비효과적인 기법 419
3. 협상에 대한 이해와 전략 ······ 421
   - 3.1 갈등 인식과 협상 421
   - 3.2 분배적 협상과 통합적 협상 425
   - 3.3 협상 인센티브와 협상가능영역 428

» 단원 요약 ······ 431

» 논의할 문제 ······ 432

» 더 읽을거리 ······ 432

제14장 조직문화와 혁신 434

[시네마 ORGB] 리틀 미스 선샤인(Little Miss Sunshine) / 436

1. 조직문화 ······ 438
   - 1.1 조직문화의 개념 438
   - 1.2 강한 문화와 약한 문화 440
   - 1.3 성과 관련 조직문화의 효과 444
2. 조직문화의 유형 ······ 445
3. 조직 변화와 혁신 ······ 449

» 단원 요약 ······ 455

» 논의할 문제 ······ 455

» 더 읽을거리 ······ 456

찾아보기(INDEX) / 459

딱 한 번 읽는 **조직행동**

CHAPTER

01

조직행동에 대한 소개

1. 조직행동의 기초
2. 조직행동과 경영관리
3. 조직행동의 도전과제
4. 이 책의 구성

▸▸ 학습목표

1 조직행동을 정의하고 그 중요성을 이해한다.

2 조직행동의 과학적 토대를 이해한다.

3 조직행동 연구에 기여한 인접 학문을 규명한다.

4 조직행동의 학문적 특징을 이해하고 분석단위들을 구분한다.

5 조직행동에서 매니지먼트 기능과 매니저의 역할들을 이해한다.

6 오늘날 매니저들이 직면하고 있는 주요 도전과제들에 대해 논의한다.

성공적인 매니지먼트를 위해선 직장 안에서의 인간 행동을 이해하는 것부터 요구된다. 이런 까닭에 대부분의 매니지먼트 프로그램들에서는 조직행동 수업을 필수과목으로 삼곤 한다. 조직행동을 배우는 목적은 조직에서의 인간 행동을 분석, 이해, 관리하기 위한 필수 이론 및 개념들의 소개를 통해 조직을 얼마나 효과적으로 운영할 수 있는가에 대한 이해와 함께 종업원들 직장생활의 질적 향상을 강화하는 데 있다. 아무리 스킬과 수완이 좋은 영업맨, 간호사, 회계사, 엔지니어라 하더라도 조직행동 스킬이 부족하다면 그저 비효과적인 종업원들, 매니저들일 뿐이다. 이 책을 읽으며 독자들은 인간관계를 잘 관리해서 얼마나 직장에서 번창할 수 있는지를 점차 이해하게 될 것이다.

시네마 ORGB

이미테이션 게임 The Imitation Game

좀처럼 풀리지 않는 암호, 인간관계

이미테이션 게임(The Imitation Game, 2015)

2차 세계대전이 한창이던 때 나치의 배후에는 톡톡히 힘을 보태고 있는 암호기 '에니그마'가 있다. 24시간마다 재설정되는 암호체계와 1,590억의 10억 배에 달하는 경우의 수는 사실상 해독이 불가능할 정도다.

이러한 에니그마의 해독을 위해 연합국 측 영국에서는 내로라하는 천재들을 불러 모아서 암호 해독 전담팀을 구성하게 되는데…

"괴짜 천재 놀이를 하고 싶은 거면 진짜 천재부터 되시든가. 성과를 내는 건 우리라고."

"고장 난 시계도 하루에 두 번은 맞아, 그건 성과가 아니고 운이었던 거지. 난 모든 메시지를 해독하는 기계를 고안 중이야, 매일, 즉각적으로 말이지."

팀원들은 에니그마에서 얻은 메시지 해석에 몰두하는 반면, 앨런 튜링(Alan Turing)은 이에

아랑곳하지 않고 홀로 해독기의 개발에만 열중이다. 이러다 보니 그들 사이에는 불화가 끊이지 않는다.

튜링이 새 팀장으로 임명되자 팀원들의 원성은 더 커지고… 결국에는 성과를 보이지 않는 암호해독 업무가 존폐 위기에 몰리며 튜링의 입지 또한 흔들리고 만다. 이러한 와중에 팀원 조안 클라크(Joan Clarke)의 도움을 얻은 튜링이 다른 팀원들과의 관계 개선을 시도한다.

"당신의 팀원들이 맞죠?.. 그럼 우리 인사할까요?"

"아무리 똑똑해도 에니그마가 항상 당신보다 앞설 텐데…. 당신을 싫어하면 아무도 돕지 않을 거예요."

이후로 뜬금없이 사과를 선물하거나 썰렁한 농담을 던지는 튜링의 노력을 보며 팀원들도 차츰 그에 대한 선입견을 버리고 해고 위기에 처한 그를 지지하기에 이른다.

어느 날 팀원들과 방문한 펍에서 감청원의 이야기를 듣던 튜링은 에니그마 해석의 결정적 힌트를 발견하게 되고, 팀은 결국 해독을 이루어 낸다. 그러나 튜링은 당해줄 공격과 받아칠 공격을 결정하기 위해 예상 피해자 수나 승리 확률 등을 계산하며 해독 업무와 인간관계 사이에서 여전히 위기와 어려움을 겪는다.

TIP!!

스물셋의 이른 나이부터 난해한 논문을 발표해서 스물넷에는 케임브리지 대학의 교수가 된 앨런 튜링, 그는 문제해결에 뛰어난 감각을 지닌 수학 천재다. 재능을 드러낸 분야가 암호학이었지만 아이러니하게도 그에게 인간관계는 좀처럼 이해가 쉽지 않은 암호였던 것 같다. 만약 튜링이 조직행동이라는 학문을 접했더라면 어떠했을까? 최초로 인공지능 개념을 생각했고 독일군의 암호를 해독해 종전을 2년 이상 앞당긴 앨런 튜링의 삶은 그처럼 비극적이지 않았을 것이 분명하다. 그의 인생은 이러한 성공과 함께 마음의 평화도 함께 누렸을 것이기 때문이다. 무엇보다도 대인관계스킬(interpersonal skills) 등의 개발을 통해 그는 자기 생각을 더 잘 표현하고 타인과 조화로운 삶을 살았을 것이다. 조직행동은 이러한 스킬의 함양을 통해 성과나 목적을 달성하는 일 외에도 삶 속에서 경험하는 수많은 일들을 대처해나가는 데 여러 가지로 도움을 준다. 인생에서 마주하는 다양한 관계들을 보다 더 생동감 있게 가꾸어가도록 행동의 길잡이가 되기도 한다. 이러한 과정에서 우리는 타인과 구별되는 나를 깨닫고 그들과의 관계 또한 보다 이상적으로 이끌어 갈 수 있게 된다.

1 조직행동의 기초

학습에 앞서 조직행동은 조직의 테두리 안에서 사람들이 어떤 식으로 행동하는가를 분석하고 연구하는 학문이라 말할 수 있다. 어떤 사람들로 조직이 구성되고 그들이 또 어떻게 일하는가에 따라 조직성과가 달라진다면 조직행동을 학습해야 할 이유는 충분하다. 조직에서 어떤 일들이 일어나는지, 그리고 왜 그런 일들이 발생하는지를 설명할 때, 조직행동은 단순히 직관이나 육감에 의존하지 않고 잘 정립된 이론과 체계적인 가이드라인을 통해 분석할 수단을 제공한다. 유능한 매니저뿐 아니라 조직 내 모든 이들에게 이러한 지식은 자신의 직무 상황을 이해하는 데에 도움이 되며 자신의 목표 달성에 적합한 행동을 구별해내는 데도 필수적이다.

1.1 조직행동이란 무엇인가?

시스템
전체로서 일체를 이루고 기능하는 상호의존적이거나 상호관련된 객체들

조직이란 어떤 목적 달성을 위해 계획된 사람과 기술의 **시스템**(system)이다. 서로 다른 특징과 배경을 지닌 수많은 사람이 그 안에 존재하며 이들 간의 대인관계 또한 상황마다 매우 다양하다. 사람들은 대체로 자신이 속한 조직과 별개로 행동하지 않기 때문에 조직 내에서의 인간 행동을 이해하는 것은 모든 매니저에게 절대적으로 필요하다. 조직행동이란 쉽게 말해 **조직 내에서의 인간 행동**이다. 조직이 어떻게 행동하는가에 관한 연구로 오해하기 쉬우나 조직 상황에서 사람의 행동에 대한 것이다. 집단 안에서 개인이 행동하는 방식뿐 아니라 개인 홀로 어떻게 행동하는지에 관한 연구도 포함한다. 보다 구체적으로, **조직행동**(OB: organizational behavior)은 "조직유효성을 제고하고 구성원들의 웰빙(well-being)을 구현하기 위해 행동과학적 지식을 이용하여 개인행동과 집단행동 및 조직 전체의 행동에 관해 연구함으로써 인간 행동에 대한 깊이 있는 이해를 추구하는 학문영역"이다.

조직행동
직장 내 인간 행동 및 사람과 조직 간의 상호작용을 연구하는 학문

인간의 행동을 이해하는 것이 매니저의 효과성을 결정한다는 중요성을 깨닫고 이미 1990년대부터 국내외 여러 경영대학에서는 조직행동을 필수과목으

그림 1.1 조직행동의 세 가지 학습목적

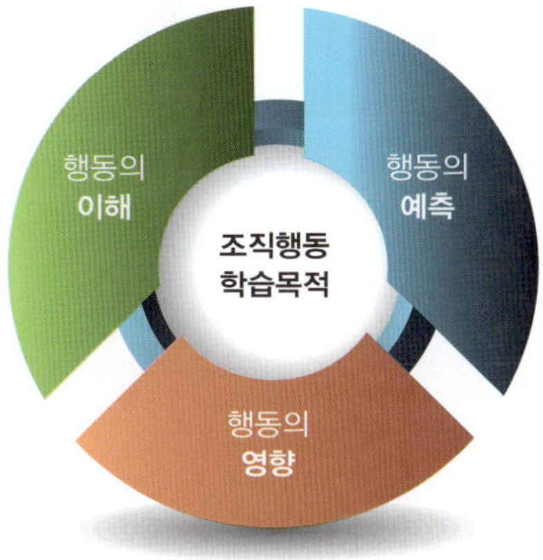

로 채택해 왔다. 조직 상황에서의 개인행동 및 집단역학에 대한 학문인 조직행동에 대한 학습은 조직에서 사람들의 행동을 **이해**(understand)하고 분석하여 **예측**(predict)할 수 있게 해주며, 매니저들에게는 업무 행동 및 프로세스에 **영향**(influence)을 미침으로써 조직 목표를 달성하게 만드는 수단을 제공한다. 이러한 조직행동 분야는 흥미롭기도 하지만 매우 복잡하기도 하다. 수많은 변인과 개념이 서로 상호작용하면서 때로는 조직에서 타인을 이해, 평가, 관리해야 하는 사람들을 곤란에 빠뜨리기도 하며, 동시에 그 개인이나 조직의 효과성 증진에 필요한 중요한 기회들을 제공하기 때문이다.

조직생활을 경험해 본 사람이면 조직 내 인간 행동에 대한 기본적이고 직관적이며 상식적인 이해의 정도는 누구나 있다. 하지만 직관과 상식은 불완전해서 사람들이 실제로 왜 저렇게 행동하고 반응하는지 이해 못할 때가 많다는 것도 알 것이다. 일례로 "행복한 사람이 생산성이 높다."고들 한다. 또한 "비정규직 직원들은 정규직에 비해 성실성이 훨씬 떨어진다."라고도 말한다. 그러나 이러한 믿음들이 잘못된 오해일 수 있고 단지 특정 상황이나 조건에서만 유효한 가정일 수가 있다. 우리가 믿는 것을 그대로 하나의 원칙으로 적용해버리면 그릇된 의사결정과 행동으로 이어져 좋지 못한 결과를 초래하고 말 것이다.

조직행동에 대한 학습은 구성원들이 조직의 목표를 달성하기 위해 어떤 행동을 해야 하며 타인들과 어떻게 일해야 할지를 알려준다. 단순히 직관이나 육감에 의존하지 않고 조직에서의 인간 행동에 대한 잘 정립된 이론과 체계적인 가이드라인을 조직행동이 제공한다. 조직행동의 연구는 인간과 조직의 관계 개선이라는 접근법으로 종업원들의 동기를 유발할 수 있는 환경 마련에 중점을 둠으로써 학습자들에게 조직에서 어떤 일이 일어나는지, 왜 그런 행동이 발생하는지를 설명해 주고 이러한 행동을 분석할 개념이나 이론 등 일련의 수단들을 제공한다.

1.2 조직행동의 특징과 분석수준

조직행동은 다른 학문과 차별화되는 몇 가지 특징이 있는데, [그림 1.2]에서 보듯이 학제 간 지식의 혼합이란 점, 과학적 방법을 사용한다는 점, 응용에 중점을 두며, 그리고 상황적 사고를 한다는 점들이 바로 그것이다.

첫째, 조직행동은 심리학, 사회학, 인류학과 같은 행동과학과 밀접한 인연을 맺고 있는 학문 간 **지식의 혼합체**(interdisciplinary body of knowledge)이다. 조직행동에서는 다른 학문에서 이루어진 연구결과를 활용하여 조직 내 인간 행동을 설명한다고도 할 수 있다. 심리학(psychology), 사회학(sociology), 인류학(anthropology) 외에도 경제학(economics), 정치학(political science)과 같은 사회과학, 공학(engineering), 심지어 의학(medicine)과도 조직행동은 연관이 있다.

- **심리학**은 인간 행동과 멘탈 프로세스의 과학으로서 조직행동 분야 중 개인행동에 대한 이해와 깊은 관련이 있다. 특히 산업조직심리학(I-O industrial organizational psychology)은 모티베이션을 비롯하여 조직행동에서 다루고 있는 많은 주제에 관한 연구를 포함한다. 초기 심리학자들이 주로 성과를 저해하는 피로, 권태, 그리고 환경과 관련해 여러 요인에 관심을 보인 반면, 최근에는 인간의 행복과 성장을 지원하는 긍정심리의 관점에서 학습, 지각, 성격, 태도, 감정 등과 관련해 포괄적인 영향을 주고 있다.
- 사회를 연구대상으로 하는 **사회학**은 개인적 차원보다 그룹이나 동료들 간의 관계에서 나타나는 다양한 현상을 연구한다. 심리학자들이 주로 개인행동의 연구에 관심이 있는 것과 달리, 사회학자들은 개인 간의 관계와 그 구조에 관심이 있다. 사회학이 기여한 조직행동의 주요 분야로는 그룹

그림 1.2 **조직행동의 학문적 특징**

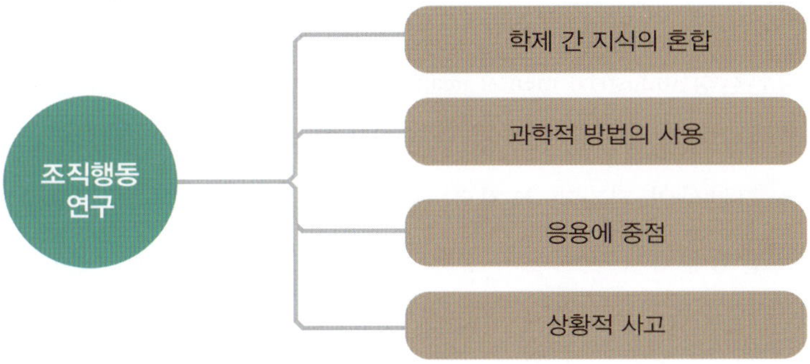

에서의 역할과 규범, 응집력, 커뮤니케이션, 의사결정 등을 들 수 있다.

- **인류학** 가운데 문화인류학은 특히 문화의 연구를 통해서 인간을 이해하고자 하는 과학적 노력이다. 문화인류학에서는 인간의 행동에 대한 문화의 영향력을 중시하는데, 이는 인간의 기본적 가치, 태도, 그리고 국가나 조직 간 구성원들의 행동차이를 설명하는 데 도움을 준다.
- 노동시장의 역동성, 생산성, 인적자원의 기획/예측, 손익분석 등에서는 생산, 분배, 소비에 관한 연구분야인 **경제학**도 활용된다. 특히 조직의 구조를 설계하는 데 있어서 경제학의 영향은 크다. 우리는 소비지향 사회의 사람들 행동이 생산지향 사회와는 다르다는 것을 알 수 있다. 사실 한 나라의 경제 여건은 오래도록 조직행동에 영향을 주는 요인이다.
- 사회를 위한 가치의 권위적 배분을 다루는 **정치학** 역시 다양한 연구분야가 있는데, 정치학자들의 주요 관심사로는 갈등의 구조화, 권력의 분배, 사익을 위해 권력을 조절하는 법 등이 있다. 인간 행동과 관련하여 갈등의 원인과 해결, 권한의 활용과 대인 간 영향력 등에 대한 이해를 위해 정치학의 도움이 필요하다.
- **공학**은 조직행동 분야에서 과업연구 및 효율적인 업무설계와 관련해서 이바지했다. 테일러(F. Taylor)를 비롯한 초기 연구자들이 산업공학 개념을 작업장에 적용하여 생산성 증대를 위한 과업표준 마련이나 작업성과 향상을 위한 효율적인 동작 및 시간 연구를 했던 것은 유명하다. 공학은 기업의 생산성을 높이기 위한 인간 행동 연구에 지속적인 영향을 주고 있다.

- **의학**은 사람의 건강과 복지 향상을 위한 질병의 치료와 처치에 관한 응용학문이다. 이미 오래전부터 의학은 신체적, 정신적 건강뿐 아니라 산업정신건강(industrial mental health)과 관련되어 왔다. 각종 급성 질환들에 대한 치료법이 어느 정도 성공을 거두면서 의학적 관심은 만성적인 질병이나 직업상의 건강과 복지로 더더욱 이동하고 있다. 개인행동과 생활패턴이 만성질병의 관리에서 중요한 역할을 하고 있다.

둘째, 조직 내 행동에 관한 가설을 개발하고 실증적인 테스트를 하는 과학적 방법(use of scientific methods)으로 조직행동은 연구결과를 도출한다. 조직행동 학자들은 주로 하나의 연구모델을 제안하고 이를 검증하는 방식을 즐겨 쓰는데, 직무만족과 결근의 관계를 조사하기 위해 각각 독립변인과 종속변인으로 설정하고 이들 간의 상관 및 인과관계를 검토하는 것은 좋은 예이다.

셋째, 조직행동은 조직과 구성원들의 수행 방식에서 실제 차이를 낼 수 있는 **응용에 중점**(focus on application)을 둔다. 경영학이 그렇듯이 조직행동도 기업의 목표 달성에 기여하는 응용학문으로서 실천에 무게를 둔다. 사실상 많은 연구가 궁극적으로는 HR 전문가들에게 개인과 조직 모두에 유익한 방식으로 선발 · 개발 · 유지시킬 수 있는 정보와 수단을 제공하는 것을 목표로 한다.

넷째, 오직 단 하나뿐인 최상의 답이나 혹은 보편적인 답이 있다고 가정하기보다 조직행동은 다양한 여러 상황의 필요에 부응하는 방식을 취한다. 이러한 **상황적 접근법**(contingency thinking)은 조직, 사람, 상황은 모두 시간에 따라 변한다는 생각에 기초한 것이다. 따라서 절대적인 것이란 있을 수 없다. 상황변인 z에 의해 조건화된 상황에서만 x가 y를 이끌어 낸다고 말할 수 있는 것이다.

상황적 접근법
단일 최적안보다 상황적 차이를 이해해서 그에 따른 적절한 반응을 생각하는 것

한편, 조직행동 분야는 여러 수준의 분석단위(levels of analysis)와 관계되는데, 주로 연구대상의 수준에 따라 개인, 그룹, 조직의 세 가지로 구분할 수 있다. 이러한 기본 단위들은 마치 건축을 위해 벽돌을 쌓는 것과 유사하여 각 단위는 이전 것의 기반 위에서 전개된다. 조직행동의 인접 학문이 각 분석 차원과 어떠한 관련성이 있는지도 아울러 살펴보도록 하자.

하이데거의 숲

조직행동과 I-O 심리학 간의 근본적인 차이라면?

I-O 심리학을 조직 내 사람들이 생각하고 느끼며 행동하는 것에 관한 연구라고 한다면, 조직행동은 그 초점을 사람들이 무엇을 하는가에 두고 있다. 즉, 조직에서의 인적요소들에 대한 반응을 심리학 관점에서만 바라보지 않고, 조직행동은 사회학, 인류학 같은 다른 관점들로도 이러한 행동을 설명한다. I-O 심리학이 주로 개인 및 그룹 차원의 행동을 다루는 데 비해, 조직행동은 더 폭넓은 차원으로 조직의 구조와 설계, 권력, 정치, 문화 등을 전체적으로 다룬다. I-O 심리학이 변화와 향상보다 유지에 중점을 둔다고 한다면, 조직행동에서는 변화와 향상이 필수적인 부분이 된다. 그러므로 이러한 차이들로 말미암아 조직몰입이나 직무만족, 모티베이션 같은 개념들이 양쪽에서 모두 다루어지더라도 조직행동에서는 이들을 더 커다란 관점에서 거론하게 된다. 마땅히 조직행동에서는 성과 측면을 보다 더 강조하게 되는 이유다.

- **개인 수준의 분석** 개개인의 특징은 조직유효성에 영향을 준다. 개인 단위의 분석에서 조직행동은 지각, 태도, 가치관, 성격, 모티베이션, 이직, 과업성과, 협력행동, 일탈행동, 윤리에 관한 연구와 관련된다. 개인 수준에서 조직행동은 심리학, 공학, 의학 등에 깊이 의지한다.
- **그룹 수준의 분석** 사람들이 함께 일하면서 교류와 협력이 일어난다. 이 과정에서 그룹 차원의 조직행동이 발생한다. 그룹 단위의 분석에서 조직행동은 집단역학, 그룹 내/그룹 간 갈등, 응집력, 리더십, 권력, 규범, 역할, 대인 간 커뮤니케이션, 네트워크와 관련된다. 그룹 수준에서 조직행동은 주로 사회학적, 사회심리학적 학문에 의지한다.
- **조직 수준의 분석** 그룹들이 모인 상위 수준의 조직을 논의영역으로 삼고 있다. 조직 단위의 분석에서 조직행동은 조직문화, 조직구조, 문화적 다양성, 조직 간 협력, 분쟁, 변화, 기술, 외부 환경 영향력과 같은 주제들과 관련된다. 조직 수준에서의 조직행동은 인류학, 정치학 등에 의지한다.

1.3 조직행동의 주요 변인 및 연구방법

시스템적인 연구
추론 가능한 인간 행동을 합리적이며 정확히 예측하기 위한 수단

조직 내 인간의 행동을 이해하고 설명하는 데 있어 조직행동은 시스템적인 연구방법을 사용한다. **시스템적인 연구**(systematic study)란 어떤 관계들을 관찰하고 원인과 결과를 규명하여 과학적 증거를 토대로 결론을 도출해내려는 시도이다. 시스템적인 접근법이 항상 옳다고 하기엔 무리가 있겠지만, 단순히 직관에 의존하는 것보다는 이 접근법이 중요한 사실들과의 관계를 밝히고 정확히 타인의 행동을 예측하는 데 도움이 됨은 틀림이 없다. 시스템적인 연구에서 가장 중요한 개념 중 하나는 바로 **변인**(variable)이다. 관찰을 통해 원인과 결과를 규명해야 하는 관계란 보다 정확히 말해 변인 간의 관계를 지칭한다. 하나의 변인이란 변하는 양 또는 질을 지닌 모든 것이다. 그리고 둘 또는 그 이상의 변인 간 관계를 잠정적으로 설명하는 것을 **가설**(hypothesis)이라 한다.

조직행동 연구의 기본 모델은 몇몇 주요 종속변인과 분석수준에 따라 분류된 다양한 독립변인들로 구성되며, 저마다의 독립변인이 종속변인에 차별적인 영향을 미친다는 예측이나 설명을 시도한다. 예컨대 "부서장이 회의시간마다 개별 직원들의 실적을 언급하면 팀의 매출 성과가 올라간다."라는 하나의 가설이 설정된다면, 매출 성과는 종속변인에 해당하고 상사의 실적 언급의 빈도나 강도 등이 독립변인이 된다. **종속변인**(dependent variable)이란 연구자가 설명하고자 하는 변수로서 독립변인에 의해 영향받는 반응이다. **독립변인**(independent variable)은 그렇다면 종속변인에 나타나는 변화의 원인으로 이해될 수 있다. 조직행동에서 주로 사용되는 종속변인부터 살펴보면 이직(turnover), 직무만족(job satisfaction), 조직시민행동(OCB: organizational citizenship behavior), 반생산적 행동(CWB: counterproductive work behavior) 등이 있다.

- **이직**은 직원들이 근무하던 조직으로부터 자발적 혹은 비자발적으로 영구 탈퇴하는 것을 의미한다. 조직을 일시적으로 이탈하는 결근과 달리 이직은 영구적인 이탈이다. 이직률이 너무 높거나 우수 인재가 유출되는 경우라면 조직유효성을 저해하게 된다. 이직은 그것을 결정한 개인의 삶에 큰 영향을 미치는 것은 물론, 새로운 모집/선발비용, 그리고 훈련비용 등을

초래함으로써 조직의 생산성에도 영향을 준다.

- **직무만족**은 직무에 대한 개인의 느낌이나 평가를 일컫는다. 비록 인과관계에 의문이 제기되기도 하지만 만족하는 직원들이 불만족해 하는 직원들에 비해 더 생산적이라는 믿음은 매니저들 사이에서 하나의 기본 원리처럼 인식되어 왔다. 만족하지 못한 직원은 만족한 직원보다 심리적인 문제나 건강상의 문제까지 겪는 것으로 보고되고 있다. 만족은 결근이나 이직과는 부정적인 상관을 보이지만 조직몰입이나 조직시민행동 같은 긍정적인 결과를 유발한다.
- **조직시민행동**은 보상이 직접 주어지지는 않더라도 조직에는 매우 이로운 개인의 재량적 행동을 일컫는다. 초기에는 타인을 돕는 이타주의 행동(altruism)과 보편적인 규칙과 규범 및 기대에 대한 순응(generalized compliance)의 2차원으로 개념화했었지만, 이후 다차원적 개념으로 더욱 발전했다. 성공적인 조직은 정해진 책무보다 더 열심히 일하거나 다른 팀원들과 보조를 맞추며 배려하는 직원들을 필요로 한다.
- 마지막으로 다룰 종속변인은 조직의 목표 달성을 일부러 방해하는 **반생산적 행동**이다. 조직시민행동 같은 바람직한 행동으로써 조직에 긍정적인 결과를 가져오는 직원들이 있는 반면, 부정적인 행위로 조직기능의 효율성을 저해하는 구성원들도 존재한다. 대인적 측면에서의 반생산적 행동은 언어폭력이나 모욕감, 타인 비난 등 특정인에게 신체적/정신적 고통을 주는 행위로 구성되며, 조직에 대한 반생산적 행동은 조직시스템에 영향을 주는 비상식적 행동으로 조직재산의 사적 유용이나 시설의 의도적 손상, 고의적인 작업지체 등의 행위가 포함된다.

조직행동의 주요 관심사라면 결국 조직유효성(생산성이나 직무성과)의 향상인데, 개인 · 집단 · 조직 차원에서 이직이나 직무만족, 조직시민행동 및 반생산적 행동 등에 영향을 미치는 주요 독립변인들은 무엇일까? 우선 **개인적 특성**들부터 고려해 볼 수 있다. 나이와 성별을 포함한 개개인의 신상 특성, 성격 특성, 타고난 감정적인 구조, 가치와 태도, 그리고 기본적인 능력 수준 등은 잘 변하지 않는 대표적인 특성에 해당한다. 개인이 노동시장에 들어올 때부터 이러한 특성은 본질적으로 그대로 유지되며, 이를 변화시키기 위해 경영진이 할 수 있는 것도 거의 없다. 하지만 이러한 특성들은 종업원의 행동에 매우 실질적인 영향을 미친다.

다음은 커뮤니케이션, 리더십, 권력, 갈등 등을 포함한 **집단 차원 변수**들이다. 집단에서 사람들의 행동은 개개인의 행동을 합친 것 이상으로 나타난다. 집단에서 구성원들의 수, 다양성, 수행업무, 그리고 성원들이 느끼는 집단의 매력도 등은 집단 전체의 행동에 영향을 미칠 뿐만 아니라 개별 성원들의 행동에도 많은 영향을 준다. 사람들이 집단에 속해 있을 때의 행동과 혼자 있을 때의 행동은 달라서 조직행동을 이해하기 위해서 집단행동을 연구하는 것이다.

집단이 개별 성원들의 총합 이상이듯이 조직시스템도 각 집단의 총합 그 이상의 것이다. 조직 전체의 특성이 개인과 집단의 행동에 큰 영향을 끼치기 마련인데, 이를테면 조직문화 속에 녹아있는 공유 가치나 신념은 개별 집단의 매니저들 상호 간에, 그리고 고객이나 공급자 같은 조직 외부인들과의 상호작용 방식에 영향을 미친다. 공식적 조직설계, 조직의 하위문화, 그리고 조직의 HR 정책과 제도(선발 프로세스, 훈련 및 개발 프로그램, 성과평가 방법 등) 등의 **조직 차원 변수**들 모두 종속변인에 영향을 준다.

조직행동은 자연과학이나 공학과 달리 명확한 결론과 인과관계를 밝히기 어려운 특징이 있지만, 실험과 조사, 관찰 등으로 입증할 수 있는 과학적 지식을 추구하는 것에는 차이가 없다. 실제로 설문조사(survey), 사례연구(case study), 실험설계(experimental design) 등을 구체적인 방법론으로써 사용한다. 이를 통해 객관적인 지식(objective knowledge)을 얻고 이를 응용하여 적용하는 것을 추구한다.

- **설문조사**는 모집단을 대표할 수 있는 표본을 대상으로 설문을 통해서 자료를 확보하고 이를 분석함으로써 확률적 결과를 도출한다. 이 방법은 설문 대상자들로부터 동일한 범주의 정보를 얻을 수 있고 시간과 비용이 적게 투입된다는 장점이 있는 반면, 표본의 제약 및 응답 신뢰도 문제 등 한계를 안고 있다.
- **사례연구**는 실제 사례를 선정하여 사례를 대상으로 다양한 정보를 습득,

분석하는 것이다. 연구자는 인터뷰나 자료분석, 설문 등을 통해서 사례 현상의 원인과 시사점을 도출한다. 사례연구법은 심층분석을 통해서 실제 조직에서 작동되는 원리를 규명할 수 있다는 장점이 있지만, 연구결과의 일반화 가능성이 작고 연구자의 역량에 따라 연구결과가 달라질 수 있는 단점이 있다.

- **실험설계**는 외생변인을 엄격히 통제하고 살펴보고자 하는 변수들 위주로 실험을 통하여 가설을 검증한다. 실험설계법은 견고한 실험상황에서 확보한 연구결과이기 때문에 이론의 타당성과 신뢰성이 높은 편이다. 하지만 실험실에서의 실험처럼 모든 변수를 통제할 수 없으며 사람을 대상으로 한 실험과정에서는 특히 윤리적 문제가 야기될 수 있다.

2 조직행동과 경영관리

매니저들은 목표를 세우고 자원을 배분해서 직원들을 독려하고 조직의 목적이 달성되도록 할 책임이 있다. 바꿔 말하면 매니저들은 일이 되도록 하는 사람들인데, 그들은 모든 일을 몸소 해서라기보다 타인과 함께하거나 그들에게 권한을 줘서 수행케 하는 것이다. 오늘날의 매니저들은 지시와 명령보다 팀워크와 협력을 강조한다. 부하직원들에게 무엇을 시키기보다 그들을 인도해서 개발시키고 지지해 주며 또 동기를 유발하고 성과에 대해 코치해 주어야 함을 잘 인식하고 있다. 이러한 점에서 조직행동에 대한 이해와 학습은 날로 그 중요성을 더해 가고 있다.

마윈은 현재 중국에서 가장 핫한 인물로 강연과 미디어를 통해 대중들에게 많은 메시지를 전하고 있다. 알리바바는 전자상거래 플랫폼을 주력사업으로 한다는 점에서 미국의 아마존과 종종 비교된다.

2.1 매니지먼트 기능과 매니저의 역할

조직행동에 관한 올바른 지식이 사람들로 하여금 자신의 직무 상황을 이해하고 스스로 목표 달성에 적합한 행동을 규명할 수 있게 함으로써 각 층의 구성원들에게 도움을 주게 된다. 이러한 지식은 조직 목표를 달성해야 하는 도전과제를 가진 매니저들에게는 더욱 중요하다. 특히 모티베이션에 대한 이해나 효과적인 리더십의 적용처럼 사람들과 더불어서 또는 그들을 통해 업무를 하는 데 필요한 능력과 판단을 일컫는 매니저의 **휴먼스킬**(humam skill)은 조직행동의 이해와 직결되어 있다. 종업원들이 직무를 좋아하고 직장에 헌신하며 일하는 이유가 임금이나 복지 때문만은 아니라는 연구결과를 보더라도 짐작할 수 있다. 매니저는 의사결정을 하고 자원을 분배하며 목표를 달성하기 위해 타인들의 활동을 지시한다. 그들이 조직유효성을 증진하기 위해서 행하는 주요 노력들은 **기획**(planning), **조직화**(organizing), **지휘**(leading/directing), **통제**(controlling)의 네 가지 매니지먼트 활동과 관련된다.

휴먼스킬
개인 혹은 집단으로 타인들과 함께 일하며 그들을 이해하고 동기를 유발시키는 능력

▶ **기획** 조직의 장기적인 비전과 목표를 제시하고 그것을 어떻게 달성할 것인가를 결정하는 활동들과 관련된다. 매니저들은 조직이 달성하고자 하는 목표의 구체적인 설정과 시간 계획, 그리고 이를 위해 자원을 어떻게 할당하고 사용해야 하는지 등을 결정한다. 조직행동에 관한 지식은 의사결정의 질을 향상하는 데 도움을 줄 뿐만 아니라 계획에 내포된 위험을 감소시키는 데에도 기여한다.

▶ **조직화** 조직의 목표 달성을 위해 구성원들 간의 지휘체계와 보고관계를 설정하는 활동들을 일컫는다. 따라서 계획을 성공적으로 수행하는 데 필요한 여러 가지 인적, 물적 자원을 조달, 배분하고 조정하는 기능을 수반한다. 매니저는 조직화 기능을 통해 직원들이 서로 협력하며 업무를 수행하는 관계를 설정할 수 있다.

▶ **지휘** 구성원들이 조직 목표를 달성하기 위해 열심히 일하도록 동기를 유발하고 부서 간의 갈등이나 의견 상충이 발생할 때 이를 조정하는 일련의 활동들을 포함한다. 매니저들은 지휘를 통해 직원들이 열심히 일하고 높은 생

산성을 달성하도록 이끈다. 팀제의 도입에 따라 매니저들의 새로운 역할은 필요한 지원이나 조언을 제공하고 추가적인 자원 획득과 더 큰 보상이 뒤따르도록 노력하는 것이다.

▶ **통제** 조직의 목표를 달성하기 위한 모든 계획이 순조롭게 진행되어 가는지를 평가하고 필요한 경우 수정하는 활동들을 수반한다. 예를 들면, 계획된 결과와 실제 결과 사이의 편차를 규명하고 성과를 주시하며 수정조치를 마련하는 활동들을 포함한다. 매니저들은 통제기능을 통해 자체의 계획, 조직화, 지휘 기능이 얼마나 잘 작동되고 있는지 평가할 수 있다.

조직의사결정의 연구에 공로가 많은 사이몬(H. Simon)은 조직의 경영자는 주어진 환경이나 상황에서 최선의 선택을 하는 의사결정자가 되어야 한다고 주장한 바 있다. 그는 기업은 의사결정의 집합체로서 매니지먼트가 곧 의사결정이고 매니저는 의사결정자(decision maker)라고 보았다. 이후 민쯔버그(H. Minzberg)는 매니저의 업무를 관찰하면서 그동안 자신이 믿어왔던 것과 실제 경영자들이 업무를 처리하는 것에는 차이가 있음을 발견했다. 그는 조직에서 경영자가 수행하는 역할을 크게 세 가지(대인관계, 정보관리, 의사결정)로 분류한 후 그것을 다시 10가지로 더욱 구체화했다.

▶ **대인관계 역할(interpersonal roles)**

- **대표자 역할**(figurehead role): 경영자는 회사를 대표해 법적 또는 사회적으로 정형화된 임무를 수행한다. 방문객을 영접하거나 공적인 문서에 서명하는 행동들이 여기에 해당한다.
- **지도자 역할**(leader role): 경영자는 조직의 목표를 달성하기 위하여 구성원들을 이끌고 나가는 활동들을 수행한다. 채용, 배치, 훈련, 모티베이션 등과 같은 종업원 관련 활동들이 여기에 해당한다.
- **연결자 역할**(liaison role): 경영자는 내부 구성원 및 외부 사람들과 긴밀하게 교류하면서 목표 달성에 필요한 정보와 협조를 끌어낸다.

▶ 정보관리 역할(informational roles)

- **정보탐색자 역할**(monitor role): 경영자는 매니지먼트 활동에 유용할 만한 정보를 수집하기 위해 외부 환경의 변화를 파악하며 여러 광범위한 방법(정기간행물의 구독 등)들로 정보를 탐색한다.
- **정보전달자 역할**(disseminator role): 경영자는 조직의 내/외부로부터 탐색한 사실이나 해석된 정보를 조직구성원 중 누구와 어떻게 공유할 것인지 결정하고 그것을 전달한다.
- **대변인 역할**(spokesperson role): 경영자는 외부인(언론기관 등)에게 조직의 비전과 정책 등을 알려주는 공식적인 통로 역할을 하며, 내부 구성원들에게도 조직이 나아가야 할 방향과 급변하는 환경에 어떻게 대처해야 하는지 알려준다.

▶ 의사결정 역할(decisional roles)

- **기업가 역할**(entrepreneurial role): 경영자는 조직의 성장과 발전을 위해 변화를 주도하며 창의적 노력을 기울이고 나아가야 할 방향을 재설정하는 등 전략적 의사결정을 한다.
- **분쟁해결자 역할**(disturbance-handle role): 경영자는 노사관계나 불의의 사고 등 조직 내/외부에서 발생하는 각종 분쟁 및 위기 상황에 대한 해결 방안들을 적극적으로 모색한다.
- **자원배분자 역할**(resource allocator role): 경영자는 기업의 인적 · 물적 · 금전적 자원을 구성원들에게 적절하게 배분해 준다.
- **협상자 역할**(negotiator role): 경영자는 조직의 목표 달성에 유리한 방향으로 이해관계자들(노동조합이나 공급업체 등)과의 견해 차이를 조정하고 협상한다.

2.2 매니지먼트 스킬

경영자들에게는 위의 매니지먼트 활동들 외에도 조직에서 자신들의 기능과 역할을 효과적으로 수행하기 위한 스킬/역량도 함께 요구된다. 개인 · 집단 ·

조직의 특성이 어떻게 종업원들의 직무태도와 행동에 영향을 미치는지 이해해야 하며, 이러한 특성들이 조직유효성에 어떤 변화를 가져올지도 예측할 수 있어야 하기 때문이다. 경영자들에게는 전문적 스킬(technical skills)도 중요하지만, 성공적인 경영을 위해서 이것만으로는 충분치 않다는 것을 이해할 필요가 있다. 창업가들에게도 가장 크게 문제가 되는 것은 적절한 개념적 스킬(conceptual skills)이나 휴먼스킬(humanskills)이 부족할 때라고 한다. 또한 과학자나 엔지니어에서 매니저로 전환하려는 사람들이 직면하는 큰 문제도 주로 효과적인 휴먼스킬이 부족할 때이다.

▶ **전문적 스킬** 전문화된 활동을 수행하는 방법, 공정, 절차 및 기법에 관한 지식과 그러한 활동에 알맞은 도구와 장비를 사용할 수 있는 능력, 즉 특정한 전문영역에서 요구되는 직무 지식이나 기법을 일컫는다. 이를테면 회계법인에서 회계감사를 위한 일반적인 원칙들을 이해하고 적용하는 능력이 전문적 스킬에 해당한다.

▶ **개념적 스킬** 일반적인 분석능력, 논리적인 사고, 어떤 개념을 정립해 개념화시키는 능력, 문제해결 능력, 추세 및 예측 인식능력 등을 나타낸다. 회사의 존재 목적은 무엇이고, 현재 조직의 위치가 어떠하며, 어느 방향으로 가야 하는가에 대한 이해 능력이 개념적 스킬의 예로서 알맞을 것이다. 앞서 언급한 것처럼 기획하여 조직화하는 것이야말로 높은 개념적 스킬을 요구한다.

▶ **휴먼스킬** 인간 행동과 대인 프로세스에 대한 지식, 타인을 이해하는 능력(공감, 사회적 민감성), 명확하고 효과적으로 소통할 수 있는 능력, 효과적이고 협력적인 관계를 구축할 수 있는 능력 등을 나타낸다. 타인이나 타 그룹들의 행동을 이해하고 이끌며 함께 일하도록 하는 것으로, 자기 생각이나 아이디어를 타인들의 것과 잘 조화시키는 사회적 스킬이 바로 휴먼스킬의 좋은 예이다.

이러한 세 가지 스킬 중 어떤 것이 상대적으로 더 중요할지에 대해서는 조직 계층별로 보다 중요한 스킬/역량이 다르다는 것이 일반적인 견해이다. 일선 매니저는 상대적으로 전문적 스킬이 더 필요하고, 중간 매니저에게는 휴먼스킬이, 그리고 고위경영진에게는 개념적 스킬이 중요하다는 식이다. 그러나 누구든 유능한 매니저들이라면 기능과 역할을 효과적으로 수행하기 위해서 이 세 가지 스킬들이 모두 필요할 것이다. 매니지먼트 기능, 역할, 스킬/역량은 서로 긴밀하게 연관되어 있으며 조직에서의 행동을 관리하고 나아가 영향을 미치는 능력은 특히 유능한 매니저에게는 필수요건이다.

2.3 조직행동과 매니지먼트

전통적으로 매니지먼트는 조직의 인적, 물적, 금전적 자원을 기획, 조직화, 지휘, 통제하는 프로세스를 의미했다. 이러한 프로세스를 때와 장소에 맞게 선택·배치함으로써 매니저들은 조직의 목적을 달성한다. 현대적 관점의 매니지먼트는 그러나 '코칭'—*성과의 핵심 요소들을 통합적으로 지원하고 발굴하여 이를 직원들과 공유하며, 신뢰할 수 있는 개인과 팀들에게 더 많은 자원을 제공하는 역할*—이 보다 더 강조되고 있다.

매니지먼트의 의미는 이처럼 고정되어 있지 않고 조직의 복잡성 증가에 따라 자연스럽게 진화하고 있다. 조직행동은 조직 내 인간 행동을 타당한 이론들을 통해 설명한다는 점에서 매니지먼트와는 매우 긴밀한 관련이 있다. 조직에서의 현상을 묘사하고 이해하는 것이 조직행동이라면, 매니지먼트는 기업의 경쟁우위 유지와 개선을 위해 이용되는 문제해결 스킬들을 일컫는다. 조직행동관리(OB management)에 관한 컨설턴트와 실무자들은 의미 있고 지속가능한 행동변화와 개선된 비즈니스 결과를 달성하기 위해 다양한 산업(예: 의료, 인적 서비스, 교육, 정부, 비영리, 제조, 금융, 유통)에서 일하고 있다.

ORGB 뉴스

새 시대 경영자의 자질 4가지 키워드

위클리비즈는 향후 경영에서 어떤 리더십이 필요한지 알아보기 위해 지난 1년 동안 세계 7위권 경영대학원 학장 중 4명을 포함, 총 11명의 주요 경영대학원장을 만나 이들이 공통적으로 말하는 '경영자에게 앞으로 필요한 자질'을 키워드로 정리했다. 신기술을 활용한 사업을 구상하는 데 필요한 '뉴 하드스킬', 기업 구성원 스스로 혁신을 이뤄내도록 비전을 제시하는 '동기부여 능력', 좋은 인재를 끌어들이고 조직 내 갈등을 줄이는 '수평적 조직문화', 기업이 사회와 소통하기 위한 '배려와 진정성의 경영' 등 네 가지이다.

新기술을 이해하는 '뉴 하드스킬'

제프리 개릿 와튼스쿨 학장은 비즈니스 리더에게 꼭 필요한 자질로 '뉴 하드스킬'을 꼽았다. 재무 · 회계 · 마케팅 같은 경영지식을 '하드스킬'이라 하는데, 이보다 첨단기술에 대한 지식인 '뉴 하드스킬'이 더 중요해졌다는 뜻이다. 자신의 분야를 넘어서 다른 학문의 전문가에게 손을 내미는 능력도 중요한 자질로 꼽힌다. 지식기반경제로 옮아가면서 재무나 생산 관리보다 혁신이 기업의 성과를 좌우하는 경향이 강해졌기 때문이다. 경영전문가들은 공학도 여러 분야를 통합적으로 이해하는 업무능력이 필요하다고 강조했다.

혁신을 이끄는 '동기부여형 리더'

경영학계는 똑똑한 1인 보스 체제보다 혁신적인 조직에 주목하는 분위기다. 소비자의 입맛이 급변하고 기술이 빠르게 등장하고 사라지는 상황에서는 경영자 한 사람이 모든 혁신을 주도할 수 없다는 점이 명확해졌기 때문이다. 비전을 제시하고 조직원들이 능동적으로 따라오게 만드는 리더가 있어야 기업이 변화에 빠르게 적응하고 경쟁력을 유지할 수 있다는 얘기다. 최근 리더십 전문가인 린다 힐 하버드 비즈니스스쿨 교수는 이 같은 리더십에 '혁신설계자'라는 이름을 붙였다. 경영학계에서는 조직원들이 작은 혁신을 이루는 조직문화를 '혁신생태계'라고 부르고, '티밍(teaming · 부서나 조직이 다른 인재들 간의 창조적인 협업)'을 이뤄낼 때 혁신이 잘 일어난다고 본다.

新세대 · 외부 인재 끌어들이는 '수평적 조직문화'

조직원들을 매끄럽게 아우르고 좋은 인재를 끌어들이는 것도 기업을 안정적으로 운영하는 데 필수적인 능력으로 꼽힌다. 과거의 수직적인 기업문화가 부담이 되는 경우가 많다. 개방적이고 직원 개개인의 특성을 존중하는 미국 실리콘밸리 기업들의 수평적인 조직문화가 최근 주목받는 것은 이 때문이다. 또한 최근 부각되는 기업 내 갈등은 세대 갈등이다. 과거세대처럼 '일이 나의 전부'라고 생각하지 않고, 이직이나 '투잡(two jobs)'이 흔하다. 경영전문가들은 경영자들이 신세대의 사고방식과 일에 대한 태도를 이해하고 인정해야 하며, 모든 직원과 함께 새로운 조직문화를 만들어야 한다고 조언한다.

新가치… '배려와 진정성의 경영'

기업의 사회적 책임과 경영자의 도덕성도 새로운 관심사다. 금융위기 직후인 2009년 하버드대 경영대학원 교수들이 모여 이전까지의 MBA 교육에 어떤 문제가 있었고 앞으로 어떤 리더십을 배양해야 할지 연구했다. 결론은 '사회적 책임과 배려를 강조하는 리더십'이었다. '진정성(authenticity)'이나 사회적 기업과의 연계가 기업의 실적에도 영향을 미칠 것이란 주장들도 힘을 얻고 있다. 진정성이란 '인위적이지 않으면서도 일관된 가치를 추구하고 사회적 · 도덕적 문제에 깨어 있는 것'으로, 글렌 캐럴 스탠퍼드대 경영대학원 교수가 고안한 개념이다. 현대 소비자들에겐 본인이 중시하는 가치에 부합하는 상품을 선호하는 가치소비의 경향이 있어, 유명 상표나 대기업의 제품이 아니더라도 진정성 있는 것에 끌린다는 분석이다.

출처: http://premium.chosun.com/site/data/html_dir/2016/08/12/2016081202276.html

3 조직행동의 도전과제

지난 과거를 돌아보면 사회 · 문화적 환경의 변화, 글로벌화, 새로운 IT 기술의 등장으로 조직과 구성원들 간의 관계가 급격히 변화되었음을 알 수 있다. 이를테면 직장, 대학은 물론 사회 분야마다 성별 균형을 넘어서 여성의 강세가 두드러지고 있다. 글로벌 경쟁은 종업원들에게 더욱 유연하고 신속하게 변화에 대응하는 법을 학습하도록 요구하고 있다. 그리고 IT는 물리적 거리의 한계를 극복하는 것뿐만 아니라 구성원들의 창의성과 혁신을 도모할 수 있는 가상팀(virtual team)의 도입을 현실화시켰다. 너무 많은 변화가 혼돈을 불러오기도 하지만 거꾸로 너무 적은 변화는 침체로 이끌 우려가 있다. 생각하기에 따라 이러한 변화들은 매니저들이 조직행동의 개념을 활용하도록 다양한 도전과 더불어 기회를 제공한다고 볼 수 있다.

3.1 사회 · 문화적 환경의 변화

조직행동의 연구대상은 조직 내 인간이며 그들의 행동이다. 만약 조직을 포함하는 사회가 변모하고 그 안에 있는 사람들의 가치관이 따라 바뀐다면 조직행동에 대한 논의도 달라져야 할 것이다. 사회 · 문화적 환경 변화의 키워드는 **다양성**(diversity)의 증가다. 오늘날 조직은 성별, 나이, 인종, 민족, 종교, 사회경제적 배경 등과 관련해서 더욱 다양한 사람들의 집합체가 되어가고 있다.

다양성
노동력 풀 안에 존재하는 배경이 다른 사람들의 뒤섞임

우선, **비정규직 근로자들**(contingent workers)이 눈에 띄게 증가하고 있다. 경제위기 이후 기업들은 유연성 확보와 비용 절감 등의 차원에서 비정규직을 적극 활용하고 있다. 경쟁이 날로 치열해지고 있는 상황 속에서 탄력적인 고용조정을 위해 기업으로서는 불가피한 선택이 되었다. 임시 · 일용직을 의미하는 비정규직은 유통업종이나 건설업종에서의 영업 또는 일시적 업무에 한정된 것으로 간주하였으나, 최근에는 사무직과 서비스직 등 일반 직종에까지 확산되었다. 이에 따라 과연 비정규직 근로자들이 기업의 의도대로 모티베이션과 성과수준에 긍정적 결과물을 가져오는지에 대한 검토가 조직행동 차원에서도 필요

그림 1.3 인구 피라미드

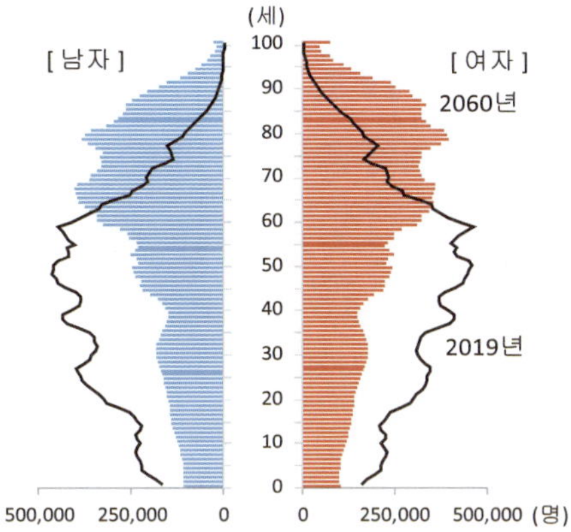

해졌다. 또한 비정규직 이슈는 기업과 근로자 양자의 문제일 뿐만 아니라 정규직과 비정규직 직원 간의 갈등을 초래하는 문제이기도 하다. 법적으로는 이들 간의 차별이 금지되어 있지만 실제 근로조건이나 처우상으로 차이는 엄연히 존재한다. 중장기적 관점에서 고용비용의 절감을 웃도는 손실이 초래되지 않도록 관련 대책 마련이 시급하다는 데 모두가 공감하고 있다.

다음은 **여성**(female)**의 사회진출이 확대**되고 있다는 사실이다. 기업 내 여성인력의 증가는 여성의 고학력화에 따른 역량 향상과 성역할에 대한 사회적 가치관의 변화에서 비롯된 것이다. 이에 따라 일-가정의 균형(work-life balance)이 직무 안정성보다도 더 중시된다는 연구결과가 보고될 정도로 여성인력 관련 이슈는 조직행동에서 새롭게 중요한 관심사가 되고 있다. 한편, 여성과 남성에 대한 차별적 관리를 제한하는 법적 규제가 확대되고 있는 것도 여성인력 증가에 또 다른 영향요인일 것이다. 3차 산업의 비중이 늘어나고 IT산업을 비롯하여 기업경쟁력이 축적된 지식에 의해 결정되는 비즈니스 환경에서는 더 이상 남성 위주의 조직관리 정책으로는 한계가 있을 수밖에 없게 되었다. 여성인력이 증가함에 따라 조직행동 차원에서 남녀 차별이나 성희롱, 감성적인 관리의 필요성, 여성리더십 등 다양한 논의주제가 등장했다. 또한 출산과 육아로 인한 여성인력의 경력 단절이 사회문제로까지 불거지면서 이 역시 매니저들이 직면한 하나의 도전과제가 되었다.

마지막으로 직장 내에서 **고령 근로자들**(older workers)이 점차 늘고 있는 것도 주목할 만하다. UN이 정한 기준으로 노년인구국(aged population)에 속한 우리나라는 고령화사회에서 고령사회로 빠르게 이행 중이다. 다양한 사회 분야에서 고령화에 따른 기대와 우려가 공존하는 것이 사실이다. 연령 증가에 따라 신체적 능력 및 인지적·지적 능력의 감소가 발생할 수 있지만, 시간이 지나며 축적되는 업무 관련 숙련도, 전문성을 요하는 특정 분야의 지식 등은 연령에 따라 감소하는 신체/지적 능력을 상쇄할 수 있기 때문이다. 따라서 고령자가 늘어남에 따라 모티베이션이나 리더십, 조직혁신과 조직변화 등에서 새로운 고민과 논의가 필요할 것이다. 그러나 여러 실태조사는 고령인력 대부분이 단순노동이나 서비스직에 종사하고 있다고 보고한다. 전문성을 갖춘 소수를 제외하면 이들이 과거 경험과 노하우를 살릴 수 있는 일자리는 매우 제한적이다. 고령인력 고용이 단순한 생산성 저하로 그치는 것이 아니라 감정노동 등 다른 부수적인 문제들과 결부된다면 문제는 더욱더 복잡한 양상을 보일 수밖에 없다. 따라서 고령인력에 대한 효과적인 관리방안이 조직행동 차원에서 다각적으로 요구된다.

다양성의 증가에 따라 매니저들이 중점을 보다 두어야 할 부분은 인력구성이라는 구조적 측면보다는 조직구성원들의 **가치관 변화**일 것이다. 조직이나 그룹이 모두 같은 성별, 인종, 나이, 종교 등을 가진 사람들로 구성되어 있다면 그들은 비슷한 태도와 가치를 공유할 가능성이 커서 서로 유사한 방식으로 프로젝트, 갈등, 새로운 업무 등과 같은 직무 상황에 대응할 것이다. 반면 조직의 구성원들이 나이, 인종 등 개인 특성에서 차이가 있다면 이들의 태도, 행동 및 반응패턴은 큰 차이를 보일 수 있다. 하나의 예로서 젊은 세대들은 기성세대에 비해 일보다 여가를 선호하고 탈권위주의적 사고에 연공보다 능력을 중시하며 조직보다 개인을 중시하여 커리어를 조직보다도 더욱 가치 있게 여기는 것으로 알려져 있다. 사람의 생각이 달라지면 행동이 달라지며, 그들에 대한 조직관리 역시 달라지는 것이 바람직하다. 바로 이러한 변화가 매니저들에겐 도전이자 기회가 될 것이다.

다양성 관리에 관한 도전 일부는 편견과 차별을 상대로 맞서려는 시도가

ORGB 뉴스

Z세대 여성 38% "난 페미니스트" 남성 62% "페미니스트 거부감"

페미니즘 하면 일단 거리를 두는 기성세대와 달리 Z세대는 페미니즘이란 주제에 상당한 관심을 갖고 있었다. 다만 Z세대 여자일수록 페미니즘에 대한 관심이 훨씬 높은 것으로 나타나 남녀에 따른 온도차가 컸다.

한국일보가 Z세대를 상대로 실시한 여론조사 결과에 따르면, Z세대의 19.8%는 '나는 스스로 페미니스트라고 생각한다'고 답했다. 같은 질문에 대한 X세대 응답률(8.6%)의 2배 이상인 수치다.

다만 성별에 따른 차이가 두드러졌다. '스스로 페미니스트라고 생각한다'는 Z세대 여성의 응답률이 37.6%에 달해, 남성(3.8%)보다 압도적으로 높았다. 반대로 '나는 페미니스트들에 대해 거부감이 든다'고 답한 Z세대 여성은 19.4%에 그친 반면, 남성은 이 비율이 61.8%에 달했다. Z세대 여성이 페미니즘에 훨씬 우호적이라면 남성은 다소 반감을 갖고 있는 걸로 해석된다.

실제 심층 인터뷰에서도 페미니즘에 대한 남녀 인식차가 확연히 드러났다. 직장인 박소연(25) 씨는 "여자로서 '성평등' 가치를 되새기는 건 당연하다고 생각하고 주변에선 혜화역 시위 등에 대해 좀 과격하다고 하던데 난 그 정도는 해야 성평등 의식이 높아질 수 있다고 생각한다"고 말했다.

페미니즘에 대한 여성의 높은 관심은 여성이 여전히 차별받고 있다는 인식이 바탕이 됐다는 분석도 있다. 실제 여론조사에서도 Z세대의 76%가 "여성은 사회적으로 차별받고 있다"고 답해 남성(20%)과 상당한 인식 차이를 드러냈다. 직장인 김은지(24) 씨는 "많이 개선됐다고 하지만 여전히 우리 사회는 굉장히 가부장적이다"며 "성평등에 대한 인식이 더 높아져야 한다고 본다"고 말했다.

반면 남성들도 페미니즘에 대해 공감한다면서도 극단적 페미니즘엔 상당한 거부감이 든다는 의견이 많았다. 오히려 여성 권리를 우선하는 사회 분위기가 조성되면서 남성이 되레 역차별 받고 있다는 인식도 적잖았다. 대학생 이모(25) 씨는 "오히려 요즘은 취직 때도 여성이 훨 유리한데 여성에 대한 인권만 강조하니 남자들이 조금 주눅들게 되는 거 같다"며 "이런 인식을 드러내면 또 일베(극우성향 커뮤니티인 '일간베스트저장소')로 몰려 어디 가서 얘기도 못한다"고 말했다.

출처: https://www.hankookilbo.com/News/Read/201912291288369053

될지 모른다. 매니저들은 공정하고 정당한 방식으로 직무, 승진, 보상 등의 의사결정을 해야 하는데 이는 쉽지 않은 일이다. 가령, 자신이나 조직의 이익에는 반하는 것이지만 부하직원이나 부서에 이롭다고 생각되는 의사결정을 내려야 할 때 **윤리적 딜레마**(ethical dilemma)를 경험하고, 이런 상황에서 매니저들은 곤혹스럽게 된다. 윤리적 딜레마는 두 가지 다른 행동이나 의사결정을 놓고 고민하는 것이며 어떤 선택이 한 사람에게는 손해를, 다른 사람에게는 혜택을 줄 수 있다는 점을 알게 될 때 일어난다. 다양성이 증가할수록 조직은 모든 근로자의 열망을 충족시키기가 쉽지 않으며 힘들 수밖에 없다. 그리고 이로 인해 결국 조직의 성과나 구성원의 행복에 영향을 미칠 수 있는 문제들이 발생한

윤리적 딜레마
둘 또는 그 이상의 윤리적 가치들 사이에서 이러지도 저러지도 못하는 상황

다. 조직의 성과와 구성원들의 행복을 증진시킬 수 있는 방향으로 다양성을 촉진하는 것은 매니저들에게 매우 어렵고 때론 윤리적인 문제이다. 윤리적인 조직행동은 다양한 방식으로 국가나 조직구성원의 행복, 건강, 번영 등의 복지(well-being)에 영향을 주기 때문에 중요하다.

3.2 글로벌 경쟁 심화

글로벌 조직
세계가 마치 하나로 통합된 것처럼 운영함으로써 국가들 사이에 연계를 포착하는 활동들을 하는 조직

폭스바겐, 토요타, 이케아, 맥도날드 등과 같은 **글로벌 조직**(global organization)은 세계 곳곳에서 자신들의 상품을 판매하는 기업들이다. 시장이 더 이상 국경선에 의해 제한되지 않게 됨에 따라 대다수 조직은 더 많은 경쟁자와 경쟁하며, 과거보다 더 많은 고객과 시장의 요구에 대응하고 있다. 더욱 치열해진 경쟁은 모든 종업원이 생산적으로 변모하여 기업에 부가가치를 가져오도록 압력을 가한다. 기업 번영과 경쟁에 따른 실업이라는 불확실성도 글로벌 기업 구성원들의 조직생활에서 나타나는 특징이다.

글로벌 학습
본사의 방식들과·지식 및 스킬 등이 해외 지사들로 이전되는 프로세스

글로벌 경제하에서 비즈니스는 저비용으로 기업의 경쟁우위를 가져다주는 장소로 이동하는 경향이 있다. 이러다 보니 해외에서의 글로벌 경쟁에 대응할 수 있는 스킬과 지식뿐 아니라 조직에서의 행동 및 절차에 대한 **글로벌 학습**(global learning)이 요구된다. 연구들에 따르면, 각국의 사람들은 자신이 수행하는 직무나 현재 몸담은 조직에 대해 서로 다른 가치, 믿음, 태도를 보인다. 가령 미국의 직원들은 직무에 대해 개인주의적인 성향이 강한 반면, 일본의 직원들은 집단주의적 성향이 강하다. 또한 일부 국가들에서는 성과보다는 근속연수에 따라 승진이 이뤄져야 한다는 규범이 강하다. 이러한 문화적 차이는 직원들 개인의 직무행동, 그룹 내 행동, 조직에 대한 몰입과 헌신에도 영향을 준다. 다양한 글로벌 환경에서 조직 내 행동을 이해하는 것은 이처럼 쉽지 않은 문제이다. 조직의 운영이 글로벌화될수록 조정해야 하는 문제도 더욱 복잡해진다. 따라서 국가 간 문화 차이를 이해하는 것은 글로벌 조직에서 행동을 관리하는 데 매우 중요하다. 국가 간에 존재하는 차이를 명확히 이해하고 해당 국가에 대한 깊은 이해를 바탕으로 매니지먼트 활동에 임하는 것이 매니저들에게 요구되고 있다.

실제로 글로벌 도전에 대응하기 위해 더 많은 기업이 점점 직원들을 해외로 순환근무를 시키거나 파견하고 있다. 그 결과, 직원을 파견한 해외 현지에서 발생한 기회나 문제에 대해 기업들이 더 많은 것을 학습할 수 있게 되었다. 그러나 **현지인들**(host country nationals)을 채용하여 관리해야 하는 중요한 문제가 여전히 있다. 가치관과 문화가 다른 외국 인력을 어떻게 관리할 것인가 하는 것은 과거에는 없던 새로운 도전과제이다. 내게는 동기유발되는 방식도 그들에게는 적용되지 않을 수 있으며, 자신이 보기엔 직접적이고 솔직한 커뮤니케이션 방식이 그들에게는 불편하고 위협적으로 받아들여질지 모른다. 타 문화권 종업원들과 함께 일하기 위해서는 그들의 문화와 지리적 여건, 그리고 종교의 형성과정이나 그 차이가 어떤 것인지 등과 관련해 관리방식을 어떻게 적용할지도 알고 있어야 한다. 또한 **파견주재원**(expatriate manager)과 현지의 매니저는 조직이 추구해야 하는 목표나 전략에 대해 서로 다른 견해를 가질 수 있어서 양측의 의사결정을 잘 조정해야 하는 문제가 종종 발생하기도 한다. **글로벌 매니저**(global manager)들의 가장 중요한 조정업무는 바로 이들 매니저 간의 권한과 책임을 조정하는 것이다.

파견주재원
글로벌 기업의 해외 현지 법인에 파견되어 근무하는 관리 직급의 사원

글로벌 학습 외에도 오늘날의 조직들은 **글로벌 위기관리**(global risk management)라는 또 다른 도전에 대응해나가야 한다. 급속하게 진행된 글로벌화는 국가 간 힘의 균형을 재편하고 경제적 · 정치적 이해관계에 새로운 위기를 몰고 와서 갈등과 긴장을 고조시키고 있다. 일례로 유가상승은 산유국들의 협상력을 증가시켰으며, 다른 한편에선 안정적인 원유공급이라는 명분 아래 미국은 테러리즘과의 전쟁을 포함한 글로벌 정치 전략을 변화시키고 있다. 또한 지구온난화, 환경오염, 자연파괴 등 인간이 초래한 재해에 대한 대처가 오늘날 조직의 지속가능성을 결정짓는 중요한 요인으로 주목받고 있다. P&G는 최근 자사가 기울이고 있는 노력의 일환으로 제품생산과정에서 발생하는 온실가스 배출량을 2020년까지 30% 줄이겠다고 공표한 바 있다. 생산하는 모든 제품과 겉포장 또한 100% 재생 또는 재활용 소재(素材)를 사용하겠다고 선언했다. 조직행동은 위기대응에 필요한 자원을 어떻게 관리하고 조직해야 할지에 대한 시사점과 교훈을 제공함으로써 조직과 그 구성원들이 위기에 잘 대처하도록

도움을 준다. 자연재해나 위기, 그리고 인종갈등이나 국제테러리즘에 의해 발생하는 재난 피해에도 조직이 좀 더 현명하게 대처할 수 있게 할 것이다.

이 책 중·후반부에서 논의하겠지만, 위기관리를 위해서는 1) 의사결정과 커뮤니케이션의 질을 높일 수 있는 팀을 만드는 것, 2) 신속한 대응을 가능케 하는 보고체계 및 명령계통을 설정하는 것, 3) 이러한 팀을 운영하고 지휘할 유능한 리더를 선발하고 육성하는 것, 4) 개인이나 그룹들이 서로 다른 이해관계와 목적을 지니고 있을 때 충돌을 관리할 수 있는 협상전략을 개발하는 것 등이 필요하다. 매니저들이 얼마나 효과적으로 의사결정을 할지는 그들이 위기에 얼마나 빠르게 대응하여 위기 자체의 심각성을 감소시키는지에 달려 있다.

3.3 기술 변화

조직의 혁신과 학습을 촉진하고 창의성을 증진하는 것이 모든 조직들에게 중대한 도전이라 할 수 있는 오늘날, 새로운 IT 기술은 직원들을 돕기 위해 활용될 수 있다. 인터넷과 **인트라넷**(intranets)—*조직 내부의 모든 구성원을 연결해 주는 정보네트워크 기술*—은 조직에서의 행동과 절차들을 극적으로 변화시켰다. 더 정확하고 풍부하며 자유롭게 정보를 이용하게 됨으로써, IT는 지식 및 전문기능을 서로 쉽게 교환하고 문제해결도 용이하게 해주었다. 컴퓨터가 일상적인 업무수행을 위한 필수적 수단이 되면서 직원들은 소비자에게 더 나은 서비스를 제공하는 방법을 찾기 위해 IT를 활용하고 있다.

조직행동 역시 정보기술의 발전이라는 환경변화에 따라 기존에 생각지 않았던 다양한 변화를 겪고 있다. 재택근무, 스마트워크(smart work), 사내 인트라넷과 SNS를 활용한 구성원 간 소통, 가상조직과 네트워크 조직의 등장 등은 모두 정보기술의 변화로부터 비롯된 것이다. LG 생활건강 차석용 대표는 'CEO 메시지'를 통해 직원들과 소통하는 것으로 유명하다. 사내 인트라넷 게시판에 오르는 메시지는 조직문화부서가 관리하지만, 글은 차 대표가 몸소 쓴다고 한다. 원고지 3매 정도의 분량으로 차 대표의 경영철학, 전략방향 등 회사 이야기뿐만 아니라 개인의 성장, 직장에서의 성공방식 등 직원들이 흥미를 느낄 만한 주제를 정하고 가치를 전달해 임직원의 관심이 높은 편이다. 정보기술은 조직 구성원들이 업무를 효율적이고 편리하게 하는 데 도움을 주기도 하지만, 때로는 구성원들 간 교류 측면에서 직접 대면의 기회나 대화에 의한 소통이 줄어듦에 따른 문제점도 일으킬 수 있다. 따라서 전문가들은 대면 대화를 나눈 사람과의 커뮤니케이션을 확장하는 도구로 SNS 등을 이용할 것을 소위 '**디지털 네이티브**(digital native)'들에게 권하기도 한다. 매니저는 정보기술의 변화가 조직 구성원들에게 어떠한 긍정적 혹은 부정적 영향을 주는지 지속해서 살펴보아야 할 것이다.

디지털 네이티브
PC, 스마트폰, 인터넷과 같은 디지털 환경을 태어나면서부터 일상처럼 이용하는 세대

4 이 책의 구성

이 책은 크게 4개의 부분으로 구성되어 있다. I부는 1개의 장으로 이루어져 있으며, **조직행동에 대한 개요**를 설명하기 위해 작성되었다. II부는 조직에서의 근본적인 **개인 프로세스**에 관한 것으로 여기에는 개인차에 대한 이해(2장), 가치관 · 태도 · 감정(3장), 지각과 귀인(4장), 모티베이션(5장), 모티베이션의 확장(6장)이 포함된다. III부는 개인 차원을 벗어나 **대인관계 프로세스**, 즉 팀과 집단(7장), 커뮤니케이션(8장), 의사결정(9장), 리더십 효과성: 전략적 리더십과 팀 리더십(10장), 리더십 스타일과 행동(11장), 권력과 정치(12장), 갈등과 협상(13장)이 포함된다. 마지막 IV부는 조직에서의 더욱 **거시적인 시스템적인 측면**을 다루기 위해 조직문화와 혁신(14장)을 포함했다.

단원 요약

1. 조직 내에는 다양한 인간 행동과 집단역학이 존재한다. 조직행동이란 조직 내에서 일어나는 인간 행동을 말하며, 이에 관해 연구하는 것이 조직행동론이다. 이를 학습함으로써 사람들의 행동을 이해하고 분석하여 예측할 수 있다.
2. 조직행동의 특징으로는 다양한 학문 지식의 혼합, 과학적 방법 사용, 실제 응용에 중점, 그리고 상황적 사고 등이 있으며, 그 연구대상에 따라 개인, 집단, 그리고 조직으로 분류할 수 있다.
3. 조직행동은 시스템적인 연구방법을 사용한다. 시스템적인 연구에서 가장 중요한 개념 중 하나는 바로 변인이다. 그리고 둘 또는 그 이상의 변인 간 관계를 잠정적으로 설명하는 것을 가설이라 한다.
4. 매니저들은 기획, 조직화, 지휘, 통제를 통해 조직유효성을 증진하고자 노력한다. 또한 조직 내에서 크게 대인관계 역할, 정보관리 역할, 의사결정 역할을 수행한다.
5. 매니지먼트 활동 외에도 전문적 스킬, 개념적 스킬, 휴먼스킬이 매니저들에게 요구된다. 조직 계층별로 더 중요한 스킬/역량이 다르다는 것이 일반적인 견해이지만, 유능한 매니저들이라면 이 세 가지 스킬들이 모두 필요할 것이다.
6. 매니지먼트의 의미는 고정되어 있지 않고 조직의 복잡성 증가에 따라 자연스레 진화하고 있다. 조직에서의 현상을 묘사하고 이해하는 것이 조직행동이라면, 매니지먼트는 기업의 경쟁우위 유지와 개선을 위해 이용되는 문제해결 스킬들을 일컫는다.
7. 오늘날 조직에서는 비정규직 근로자들의 증가, 여성의 사회진출 확대, 고령 근로자들의 증가로 인해 인력구성이 다양해지고 있다. 이에 따라 매니저들은 조직구성원들의 가치관 변화에 보다 중점을 두며 윤리적 딜레마에 대해서도 고민해야 한다.
8. 글로벌 조직을 보면 알 수 있듯이, 조직들은 이전보다 더욱 치열한 경쟁을 하고 있다. 이에 대응하기 위해서 글로벌 학습이 요구된다. 그뿐만 아니라 현지인들의 채용 및 관리, 파견주재원과 현지의 매니저 간 조정, 글로벌 위기관리 등 글로벌 도전들에도 대응해야 한다.
9. 정보기술의 발전은 재택근무, 스마트워크, 사내 인트라넷과 SNS를 활용한 구성원 간 소통, 가상조직과 네트워크 조직의 등장 등 조직행동에 변화를 가져왔다. 매니저는 이러한 변화가 조직구성원들에게 어떠한 영향을 주는지 지속해서 살펴보아야 한다.

논의할 문제

1. 조직에서의 인간 행동은 일반적으로 예측가능하다고 한다. 그 이유는 무엇일까?
2. 조직행동을 학제 간 학문이라고 부르는 이유는 무엇일까?
3. 조직행동의 특징 중 하나가 상황적 접근법이다. 이 접근법을 왜 최선이라고 하는지 그 근거를 제시하라.
4. 직무만족은 행동이라고 보기는 어려운데, 이것이 왜 조직행동에서 종속변인으로서 중요시될까?
5. 시스템적인 연구로써 과연 인간 행동에 대한 직관을 얼마나 보완할 수 있을까?
6. 매니저가 오늘날 직면하고 있는, 또는 향후 직면하게 될 주요 도전과제들로는 어떤 것들이 있을까?

더 읽을거리

구자숙 (2006). 조직행동 연구: 동향과 전망. 국제경영연구, 12(1), 1–39.

George, J. M., Jones, G. R., & Sharbrough, W. C. (2002). *Understanding and managing organizational behavior*. Upper Saddle River, NJ: Prentice Hall.

Jones, M. D. (2006). Which is a better predictor of job performance: Job satisfaction or life satisfaction. *Journal of Behavioral and Applied Management*, 8(1), 20–42.

Kopelman, R. E., Brief, A. P., & Guzzo, R. A. (1990). The role of climate and culture in productivity. In B. Schneider (Ed.), *Organizational climate and culture* (pp.282–318). San Francisco, CA: Jossey–Bass.

McGregor, D. (1960). *The human side of enterprise*. New York: McGraw–Hill.

Minzberg, H. (1970). *In the nature of managerial work*. New York: Harper and Row.

Nelson, D. L., & Quick, J. C. (2013). *Organizational behavior: Science, the real world, and you*. Cengage Learning.

O'Reilly III, C. A. (1991). Organizational behavior: Where we've been, where we're going. *Annual Review of Psychology*, 42(1), 427–458.

Sonnentag, S., & Frese, M. (2002). Performance concepts and performance theory. In S. Sonnentag (Ed.), *Psychological Management of Individual Performance* (pp. 3–25). Chichester: Wiley.

CHAPTER

02

개인차에 대한 이해: 성격과 능력

1. 개인차는 왜 중요한가?
2. 성격 특성
3. 능력

▶▶ 학습목표

1 개인차에 관해 서술하고 행동을 이해하는 데에 있어 그 중요성을 설명한다.

2 성격을 정의하고 성격 형성의 근본적인 원천들에 관해 설명한다.

3 MBTI와 Big Five 성격 차원들을 규명한다.

4 조직 내에서 행동에 영향을 주는 다양한 성격 특성들을 규명한다.

5 개인차 관점에서 인지 능력을 이해하고 조직행동과의 관련성을 논의한다.

6 실용지능, 감성지능, 사회지능의 공통점과 차이점을 각각 비교한다.

환경은 사람이 만든다는 말이 있듯이 한 조직의 문화, 분위기, 제도는 모두 그 조직 안에 속한 사람들에 의해서 결정된다. 이러한 시각에서 보면 개개인의 특성이야말로 가장 근원적인 조직행동의 결정요인이라 할 수 있다. 여기서 더욱 중요한 것은 모든 인간은 신체적, 정신적 차이를 갖기 때문에 서로 다른 행동을 하게 된다는 것이다. 대체로 우리 인간은 서로 신체 구조상으로 비슷하고 정신/심리상태가 유사하다고 볼 수도 있지만 개인마다 특성 차이는 엄연히 존재한다. 따라서 유전적 요인에 의한 차이나 성격, 능력과 스킬, 지각과 태도 등에서의 차이가 곧 생산성, 창의성, 성과 같은 업무 행동에 영향을 미친다.

시네마 ORGB

이보다 더 좋을 순 없다 As Good As It Gets

서로의 차이를 이해하며 사랑을 시작하는 캐롤과 멜빈

이보다 더 좋을 순 없다(As Good As It Gets, 1998)

‘철컥, 철컥, 철컥, 철컥, 철컥’

‘또깍, 또깍, 또깍, 또깍, 또깍’

멜빈 유달(Melvin Udall)은 현관문을 다섯 번씩 열었다 잠갔다 확인하며, 전등도 그런 식으로 반복해 가며 불을 켠다. 손을 씻을 때도 아주 뜨거운 물에 새 비누를 써가며 철저하게 씻는다. 길에선 절대 선을 밟지 않고 걷고, 행여 균이 손에 묻을까 봐 장갑을 끼고 다닌다. 식당에서도 자신이 가져온 포크만 사용하고, 항상 자신이 원하는 자리에만 앉는다. 참 미운 말만 하고 공감을 하지 못하니 남에게 상처를 주고 또 상처받고… 그래서 늘 혼자 있게 되는 멜빈… 그는 인기 있는 로맨스 소설 작가이다.

괴팍하고 고약스러운 멜빈을 받아 주는 유일한 사람, 캐롤 코넬리(Carol Connelly).

캐롤은 유달의 단골식당 웨이트리스다. 캐롤은 친절하고 이해심이 깊어서 유달의 신경질적인 행동도 잘 받아 준다. 아픈 아이를 혼자 키우며 힘들게 살아가고 있는 그녀는 힘든 상황 속에서도 동료들에게 관심을 기울이고, 손님들에게도 방긋방긋 웃으며 이야기를 나눈다.

유달을 다룰 줄 아는 듯한 캐롤…

보통 사람들은 멜빈의 독설에 너무 화가 나서 외면하거나 당황해서 할 말도 못 하는데, 캐롤은 끄떡하지 않고 멜빈 그대로를 인정하며 피하지 않고 혼내기까지 한다.

어느 날, 매일 보던 캐롤이 식당에 나오지 않자 불안감에 휩싸인 유달.

아픈 아이 때문이라는 그녀의 딱한 사정을 알게 된 후, 아이의 치료를 도와주는데 캐롤은 이에 감사하며 서로의 부족한 부분을 채워나가게 된다.

장점을 찾으려고 애쓰고 단점은 고치려 하는 인내의 과정을 통해서 상대를 인정하며 차츰 적응해 가며 이들의 사랑이 싹트기 시작한다.

TIP!!

멜빈이란 인물은 이 영화에서 정말 괴팍한 사람으로 그려진다. 멜빈이 보이는 특성들은 강박장애 환자에게서 보여지는 전형적인 증상들이라고 하는데, 이러한 사람도 캐롤의 열린 마음 앞에선 교감을 나눌 수 있게 된다. 아주 별난 사람도 관심을 주는 사람과는 소통하려 한다는 것을 느낄 수 있는 장면이다. 사람들 간의 차이는 당연한데도 우린 이런 차이를 곧잘 망각하며 살고 있다. 서로의 차이를 인정하고 존중해야 조직에서의 생활도 원만히 하며 각자가 원하는 것도 조화롭게 얻을 수 있게 된다는 사실을 잘 알면서도 말이다. 까다로운 선발 절차에 의해 회사마다 인재상에 부합하는 직원들을 채용하고 있지만 함께 일하는 동료들은 상당히 다른 사람들로 구성된다. 그곳에서 일어나는 상황들 또한 다양해서 옳고 그른 것을 고집할 수 없는 것들이 대부분이다. 나와 다르다고 해서 부정적으로 보기보다 그 차이를 이해하고 바람직한 방식을 취해서 어떻게 하면 상생할 수 있을지를 생각해야 한다. 캐롤처럼 공존하는 사람들과의 관심과 보살핌을 나눌 수 있는 길을 훌륭한 매니저라면 터득해야만 한다.

1 개인차는 왜 중요한가?

개인차
사람들의 행동에서 차이가 나타나는 방식

개인차(individual difference)란 사람들마다 다른 신체적, 성격적, 태도적, 감정적 특성들을 일컫는 것으로 이러한 차이들은 행동에 직접적인 영향을 끼친다. 예컨대 다르게 지각하는 사람들은 달리 행동을 할 수밖에 없고, 다른 태도를 지닌 사람들은 동일한 지시라도 달리 반응한다. 또한 다른 성격을 지닌 사람들이 상사, 동료, 부하, 고객들과 서로 다른 상호작용을 하는 것도 마찬가지다. 따라서 개인차를 이해하게 된다면 “변화를 잘 수용하는 이도 있지만, 이를 두려워하는 사람은 왜 그럴까?”, “감독 아래에서 생산적인 이도 있지만 그렇지 않더라도 생산적인 사람들은 왜일까?”, “어떤 직원은 다른 이보다도 왜 새로운 과업에 대해 더 잘 학습하게 되는 걸까?” 같은 물음에 그만큼 답하기 쉬워진다. 조직행동 연구는 개인차가 우리들의 사고와 행동에 많은 영향을 주는 변인이며, 성과와도 관련이 있을 것으로 판단하여 성과와 관련이 있는 개인차의 대표적인 유형을 발견하고 이들이 개인 및 조직 성과와 갖는 관계를 밝히고자 노력해 왔다.

한 개인을 규정짓는 개인차가 유일무이한 그 사람을 만든다. 이러한 개인차 이해의 기반은 행동을 사람과 환경의 함수라고 했던 르윈(K. Lewin)의 주장에서 기인한다. 그는 이러한 생각을 함수식 [B=f(P, E)]로 표현했는데, 여기서 B는 행동(behavior), P는 사람(person), E는 환경(environment)이다. 르윈의 아이디어는 **상호작용 심리학**(interactional psychology) **접근법**에 의해 더욱 발전되어 왔다. 우리가 인간 행동을 이해하려면 기본적으로 사람에 대한 것들과 상황에 대한 것들을 알고 있어야 한다고 이 접근법은 말한다. 즉 사람, 상황 모두를 연구할 필요성에 대해 지적한다. [그림 2.1]에서 볼 수 있듯이, 사람은 성격, 지각, 귀인, 태도, 감정, 윤리 등의 개인적인 요인들로 이뤄지고, 상황은 사람들이 활동하는 환경으로서 조직, 업무집단, 개인적 삶의 상황, 직무 특성들, 그리고 기타 환경 요인 등을 포함한다. 상호작용 심리학에는 사람 및 상황과 관련해서 다음과 같은 네 가지의 기본 전제들이 있다.

상호작용 심리학 접근법
사람과 상황 특성 간의 지속적이고 다각적인 상호작용을 강조하는 접근법

그림 2.1 개인의 행동에 영향을 미치는 변수들

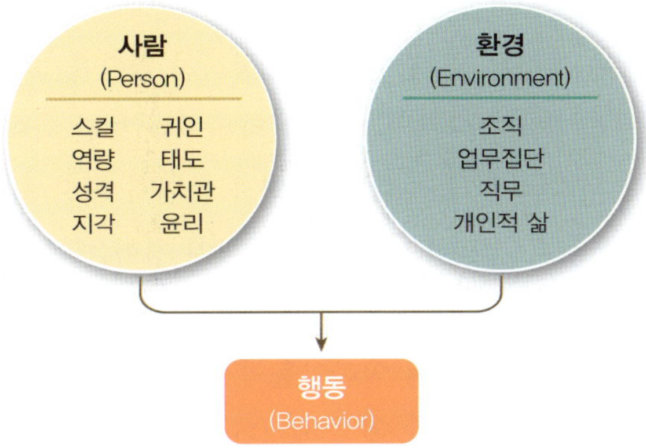

- 행동은 사람과 환경 간 지속적이고 다각적인 상호작용의 기능이다.
- 이 프로세스에서 사람은 활동적이어서 상황들을 변화시키고 또한 그것들에 의해 변화되기도 한다.
- 사람들은 인지, 감정, 모티베이션, 능력 요인들을 포함한 여러 특징이 다르다.
- 상황의 두 가지 측면, 즉 객관적 상황과 그 상황에 대한 개인의 주관적 관점은 중요하다.

한 개인을 표현하는 데 도움이 되는 배경 특성으로서 비교적 잘 드러나는 **인구통계특성들**(demographic characteristics)이 있다. 중요한 것들로는 나이, 성별, 인종 등 비교적 안정적인 것에서부터 교육배경, 혼인 여부, 종교, 건강과 직무경험 같은 변동적인 것들까지 다양하다. 나이, 성별, 외모 등의 인구통계적인 개인차와 성과 간의 관계는 실제로 존재한다고 하더라도 그 정도가 미미하고 또 일관되지도 않으며, 그나마 인과적 관계가 아닌 단순 상관적 관계인 경우가 많다.

나이

나이(age)가 들면 유연성이 부족해진다는 인식이 있다. 그래서인지는 몰라도 나이가 젊을수록 일을 잘할 것이라고 믿는 매니저들도 많다. 반대로 나이에 듦에 따라 경험을 통해 판단력이나 리더십이 개발되어 오히려 더 일을 잘할 수 있다고 보기도 한다. 대체로 나이가 들면서 낮은 이직률과 결근율을 보인다. 나이에 따라 직무만족은 증가하는 것으로 알려져 있는데 나이 든 직원들은 이직 가능성이 줄고 직무 경험은 쌓여 성과에 긍정적인 영향을 줄 수가 있다. 그러나 최근 여러 연구를 종합적으로 분석한 메타연구를 보면 나이와 성과는 유의하지 않은 것으로 나타난다. 그 이유는 나이가 들면서 어떤 신체적인 능력(예: 민첩성, 기억력, 체력 등)은 감퇴하지만 이와 동시에 경험을 통해 획득한 다른 능력들(예: 판단력)은 향상하기 때문에 긍/부정적 영향이 서로 상쇄되기 때문이다. 따라서 나이와 성과의 관계는 일반인들의 상식과는 달리 일률적으로 판단하기 어려우며 다른 요인들과의 관계 속에서만 파악할 수 있다.

성별

성별(gender)도 대표적인 개인차 변인 가운데 하나다. 나이와 마찬가지로 성별 간 문제해결력, 분석스킬, 경쟁심, 모티베이션, 학습능력, 사교성 등에서 일관된 차이는 없다. 그러나 여러 기업에서 여성 임원의 숫자는 '가뭄에 콩'으로 표현될 정도로 드문 게 현실이다. 국내 30대 대기업의 대졸자 공채 비율을 보더라도 아직 여자보다 월등히 남자를 선호한다는 것을 알 수 있다. 남성에 비하면 여성들은 더 순응적이고 성공에 대한 기대도 낮으며, 높은 결근과 낮은 수입을 보여준다. 그러나 해외의 연구사례이긴 하지만 상황 변화에 대한 적응력을 많이 요구하는 해외주재원의 임무에서는 직무 경험, 외국어 능력 등 모든 조건이 유사하다고 할 때 여성이 남성보다 우수한 성과를 나타내기도 했다. 나이에서와 같이 성별과 직무성과의 관계도 역시 단순하게 결론을 내릴 수 없으며 직무의 유형을 고려해야 하거나 다른 변인들과의 관계 속에서 판단할 수밖에 없다.

외모

외모(apperance) 역시 중요한 개인차 요인으로 취급된다. 호주에서 시행된 한 연구에 의하면 잘생긴 남성이 못생긴 남성보다 약 3,600만 원 높은 평균연봉을 받는 것으로 나타났다. 이들 연구팀은 1984년 호주국립대가 성인 남성 2,000명을 대상으로 조사한 결과를 바탕으로 2009년 다시 한번 같은 설문을 진행했다. 평균 이하 용모의 남성은 기준 소득보다 26% 더 적게, 평균 이상 용

외모지상주의를 부추기는 사회적 분위기로 인해 화장하는 남자들이 늘고 있다고 한다. 국내의 한 설문조사에서 "남자도 비비크림 정도의 기초화장은 해야 한다."는 답변이 54%로 반대의견을 앞질렀다.

모의 남성은 22% 더 높은 수입을 올리고 있었다. 국내 사례에서도 취업이나 승진, 이직 등 사회생활을 하는 데 있어서 잘생기고 예쁜 외모가 긍정적인 영향을 미친다는 사실을 간과할 수 없다. '외모도 경쟁력'이라는 사회적 인식이 확산하면서 취업준비생들 사이에는 성형이 유행할 정도다. 상대방에게 호감 가는 인상과 신뢰할 수 있는 이미지를 줄 수 있는 외모는 자신감과도 연결되어 긍정 마인드와 적극적인 자세로 업무에 임하다 보니 우수한 성과로 이어진다고들 분석한다. 하지만 자신감이 무조건 외모와 결부된다고는 단정 지을 수 없다. 외모와 성과의 관계는 업종과 직무에 따라 큰 차이가 있어서 확실한 인과관계가 밝혀지지는 않았다. 조직 내 개인의 성과를 예측할 수 있는 요인을 찾으려는 조직행동학자들은 인과관계가 모호한 인구통계적인 개인차 요인들보다 안정적으로 성과를 설명할 신뢰할 만한 요인들을 찾으려고 부단히 노력해 왔다. 그 가운데 가장 대표적으로 알려져 있는 것은 **성격**(personality)과 **능력/스킬**(ability/skill)이다. 이 밖에도 가치관(values), 태도(attitude), 지각(perception) 등은 개인의 업무행동 차이를 설명하는 데 도움을 준다.

그림 2.2 개인행동에 영향을 미치는 변인들

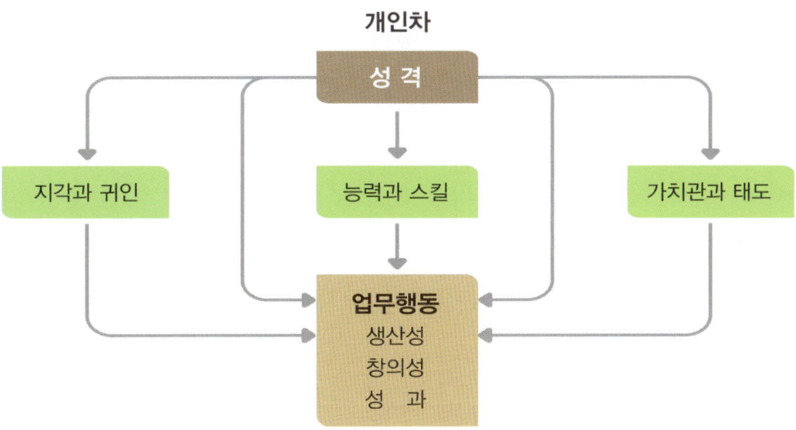

2 성격 특성

성격
시간이 경과하거나 상황이 바뀌어도 안정적으로 보여지는 인지적, 행동적 패턴들

성격(personality)이란 한 사람의 사고, 감정, 행동의 특징적 패턴들과 그러한 패턴의 배후에 있는 심리적 메커니즘을 일컫는다. 개인이 타인들과 반응하고 상호작용하는 모든 방식이 성격 속에 담겨 있다고 할 수 있다. 성격의 결정요인에 대한 논쟁은 학자들 사이에서 오랫동안 있었으나 지금은 성격 형성에 여러 요인이 관여한다는 잠정 결론에 이르게 되었다. 이들 결정요인 중 하나가 **유전**(heredity)이다. 어린 시절 각기 다른 가정에 입양되어 성장한 일란성 쌍생아를 대상으로 한 연구에서 연구자들은 이들에게서 유사한 성격적 특성을 발견했다. 외향성, 충동성, 유연성 등의 특성들에서 절반 정도의 설명력을 보임에 따라 유전자가 성격에 영향을 미친다는 사실이 입증되었다. **환경**(environment) 또한 성격을 결정하는 중요한 요인이다. 가정의 여러 요인과 더불어 교육적, 문화적 영향요인 등을 통해 성격의 형성과 발달에 영향을 미치게 된다. 그러나 이미 언급했듯이, 성격은 그 예측변인으로서 개인의 기질과 상황적 변인들을 서로 결합하여 행동을 설명하는 **통합적 접근법**(integrative approach)이 대다수 학자에게서 지지를 얻고 있다.

2.1 성격차원 1: MBTI

많이 알려져서 널리 활용되고 있는 대표적인 성격차원은 MBTI(Myers-Briggs Type Indicator)의 구분법이다. MBTI는 스위스의 심리학자 칼 융(C. Jung)의 개인차에 대한 아이디어를 측정하기 위해 개발되었다. 그는 사람들이 근본적으로 다르기도 하지만 반면에 유사하기도 하다는 가정을 했다. 원형(prototype)이라고 하여 인간 성격의 근본을 구성하는 원초적 특질이 있으며, 이 원형적 특성에서 사람들은 개인차를 보이고 이러한 특성의 조합이 그 사람의 전체적인 성격을 규정짓는다고 주장했다. 구체적으로 MBTI는 네 가지 차원에서 성격을 구분한다. 외향성(Extroversion)/내향성(Introversion), 감각(Sensing)/직관(iNtuition), 사고(Thinking)/감정(Feeling), 판단(Judging)/인식(Perceiving) 이들

각 차원의 유형들이 각기 장점과 약점을 가지고 있을 뿐 본질적으로 더 좋고 나쁜 것은 없다.

많은 사람들은 혈액형과 성격 간의 관련성을 믿으며 어느 정도 잘 들어맞는다고 느낀다. 그러면서도 과학적이지 않다고 느끼는 이유는 A, B, AB, O라는 4개의 유형으로 모든 성격을 설명하기 때문이다.

- 외향성–내향성: 이러한 구분은 **에너지를 어디서 얻는지**를 나타낸다. 사람들과의 사회적 상호작용으로 에너지를 얻는 경향은 외향성이며, 혼자만의 시간을 통해 에너지를 얻는 사람은 내향성이다. 융이 밝혔듯이, 이러한 선호는 사교스킬과는 무관하다. 관념적인 내부 세계에 에너지가 집중되는 내향적인 사람 중에도 훌륭한 사교스킬을 지닌 사람들이 무수히 많다.
- 감각–직관: **정보를 인지하고 모으는 방식**에 따른 구분이다. 오감을 통해 정보를 모으고 실제로 경험되는 사실이나 사건에 근거하여 인식하는 경향은 감각형이며, 정보를 육감을 통해 얻고 사실이나 사건 이면의 의미, 관계에 대해서 잘 인식하는 사람은 직관형이다. 미국인의 경우엔 약 70% 정도가 감각형이라고 한다.
- 사고–감정: **의사결정을 하는 방식**에 따른 구분이다. 논리적이고 비판적인 분석에 따라 결정에 도달하는 사람은 사고형이며, 감정을 근거로 자기 방식에 따라 결정을 내리는 경향을 가진 사람은 감정형이다. 감정을 잘 표출하지 않는 사고형과 달리 감정형은 남을 칭찬하거나 남들에게서 격려받기를 즐긴다.
- 판단–인식: 이러한 구분은 **세상에 대한 지향성을 반영**하는 것으로, 판단형은 미리 계획하고 잘 짜인 방식으로 생활하기를 선호하는 사람들이다. 이들은 목표와 행동 과정을 미리 설정해 두고 자신의 생활을 그에 맞춰 이끌어가며 조직화하고 추진하는 것을 중요시한다. 인식형은 이보다는 즉흥적으로 삶을 개방된 상태로 열어 두고 그때그때 상황에 맞게 선택하며 사는 것을 선호하는 사람들이다.

표 2.1 MBTI 성격유형들

ISTJ 세상의 소금형 한번 시작한 일은 끝까지 해내는 사람들	ISFJ 임금 뒤편의 권력형 성실하고 온화하며 협조를 잘하는 사람들	INFJ 예언자형 사람과 관련된 뛰어난 통찰력을 가지고 있는 사람들	INTJ 과학자형 전체적인 부분을 조합하여 비전을 제시하는 사람들
ISTP 백과사전형 논리적이고 뛰어난 상황 적응력을 가지고 있는 사람들	ISFP 성인군자형 따뜻한 감성을 가지고 있는 겸손한 사람들	INFP 잔다르크형 이상적인 세상을 만들어가는 사람들	INTP 아이디어뱅크형 비판적 관점을 가지고 있는 뛰어난 전략가들
ESTP 수완좋은 활동가형 친구, 운동, 음식 등 다양한 활동을 선호하는 사람들	ESFP 사교적인 유형 분위기를 고조시키는 우호적인 사람들	ENFP 스파크형 열정적으로 새로운 관계를 만드는 사람들	ENTP 발명가형 풍부한 상상력을 가지고 새로운 것에 도전하는 사람들
ESTJ 사업가형 사무적, 실용적, 현실적으로 일을 많이 하는 사람들	ESFJ 친선도모형 친절과 현실감을 바탕으로 타인에게 봉사하는 사람들	ENFJ 언변능숙형 타인의 성장을 도모하고 협동하는 사람들	ENTJ 지도자형 비전을 가지고 사람들을 활력적으로 이끌어가는 사람들

네 가지의 성격차원마다 두 유형이 존재하므로 성격 범주는 16가지가 존재한다([표 2.1] 참조). 성격 범주는 각 경우를 나타내는 알파벳 한 글자씩을 따서 표시한다. 예컨대 ESTJ는 사업가형으로 표현될 수 있는데, 이러한 사람들은 이미 행하고 뱉은 말이 있는 외부 세상으로부터 에너지를 얻는다. 사실과 현재를 다루는 것을 선호하며 논리적인 의사결정을 한다. 그들의 삶은 논리적인 바탕위에 잘 짜여 있어서 실용적이며 이미 검증된 해결책만 고집하고 다소 인간미 없게 보일 수 있다. 그들은 개념과 전략을 고려하는 데 시간을 쓰기보다 세부적인 것들을 확실시하기를 원한다. MBTI 척도를 직업상담, 팀빌딩, 갈등관리, 매니지먼트 스타일 파악 등을 위해 사용해 왔다. 성격차원을 통해 직원들이 일을 잘할지, 아니면 일을 좋아할지 등의 행동을 예측할 수 있을까? 연구에 따르면 MBTI는 커뮤니케이션 스타일과 대인관계 선호도를 결정함에 있어서는 유용한 도구다. 그러나 매년 200만 명 이상이 사용하고 있음에도 성격적 특성과 관련해서는 타당성과 안정성에 의문이 존재한다고 알려져 있다.

2.2 성격차원 2: 성격의 5요인(Big Five)

성격 특성에 대한 합의된 분류가 있는 것은 아니지만, 최근 들어 성격의 5요인(Big Five personality traits)이 주목받고 있다. 'Big Five'는 심리학에서 경험적인 조사와 연구를 통해 정립한 성격 특성의 주요 다섯 가지 요인 또는 차원을 말한다. 심리학자 대다수가 사람의 성격을 구성하는 **특성**(traits)이 위계적인 구조로 되어 있을 것이라고 보는데, 그러한 위계의 상층에 있는 성격 특성들을 제시한 것이다. 특징을 나타내는 특성은 규범적 관점에서 여태까지의 행동 패턴을 설명하고 사회적 결과까지도 고려하여 그 행동을 요약해 준다. 특성은 게다가 반복 발생하는 이러한 행동들의 개인 내 원인이나 발생 메커니즘도 나타낸다. 누군가의 특성을 설명할 수 있는 형용사들은 약 1,710여 가지나 『Webster's Unabridged Dictionary』에 수록되어 있다고 한다. 이들 대부분이 성실성(conscientiousness), 친화성(agreeableness), 신경증(neuroticism), 개방성(openness to experience), 외향성(extroversion)의 다섯 차원들로 분포된다. 이러한 Big 5 모델은 다양한 자료에서 신뢰성과 타당성이 입증되었다.

특성
시간과 상황을 초월하여 일관된 반응을 하게 하는 결정 경향

- **성실성**: 절제와 책임 있는 행동, 그리고 행동 방향을 결정하는 것과 관계된다. 이 성향이 높으면 몇 개의 핵심 목표에 집중하고 실행 노력을 우선시한다. 반면 성실하지 못한 사람들은 더 방대한 목표에 초점을 맞추고 체계적이지도 못하다. 이 요인은 연구에 따라 신뢰성(dependability)이라고 하거나 성취의지(will to achieve)라고도 지칭되었다.
- **친화성**: 타인들과 잘 지내는 능력으로, 원만한 사람들은 따뜻하고 친절하며 협력적이고 공감도 잘하고 도움을 주려 하며 공손하다. 이러한 사람들은 직장에서 타인과 긴밀한 관계를 발전시키고 유지하는 데 능숙하지만, 원만치 못한 사람들은 그렇지 않다. 친근감(friendliness), 사회적 순응성(social conformity)이라고 명명하기도 했다.
- **신경증**: 차분하고 안정적이며 부정적인 감정이 계속되는 것에서 자유로운 정도다. 정서가 불안한 사람들은 신경질적이고 침울해하며 불안정하고 시기심이 많다. 분위기에 의해 아주 큰 폭으로 좌우되기도 한다. 정서가 안정

표 2.2 Big Five 성격 모델

C (Conscientiousness)	A (Agreeableness)	N (Neuroticism)	O (Openness)	E (Extroversion)
성실성	**친화성**	**신경증**	**개방성**	**외향성**
믿을 수 있는	친절한	불안해하는	호기심 많은	말하기 늘 좋아하는
체계적인	협력적인	기분변화가 심한	창의적인	사회적인
신뢰할 수 있는	동정적인	감정적인	창조적인	정열적인
야심적인	도움이 되는	자신이 없는	복잡한	적극적인
근면한	정중한	질투하는	교양있는	대담한
인내심이 강한	따뜻한	불안정한	세련된	지배적인
NOT	NOT	NOT	NOT	NOT
부주의한	비판적인	침착한	탐구심 없는	조용한
엉성한	적대적인	꾸준한	관습적인	수줍음 많은
비효율적인	냉담한	느긋한	순응하는	거리끼는
태만한	이기적인	마음이 편안한	간단한	부끄러워하는
게으른	무례한	안심하는	예술감각이 무딘	내성적인
무책임한	차가운	만족해하는	인습적인	순종적인

적이면 그렇지 못한 사람보다 타인을 관리하는 데서 오는 스트레스를 잘 감당할 수 있다. 신경증은 정서적인 민감(emotional sensitivity)이라고도 하며, 동일 차원의 상반된 특성은 정서안정성(emotional stability)으로 불린다.

- 개방성: 독창적이고 관심사가 다양하며 위험을 감수할 수 있는 정도다. 개방성이 높은 사람은 새로운 아이디어에 귀 기울이고 상상력이 풍부하며 또한 다채로운 일상을 선호하고 새로운 정보에 따라 생각을 변화시킨다. 반면 개방성이 낮은 사람은 수용적이지 못할뿐더러 생각도 잘 변화시키려 하지 않는다. 이러한 점을 고려하여 교양(culture)이라고 명명한 연구자도 있고 지성(intellect)이라고도 불리고 있다.
- 외향성: 한 개인이 타인과 어울리기를 추구하는 정도이다. 말을 많이 하고 사교적이며 열정적이고 적극적이고 대담하며 지배적이다. 이 성향이 높으면 타인들과 함께 지내기 좋아하고 에너지가 충만하며 종종 긍정적인 감정을 경험한다. 이 성향이 낮으면 자제하고 조용하며 신중한 경향이 있다. 이 요인이 야망(ambition)과 사교성(sociability)이라는 두 가지 하위 요인으로 이루어진다고 해석하는 연구자도 있다.

ORGB 뉴스

상속자들의 미래

재벌가의 상속 예정자들은 온 국민의 관심을 받는다. 많은 이들이 후계자의 사소한 모습까지 뉴스를 통해 지켜본다. 이재용 부회장이 투자한 벤처 비즈니스가 재미를 못 봤다느니, 정의선 부회장이 공을 들인 자동차가 잘 팔린다느니 안 팔린다느니 갑론을박이 오간다. 이런 환경에서 과연 그들은 선대 창업자와 같은 모험적인 선택을 할 수 있을까?

인간의 동기를 '향상적(promotion) 동기'와 '예방적(prevention) 동기'로 나누는 조절초점이론(theory of regulatory focus)의 관점에서 보면, 재벌 후계자들은 예방적 동기를 가질 확률이 높다. 이미 가진 게 많은 터라 잃을 게 많은 상황을 피하려 할 소지가 크다. 국민이 일거수일투족을 지켜본다는 부담감, 실패하면 안 된다는 불안감이 예방적 동기를 일으키는 전형적 요인일 수 있다.

예방적 동기를 가진 사람의 가장 큰 특징은 모험을 회피하는 것이다. 모험은 성공할 것이라는 환상에 빠져 있을 때 시도하는 것으로, 실패할지 모른다는 두려움 속에선 나오지 않는다. 첫째나 외아들로 태어난 것도 현상을 유지하려는 예방적 동기를 강화하는 데 한몫 한다.

출처: http://news.joins.com/article/21816079 수정 발췌

'Big Five' 분류법은 연구자들이나 현업 매니저들로부터 관심을 많이 받고 있다. 이 프레임워크의 잠재 가치는 특정 상황에서 어떤 행동을 근거 있게 예측할 수 있게 하는 일련의 통합적인 특성들을 포함한다는 데 있다. 연구들은 'Big Five' 성격 특성이 직무와 관련된 태도와 행동을 이해하는 데 중요하며 조직행동을 이해하는 데도 도움이 된다고 제안하고 있다. 무엇보다도 종업원들의 성과와 뚜렷한 관련성을 보이는 것으로 나타났는데, 이를테면 내성적이고 성실한 사람들은 결근이 적다. 성실성이 높은 사람은 전문직, 영업직 할 것 없이, 그리고 매니저들까지 망라한 모든 직업군에서 직무성과가 높은 것으로 나타났으며, 외향성은 특히 관리직과 영업직에서 관련성이 높게 나타난다. 또한 고객 서비스와 관련된 직무들에서 정서가 안정적이고 친화성과 개방성이 높은 직원은 고성과를 보였다. 정서가 안정적인 사람은 시간과 사회적 압박 하에서도 의사결정을 잘 내리지만, 친화성이 높은 사람은 압박이 있으면 의사결정을 하는 데 어려움을 겪기도 한다.

2.3 조직행동에 영향을 주는 다른 성격차원들

조직행동 연구자들은 MBTI와 'Big Five' 분류법 이외에 다른 몇 가지 성격차원들에 대해서도 조직 내 행동 및 직무성과와 관련이 있는지를 탐구해 왔다. 이 중 가장 대표적인 핵심자기평가와 더불어 셀프모니터링, 적극적인 성격, 마키아벨리즘, A/B 타입, 위험성향 등이 각각 설명된다.

핵심자기평가

핵심자기평가
자신에 대한 기본적인 평가를 반영하는 성격 특성들의 총체

핵심자기평가(core self-evaluation)는 사람들이 자신에 대해 형성하는 기초적이며 본질적인 평가를 의미한다. 최근의 조직행동 연구는 특정 영역에 대한 자기평가가 성과나 직무만족 등 조직유효성과 관련이 깊다고 봐서 개별적인 각 요인보다 몇 가지 요인들의 묶음으로 나타내는 성격요인의 중요성을 인정한다. 마치 자존감처럼 자기 자신의 가치에 관한 평가이긴 하나, 핵심자기평가는 자기의 삶을 통제할 수 있는 능력, 어떤 일에 대처하고 인내하며 성공하는 역량, 그리고 모든 일이 잘될 것이라는 일반적인 느낌에 대한 믿음을 반영한다는 점에서 훨씬 더 광범위하다. 즉, 핵심자기평가는 개괄적이며 잠재적인 개념으로서 자존감(self-esteem), 일반적인 자기효능감(generalized self-efficacy), 통제의 위치(locus of control), 정서안정성 혹은 신경증(emotional stability/neuroticism)이라는 네 가지 특성을 가리킨다.

▶ **자존감** 자신이 가치 있는 존재라고 믿는 정도를 말한다. 자존감이 높은 사람들은 자기 자신에 대해 긍정적인 감정을 지니고 있다. 반면 자존감이 낮은 사람들은 타인들이 자신을 어떻게 생각하는지에 영향을 많이 받고 자신을 부정적으로 본다. 자존감이 낮은 매니저들의 경우, 타인들의 눈치를 보는 경향이 있어 소수의 입장을 무시할 가능성이 자존감이 높은 매니저들에 비해 더 높다고 한다. 자존감은 특히 사람들이 어떤 행동이나 직무를 선택할 때 영향을 준다. 자존감이 높은 사람들은 지위가 높은 직업을 가지려는 경향이 있고 직무만족과도 상관이 있다. 한편 자존감은 신경증과는 강한 부적 상관을 가진다. 고도로 신경질적인 사람들은 대체로 낮은 자존감을

그림 2.3 자기효능감의 원천과 그에 따른 행동

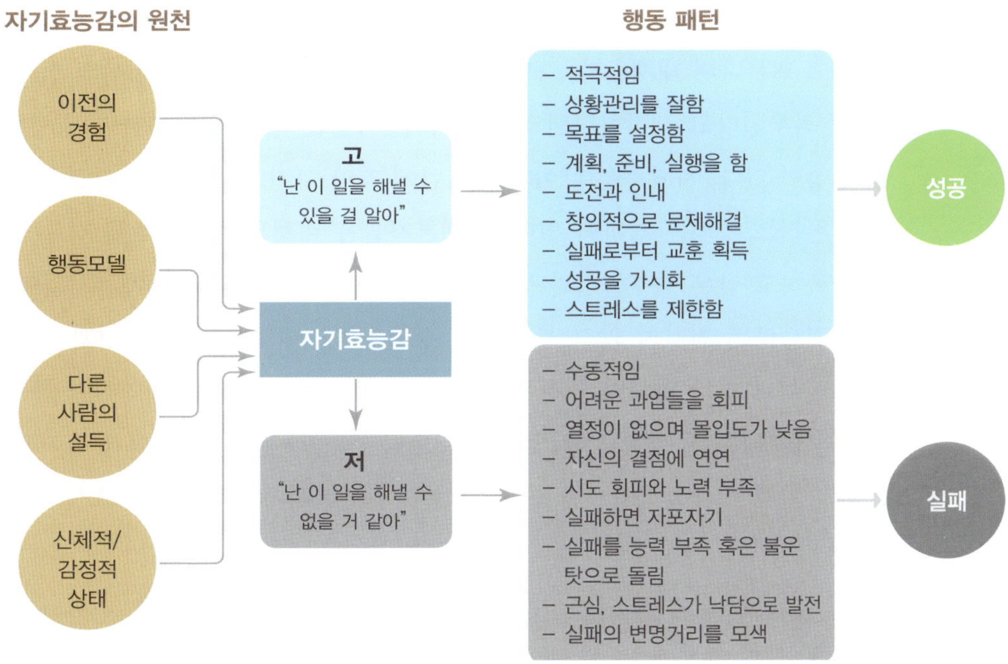

느끼는 경향이 있다.

▶ **일반적인 자기효능감** 자존감의 더욱 구체적인 버전이라 할 수 있는 **자기효능감**은 다양한 상황에서 자신이 무엇이든 효과적으로 수행해 낼 수 있다고 보는 것이다. [그림 2.3]에서처럼 높은 자신감은 확신에 찬 직무 관련 능력으로 발현되어서 결국 효과적으로 직분을 다하게 만든다. 높은 자신감을 가진 사람은 매우 **큰 목표**들을 설정하려는 경향이 있고 실패의 위협에도 동기유발된 상태를 유지한다. 자신감이 낮은 사람은 이보다 훨씬 작은 목표들을 설정하며 이마저도 차질이 있을 것 같으면 쉽게 포기하곤 한다. 자존감과는 비슷하면서 다른 면도 있다. 예를 들어, 자존감이 낮아도 컴퓨터 프로그래밍 관련 스킬에 전문성을 보이는 사람은 이 분야의 자기효능감이 높을 수 있다. 또한 특정 영역에 대한 효능감은 없지만, 전반적으로 자신의 가치를 높이 평가하는 사람도 있을 수 있다.

자기효능감
목표를 달성하는 데 필요한 과업을 잘 해낼 수 있다는 자신의 능력에 대한 믿음

▶ **통제의 위치** 상황에 대해서 사람들이 내적이나 혹은 외적으로 통제할 수 있다고 지각하는 정도이다. 즉, 자신의 운명이 본인 스스로에 의해 결정된다고 믿는다면 **내재론자**, 숙명이나 신 혹은 힘 있는 타인 등 외부의 힘에 의해 좌우된다고 생각한다면 **외재론자**다. 남성은 여성과 비교하면 내재론적 성향이 있다. 사람들은 나이가 들어감에 따라 그리고 지위가 올라갈수록 내재론적으로 되는 경향이 있다. 외재론자들은 내재론자들에 비해 직무에 덜 만족하고 낮은 직무몰입과 높은 결근율을 보인다. 그러나 내재론자들이 심리적으로는 건강치 않고 불안정할 수도 있다. 내적 지향은 역량과 자신감 그리고 기회와 맞물려야 하는데, 이것들이 여의찮게 되면 개인적인 통제감과 책임감을 잘 경험할 수 없기 때문이다. 역량과 자신감, 기회가 결여된 채 지나치게 내재론적이기만 한 사람들은 신경질적이며 불안해하고 우울해질 수 있다.

▶ **정서안정성 혹은 신경증** 불안하고 초조하며 우울한 것과 달리 침착하며 자신에 대한 믿음이 있고 차분한 정도를 의미한다. 'Big Five' 성격 특성에서 이미 설명했다.

관련 연구들에 따르면 자아개념(self-concept)이기도 한 핵심자기평가는 직무만족 및 긍정적인 직무성과를 예측할 수 있는 강력한 기질적 요인이다. 핵심자기평가가 높은 사람은 자존감 및 자기효능감, 통제의 위치, 그리고 정서안정성을 통해 조직 환경을 긍정적으로 지각하기 때문에 조직의 가치에 부합하는 활동, 즉 목표지향적 활동에 더 많은 관심과 노력을 기울이게 되고 그 결과 조직몰입과 조직관여, 서비스지향 시민행동으로 연결된다. 핵심자기평가는 4개의 개별 특성들보다도 목표설정의 동기나 성과에 더 긍정적이라고 보고된다. 특히 시간이 지나도 일정하게 유지되는 성격 특성이기 때문에 안정적으로 직무성과를 예측할 수 있어서 중요하게 여겨진다.

셀프모니터링

이것은 주어진 상황의 요구에 자기 행동을 맞추려는 경향을 반영하는 성격 특성이다. 환경 요인들에 자기의 행동이 잘 부합되게 하는 개인 능력이 곧 **셀프모니터링**(self-monitoring)이다. 셀프모니터링을 잘하는 사람들은 상황에 알맞은 행동이 무엇인지 주의하므로 남들을 살피고 그에 따라 행동한다. 반면 셀프모니터링을 잘하지 못하는 사람들은 상황적 신호에 부주의하고 마음 내키는 대로 행동한다. 셀프모니터링이 능하면 더 나은 고과를 받고 리더로 부상 가능성이 있으며 조직에 대한 몰입도는 생각보다 낮은 편이다. 이러한 사람들은 서툰 사람들보다 인상관리를 할 가능성도 더 크다. 실제로 셀프모니터링에 능한 사람들이 자신의 스킬이나 업적을 타인들이 알 수 있게끔 자기피알(self-promotion)을 잘한다. 셀프모니터링을 잘하는 매니저들은 부하직원들의 니즈를 잘 파악할 뿐 아니라 상호작용하며 그들을 변화시키는 데도 능하다. 그러나 셀프모니터링에 능한 사람들의 융통성이 모든 직무에 잘 어울리는 것은 아니다. 한곳에 머무르려 하지 않는 경향은 이들의 큰 단점이 되기도 한다.

셀프모니터링
타인에게 보여지는 자신의 모습을 통제하려는 정도

적극적인 성격

적극적인 성격(proactive personality)은 자신의 환경에 영향을 미치고자 행동을 취하는 기질을 말한다. 적극적인 성격이 연봉, 승진, 커리어 만족을 포함한 커리어 성과, 카리스마적 리더십의 속성, 그리고 창업 의지와 관련 있음이 연구를 통해 밝혀지고 있다. 이러한 연구 흐름은 적극적인 성격이 직무성과를 촉진한다는 가정에 근거한다. 미국의 어떤 비즈니스 스쿨 동문을 대상으로 했던 한 연구에서는 적극적인 사람들이 사회적 네트워크를 개발함으로 인해 성과 혜택을 얻는다고 제안했다. 적극적인 성격의 전형이라면 상대적으로 환경적인 힘에 의한 제한을 적게 받고 환경 변화에 영향을 미치는 사람들이다. 그들은 기회를 추구하고 진취성을 보이며 의미 있는 변화를 창출하기 위해 인내한다는 특징이 있다. 이에 비해, 소극적인 사람들은 대체로 진취성을 보이지 않고 변화시킬 기회를 잘 놓친다. 적극적인 성격은 직장에서의 성공뿐만 아니라 인생 전반에서의 성공과도 관련이 있음이 연구를 통해서 입증되고 있다.

마키아벨리즘

이 개념은 『The Prince』의 작가 마키아벨리(N. Machiavelli)의 이름에서 비롯되었다. 사회가 혼란하고 국가도 힘이 없던 16세기 이탈리아에서 그는 귀족이 얼마나 쉽게 권력을 얻고 또 사용하는지에 관해 책을 통해 설명했다. 모략이 팽배하고 신뢰가 땅에 떨어져 있던 그 당시 마키아벨리는 누구도 믿어서는 안 되고 수단을 가리지 않고 목적을 달성해야 하며 인정과 도덕, 정의는 이러한 목적 달성 이후에 추구해야 한다고 주장했다. 마키아벨리즘(Machiavellianism)이란 용어는 오늘날 사리를 추구할 목적으로 타인을 조종하는 개인의 성향을 반영하는 성격 특성이다. 마키아벨리즘 성향이 높은 사람들은 옳고 그름의 관념보다는 결과가 수단을 정당화한다고 믿는다. 이들은 상황에 논리적으로 접근하며 자신의 목표를 위해선 거짓말도 상관없다고 생각한다. 충성심, 우정, 과거의 약속, 타인들의 의견 따위에는 아랑곳하지 않는다. 이들이 고성과를 내는 경우는 역시 직무 같은 상황요인에 따라 다르다. 예컨대 협상과 같이 설득 스킬을 사용해야 하는 상황이나, 목표 달성에 대해 분명한 보상이 주어지는 상황에서 마키아벨리즘 성향이 높은 사람들은 좋은 성과를 보인다.

성격 A/B 타입

타입 A
주로 성격이 급하고 성취 욕구를 지닌 사람들

타입 B
여유가 있고 온순한 성격을 지닌 사람들

타입 A의 행동 패턴은 주로 매우 성실하면서 신경질적인 면으로 대표된다. 타입 B인 사람들과 달리, 타입 A인 사람들은 경쟁적이고 열심히 일하며 화를 잘 낸다. 타입 A 성향을 성급함, 성취에 대한 열망, 완벽주의로 간주한다면, 타입 B 성향은 일상에서 매사에 태평스럽고 덜 경쟁적인 것으로 묘사된다. 타입 A인 사람들이 타입 B보다 관상동맥성 심장질환(coronary heart disease)에 더 걸린다는 연구결과가 있다. 심장 전문의들도 심장질환을 앓는 환자들 대부분이 참을성이 적고 공격적이며 조급해한다는 사실에서 이 성격을 정의했다. 타입 A인 사람들은 단기간에 많은 일을 할 수 있으므로 조직 입장에서는 이상적인 종업원들로 생각될 수 있다. 하지만 한 연구에 의하면 타입 A인 매니저들이 타입 B인 매니저들보다 부하, 동료들 사이에 더 많은 갈등을 겪는다는 것이 밝혀졌다.

표 2.3 타입 A와 타입 B의 행동 패턴

타입 A	타입 B
쉬는 법이 없으며 식사도 급히 한다.	시간에 헐떡이는 경우가 거의 없다.
조급함을 느낀다.	필요 이상으로 자신의 업적을 내세우려 하지 않는다.
여러 가지 일을 한꺼번에 하려 한다.	재미와 휴식을 위해 논다.
휴식 시간을 갖더라도 어쩔 줄 모른다.	별다른 죄책감 없이 휴식을 잘 취한다.
스트레스로 시달린다.	건강을 잘 유지한다.
질보다 양을 우선시한다.	일의 질을 우선시한다.
데드라인/시간에 압박을 받는다.	서두르기보다 슬기롭게 일처리 한다.
창의적이지 못하다.	보다 창의적/혁신적 해결안을 제시한다.
좋은 의사결정자가 못 된다.	의사결정을 잘 한다.
행동을 예측하기 쉽다.	행동을 예측하기 힘들다.
얼마나 많은 수 혹은 양을 달성했는지처럼 숫자에 대한 강박이 있다.	

위험성향

위험성향(risk propensity)은 한 개인이 확실치 않은 상황에서 기꺼이 기회로 인식하여 위험한 의사결정을 하려는 정도를 의미한다. 높은 위험성향의 매니저는 새로운 아이디어를 실험하고 신제품을 가지고서 모험한다. 이런 매니저는 혁신을 주도해서 조직을 새로운 방향으로 이끌 수도 있지만 실패할 경우엔 반대로 조직을 위험에 빠뜨릴 수도 있다. 낮은 위험성향의 매니저는 조직을 부진 또는 지나친 안전제일주의로 이끌거나 아니면 안정과 차분함으로 불확실성이 높은 격동기에 조직의 성공에 일조하기도 한다. 빌 게이츠(B. Gates)나 손정의(孫正義) 같은 기업가들은 엘리트로서의 전도양양한 미래를 포기하고 마이크로소프트와 소프트뱅크를 창업하여 세계에서 가장 성공한 기업가가 되었다. 이러한 기업가정신에서 위험선호성은 불가피한 것이며 성공적인 창업자의 핵심적인 요인으로 인식된다.

3 능력

능력
어떤 행동을 실제로 수행하는 신체적, 심리적인 힘

능력은 직무에서 여러 과업을 수행하기 위한 재능(capacity)을 말한다. 이를테면 명석함이나 건강함, 그리고 상식 등은 어느 기업에서든 요구되는 능력의 예일 것이다. 능력은 유전과 환경 모두에 의해 이뤄진 기능으로서 비교적 안정적이다. 전반적인 개인의 능력은 기본적으로 두 가지 요인, 즉 신체적인(physical) 것과 지적인(intellectual) 것으로 구성된다. 예컨대 김 대리는 천 과장보다 신제품 기획 업무에 대한 능력이 뛰어나다. 천 과장은 그러나 사내 동호회 활동에서 스킨스쿠버 전문가로서 초보자들을 지도하는 것으로 유명하다. 능력과 관련하여 사람들은 나름의 강약점을 가지고 있어서 어떤 과업이나 활동을 수행하는 데 상대적인 차이를 보이게 된다. 직무별로도 요구되는 능력은 달라서 **능력-직무 간의 적합성**이 낮으면 실패의 확률이 높아질 수밖에 없다. 유사 개념인 스킬(skill)과 혼동이 있을 수 있는데, 스킬은 특정 과업이나 직무를 잘 수행할 수 있는 숙련(proficiency)의 수준과 관련되고(예: 보고서작성 스킬, 프레젠테이션 스킬), 능력(ability)은 더욱 다양한 스킬들을 종합하여 표현할 수 있는 일반적이고 광범위한 개념이다(예: 업무수행 능력, 직원관리 능력 등).

3.1 인지지능

사람의 두 가지 능력 가운데 오늘날 관심을 더 많이 받는 쪽은 아무래도 인지능력(cognitive ability)일 것이다. 인지능력은 지각, 기억, 사고와 같은 멘탈 프로세스에 의해 주도된 활동들의 활용이나 관여에서의 효과성을 의미한다. 인지능력은 **지능**(intelligence)이라고도 하며, **지능지수**(IQ: intellectual quotient)는 바로 인지능력을 표현하고 측정하기 위해 개발된 것이다. 1905년 지능검사를 최초로 개발한 프랑스 심리학자 비네(A. Binet)는 지능을 환경에 자신을 적응시키는 기능이자 이해하고 추리하며 판단하는 능력으로 정의했다. 그는 문제해결을 위해 일정한 방향으로 사고를 유지하는 능력, 사물의 본질을 이해하고 문제를 명확하게 통찰하는 능력, 그리고 나서 결과가 바람직했는지 그 여부에 대해 스

표 2.4 지적 능력의 차원들

차원	내용	대표직업
수리적성	연산을 신속 정확하게 하는 능력	회계사: 일정 품목에 대한 영업세 산정
언어이해	독해와 낱말 간의 관계를 이해하는 능력	공장매니저: 채용 관련 회사의 정책수행
지각속도	시각적인 유사성과 차이점을 신속정확하게 규명하는 능력	화재감식원: 방화 혐의를 뒷받침하는 단서 파악
귀납추론	논리적인 귀결을 유추하고 문제를 해결하는 능력	시장조사원: 향후의 제품수요 예측
연역추론	논리를 활용하고 논쟁의 의미를 평가하는 능력	감독자: 상이한 제안에 대한 판단
공간지각	다른 각도에서 사물이 어떻게 보이는지 상상하는 능력	실내장식가: 사무실 재단장
기억	과거 경험을 유지하고 회상하는 능력	판매원: 고객들의 이름 기억

스로 평가하는 능력이 지능의 본질이라고 했다. IQ는 교육 현장에서 처음 개발되었으나 신입사원 선발을 위해 실시하는 적성검사에도 인지능력을 평가하는 내용이 포함되어 있다. 교육 현장과 기업에서 학업성취나 직무성과를 예측하기 위해 지능지수를 폭넓게 사용하고 있다.

개인 간 인지능력들의 유사성을 설명할 때 일반적인 멘탈 능력(a general mental ability)을 사람들이 지녔다고 가정한다. 그 대표적인 요인들은 수리적성, 언어이해, 지각속도, 귀납추론, 연역추론, 공간지각, 기억 등이다([표 2.4] 참조). g 또는 g요인(g-factor)으로도 볼 수 있는 이것들은 더욱 구체적인 인지능력들의 기저를 이룬다고 할 수 있다. 현대에 와서 g요인은 IQ를 정의하고 측정하는 데 있어 주요 요인이 되었으며 이러한 인지능력은 직무성과의 훌륭한 예측도구이다. 과업수행 측면에서 특히 더 그렇다. 높은 인지능력을 가진 사람은 학습과 의사결정을 더 잘하는 경향이 있고, 인지능력은 조직시민행동이나 반생산적 행동보다도 과업수행과 더 강한 상관을 갖는다. 조직몰입과 인지능력 간에는 그러나 아직 이렇다 할 상관이 밝혀진 게 없다. 한편 g요인 외에도 공통적이지는 않아도 창의성, 운동능력, 예술성 등 개인에 따라 뛰어난 능력을 특수지능요인(s-factor: specific factor)이라고 하는데, 사실 두 요인을 모두 고려해야만 한 개인의 지적 능력을 객관적으로 판단할 수 있다. IQ 테스트로 일반적인 지능을

하이데거의 숲

억만장자는 보통사람들보다 지능이 더 높다?!

Wai(2013)는 미국의 유명 인사 2,254명을 억만장자, 대기업 CEO, 연방판사, 상원의원, 하원의원 등 5개 그룹으로 나눈 후 과연 이들의 지능이 '최상위 1% 그룹'에 포함되는지를 조사했다. 최상위 1%란 대입시험인 SAT와 ACT 평균 성적이 높은 명문대학이나 대학원 출신의 사람들이다. 이를테면 SAT 핵심 영역인 독해 · 수학의 합산점수가 1,600점 만점에 평균 1,400점 이상을 요구하는 대학에 다녔으면 최상위 1%에 해당한다. 연구결과 억만장자 중 45%가 최상위 1%에 포함되는 것으로 조사됐다. 최상위 1% 비율은 다른 그룹에서도 높아 상원의원(41%), 연방판사(40%), 대기업 CEO(39%) 등 순이었다. 사회적 영향력이 큰 직위에 오른 사람들, 즉 엘리트들은 지적 능력을 타고났으며 인지능력과 학력 면에서 범상치 않았다고 할 수 있다.

어느 정도는 잘 예측할 수 있어도 IQ 점수가 원래 인간의 능력 전부를 설명하기 위해 고안된 것이 아님을 반드시 알아야 한다.

3.2 실용지능

실용지능
경험을 통해 얻은 지식을 이용해 환경에 적응하고 변화해 가며 문제를 해결하는 능력

지능은 사실상 문제해결 능력과 관련된다. 여기서 문제란 학문적인 것만을 의미하는 것이 아니라 일상생활에서 부딪히는 실제 문제들을 모두 포함한다. 주로 학문적 지능(academic intelligence)을 반영하는 IQ는 삶의 적응력이나 성공을 측정하는 데는 한계가 있다고 지적되어 왔다. IQ 테스트가 학업 성적과는 .4~.7 정도로 보통 이상의 상관을 나타내지만, 실제 업무현장에서의 성과와 .2~.25 정도의 상관만 있다고 밝혀졌다. **실용지능**(practical intelligence)이란 일상의 문제들과 상황들을 다루는 개인의 능력을 일컫는다. 직관(intuition) 또는 상식(common sense)이라고 불리기도 하며, 책에서 배운 지식이라기보다는 경험을 통해 얻은 지혜에 가깝다. 미국의 심리학자 스턴버그(R. Sternberg)에 따르면, 실용지능의 중요한 요소는 암묵적 지식(tacit knowledge)이다. 이것은 타인의 도움 없이 획득된 행동지향적인 지식으로서 개인이 가치 있게 여기는 목표를 달성하도록 만든다. 암묵적 지식은 경험과 함께 증가하는 경향이 있고 기존의 지

능과는 낮은 상관을 보였으며 현실에서의 실제 성과를 잘 예측하는 것으로 나타났다. 이와 일관되게, 프로젝트 매니저의 실용지능은 프로젝트 성과에 중요하고 긍정적 영향을 미치는 것으로 나타났으며, 훈련과 리더십 성과에도 실용지능이 긍정적인 관련이 있었다.

3.3 감성지능

감성지능(emotional intelligence)이란 자신과 타인의 감정들을 관찰해서 분간하고 그러한 정보를 자신의 생각과 행동을 표현하는 데 사용할 수 있는 능력을 의미한다. 실용지능과 마찬가지로, 감성지능 또한 일반지능을 보완하기 위한 시도에서 비롯되었다. 감성지능의 먼 뿌리는 손다이크(E. Thorndike)가 제안한 **사회지능**(social intelligence)의 개념으로 거슬러 올라간다. 그는 감성지능이 사람들을 이해하고 관리하며 인간관계에서 현명하게 행동할 수 있는 능력이라고 했다. 감성지능의 가까운 뿌리라고 하면 가드너(H. Gardner)의 다중지능이며, 보다 구체적으로는 그가 제안한 개인 내 지능과 대인 간 지능의 개념에서 비롯

감성지능
감정들의 의미와 관계를 파악하고 이를 바탕으로 문제를 추론하고 해결하는 능력

사회지능
타인의 사회적 행동과 의도, 목표 등을 분석하거나 해석할 수 있는 능력

Mapping ORGB 성격으로서의 감성지능

감성지능을 성격 특성으로 보는 접근법은 성격 위계구조의 하부에 있는 일련의 정서적인 자기지각의 집합과 관련된다. 여타의 설문지법과 별다른 바 없는 이것은 전통적인 성격테스트 문항들을 가지고 주로 측정된다. 다만 이 모델에서는 감성지능을 환경의 요구나 압력을 잘 다루는 능력에 영향을 주는 여러 비인지적인 재능, 역량, 스킬들로 정의한다. 일례로 가장 유명한 모델 중 하나인 Bar-On(1997)은 감성지능을 다음과 같은 5가지 요인, 15가지 측면으로 측정한다.

- **개인 내(intrapersonal) 요인**. 자존감, 자기감성인식, 자기주장, 독립성, 자아실현
- **개인 간(interpersonal) 요인**. 공감, 사회적 책임감, 대인관계
- **스트레스 관리(stress management) 요인**. 스트레스 인내, 충동 조절
- **적응력(adaptability) 요인**. 현실평가, 유연성, 문제해결
- **일반적인 기분(general mood) 요인**. 낙관주의, 행복

출처: Petrides(2011).

된다. 가드너에 따르면 대인 간 지능은 타인의 의도, 모티베이션, 욕구들의 이해를 통해 그들과 효과적으로 일할 수 있는 개인의 능력을 나타낸다. 이에 반해서 개인 내 지능은 자신을 이해할 수 있으며 스스로 효과적으로 기능하게 하는 하나의 모델을 가지고 그러한 정보로 삶을 규제하는 데 잘 활용할 수 있는 능력과 관련된다. 감성지능은 성격이나 일반적 멘탈 능력보다 직무성과를 더 잘 예측하는 것으로 알려졌다. 초기의 연구에 의하면 감성지능은 세 개의 요소로 이루어져 있다고 보았으나 최근의 연구에 의하면 감성지능은 다음과 같은 4요인으로 이루어졌다.

- **자신의 감정을 지각/평가하고 표현하는 능력**: 자신의 깊은 감정을 잘 이해하고 자연스럽게 감정을 표현하는 능력과 관련된다.
- **타인의 감정을 평가하고 인지하는 능력**: 주위 사람들의 감정을 잘 지각해서 이해하는 능력으로, 이러한 능력이 있으면 타인들의 감정을 간파하고 반응을 잘 예측한다.
- **자신의 감정을 조절하는 능력**: 심리적 좌절상태로부터 회복할 수 있는 능력이다. 이 능력이 뛰어나면 지나친 흥분이나 화를 내지 않고 곧 정상으로 되돌아올 수 있어 이성을 잃지 않는다.
- **직무를 수행하고 완수하기 위해 감정을 효과적으로 사용하는 능력**: 생산적인 활동이나 개인적인 성취를 이루기 위해 자신의 감정을 사용할 줄 아는 능력이다. 지속적으로 자신을 격려해 긍정적 방향으로 본인 행동을 유도할 수 있다.

하지만 이 같은 긍정적인 관점에도 불구하고, 감성지능에 관한 연구와 관련하여 개념적, 연구방법론적 문제들이 존재한다. 먼저 감성지능의 모호한(모든 것을 아우르는) 정의와 매우 폭넓은 내용이 비판되어 왔다. 또 다른 비판으론 감성지능이 성격의 5요인과 지나치게 중복된다는 점이다. 감성지능에 대한 묘사 중 66%는 잘 알려진 Big 5 모델로 분류될 수 있으며, 많은 부분이 수용성과 정서안정성에 속하는 것으로 나타났다. 또한 Big 5 모델과 감성지능의 측정치 간의 다중 상관은 .75~.79이었다.

ORGB 뉴스

"월급이 자존심" 직장인 콤플렉스 1위는 '연봉'

직장인 10명 중 9명은 회사생활을 하면서 느끼는 '콤플렉스'가 있었으며 그중 1위는 '연봉'인 것으로 나타났다.

24일 구인구직 매칭 플랫폼 사람인이 직장인 800명을 대상으로 '직장인이 느끼는 콤플렉스'에 대해 조사한 결과 85.1%가 '콤플렉스가 있다'고 답했다. 콤플렉스를 느끼는 것 1위로는 '연봉'(48%, 복수응답)을 꼽았다. 다음으로 '외국어'(35.5%), '학벌'(28.8%), '업무역량'(26.4%), '인맥(대인관계)'(23.2%), '처세술'(18.5%), '집안 경제력'(17.9%) 등이 있었다.

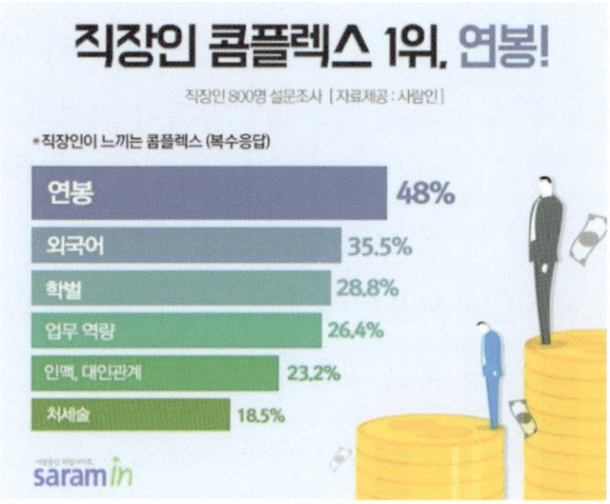

특히 연봉 콤플렉스가 있는 이들의 95.1%는 연봉이 낮아서 위축된 경험이 있었으며, 대부분 '또래 친구들의 연봉이 높을 때'(70.1%, 복수응답) 콤플렉스를 느끼는 것으로 나타났다. 이어 '생활비가 빠듯할 때'(60.1%), '여행, 취미생활 등을 즐길 여유가 없을 때'(51.8%), '가족들이 원하는 것을 해주지 못할 때'(39.9%) 등의 상황이 있었다. 연봉을 높이려는 방법으로는 '이직을 준비'(72.5%, 복수응답)하는 것을 1순위로 꼽았다.

콤플렉스를 느끼는 이유로는 대부분의 직장인이 '스스로 부족하다고 느껴서'(68.1%, 복수응답)라고 답했다. 다음으로 '노력해도 개선이 되지 않아서'(28.9%), '없었던 열등감이 생겨서'(25.4%), '이직에 영향을 미쳐서'(19.2%), '나만 빼고 동료들 모두 갖추고 있는 것 같아서'(18.6%) 등의 이유도 있었다.

콤플렉스는 직장생활에도 부정적인 영향을 미치고 있었다. 콤플렉스로 인해 '업무 의지, 열정이 줄었다'는 응답이 52.1%(복수응답)나 되었으며, '애사심이 줄었다'는 의견도 42.7%였다. 이외에도 '짜증 등 성격이 날카로워졌다'(38.5%), '소화불량, 두통 등 질병이 생겼다'(23.1%), '자신감이 떨어져서 업무 실수가 잦아졌다'(21%)는 등의 영향이 있었다.

사람인 임민욱 팀장은 "직장생활을 하면서 어느 정도의 콤플렉스는 동기부여가 되어 자기 발전이나 업무역량 개선에 도움을 줄 수 있지만 지나친 자격지심은 오히려 스스로에게 해가 될 수 있다"라며 "부족한 부분은 개선하려 노력하고, 그래도 안 되면 있는 그대로 받아들이는 것도 필요하다. 대신 잘하는 부분을 더 발전시키는 것에 집중하는 것이 경쟁력과 자존감을 높이는 데 도움이 될 것"이라고 덧붙였다.

출처: https://www.fnnews.com/news/201804240835018815

언급된 바와 같이 실용지능, 감성지능, 사회지능은 서로 유사하다. 세 가지 지능들의 기원이 일반지능을 보완하기 위한 시도였다는 점, 각 개념이 다양한 정의와 여러 차원을 가지고 있다는 점, 개념들의 증분 타당도에 관한 연구와 논쟁이 있었다는 점 등에서 그러하다. 분명 서로 중복되기는 하지만 이들 간에는 미묘한 차이도 존재한다. 우선 감성지능은 사회 문제들에 내재한 감정 문제에 초점을 두기 때문에 사회지능보다도 좁은 개념이라고 본다. 샐로베이(J. Salovey)와 마이어(P. Mayer)의 연구(1990)에서도 감성지능을 사회지능의 한 부분으로 정의했다. 한편 어떤 연구자는 사회지능에서는 다뤄지지 않는 내부적 조절 프로세스/감정이 고려되기 때문에 감성지능이 사회지능보다 넓은 개념이라고 주장하기도 한다. 실용지능은 현실의 문제를 강조한다는 점에서 감성지능, 사회지능과 더욱 뚜렷이 구분된다. 대인관계 스킬에 대해 언급하지 않았기 때문이다. 암묵적 지식의 측면도 감성지능, 사회지능의 일반적 특성과는 대조되는 실용지능의 특징이다.

단원 요약

1. 사람들마다 다른 신체적, 성격적, 태도적, 감정적 특성들을 일컫는 개인차는 행동에 직접적인 영향을 끼칠 수 있다. 나이, 성별, 외모 등 인구통계적 특성들도 한 개인을 표현하는 데 도움이 되지만 조직성과를 예측하는 데 확실한 인과관계가 밝혀지지는 않았다.
2. 성격이란 한 사람의 사고, 감정, 행동의 특징적 패턴들과 그러한 패턴의 배후에 있는 심리적 메커니즘이다. 많이 알려진 MBTI는 외향성-내향성, 감각-직관, 사고-감정, 판단-인식이라는 네 차원으로 성격을 구분한다.
3. 최근 주목받고 있는 'Big Five' 특성들이란 성실성, 친화성, 신경증, 개방성, 외향성이라는 다섯 가지 차원을 말한다. 이들 성격 특성이 직무와 관련된 태도와 행동을 이해하는 데 중요하며 조직행동을 이해하는 데도 도움이 된다고 연구들은 제안하고 있다.
4. MBTI와 'Big Five' 분류법 이외에도 핵심자기평가와 더불어 셀프모니터링, 적극적인 성격, 마키아벨리즘, A/B 타입, 위험성향 등과 같은 성격차원들이 조직 내 행동 및 직무성과와 관련이 있는 것으로 밝혀졌다.
5. 능력이란 직무에서 여러 과업을 수행하기 위한 재능으로, 신체적인 것과 지적인 것으로 구성된다. 지능이라고도 불리는 인지능력은 지각, 기억, 사고와 같은 멘탈 프로세스에 의해 주도된 활동들의 활용이나 관여에서의 효과성을 의미한다.
6. IQ가 학업 성적과는 보통 이상의 상관을 보이지만, 실제 업무 현장에서의 성과를 측정하는 데는 한계가 있다고 지적되어 왔다. 실용지능이란 일상의 문제들과 상황들을 다루는 개인의 능력을 말하며, 암묵적 지식은 실용지능의 중요한 요소이다.
7. 감성지능이란 자신과 타인의 감정들을 관찰해서 분간하고 그러한 정보를 자기 생각과 행동을 표현하는 데 사용할 수 있는 능력을 의미한다. 실용지능, 감성지능, 사회지능은 서로 유사하지만, 이들 간에는 미묘한 차이가 분명 존재한다.

논의할 문제

1. 회사에서 직원들을 관리할 때 개인특성에 대한 지식은 어떤 면에서 도움이 될 수 있을까? 특정 성향을 지닌 사람들이 성과가 더 좋다는 주장이 과연 타당할까?
2. 종업원의 성격을 파악하기 위해 기업들이 사용할 수 있는 방법들로는 어떤 것들이

있을까? 문화와 가치관은 개인의 성격 발전에 어떤 식으로 영향을 미칠 수 있을까?

3. 성격의 효과가 상황에 따라 달라지기도 한다. 예컨대 친화성이나 개방성이 중요한 장점이 될 수 있는 직무 상황은 언제일까? 그리고 해로운 상황은 또 언제일까?

4. 효과적인 매니저들에게 있어서 IQ보다 감성지능이 더 중요한 이유는 무엇일까? 어떤 경우에 매니저의 감성지능은 성과로 이어질 수 있을까?

5. 사람들은 거짓 감정에 잘 속으면서도 타인의 감정을 잘 알 수 있다고 생각하는 경향이 있다고 한다. 연습을 통해 타인의 감정을 알아채는 능력을 향상하는 것이 얼마나 가능할까?

더 읽을거리

Colquitt, J., Lepine, J. A., Wesson, M. J., & Gellatly, I. R. (2011). *Organizational behavior: Improving performance and commitment in the workplace*. McGraw–Hill Irwin.

Earley, P. C. (2002). Redefining interactions across cultures and organizations: Moving forward with cultural intelligence. *Research in Organizational Behavior*, 24, 271–299.

Eaton, L. G., & Funder, D. C. (2001). Emotional experience in daily life: Valence, variability, and rate of change. *Emotion*, 1(4), 413–421.

Erez, A., & Judge, T. A. (2001). Relationship of core self–evaluations to goal setting, motivation, and performance. *Journal of Applied Psychology*, 86(6), 1270–1279.

Fiske, D. W. (1949). Consistency of the factorial structures of personality ratings from different sources. *The Journal of Abnormal and Social Psychology*, 44(3), 329–344.

Fuller, B., & Marler, L. E. (2009). Change driven by nature: A meta–analytic review of the proactive personality literature. *Journal of Vocational Behavior*, 75(3), 329–345.

Gottfried, K., & Yan, T. M. (2013). *Quantum mechanics: Fundamentals*. Springer Science & Business Media.

Guilford, J. P., Shneidman, E. S., & Zimmerman, W. S. (1949). The Guilford–Shneidman–Zimmerman interest survey. *Journal of Consulting Psychology*, 13(4), 302–306.

Hogan, R. (1986). *Manual for the Hogan personality inventory*. Minneapolis: National Computer Systems.

Judge, T. A., Klinger, R., Simon, L. S., Yang, I. W. F. (2008). The contributions of personality to organizational behavior and psychology: Findings, criticisms, and future research directions. *Social and Personality Psychology Compass*, 2(5), 1982–2000.

Lievens, F., & Chan, D. (2010). Practical intelligence, emotional intelligence, and social intelligence. In J. L. Farr & N. T. Tippins (Eds.), *Handbook of employee selection* (pp. 339–359). New York: Routledge.

Norman, W. T. (1963). Toward an adequate taxonomy of personality attributes: Replicated factor structure in peer nomination personality ratings. *The Journal of Abnormal and Social Psychology*, 66(6), 574–583.

Petrides, K. V., Vernon, P. A., Schermer, J. A., & Veselka, L. (2011). Trait emotional intelligence and the dark triad traits of personality. *Twin Research and Human Genetics*, 14(1), 35–41.

Petrides, K. V. (2011). Ability and trait emotional intelligence. In T. Chamorro–Premuzic, S.V. Stumm, A. Furnham (Eds.), *The wiley-blackwell handbook of individual differences* (pp. 656–678). New York: Wiley.

Salovey, P., & Mayer. J. D. (1990). Emotional intelligence. *Imagination, Cognition and Personality*, 9, 185–211.

Thompson, J. A. (2005). Proactive personality and job performance: A social capital perspective. *Journal of Applied Psychology*, 90(5), 1011–1017.

Tupes, E. C., & Christal, R. E. (1961). Recurrent personality factors based on trait ratings. *USAF ASD Technical Report*, 61–97.

Wai, J. (2013). Investigating America's elite: Cognitive ability, education, and sex differences. *Intelligence*, 41(4), 203–211.

Wiggins, J. S., & Trapnell, P. D. (1997). Personality structure: The return of the Big Five. In R. Hogan, J. Johnson, & S. Briggs (Eds.), *Handbook of personality psychology* (pp. 737–765). San Diego, CA: Academic Press.

CHAPTER

03

가치(관), 태도, 감정

1. 가치(관)
2. 태도: 행동의 변화
3. 감정

▸▸ 학습목표

1 가치관에 관해 서술하고 어떻게 가치관이 형성되는지를 설명한다.

2 궁극적 가치와 수단적 가치를 분간하고 세 가지 유형의 가치 갈등을 설명한다.

3 태도에 관해 서술하고 태도는 어떻게 형성되는지를 설명한다.

4 직무만족과 조직몰입을 정의하고 이들 태도를 강화하기 위한 매니저용 팁을 제안한다.

5 감정을 정의하고 그 종류와 기능에 대해 논의한다.

6 감정전이, 감성지능, 감정노동에 대한 이해의 중요성을 정당화한다.

앞장에서 시작된 개인차에 대한 논의는 계속된다. 여기서는 가치관, 태도, 감정에 대해 살펴볼 것이다. 사람들이 직무나 조직에 대해 갖고 있는 생각과 감정은 그들이 일을 수행하는 데 있어서 중요한 영향을 미친다. 좀처럼 잘 변치 않는 특성을 지닌 가치관과 태도가 이러한 생각과 느낌에 해당되는 것들이다. 직업에 대한 가치관은 업무에 임하는 태도나 정서에 영향을 미칠 수 있다. 업무태도 역시 직장 분위기 및 감정에 따라 달라지기도 한다. 이러한 시각에서 매니저들은 직원들의 가치관, 태도, 감정이 다소 부정적이라면 긍정적으로, 긍정적이라면 더 긍정적으로 변화시키는 노력이 필요하다.

시네마 ORGB

그렇게 아버지가 된다(そして父になる)

진짜 자신을 만나는 아버지 료타

그렇게 아버지가 된다(そして父になる, 2013)

성공한 건축가 노노미야 료타, 아내 미도리와 함께 아들의 사립초등학교 면접에 다녀온 날, 케이타가 태어난 병원으로부터 연락받는다.

사이키 유다이와 유카리 부부 사이에 태어난 류세이와 서로 바뀌었다고…

료타는 사이키에게 두 아이 모두 자신이 키우면 안 되냐고 물었다가 혼쭐이 난다.

부유한 자신이 아이를 키우면 아이들이 행복할 거라는 료타…. 사이키는 한 번도 져본 적 없는 놈이라 남의 마음을 모른다며 화를 내며 료타를 때린다.

료타는 아이가 바뀌었다는 소식을 듣고 한 말이 '역시 그랬었군'이었다. 미도리는 이 말에 상처받았는데, 료타는 케이타가 기대만 못해서 늘 실망했던 것 같다.

료타는 완벽주의자이며 센 척하는 게 일상이다. 항상 바쁘고 회사엔 자신이 아니면 안 되는 일

이 많다. 양육은 엄마 몫이며 집에서는 무뚝뚝한 아빠였다. 아이가 찍은 사진 속에도 아빠가 자는 모습뿐이다.

자신이 만든 삶의 틀 안에서 완벽하게 살아가고 있다고 생각했던 료타…

료타의 생각에 서서히 균열이 생기기 시작했다. 반면 유다이는 늘 아이들의 입장에서 생각하며 이야기한다. 료타에 비하면 풍족하지 못하게 살지만, 아이들과 시간을 함께하고 잘 놀아준다.

아이들을 사랑한다는 걸 행동으로 보여준다. 료타는 유다이 가정과 관계를 맺고 교류하기 시작하면서 사이키가 자식들을 사랑하는 방식을 보게 된다. 그동안 자신이 자식에게 완벽하게 자라길 기대했던 것들이 얼마나 잘못되었는지를 서서히 깨달으며 자신의 허점을 인정한다. 스스로 완벽해지려 힘들었던 자신을 내려놓고 케이타에게 좀 더 가까이 다가간다. 료타는 그렇게 더 성장하고 진짜 아버지가 되어간다.

TIP!!

가치관은 삶의 방향과도 같아서 인생의 많은 부분을 결정짓는다. 가치관은 옷의 색깔 선택 같은 단순한 문제에서부터 생활양식이나 문화의 수준을 결정하는 요소로까지 작용한다. 이 영화에서도 오랫동안 료타의 삶을 이끌었던 그의 가치관이 그려진다. 그는 성공 지향적인 사람으로서 자식도 그러한 관점에서 평가하고 기대한다. 이러한 료타의 사고방식은 영화 속에서 그가 여러 문제에 봉착하게 만든다. 아들로 알고 키웠던 케이타는 유다이와 금방 친해진 반면, 친자 류세이는 그에게 반항하고 끝내 가출까지 한다. 이런 일련의 과정에서 료타는 가치관의 변화를 겪는 듯하다. 흥미롭게도 가치관은 좀처럼 변하기 어려운 것임에도 말이다. 가치관을 이해하면 우린 그 사람에 대한 이해가 용이하다고 말한다. 그만큼 가치관은 행동이나 태도에 관한 많은 정보를 담고 있어서일 것이다. 가치관은 행동을 이끌고 행동은 다시 습관이 되어 가치관을 강화한다. 이런 식으로 이해하면 사회 성원으로서의 개인 가치관이 그 사회의 질이나 수준을 결정하는 중요한 요소가 되기도 한다.

1 가치(관)

사람들은 누구나 살아가며 의사결정에 도움을 주는 가치관을 개발한다. 가치관은 직장 동료들이나 조직 전체의 가치관과 잘 어울릴 수도 있지만 경우에 따라 충돌을 일으키기도 한다. 충돌이 있을 시에는 다른 더 잘 맞는 분위기로 옮겨서 일할 생각을 하거나, 자신의 가치를 수정하여 적응을 시키거나, 아니면 (그럴만하다고 여겨지면) 몸담고 있는 회사의 조직 가치를 변화시켜야 한다. 이들 어떤 경우라도 가치관은 일관될수록 더욱 생산적이고 행복한 결과를 가져다준다.

1.1 가치(관)의 특성

가치
사람들이 중요하다고 여기는 것과 추구하려고 하는 목표들

가치(values)란 무엇이 옳은지 그른지에 대한 영구적인 관점을 일컫는 것으로, 더 쉽게 말해서 일생동안 무엇을 위해 노력해야 하고 어떻게 행동해야 하는가에 관한 개인적 신념이라 할 수 있다. 가치는 행동을 동기화하며 의사결정의 방향에 영향을 준다. 따라서 한 사람이 가진 가치를 이해하면 그(녀)의 행동을 예측할 수 있다. 특정 행동 혹은 결과가 여타의 다른 것들보다 더 선호되는 이유를 가치는 잘 제시해 주기 때문일 것이다. 이 밖에도 가치가 조직행동에서 중요한 이유는 한 개인의 주변 세상에 대한 지각에 영향을 준다는 점, 그리고 옳고 그름에 대한 해석을 대변해 준다는 점 등이 있다. 한 소비자의 행동을 예로 들면 기능과 내구성보다 체면을 중요시하는 사람은 차량 구매 때 성능보다 차체 크기나 디자인을 중심으로 한 구매 결정을 할 것으로 예측된다. 마찬가지로, 조직의 맥락에서 본다면 당장 즐거움을 추구하기보다 미래 성공에 가치를 두는 사람은 높은 동기 수준에서 지속적인 노력을 하리라 예측할 수 있다.

부모님, 친구들, 선생님, 형제, 교육, 경험, 외부 준거집단 등은 모두 개인 가치에 영향을 끼칠 수 있는 원천들이다. 부모, 선생님, 친구, 형제의 행동을 본보기로 삼고 답습하는 것이 가장 중요할 수 있지만 영향력 있는 사람들과 가치관의 소통을 통해서도 가치관의 습득이 이루어진다. 중요인물이 은연중 내비치

표 3.1 궁극적 가치와 수단적 가치

궁극적 가치	수단적 가치
• 편안한 삶(풍성한 삶)	• 야심적인(근면한, 출세지향적인)
• 신나는 삶(자극되는, 활발한 삶)	• 마음이 넓은(마음이 열린)
• 성취감(지속적 기여)	• 유능한(능숙한, 효과적인)
• 세계평화(전쟁과 분쟁으로부터의 자유)	• 쾌활한(명랑한, 기쁜)
• 아름다운 세상(자연과 예술의 아름다움)	• 깨끗한(단정한, 깔끔한)
• 평등(형제애, 모든 이에게 공평한 기회)	• 용감한(자신의 신념을 위해 일어서는)
• 가족안위(사랑하는 사람들을 보살피기)	• 너그러운(남을 용서하는 의지)
• 자유(독립, 자유선택)	• 기꺼이 돕는(다른 사람의 안녕을 위해 일하는)
• 행복(만족감)	• 솔직한(진실된, 정직한)
• 내적 조화(내적 분쟁으로부터의 자유)	• 창의적인(대담한, 창조적인)
• 성숙한 사랑(성적, 정신적 친밀함)	• 독립적인(자립적인, 자급자족할 수 있는)
• 국가안보(공격으로부터의 보호)	• 지적인(총명한, 사색적인)
• 기쁨(즐길 수 있는, 느긋한 삶)	• 논리적인(한결같은, 합리적인)
• 구원(구해진, 영원한 삶)	• 다정한(애정 어린, 상냥한)
• 자기존중(자존감)	• 복종하는(순종적인, 존경심을 보이는)
• 사회의 인식(존중, 존경)	• 예의 바른(공손한, 정중한)
	• 책임감 있는(믿을 수 있는, 신뢰할 수 있는)
	• 자제심 있는(절제된, 자기 수련된)

는 태도를 인지하거나 사회윤리를 통해서도 가치는 영향받는다. 사람들은 저마다 생각하는 중요도에 따라 형성한 **가치시스템**(values system)을 가지고 있다. 바람직한 최종 상태, 한 개인이 그의 일생에서 이루고자 하는 목표들을 일컫는 **궁극적 가치**(terminal values)와 이러한 궁극적인 가치의 실현을 위한 방법인 **수단적 가치**(instrumental values)를 갖는다. 일례로 편안한 삶이나 행복 등이 궁극적 가치라면 야심, 관대함 등이 수단적 가치에 해당한다. 두 유형의 가치를 종합해 보면 어떤 사람들은 편안한 삶을 추구하기 위해 야심 찬 목표를 추구하며 달성하려 할 것이고, 또 다른 사람들은 마음 편한 삶을 위해 타인을 용서하고 도와주는 활동들을 할 것이다.

가치시스템
중요도에 의해 순위 매겨진 한 사람의 행동 방식들 및 최종 상태에 대한 믿음 체계

궁극적 가치
바람직한 생존의 최종 상태

수단적 가치
선호되는 행동 양식으로 궁극적 가치를 이루기 위한 수단

연령대에 따라 이러한 가치들은 각기 다양할 수 있다. 짐작할 수 있듯이 베이비붐 세대들의 가치는 이제 직장생활을 막 시작하고 있는 신세대와 사뭇 대조적이다. 신세대 젊은이들은 가정생활이나 업무 외 여가에도 가치를 두고서 직장과 가정생활 사이의 균형을 선호한다. 반면, 베이비붐 세대는 가정보다는

일에 더 큰 가치를 두고 살아왔고 성취를 매우 중시한다. 그들의 후속 세대인 X세대와 Y세대 간에도 일에 대한 가치는 약간 다르다. 예컨대 X세대는 자립심, 개인주의에 가치를 두고 가정과 직장생활의 균형을 추구한다. Y세대는 비록 기간제 비정규직으로 근무하더라도 자유나 편안한 삶 같은 궁극적 가치에 주안점을 둔다. 베이비붐 세대처럼 '일하기 위한 삶'이라기보다는 '삶을 영위하기 위한 일'을 갖는다는 면에서는 서로 유사하다고 할 수도 있다. 이처럼 가치관 안에는 개인이 성장한 시대의 사회적 가치도 반영되어 있음을 이해하면 그 행동양식을 설명하고 예측하는 데 도움이 될 것이다.

좀 더 범위를 확대하면, 한 기업이나 국가의 경제적 성장도 가치(관)를 통해 설명할 수 있다. 약 25년 전 소위 '아시아의 네 마리 용(龍)'으로 불렸던 한국, 홍콩, 싱가포르, 대만이 이룩한 놀라운 경제 발전의 원인을 분석한 결과, 이들 신흥경제국들이 공통으로 현재보다 미래에 중점을 두고 교육을 중시하며 다소 가부장적이고 권위주의적이지만 인정과 화합의 사상에 근거한 문화적 가치에 기인한 것으로 나타났다. 즉 주변 환경, 기술력, 정치 상황 등의 요인들도 작용했지만, 무엇보다 유교주의가치(confucianism)가 가장 주요했던 것으로 평가된다. 한 가지 더 흥미로운 것은 이들 4개국의 개인주의 점수(대만 17점, 한국 18점, 싱가포르 20점, 홍콩 25점)는 70~90점대인 서양인들에 비하면 낮은 점수지만 대체로 근대화가 진행된 나라일수록 개인화 점수가 높게 나타났다는 점이다. 이것은 호프스테드(G. Hofstede)가 1967년부터 1973년 사이에 다국적 거대기업인 IBM에 근무하는 66개국 117,000명의 직원들을 대상으로 작업 목표와 가치에 관련된 조사를 했던 것에 근거한다.

네덜란드 사회심리학자 호프스테드는 설문 데이터를 분석해서 사람들은 자기의 행동과 관련된 독특한 가치시스템의 패턴들을 갖고 있음을 발견했다. 즉, 국가의 문화에 따라 경영자들과 종업원들의 가치가 다르다는 것을 밝히고 그것을 권력거리(power distance), 개인주의/집단주의(individualism/collectivism), 불확실성 회피성향(uncertainty avoidance), 남성성/여성성(masculinity/feminity), 장기/단기 지향(long-term/short-term orientation) 등 다섯 가지로 분류했다. 이들 차원은 오늘날 문화를 비교해서 그 차이를 이해하는 데 하나의 패러다임으로

그림 3.1 각 나라별 문화적 가치 차원들의 점수

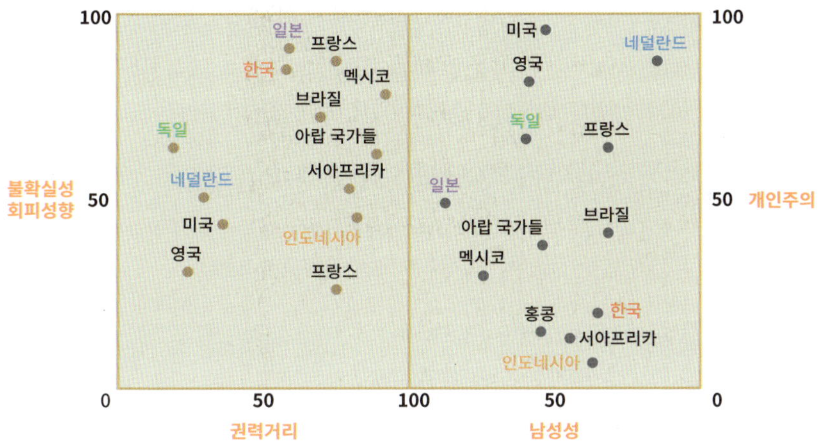

자리 잡았다.

- **권력거리**는 권력이 불균등하게 분포된 것을 사회가 용인하는 정도로서, 계층적 차이의 수용이나 독재적 리더십의 용인과 관련된다. 예컨대 카스트제도가 존재하는 인도와 같이 높은 권력거리가 존재하는 사회에서는 불평등이 용인되는 정도가 높으며 미국과 같이 낮은 권력거리의 국가에서는 불평등에 대한 반발이 아주 높게 나타난다.
- **개인주의/집단주의**는 개인책임 vs. 공동협력에 관한 것으로, 개인의 자유와 독립성을 가치 있게 여기는 정도에 따라 판단할 수 있다. 우리나라는 개인주의 사회로 변모하고 있으나 많은 사람이 동문회나 향우회 활동을 하는 모습에서 여전히 집단주의 성향을 발견하게 된다.
- **불확실성 회피성향**은 애매모호한 상황에 의해 위협감을 느끼는 정도와 관련된다. 체계, 안정성, 규칙, 분명한 성과척도를 구성원들이 더욱 갈망한다면 불확실성의 회피 정도가 높은 사회이다. 불확실성 회피성향이 높은 문화에서는 안정적인 직업에 높은 가치를 부여하고 매니저들이 아주 분명한 지시를 내려 줄 것을 기대하기 쉽다.
- **남성성/여성성**은 자기주장, 경쟁, 돈과 가치 있는 것의 획득이 중요한가 아니면 관계, 타인에 대한 세심함과 관심이 더 중요한가에 관한 것이다.

표 3.2 호프스테드의 문화적 가치 차원

작은 권력거리	큰 권력거리
• 사회 불평등은 최소화되어야 마땅하다. • 모든 이들은 동등한 권리를 가진다. • 지위나 직함은 지식보다 중요치 않다.	• 직원들은 상사에게 순종적이어야 한다. • 실권자에겐 특권과 지위가 부여된다. • 직원들은 명령계통을 따라가야 한다.
집단주의	**개인주의**
• 나보다는 우리에 초점을 맞춘다. • 조직 소속을 강조한다. • 체면을 지키기 위해 잘못을 지적당하는 걸 회피한다.	• 비순응주의자; 자신의 목표를 개인들은 추구한다. • 개인 주도와 성취를 강조한다. • 모든 사람은 사적인 생활과 견해를 갖을 권리가 있다.
낮은 불확실성 회피성향	**높은 불확실성 회피성향**
• 삶에 내재된 불확실성은 수용되고 하루하루는 오는 대로 받아들인다. • 갈등과 경쟁은 건설적으로 활용될 수 있다. • 반대가 허용된다.	• 삶에 내재된 불확실성은 위협이다. 규칙과 법이 불확실성을 줄여준다. • 갈등과 경쟁은 질서를 생각해서 회피해야 한다. • 일관성은 필요하다.
남성성	**여성성**
• 인간은 성취지향적이다. • 물질적 성공은 가치 있고 소중하다. • 직업역할은 명확해야 한다.	• 인간은 삶의 질에 관심을 가져야 한다. • 타인을 돌보는 것은 가치 있고 소중하다. • 남성과 여성 사이에 직업역할의 구분은 없다.
단기	**장기**
• 최종 결과물을 존중한다. • 노력은 곧 결과물로 나타나야 한다. • 상사와 직원들은 서로를 분리된 집단으로 본다.	• 직업윤리를 존중한다. • 결과를 향한 오랜 인내와 꾸준한 노력이 가치 있다. • 더 커다란 사회 목적을 위해 자신을 굽힌다.

성취지향의 남성적인 문화권에서는 학교에서 낙제한다는 것이 아주 큰 비극이다. 일본이나 독일처럼 남성성이 강한 나라에서는 해마다 대입시험의 실패로 자살하는 학생에 대한 언론보도를 심심찮게 볼 수 있다.

- **장기/단기 지향**은 미래를 보기 때문에 인내와 절약, 근면노력이 중요한가 아니면 과거 전통을 존중하고 현재의 사회적 의무이행을 중시하는가에 관한 것이다. 예를 들자면, 단기지향성이 높은 유럽이나 북미 국가들에서는 경조사 부조금에 대한 전통을 찾아보기 어렵다. 이는 그들이 이기적이라기보다 장기적인 공동체 결속을 중시하는 우리나라 사람들과는 다른 가치를 지녔기 때문이다.

1.2 직업가치와 윤리적 가치

올바른 가치관이 경쟁우위로 이어질 수 있다고 보면 가치관은 그만큼 중요하다고 할 수 있다. 연구자들에 의해 다양한 가치관들이 규명되어 왔지만 조직행동과 관련해서 주목해야 할 두 가지 가치관으로는 직업가치와 윤리적 가치가 있다. 우선 **직업가치**(work values)는 사람들이 근로 활동에 참여해서 반드시 만족되어야 한다고 믿는 가치이다. 일을 통해 사람들이 얻게 되리라 기대하는 것은 주로 가정의 안정과 더불어 편안한 생활, 성취감 및 자존감, 사회적 인정 및 활기찬 삶 등일 것이다. 직업가치는 개인의 커리어 선택에 영향을 미치기 때문에 커리어 개발 프로세스에서 중요한 변수로 인식되고 있다. 예컨대 새로운 것을 학습하고 성장해 나가는 것을 직무수행에 있어서 중요시하는 사람들은 도서지역 시골에서 교사로 근무하는 것을 불행하게 여길 수도 있다. 어린 학생들을 가르치는 일 외에 별다른 학습기회가 거의 없다고 보기 때문이다. 결국 스스로 불행하다고 여기는 사람들은 수업에 대한 열의도 떨어져서 학생들과의 소통을 줄이고 다른 직업을 찾아 이직할 가능성이 커진다.

직업가치
개인의 행동과 태도를 이끄는 직업의 특성에 대한 주관적인 선호정도

직업가치는 사람들이 직무에 대해 느끼는 방식, 직무에 대한 행동 방식, 그리고 전반적인 직무만족과 관련된다. 자기 상사와 직업가치 면에서 일치하는 직원이 있다면 그는 직무에 대한 만족 및 몰입을 더 느끼기 쉽다. 직업가치는 일반적으로 내재적, 외재적 가치로 구분된다. **내재적 직업가치**(intrinsic work values)는 일 자체의 특성과 관련된 가치관이다. 도전의식을 가지고 새로운 것을 배우며 자기 잠재력을 충분히 펼쳐 조직에 공헌하고자 하는 직원들이 바로 내재적 직업가치를 지닌 사람들이다. 반면 직무의 본질적인 특성들에 가치를 부여하기보다 일의 결과와 관련된 **외재적 직업가치**(extrinsic work values)를 중요시하는 사람들도 있다. 이러한 외재적 가치를 가진 직원들에게는 일을 하는 가장 중요한 이유가 돈을 벌기 위함이다. 사람마다 외재적 가치와 내재적 가치에 두는 비중이 같을 수는 없다. 가르치는 일을 좋아하는 중등학교 교사가 인터넷 강의 강사처럼 높은 임금을 주는 일자리를 얻기 위해 자기 일을 그만두게 되면, 내재적 가치보다 일의 외재적 가치를 더 강하게 가지고 있는 경우라고 볼 수 있다.

내재적 직업가치
일의 실제 내용

외재적 직업가치
그 일의 결과나 외적 요소들에 관한 가치

표 3.3 내재적, 외재적 직업가치의 비교

내재적 직업가치	외재적 직업가치
• 흥미로운 일 • 도전적인 일 • 새로운 것에 대한 학습 • 중요한 공헌 • 책임과 자율 • 창의적	• 높은 급여 • 직무안정성 • 복지 혜택 • 사회적 지위 • 사회적 네트워크 • 가족과의 시간 • 여가시간

윤리
인간의 행동에 대해 무엇이 옳고 그른지를 결정하는 원칙

한 개인의 가치(관)는 또한 과연 어떤 행위를 윤리적이라고 봐야 하나라는 판단에 영향을 미친다. **윤리**(ethics)는 한 개인이 하는 도덕적 선택이자 마땅히 해야 하는 것으로서, 가치관을 행동으로 전환해 주는 수단으로 간주되기도 한다. 옳고 그른 것에 대한 개인적 신념인 **윤리적 가치**(ethical values)는 자신의 행위에 정당성을 부여하고 바람직한 결정을 내릴 수 있게 해준다. 따라서 타인, 집단에 이익이나 해가 될 수 있는 의사결정을 해야 할 때 윤리적 가치가 꼭 필요하다. 이 경우 공리주의적 가치, 권리론적 가치, 그리고 정의론적 가치는 결정적인 가이드가 될 수 있다. 결정 결과에 초점을 맞추는 방법이 **공리주의**이다. 이 기준에 따르면 아무에게도 해가 없다면 그 결정은 윤리적이다. 인간은 모두 동등하게 존중받아야 한다는 것이 의무론(deontology)의 근본 사상이듯이, 개인의 인권이나 권리를 보호하는 식으로 결정을 내려야 함을 강조하는 것이 **권리론적 가치**이다. 마지막으로 **정의론적 가치**는 양심적인 결정으로서 공정하고 부당하지 않은 방식으로 결정하는 것과 관련된다. 이는 좋은 인성과 양심적인 동기 및 의도를 가진 사람을 윤리적으로 행동하고 있다고 보는 것과 유사하다.

소위 전문영역에서 일하는 사람들은 '직업윤리'를 가지고 있다. 바로 생각나는 것이 공무원으로서의 직업윤리를 말하는 공직윤리이다. 공직이라는 특수한 직업 분야에 요구되는 도리 또는 직업적인 특수 윤리로서 국민 전체에 대한 봉사자인 공무원의 신분에서 지켜야 할 규범적 기준을 말한다. 마찬가지로 의사나 법조인들처럼 사회지도층으로 분류되는 이들에게도 적절하거나 부적절한 행동과 관련된 투철한 직업윤리의식이 요구된다. 최근 수술 중인 환자를 앞에

ORGB 뉴스

2030 직장인 10명 중 4명 "승진 신경 안 쓴다… 자기만족 · 워라밸 중요"

20~30대 직장인 10명 중 4명은 '딱히 직급 승진에 신경 쓰지 않는 것'으로 나타났다. 직장보다 직업을 중시하고, 본인의 만족과 워라밸을 중시하는 20 · 30세대의 가치관이 반영된 결과로 풀이된다.

30일 취업포털 사람인이 20~30대 직장인 724명을 대상으로 '최종 승진목표'에 대해 설문조사한 결과, 응답자 41.7%는 직급 승진에 신경 쓰지 않는다고 답했다. 특히 20대가 30대보다 진급에 더 신경을 쓰지 않는 것으로 분석됐다. 20대 직장인은 44.6%가 진급에 신경 쓰지 않는다고 답했고, 30대 직장인 35.2%가 신경 쓰지 않는다고 응답했다.

성별에 따라 승진 가능성을 다르게 판단하고 있는 것도 확인됐다. '현실적으로 승진 가능한 직급'을 묻는 질문에 남성은 △부장급(29.3%) △과장급(25.4%) △차장급(20.4%) △대리급(9.9%) △임원급(7.7%)으로 답했다. 여성은 △대리급(43.3%) △과장급(32.9%) △부장급(9.2%) △차장급(6.9%) △임원급(5.8%)으로 나타났다.

또 '최종 목표직급까지 승진이 가능하다고 생각하는지'에 대한 질문에도 남성은 56.0%가 가능하다고 답했지만, 여성은 44.7%에 그쳤다. 상대적으로 여성들이 직장 내 '유리천장'을 더 체감하고 있는 것으로 풀이된다.

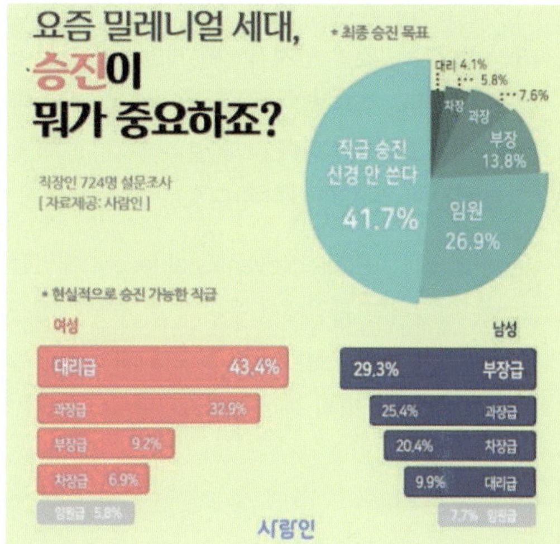

한편 직장인들은 회사 내에서 승진에 가장 영향을 미치는 요인으로 △업무성과(34.1%) △근속연수(20.7%) △처세술 및 상사와의 관계(18.6%) △적극적인 업무 태도(11.5%) △학연 · 지연 등 인맥(6.4%) 등을 꼽았다.

출처: https://www.donga.com/news/Economy/article/all/20191030/98134029/1

두고 음악에 맞춰 몸을 흔든 의사와 간호사 영상이 논란이 된 적이 있다. 이 같은 처사에 불만을 가진 한 **내부고발자**(whistle blower)에 의해 영상이 제보된 것으로 전해진다. 또 다른 예로, 미국 최대 금융기관의 하나인 웰스파고가 고객들 몰래 유령 계좌를 수백만 개나 개설해 수수료를 챙겨오다가 2억 달러 가까운 벌금을 물게 돼 충격을 주고 있는 가운데, 이 같은 사태가 무리한 실적만 강요하는 이 은행의 경영문화가 불러온 참사로 드러나고 있다. 이러한 비윤리적인 사례들에서 구성원들의 가치관이 조직의 흥망을 결정짓는 중요한 열쇠라는 점을 짐작할 수 있게 된다.

내부고발자
자신이 일하고 있는 조직의 불법적이거나 비윤리적 행동을 제보한 사람

Mapping ORGB 콜버그(L. Kohlberg)의 도덕발달이론

도덕발달이론(moral development theory)은 도덕성이라는 것이 인지적이며 개발적이라는 이해에 근거하고 있다. Kohlberg(1984)는 어린이에서 어른으로 성장함에 따라 이루어지는 도덕발달을 다음과 같은 세 가지 수준으로 제안했다.

- ▣ **전인습적 수준**(preconventional level). 개인들은 이기적인 관점에서 윤리적 문제들에 접근하고, 개인적인 성과나 니즈, 호의의 교환이라는 점에서 도덕적 결정을 평가한다.
- ▣ **인습적 수준**(conventional level). 개인들은 사회적 관계들의 측면에서 옳고 그름을 규명한다. 그들의 사회적 환경들(예: 동료, 가족, 사회)이 도덕적 결정을 내리게 한다.
- ▣ **후인습적 수준**(postconventional level). 개인적 가치에 관한 상대적인 이해에 근거해서 옳고 그름을 판단한다. 사람들은 타인의 기대, 규칙, 법이 아니라 스스로 선택한 윤리적 원칙들과 정의, 인권에 따라 행동한다.

출처: Ambrose, Arnaud, & Schminke(2008).

1.3 가치 갈등

가치(관)는 객관적 사안에 대한 개인의 판단이나 지각 방식, 그리고 그에 대한 태도나 행동양식에 중대한 영향을 미친다. 그러나 개인이나 공동체가 바람직하거나 좋은 것으로 여겨 추구하는 가치는 제각기 달라서 가치충돌은 늘 존재하기 마련이다. 갈등 때문에 실패와 좌절을 경험하기도 하지만 새로운 발전을 이룩한다는 점에서 보면 가치 갈등은 순기능도 가지고 있다. 가치 갈등에는 세 가지 유형이 있다. 이들 원인은 각각 사람 내면에서, 사람들 사이에서, 그리고 조직과의 관계에서 발생한다. **내면의 가치 갈등**(intrapersonal value conflict)은 우선순위가 높은 수단적, 궁극적 가치가 한 개인을 서로 다른 방향에서 끌어당길 때 경험하게 된다. 도덕적 딜레마 이야기는 이러한 가치 갈등 상황의 전형적인 예이다. 성격 갈등이라고도 하는 **대인 간 가치 갈등**(interpersonal value conflict)은 사람마다 수단적, 궁극적 가치의 독특한 조합을 가지고 있어서 필연적으로 의견 불일치를 보일 수밖에 없는 갈등의 양상이다. 한 결혼정보회사가 조사해서 발표한 가장 결혼하기 싫은 이성의 성격으로 '꿍한 여성'과 '따지는 남성'을 1위로 꼽은 것은 이런 점에서 흥미롭다. 마지막으로는 조직의 보편적

하이데거의 숲

조직 가치와 갈등을 겪을 때 택할 수 있는 방안은?

- 자신이 옳지 않다고 여기는 행동은 하려고 들지 않으므로 신념을 굽히지 않고 직장을 떠날 수 있다.
- 그릇된 것을 못 본 척하거나 죄책감이 들게 하는 것을 회피함으로써 사람들은 자신의 믿음과 타협을 할 수 있다.
- 조직이 가치나 행동을 변화시킬 수 있도록 사람들은 영향을 미치려고 애쓴다.

인 가치가 종업원 개인의 가치와 충돌할 때 발생하는 **개인-조직 간 가치 갈등**(individual-organization value conflict)이 있다.

최근 들어 법인 형태의 서비스가 보편화된 법률이나 회계, 의료 등의 분야에선 관료제 조직의 압박이 전문직 종사자의 자율성을 해치고 전통적인 직업 가치를 약화시킨다는 우려가 있다. 일례로 기술적인 면의 권한은 그대로 유지하고 있으나 그들이 스스로 업무 목표를 정하거나 직업윤리를 실천할 수 있는 여건이 못 된다고 한다. 더구나 공익에 어긋나거나 대중의 안전을 위협하는 정보라도 조직을 위해선 은폐하라는 압력을 경영진으로부터 받기도 한다. 즉, **비윤리적인 친조직행동**(unethical pro-organizational behavior)을 강요받는 상황에 놓일 수도 있는 것이다. 공기업에서는 상대적으로 영리주의를 덜 강조하기 때문에 자율성을 더 허용해 이러한 일들의 심각성이 덜할 수 있지만, 사기업들에서는 더욱더 빈번하게 나타나기 쉽다. 전문직의 직업 가치-조직 가치 간 갈등은 결국 조직몰입과 직무만족을 감소시키고 전문직 종사자들의 이직률을 증가시키게 된다는 사례가 다른 직종들에 비해서 자주 보고되고 있는 편이다.

비윤리적인 친조직행동
조직의 이익을 위해 개인이 불법적이거나 또는 사회 공동체에서 도덕적으로 용납하기 어려운 행동을 하는 것

가치(관)는 개인-조직 간 적합성에서 매우 중요한 분석의 단위이다. 사람들은 자신의 가치와 일치하지 않는 행동을 하게 되면 내적 불만족이나 자기 비하와 같은 부정적인 감정을 경험하게 된다. 그뿐만 아니라 특정 상황 및 환경이 가치와 어긋난 행동을 요구하게 될 때 가치의 괴리로부터 오는 심리적 불편함을 겪게 되고, 그러한 상황이나 환경에 대해 부정적인 태도와 행동을 보이게 된다. 조직 입장에서 구성원의 선발과 사회화 등에 많은 시간과 노력을 투입하

여 조직이 중시하는 가치와 조화될 수 있는 개인들을 확보, 유지하려고 노력하는 이유가 바로 여기에 있다. 직원과 직장 간의 가치 적합은 중요한데 그 이유로서 우선 개인 가치와 상충하는 지시를 따라야 하는 데서 오는 사람-역할 간 갈등을 겪지 않게 되므로 직원의 업무성과가 향상될 수 있다. 그들은 더 성공적일 수 있게 되며 커리어 목표들에 다다를 수 있을 거란 확신을 갖게 된다. 따라서 직원들은 회사에 근속할 가능성이 커지고 더 오랫동안 근무하게 될 것이다.

이처럼 가치는 개인의 행동과 정서적인 상태에 영향을 주며 또한 조직의 기능과 생존에도 영향을 주기 때문에, 오늘날 개인-조직 간 적합성에 대한 개념 중 가장 많이 사용되는 것도 개인 가치와 조직 가치 간 일치성을 적합성으로 정의하는 개념이다. 조직 차원에서의 가치는 문화에 대한 다양한 정의들에서도 가장 핵심 특성으로 작용한다. 오렐리(C. O'reilly) 교수와 동료들의 개인-문화 적합성의 연구(1991)에서 조직의 가치를 조직문화로 개념화시킨 것도, 결국 광범위한 문화의 정의 속에서 가치라는 것이 가장 핵심적이며 중요한 요소라고 생각했기 때문이었다. 즉, **가치 적합**(value congruence) 혹은 **사람-문화 간 적합**(person-culture fit)은 사람의 개인적 가치와 조직의 문화적 가치시스템 간의 유사성을 반영한다. 조직의 가치는 해당 조직의 활동이나 기능들에 방향성을 부여함은 물론, 조직 내 행동규범을 형성함으로써 조직구성원의 판단이나 행동을 일정한 방향으로 진작시키고 규율하며 때로 강제하는 기능을 수행한다.

2 태도: 행동의 변화

태도는 행동에 긍정적이든 부정적이든 영향을 미칠 수 있다. 자신의 태도나 혹은 행동에 미치는 태도의 효과를 늘 인식하진 않지만, 업무나 동료들에 대한 긍정적인 태도를 지닌 사람은 그들에게 긍정적인 영향을 줄 수 있다. 태도가 행동에 그대로 묻어나기 때문인데 그들은 적극적이고 생산적이며 주변 사람들의 기분을 좋게 할 만한 것들을 한다. 마찬가지로 부정적인 태도를 보이는 사람은 그에 따른 행동을 하게 되고 주변 사람들에게도 효율성이나 효과성을 저해하는 식으로 영향을 미칠 수 있다.

2.1 태도의 개념

태도
어떤 사람 또는 사물에 대해 생각하거나 느끼는 방식과 관련된 마음 자세

태도(attitude)란 어떤 실체를 호불호의 정도로 평가할 때 표출되는 심리적 성향을 일컫는다. 누군가를 혹은 어떤 것을 좋다거나 싫다 하는 것은 하나의 태도를 표현하는 것이다. 사람, 사물뿐 아니라 보이지 않는 관념에 대한 태도도 가질 수 있다. 예를 들어, 홍보팀에 발령받은 신입직원이 자신의 부서장을 신뢰하지만(사람에 대한 태도), 그가 평소 주도하는 회의 스타일이나 선호하는 보고서 양식에 대해서는 매우 싫어할 수 있고(사물에 대한 태도), 일이 힘들어 바쁘긴 해도 자신의 직무 자체가 주는 즐거움을 만끽할 수 있다(추상적인 관념에 대한 태도). 조직에서 이러한 태도들은 직무행동 및 만족에 영향을 주기 때문에 중요하다. 태도는 더구나 전염성이 있어서 주변인들의 행동에도 영향을 주므로 조직은 각별히 그 관리에 주의를 쏟아야 한다. 긍정적 업무환경, 직무만족, 보상시스템, 윤리강령 등은 특정한 행동들을 강화하는 데 활용할 수 있는 것들이다. 매니저들은 행동에 영향을 미치는 주요 태도들로 무엇이 있는지, 그리고 태도변화는 어떻게 유도할 수 있는지를 숙지해야 할 필요가 있다.

태도는 상호 간에 연관된 세 가지의 요소들로 구성되어 있다([그림 3.2] 참조). 바로 인지적, 정서적, 그리고 행동적 요소이다. **인지적 요소**(cognitive component)는 개인이 가진 지각과 신념을 반영한다. 평가적인 신념에 해당하는 인지적 요소는 태도 측정 척도를 쓰거나 견해에 관한 질문을 통해 측정한다. 이를테면 "정규직 직원이라고 해서 비정규직보다 성실한 것은 아니다."라는 진술은 태도의 인지적 차원을 나타낸다. **정서적 요소**(affective component)는 어떤 대상에 대해서 가지는 개인의 느낌을 반영한다. "나는 회의시간은 짧았으면 좋겠어.", "야근은 주 1회면 충분해, 더 이상 하지 않았으면 좋겠어." 같은 진술들이 태도의 정서적 차원을 나타낸다. 이것은 자기보고식 설문이나 사람의 혈압 같은 심리적 지표들로 측정될 수 있다. 마지막으로 **행동적 요소**(behavioral component)는 대상에 대한 호불호의 평가에 따라 행동하려는 성향을 의미한다.

그림 3.2 직무태도의 구성요소

여기서 중요한 것은 특정 행동으로 이어질 수도 또는 아닐 수도 있다는 것이다. 평소 비정규직 직원을 대하는 매니저의 태도를 관찰하면 그가 지원적인지 적대적인지 행동을 추론할 수 있다.

태도는 주로 **경험**을 통해 학습되고 형성된다. 나 자신이 외국어를 좋아하는지 수학을 싫어하는지는 어떻게 알까? 아마도 이 과목들을 직접 공부해 본 경험으로부터 이러한 태도가 형성되었을 것이다. 연구들도 직접 경험에 기인한 태도가 더 확신을 갖게 하고, 간접 경험을 통하여 형성된 태도보다 변화시키기가 어렵다고 말한다. 그 이유는 직접 경험의 가용성 때문이다. 직접 경험으로 형성된 태도는 인지프로세스에 쉽게 접근해서 활성화되고 바로 의식 속에 자리 잡게 된다. 한편 간접적으로 **사회적 학습**(social learning)이 발생하는 경우는 주로 본보기(modelling)를 통해서인데, 타인을 관찰함으로써 사람들은 어떤 태도를 얻게 된다. 즉, 타인들이 견해나 의견을 표출하는 것을 듣고 나서 태도를 나타내는 행동들을 하게 되는 것이다. 아이들을 예로 들면, 그들은 부모가 판단해서 주입하는 태도를 수용한다. 어린이들의 정치적인 선호가 그들의 부모와 유사하게 나타난다는 연구결과가 이를 증명한다. 실제로도 부모가 싫어하는 음식이나 대상에 대해서는 아이들도 부정적인 태도를 보이는 것을 쉽게 볼 수 있다.

문화 또한 태도의 형성에 결정적인 역할을 한다. 예컨대 한국과 이스라엘의 기업가정신 지수를 비교해 보자. '2017년 글로벌 기업가정신 지수'에서 한국은 137개국 중 27위를 기록했다. 우리나라 대학의 도서관에는 공무원이나 공기업을 준비하는 이른바 '공시족' 청년들로 가득하다. 이에 비해 이스라엘에서

하이데거의 숲

편견(태도)과 차별(행동)

편견은 특정 집단에 대한 태도라고도 볼 수 있다. 보통 편견은 부정적이며 대부분은 스테레오타입(4장에서 설명)에서 비롯되곤 한다. 종종 편견의 인지적 요소는 감정적 요소인 혐오나 증오를 동반하기도 하는데, 그 결과 편견이 차별로 이어지기 쉽다. 역사적으로도 이미 인종이나 계급에 근거한 수많은 차별이 존재해 왔다. 나치가 유대인을 상대로 저지른 대량학살은 편견이 어떻게 무고한 사람들을 증오와 차별, 죽음으로 몰아갔는지를 보여주는 극단적인 사례다. 편견이 차별의 형태로 나타나지 않고 존재할 수 있다. 마찬가지로 차별 역시 편견이 배제된 채 보여질 수도 있다. 하지만 이 둘은 자주 함께 간다. 편견과 차별이 존재하는 곳이라면 같은 사회 내의 집단 간에 갈등이 발생할 가능성이 매우 크다.

는 사회적으로 미지의 세계에 대한 도전의식과 실패를 두려워하지 않는 용기를 격려한다고 한다. 그래서인지 창업이나 직업을 선택하는 것에 대한 청년들의 태도가 다름을 알 수 있다. 한국에서는 반기업 정서를 부추기는 사회 풍토도 이러한 문제에 한몫했을지 모른다. 2008년 기준으로 이스라엘 벤처자금 투자 액수는 미국보다 2.5배, 유럽의 30배, 중국의 80배보다 높다. 미국을 제외하면 나스닥 상장 기업이 많은 국가 중 하나이자 GDP 대비 연구개발비 비중도 4.5%로 세계에서 가장 높은 수준을 보이는 곳이 이스라엘이다. 서구문화권 외에 특히 이슬람적인 직업윤리와 조직변화에 대한 태도 등을 연구한 논문들(예: Yousef, 2000)도 태도 형성에서 문화적인 영향력을 지지하는 결과를 보여주는 또 다른 예들이다.

2.2 태도와 행동

태도는 의도된 행동을 암시한다. 조직행동 학자들이 태도를 중요하게 취급하는 이유도 여기에 있다. 태도가 행동의 결정요인이라면 그것은 태도가 지각, 성격, 느낌, 모티베이션과 연관되어 있기 때문일 것이다. 우리는 일반적으로 태도와 행동이 일치하는 것을 선호한다. 이러한 일관성을 방해하는 것들이 긴장을 발생시키고, 긴장은 한 개인이 일관성을 갖는 상태로 되돌아가도록 태도나

쓰레기 분리배출 같은 사소한 일도 그 개인의 행동 방식에서 "편리추구 대 환경보존"이라는 가치관 차이, 혹은 본문의 예와 같은 태도와 행동 간 불일치의 관점으로 해석이 모두 가능하다.

행동을 변화시키는 이유가 된다. 태도와 행동 간 충돌로 인해 불편한 심리를 갖게 되는 것을 **인지부조화**(cognitive dissonance)라고 한다. 매니저들은 인지부조화 상황에 대해 이해할 필요가 있다. 갑작스럽게 행동을 바꾸는 직원들이 있다면 부조화를 줄이려는 방편일지도 모른다. 가령, 신입직원인 김 양은 사무실의 쓰레기도 가정에서처럼 분리수거해야 환경오염을 줄일 수 있다고 믿는다. 하지만 불행히도 독감 때문에 몸이 불편한 그녀는 자신의 신념에 반하는 결정을 해야 한다. 분리수거 대신 종량제 봉투에 담아 슬쩍 버리는 것이 편하다는 것을 안다. 그녀는 어떻게 해야 할까? 이 딜레마를 해결하기 위해 그녀가 생각할 수 있는 몇 가지 대안들은 다음과 같다.

인지부조화
둘 이상의 태도나 행동이 서로 불일치할 때 겪게 되는 불안감

- 김 양은 자기 행동을 변화시킬 수 있다(종량제 봉투에 사무실 쓰레기를 분리하지 않고 슬쩍 담아 버리던 행동을 그만둔다).
- 아니면 부조화를 일으키는 그 행동이 결국은 그렇게 중요치 않다고 결론지으면서 부조화를 줄일 수 있다("종량제 봉투에 넣어 버리는 것만으로도 환경보존을 위해 애쓰는 거지").
- 그리고 김 양이 취할 수 있는 세 번째 대안으로는 그녀의 태도를 바꾸는 것이다("환경오염의 주범은 따로 있지… 종량제 봉투에 담아 버리는 게 환경오염을 시키지는 않아").
- 마지막 대안은 부조화보다 더 가치 있는 조화로운 요소를 찾는 것이다("환경이 중요하지만 내 건강이 우선이지… 내가 있고 환경보존도 있는 거잖아").

태도와 행동은 전혀 무관하거나 미미한 관계 정도만 있다고 하는 연구들도 일부 있지만, 이미 여러 연구에서 태도와 행동은 많이 관련되어 있다고 보고된다. 더구나 최근 연구들에서는 태도와 행동의 관계는 **태도의 중요성**(importance of the attitude), **명확성**(specificity of the attitude), **접근성**(accessibility of the attitude)

같은 조절변수들을 고려할 때 더 강화될 수 있다고 주장한다. 개인이 중요시하는 태도는 행동과 더 강한 상관이 있는 것 같다. 중요한 태도란 개인이 소중히 여기는 사람이나 집단에 대한 근본적인 가치, 이기심, 정체성이 반영된 태도를 말한다. 만약 연봉 1억 원 이상 고소득자의 소득세 인상을 골자로 하는 소득세법 개정을 정부가 고려한다고 하자. 소득이 거의 없는 대학생들은 별 반응이 없겠지만 고소득자들은 반대 의사를 적극 개진할 것이 쉽게 예측된다. 명확한 태도와 행동일수록 둘 사이의 상관은 또한 더 강해질 수 있다. 이를테면 급여에 대한 만족을 물어보는 것보다 향후 6개월 이내에 직장에 남을 것인지를 묻는 것이 직원의 이직률 예측에 보다 도움이 되는 것과 같다. 쉽게 기억나는 태도일수록 행동을 더 잘 예측하는 것도 그렇다. 어떤 주제에 대한 자신의 태도를 많이 드러낼수록 기억이 잘 유지될 것이고 그 결과 자기 행동에 많은 영향을 미치게 될 것은 분명하다.

한편, 태도와 행동 간의 관계에 대한 새로운 시각으로서 행동이 태도에 더욱 강력한 영향을 미친다는 주장이 설득력을 얻고 있다. 특히 태도가 분명하지 않고 애매모호할 때 더욱 그렇다. 사람들에게 어떤 주제에 대한 각자의 태도를 물어본다면, 그들은 종종 주제와 관련된 자신의 이전 행동을 떠올린 후 이로부터 자신의 태도를 전개해 가는 것을 볼 수 있다. 타인의 태도를 유추할 때 행동을 관찰하여 판단하는 것처럼 자신에 대해서도 스스로 행동을 관찰하거나 경험을 회상해서 태도를 유추하게 된다. 이처럼 **자기지각이론**(self-perception theory)에서는 태도가 행동보다 선행하여 행동을 인도하는 수단이라기보다는 이미 행해졌고 발생한 행동을 이해하기 위해 태도가 사용된다고 본다. 인지부조화이론과는 대조적으로 태도를 임시적이고 별 의미가 없는 언어적 표현으로 보았다. 어떤 것에 대해 딱히 태도를 표현할 일도 없었고 그것에 대해 생각해 본 적도 거의 없는 사람들이라면 이전에 했던 행동에 근거해서 태도를 결정하게 될 것이다. 하지만 태도가 분명해진 경우라면 그들의 태도가 오히려 행동을 결정하게 될 것이다.

자기지각이론
사람들이 환경과 기질을 고려하여 자신의 태도 및 신념으로부터 행동을 추론하려 한다는 것

2.3 업무태도

업무태도
만족, 관여와 몰입 등을 포함하는 직무에 대한 전반적인 반응

조직의 목적과 목표를 향한 매니저들의 직장 내 행동을 **업무태도**(work attitudes) 혹은 일하는 태도라고 한다. 업무태도는 가치(관)와 비교할 때 더 구체적이지만 오래도록 지속되지 않는다. 짐작되는 것처럼 직무에서 종업원들이 경험하고 느끼는 것들은 시간이 지나면서 변하기 때문일 것이다. 일례로 종업원 개인을 둘러싼 직무환경은 순환근무 혹은 승진 등의 다양한 이유로 언제든 바뀔 수 있고, 이에 따라 종업원들의 직무태도도 변할 수 있다. 반면 개인이 지닌 가치는 상대적으로 쉽사리 변하지 않으며 직업이나 조직을 바꾸더라도 잘 유지된다. 가치관과 태도는 호불호에 대한 평가기준을 제공한다는 점에서 서로 유사하지만, 태도가 가치관보다는 변하기 쉬우며 가치관이 태도에 영향을 미칠 수는 있어도 태도는 그렇지 못하다. 조직행동에서 특별히 초점을 두고 있는 두 가지 업무태도라면 직무만족과 조직몰입이다. 이들 주제는 이론적 이유, 실용적 이유 양측 면에서 모두 중요하다.

직무만족
현 직무에 대해 갖고 있는 감정이나 믿음의 총합

직무만족(job satisfaction)은 자신의 직무나 혹은 직무 경험에 대한 평가로부터 오는 유쾌하거나 긍정적인 감정 상태를 말한다. 이것은 단순히 직무에 대해서 가지는 개별적 감정을 의미하기보다는 조직구성원으로서 긍정적 감정과 부정적 감정이 종합된 판단이다. 직무만족은 우선 직원들의 이직률과 결근율을 낮춘다는 점에서 중요하다. 또한 조직을 위해 일하고 싶도록 사람들을 매료시키며 학습하고 성장할 수 있게 자극하기도 한다. 직무만족은 다른 중요한 개인 및 조직의 결과물들과 관련이 있지만, 조직시민행동(OCB: organizational

그림 3.3 **직무만족에 대한 접근법**

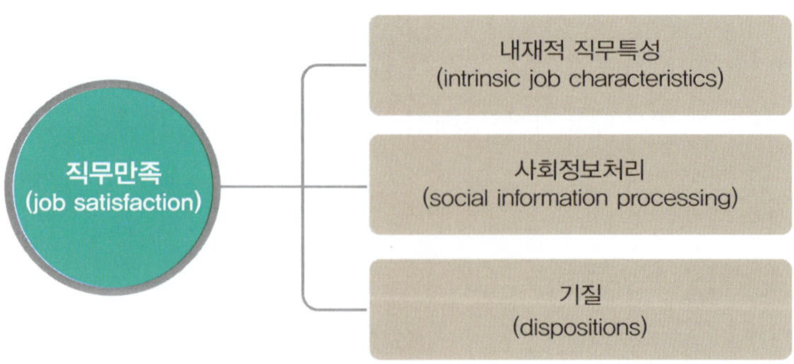

citizenship behavior)—*요구되는 직무의 범위를 넘어선 자발적인 행동*—과 특히 관련이 있다. 만족한 직원들은 동료를 도우려는 경향이 많고 회사에 대한 긍정적인 의견을 개진하며 일이 잘 진행되지 않을 때도 불평을 참아낸다. 이는 긍정적인 경험에 대해서 그들이 조직에 어떤 식으로든 보답하고 싶어 하기 때문으로 풀이된다. 조직시민행동은 직무 범위 밖에서 주로 발생되기 때문에 잘 인식되지 않는다고 생각할 수 있으나 성과평가에도 영향을 미치는 것으로 보고되고 있다.

종업원들은 자신이 가치를 두는 것을 직무가 제공하거나, 의식적이든 무의식적이든 추구하며 얻고자 하는 것을 직무에서 얻을 수 있을 때 만족한다. 직무 전반에 대한 태도뿐 아니라 맡은 업무의 유형, 동료, 상사, 승진, 급여 등 직무의 다양한 측면들에 대해서도 각기 다른 태도를 보인다는 것을 [그림 3.4]에서 알 수 있다. 한 연구결과에 의하면 직원들은 매니저와 달리 특히 **흥미로운 업무**를 가장 중요한 속성으로 본다. 높은 급여를 가장 중요시하는 매니저들과는 현저히 다르다. 그들은 또한 **사회적 환경으로부터 정보를 처리**하는 과정을 통해 직무만족이라는 태도를 형성하기도 한다. 이를테면 적성이 안 맞아 괴로워하는 의사가 세상 사람들이 존경하는 직업이므로 직무에 만족해져 가는 경우다. 게다가 직무만족은 개인적 기질과도 상관이 있다. 자존감이 높은 사람일수록 대체로 직무만족도가 높다. Big Five 성격과 관련해서도 정서불안이 높은 직원일수록 행복감을 덜 느끼는 반면, 성실성과 외향성이 높으면 직장에서 만족할 가능성이 크다. 즉, 적극적으로 일에 관여하고 생산성을 위해 노력하면 성

그림 3.4 만족의 구체적인 측면들과 직무만족 간의 상관관계

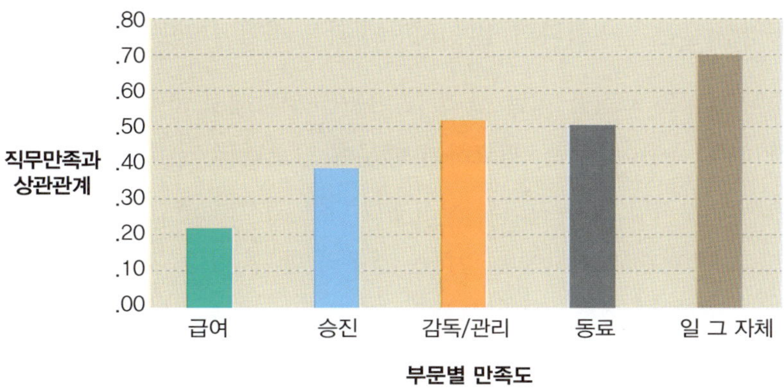

공과 만족의 가능성이 높아질 수 있을 것이다. 사생활 만족과 직무만족 간에 서로 관계가 있다는 것도 흥미로운 사실이다. 개인적인 삶이 순조로우면 긍정적 정서가 직장에서도 작용해서 비슷한 영향을 주게 될 것이다.

조직몰입
조직에 대한 애착의 정도와 형태

만족과 불만족에 대한 느낌 외에도 종업원들은 소속된 조직에 대한 애착과 몰입을 발전시키게 된다. **조직몰입**(organizational commitment)이란 개인과 조직 사이에 존재하는 애착 형태의 태도이며, 조직에 대한 개인의 심리적인 동일시와 몰두의 상대적인 강도를 나타낸다. 즉, 종업원이 느끼는 조직과의 일체감 내지는 친밀감을 말한다. 높은 조직몰입은 조직의 목표와 가치에 대한 지원과 수용, 조직을 위해 기꺼이 노력을 쏟고 싶은 충정, 조직에 남아 근속하려는 열망 등으로 나타난다. 반대로 낮은 조직몰입은 자신을 조직과 분리된 타인으로 간주케 해서 아웃사이더로 보고 상황에 대한 빈번한 불만 표출로 이어진다. 연구에 의하면 일본 근로자들이 미국 근로자들보다 조직몰입도가 높은 것으로 나타났다. 마이어(J. Meyer)와 알렌(N. Allen) 교수는 조직몰입의 기반이 다양할 수 있음을 지적하면서 개념을 보다 정교화하기도 했다. 그들은 몰입의 3요소 모델을 제안했는데 정서적 몰입(affective commitment), 지속적 몰입(continuance commitment), 규범적 몰입(normative commitment)이다.

- **정서적 몰입**은 조직에 대한 정서적 애착과 몰두로 인해 조직의 구성원으로 남고자 하는 욕구이다. 즉, **원하기 때문에** 남으려는 것이다. 정서적으로 몰입하는 사람들은 도움, 스포츠맨십, 열렬한 지지 등과 같은 대인 및 조직 차원 시민행동에 더욱 관여한다. 또한 이들은 조직과 자신을 동일시하므로 타인들이 조직을 비판적으로 대하면 부정적 감정을 갖는다. 조직지원인식, 절차공정성 같은 변인들과의 정(+)적인 상관을 경험적 연구들은 보여준다.
- **지속적 몰입**은 조직을 떠날 시 생길 비용을 생각해서 조직의 구성원으로 남고자 하는 욕구이다. 즉, **필요하기 때문에** 남으려는 것이다. 회사에 절대로 만족하지 않지만 현재 자신의 처지에서 다른 회사로 옮길 자신이 없어서 어쩔 수 없이 현재의 회사에 몰입하는 경우라 할 수 있다. 지속적 몰입은 대체할 만한 직장이 없는 것뿐 아니라 지금까지 조직에 투자한 것에 의해서도 증가한다.

▶ **규범적 몰입**은 의무감으로 인해 조직의 구성원으로 남고자 하는 욕구이다. 즉, **도의적으로 마땅히 그래야 하므로** 남으려는 것이다. 회사를 그만두고 싶은 마음이 들어도 회사가 자신에게 베풀어 준 것을 생각해서 도의적으로 회사에 피해를 주지 않으려 이직하지 않는 경우를 들 수 있다. 따라서 의무기반 몰입을 구축하는 방안은 조직에 신세를 졌다는 느낌이 들게 하는 것이다.

종업원 몰입은 이러한 기반들 외에도 조직 내/외에서 다양한 수준들에 초점을 맞출 수 있다. 이를테면 **다중몰입**(multiple commitment)의 관점에서 자신이 일하는 조직이 아니라 자신의 직무 자체를 좋아하는 직무몰입(job commitment), 자기의 직업 내에서 발전하려는 노력인 커리어몰입(career commitment)도 유사한 개념들로서 존재할 수 있다. 이들을 구분하는 이유는 종종 상치하는 경우가

Mapping ORGB 네 가지 요소로 이루어진 몰입 모델

Cohen(2007)에 따르면, 조직몰입은 그 발생시기와 근거에 따라 다음의 4가지 유형으로 설명된다. 발생시기별로 몰입은 입사 전과 후로 구분되며, 특히 입사 이전의 몰입은 성향이라고 표현했다. 몰입의 근거는 개인의 관점에서 자신과 조직의 교환관계에 초점을 두는 수단적 애착, 그리고 충성심과 의무감을 반영하는 심리적 애착으로 구분했다.

▣ **수단적 몰입 성향**(instrumental commitment propensity)은 얻게 될 혜택과 보상 측면에서 조직과의 교환의 질에 대한 개인의 전반적인 기대들에서 비롯된다.

▣ **규범적 몰입 성향**(normative commitment propensity)은 조직에 대한 가치관, 신념, 기대, 경험들로 인해 형성된 보편적인 도덕적 의무감을 의미한다.

▣ **수단적 몰입**(instrumental commitment)은 개인의 기여와 조직의 보상이라는 교환의 질을 지각함에 따라 발생한다.

▣ **정서적 몰입**(affective commitment)은 조직동일시, 감정적 몰두, 소속감으로 설명되는 조직에 대한 심리적 애착이다.

발생시기 \ 근거	수단적 애착	심리적 애착
입사 이전	수단적 몰입 성향	규범적 몰입 성향
입사 이후	수단적 몰입	정서적 몰입

출처: Cohen(2007).

있기 때문이다. 예컨대 어떤 간호사의 경우엔 커리어몰입이 높아도 조직몰입의 정도는 낮을 수 있다. 이 경우 그(녀)는 다른 병원으로 직장을 옮겨 간호사라는 직업을 그대로 유지할 수 있다. 또 다른 경우 급여가 좋기로 유명한 회사에는 만족하면서도 현재 맡고 있는 회계부서 업무에 염증을 느껴서 회사 내에서 다른 대안을 찾아보려는 새내기 직원도 생각해 볼 수 있을 것이다. 따라서 매니저는 직무몰입, 커리어몰입, 상사몰입, 조직몰입 등을 별개의 개념으로 파악해 접근해야 할 수도 있다.

조직몰입과 성과 간의 관계에 관해서는 엇갈린 연구결과들이 존재해 왔다. 의외로 조직몰입과 성과의 관계는 부(−)적이거나 유의하지 않기도 했으며, 정(+)적이어도 약한 수준에 그쳤다. 최근의 연구결과에서는 그러나 조직몰입이 성과와 긍정적인 관련이 있는 것으로 나타났고, 이 관계는 직무 유형(판매직-비판매직)과 문화 차원(집단주의-개인주의)에 의해 조절되었다. 그 이유는 판매직 직원들의 경우 비판매직에 비해 자신들의 직무 결과에 대한 통제를 많이 가지고 있으며, 집단주의 문화권에 속한 직원들은 개인주의 성향의 직원들보다 강한 인그룹(in-group) 유대감을 가지고 있기 때문으로 추론해 볼 수 있다. 어찌 됐든 매니저들이라면 직원들의 기여에 대한 감사를 표하거나 그들의 웰빙(well-being)에 관심을 기울임으로써 정서적인 몰입을 증가시킬 수 있다. 또한 조직은 조직-개인 간 가치일치 외에 도덕적 양심과 공정성, 창의성, 개방성 같은 가치들을 강조할 때 종업원들의 정서적인 몰입이 더욱 강화될 수 있다.

오랜 기간 수많은 연구가 조직몰입과 직무수행 간의 관계를 연구했다. 정서몰입은 관련성이 그다지 강하지 않았어도 직무성과와 정(+)의 상관을 나타냈다. 생각보다 상관이 낮았던 것은 다양한 성과 측정치가 사용되었다는 데에 기인할 수 있는데, 여러 객관적인 지표들을 사용하는 경우와 상사에 의한 주관적 평가, 심지어 자기평가까지 성과 측정은 실제로 다양했다. 그런데도 이런 연구들이 가지는 한 가지 공통점은 감정적인 몰입과 수행 간의 관계가 종업원의 노력에 의해 매개된다는 것이다. 높은 정서적 몰입을 보이는 직원은 몰입 수준이 낮은 사람에 비해 더욱 열심히 일을 하고 보다 큰 노력을 기울이는 경향이 있다. 많은 경우 이러한 높은 수준의 노력이 고성과로 변환되는 것이다. 한편 정

그림 3.5 조직몰입과 과업성과

서 및 규범몰입은 부정적인 사건들에 이직이나 태만으로 대응할 가능성을 감소시키고 동시에 제언이나 충성심을 유발할 가능성을 높인다. 과업수행과 더불어 조직몰입의 정도를 고려하게 되면 부정적인 사건들에 대처하는 방식에 대해서도 알 수 있다([그림 3.5] 참조).

- **스타**(고몰입, 고성과): 타 종업원들의 롤모델로서 그려진다. 부정적인 사건들에 대해서는 발언을 통해 대응하려 한다.
- **시민**(고몰입, 저성과): 조직이 순조롭게 제 기능을 하도록 자발적으로 '가외 역할'을 많이 수행한다. 부정적인 사건들에 대해서는 충성심으로 대응하려 한다.
- **외로운 늑대**(저몰입, 고성과): 자신의 목표 달성을 위해서는 동기가 유발되나 회사를 위해서는 항상 그렇지만은 않다. 부정적인 사건들에 대해서는 이직으로 대응하기 쉽다.
- **무관심자**(저몰입, 저성과): 단지 직무 유지를 위한 최소한의 노력만 할 뿐이다. 부정적인 사건들에는 주로 무시하는 식으로 대응한다.

3 감정

정서사건이론
직장에서 마주치는 사건이나 상황이 직원의 태도나 행동에 직·간접적인 영향을 미치고, 이는 성과에 영향을 미친다는 가정

외부 자극에 대한 행동과 반응을 보이는 데 있어서 감정은 중요한 역할을 한다. **정서사건이론**(affective events theory)에 의하면 직무에서의 특정 사건들이 사람들로 하여금 다양한 감정을 느끼게 하고, 이러한 감정들로 인해 타인에게 이익이 되거나 혹은 방해할 수 있는 행동들이 유발된다. 따라서 매니저들은 자신의 감정을 잘 파악하고 조절하는 것도 중요하지만 직원들의 감정 이슈들에 대해 잘 인식해야 한다. 제각기 다양한 방식으로 감정표현을 하므로 결코 쉬운 일은 아니지만 직원들이 감정의 균형을 잘 유지할 수 있게 매니저들은 노력해야 한다. 멘탈 균형을 위해 매니저들은 감각적이면서도 전략적이어야 한다.

3.1 감정 및 기분의 특징

감정
어떤 원인이 있어서 정상적인 기능을 방해하는 강렬하면서도 일시적인 느낌이나 정서 상태

감정의 전이
집합적인 감정이 되는 것으로서, 한 사람에서 여러 사람들로 옮겨가는 프로세스

업무가 감정과 분리될 수는 없다. 감정을 배제한 채 어떤 결정을 내리기란 어려우므로 의사결정은 특히 감정에 좌우된다. **감정**(emotion)이란 행동을 유발하는 분노, 두려움, 즐거움, 놀람과 같은 느낌이다. 따라서 감정은 사람들의 행동과 태도를 이해하는 데 중요하다. 어떤 일이 일어났거나 일어날 수 있음을 알려준다는 점에서 개인의 웰빙에까지 감정은 영향을 미칠 수가 있다. 부정적인 감정(분노, 불안, 두려움 등)은 직장에서의 일탈(workplace deviance)로 이끌어가는 반면, 긍정적 감정(즐거움, 자부심, 안도감 등)은 더 나은 인지적 기능, 신체 및 심리적 건강을 가져오고 방어기제도 발전시킨다. 감정은 전염성이 강한 특성이 있어서 직장 내에서 잘 관리되어야 할 필요가 있다. **감정의 전이**(emotional contagion)로 알려진 감정의 전파 과정은 주로 비언어적 암시를 통해 발생하고 인간의 근원적인 모방적 성향으로 인해 영향을 미친다. 거의 모든 직무에서 사람 간의 상호작용은 어느 정도 필요하므로 이러한 전이 과정은 중요한 업무 프로세스이다. 이 같은 현상으로 말미암아 직무에 불만족스러운 점원에게는 왜 고객들이 물건을 잘 구매하려 하지 않는지 그 이유를 설명할 수 있다.

시간이 지나면서 감정은 기분으로 표현된다. 기분은 감정보다 오래 지속되

그림 3.6 보편적인 주요 감정들

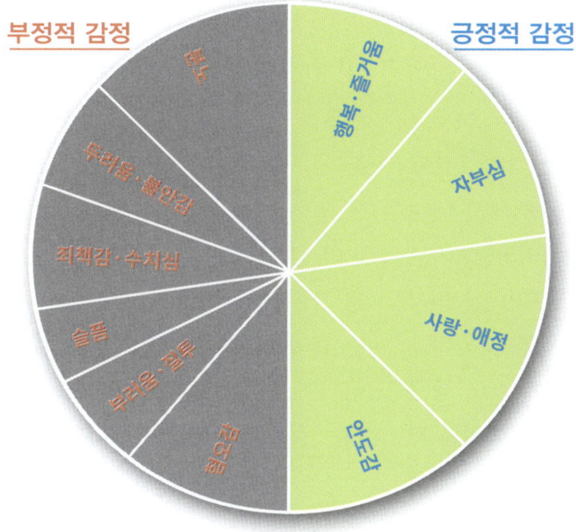

므로 직장에서 더욱 중요하다. 일하는 기분(work mood)은 사람들이 직무를 수행하는 시점에서 느끼는 감정을 묘사하는 말이다. 일하며 느끼는 기분은 가치나 태도에 비하면 변동성이 큰 게 사실이다. 오늘 아침 이후로 혹은 어제와 비교해서 나의 기분이 어떻게 변하고 있는지 생각해 보면 이해가 쉬울 수 있다. 사람들은 직장에서 다양한 기분의 변화를 경험하지만, 감정처럼 통상 좋은 것과 나쁜 것 두 가지로 구분해 볼 수 있다. 사람들은 좋은 기분일 때 일에 흥미를 느끼고 열정적이 되며 기운이 넘치는 것을 볼 수 있다. 반면 기분이 좋지 않은 상태에서는 지루하고 활기가 없음을 느낀다. 나쁜 기분일 때는 사람들이 스트레스를 받고 때로는 좌절하며 적개심이나 초조함을 느끼게 되는 것을 알 수 있다. 반면 기분이 나쁘지 않은 상태에서는 잔잔해지며 이완되기도 한다. 흥미로운 것은 기분이 나쁜데도 이타적인 행동을 해서 그런 행동을 하는 사람의 기분이 좋아질 수 있다는 것이다. 종업원들의 성격과 직장의 상황적 요인들은 좋거나 나쁜, 혹은 그저 그런 기분을 형성하는 데 영향을 준다.

개인의 직무만족은 시간이 지나며 등락을 거듭하는데, 이 변동은 기본적으로 기분과 감정에 의해 야기되기도 한다. 직관적으로 봐도 일하며 긍정적인 정서를 경험하는 사람이 불쾌한 기분과 부정적인 감정을 자주 느끼는 사람

하이데거의 숲

정서, 감정, 기분의 의미는?

기분, 감정, 정서 같은 용어들은 뚜렷한 구분 없이 쓰인다. 정서(affect)는 감정과 기분을 모두 아우르는 보편적인 용어로서 하나의 감정이나 기분으로도 통용된다. 더욱 강렬하고 간결하며 구체적인 대상을 향한 정서적 반응이 감정(emotion)이라면, 기분(mood)은 이보다 약하며 오래 지속되지만 덜 의식적인 정서 상태로서 구체성이 결여된 특징이 있다.

긍정적 정서를 지닌 종업원들은 직장에서도 좋은 기분을 경험할 가능성이 큰 반면, 부정적 정서를 지닌 종업원들은 상대적으로 나쁜 기분을 경험하기 쉽다. 사실상 많은 연구에서 종업원들의 기분이 조직행동을 이해하고 관리하는 데 중요한 요소임을 보여준다. 이를테면 일하며 좋은 기분을 느끼는 직원들은 고객들을 포함한 주변 사람들과 서로 돕고 지각이나 결근도 잘 하지 않는다. 또한 리더가 좋은 기분을 가질수록 부하직원들의 성과 수준과 상관이 있다는 결과를 보여주기도 했다. 기분은 창의성, 의사결정, 판단의 정확성과 같은 중요한 행동에 영향을 미치는 것으로 보고되고 있다.

들보다 직무만족을 더 보일 것이다. 따라서 매니저들은 직원들의 긍정적인 정서 유발을 위해 큰 노력을 기울여야 한다. 기분 좋게 일할 수 있는 쾌적한 사무실 제공은 물론, 사회적 교류의 기회들을 제공하여 재미와 유머가 넘치는 직장이 되도록 신경을 써야 한다. 종업원들은 이따금 일하며 나쁜 기분을 경험할 수 있으므로 그러한 상황들이 가져올 수 있는 결과를 이해하고, 효과적인 행동으로 이어질 수 있도록 하는 것이 무엇보다 중요하다. **무례한 언동**(workplace incivility)처럼 상대방을 존중하지 않는 행위들은 종업원들의 불쾌한 기분을 증폭시킨다는 것이 연구를 통해 입증되었다. 대면해서 풀어가야 할 것들이 전화나 e-메일로 대체되고 업무량 증가와 그 압박감으로 말미암아 매니저와 직원들 간에 상호존중은 점점 희미해지고 있다. 이 경우 발생하게 되는 결과는 서로의 기분과 감정을 상하게 하는 것이고 급기야 직무만족과 조직몰입까지 저하함을 늘 유념해야 한다.

무례한 언동
개인 간 상호작용에서 발생하는 비교적 약하고 낮은 강도의 사회적 규범 위반

3.2 감정의 종류 및 기능

여기서는 보다 다양한 감정들을 성취감(achievement emotions), 안도감(approach emotions), 체념감(resignation emotions), 적대감(antagonistic emotions)으로 범주화하고서 이에 상응하는 평가, 기능, 그리고 행동 시사점들을 논의한다. 우선 **성취감**이란 자랑스러움, 의기양양함, 기쁨, 만족과 같은 것들이다. 사람들이 개인적으로나 직업적으로 성취의 느낌을 갖고 타인들과 성공을 기리려고 하는 바람이 있을 때 발생하는 이러한 긍정적인 감정들은 자존감과 웰빙을 높여준다. 자랑스러움(pride)은 자아정체성과 자부심의 향상과 관련되고 의기양양함(elation)은 활기차게 살고 있다고 느끼게 한다. 기쁨(joy)은 자신감과 편안함을 느끼게 하며 자존감을 신장시킨다. 그리고 만족(satisfaction)은 충족감과 웰빙에 도움이 된다. 이 같은 감정들은 개인뿐 아니라 집단 수준에서도 발생할 수 있는데, 가령 집단이 느끼는 자랑스러움은 전체 집단의 정체성을 고조시켜준다. 하지만 개인의 가치를 과대평가하거나 침체와 자기만족을 부추기는 등 부정적인 영향 또한 있을 수 있다.

안도감은 위안, 희망, 흥미, 놀람과 같은 감정들이다. 이러한 감정들은 탐구, 발전, 전진을 장려한다. 부정적인 감정 이후에 위안(relief)이 찾아오는데, 무엇인가 발전과 함께 고충이 감소하여 사람들을 다른 활동으로 옮겨갈 수 있게 해준다. 불확실성도 담고 있으나 미래지향적 감정인 희망(hope)은 개인의 목표 추구를 위한 적응적 역할을 수행한다. 사람들이 관심, 매혹, 호기심을 가질 때 유발되는 흥미(interest)는 대개 창의적인 활동, 스킬과 지능의 개발, 새 역량의 획득, 끊임없는 노력과 관련된다. 그리고 의구심을 동반하는 놀람(surprise)은 사람들이 긴장을 늦추지 않고 새롭고 예상치 못한 사건들에 대응하도록 만든다. 조직에서 과업 달성이나 보상으로 인해 안도감을 느끼는 팀 성원들은 다음 과업에 앞서 다시 활기를 불어넣을 수 있다. 하지만 너무 오래 이러한 안도감이 지속되면 위안은 철회 행동으로, 희망은 비현실적인 목표와 부적절한 행동으로 이어

젊어선 돈이 없어서, 기성세대가 되서는 시간에 쫓겨, 늙어선 기력이 없어서…인간이 연령대별로 우울해지는 이유다. 거꾸로 시간과 기력이 넘치는 청년, 돈과 기력에서 여유로운 중년, 시간과 돈이 풍족한 노년으로 생각하는 것이 정신건강에 좋을 듯하다.
(more awesome picture at themetapicture.com)

질 수 있다.

체념감이란 슬픔, 두려움, 창피함, 죄책감을 포함한다. 이러한 감정들은 위축된 활동과 노력, 드문 혁신, 내부 초점이라는 결과로 이어진다. 인생에서 소중한 무엇인가를 상실했을 때 발생하는 슬픔(sadness)은 체념이나 실패감과 관련되며, 두려움(fear)은 위협감, 통제 불가능하다는 느낌, 원래 모습을 보존하고픈 욕구를 유발한다. 창피함(shame)은 전반적인 자아에 대한 부정적 평가가 있게 되면 발생하는데 수치스럽고 쓸모없다고 느끼게 되면 일시적으로나마 논리적이거나 효율적인 사고를 할 수가 없다. 마지막으로 죄책감(guilt)은 사람들이 잘못에 대해 되뇌며 자책과 후회를 하게 만든다. 체념의 감정들은 집단 성원 간 유대를 강화할 수도 있는데, 가령 슬픔은 방어적인 행동을 유도하고 사회적 응집성을 강화한다. 또한 창피함은 이타적인 행동을 부추긴다. 이러한 감정들은 사람들이 새로운 환경에 적응할 수 있도록 회복의 시간을 제공하고 지나치게 위험한 모험을 감행하지 않도록 예방한다는 긍정적인 측면도 지니고 있다.

적대감은 질투, 혐오, 경멸, 분노를 포함한다. 혐오와 경멸, 분노는 적대감의 삼총사로 불릴 만큼 언제나 보면 각 특성을 유지하면서도 동반되어 나타난다. 적대적 감정들은 공격성을 높이고 보복과 싸움의 맹목적인 욕구를 키울 수 있다. 질투(envy)는 누군가의 것을 원할 때 혹은 열등하다고 생각될 때 발생한다. 분노를 동반할 땐 잠재적 공격을 초래하고 오래 지속된다면 가족, 친구, 직장 동료들과의 모든 관계를 병들게 할 수 있다. 혐오(disgust)는 불쾌한 무언가를 대면할 때 발생한다. 이 역시 분노를 동반해 자신이나 동료들을 혐오하면 공격이나 파괴의 동기를 유발할 수 있다. 경멸(contempt)은 적대감의 냉정 버전으로서 우월함을 느끼는 사람은 공격보다는 따돌림이나 굴욕주기 같은 간접적인 전략을 사용할 수 있다. 분노(anger)는 자신이나 타인에 의해 무언가 잘못되어 가고 있다는 느낌에서 비롯된다. 이 같은 감정들은 그러나 집단 성원들이 목표를 함께 달성할 수 있도록 자신감과 적절한 에너지를 얻게 해주고 결국 승리를 목적으로 적이나 경쟁상대에게 반격할 수 있도록 도와주기도 한다.

ORGB 뉴스

아침 기분이 하루 종일 가는 이유

아침부터 부부싸움을 하거나 직장 상사에게 혼이 난 날은 종일 찌뿌둥한 기분에서 헤어나기 어렵다. 반대로 생각하지도 않은 용돈을 받거나 깜짝 놀랄 정도로 재미있는 일로 하루를 시작할 경우는 평소 '재수 없다'고 여기는 일이 생기더라도 대수롭지 않게 넘어가기도 한다.

미국 국립보건원(NIH)과 매사추세츠공과대(MIT) 공동 연구진은 좋은 기억과 나쁜 기억이 저장될 때 활성화되는 뇌 회로가 서로 다를 뿐만 아니라 상호 영향을 미친다는 연구결과를 국제학술지 '네이처' 최신호 표지 논문으로 발표했다.

뇌 과학자들은 이전에도 좋은 감정과 나쁜 감정이 뇌에 기록되는 경로가 서로 다르다는 것은 알고 있었다. 좋은 감정은 뇌의 '보상회로'를 활성화시키고, 나쁜 감정은 뇌의 '공포회로'를 활성화시키면서 기록된다는 것이다.

연구팀은 좋은 기억과 나쁜 기억을 저장하는 뇌 회로가 교차하는 편도체의 중심핵에 주목했다. 편도체는 정서기억을 저장하고 동기, 학습, 감정 반응에 중요한 역할을 한다. 연구결과 좋은 일을 겪은 뒤에는 뇌의 보상회로가 활성화되고 공포회로가 억제되면서 좋은 기억과 감정이 오래 가는 것으로 나타났다. 반대로 나쁜 일을 겪은 뒤에는 공포회로가 활성화되고 보상회로는 억제돼 나쁜 감정이 오래 지속되는 것을 발견했다.

연구를 주도한 케이 테 MIT 뇌인지과학과 박사는 "정반대의 감정이 어떤 형태로 서로 영향을 주는지 규명한 첫 연구이자 하루를 기분 좋게 시작해야 하는 이유를 알려주는 결과"라고 말했다.

출처: https://www.seoul.co.kr/news/newsView.php?id=20150505010009 수정 발췌

3.3 감정노동

좋은 기분이나 감정은 긍정적인 결과를 낳는다. 고객센터 상담원이나 항공사 승무원처럼 대인 간 접촉이 많은 직무에서 특히 그렇다. 이들에겐 어떤 기분이나 감정을 표현하거나 억제하는 것이 중요할 때가 있다. 소위 '진상 고객'을 응대할 때나 개인적인 일 등으로 고민이나 혹은 행복감에 젖어 있더라도 실제 감정을 숨기고 다른 감정을 표현해야 한다. 일례로 쇼호스트들은 한정된 방송시간 동안 제품의 장점을 강조하고 재구매 장려를 위해 반드시 활기차고 친근하게 보여야 한다. 반면 강력계 형사들은 범법자들의 기를 누르고 심지어 그들로부터 자백을 받아내기 위해 본의 아닌 분노를 표출해야 할 때가 있을 것이다. 이와 같이 직무를 완수하기 위해 감정을 관리해야 하는 일을 **감정노동**(emotional labor)이라고 한다. 즉, 구성원들이 자신의 직무 일부분으로 조직에서 요구하는 감정을 표하는 것이 감정노동인 셈이다. 사람들은 감정 표현과 관련

감정노동
직무 및 조직의 요구사항에 맞는 감정 표현을 위해서 직원들이 취하는 노력

표현규칙
직무수행 중에 어떤 감정을 표출해야 하는지에 관한 조직의 규칙

하여 구체적인 **표현규칙**(display rules)을 갖고 있으며, 이에 따라 두 가지 종류의 감정노동을 하게 되는데 바로 내면행동(deep acting)과 표면행동(surface acting)이 그것이다.

- **내면행동**: 자신이 표현한 감정을 실제 감정으로 받아들이려 애써 노력하는 것이다. 이를테면 서비스직 종사자들은 흔히 감정표현이 진짜처럼 보이도록 자아 내면에 자리 잡은 감정조차 스스로 규제하려고 한다. 서비스직 종사자의 내면행동 수행을 위해서 진상 고객에게 화를 내거나 분노를 느끼지 않도록 그 고객을 어린아이로 생각하게끔 교육하는 경우가 있다.
- **표면행동**: 표현규칙을 따르고자 겉으로만 감정을 위조하는 것이다. 개인은 감정을 표현한 후에 자연적으로 표현규칙과 자신이 표현한 감정이 일치하는지를 점검하게 된다. 이때 차이가 크면 의식적으로 이를 줄이려 노력하게 되는데, 이러한 **감정부조화**(emotional dissonance)가 지속될수록 자존감이 낮아지고, 우울이나 냉소, 업무에 대한 소외감을 가져온다.

표면행동은 부정적인 결과를 초래할 수 있지만 내면행동은 긍정적인 결과변수로서 연구되기도 한다. 내면행동은 좋은 기분을 만들어 고객서비스 성과를 향상시키고 정서적 소진을 낮춰준다. 자신의 감정을 숨긴 채 웃는 낯으로 고객을 대해야만 하는 감정노동 종사자들을 위한 관심과 배려, 정책적 지원이나 예방책이 필요하다는 데 모두가 공감하고 있다. 하지만 직무상 감성관리의 중요성이 이렇게 부각되고 있음에도 노동시장에서 감정노동에 대한 보상이 별도로 고려되고 있는 것 같지는 않다. 알다시피 어린이집 교사나 식당 종업원들은 특별한 감정수요가 요구되며 상대적으로 기피하는 직업들로서 이에 대한 보상이 전무한 실정이다. 늦게나마 고용노동부가 2015년 11월에 감정노동에 대한 산재 인정 기준을 확대하는 것을 골자로 하는 산업재해보상보험법 시행령과 시행규칙을 입법예고한 것은 참으로 다행스러운 일이다. 정부 방침에 따르면 그동안 산재 인정 범위에 포함되지 못했던 고객 갑질로 발생한 적응장애와 우울증 등이 포함된 것으로 알려졌다.

감정노동의 개념은 원래 서비스직에 관한 연구들로부터 나왔다. 한국고용

정보원의 조사에 따르면 국내 주요 직업 730개 종사자 2만 5,550명에 대한 감정노동 강도를 비교 · 분석한 결과 감정노동의 강도가 가장 강한 직업은 텔레마케터였고, 그 뒤를 호텔매니저, 네일아티스트, 중독치료사 등이 차지했다. 미국에서도 콜센터 직원들을 대상으로 한 연구에서, 무례한 고객에게 친절하고 상냥하게 행동할 것을 강요받게 되면 감정적으로 소진되고 지치게 됨을 입증한 바 있다. '고객만족'이라는 경영문화가 만들어 낸 그늘이 감정노동일지 모른다. 감정노동이 최상의 고객서비스 제공을 위해 꼭 필요한 부분이라고 한다면 매니저는 이를 잘 관리해서 과도한 스트레스로 연결되지 않도록 해야 할 것이다. 감정을 실제로 느낀 그대로의 것과 연출된 것으로 분리하면 직무상 감정을 이해하기가 훨씬 수월해진다. 연출된 감정은 본연의 것이 아니라 학습된 것임을 매니저들은 이해하고 이들 간의 부조화를 자주 경험할수록 사태는 더 심각해진다는 사실에 주목할 필요가 있다. 따라서 감정적 단서나 정보를 파악하고 관리하는 정서지능(emotional intelligence)이 그들에겐 필요할 것이다.

단원 요약

1. 일생 동안 무엇을 위해 노력해야 하고 어떻게 행동해야 하는가에 관한 개인적 신념인 가치는 개인의 행동을 예측하는 것을 도와준다. 궁극적 가치란 한 개인이 일생에서 이루고자 하는 목표이며 이를 실현하는 방법이 수단적 가치이다.

2. 사람들은 근로 활동에 참여해서 직업가치를 만족시키려 한다. 직업가치는 일 자체의 특성과 관련된 내재적 직업가치, 결과와 관련된 외재적 직업가치로 구분된다. 자신의 행위에 정당성을 부여하고 바람직한 결정을 내릴 수 있게 하는 윤리적 가치는 타인이나 집단에 이익 또는 해가 될 수 있는 의사결정을 해야 하는 경우 꼭 필요하다.

3. 개인이나 공동체가 추구하는 가치는 제각기 달라서 가치충돌은 늘 존재하기 마련이다. 가치 갈등의 유형에는 내면의 가치 갈등, 대인 간 가치 갈등, 개인-조직 간 가치 갈등이 있다. 조직들은 그들이 중시하는 가치와 조화될 수 있는 사람들을 확보 및 유지하려고 노력하고 있다.

4. 태도란 어떤 실체를 호불호의 정도로 평가할 때 표출되는 심리적 성향이다. 이것은 인지적, 정서적, 행동적 요소로 구성되어 있다. 태도는 직접적인 경험이나 사회적 학습, 또는 문화에 의해 습득되고 형성된다.

5. 사람들은 일반적으로 태도와 행동이 일치하는 것을 선호하지만, 때때로 충돌이 발생할 때 인지부조화를 경험하게 된다. 태도와 행동의 관계는 태도의 중요성, 명확성, 접근성 같은 조절변수들을 고려할 때 더 강화될 수 있다고 연구자들은 주장한다.

6. 직무에 대한 전반적인 반응인 업무태도는 조직의 목적과 목표를 향한 직장 내 행동을 의미한다. 이 중 직무만족과 조직몰입은 이론과 실무 모두에 있어서 중요한 주제들로, 조직행동에서 특별히 초점을 두고 있다.

7. 감정은 행동을 유발하는 느낌들로, 사람들의 행동과 태도를 이해하는 데 중요하다. 쉽게 전이되는 특성이 있으므로 각별한 관리가 요구된다. 시간이 지나면서 감정은 기분으로 표현되는데, 이는 감정보다 오래 지속되지만 가치나 태도에 비하면 여전히 변동성은 크다.

8. 성취, 안도, 체념, 적대감 등 다양한 감정들은 개인, 때로는 집단 수준에까지 각기 다른 영향을 미칠 수 있다. 또한 긍정적인 측면과 부정적인 기능 모두를 가지고 있다는 점에서 이들을 잘 이해할 필요가 있다.

9. 사람들은 직무를 완수해 내기 위해 실제 감정을 숨기고 다른 감정을 표현하는 감정노동을 수행한다. 지금 표현하고 있는 감정을 애써 느끼려 하는 것과 표현규칙을 따르고자 감정을 위조하는 것이다. 정서지능을 지닌 관리자는 과도한 스트레스로 연

결되지 않도록 이를 잘 관리할 수 있을 것이다.

논의할 문제

1. 종업원들의 가치관이 고용주의 가치관과 유사할수록 더 행복하고 성과를 내는 경향이 있다고 한다. 이러한 가치의 일치가 직장을 선택하는 데 있어 어느 정도로 중요할까?
2. 부서 내에 조직에 대한 몰입도가 떨어지는 직원이 있다면, 상사로서 혹은 동료로 그의 태도를 변화시키기 위해 어떻게 설득할 수 있을까?
3. 태도 변화에 대한 저항으로는 어떤 것들을 일반적으로 예상할 수 있을까?
4. 감정과 기분은 비이성적일까? 각각의 기능적 역할은 무엇이고 왜 조직행동을 이해하는 데 이들이 중요할까?
5. 최근 긍정 또는 부정적인 감정 전이를 집단에서 경험해 본 적이 있는가? 그것은 어떻게 시작되어 어떤 결과를 낳았는가? 만약 당신이 매니저라면 어떤 대처를 할 수 있을까?

더 읽을거리

Ambrose, M. L., Arnaud, A., & Schminke, M. (2008). Individual moral development and ethical climate: The influence of person-organization fit on job attitudes. *Journal of Business Ethics*, 77(3), 323–333.

Barley, S. R., Meyer, G. W., & Gash, D. C. (1988). Culture of cultures: Academics, practitioners and the pragmatics of normative control. *Administrative Science Quarterly*, 33, 24–60.

Boxx, W. R., Odom, R. Y., & Dunn, M. G. (1991). Organizational values and value congruency and their impact on satisfaction, commitment, and cohesion: An empirical examination within the public sector. *Public Personnel Management*, 20(2), 195–205.

Cohen, A. (2007). Commitment before and after: An evaluation and reconceptualization of organizational commitment. *Human Resource Management Review*, 17(3), 336–354.

Dunham, J. (1984). *Stress in teaching*. London: Croom Helm.

George, J. M., & Jones, G. R. (1997). Organizational spontaneity in context. *Human Performance*, 10(2), 153–170.

Griffeth, R. W., Gaertner, S., & Sager, J. K. (1999). Taxonomic model of withdrawal behaviors: The adaptive response model. *Human Resource Management Review*, 9(4), 577–590.

Jaramillo, F., Mulki, J. P., & Marshall, G. W. (2005). A meta-analysis of the relationship between organizational commitment and salesperson job performance: 25 years of research. *Journal of Business Research*, 58(6), 705–714.

Judge, T. A., & Bretz, R. D. (1992). Effects of work values on job choice decisions. *Journal of Applied Psychology*, 77(3), 261–271.

Kohlberg, L. (1984). T*he psychology of moral development*. San Francisco, CA: Haper Row.

Latané, B., Williams, K., & Harkins, S. (1979). Many hands make light the work: The causes and consequences of social loafing. *Journal of Personality and Social Psychology*, 37(6), 822–832.

Lejuez, C. W., Read, J. P., Kahler, C. W., Richards, J. B., Ramsey, S. E., Stuart, G. L., & Brown, R. A. (2002). Evaluation of a behavioral measure of risk taking: the Balloon Analogue Risk Task (BART). *Journal of Experimental Psychology: Applied*, 8(2), 75–84.

Locke, E. A. (1976). The nature and causes of job satisfaction. In M. D. Dunnette (Ed.), *Handbook of industrial and organizational psychology* (pp. 1297–1349), Chicago, IL: Rand McNally.

Meglino, B. M., Ravlin, E. C., & Adkins, C. L. (1989). A work values approach to corporate culture: A field test of the values congruence process and its relationship to individual outcomes. *Journal of Applied Psychology*, 74(3), 424–432.

O'Reilly, C. A., Chatman, J., & Caldwell, D. F. (1991). People and organizational culture: A profile comparison approach to assessing person–organization fit. *Academy of Management Journal*, 34(3), 487–516.

Park, H., Rehg, M. T., & Lee, D. (2005). The influence of Confucian ethics and collectivism on whistleblowing intentions: A study of South Korean public employees. *Journal of Business Ethics*, 58(4), 387–403.

Rokeach, M. (1973). *The nature of human values*. New York: The free press.

Saari, L. M., & Judge, T. A. (2004). Employee attitudes and job satisfaction. *Human Resource Management*, 43(4), 395–407.

Shafer, W. E. (2002). Ethical pressure, organizational–professional conflict, and related work outcomes among management accountants. *Journal of Business Ethics*, 38(3), 261–273.

Weiner, B., Perry, R. P., & Magnusson, J. (1988). An attributional analysis of reactions to stigmas. *Journal of Personality and Social Psychology*, 55(5), 738–748.

Weiss, H. M., & Cropanzano, R. (1996). Affective events theory: A theoretical discussion of the structure, causes and consequences of affective experiences at work. *Research in Organizational Behavior*, 18, 1–74.

Memo

CHAPTER

04

지각과 귀인

1. 지각의 본질

2. 귀인이론

3. 지각과 관련된 주요 연구변인들

▸▸ 학습목표

1 같은 것을 본 두 사람이라도 다르게 해석할 수 있는 이유를 설명한다.

2 사회적 지각을 정의하고 어떻게 지각자와 그 대상, 그리고 상황 특성이 지각에 영향을 주는지 설명한다.

3 사회적 지각의 일반적인 장애물 다섯 가지를 규명한다.

4 귀인이론을 이해하고 귀인이 행동에 미치는 영향을 설명한다.

5 귀인 프로세스에 영향을 줄 수 있는 두 가지 오류를 규명한다.

6 HR 영역들에서 관심을 받아온 지각과 관련된 주요 연구변수들에 대해 이해한다.

지각을 통해서 사람들은 환경과 그 안의 물체, 사람, 사건들에 대해 이해하려 한다. 이 주제를 우린 2장부터 이어지고 있는 개인차의 관점에서 사건에 대한 사람들의 귀인(歸因) 방식을 더 잘 이해하기 위해 학습한다. 정확히 지각하는 것은 올바른 의사결정의 선행요건이다. 지각이 왜곡되면 사람들은 그릇된 결정을 내리게 되고 이는 개인의 삶은 물론 소속된 조직에까지 부정적인 영향을 미칠 수 있다. 지각이 자신과 주위 환경을 파악하도록 만드는 매개체임을 이해할 수 있다면 매니저들이 의사결정을 더욱 잘하게 될 것이다. 지각과 이에 따른 귀인에 대한 이해는 조직구성원들 상호 간의 원활한 소통을 돕고 생산성을 향상하는 긍정적 역할도 하게 된다.

시네마 ORGB

더 헌트 The Hunt

한 개인의 삶을 곤경과 절망으로 내몬 오해

더 헌트 (The Hunt, 2013)

덴마크의 어느 시골, 루카스(Lucas)는 고향으로 돌아왔다. 이혼 후에 찾은 이곳은 작은 마을에 불과하지만 심신이 지친 그가 유치원 교사로 일하며 새 희망을 품으려 한다. 유년 시절을 같이했던 친구들, 오랜 전통과도 같은 사슴 사냥, 새로운 여자친구, 그리고 함께 살 날을 고대하고 있는 아들까지.. 루카스의 삶은 평화를 찾아갈 것만 같았다.

그러나 가장 친한 친구의 딸 클라라(Klara)가 내뱉은 거짓말 하나로 그 희망은 산산조각이 나고 만다.

"왜 피하시는 거죠? 황당하네요, 정말. 전 아무 짓 안 했다니까요."

"난 아이들을 믿어요. 거짓말을 할 리가 없거든요."

절망적이게도 마을 사람들 모두 한낱 어린아이의 거짓말을 진실로 받아들인다. 하루아침에 아동을 성추행한 유치원 교사가 되고 만 루카스.

루카스의 무고함을 믿는 사람은 단둘뿐, 아들 마쿠스(Marcus)와 친구 브룬(Bruun)이다. 억울한 누명을 쓰게 된 루카스의 삶은 나날이 고통스러워져만 간다.

가까웠던 친구들까지 그에게 주먹을 내지르고, 누군가는 루카스의 반려견을 무참히 죽였고, 모두가 루카스 부자(父子)를 경멸하며 폭력을 행사한다.

무엇보다도 루카스를 가장 괴롭게 한 것은 가장 친한 친구 테오(Theo)가 그를 바라보는 시선이다. 긴 조사 끝에 경찰 수사가 마무리되고 루카스는 증거 불충분으로 혐의에서 벗어나게 된다.

그 후 1년이 지난 어느 날, 정식으로 마쿠스가 사슴 사냥을 나가게 되는 뜻깊은 하루를 맞이한다. 아들과 숲으로 들어간 루카스.. '탕!' 하는 총성과 함께 그의 얼굴 근처로 날아든 총알이 스쳐 지나간다.

멀리 희미한 발포자의 모습이 사라져 가는 것을 응시하며, 루카스는 평생 지워지지 않을 낙인의 존재를 깨달은 듯 허망한 표정을 짓는다.

TIP!!

오감을 통해 받아들였던 정보지만 나중에야 실상과 달랐음을 깨닫는 경우가 종종 있다. 평소 우리가 어떤 대상이나 사건의 실제를 파악하기보다 그저 지각을 바탕으로 해석과 이해에 이르는 경향 때문이다. 이는 지각이 언제나 정확하진 않다는 점을 말해 준다. 매니저들은 올바른 지각과 귀인을 통해서 이러한 가능성에 대해 주의를 기울여야 한다. 또 다른 루카스를 만들거나 그 당사자가 될지도 모를 일이니까 말이다. 영화 속 루카스는 이혼한 사람이며 유치원 내 유일한 남성 교사라는 그 정황 속 대상의 두드러짐(salience)으로 인해서 타인들의 지각과 귀인은 더욱 부정적으로 작용하고 있다. 원장의 그릇된 지각을 동료 교사들이 몰개성적인 태도로 동조하여 상황을 한층 더 악화시키는 이유 중 하나다. 이처럼 한 개인의 왜곡된 판단이 사회적 지각의 영향 아래서 생각지도 못한 힘을 발휘해서 한 개인의 삶뿐 아니라 집단 전체에까지 그 파장이 미치도록 할 때가 있다. 지금 이 순간에도 지각에만 의존해서 누군가를 마녀사냥하듯 몰아가는 행위들이 진행되고 있지 않은지 주변의 점검이 필요해 보인다.

1 지각의 본질

만약 수업 중에 학생들이 교수를 응시한다면 칠판 앞에서 그가 손동작은 어떻게 하는지, 글씨를 또박또박 쓰는지 보는 것일까? 학생들은 아마도 단순한 움직임보다 의미의 세계, 기능의 세계를 보고 있을 수 있다. 이 경우의 **지각**(perception)은 지식, 이미 우리 뇌가 아는 것에 의해 영향을 받는다. 지각은 복잡한 인지과정으로서 사람마다 이 과정이 다르다. 감각은 단지 감각기관을 통해 자극을 수용하는 것과 관련되지만, 지각의 과정은 감각기관으로부터 데이터를 받아 이것을 필터링한 후 수정 및 전환하는 것과 관계된다. 따라서 어떤 실체보다도 그 실체의 지각에 의해서 사람들의 행동은 영향을 받게 된다.

지각
사람이 환경으로부터의 정보를 받아들여 조직화하고 해석하는 프로세스

1.1 사회적 지각의 개념

왜 면접관들은 비슷한 스펙을 지닌 입사 지원자들을 각기 다르게 인식할까? 왜 같은 시간 함께 영화를 감상한 사람들인데도 그들은 서로 다른 평가를 하는 걸까? 이는 아마도 자기 생각과 경험, 감정 등에 따라 사람들이 같은 상황도 다르게 이해하기 때문일 것이다. 아무리 객관적인 것을 추구하는 사람이더라도 주관적인 이해와 해석에서 자유롭기는 무척 어렵다. 이것은 지각이 언제나 정확하진 않다는 것을 의미하는 것이다. 우리는 모두가 객관적인 진실을 보는 것이 아니라 **보이는 것을 해석하고 이것을 진실이라 부르는 것**뿐일 수 있다. 그렇지만 지각은 감정과 행동의 기초가 된다. 지각의 질과 정확도가 특정 상황에 대한 개인 반응에 영향을 주기 때문인데, 마찬가지로 귀인의 사실성 여부와 관계없이 그 귀인 프로세스에 따라 우리의 행동도 유도된다. 지각은 매니지먼트 기능을 수행하는 데 있어서 특히 중요하다. 지각이 무엇인지, 어떻게 형성되는지, 그것에 영향을 주는 것이 무엇인지 등을 이해함으로써 그 정확도는 향상될 수 있을 것이다.

새로 부서장이 전입해 왔다고 하자. 이전 부하들에게서 그에 대한 평을 들을 것이며, 말하는 태도나 사람들을 대하는 모습을 관찰하면서 타 직원들의 반

그림 4.1 지각 프로세스의 단계

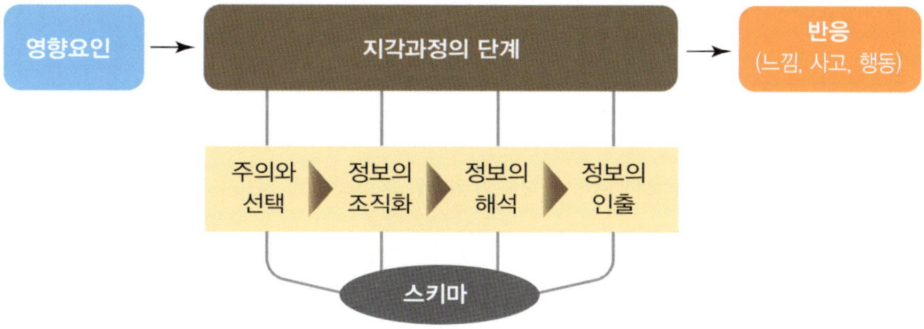

응에도 함께 귀를 기울일 것이다. 또한 업무수행 면에서 경영진들에게 인정받고 있는지도 살필 것이다. 이처럼 그가 어떤 사람인가 평가를 위한 인상 형성에 유용한 정보를 활용하는 프로세스를 **사회적 지각**(social perception)이라고 한다. 사회적 지각은 엄밀히 두 개의 과정으로 나눌 수 있다. 오감(시각, 청각, 촉각, 후각, 미각)을 통해 외부에서 들어오는 정보를 처리하는 **감각적인 지각**(sensory perception), 그리고 대뇌에서 감각을 통해 들어온 정보에 의미를 부여하는 멘탈 과정인 **인지**(cognition)가 그것이다. 미팅에서 새로 부임한 부서장이 이번엔 격앙된 목소리로 무엇인가 말하고 있다면, 우리의 감각을 통해서 들어온 정보는 흥분한 상사에 대한 시각적 이미지에서 그친다. 그 상황이 바람직한지 아닌지는 이제 인지 프로세스와 관련된다. 감각적인 지각과 비교하면 인지는 판단의 과정이 포함된 것으로, 받아들이는 사람의 감정 상태에 따라 열정적인 업무수행으로 이해될 수도 있고 단순한 흥분을 넘어 직원에 대한 **비인격적 감독**(abusive supervision)으로까지 해석될 수 있다.

사회적 지각
주어진 사회적 맥락에서 타인들의 행동으로부터 사회적 단서들을 알아차리는 능력

비인격적 감독
파괴적 리더십의 일종으로서, 신체적인 접촉을 제외한 적대적인 언어/비언어적 행동의 지속적인 표출에 대한 부하의 지각 정도

하나의 상황을 사람마다 꽤 다르게 해석하는 이유는 자기 생각과 경험, 감정 등에 따라 다르게 이해하기 때문인데, 바꿔 말하면 그들이 선택적으로 지각해서 정보를 조직화하며 그것을 해석한다는 것을 의미한다. 구체적으로, 사회적 지각은 정보에 대한 주의와 선택(information attention and selection), 정보의 조직화(organization of information), 정보의 해석(information interpretation), 정보의 인출(information retrieval) 단계들을 거쳐 일어난다.

▶ **정보에 대한 주의와 선택** 지각 대상의 정보에 주의를 집중하고 오감을 통해 파악된 정보 중에서 선별적으로 지각을 한다. 끊임없는 감각정보의 공세가 의식/무의식적인 정보 심사에 의해 중요한 정보를 가려내는 것으로 제어되는 것이다. 예컨대 김 대리는 출근시간을 어겼어도 그가 오후에 아주 급한 업무보고를 해야 한다면 지각 자체가 큰 문제가 되지 않을 수 있다. 오히려 업무보고에 주의가 집중됨으로써 김 대리의 지각이라는 사건에 대한 정보는 선택되지 않고 다뤄지지 않을 것이다.

▶ **정보의 조직화** 모든 정보가 있는 그대로 처리되는 것이 아니라 하나의 전체적인 구조의 틀 속에서 처리된다. 즉, **스키마**(schema) 혹은 인지적 프레임워크를 이용해 들어오는 정보를 조직화하는 것이다. 사람들이 정보를 각각 별개의 것으로 처리하는 것이 아니라 유사한 정보끼리 묶어서 하나의 구조 형태로 처리한다. 김 대리라는 정보가 그의 성별 · 나이와 같은 외형적 정보, 김 대리의 이전 성과, 인적 사항 등에 대한 사전 정보, 그리고 그를 관찰하는 동안의 감정 상태 및 주변의 상황에 대한 정보들이 결합하여 정보구조를 만든다.

스키마
어떤 대상에 관한 정보를 처리하기 위한 프레임워크, 규칙 또는 지침을 제공하는 멘탈구조

▶ **정보의 해석** 처리된 정보는 개인적 추론을 통해 어떤 의미를 지닌 것인지 해석된다. 즉, 왜 그러한 방식으로 작동하는지를 이해하게 되는 것이다. 만약 김 대리가 속한 부서의 매니저가 직원들의 전반적인 업무태도에 대해서 변화를 꾀하려 마음먹고 있던 차라면 김 대리의 출근 지각은 분명 중요한 사건으로 해석되어 저장될 것이다.

▶ **정보의 인출** 처리된 정보는 사람들의 기억 속에서 저장이 되며 필요에 따라 인출이 된다. 기억에 대한 접근 용이성은 프로토타입(prototype)에 의해 영향을 받는다. 매니저는 김 대리의 출근 지각을 관찰하지만 직원들 관리를 위해 시간을 내기 전에는 기억에 저장되어 있기도 하고, 매니저가 업무로 바쁘다면 김 대리의 지각이라는 사건은 쉽게 잊힐 수도 있다. 기억을 통해서 인출된 정보만이 의미 있는 정보로서 판단을 위해 처리된다.

Mapping ORGB 사회정체성과 자기범주화

사람들은 타인과의 관계에서 유사점과 차이점을 파악해서 내 자신을 정의하게 되는데 이것을 사회정체성(social identity)이라고 한다. 관계를 나타내는 이 용어는 사람들 사이에 공유되는 사회적 행동에 대한 근거를 제공하며, 이와 관련된 의미들은 그가 속한 집단의 과거와 현재의 산물이기도 하다. 사회정체성은 사회에서 자신이 가지고 있는 역할, 규범 등에 대해 총체적으로 인식하고 있는 것이므로 사회적인 맥락 속에서 개인이 어떻게 행동할지를 설명할 수 있다. 자신이 성숙한 시민이라는 사회정체성을 지닌 사람은 누가 보지 않더라도 회사의 기물을 낭비하는 비윤리적 행동을 하지 않을 것이다. 하지만 스스로 나쁜 사람이라고 인식하는 사람은 회사에 피해를 주는 행동을 하더라도 별다른 죄의식 없이 그런 위해한 행동을 지속하게 될 것이다. 다음에서 정체성이라는 개념의 사회적인 측면을 강조하는 두 이론, 사회정체성이론과 자기범주화이론에 대해 좀 더 알아보도록 하자.

사회정체성이론(social identity theory)에 따르면, 사회정체성은 한 개인이 사회 속에서 누구인지를 근본적으로 말해 준다. 개인정체성보다도 어쩌면 더 중요할지 모른다. 사회정체성이 표출될 때 개인으로서의 자신보다 집단 내의 일부분으로 자신을 보게 된다. 사회적 이슈를 이해할 때도 집단정체성에 기반을 두고서 해석하는 경향이 있다. 이 이론의 핵심 가정은 바로 사람들이 긍정적인 자아개념을 갖기 위해 노력한다는 것인데, 이러한 행동이 단지 개인적인 니즈에서만 비롯된다고 할 수는 없다. 사회정체성이라는 개념을 통해 이 이론은 개인과 사회를 이어주는 가교로써, 사회문화적 현실이 사람의 행동을 어떻게 규제할 수 있는지를 설명한다는 점에서 기여가 인정된다. 그러나 어떤 상황에서 소속 집단과 외부 집단 간의 관계에 대한 이해가 발생하는지, 어떻게 공유된 사회정체성이 의도적이고 효과적으로 단체 행동을 하도록 만드는지 등에 대해선 아쉽게도 명확한 설명을 내놓지 못했다.

자기범주화이론(self-categorization theory)은 이러한 한계점들을 보완하면서 등장했다. 집단을 개인들 간 유대의 집합으로 보았던 기존 이론들과 달리, 자기범주화이론은 집단을 인지적인 측면에서 정의한다. 자기범주화는 집단과의 유사성 지각에서 출발해 의견일치까지 추구하게 되는 몰개성화, 집단의 일원으로서 타인뿐 아니라 스스로에 대한 스테레오타입을 형성하는 자기 스테레오타이핑, 적극적으로 집단 스테레오타입에 대한 준거정보를 얻으려 하고 그것을 강화하려 하는 사회적 영향력이라는 3가지 프로세스를 불러온다. 이 이론은 특정한 사회적 범주들이 개인에게 어떻게, 언제 내재되는지에 대한 이해의 기초를 제공한다. 하지만 집단에 대한 이해가 오직 인지에서만 비롯되는 것은 아니며, 집단생활의 정서적인 강도와 실제 경험의 본질이 다르다는 점에서 역시 한계를 드러낸다.

출처: Hornsey(2008).

1.2 지각 프로세스에 영향을 주는 요인들

지각은 생각만큼 간단한 정보처리가 아니며 지각의 주체, 대상 및 상황에 따라 복잡하고 다르게 해석되는 것이다. 지각자는 제한된 정보에 기초해서 주변 세상을 이해한다. 다양한 출처들에서 얻은 과거의 경험이나 방식에 근거하게 되는데, 이미 언급했듯이 이러한 것들은 지각자의 스키마(schemas)로 조직화되고 이를 이용하여 그 대상에 대한 정보를 체계화하고 이해하게 된다. 일례로 앞서 언급한 부서장이 해병대 출신임을 전해 들었을 때 해병대라는 하나의 스키마가 지각자의 머릿속에 형성되어 있는 이상 어떠한 새로운 정보도 기존 스키마에 일치하는 방향으로 처리된다. 그것이 "화를 내면 통제가 어렵다."라는 것이라 한다면, 그 이유만으로 지각자는 부서장을 화를 참지 못하는 사람으로 지각하고 이와 어긋나는 정보에 대해서는 무시하고 만다. 이 밖에 사회적 지각에 영향을 미칠 수 있는 지각자의 특성들에는 **태도**나 **동기 상태** 등 여러 가지가 있다. 이 가운데 지각자의 기분은 특히 누군가를 지각하는 방식에 대해 강한 영향력을 가질 수 있다. 자신의 기분 상태와 일치하지 않는 정보보다 일치하는 정보를 사람들은 더 잘 기억한다. 게다가 긍정적인 기분일 때 타인들에 대한 보다 긍정적인 인상을 형성하게 되고 부정적인 기분일 때는 비판적으로 평가하는 경향이 있다.

지각 대상의 특성도 사회적 지각에 영향을 미치게 된다. 우선 눈에 보이는 **외형**은 타인에 대한 우리의 지각에서 큰 역할을 한다. 이국적으로 요란하게 차려입은 사람, 매우 키가 큰 사람, 어린아이처럼 유난히 부산한 사람들은 일상적으로 만나는 어느 사람과도 대비되는 면 때문에 주목받게 된다. 신체적인 매력 또한 지각 대상자의 전체적 이미지를 결정짓는 요인이다. 미국의 사례에서 면접관들은 매력적인 지원자를 보다 호의적으로 평가하며 더 높은 초봉까지 받는 것으로 알려져 있다. 지각 대상자의 **사회적 지위**도 중요한 특성 중 하나다. 맡은 업무에 관해 경험과 지식이 아

보는 사람의 마음가짐이나 태도 등에 따라 "꿈은 여기에 있다."로 읽히거나 "꿈은 어디에도 없다."로 읽힐 수 있다.

하이데거의 숲

대머리는 지식인?

영국 BBC는 '대머리의 장점'을 보도했다. 2016년 9월 BBC에서 보도한 '대머리의 장점(The benefits of going bald)'에서 미국 심리학자 프랭크 무스 카렐라는 소크라테스 · 다윈 · 처칠 등 '대머리 지식인'을 언급하면서 "대머리는 유전적으로 우성(優性)이며, 사회적 지위가 높고 정직하다는 인상을 준다."고 말했다. 이어 "대머리가 유해하고 쓸모없는 것이라면 진화과정에서 이미 사라졌을 것"이라며 "대머리가 '수컷'인 남성에게만 나타나는 건 암컷에게 어떤 '매력의 신호'로 작용하기 때문"이라고 설명했다.

무리 많다고 해도 사회적 지위가 낮으면 신임을 얻기 어려운 게 현실이다. 대부분 사람은 높은 사회적 지위에 오른 사람들일수록 더 현명하고 믿음이 가며 아는 것도 많고 책임감이 강하리라고 생각한다. 그래서인지 조직들은 종종 높은 사회적 지위를 가진 이들을 이용해 사람들을 설득하기 위한 중대 발표를 맡기곤 한다. 한편 지각 대상자는 **인상관리**(impression management)라는 더 적극적인 방법으로 타인의 지각에 영향을 미치기도 한다. 자신의 성과를 평가하고 승진에 대한 결정권을 가진 지각자와 상호작용할 때는 인상관리 전술을 사용할 가능성은 더욱 높다. 인상관리 전술로는 비위맞추기, 자기피알, 모범보이기, 간청, 위협 등이 있다.

인상관리
타인에 호의적인 인상을 주기 위해 자신의 반응을 의도적으로 조작하는 행동

지각자 및 그 대상이 놓인 **입장이나 상황** 역시 지각하는 데 많은 정보를 제공해 준다. 상황이 지각에 미치는 영향을 고려할 때 초점을 두어야 할 중요한 요인은 먼저 **상황 속 대상의 두드러짐**(salience)이다. 여성들로만 구성된 단체에서 유일한 남성이었던 경험이 있는가? 지하철 안 승객들이 가볍고 화사한 봄 의상을 입고 있는데 혼자만 어둡고 두툼한 겨울옷을 입고 있던 적이 있는가? 어떤 공간이나 환경에 있는 사람들은 두드러짐이 강한 개인에게 더욱 관심을 가지는데 그것은 그들이 눈에 잘 띄기 때문이다. 지각

수건을 맨 스포츠 탑 차림의 여성과 통화를 하고 있는 정장 여성, 누가 더 외향적으로 보일까? 누가 더 성공한 사람으로 보일까?

의 주관성 때문에 어쩔 수 없는 일이다. 다음은 **상황적 단서들의 강도**(strength of situational cues)와 관련된 것이다. 강한 단서를 제공하는 상황에서는 개인의 행동이 상황에 의해서 설명되고 개인의 의도는 반영되기가 어렵다. 예컨대 매너있는 태도로 친절하게 직업과 취미에 대해 묻고 내 커피 취향에도 진심 어린 관심을 비치는 보험 영업사원을 만났다고 하자. 이러한 행동이 영업사원인 그녀의 성격을 반영한다고 볼 수 있을까? 아마도 상황의 영향력 때문에 우리는 '그렇다'는 말을 쉽게 하지 못할 것이다. 그녀가 지금 나에게 보험상품을 판매하려고 하는 중이며 이러한 태도로 모든 고객을 대할 것이라 생각하기 때문이다.

1.3 대인 지각에서의 편향과 문제점

사회적 지각은 타인을 지각하는 방식으로서 매니지먼트 기능의 수행에 있어서 중요하다. 부하들의 동기유발을 위해서도, 혹은 그들을 공평하고 공정하게 다루며 윤리적인 의사결정을 하는 데도 역시 중요하다. 지각이 늘 정확할 수는 없을 것이다. 그렇지만 지금까지 학습한 지각의 의미, 형성 방법, 그리고 영향요인들에 대한 이해 외에 지각의 장애요소들로는 어떤 것들이 있는지를 살펴봄으로써 지각의 정확도를 향상하는 데 도움이 될 수 있을 것이다. 타인에 대한 부정확한 인상을 형성하게 만드는 요인들에는 첫인상효과(first impression error), 스테레오타입(stereotype), 후광효과(halo effect), 투영(projection), 대비효과(contrast effect) 등이 있다.

첫인상효과

첫 대면 또는 지각을 기초로 한 개인에 대한 지속적인 견해를 갖게 되는 것을 말한다. 즉, 평가나 판단을 하는 데 있어 초기 정보가 지나치게 두드러지는 것이다. 장기적인 고용관계의 결정이 이처럼 급히 형성된 첫인상에 의해 이루어질 수 있으므로 인터뷰 상황에서는 이것이 매우 위험할 수 있다. 이러한 초두효과의 반대개념으로는 최신효과(recency effect)가 있으며, 가장 최근에 제시

Mapping ORGB 스테레오타입 위협의 영향과 그 조절요인

스테레오타입으로 인해 부정적으로 평가될까 봐 사람들이 우려하는 상황들을 스테레오타입 위협(stereotype threat)이라고 일컫는다. 일례로 흑인은 인지적인 과업에서 백인보다 열등하다고 여겨지는데, 이러한 스테레오타입으로 인해 실제 흑인 학생들의 학업성취도가 저조한 경우다. 연구마다 이 같은 스테레오타입 위협이 다양한 과업수행을 저해할 수 있다고 보고한다. 스테레오타입과 수학 성적 간의 관계를 연구한 Rydell et al.(2014)에서도 여성들이 이러한 위협으로 인해 기본적인 인지능력들이 저하되고 결국엔 수학 성적이 떨어지게 됨을 입증했다.

스테레오타입 위협은 실제 조직에서 학습을 방해하고 정신적인 소진을 발생시키며 사회적 이질성을 증폭시키기도 한다. 이러한 스테레오타입 위협을 증가/감소시키는 요인들엔 어떤 것이 있을까? 성차별 행위나 특정 집단에 대한 지나친 동일시가 스테레오타입 위협을 가중할 수 있다. 그러나 스테레오타입이 그릇된 것임을 인지하거나 타 집단과의 토론 및 교류를 통해 그 위협을 완화시킬 수가 있다.

출처: Moss(2016).

된 정보를 가장 잘 기억하는 것을 의미한다.

스테레오타입

어떤 집단에 속한 사람들을 일반화시키는 것을 말한다. 뚜렷한 근거 없이 감정적인 판단에 주로 의거한다. 한 집단이나 범주에 속한 개인을 규명할 때 이것은 흔히 발생하며, 이러한 집단 혹은 범주로부터 지각된 특성들을 가지고 그 사람을 연관 지어 묘사하는 데 사용된다. 예로는 "흑인은 운동을 잘한다.", "뚱뚱한 사람은 둔하다." 등이 있다. 스테레오타입이 부정확하다는 것이 입증되더라도 변화를 거부하는 것을 곧 편견(prejudice)이라 할 수 있다.

후광효과

일종의 인지적 편향으로서 어떤 특성의 지각이 그 사람의 다른 특성 지각에 의해서 영향받는 것을 말한다. 이것은 지각의 조직화 단계에서 사람이나 상황의 한 가지 특성이 전반적인 인상으로 발전될 때 발생한다. "높은 출석률은 곧 똑똑함을 말한다."라는 식으로 성과평가에 왜곡을 가져올 수 있다. 이처럼 매

ORGB 뉴스

성범죄자 예상은 째진 눈, 좁은 턱… 실제론 준수한 남자

"성범죄자는 어떤 사람입니까?" 본지가 성인 20~30대 여성 131명을 대상으로 설문조사를 했다. 머릿속에 떠오르는 예상 성범죄자의 얼굴 부위별 특징을 고르게 했다.

경찰청 과학수사센터의 이상숙 행정관은 "답변 내용을 분석해 본 결과 응답자 대부분은 성범죄자들에 대해 날카롭고 인상이 험악한 사람이란 이미지를 갖고 있었다."고 말했다. 그는 "과거에는 성범죄자들이 우락부락한 체구에 험상궂은 인상을 갖고 있었지만 최근에는 대체로 호리호리한 체격에 준수한 외모인 경우가 많았다. 응답자들이 답한 것처럼 '치켜 올라간 눈'이나 '좁은 이마'를 가진 성범죄자들은 별로 없었다."고 덧붙였다.

최은정 경찰청 성폭력수사계장은 "일반적으로 성범죄자에 대해 정상적인 사회생활에 실패한 사람들을 연상하지만 실제로는 정상적으로 사회적 활동을 하는 사례가 많다."며 "성범죄에 대한 편견을 갖고 있는 것"이라고 지적했다.

이처럼 성범죄자에 대해 일반인들이 갖고 있는 이미지와 실제가 괴리를 보이는 이유는 무엇일까? 김광삼 성범죄 전문 변호사는 "자극적인 일부의 성범죄만 대중에게 많이 알려지기 때문"이라고 지적했다.

조희현 경찰청 생활안전국장도 "성범죄의 다수가 지인에 의해 저질러지다 보니 피해자들은 이를 감추는 경우가 많다"며 "이 때문에 평범한 직장인들이 저지르는 성범죄는 대부분 외부에 알려지지 않는다."고 분석했다. 이어 "반면 오원춘 사건이나 박춘봉 사건처럼 살인이 동반되는 강력 성범죄는 경찰 수사 결과와 함께 사건 배경 등이 미디어에 의해 낱낱이 알려진다."며 "이렇다 보니 성범죄자는 대부분 사회적 공분을 일으키고 강력한 처벌의 대상이 되는 비정상적인 인간으로 인식되는 것 같다."고 말했다.

출처: https://www.joongang.co.kr/article/17420463#home 수정 발췌

니저가 눈에 띄는 단일 특성만 가지고 판단하는 것은 주의를 요한다. 어떤 경우엔 기대가 타인과의 상호작용 방식에 영향을 줘서 특정 결과를 만들어 내기도 하는데, 이것은 후광효과의 주요 측면 중 하나로서 **자기충족적 예언**(self-fulfilling prophecy)이라 불린다.

자기충족적 예언
어떤 일이 발생할 것이라고 기대하면 실제로 그 일이 일어나는 현상

투영

한 사람의 고유한 개인적 특성을 타인에게서 찾으려는 성향이다. 바꿔 말해 남들도 대체로 자신과 같은 특성을 지녔을 것이라고 보는 것이다. 이것은 지각자가 준거의 기준으로 자신(self)을 선택하기 때문에 발생하며 지각의 해석단계에서 주로 나타난다. 우리 자신의 신념과 가치, 행동 공통점에 대한 오해의 결과로 사람들은 유사점을 지닌 타인들에 대해 과대평가를 하게 된다. 모든 사람

이 유사하고 의견이 같다고 가정하면 타인에 관한 중요한 정보를 간과하기가 쉽다.

대비효과

비교할 때마다 대상에 대한 지각 자극이 더 약화되거나 혹은 강화되는 것을 말한다. 사람들은 비싼 물건의 옆에 놓여 있는 상품을 저렴하다고 받아들인다. 그런데 느낌의 차이일 뿐 그 제품의 본래 가치가 달라지는 것은 하나도 없다. 마찬가지로 대비효과에 따르면 수험번호(순서)의 운이 선발에 영향을 미치기 때문에 선발 도구로서 인터뷰 방식은 적절치 못하다.

2 귀인이론

직장과 같은 하나의 상황 안에서 동료들의 행동에 대한 설명을 나름 구성해 볼 때가 있는데, 이 경우 경기침체 원인을 흔히들 대통령에게 돌리는 것처럼, 특정 동료의 개인적인 원인은 과대평가하면서도 상황적인 원인은 과소평가할 때가 있다. 이 같은 설명은 지나치게 단순화되고 편견에 얽매이기도 하지만, 한 가지 흥미로운 것은 이것이 어느 정도 체계적이며 예측될 수 있다는 사실이다. 지각과 이에 따른 귀인에 대한 이해가 조직구성원들 상호 간의 원활한 소통을 돕고 생산성도 향상하는 긍정적인 역할을 하게 된다.

2.1 귀인의 개념

지각 프로세스를 통해 사람들은 주변 환경과 타인을 이해하고자 하지만 단순 이해만으로는 부족함이 있다. 어떤 사건이나 행동을 지각할 때 사람들은 그 사건과 행동의 원인을 해석하거나 설명하려 드는데, 이것은 우리의 반응이나 행동에 영향을 주는 '인과귀인(causal attribution)'을 습관적으로 하고 있음을 의미한다. 인과귀인은 흔히 예상치 못한 사건이 발생했을 때나 지각자가 타인 행

하이데거의 숲

눈에 보이는 게 정말 전부일까?

똑같은 물리적 특성을 보이는 사물이라고 할지라도 빛의 파장(색)을 인지하는 정도는 백이면 백 모두 다르다고 한다. 최근 '흰색과 금색이냐' vs. '파란색과 검은색이냐'를 두고 전 세계 인터넷이 들끓었다. 드레스가 어두운 실내에서 찍혔다고 여겨 파란색을 일종의 역광 그림자로 판단한 사람들은 흰-금으로 보게 되고, 드레스가 바로 앞에 있는 조명을 받았다고 판단해 파란색을 강하게 인지한 사람들은 검-파로 보게 된 것이다.

이렇듯 우리의 뇌는 어떤 물체가 가진 본래의 색을 각자의 방식으로 예측하려고 노력하기 때문에 같은 것을 보고도 다르게 판단할 수 있다. 여기에 개개인의 주관적인 해석까지 곁들여진다면 보는 것이 믿는 것이란 말이 반드시 참은 아닐 수 있다.

동에 관한 솔직한 답변을 요구받았을 때, 타인을 보면서 바람직한 결과물을 얻고자 할 때, 아니면 패배감이나 상실감을 경험할 때와 같이 다양한 상황들에서 발생한다. **귀인**(attribution)이란 자신이나 타인들의 행동 원인이 어디에 있는지 그 원인을 귀속시키는 것을 일컫는다. 지각은 외부로부터의 정보를 그 형태 그대로 처리하는 것이지만 우리가 행동을 이해한다는 것은 수집된 정보를 판단하여 해석하는 과정이 추가됨을 의미한다. 행동의 원인을 어디든 귀속시킴으로써 수많은 대처 행동이 동기화될 수 있다. 만약 입사시험 낙방을 자신의 노력 부족으로 귀인한다면 다음에는 합격을 위해 더 많은 노력을 하게 되는 것과 같다.

귀인
자신이나 타인의 행동을 지각하고서 왜 저런 행동을 하는지 원인을 되짚는 과정

하이더(F. Heider)라는 학자가 귀인에 대한 심리이론을 최초로 제안했지만, 오늘날 사회심리의 연구 패러다임으로서 연구의 기틀을 마련한 것은 와이너(B. Weiner)와 그의 동료들에 의해서라고 한다. 사람들은 세상을 체계적으로 이해하고 싶어 한다는 점에서 하이더에게는 합리적인 설명에 이를 때까지 정보를 종합하여 타인의 행동을 이해하려고 애쓰는 사람들이 마치 초보 심리학자처럼 보였을 수도 있다. **귀인이론**(attribution theory)이라는 용어는 사람들이 타인 또는 자기 행동의 원인을 귀속시키는 방식, 즉 지각된 인과관계에 관한 연구를 일컫는다. 귀인이론은 사람들이 행동 원인에 대한 지각에 기초하여 자신이나 남의 행동을 해석한다고 주장한다. 또한 원인의 해석 또는 책임의 귀속이 결과

그림 4.2 귀인의 일반 모델

에 대한 감정적, 행동적 반응을 결정짓는다고 주장한다. 일례로 만약 어떤 가해자에게 행위에 대한 책임이 있다면, 피해자의 분노는 고조되고 부정적으로 반응하려는 경향이 증폭된다. 하지만 가해자에게 책임이 없다고 판결나면, 피해자의 분노는 줄어들고 부정적으로 반응하려는 경향도 줄어든다.

귀인 연구는 사람들이 가용한 정보처리를 통해 인과추론에 도달하는 방식에서부터 그들이 하게 되는 추론의 유형, 그리고 이러한 추론들에 대한 반응들까지 인과추론의 모든 측면과 관계된다. 이렇듯 귀인 분야는 귀인의 선행요인들, 귀인 내용, 귀인의 결과물이라는 3개의 부분으로 구분될 수 있다. 선행요인들과 귀인은 **진단국면**의 문제이고, 귀인부터 결과물의 단계는 **대처국면**으로 볼 수 있다. [그림 4.2]는 가용정보에 대한 진단이 특정 귀인을 유도하고, 이는 다시 심리적, 행동적 결과물이라는 구체적인 대응으로 이어지게 된다는 것을 보여준다.

2.2 내부귀인과 외부귀인

이미 설명했듯이, 귀인이론에서는 사람들이 자기 자신이나 타인의 행동 원인을 알아내려 애쓴다고 가정한다. 따라서 타인이 어떤 행동을 한 이유를 알고자 하는 사람은 그 행동에 대해서 한두 개의 원인으로 귀속하려 할 것이다. 이와 관련하여 귀인이론은 개인의 행동이 과연 내적인 것인지 아니면 외적인 것인지 추정하는 데에 특히 관심을 둔다. **내부귀인**(internal attribution)은 개인의 통제 가능한 영역 안에 원인이 있다고 생각하는 것이다. 예컨대 남 과장의 성과가 안 좋은 것은 그가 무능력하기 때문이라고 믿는 것과 같다. 이처럼 능력, 노력, 성격은 가장 대표적인 내부귀인 요소들이다. 하지만 아무리 사람들이 본

내부귀인
행동의 원인을 자신 속에 있는 요소들 탓으로 돌리는 것

그림 4.3 귀인의 종류

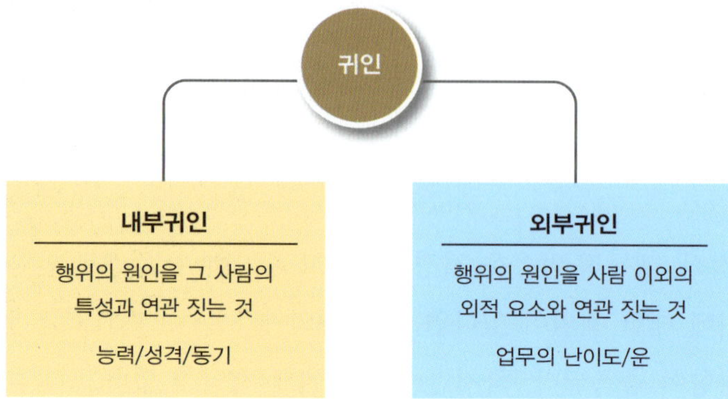

외부귀인
외부 상황 탓으로 행동을 설명하는 것

인의 의지대로 행동한다고 하더라도 외부 환경의 영향을 무시할 수는 없다. **외부귀인**(external attribution)은 원인이 한 개인의 외부에서 오는 것이라고 보는 것이다. 김 대리의 성과가 요즘 안 좋은 것은 그녀가 사용하는 소프트웨어가 너무 구식이라서 그런 것이라 믿는 것처럼 말이다. 가장 보편적인 외부귀인 요소들로는 과업난이도, 운이나 기회 등이 있다.

귀인을 내부로 혹은 외부로 하는지의 여부는 사람들이 그 행동에 대해 대처하는 방식에 큰 영향을 미친다. 같은 행위라고 하더라도 다르게 귀인을 한다면 그 사람에 대한 대응은 달라질 수 있기 때문이다. 저조한 성과를 보인 부하직원의 경우에 그 원인을 내부로 귀인시키면 그(녀)에게 징계를 내리거나 교육하거나 전출을 보낼 수 있다. 하지만 부하직원의 저성과를 외부의 원인(가정사, 시장 상황, 회사의 분위기 등)에 의해 발생했다고 해석한다면 회사의 분위기를 바꾸거나 전 직원에게 일괄적으로 적용될 수 있는 관리조치를 고려해야 할 것이다. 따라서 어떤 경우에 내부귀인을 하고 어떤 경우에 외부귀인을 할지 판단하는 것은 매니저에게 매우 중요한 일이 아닐 수 없다. 사회심리학자 켈리(H. Kelley)가 제안한 다음의 세 가지 정보 차원에 대한 이해는 도움이 될 것이다. 그는 귀인의 결과가 어떤 방향과 방식으로 일어나는지 초점을 두었던 와이너(B. Weiner)와 달리, 사람들이 어떤 경우에 내부 또는 외부귀인 하는지가 정보의 합치성(consensus), 특이성(distinctiveness), 일관성(consistency)에 따라 다르게 나타난다고 했다.

그림 4.4 켈리의 귀인이론

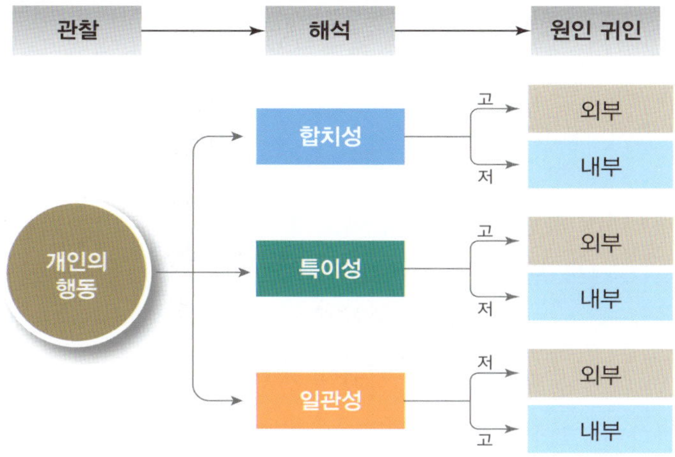

▶ **합치성** 타인들도 같은 상황에서 같은 방식으로 행동했는지를 일컫는다. 특정인에게서 관찰된 행동이 타인들에게도 관찰된다면 합치성이 높고, 타인들에게는 잘 나타나지 않는 드문 행동이라면 합치성이 낮은 것이다. 영업사원 김 대리뿐만 아니라 다른 동료 직원들도 판매실적이 좋지 않았다면 올해 김 대리의 낮은 성과는 김 대리 자신의 문제에 기인하는 것이 아니라, 시장 상황이 좋지 않다거나 혹은 김 대리가 소속된 부서 회사 제품의 품질 때문에 생긴 것으로 생각할 수 있다.

▶ **특이성** 다른 경우에서도 관찰된 행동처럼 그런 것인지 이 상황에서만 독특하게 그런 것인지를 일컫는다. 수년간 차종과 무관하게 판매실적이 좋지 않은 김 대리라면 올해의 부진 이유도 내적 원인인 능력이나 노력에 문제가 있다고 해석할 수 있다. 그러나 김 대리가 올해 3,000cc 이상의 승용차 판매가 부진했기 때문이라면 경기침체로 인한 대형차의 일시적인 수요 감소로 판매실적이 낮을 가능성이 있다. 즉, 외적인 상황에 의해서 주로 행동이 설명된다.

▶ **일관성** 시간의 경과에 따른 행동의 일관성을 일컫는다. 판매실적이 부진한 영업사원 김 대리는 오랜 시간 지켜보았지만 늘 같은 양상을 보였다면 문제의 원인이 내부에 있다고 판단하여 그에게 교육하거나 상담하거나 다

른 보직으로 재배치하는 등 김 대리에게 초점을 맞추는 대책을 세워야 한다. 그러나 특정 시점에서만 저조한 성과를 보인 것이라면 김 대리의 문제가 아닌 다른 원인이 있다고 판단하여 회사의 전체적인 상황을 고려하는 행동을 해야 할 것이다.

귀인은 김 대리 자신의 향후 행동에도 영향을 미칠 수 있다. 김 대리는 본인의 저성과를 능력의 부족으로 돌린다면, 이후 자동차 판매영업직을 그만둘 생각을 하거나 노력해도 안 된다고 생각해서 침울하고 주눅 든 모습을 보이게 될 것이다. 반면 다른 동료들에 비해 실패를 겪지 않고 있는 것이 좋은 운 덕택이라고 생각한다면, 그의 성과는 향상되기 어려울 수도 있다. 만약 본인의 능력이나 노력으로 돌릴 땐 자신감을 드높여 향후 성과를 창출하는 데 큰 도움이 될 수 있을 것이다. 행동주체의 원인 해석과 관찰자가 가지는 해석이 동일한 동형귀인(isomorphic attribution)의 경우에는 갈등과 불신이 적고 이때 관찰자인 매니저의 대응행동이 효과적인 결과를 가져올 수 있다. 하지만 행동주체와 관찰자의 귀인이 서로 다르게 일어날 때, 예컨대 김 대리의 저조한 실적이 경기불황때문인데 매니저가 내부귀인함으로써 김 대리의 인사고과를 낮게 준다면 그는 회사의 처우에 크게 반발할 것이 분명하다.

2.3 귀인오류

흔히들 자신과 타인들의 성공이나 실패를 능력, 노력, 과업난이도, 운 등으로 귀인한다. 직원들의 행동에 영향을 주기 위해서 매니저는 그들이 하는 귀인에 대해 반드시 이해할 수 있어야 한다. 신의 귀인과 직원들의 귀인이 다르다는 것도 알아야 하지만, 자신의 행위에 대해서는 '상황'을 탓하고, 타인의 행위에 대해서는 '그 사람'을 탓하는 행위자–관찰자 편향(actor–observer bias)에 누구나 취약하다는 것 또한 알아야 한다. 매니저들은 무엇보다도 자기의 귀인이 오류로부터 자유로울 것이라 가정해선 안 된다. "나는 있는 그대로 세상을 보고 있어서 나의 주관적인 경험과 객관적인 현실 사이에는 어떤 왜곡도 있을 수

ORGB 뉴스

내가 하면 로맨스! 남이 하면 불륜?

부시 전 대통령은 12일 텍사스 주 댈러스 총격으로 숨진 경찰관 추모 행사에서 미국사회 단합을 강조하는 연설을 했다.

"종종 분열의 힘이 단합의 힘보다 강한 것처럼 보일 때가 있습니다. 논쟁이 너무 쉽게 감정대립으로 변합니다. 의견 불일치가 갑자기 서로 사람 취급을 하지 않는 단계로 넘어가곤 합니다. 요즘 우리는 최악 실패를 기준으로 다른 사람들을 평가하려고 합니다. 그러면서 나의 행동은 선량한 의도로 설명합니다. 이런 것들이 우리 사회의 연대감과 공동체 목표에 대한 신뢰를 갉아 먹고 있습니다."

이 대목은 해롤드 H. 켈리의 "귀인(歸因)이론"과 관계가 깊다. 이 이론에 따르면 타인의 행동 원인, 즉 스스로의 의지와 결정에 따른 것인지 아니면 어쩔 수 없는 외부요인 때문인지를 정확하게 평가하려면 합의성, 일관성, 특이성의 세 가지 기준을 사용해야 한다. '특이성'은 특정 행위가 그 사람의 평소 행태와 얼마나 다른지를 가리킨다. 특이성이 높으면 원인을 외부로, 낮으면 내부로 돌릴 수 있다. '합의성'은 같은 상황에서 그 사람 이외 다른 이들도 비슷한 행동을 했는지 여부와 관계된다. 이 수준이 높으면 행동의 원인을 외부로, 낮으면 내부로 돌릴 수 있다. 마지막이 '일관성'이다. 이전에도 그 사람이 비슷한 상황에서 같은 행동을 한 경우가 많다면 내적 원인으로, 드물었다면 외부 원인으로 돌린다는 것이다.

사람들은 타인 평가에서 오류를 저지른다. '행위자-관찰자 편견'이라고도 불리는데 내가 얻은 나쁜 결과는 외부 탓으로, 타인에 대해서는 그 사람 탓으로 돌린다. 거꾸로 성공하면 내 실력 때문이고, 다른 사람은 운이 좋아서다.

부시 전 대통령이 미국 상황을 개탄했지만, 한국도 마찬가지다. 시쳇말로 '내가 하면 로맨스, 남이 하면 불륜'이 판을 친다. 특이성 · 합의성 · 일관성으로 따지지 않고, 상상할 수 있는 최악의 의도로 상대방을 재단한다. 고고도미사일방어체계(THAAD · 사드), 고위공직자의 처신, 공항 입지 · 기업 합병승인 결정 등에서 정부가 아무리 설명을 해도 곳곳에서 트집과 반박이 나온다. 해당 사안들이 그 자체로 얼마나 특이한지, 전문가들의 일치된 합의 여부, 과거 혹은 외국의 비슷한 결정에 대한 검토는 없다. 정부를 반박하는 논리들이 서로 상충하고, 목소리 큰 주장이 걸러지는 대신 언론을 통해 확대 재생산되기도 한다.

출처: https://www.hankookilbo.com/News/Read/201607222059850110 수정 발췌

없다."라는 식의 순진한 사고는 위험하다. 앞서 학습한 귀인 프로세스는 다음의 두 가지 오류, 즉 근본적 귀인오류(fundamental attribution error)와 자기고양적 편향(self-serving bias)에 의해 영향을 받기 쉽다.

근본적 귀인오류
타인의 행동을 설명할 때 상황적 요인들을 간과하는 경향

어떤 누군가의 행동을 두고 우리는 내부 원인으로 귀결하려는 성향을 보이는데, 이것을 **근본적 귀인오류**라고 한다. 사람의 행동을 관찰할 때 개인의 성향에 집중하고 처한 상황에 대해서는 과소평가하는 것이다. 타인들의 행동을 지나치게 내부요인으로 돌리려 하는 이러한 성향 때문에 매니저들은 직원을 판단할 때 성격, 동기 등 내부 특성에 집중하게 된다. 부하의 저조한 성과에 대해

서도 가능성이 있을 법한 외적 요인들(기계의 문제, 지원의 부재) 때문이라고 생각하기보다는 단지 그의 노력과 능력이 부족해서라고 생각하게 된다. 상황적 문제의 영향을 보지 않게 되면 이들을 고칠 기회를 영원히 놓치고 말지 모른다. 비교문화심리학 연구에 따르면, 동양인들은 서양인들과는 달리 사건의 중심에 있는 대상에 초점을 맞추는 성향이 약하다고 한다. 어항을 그림으로 묘사할 때도 가운데서 움직이는 물고기보다는 오히려 주변에 있는 해초나 돌과 같은 것들에 더 초점을 맞추는 경향이 있다고 한다. 그래서 실제 근본적 귀인오류도 서양 사람들과 비교하면 덜 일어난다는 연구결과도 있다.

자기고양적 편향
바람직한 결과는 내 덕이라고 생각하고 그렇지 못한 결과에 대해서는 남 탓하는 경향

다음으로 자신의 성공은 내적 원인들로 귀인하고 실패는 외적 원인들로 귀인하려는 성향을 **자기고양적 편향**이라고 일컫는다. 즉, 성공에 대해서는 스스로의 공헌으로 받아들이고 실패의 책임은 애써 부정하는 것이다. 앞서 예로 든 부하의 성과 문제를 주저 없이 직원 탓으로 돌린 그 상사가 자신의 어려움들에 대해선 상황적 요인들로 변명하려는 경우가 여기에 해당될 것이다. '잘되면 내 탓 못되면 조상 탓', '남이 하면 불륜 내가 하면 로맨스' 등이 모두 다 자기고양적 편향의 예라 할 수 있다. 우리가 보통 실수로부터 배우지 못하는 것은 자신의 오류를 인정하는 데 주저하기 때문일 것이다. 자기고양적 편향은 배우자, 친구, 심지어 조직에 대해 지각할 때도 발생한다. 사람들은 배우자에게 일어나는 긍정적인 일들을 자기 내부의 원인으로 귀인하려는 반면에 부정적인 일들에 관해서는 자기 외부의 원인으로 돌리려 한다. 이러한 자기고양적 편향이 북미 여성들에게서는 남성보다 더 적게 나타난다는 것이 한 연구에서 밝혀졌다. 또 다른 흥미로운 사실은 자기고양적 편향이 한국에선 반대로 작용하기도 한다는 것이다. 종종 어떤 실패를 했을 때 부서장들이 모두 자기 탓이라고 말하는 것에서 그 예를 발견할 수 있다.

예리한 관찰자라면 귀인오류를 더 자주 범하는 편향된 귀인 스타일(biased attribution style)의 사람을 발견하게 된다. 앞서 언급한 자기고양적 편향은 일종의 **낙관적인 귀인 스타일**(optimistic attribution style)이다. 낙관적인 귀인을 하는 사람들이라면 자신과 자신의 성공능력에 대해 만족해한다는 사실을 반영하는 것이다. 하지만 아무 근거가 없는 개인의 낙관주의일 수 있고 미래에 실망하게

만들 수 있다는 면에서 명백히 단점이 된다.

비관적인 귀인 스타일(pessimistic attribution style)로 알려진 두 번째 스타일은 반대의 성향을 나타낸다. 이러한 귀인을 하는 사람들은 바람직하지 않은 사건들을 지능 부족과 같은 안정적인 내부의 요인들 탓으로 돌리는 반면, 바람직한 결과들은 불안정한 외부의 요인들 탓으로 귀인한다. 대개 이들은 자신에 대한 확신이 부족하고 성공 가능성에 대해 비관적이다. 이는 우울감이나 학습된 무력감을 촉발한다.

세 번째 **적대적인 귀인 스타일**(hostile attribution style)로 알려진 이 스타일은 부정적인 결과에 대한 외부귀인의 성향을 나타낸다는 점에서 낙관적인 스타일과 유사하다. 다만 그러한 외부귀인이 본질적으로 안정적이라는 점에서만 다르다. 이러한 안정성으로 말미암아 자신의 직속 상사 같은 외부의 "주체"에 대한 분노를 촉진하고 공격적인 반응의 가능성을 증가시킬 수 있다. 원인이 명확할 때는 귀인 스타일이 그 상황에 영향을 미칠 가능성이 작지만, 모호할 때는 영향 가능성이 커서 이에 대한 이해가 매니저들에게 요구되는 것이다.

3 지각과 관련된 주요 연구변인들

조직 내에서 지각의 역할은 몇 가지 영역들에서 더욱더 두드러지게 나타난다. 피면접자의 인상관리와 종업원들의 훈련모티베이션, 평가의 불공정성 지각, 그리고 보상의 기능도 하는 지각된 외부평판 및 역량발휘 가능성 지각 등은 각각 채용, 개발, 평가, 보상 등 HR 영역들에서 관심을 받아온 변수들이다.

선발 인터뷰에서의 인상관리

입사 지원자들은 목표의 달성 가능성을 높이고 좋은 첫인상을 계속 유지하기 위해, 혹은 현재와 이상적 이미지 간의 간극을 좁히기 위해 인상관리(impression management) 행동에 관여한다. 인상관리는 해당 지원자에 대한 면접관의 평가에 긍정적인 영향을 미칠 수 있다. 지원자가 사용할 수 있는 인상관리의 유형으로는 자기PR, 모범보이기 등 자기중심적 인상관리와 비위맞추기, 추켜세우기 등 타인중심적 인상관리, 그리고 아이컨택, 미소, 고개 끄덕임 같은 비언어적인 인상관리가 있다. 면접관들은 이러한 인상관리전략들을 식별하고 해석함으로써 입사 지원자들의 행동패턴을 추론할 수 있으며 그 결과 미래의 업무 행동을 예측해 볼 수 있다.

이익 지각을 통한 훈련모티베이션

향후 참여하게 될 교육훈련이 가치 있는 결과를 가져다줄 것이라는 기대 정도에 따라 종업원들의 훈련모티베이션 수준은 달라진다. 조직의 모든 구성원이 효과적으로 개발되도록 하기 위해서는 **지각된 훈련의 이익**(perceived benefits of training)과 나아가 그 이익에 대한 가치까지도 이해하고 있어야 한다. 이와 관련해서 구성원들이 교육훈련 프로그램의 참여로부터 얻을 수 있는 세 가지는 직무 관련 이익, 커리어 관련 이익, 개인적인 이익의 지각이 있다. 내재적 혹은 외재적 보상의 기능을 하는 이러한 훈련이익의 지각이 교육훈련에 참여해서 학습하고자 하는 개인의 태도나 동기에 영향을 미친다는 것은 이미 알려진 사실이다.

조직정치로 인한 평가의 불공정성 지각

조직에서의 정치
타인들의 안녕을 고려하지 않고 자신의 이익을 극대화하기 위한 개인의 의도된 행동

조직에서의 정치(politics in organizations)는 사익을 조장하고 경쟁자들보다 앞서기 위해 사용된다. 심해지면 정당성과는 무관하게 각종 수단을 동원해 집단의 이익과 목표까지도 보호하고 강화하려고 한다. 사사로운 이익에 영합하는 행동이 그렇듯이 부정적인 측면을 많이 내포하고 있다. 종업원들은 일반적으로 정치적인 행동을 부도덕하며 비합리적이고 불건전하다고 생각하므로 조직정치를 지각할수록 직장에서 스트레스와 압박을 경험하고 성과평가에서의 불공정성을 느낌으로써 조직 각 층에서 업무에 대한 부정적 태도를 갖게 된다. 조직의 자원이 한정되어 있거나 조직 내 신뢰 수준이 낮고 역할모호성이 심할수록 조직정치의 발생은 증가한다.

지각된 외부평판, 지각된 역량발휘 가능성

유명 기업에서 근무했던 경험은 개인의 성과를 나타내는 지표이자 인적자본의 중요한 결정요인이다. 그러므로 커리어 계획의 수립에서도 남들보다 더 많은 자유가 주어질 수 있다. 이와 관련된 개념이 **지각된 외부평판**(perceived external prestige)이다. 즉, 외부인이 자신의 회사를 어떻게 여기는지에 관한 개인적인 평가를 일컫는다. 이것은 그 진위 여부를 떠나 종업원들이 조직과 상호작용하는 방식에 영향을 미칠 수 있다. **지각된 역량발휘 가능성**(perceived competence mobilization) 역시 조직이 제공하는 보상과 관련이 있다. 호의적인 환경에서는 노력이 성과로 이어질 것이라는 기대가 보다 높아지기 때문이다. 조직에서 성장할 여지가 있다고 지각하는 종업원들은 더욱 노력할 것이고 이는 다시 조직의 평가 및 보상체계를 통해 더욱 촉진될 수 있다.

지각된 외부평판
자신의 조직을 타인들이 어떻게 평가하는지에 대한 시각

지각된 역량발휘 가능성
현 직무에서 역량을 발휘할 수 있는 적절한 기회를 지각하는 정도

단원 요약

1. 사람들은 자기 생각과 경험, 감정 등에 따라 같은 상황도 다르게 이해한다. 선택적으로 지각해서 정보를 조직화하며 그것을 해석하기 때문이다. 이처럼 사회적 지각은 정보에 대한 주의와 선택, 조직화, 해석, 인출 단계들을 거쳐 일어난다.

2. 그 주체, 대상 및 상황에 따라 지각은 복잡하고 다르게 해석될 수 있다. 예컨대 지각자의 태도, 동기 상태, 기분과 지각 대상의 외모, 사회적 지위, 인상관리 등은 지각에 영향을 미치기도 한다. 이 밖에 상황 속 대상의 두드러짐이나 상황적 단서들의 강도도 중요한 요인이다.

3. 지각이 늘 정확할 수는 없지만, 어떤 것들이 지각의 장애요소들인지를 살펴봄으로써 그 정확도를 향상하는 데 도움이 될 수 있다. 예컨대 타인에 대한 부정확한 인상을 형성하게 만드는 요인들에는 첫인상효과, 스테레오타입, 투영, 대비효과 등이 있다.

4. 사회정체성이란 사회에서 자신이 가지고 있는 역할, 규범 등에 대해 총체적으로 인식하고 있는 것을 말한다. 이러한 개념을 보다 강조한 것들이 개인으로서의 자신보다 집단 내의 일부분으로 자신을 보게 된다는 사회정체성이론과 집단을 인지적인 측면에서 정의한 자기범주화이론이다.

5. 외부로부터의 정보를 그대로 처리하는 지각과 달리, 귀인은 자신이나 타인들의 행동 원인이 어디에 있는지 그 원인을 귀속시키는 것이다. 즉, 수집된 정보를 판단하여 해석하는 과정이 추가된다.

6. 사람들은 어떤 행동의 원인이 개인의 통제가능한 영역 안에 있다고 생각하기도 하고, 한 개인의 외부에서 비롯된다고 보기도 한다. 어떤 경우에 내부귀인을 하고 어떤 경우에 외부귀인을 할지는 정보의 합치성, 특이성, 일관성에 따라 달리 나타난다.

7. 귀인 프로세스는 근본적 귀인오류와 자기고양적 편향에 의해 영향받기 쉽다. 근본적 귀인오류란 타인의 행동을 관찰할 때 그 사람이 처한 상황은 과소평가하고 지나치게 내부요인으로 돌리려 하는 것이고, 자기고양적 편향은 자신의 성공은 내적 원인들로 귀인하고 실패는 외적 원인들로 귀인하려는 성향이다.

8. 지각의 역할은 조직 내에서 채용, 개발, 평가, 보상 등의 영역들에서 더욱더 두드러진다. 이를테면 선발 인터뷰에서 피면접자의 인상관리, 이익 지각을 통한 훈련모티베이션, 조직정치로 인한 평가의 불공정성 지각, 보상의 기능도 하는 지각된 외부평판, 지각된 역량발휘 가능성 등에서 그렇다.

논의할 문제

1. 면접과 평가의 상황에서 사회적 지각이론에 대한 지식이 어떻게 응용될 수 있는지를 설명하라.
2. 교육 현장에서는 때때로 부모의 배경을 보고 학생을 판단하는 경우가 있다. 이러한 스테레오타입은 항상 나쁘기만 할까?
3. 개인정체성과 사회정체성의 개념적 차이를 생각한 후 이들이 각각 직원들의 직무행동에 미치는 영향은 무엇인지 설명하라.
4. 개인투자자들은 투자 실패의 원인을 경기불황이나 정보의 불균형성으로 돌리는 경향이 있다. 하지만 전문가들은 주로 의사결정의 오류 때문이라고 말한다. 이러한 귀인의 차이는 왜 발생하는 것일까?
5. 올해의 우수사원으로 선정된 우효광 씨가 결혼 이후 갑자기 성과가 나빠졌다. 일반적인 매니저라면 이에 대해 어떤 귀인 프로세스를 적용할까?

더 읽을거리

Aronson, J., & McGlone, M. S. (2009). Stereotype and social identity threat. In T. D. Nelson (Ed.), *Handbook of prejudice, stereotyping, and discrimination* (pp. 153–178). New York: Psychology Press.

Eberhardt, J. L., Davies, P. G., Purdie-Vaughns, V. J., & Johnson, S. L. (2006). Looking deathworthy: Perceived stereotypicality of Black defendants predicts capital-sentencing outcomes. *Psychological Science*, 17(5), 383–386.

Ellemers, N., Spears, R., & Doosje, B. (2002). Self and social identity. *Annual Review of Psychology*, 53(1), 161–186.

Fiske, S., & Taylor, S. (1991). *Social cognition*. New York: McGraw-Hill.

Green, J. D., & Sedikides, C. (2001). When do self-schemas shape social perception?: The role of descriptive ambiguity. *Motivation and Emotion*, 25(1), 67–83.

Greitemeyer, T., & Weiner, B. (2008). Asymmetrical effects of reward and punishment on attributions of morality. *The Journal of Social Psychology*, 148(4), 407–422.

Haslam, S. A. (2001). *Psychology in organizations: The social identity approach*. London: Sage.

Hornsey, M. J. (2008). Social identity theory and self-categorization theory: A historical review. *Social and Personality Psychology Compass*, 2(1), 204–222.

Kelley, H. H. (1967). Attribution theory in social psychology. *Nebraska Symposium on Motivation*, 15, 192–238.

Kelley, H. H., & Michela, J. L. (1980). Attribution theory and research. *Annual Review of Psychology*, 31(1), 457–501.

Maurer, T. J., Weiss, E. M., & Barbeite, F. G. (2003). A model of involvement in work-related learning and development activity: the effects of individual, situational, motivational, and age variables. *Journal of Applied Psychology*, 88(4), 707–724.

Nordhaug, O. (1989). Reward functions of personnel training. *Human Relations*, 42(5), 373–388.

Steele, C. M., Spencer, S. J., & Aronson, J. (2002). Contending with group image: The psychology of stereotype and social identity threat. *Advances in Experimental Social Psychology*, 34, 379–440.

Tepper, B. J. (2007). Abusive supervision in work organizations: Review, synthesis, and research agenda. *Journal of Management*, 33(3), 261–289.

Zebrowitz, L. A., & Montepare, J. M. (2008). Social psychological face perception: Why appearance matters. *Social and Personality Psychology Compass*, 2(3), 1497–1517.

Memo

CHAPTER

05

모티베이션

1. 무엇이 행동을 유발하는 것일까?
2. 욕구중심이론
3. 프로세스중심이론
4. 강화이론

▸▸ 학습목표

1 모티베이션 프로세스에 대한 개요를 서술한다.

2 매슬로우의 욕구이론을 설명한다.

3 동기요인과 위생요인을 구분하고 동기유발을 위해서 직무를 어떻게 설계할지 논의한다.

4 기대가 어떻게 고성과로 이어질 수 있는지를 설명한다.

5 공정한 대우가 업무 모티베이션에 어떻게 영향을 주는지 설명한다.

6 조직행동수정이 모티베이션과 성과 향상을 위해 어떤 시사점을 제공하는지 요약한다.

삶의 거의 모든 측면에서 모티베이션은 필수적이다. 청소년기 학업은 물론이고 일터에서의 업무 및 조직의 목표 달성을 위해 행동이 자극받게 되는 것까지 모두가 사람들의 모티베이션에 달려 있다. 성과를 가져오는 주요 동력 중 하나가 모티베이션이기 때문에 직원들이 이를 갖게끔 장을 마련해 주는 것이 오늘날 매니저들에겐 최우선 과업으로 인식된다. 종업원 모티베이션이 회사의 경쟁우위를 위한 일상의 자원이 될 수 있다는 믿음에 근거한 것으로서, 모티베이션 원리를 무시하는 매니저들은 회사 목표와 직원들의 행동을 연결하는 결정적인 일에서 실패할 수밖에 없으므로 조직 운영을 그르치게 된다.

시네마 ORGB

블라인드 사이드 The Blind Side

내재된 동기를 통해
스타플레이어로 거듭나는 마이클

블라인드 사이드(The Blind Side, 2010)

가출한 아버지와 어머니마저 마약 중독자, 어려서부터 부모로부터 격리되어 여러 가정을 전전하며 살아 온 마이클 오어(Michael Oher)! 공으로 하는 것은 뭐든 잘하는 그를 위탁가정에서 학교 풋볼 코치에게 소개하자, 마이클의 재능을 단번에 알아본 코치는 윈게이트라는 상류 사립학교의 입학허가를 받아낸다.

그러나 성적 미달로 운동을 시작도 할 수 없게 되고 위탁가정에서조차 쫓겨나 잘 곳을 찾아 헤매게 된 마이클.

반소매 셔츠만 걸친 채 체육관으로 향하던 그를 발견한 리 앤 투오이(Leigh Anne Tuohy).

매사 적극적이며 마음 따뜻한 그녀가 그의 딱한 사정을 알고서 후견인이 되어 돌봐준다.

과외지도로 성적을 올리고 풋볼 수비력도 향상되면서 학교 우승의 결정적인 역할을 하게 되어

마침내 여러 대학으로부터 스카우트 제의를 받게 된다. 리 앤 부부가 미시시피대학 동문인 까닭에 당연히 미시시피대학을 선택하는데, 이 부분이 대학체육협회에서 문제로 불거진다.

리 앤이 모교를 위해 가난한 젊은 선수들의 보호자를 자청해 계획적으로 보내려던 건 아닐까라고 묻는 조사관에게 좀 당황했던 마이클은 '사랑으로 가족의 구성원이 되었던 것이 아니었나?!' 회고하면서 혼란에 빠지며 가출한다.

안정을 되찾고 리 앤을 다시 찾은 마이클…

리 앤은 마이클이 풋볼을 정말 하고 싶은지, 풋볼을 좋아는 하는지, 만약 싫으면 원하는 어떤 것을 해도 좋다고 말한다. 또 미시시피대학이 싫으면 다른 대학을 지원해도 좋다고…

그동안 마이클이 뭘 좋아하고 원하는지 묻지 못했다며 미안해하는 리 앤.

마이클은 풋볼을 잘하는 거 같다고 답하고서 대학체육협회에 자신의 믿음 안에서 탄생한 가족들이 다녔던 미시시피대학에 입학하고 싶다는 의사를 보낸다.

TIP!!

이 영화의 제목 블라인드 사이드란 미식축구에서 쿼터백이 감지하지 못하는 사각지대를 뜻한다고 한다. 사랑하는 이들의 사각지대를 지켜주는 흑인 청년 마이클 오어와 그의 사각지대를 감싸주는 백인 후견인 가족들, 그들의 실제 이야기를 영화화한 것이다. 리 앤이 마이클을 아들처럼 사랑해 주었기에 그 누구에게도 마음을 열지 못했던 소년이 엄청난 잠재력을 품고서 능력을 맘껏 발휘할 수 있었던 게 아니었을까? 세상의 편견으로부터 리 앤이 마이클을 지켜내어 그가 풋볼선수에 대한 내재된 모티베이션을 얻는 장면이 그려진다. 가족애를 느끼게 된 마이클도 리 앤의 아들을 보호하려고 온 힘을 다해 불가능을 가능케 했던 사건은 매우 인상적이다. 시대가 바뀌어서 요즘은 상사의 결정에 부하들이 개인 삶은 포기한 채 일사불란하게 실행하는 모습은 좀처럼 보기 어렵다. 저마다 자신의 내재된 동기에 의해서 주도적인 삶을 살고 싶어 하므로 자발적인 동기를 일깨우는 것이 무엇보다 필요하다. 부하들이 자발적이고 내재적인 동기가 있으면 그만큼 리더로서의 모티베이션 역할도 덜 중요해진다.

1 무엇이 행동을 유발하는 것일까?

사람들의 행동은 주로 욕구와 동기에 기초한다. **욕구**(need)는 결핍을 경험한 불균형 상태로서 행동을 유발한다. 배고픔이나 목마름 같은 것들이 그러한 예라 할 수 있다. 성취나 권력, 이타심 같은 **동기**(motive)는 사람의 행동을 목표로 향하게 만드는 것들이다. 다음 [표 5.1]은 흔히 직장에서 균형을 이루고 있는 이들 개념을 설명한다. 예컨대 인재개발부 최 차장은 내년 특목고와 대학교에 진학할 자녀들의 학원비 등을 감당하기 위해 급여 인상에 대한 욕구가 간절하다. 승진과 급여 인상의 결정이 이번 하반기에 있다는 것을 그가 알고 있어서 올해 들어서 평소보다 더 열심히 근무하기 시작했다. 연/월차까지도 애써 미루고 지각하는 일도 없이 정시 출근해서 동료들과 잘 협력해 가며 근무 중이다. 이러한 그의 모든 행동은 급여가 인상될 것이라는 희망을 품고 하는 것으로 성과라는 동기가 이끈 행동들이라고 할 수 있다.

모티베이션
행동을 유발하고 목표를 제공하는 내부 추진력

연구자마다 생각이 다를 수 있겠지만 **모티베이션**(motivation)은 행동의 이유다. 모든 행동은 모티베이션에 의해 자극되고 그러한 모티베이션은 의식적이든 무의식적이든 욕구와 동기에서 비롯된다. 라틴어 '움직이다(move)'의 의미에서 파생된 용어 모티베이션은 구체적으로 다음 두 가지로 구분해 볼 수 있다. 먼저, 모티베이션이 행동을 유발하는 힘(force)을 의미하는 경우다. 일례로 배고픔은 먹는 행동을 유발하는 힘이다. 하지만 배고픔이 반드시 끼니를 먹는 행동을 유발하는 것은 아니며 때에 따라 음료를 마시는 행동을 유발할 수도 있다. 이어서 모티베이션의 두 번째 의미는 배고픔이라는 힘이 최종적으로 먹는 행동에까지 이르는 전체 프로세스(motivation process)를 의미하기도 한다. 조직행

표 5.1 욕구, 행동 및 동기의 이해

욕구	행동	동기
• 자녀 학원비 충당을 위한 급여 상승	• 지각하지 않고 정시 출근 • 잦은 월차 사용을 자제 • 동료들과의 협력 증진 • 양/질적 업무성과 향상	• 인상된 급여를 얻기 위한 고성과

홀로 작업 중인 포클레인 기사는 지금 무슨 생각으로 작업 중일까? 직접 할 수 없어 누군가 그 일을 의뢰했다면, 어떻게 해야 기사는 마치 자신의 일처럼 최선을 다할 수 있을까?

동에서 모티베이션이란 주로 **업무 모티베이션**(work motivation)으로서 특정 직무, 과업, 역할 또는 프로젝트에 대한 행동을 겨냥해서 힘을 북돋우며 유지시키는 심리적인 프로세스로 표현된다. 즉,

- **목적**(direction)은 목표 달성을 위한 행동의 대안 중 선택을 의미한다. 내년 신입사원 리쿠루팅 비용의 초과 발생을 우려하는 HR 임원은 CEO와 상담을 요청할 수도 있고, 리쿠루팅을 저렴하게 대행해 줄 전문 아웃소싱 업체를 물색할 수도 있고, 또 믿을 만한 부하직원에게 이에 대한 해결책을 마련해보라고 지시할 수 있다. 이처럼 어떤 사람이 보기에 성과로 이어질 것 같은 행동을 실행하는 것이 모티베이션의 방향성, 즉 목적이다.
- **노력**(effort)의 정도는 선택된 행동을 실행에 옮기기 위해 얼마나 열심히 노력하는가에 관한 것으로, 투입하는 신체/인지적 에너지 수준을 의미한다. HR 임원이 CEO에게 보고하기 위해서 초과 비용과 관련된 분석 자료들을 준비했다면 아무런 준비를 하지 않은 경우보다 더 강한 노력을 투입한 것이다.
- **지속성**(persistence)은 바람직한 결과를 얻기 위해 에너지를 유지하며 장애요소들을 극복하려는 개인의 끈기를 일컫는다. 이어지는 예에서 CEO가 분석과 다른 견해를 밝힐 때 HR 임원은 바로 포기할 수도 있고, 각종 자료를 보충해서 CEO가 생각을 바꿀 수 있게 계속 설득할 수도 있다.

종업원의 업무 모티베이션을 어떻게 관리할 수 있을까? 모티베이션과 성과를 동일 개념으로 보는 사람들도 있는데 사실은 별개이다. 성과는 모티베이션이 발생하고 나서 내려지는 평가이므로 나름의 측정시스템이 존재한다. 모티베이션은 그러나 성과에 영향을 미치는 여러 심리적 상태 중 하나일 뿐이다. 예컨대 HR 임원의 성과는 신입사원의 적응, 직무만족, 초기 이직률, 더 나아가 회사 재무상태 등에 반영되어 나타나게 된다. 흔히 모티베이션 수준이 높은 HR

하이데거의 숲

모티베이션과 몰입, 비슷한데 뭐가 달라?

모티베이션과 몰입(commitment)은 서로 비슷하면서도 다른 개념이다. 업무 관련 행동을 수행케 하는 개인 내/외부에서 발생하는 활력들이 모티베이션이라면, 몰입은 개인을 특정 대상과 관련된 행동에 결부시키는 힘이다. 모티베이션은 더 광범위한 개념으로 의도적인 행동을 일으키는 활력 중 하나가 몰입이다. 모티베이션 이론들은 과업성과와 이직을 설명하는 데 주로 적용됐던 반면, 몰입은 직무성과와 조직시민행동의 결정요인으로서 검토되어 왔다. 어떤 학자들은 몰입이 모티베이션의 강력한 원천이며 반대에 부딪히더라도 일련의 행동들에 지속성을 불러일으킨다고 주장하기도 한다.

임원에게서 우리는 기업 경쟁력을 높일 우수 인재의 채용을 기대할 수 있지만, 성과라는 게 워낙 많고 다양한 요인들, 이를테면 개인의 능력, 성취 욕구 수준, A형 성격, 업무난이도, 가용자원의 양, 근무여건, 조직몰입 및 직무몰입 등에 의해서 영향을 받게 된다. 잘 알다시피 모티베이션은 성과를 결정짓는 여러 추진력들 가운데 하나로 봐야 한다. 모티베이션 수준이 낮다고 성과가 꼭 저조한 것도 아니다. 필요한 스킬과 능력들을 갖추었다면 낮은 모티베이션에도 불구하고 고성과를 낼 수 있다.

내재적 모티베이션
과업 자체가 도전적이고 흥미로워서 그것을 행하는 개인의 성향

외재적 모티베이션
외적인 보상들을 얻기 위해서 과업을 행하는 개인의 성향

모티베이션에 대한 여러 논의 중 하나는 **내재적 모티베이션**과 **외재적 모티베이션**의 원천을 구분하는 것이다. 만약 조직행동에 관심이 있고 모티베이션이란 주제에 관해 더 많이 알고 싶어 독서하는 학생이 있다면 그(녀)는 내재적 모티베이션에 근거한 행동을 하는 것이다. 하지만 수업에서 나쁜 성적을 면하기 위해서 독서한다면 외재적 모티베이션에 따른 행동을 한다고 볼 수 있다. 행동은 사실상 내/외재적 요소들에 의해 모두 유발된다. 내재적(intrinsic)의 의미는 사람의 내부, 안쪽이란 의미다. 내부에서 동기유발되어 업무 행동을 하는 직원들은 자신이 하고자 하는 일을 즐겁게 수행한다. 내적 즐거움이 그 개인에게 행동에 대한 정당성을 제공하는 것이라고 할 수 있다. 이러한 내재적 모티베이션을 증가시키는 요인들로는 도전감, 호기심, 결정권, 타인의 인정 등이 있다.

한편, 외재적(extrinsic)이란 사람의 외부, 바깥쪽이란 의미다. 외부에서 유발된 업무 행동을 하는 직원들은 보상으로부터 얻을 수 있는 만족 때문에 설령 관

Mapping ORGB 자기결정이론(self-determination theory)

외적 인센티브나 압력으로 인해 모티베이션이 오히려 약화될 수 있다. 이 점을 고려해 자기결정이론을 제안한 Deci & Ryan(1985)에 따르면, 사람들은 역량발휘의 욕구를 지녔기 때문에 최적의 자극과 도전을 추구하게 되며 이것을 내재적인 모티베이션으로 여긴다. 또한 이러한 모티베이션은 그들이 스스로 역량과 결정권이 있다고 여길 때만 유지된다고 주장했다. 이후 Deci, Ryan과 동료들은 내면화(internalization)—*행동의 규제가 개인 외부에서 내부로 이전하는 프로세스*—에 대한 논의 내에서 외/내재적 모티베이션의 이분법을 더욱 확장했다. 동기가 전무한 상태에서부터 내면화, 내재적 모티베이션에 이르는 과정은 아래의 그림과 같다.

- **무동기(amotivation).** 행동하려는 의지가 결여된 상태로서, 행동은 무가치하며 그 행동을 할 만한 역량도 없다고 느끼고 그것이 바람직한 결과를 가져올 것이라는 믿음도 없는 데서 비롯된다.
- **외적 규제(external regulation).** 외적 요구를 만족시키거나 외부로부터 주어지는 보상 조건을 얻기 위한 행동이다. 가령 대학에 진학하면 승용차를 사준다고 하니까 공부해 볼 마음이 생기는 것과 같다. 이것이 바로 강화이론가들이 주장하는 모티베이션으로서, 내재적 모티베이션과 비교되는 전형적인 것이다.
- **부과(introjection).** 죄책감, 걱정의 회피나 자기고양, 긍지의 달성을 위한 압박감을 갖고서 하는 행동이다. 자존감을 강화 또는 유지하기 위한 행동이 그 전형적인 모습으로, 대학 진학을 못하면 차는커녕 불효자가 될까 봐 공부하는 것이다. 약간은 내재적이라 할 수 있지만 인과의 위치는 여전히 외부에 존재한다.
- **공감(identification).** 행동의 중요성을 인정하기 때문에 그러한 규제를 자신의 것으로 받아들이는 것이다. 즉, 대학 진학을 사람들은 중요한 일로 여기기 때문에 내신관리를 위해 높은 성적을 얻고자 열심히 공부하는 것이다.
- **완성(integration).** 현재 생각하고 있는 바가 나 자신에게 가치 있고 중요하다는 점에 기초한 규제이다. 대학 진학은 내 삶을 위해 중요한 일이라는 것을 알기 때문에 공부하는 것이다. 이것은 공감된 규제가 비로소 자신에게 완전히 동화되었을 때나, 또는 자기검토와 새로운 규제를 자신의 가치 및 니즈들과 일치시킬 때 발생한다.
- **내재적 모티베이션(intrinsic motivation).** 어떤 결과를 바라고 하는 행동이라기보다는 내적인 만족을 위해 행동을 하는 것으로, 이것은 곧 자기결정을 의미한다. 예컨대 공부가 흥미롭고 즐거우므로 대학에 진학해 더 깊이 있게 배우려고 하는 것이다. 그러므로 외적 규제가 내면화되면서 내재적 모티베이션으로 변화함을 의미하는 것은 결코 아니다.

출처: Ryan & Deci(2000).

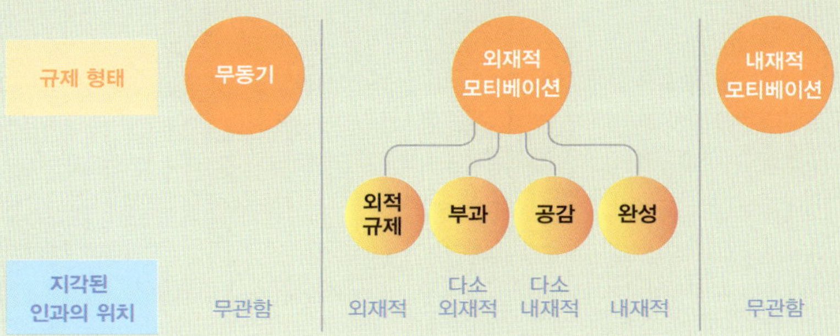

심이 적은 일도 수행할 수 있게 된다. 한 개인이 업무를 완수하면서 즐거움을 얻지 못하는 것이 아니라, 외적 보상의 기대로 인한 즐거움이 동기요인이 되어 관심이 적은 일조차 계속 수행하게 됨을 의미한다. 외재적 모티베이션으로 인해 자신이 싫어하는 과목에서도 좋은 성적을 거두는 학생을 종종 볼 수 있다.

모티베이션을 구성하거나 불러일으키는 것과 관련된 다양한 이론들을 욕구중심이론(need-based theory of motivation), 프로세스중심이론(process-based theory), 강화이론(reinforcement theory), 그리고 자기규제이론(self-regulation theory) 등으로 구분할 수 있다. **욕구중심이론**은 충족시키고자 하는 욕구들이 인간에게는 있고 그것을 충족하는 방향으로 행동이 결정된다는 관점을 취한다. 행동을 활성화하는 그러한 욕구들을 열거하고서 "모티베이션이 이들 특정 욕구로 인해 발생하는가?"라는 질문에 답하는 식이다. **프로세스중심이론**은 인간의 행동이 유발되고 방향이 설정되어 지속 혹은 중단되는 방식을 설명한다. 환경 지각의 중요성을 주입함으로써 인간이 지닌 욕구들을 규명하려 하기보다 실제로 모티베이션이 어떻게 발생하는지에 더 중점을 둔다. **강화이론**은 긍정적인 결과가 뒤따르는 행동은 반복되고 유지된다는 기본 전제를 지닌 행동주의 접근법이다. 인간의 욕구나 정신적 작용보다는 관찰 가능한 행동에 초점을 두고 행동과 그로 인한 결과들 사이의 학습된 연계성을 검토하는 데 초점을 둔다. 마지막으로 **자기규제이론**은 다음 6장에서 별도로 설명된다. 이들 범주 내에 포함된 이론들은 모티베이션에 대한 각기 다른 관점을 취하며 저마다 강·약점들이 있어서 이들의 주장을 절충할 수 있을 때 더욱 완벽한 이해를 얻을 수 있다.

2 욕구중심이론

모티베이션에 대한 초기 연구들은 개인 욕구들에 대해 주로 검토했다. 연구자들은 종업원들이 욕구를 충족시키기 위해서 열심히 노력하고 목적지향적인 행동을 보인다고 생각했다. 예컨대 동료들과 담화를 나누며 사무실을 어슬렁거리는 직원은 동료애에 대한 욕구를 드러내며 그런 행동을 통해 욕구를 만족시키는 것일 수 있다. 이처럼 욕구를 기반으로 하는 범주(need-based theories of motivation)에는 매슬로우의 욕구이론, 알더퍼의 ERG 이론, 허쯔버그의 2요인 이론, 그리고 맥클러랜드의 획득된 욕구이론 등이 포함된다.

2.1 매슬로우의 욕구단계설

인간의 욕구가 어떤 순서로 이루어져 있는지 피라미드 모양을 띠고 있는 욕구단계는 매니저 대다수와 경영학도들에게는 익숙한 그림이다. 매슬로우(A. Maslow)는 20세기의 저명한 심리학자 중 한 사람으로, 그의 이론은 "**인간에게는 위계적으로 서열화된 욕구가 있다.**"라고 하는 단순한 전제에 기반하고 있다. 모든 사람에게는 기본적인 몇 가지 욕구들이 있는데, 결핍되었을 때 그들에겐 이보다 더 큰 일은 없다. 이러한 기본적인 욕구들을 만족시키게 되면 사람들은 더 상위의 욕구들로 눈길을 돌린다. 하위욕구가 만족된 이상 더 이상 그것은 동기요인이 되지 못한다. 인간의 욕구가 저차원과 고차원으로 구분된다고 매슬로우는 보았다. [그림 5.1]에는 그가 제시한 인간 욕구들의 위계적인 순서가 제시되어 있다. 저차원 욕구에 해당되는 생리, 안전 욕구는 일반적으로 조직으로부터 제공받는 외적인 보상들(extrinsic rewards)로부터 충족된다. 반면 사교, 자존, 자아실현 욕구는 고차원 욕구들이다. 이러한 욕구들은 주로 개인의 직접 경험을 통해 얻는 내적 보상(intrinsic reward)에 의해 충족된다.

그림 5.1 욕구이론들에 대한 개요

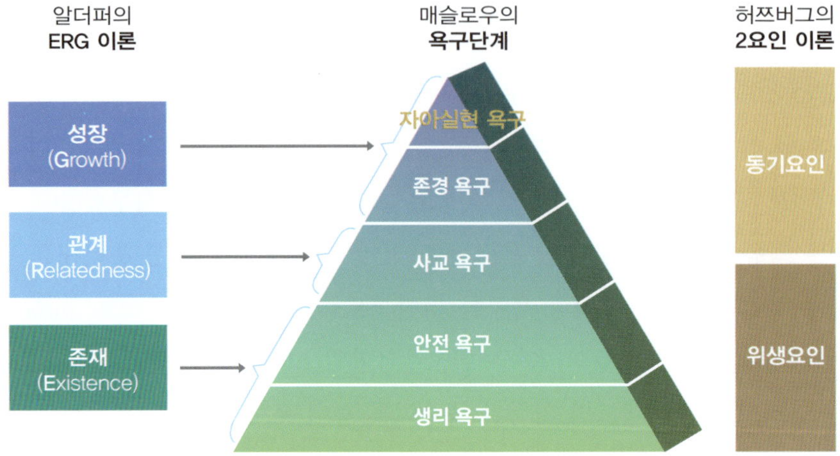

▶ **생리 욕구** 가장 하위의 욕구에 해당되는 것으로서 공기나 음식, 물에 대한 욕구를 말한다. 지금 몹시 배고픈 상태라고 생각해 보자. 음식을 찾기 위한 행동에만 관심이 쏠릴 것이다. 조직에서의 생리적 욕구라면 임금, 성과급, 기본적인 근로조건 등과 관련이 있을 수 있다. 직원들은 생리적 욕구의 충족을 위해 노동조합에 가입하며 그 노동조합은 생리적 욕구가 충족되도록 사측과 협상을 벌이기도 한다.

▶ **안전 욕구** 생리 욕구가 충족되면 안전 욕구가 발생한다. 위험이나 고통 또는 불확실한 미래로부터 과연 안전한가? 이러한 욕구 속에는 경제적인 것과 신체적 안전이 둘 다 내포되어 있다. 직장에서는 안전한 작업환경, 고용안정성, 보험, 연금 등이 안전 욕구를 충족시켜 준다.

▶ **사교 욕구** 매슬로우의 욕구 단계 세 번째에 해당되는 것으로서 사랑, 우정, 소속감 등과 관련되는 상위 욕구이다. 사람들은 금전적 목적을 달성하기 위해서 직장에 다니기도 하지만 회식이나 동호회 활동 등을 통해 동료들과 사교 욕구를 충족시킬 수 있다. 매니저들은 업무집단을 구성하고 개인들 간 상호작용을 장려함으로써 직원들의 사회적 욕구를 충족시킬 수 있다.

▶ **존경 욕구** 자존감(self-esteem)은 특정 역량이나 능력에 근거하기보다는 일반적인 자기 가치에 대한 느낌이다. 존경 욕구는 타인들로부터의 인정과 자

기존중(self-respect)을 함께 의미한다. 존경 욕구의 내적 요인은 도전감과 자율성으로 구성되며, 외적으로는 지위, 위신, 승진 등이 인정의 요인이다. 매니저들은 직원들의 성취를 칭찬과 인정을 통해 보상함으로써 자존 욕구를 충족시켜 줄 수 있다.

▶ **자아실현 욕구** 인간 욕구의 정점에 있는 것으로서 가장 고차원의 욕구다. 자아실현(self-actualization)은 개인이 지닌 잠재력을 개발시키는 것과 관련된다. 새로운 스킬의 습득과 새로운 도전의 경험, 그리고 개인의 인생 목표들을 만족시킬 수 있는 방식으로 행동함으로써 이 욕구는 분명해진다. 따라서 매니저들은 스킬 개발, 창의력 향상, 업무에 대한 자율권 부여 등을 통해 직원들의 자아실현 욕구 충족을 도울 수 있다.

인간 욕구를 위계적인 특성을 보인 다섯 가지로 단순화했다는 비판이 있지만, 욕구단계이론은 이해하기 쉽다는 점에서 직관적인 호소력을 갖고 있으며 인간의 욕구를 상, 하위욕구로 구분시킨 점에서도 의의가 있다. 또한 지금까지 살펴본 것처럼, 직장에서의 개인적인 성장과 자아실현의 중요성을 강조하는 이론이기도 하다. 매니저들은 직원들의 생리나 안전 욕구뿐 아니라 집단이나 팀을 활용해 그들의 사교 욕구를 충족시킬 수 있고, 더 나아가 존경이나 자아실현과 같은 고차원 욕구가 충족될 수 있는 업무환경을 조성함으로써 욕구단계이론을 실무에 적용할 수 있다.

2.2 알더퍼의 ERG 이론

매슬로우의 욕구단계이론은 고전적인 욕구이론으로서 다양한 사람들과 사회를 설명하기에는 한계가 있었다. 우선 문화적 다양성을 간과하여 주로 서구사회 사람들의 욕구를 설명하는 데에 효과적이라는 한계가 있고, 욕구단계를 지나치게 엄격히 제시하였다는 점에서 설명력에도 결함이 있다. 위계적으로 조직화된 다섯 가지 욕구 대신, 알더퍼(C. Alderfer)는 인간의 기초적인 욕구가 **존재**(existence), **관계**(relatedness), 그리고 **성장**(growth)이라는 세 범주로 나뉜다고 제안했다. 존재 욕구는 매슬로우의 생리, 안전 욕구와 일치하며, 관계 욕구는 사교 욕구와, 성장 욕구는 존경 및 자아실현 욕구를 일컫는다([그림 5.1] 참조). 알더퍼 이론이 기존 문헌에 기여한 바는 매슬로우의 가정을 완화한 점이다. ERG 이론은 욕구를 특정 순서로 서열화하지 않았으며 때로는 **한 가지 이상의 욕구가 작동**할 수 있음을 분명히 했다. 게다가 이 이론은 **'불만-퇴행'**을 가정하여 어떤 하나의 욕구를 만족시키려다 좌절된 사람들이 또 다른 욕구로 되돌아간다고 했다. 예컨대 직무에서 성장 기회의 부족과 더딘 커리어 목표의 진척도로 인해 좌절을 맛본 사람은 관계 욕구로 회귀하여 동료들과의 사교에 더 많은 시간을 쓰게 될 수 있다. 따라서 직원들은 다양한 욕구들의 충족을 원하며 상위 욕구가 충족되지 않으면 하위 욕구에 대한 갈망이 커질 수 있다는 사실에 매니저들은 주목해야 한다.

2.3 허쯔버그의 2요인 이론

허쯔버그(F. Herzberg)는 약간 색다른 방식으로 모티베이션이라는 문제에 접근했다. 그는 사람들에게 직무상에서 그들을 만족시키고 또 불만족을 느끼게 하는 것이 무엇인지 질문함으로써 **종업원을 만족시키는 측면과 불만을 느끼게 하는 측면이 매우 다르다**는 결론에 도달했다. 200여 명의 회계사와 엔지니어들을 대상으로 직무만족과 생산성 간의 관계를 조사하면서 그가 얻게 된 것들은 다음과 같다. 직무만족을 유발하는 원천에 해당되는 것들로 업무 자체, 성취, 인정, 책임감, 성장 및 발전 기회 등이 있다. 이러한 **동기요인**(motivators)들은 업무를 실제로 행하면서 경험하게 되는 직무내용과 관련되고 업무에 대한 긍정적 느낌을 반영한다. 한편 급여, (상사 및 동료들과의) 대인관계, 회사의 규칙, 고용안정 등은 **위생요인**(hygienes)들에 포함된다. 종업원들이 조직으로부터 충분히 위생요인들을 제공받더라도 만족을 느끼지는 못한다. 위생요인은 직무에 대해 경험하는 개인의 부정적인 느낌과 연관되며 모티베이션과는 무관하다는 사실을 허쯔버그는 밝혀냈다.

동기요인
직무 그 자체에 내재되어 있는 인정이나 성취감과 같은 요인들

위생요인
직무를 둘러싼 환경들(감독이나 회사방침 등)과 관련된 요소들

불쾌한 업무환경에서 어떤 사람이 일하고 있다고 가정해 보자. 여름에는 덥

그림 5.2 동기요인과 위생요인

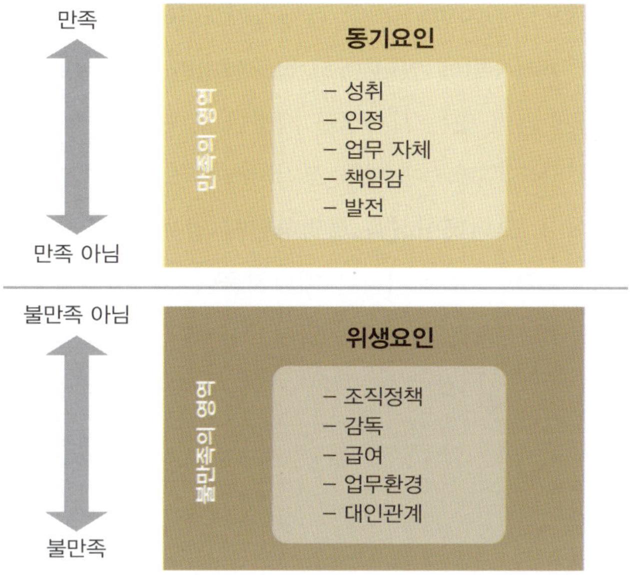

고 겨울엔 무척 추운 사무실이다. 과중한 업무에 찌들어 있는 데다 부당한 대우까지 받고 있다면 분명 그(녀)는 그러한 업무환경에서 비참하다는 느낌마저 받을지 모른다. 하지만 이런 문제가 해결된다면 (사무실 온도는 적당하고 부당한 괴롭힘도 받지 않는 상황), 과연 그(녀)의 동기가 유발될까? 어쩌면 이 같은 상황을 당연하게 받아들일 수도 있을 것이다. 허쯔버그에 의하면 경영진이 위생요인들을 개선하면 종업원들이 일시적으로는 긍정적인 느낌을 받을 수 있지만, 이것이 결국 당연시되어서 지속적인 모티베이션과 만족으로까지는 이끌지 못한다. 실제로도 업무환경 내에는 없을 때만 그것을 아쉬워하고 존재할 때는 너무도 당연하게 여기는 것들이 많다. 여기서 주목할 것은 급여를 위생요인으로 분류한 것이다. 허쯔버그는 사람들이 수입을 얻기 위해 일하는 것이고 충분히 급여를 제공받지 못한다면 매우 불만족하게 된다고 여겼다. 하지만 보너스와 같은 금전적 보상이 직원 성과에 대한 인정으로 작용한다면 급여는 동기요인이 될 만하다.

종업원과 상사 간 감독의 질이나 관계의 질에 따라 흥미로운 업무 배정, 잠재력 인정, 그리고 더 많은 책무의 부여 여부가 결정될 수 있어서 이 역시도 비판받는 측면이다. 모티베이션과 만족의 본질을 지나치게 단순화한 데 따른 문제점들로 볼 수 있다. 하지만 이러한 한계점에도 불구하고 2요인 이론은 환경 개선이 직원들의 동기유발에 있어 어느 정도까지만 작용한다는 점을 지적함으로써 매니저들에게 의미 있는 시사점을 제공한다. 단연 가장 으뜸이라면 이 이론이 모티베이션 및 직무만족에 대한 조직시스템과 직무설계의 효과에 초점을 두고 있다는 것이다. 모티베이션을 설명하면서 업무 자체가 지닌 중요성을 강조함으로써 허쯔버그의 2요인 이론은 매니저들이 **직무충실화**(job enrichment)에 관심을 갖게 만들었다. 그뿐만 아니라 급여, 복리후생, 쾌적한 근무환경과 같은 요인들보다도 성취, 인정, 책임감, 성장 기회 등 동기요인이 미치는 영향력을 더욱 강조했다.

직무충실화
수직적 직무 부여라고도 하며 일에 대한 도전감을 좀 더 느낄 수 있게 종업원의 책임과 통제를 증가시키는 것

2.4 맥클러랜드의 획득된 욕구이론

맥클러랜드(D. McClelland)에 따르면, 사람은 그들의 인생 경험으로부터 세 가지 유형의 욕구들, 즉 성취 욕구(need for achievement), 친화 욕구(need for affiliation), 권력 욕구(need for power)를 얻게 된다. 그리고 사람마다 우세한 욕구도 제각기 다르다. 인간 행동의 약 80퍼센트 이상을 설명한다는 이들 대표적인 욕구 중 유독 성취지향적인 사람이 있는가 하면, 권력에 대한 욕망이 큰 사람도 있고, 또 타인과의 친화 욕구가 남다른 사람도 있다. 맥클러랜드의 이론은 특정 욕구가 강하게 작용할 때 사람은 그 욕구를 충족시켜 주는 행동에 관여한다고 제안한다.

▶ **성취 욕구**는 일련의 성과기준을 달성하려는 욕구, 성공하고자 하는 욕구, 탁월성을 추구하는 욕구이다. 성취 욕구가 높은 사람들은 비교적 어려운 과제를 선호하고 수행 결과에 대한 즉각적인 피드백을 추구한다. 성공과 실패에 대해서도 그들은 자기 탓으로 돌리는 내부 귀인(internal attribution)을 하는 경향이 있다. 따라서 명확한 목표가 있고 피드백이 바로 오며 노력이 곧 성공으로 직결될 수 있는 영업직군과 잘 맞는다. 그러나 이러한 성취 욕구는 불리한 면도 있다. 영업 매니저로 승진하게 되면 판매보다는 판매원을 선

발, 모티베이션, 훈련하는 것이 임무가 되는데, 성취 욕구가 높은 사람들은 부하직원들과의 코칭, 소통, 미팅 같은 매니지먼트 활동들을 시간 낭비로 여기기 쉽다. 게다가 몸소 일하는 것을 더 즐기고 권한위임에 서툴 수 있어서 지나치게 고압적이거나 세밀한 상사가 될 가능성이 다분하다. 이들은 자신마냥 타인들도 일에 헌신하기를 기대하고 예전에 그들이 했던 식 그대로 일할 것을 기대할지 모른다.

▶ **친화 욕구**는 우호적이면서 친근한 대인관계를 원하는 욕구이다. 친화 욕구가 높은 사람들은 타인들이 자신을 좋아해서 수용해 주기를 바란다. 이들은 이왕이면 타인과 상호작용하고 지지자들과 함께하기를 선호한다. 조화로운 대인관계를 강조한다는 점에서 사회복지사, 교사처럼 빈번한 대인 상호작용을 필요로 하는 직무 및 직업과 잘 맞을 수 있다. 하지만 높은 친화 욕구가 관리직에서는 취약점이 될 수도 있는데, 그것은 자신이 타인에게 어떻게 인식되는지를 지나치게 염려하는 경향 때문이다. 비판적인 피드백 제공이나 저성과자 훈육 같은 일부 관리직무의 수행이 그들에겐 어렵게 느껴질 수도 있을 것이다.

▶ **권력 욕구**는 타인에게 영향력을 행사하려는 욕구이다. 권력 욕구가 높은 사람들은 경쟁적이고 지위를 선호하는 경향을 보인다. 이들은 성과 자체를 효과적으로 달성하기보다는 특권을 획득하거나 타인에게 영향력을 행사하는 데 더 관심이 많다. 오직 자신의 이익과 명망을 위해 권력을 추구하고 활용한다면 이러한 욕구는 대인관계를 파괴할 수 있다. 그러나 일의 진행 방식을 바꿔 바람직한 업무환경을 만들고 부서의 자원을 더 확충하려고 협상하는 것처럼 이타적인 형태로 나타난다면 긍정적인 결과들을 초래하기도 한다. 권력 욕구는 관리직과 같은 주요 직책들에서 그 효과성을 위해서 중요하게 인식된다.

맥클러랜드의 획득된 욕구이론은 종업원들의 동기유발에 있어서 다음과 같은 중요한 시사점들을 제공하고 있다. 우선 세 가지 욕구의 분류에 따라 직원들을 알맞은 직무에 배치하는 데 이용할 수 있다. 성취 욕구가 높은 사람은 목

Mapping ORGB 욕구이론의 발전 방향

욕구이론들은 개인이 행동하는 이유에 관해서 설명하지만, 특정 상황에서 성과를 위해 행동을 결정하는 이유나 개인차에 대해서는 쉽게 설명하지 못한다.

이와 관련하여 Schmitt et al.(2003)은 성격을 모티베이션에 대한 주요 예측변인으로 보았다. 그동안 욕구의 일부로 여겨져 왔던 성격이 직무 탐색과 선택, 직무성과와 만족 등을 예측하고 영향을 미치는 것으로 나타났다. 또한 Locke(2001)는 성격이 가치와 함께 목표와 자기효능감을 통해 성과에 영향을 미친다고 주장했다. 행동을 불러일으키고 방향성을 주며 지속시킨다는 점에서 가치(관)는 욕구와 비슷하지만, 인지와 경험을 통해 획득된다는 차이가 있다. 가치는 주로 문화와 직무라는 상황 안에서 연구되어 왔다. 욕구나 가치와 같은 개인변인들과 개인/조직의 성과는 다양한 환경 특성에 따라 달라지기 때문이다. 따라서 모티베이션을 고려할 때 개인과 상황의 적합도라는 측면에서 이들을 동시에 고려해야 한다.

출처: Latham & Pinder(2005).

표에 반응하며, 친화 욕구가 높은 사람은 자기 동료나 상사로부터 인정을 얻고자 동기유발되는 한편, 권력 욕구가 높은 사람은 상사로부터 영향력을 입거나 의사결정권이 있는 직위의 획득을 중요시할 것이다. 그리고 관리직급으로의 출세와 관련하여 본다면 자신이 지닌 욕구 지향의 결점을 인식하고 있는 사람들이 이를 극복하려는 조치도 취할 수 있을 것이다.

3 프로세스중심이론

이제까지 다루어온 욕구중심이론들과 달리, 프로세스중심이론들(process-based theories)은 모티베이션을 이성적인 프로세스로 본다. 사람들은 자신을 둘러싼 환경을 분석하고 반응과 감정을 개발하여 특정한 방식으로 상호작용한다는 것이다. 인지(cognition)에 중점을 두고 있는 이러한 이론들은 주로 의사결정, 지각, 그리고 작업 환경적 요인 가운데 특히 보상을 대상으로 삼는다. 여기서는 공정성이론과 기대이론이 검토될 것이다. 모티베이션 전략으로서의 직무설계의 개념 또한 논의될 것이다.

3.1 기대이론

브룸(V. Vroom)이 개발한 이론으로서 기대이론(expectancy theory)은 모티베이션 설명에 있어 가장 광범위하게 이용되는 이론 중 하나다. 그는 욕구가 직접적으로 동기유발로 이어지는 것이 아니라 **개인이 자신의 직무수행에서 거둘 수 있는 성공 예상에 의해 결정이 된다**고 보았다. 즉, 기대가 없으면 종업원들도 노력을 헛된 것으로 느낀다는 것인데, 노력은 세 가지 믿음의 함수[**모티베이션=가망성×Σ(수단성×유의성)**]로서 이 중 어느 하나라도 빠지게 되면 행동은 유발되지 않는다([표 5.2] 참조). 브룸의 이론은 즐거움을 최대화하고 고통은 최소화할 목적으로 여러 대안 중에서 의식적으로 선택한 결과가 행동이라고 가정한다. 따라서 노력을 많이 또는 적게 발휘하려는 개인의 모티베이션은 결국 이성적인 계산에 좌우된다. 개인들 간 노력의 차이를 설명하기보다는 시간과 노력을 어디에, 어떻게, 그리고 투자할지 혹은 말지에 관한 개인 내면의 결정을 설명하기 위해서 기대이론은 만들어졌다. 합리적 의사결정 프로세스에서 사람들은 스스로 다음의 세 가지 질문들을 던진다.

- 첫 번째 질문은 노력을 많이 하면 바람직한 성과물로 이어질 것이라고 믿는지 여부다. 이러한 지각은 가망성(expectancy)으로 지칭된다. 예컨대 이번 학기 조직행동 수업에 노력을 들이면 가치 있는 내용들을 습득하고

가망성
노력이 성과로 이어질 확률에 대한 지각

표 5.2 모티베이션을 위한 가망성, 유의성, 수단성의 관계

가망성 점수	수단성 점수	유의성 점수	모티베이션 강도
고	고	고	높음
고	저	고	낮음
고	고	저	낮음
고	저	저	매우 낮음
저	고	고	낮음
저	저	고	매우 낮음
저	고	저	매우 낮음
저	저	저	거의 없음

좋은 성적도 받을 수 있을까? 만약 그렇다면 노력을 할 가능성이 높다.

수단성
어떤 수준의 수행이 바람직한 보상의 획득으로 이어지리라는 믿음의 정도

- 두 번째 질문은 성과가 보상과 같은 이차적인 결과물들과 관련 있다고 믿는 정도로서, 이러한 지각은 **수단성**(instrumentality)으로 지칭된다. 예컨대 수업을 성공적으로 이수하면 취업에 유리하거나 혹은 부모님께 칭찬을 듣게 될까? 만약 그렇다면 노력을 할 가능성이 높다.

유의성
보상이 개인에게 매력적인 정도

- 마지막으로, 사람들은 성과의 결과물로서 그들이 얻게 될 보상의 가치에 대해 신경 쓴다. 결과물로부터 얻을 것이 예상되는 만족은 **유의성**(valence)으로 지칭된다. 예를 들면, 취업을 잘하거나 부모님께 칭찬을 듣는 것은 내게 가치 있는 일일까? 만약 이러한 결과물들이 가치 있는 것들이라면 노력을 할 가능성이 높다.

매니저는 종업원들의 동기유발을 위해서 이러한 지각들에 어떻게 영향을 미칠 수 있을까? 직장에서 성과와 보상 간의 관계를 강하게 지각하는 사람은 사실 많지 않다. 그렇다면 유의성과 기대 수준을 함께 높여 주는 것이 모티베이션을 극대화하기 위한 최선책일는지 모른다. **유의성**에 영향을 주기 위해서는 매니저들이 직원들의 가치를 파악할 필요가 있다. 그들과 대화를 나누거나 중시하는 보상에 관해 설문을 시행함으로써 이것은 가능할 것이다. 그러나 유의성만 높다고 동기유발이 되지는 않는다. 이를테면 금전적 보상에 대한 욕구가 매우 높다고 하더라도 직무스킬이 부족한 직원은 성공적인 수행을 예상하기 어려워서 쉽게 일에 매진할 수 없다. 반대로 성공 경험이 많은 사람은 어떤 직무가 가져올 유의성이 높지 않더라도 성공 가능성을 높게 지각하기 때문에 더 적극적으로 수행하려 할 것이다. 이러한 직원들의 **가망성** 지각에 영향을 미치기 위해 매니저들은 그들을 훈련하거나 애당초 적임자를 선발해야 한다. 또한 낮은 기대의 원인이 정치적 행위 같은 노력 외의 것들에 의해 좌우되는 것 때문이라면 이 경우엔 성과에 이르는 길을 명확히 하여 더 이상 무기력감이 들지 않도록 환경을 마련해 주어야 한다.

실제 성과보다는 연공서열, 노력, 직무 난이도, 스킬 수준 등에 근거해서 보상하는 조직들이 생각보다 많다. 그럼에도 불구하고 매니저들은 실무적으로 다음의 노력을 기울일 필요가 있다. **수단성**에 영향을 주기 위한 조치로서 우선

그림 5.3 기대이론

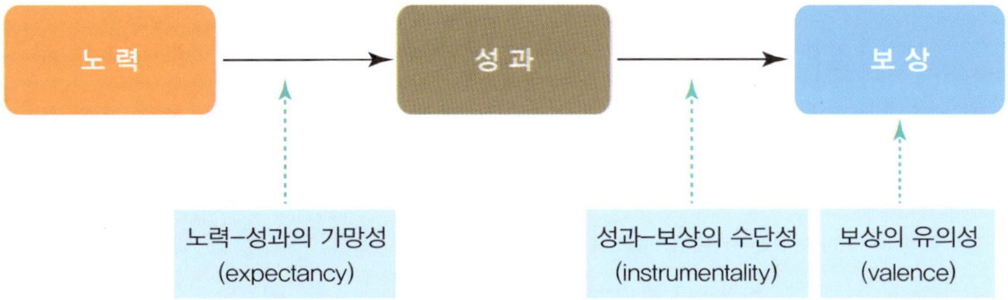

보너스, 수상체계, 메릿페이(merit pay) 등을 이용해 급여와 기타 보상들을 성과와 연결지어야 한다. 각종 경진대회나 수상 프로그램을 홍보하는 것도 직원들에게 보상에 대해 알리는 데 도움이 될 것이다. 그러나 무엇보다도 성과가 아닌 것은 보상되지 않는다는 점을 강조하는 것이 중요한데, 만약 회사가 이달의 직원을 순번대로 돌아가면서 상을 수여한다면 종업원들은 성과가 보상된다고 여기질 않게 될 것이다. 평등이라는 미명하에 이러한 보상시스템은 수단성을 약화시켜서 실제로 고성과자들의 모티베이션을 저해하는 결과만 낳고 만다.

기대이론은 기쁨은 최대화하고 고통은 최소화하기 위한 여러 대안 중 숙고하여 택한 결과가 바로 행동이라고 주장한다. [그림 5.3]에서 보듯이 노력의 향상은 성과 향상을 불러오고, 향상된 성과는 더 큰 보상을 가져다주며, 그 보상이 가치가 있으리라는 것을 조직과 개인 모두가 인식해야 한다. 그동안 많은 연구는 다양한 행동들을 조사하면서 VIE 모델의 타당성을 확인했다. 좋은 예로써 후(Q. Hu)와 길(T. G. Gill)의 연구(2000)는 교수의 종신직 획득에 대한 가망성과 연구 모티베이션에 관한 연구를 수행했고, 자격을 얻고 나서는 연구 생산성이 감소하는 것을 확인했다. 이처럼 기대이론은 학습이나 의사결정, 태도 형성 등에 있어서 개인의 행동을 분석, 해석, 평가하기 위한 보편적인 프레임워크를 제공할 수 있다.

3.2 공정성이론

인턴사원으로 일하면서 시급 10,000원을 받는 정은 양이 있다고 하자. 그녀는 이 일을 6개월간 해왔다. 지금은 일이 능숙해서 창의적인 방법으로 더 수월하게 일하며 남을 돕기까지 하는 좋은 동료다. 필요하면 알아서 야근도 하고 업무 순서나 시간이 재조정되더라도 불평 없이 임하곤 한다. 그러던 중 매니저로부터 함께 일할 또 다른 직원이 채용돼 그녀와 동일 직위에서 유사 업무를 수행할 것이라고 듣게 되었다. 뛰어난 컴퓨터 스킬을 가진 그는 이 스킬이 직무에 유용할지는 불분명해도 시작 급여가 시간당 15,000원이었다. 이 사실을 알게 된 정은 양은 이전처럼 주어진 책무 이상으로 일하려고 동기유발이 될 수 있을까?

공평성
한 개인의 산출을 동일인의 투입으로 나눈 것

공정성이론(equity theory)은 종업원들이 자신의 수행 결과를 타인의 수행 결과와 비교하여 **공평성**(equity)을 판단한다고 제안한다. 구체적으로, 사람들은 자신의 투입(input)과 산출(output)을 타인의 것과 비교한다. 만약 그 상황에서 투입 대 산출 비율이 비교의 대상, 즉 준거인(a referent)의 투입/산출 비율과 비슷하다고 믿어지면 공평성을 지각하게 된다. 어쩌면 성과에 대한 개인의 인지적 평가는 일종의 정서(affect)로서 공평성/불공평성의 느낌은 결과에 대한 개인의 인지적 평가로부터 비롯된다고도 할 수 있다. 이에 따라 **불공평의 지각은 사람들 간의 긴장을 유발하고 지각된 불공평을 감소시키려는 행동을 불러일으킨다.** 직장에서의 불공평은 그들의 노력에 대한 보상이 타인의 것과 비교해서 적다고 느껴질 때마다 존재한다. 이러한 사회적 비교 프로세스(the process of social comparison)는 다음의 식으로 설명된다.

공평성(equity):	$O_S/I_S = O_C/I_C$
과소보상(underpayment inequity):	$O_S/I_S < O_C/I_C$
과대보상(overpayment inequity):	$O_S/I_S > O_C/I_C$

투입은 종업원이 느끼는 기여이다. 앞서 예시에서는 정은 양이 맡은 어려운 업무들, 조직에 대한 몰입, 근무 개월 수, 교육 수준, 훈련, 그리고 스킬들 모

하이데거의 숲

불공평하다고 해서 똑같이 불편한가?

불공평에 대해 저마다 다른 반응을 보이는 까닭을 설명해 주는 성격 특성, 공평민감성(equity sensitivity)을 연구자들이 규명했다. 공평성에 예민한 사람들(equity sensitives)은 과대 또는 과소보상을 받는다고 느끼면 스트레스를 받게 되어 스스로 공평한 관계를 유지하려 애쓴다. 한편 되받으려 기다리기보다 먼저 더 베푸는 인정 많은 사람들(benevolents)도 있고, 반대로 베풀려 하지는 않고 대가를 바라는 권리만 내세우는 사람들(entitleds)도 있다.

공정성이론은 공평성에 예민한 사람들의 행동을 설명하는 데 더욱 유용하며 그러한 사람들이 관계를 바라보는 방식에 조직은 주의를 기울일 필요가 있다.

두가 투입들이었다. 산출은 그 사람이 상황으로부터 받게 되었다고 느끼는 보상이다. 정은 양의 시급 10,000원은 분명히 산출이다. 상사로부터 얻게 된 대우나 혜택 등 다른 형태의 산출도 있을 수 있다. 정은 양의 경우는 다음과 같이 판단했을지도 모른다. "나는 여기서 6개월이나 일해 왔어. 나는 몰입해서 일을 잘했고(투입, I_S) 시간당 10,000원을 받았어(산출, O_S). 새로 채용된 그는 별다른 경험(준거인의 투입, Ic)도 없이 15,000원(준거인의 산출, O_C)을 받게 되는데 말이야. 이 상황은 너무 불공평해." 공평성 인식은 그러나 주관적인 프로세스의 결과물로서, 다양한 사람들이 정확히 같은 상황을 보면서도 다른 수준의 공평성을 지각할 수 있다. 이를테면 동일한 이야기를 접하고도 새로 채용된 컴퓨터 스킬 보유자를 회사가 인정해서 급여를 더 주는 것이니까 상황은 공평하다고 판단할 수도 있다.

자신과 준거인의 상황 비교는 결국 과대보상, 과소보상, 공평한 보상이라는 세 가지 중 하나의 결론으로 이어진다. 만일 자신이 과소보상을 받았다고 여겨지면 개인은 공평성 회복을 위해 아래에 제시된 행동들 가운데 하나에 관여하게 된다.

- 투입을 감소시킨다.
- 급여 인상을 요청해 보상을 증가시킨다.
- 합리화시켜서 비율을 왜곡한다.
- 준거인이 투입이나 결과를 바꾸도록 설득한다.

- 사직서를 제출하고 상황을 떠난다.
- 준거인을 다른 사람으로 바꾼다.

자신의 투입에 비해 과도한 보상을 받았다고 지각될 때에도 개인은 공평성을 회복하기 위해 일련의 행동들을 시도해야 한다. 노력 등의 투입을 증가시키거나 감봉을 요구해 보상을 감소시킬 수도 있다. 또한 합리화시켜서 노력과 투입의 비율을 왜곡할 수도 있으며 준거인이 투입을 줄이도록 설득하거나 아니면 더 많은 보상을 받을 수 있게 조치를 할 수도 있다. 그러나 예에서 언급된 그 신규 채용된 사람이 바로 나라면 (그리고 동료인 정은 양이 당신보다 시급 5,000원을 덜 받는 사실을 알고 있다면) 과연 그럴까? 죄책감을 경험하고 공평성에 대한 인식을 회복하기 위해서 더 큰 노력을 할 것이라는 이러한 주장을 실증연구들이 뒷받침하지는 못했다. 다만 과소보상의 경우보다 사람들이 불공평 스트레스를 덜 경험하는 정도였다.

공정성이론은 지각된 공평성을 하나의 동기요인으로 본다. 그러나 공평성의 정의가 보상에 대한 것으로 국한되었다. 1970년대부터 직장 내 공평성 연구자들은 **공정성**(justice)에 대한 폭넓은 관점을 취하게 되었다. 결과물의 공평성을 다루었던 공정성이론은 마침내 분배공정성 이론으로 고려되기 시작했다. **분배공정성**은 조직으로부터 얻은 산출물이 공평한 정도를 나타낸다. 이후 규명된 두 유형의 공정성은 절차공정성과 상호작용공정성이다. **절차공정성**은 공정한 의사결정 절차가 사용되는 정도를 일컫는다. 해고나 선발, 감독, 성과평가, 급여결정 등과 같은 조직 내 의사결정들에서의 절차공정성에 종업원들이 관심을 둔다는 사실이 보고되었다. 사람들은 특히 그들이 받을 만하다고 느끼는 결과를 얻지 못했을 때 절차공정성에 신경을 쓰는 경향이 있다. **상호작용공정성**은 대인 간의 상호작용에서 사람들이 존중, 친절, 존엄을 가지고 대우받는 정도를 일컫는다. 동료나 상사, 그리고 고객들한테 존엄한 대우를 기대하며 이에 반하는 상황이 발생하게 될 땐 사람들이 분노하게 된다. 그러나 급여 삭감과 같은 부정적인 결과들에 직면하더라도 인간적인 대우가 지켜지면 스트레스를 완충 또는 줄여줄 수 있다.

마땅히 해야 할 일이긴 하지만 공정성 지각은 기업들이 관심을 두는 성과들

Mapping ORGB 조직공정성에 대한 세 가지 핵심 동기

조직공정성에 관심을 두는 이유는 다들 제각각이다. 그중 하나가 **사익 추구의 수단**이라는 관점이다. 불공정한 시스템보다는 공정한 시스템에서 결국 사람들이 이익을 얻을 수 있다. 공정성에서 비롯되는 장기적인 이익을 얻기 위해 단기적인 비용 따위는 감수할 만하다. 이것은 바람직한 목표 추구를 강조하는 기대이론(expectancy theory)과도 꽤 유사하다.

다음으로는 **집단 성원 간의 관계를 강조**하는 관점이다. 절차 및 상호작용 공정성은 구성원들 간의 의무, 신뢰, 원칙의 내면화가 강조되는 사회적 교환관계(social exchange relationship)를 발생시키기 쉽다. 그리고 이러한 관계는 시민행동과 높은 직무성과를 가져온다. 절차공정성은 특히 집단 성원으로서 가치 있게 여겨진다는 느낌이 들게 해주기 때문에 중요하다.

마지막으로 **도덕적 원칙**의 관점이다. 종업원들은 도덕적 원칙들에 몰입하기 때문에 불공정성에 맞서서 대응하며 공정하게 행동하려고 한다. 이 관점에 의하면, 공정성은 수단성이나 사회적 관계와는 상관없이 그 자체로서 중요한 것이다.

출처: Cropanzano & Rupp(2003).

로 이끈다. 즉, 높은 수준의 공정성은 조직몰입을 불러일으키고 높은 직무성과와 조직시민행동, 그리고 더 나아가 고객만족으로까지 이어질 수 있다. 반면 불공정성은 종업원들의 심리적 건강과 웰빙을 저해하고 스트레스를 초래한다. 낮은 수준의 공정성이 급기야 종업원들의 보복행위나 노조에 적극 가담하는 형태로 나타나기도 한다.

3.3 직무특성모델

해크만(R. Hackman)과 올덤(G. Oldham)이 제안한 이 모델은 과업 그 자체가 종업원 모티베이션의 비결이라는 아이디어에 근거하고 있다. 예컨대 도전적인 직무는 모티베이션을 강화하지만 따분하며 단조로운 직무는 수행을 잘하고자 하는 모티베이션을 억제한다. [그림 5.4]에서와 같이 이 모델에는 다섯 가지의 핵심 직무 측면들, 스킬 다양성(skill variety), 과업 정체성(task identity), 과업 중요성(task significance), 자율성(autonomy), 피드백(feedback)이 있다. 직무설계가 위의 조건을 충족시킬 때 해당 직무는 개인의 중대한 심리상태들(critical

그림 5.4 직무특성모델

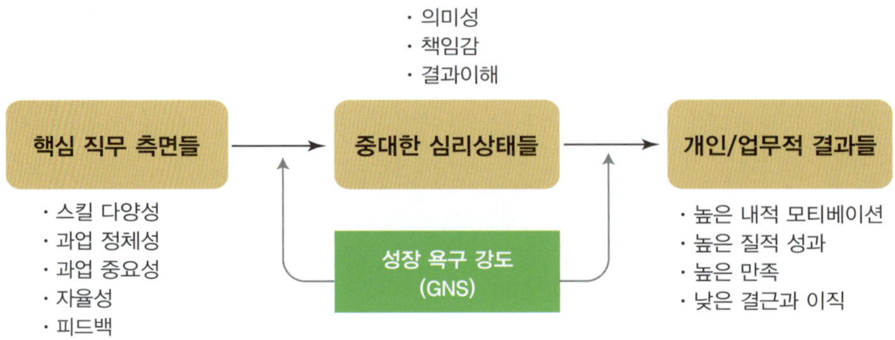

psychological states), 즉 의미성(experienced meaningfulness), 책임감(responsibility for outcomes), 결과이해(knowledge of results)를 유발하고, 이는 다시 개인의 모티베이션과 직무만족에 영향을 미쳐서 결국 성과에까지 영향을 주게 된다.

- **스킬 다양성**은 직무가 해당 직원에게 다양하고 수준 높은 스킬의 사용을 요구하는 정도를 일컫는다. 주유를 마친 운전자들을 자동 세차기로 인도하는 직무를 맡은 종업원은 낮은 수준의 스킬 다양성을 나타내는 반면, 캐셔로도 일하며 세차 기계들을 유지하고 화학약품들의 보관함을 관리하는 종업원은 높은 수준의 스킬 다양성을 나타낸다.
- **과업 정체성**은 해당 직원이 처음부터 끝까지 한 단위의 일을 완성하는 정도를 일컫는다. 웹사이트의 일부만 디자인하는 종업원은 낮은 과업 정체성을 지닐 수밖에 없다. 타 웹디자이너들의 업무와 뒤섞여서 최종 산출물에 대한 소유권이나 책임 주장이 어렵기 때문이다. 전체적인 웹사이트를 디자인하는 웹마스터는 반면 높은 과업 정체성을 갖게 된다.
- **과업 중요성**은 해당 직원의 직무가 타인들의 업무, 건강 또는 웰빙에 중대한 영향을 미치는 정도를 일컫는다. 일반 사무실의 청소를 담당하는 종업원은 그것이 중요성이 낮다고 여길 수 있다. 하지만 반도체나 유전자조작 같은 극미산업에서 미세먼지와 세균 등을 제거한 청정 작업실을 청소하는 사람은 양질의 제품생산을 위한 중요한 역할로 볼 수도 있다. 종업원들이 자신의 과업을 중요하게 여길 때, 그들은 환경에 대해 자신의 영

향을 느끼며 자부심이 높아진다.

- **자율성**은 해당 직원이 과업 수행에 관한 결정권을 갖는 정도이다. 하나의 예로 사전 결정된 교과서와 정해진 수업 주제 및 활동을 요구받는 강사는 자율성이 적은 반면, 교과서를 선택해서 수업을 설계하고 임의로 자료들을 활용하는 강사는 더 많은 자율성을 가지고 있다. 자율성은 모티베이션을 증가시키는 것 외에도 장점들이 더 있다. 자율적인 종업원들은 "이건 내 일이 아니야."라는 태도를 보이기보다 능동적이며 창의적이다. 자율성을 부여하는 것은 근무 중인 종업원들에게 행해질 수 있는 최고의 훈련법이기도 하다.
- **피드백**은 업무에서 해당 직원이 얼마나 효과적이었는지를 알게 되는 정도를 일컫는다. 피드백은 상사, 동료, 부하직원, 고객과 같은 타인들이나 혹은 직무로부터 얻게 된다. 고객에게 제품 시연을 이미 했음에도 구매계약의 성사 여부를 통지받지 못한다면 그는 피드백 수준이 낮다고 할 수 있다. 그러나 이를 매번 통지받을 때는 피드백 수준이 높다고 할 것이다. 그러나 이러한 피드백의 존재 여부뿐 아니라 제공되는 피드백의 질과 받을 사람의 준비 정도, 분위기 등이 종합적으로 피드백을 통한 모티베이션에 관여하게 된다.

해크만과 올덤은 직무특성모델을 발표하면서 다섯 가지 직무특성들이 서로 어떻게 작용하면서 동기를 유발하는지에 관해 다음의 공식, 즉 **잠재적 모티베이션 지수**(MPS)=[(**기술 다양성+과업 정체성+과업 중요성**)/3]×**자율성**×**피드백**을 통해 제시하기도 했다. 어떤 직무가 갖는 잠재적 동기 지수에는 각 직무특성이 모두 영향을 미치지만, 그중 자율성과 피드백이 가장 강조되고 있다. 공식에 의하면 극단적으로 자율성과 피드백 중 어느 한 가지만 없어도 잠재적으로 동기가 전혀 부여되지 않는다. 또한 직무특성모델은 핵심 직무 차원들로 인해 나타나는 이러한 결과가 **성장/개발에 대한 욕구**(growth need strength)가 강한 직원들에게서 가장 잘 나타난다고 주장한다. 성장/개발에 대해 무관심한 사람은 핵심 직무 차원을 접해도 중대한 심리상태를 경험하지 못하거나 성과상의 변화가 거의 나타나지 않을 가능성이 있다. 그래서 직무특성모델은 직무충실화의 중요한 한계점을 인정한다. 즉, 직원들 모두 직무충실화를 원하는 것이 아니며 모든 업무가 직무충실화에 적합하다 보기도 어렵다.

4 강화이론

행동 조건화에 관한 파블로프(I. Pavlov)의 연구, 스키너(B. Skinner)의 조작적 조건화 연구를 기반으로 한 강화이론에 따르면 행동은 그 결과의 함수다. 정은 양(공정성이론 예시 계속)이 자발적으로 보고서 초안을 야근까지 하며 완수했다. 팀장은 이를 알고 좋아서 저녁을 사주며 감사를 표했다. 뒤따른 결과들이 호의적이었으므로 정은 양은 앞으로 비슷한 선행을 다시 할 가능성이 높다. 그러나 팀장이 무시해 버렸다면 그러한 선행은 다시 보기 어렵거나 사라지고 말 것이다. 강화이론에서는 관찰될 수 있는 행동들에만 초점을 두기 때문에 인간의 욕구와 정신적인 결정 프로세스는 강조되지 않는다. 인간의 행동이 내면의 욕구와 동기의 함수라는 인지적 모티베이션 이론들과는 대조적이다. 인간이 환경 속에서 어떻게 학습하는지를 이해하는 데 유용한 강화이론은 그동안 많은 조직에서 광범위하게 적용되어 왔다.

4.1 강화 유형

정적 강화
바람직한 행동을 보상함으로써 그 행동을 강화시키는 것

부적 강화
불쾌한 결과를 철회함으로써 행동을 강화시키는 것

강화이론은 종업원들의 행동을 수정하기 위한 다음의 네 가지 조치를 설명한다. 바람직한 행동의 빈도를 증가시키는 방법이 두 가지가 있다면 나머지 다른 둘은 바람직하지 못한 행동들의 빈도를 감소시키는 방법이다. **정적 강화**(positive reinforcement)의 경우는 유쾌한 결과가 얻어지고, **부적 강화**(negative reinforcement)의 경우엔 불쾌한 결과를 면하게 된다. 이 두 경우에서 특정 행동은 모두 강화되어 더욱 강력해진다. 고객을 공손하게 응대한 직원을 칭찬하는 것이 정적 강화의 예시다. 만약 이 칭찬이 그러한 행동 이후 곧바로 이루어졌다면, 그 직원은 행동과 긍정적 결과물 간의 연결을 깨닫고는 유사한 행동들

ORGB 뉴스

성과 나쁜 직원들, 변기 물 먹게 한 회사…"동기부여 위해"

중국에서 한 회사가 직원들에게 화장실 변기 물을 떠 마시게 했다. 물을 마시는 영상이 공개되며 현지에서 논란을 일으켜 중국 공안이 수사 중이다.

중국 매체 상하이스트에 따르면 중국 쓰촨성의 한 사진 스튜디오는 직원들에게 변기 물을 종이컵으로 떠 마시도록 했다. 성과가 부진하다는 이유에서였다.

공개된 영상을 보면, 한 남성 직원은 화장실 안에서 쪼그리고 앉아 변기에서 물을 뜨고, 입에 가져다 대는 모습이 나온다. 영상에 등장하는 또 다른 직원으로 보이는 여성 역시 종이컵에 든 물을 마신다. 이 여성은 물을 마실 때 주저하는 모습을 보였다. 여성 직원은 물을 마신 뒤 복통과 설사 증세를 보이고, 식사를 제대로 하지 못한 것으로 알려졌다.

직원들이 변기 물을 마시는 영상은 중국의 메시지 서비스 '위챗'에 개설된 이 회사 직원들의 단체 채팅방에 등록됐다가 외부로 유출됐다. 회사의 한 관계자는 직원들이 더 열심히 일하도록 동기부여를 하기 위해 영상을 촬영하고 공유했다고 밝혔다.

출처: http://news.joins.com/article/17420463 수정 발췌

을 되풀이하려 동기유발될 것이다. 부적 강화의 예로는 직원에게 매출 목표를 달성하라고 잔소리하는 것을 들 수 있는데, 이러한 부적 자극은 긍정적 행동이 나타날 때까지 계속 유지될 것이다. 그러나 예기치 못한 행동을 야기하거나 바람직한 행동을 자극하는 데에는 실패할 수도 있다. 이를테면 잔소리를 듣지 않으려 해당 직원이 매니저를 피하기 시작할 수도 있다.

소거(extinction)로는 유쾌한 결과를 제거하거나 중립적인 결과가 발생한다. 그리고 불쾌한 결과가 발생하도록 하는 것이 **처벌**(punishment)이다. 처벌과 소거는 모두 어떤 행동을 약화시킨다. 긍정적인 결과가 뒤따르지 않으면 행동은 약화되기 십상인데, 일례로 동료들에게 쓸데없는 웹상의 유머를 퍼 나르며 근무 중에 농담을 일삼는 성가신 직원이 있다고 해보자. 그러한 농담에 일일이 반응을 보이는 것은 오히려 그 행동을 계속하도록 장려하는 것이 될 수 있다. 완전히 무시하는 편이 그러한 행동의 빈도를 줄이기 위해서 더 나을 수 있다. 어떤 행동 이후 불쾌한 결과가 존재해도 그 행동은 약화된다. 팀 미팅 중에 태블릿 PC로 카드게임을 하다가 적발된 사람을 전 직원들 앞에서 본보기 삼아 감봉조치를 했다면 분명 처벌이 내려진 것인데, 이러한 비효과적인 행동을 단절시키는 데는 처벌만한 게 없을지 모른다. [그림 5.5]는 행동이 그 결과와

소거
강화되지 않은 행동이 수그러드는 것

처벌
행동을 약화시키기 위해 불쾌한 것을 부과하는 것

그림 5.5 강화의 유형

	첨가	제거
유쾌한 사건	정적 강화 행동이 증가	소거 행동이 감소
불쾌한 사건	처벌 행동이 감소	부적 강화 행동이 증가

4가지 방식으로 연결될 수 있다는 것을 보여준다. 각각의 관계들은 강화의 유형(contingency of reinforcement)이라고도 불린다.

4.2 강화 계획

강화의 유형뿐만 아니라 그 타이밍이나 일정 또한 행동과 관련이 있다. 매번 긍정적인 행동이 있을 때마다 강화물이 제공된다면 그것은 연속 계획을 나타낸다. **연속강화 계획**(continuous reinforcement schedules)의 한 예로는 직원이 물건을 판매할 때마다 커미션(commission)이라고 하는 수수료를 지급하는 것이 있다. 행동과 보상 간의 관계는 **부분강화 계획**(partial reinforcement schedules)의 개념을 통해서도 설명될 수 있다. 이 중 **고정비율 계획**(fixed-ratio schedules)은 바람직한 행동을 나타나는 매 n번째마다 보상을 제공하는 것을 말한다. 예컨대 10번째 판매를 할 때마다 직원에게 보너스를 주는 것이다. **고정간격 계획**(fixed-interval schedules)은 한 달 간격으로 급여를 주는 것처럼 특정 기간이 경과한 후 보상을 제공하는 것이다. **변동비율 계획**(variable-ratio schedules)은 무작위 패턴을 의미한다. 즉, 바람직한 행동에 대한 보상이 상황에 따라 다른 것으로, 성과를 낸 직원에게 사장이 기분이 좋아 특별 보너스를 주는 것이 좋은 예다. **변동간격 계획**(variable-interval schedules)은 불규칙한 시간 간격으로 보상을 제공하는 것이다.

보상을 마치 종업원들이 마땅히 받아야 할 것처럼 당연시하는 것을 우려해 그 비율이나 간격에 변화를 주는 경우가 있다. 이것은 결코 보상을 적게 하려는 것이 아니다. 종업원들에게 자격 있는 사람들만이 보상받을 수 있다는 생각이 들도록 하기 위해서다. 칭찬이나 인정과 같은 강화요인들이 계속해서 부족한 급여를 보충해 주는 것으로 사용되면 그건 문제가 될 수 있다. 처음에는 그 보상에 대해서도 종업원들이 감사하게 느끼겠지만, 그것을 연속해서 자주 얻게 된다면 보상으로서의 의미는 곧 상실되고 말 것이다. 그렇기에 강화의 잠재적인 효과를 유지하기 위해서는 강화의 비율이나 간격을 늘릴 필요가 있다. 다만 금전적인 보상만은 강화 계획의 비율이나 간격을 늘리는 식으로 관리되어서는 안 된다는 것이 주의해야 할 부분이다. 일각에선 종업원들이 그러한 조정을 냉소적으로 보고 속이 훤히 보이는 술책이라고 느낄 수 있기 때문이다.

Mapping ORGB 스키너와 매슬로우/허쯔버그/반두라 간 비교

조작적 조건화가 임상심리에서는 행동수정으로, 산업/조직심리에서는 조건화 이론으로 알려져 있다. 스키너의 조작적 조건화는 매슬로우의 욕구 이론과 유사점이 많다. 그러나 행동주의 철학에 바탕을 둔 스키너가 생각을 행동에 아무런 인과적 영향을 미치지 않는 부수적 현상으로 본 것은 매슬로우와 달랐던 점이다. 즉, 환경만으로도 개인의 행동에 영향을 미칠 수 있다는 것이 그의 주장이다.

급여가 불만족 요인이고 모티베이션에 영향을 미치지 못한다고 했던 허쯔버그 또한 행동에 대한 환경의 중요성을 강조했던 학자이다. 스키너는 하지만 환경조건들을 통제하여 어떻게 개인의 행동이 타인에 의해 쉽게 수정될 수 있는지를 입증했다. 즉, 행동주의자인 스키너는 무엇이 강화요인이 될 수 있는가는 경험의 문제라 했다. 일례로 급여가 어떤 반응을 반복하게 만든다면, 그것이 곧 강화요인인 것이다.

반두라 역시 환경이 개인의 행동에 영향을 미칠 수 있다는 사실을 인정했다. 다만 스키너의 일반적 결정론과 달리, 그는 사람(인지), 환경, 행동 간의 호혜적인 결정론을 주장했다. 다시 말해 개인의 사고뿐 아니라 행동에 의해서도 환경은 영향을 받는다는 것이다. 그는 목표설정, 결과물 기대, 자기효능감이라는 인지적인 변수들을 고려했다(6장 참고).

출처: Latham & Ernst(2006).

4.3 행동수정의 장 · 단점

조직행동수정
바람직한 행동은 강화시키고, 그렇지 못한 행동은 처벌하거나 약화시키는 시스템

종업원 행동을 수정하기 위해서 강화이론의 원리들이 시스템적인 방식으로 적용되는 것을 **조직행동수정**(또는 OB Mod)이라고 한다. 행동수정의 주요 장점은 측정과 관찰이 가능한 종업원의 행동에 초점을 두고 있으며 모티베이션과 성과를 향상시키기 위해 사용된다는 것이다. 이를 옹호하는 학자들은 이러한 면에서 다른 모티베이션 접근법들보다도 더 객관적이라고 주장한다. 로크(E. Locke)와 동료들의 연구(1977)에서는 그러나 행동수정의 비민주적인 방법론과 직장에서의 개인 결정을 약화시키는 것에 대해 비판하며 이러한 문제점들을 행동수정의 조작적인 면이라고 치부하기도 했다. 옹호자들 입장에선 어떠한 조작이나 설득 및 영향 없이 조직이 만들어질 수 있다고 보는 것은 순진한 생각이라고 반박하며 비판자들의 염려는 과장됐다고 말한다. 종업원들을 행동수정 프로그램의 설계와 관리에 적극적으로 참여시키는 것의 실용적인 가치는 생각보다 훨씬 크다고 주장한다.

행동수정시스템들을 잘 고안하여 직원들이 더 높은 성과를 달성하고 더 나은 보상을 얻을 수 있도록 지원할 수 있다. 어떠한 행동수정 프로그램이든 가장 핵심적인 것은 성과 피드백 메커니즘을 직원들이 통제할 수 있게 하는 것이다. 이를 위해선 직원들이 성과를 제대로 수집, 기록, 보고하고 있다는 믿음이 매니저에게 있어야 한다. 직원들로서도 이것은 아주 의미 있는 프로세스다. 스스로 성과 정보를 만들어 낼 때 그들은 신뢰받고 있다고 느끼며 차후 매니저들과 팀으로서 이것을 정기적으로 확정짓게 되기 때문이다. 행동수정시

표 5.3 행동수정의 장점과 단점

옹호자들의 생각	비판자들의 생각
• 막연한 개인차 대신 관찰 가능한 종업원의 행동에 초점을 둔다. • 종업원들이 행동수정에 참여한다면 어떠한 조작도 있을 수 없다. • 종업원의 수단성을 향상시킨다. • 종업원들 자신의 수행에 관한 질 높은 피드백을 받을 수 있다.	• 종업원의 존중과 존엄성을 훼손시킨다. • 조직들이 농간을 부려서 더욱 착취할 빌미를 제공한다. • 종업원들은 그저 조직에게 이용당하는 우둔하고 비인격적인 기계 따위로 전락하고 만다. • 업무 행동을 지나치게 단순화시켜 종업원의 창의성을 손상시킨다.

스템들은 다양하게 고안될 수 있는데, 기존 연구들에 의하면 보상이 성과에 따라 이루어진다고 믿을 때 종업원들의 모티베이션은 향상되는 것으로 나타났다. 역으로, 보상이 성과와 잘 연계되지 않는다면 동기유발이 덜 되고 만족도도 낮아진다.

단원 요약

1. 욕구와 동기에서 비롯되는 모티베이션은 인간의 행동을 자극한다. 모티베이션을 설명하는 이론들로는 욕구중심이론, 프로세스중심이론, 강화이론, 자기규제이론 등이 있다. 조직행동에서는 주로 업무 모티베이션을 일컫는다.

2. 매슬로우의 욕구단계이론은 인간에게는 위계적으로 서열화된 욕구가 있다는 전제를 기반으로 한다. 생리, 안전 욕구는 저차원 욕구에, 사교, 자존, 자아실현 욕구는 고차원 욕구에 해당한다.

3. 알더퍼는 인간의 욕구를 존재, 관계, 그리고 성장이라는 세 범주로 나눈다. 매슬로우와 달리 그는 한 가지 이상의 욕구가 작동할 수 있으며, 한 욕구가 좌절되면 다른 욕구로 되돌아갈 수 있다고 주장했다.

4. 허쯔버그의 2요인 이론에서는 종업원을 만족시키는 측면과 불만을 느끼게 하는 측면이 매우 다르다고 주장한다. 구체적으로 업무자체, 성취, 인정 등은 동기요인들에 해당한다. 한편 급여, 대인관계, 회사의 규칙, 고용안정 등은 위생요인들인데, 이들은 모티베이션과 무관하다.

5. 맥클러랜드에 따르면, 개인은 그들의 인생 경험으로부터 성취 욕구, 친화 욕구, 권력 욕구를 얻게 된다. 이러한 세 가지 욕구의 분류는 알맞은 직무에 종업원들을 배치하는 데 이용될 수 있다.

6. 브룸은 모티베이션이 직무수행에서 거둘 수 있는 성공 예상에 의해 결정된다고 본다. 즉, 기대가 없으면 노력을 헛된 것으로 느낀다는 것인데, 노력은 가망성, 수단성, 유의성의 함수로서 어느 하나라도 빠지게 되면 행동은 유발되지 않는다.

7. 공정성이론에 따르면, 종업원들은 자신의 수행 결과를 타인의 수행 결과와 비교하여 공평성을 판단한다. 구체적으로, 그들은 자신의 투입과 산출을 타인의 것과 비교한다. 불공평을 지각한다면 이를 감소시키려는 행동으로 이어진다.

8. 해크만과 올덤은 과업 그 자체가 종업원 모티베이션의 비결이라고 했다. 이 모델에는 다섯 가지의 핵심 직무 측면들이 있는데, 스킬 다양성, 과업 정체성, 과업 중요성, 자율성, 그리고 피드백이다. 이들을 충족시키는 직무는 개인의 중대한 심리상태들을 유발해서 모티베이션에 영향을 미치게 된다.

9. 강화이론은 인간의 행동이 그 결과의 함수라고 보고, 관찰 가능한 행동들에만 초점을 둔다. 강화의 유형으로는 바람직한 행동의 빈도를 증가시키는 정적 강화와 부적 강화, 바람직하지 못한 행동의 빈도를 감소시키는 소거와 처벌이 있다.

10. 강화의 유형뿐만 아니라 강화가 이루어지는 타이밍이나 일정 또한 행동과 관련이 있다. 매번 긍정적인 행동이 있을 때마다 강화물을 제공하는 것은 연속 계획이고, 그렇지 않은 것은 부분 계획에 해당한다.

11. 조직행동수정이란 종업원 행동을 수정하기 위해서 강화이론의 원리들이 시스템적인 방식으로 적용되는 것을 말한다. 측정과 관찰이 가능한 종업원의 행동에 초점을 두고 있으며 모티베이션과 성과를 향상시키기 위해 사용된다는 장점이 있지만, 문제점들 또한 존재한다.

논의할 문제

1. 한 개인에게서 내재적 동기와 외재적 동기는 동시에 발생할 수 있을까? 그렇다면, 어떤 식으로 발생할까?
2. 매슬로우의 모티베이션 이론을 업무 모티베이션 및 허쯔버그의 모델과 연결해 보라.
3. 지식근로자들에게 "당근과 채찍" 식의 모티베이션 접근법은 과연 얼마나 유용할까?
4. 창업을 계획 중인 상황을 떠올려 보고 가망성, 수단성, 유의성을 이용하여 설명해 보자.
5. 이른바 캥거루족, 욜로족, 헬리콥터맘 등의 신조어로 묘사되는 오늘날의 신세대들에게 공정성 이론은 어떤 시사점을 제공할까?
6. 일부 조직들에선 부적 강화보다 정적 강화가 선호되는 경향이 있는데, 그 이유는 무엇일까? 조직행동수정은 비윤리적일까?

더 읽을거리

Alderfer, C. P. (1969). An empirical test of a new theory of human needs. *Organizational Behavior and Human Performance*, 4(2), 142–175.

Beatty, R. W., & Schneier, C. E. (1975). A case for positive reinforcement. *Business Horizons*, 18(2), 57–66.

Campbell, D. J., & Pritchard, R. (1976). Motivation Theory in Industrial and Organizational Psychology. In M. D. Dunnette (Eds.), *Handbook on industrial and organizational psychology* (pp. 63–130). Chicago: Rand McNally.

Carrell, M. R., & Dittrich, J. E. (1978). Equity theory: The recent literature, methodological considerations, and new directions. *Academy of Management Review*, 3(2), 202–210.

Cropanzano, R., & Rupp, D. E. (2003). An overview of organizational justice: Implications for work motivation. In L. W. Porter, G. A. Bigley & R. M. Steers (Eds.), *Motivation and work behavior* (pp. 82–95). New York: McGraw–Hill.

Cook, C. W. (1980). Guidelines for managing motivation. *Business Horizons*, 23(2), 61–69.

Eccles, J. S., & Wigfield, A. (2002). Motivational beliefs, values, and goals. *Annual Review of Psychology*, 53(1), 109–132.

Fry, F. L. (1974). Operant conditioning in organizational settings: Of mice or men? *Personnel*, 51, 17–24.

House, R. J., & Wigdor, L. A. (1967). Herzberg's dual–factor theory of job satisfaction and motivation: A review of the evidence and a criticism. *Personnel Psychology*, 20(4), 369–390.

Hu Q., Gill T. G. (2000). IS faculty research productivity: Influential factors and implications. *Information Resources Management Journal*, 13(2), 15–25.

Huseman, R. C., Hatfield, J. D., & Miles, E. W. (1987). A new perspective on equity theory: The equity sensitivity construct. *Academy of Management Review*, 12(2), 222–234.

Kanfer, R. (1990). Motivation theory and Industrial/Organizational psychology. In M. D. Dunnette and L. Hough (Eds.), *Handbook of industrial and organizational psychology* (pp. 75–170). Palo Alto, CA: Consulting Psychologists Press.

Kurose, C. (2013). *Motivation, behavior and performance in the workplace*. Washington D.C., WA: George Washington University.

Latham, G. P., & Ernst, C. T. (2006). Keys to motivating tomorrow's workforce. *Human Resource Management Review*, 16(2), 181–198.

Latham, G. P., & Pinder, C. C. (2005). Work motivation theory and research at the dawn of the twenty–first century. *Annual Review of Psychology*, 56, 485–516.

Locke, E. A. (1977). The myths of behavior mod in organizations. *Academy of Management Review*, 2(4), 543–553.

Maslow, A. H. (1943). A theory of human motivation. *Psychological Review*, 50(4), 370–396.

Meyer, J. P., Becker, T. E., & Vandenberghe, C. (2004). Employee commitment and motivation: a conceptual analysis and integrative model. *Journal of Applied Psychology*, 89(6), 991–1007.

Ryan, R. M., & Deci, E. L. (2000). Intrinsic and extrinsic motivations: Classic definitions and new directions. *Contemporary Educational Psychology*, 25(1), 54–67.

Skinner, B. F. (1953). *Science and human behavior*. New York: Free Press.

Vroom, V. H. (1982). *Work and motivation*. New York: Wiley.

Memo

CHAPTER

06

모티베이션의 확장: 자기규제이론들

1. 성과관리와 자기규제
2. 목표설정이론
3. 사회인지이론
4. 수행자 관점 적용

학습목표

1. 성과를 관리하는 데 있어서 모티베이션의 중요성을 이해한다.
2. 자기규제의 세 가지 프로세스를 이해하고 그 영향 요인들을 규명한다.
3. 어떻게 목표가 성과에 영향을 미치는지를 설명하고 목표설정의 효과를 논의한다.
4. 목표설정이론과 사회인지이론 각각의 핵심 사항들을 비교한다.
5. 자기효능감을 향상할 수 있는 요인들을 규명한다.

방대한 모티베이션 이론들이 있었지만, 성과관리를 위한 활용법에 관해선 아직 설명이 미흡하다. 현업의 매니저들에게 모티베이션 이론에 관해 물어보았을 때 매슬로우의 이름 정도만 들을 수 있어도 어쩌면 다행일 수 있다. 자기결정이론, 인지평가이론 등 고려해야 할 이론들은 많지만, 이 장에서는 성과관리와 관련하여 목표설정이론, 통제이론, 사회인지이론을 설명한다. 일종의 성과관리시스템이라고 해도 될 목표가 중심이 되는 목표설정이론에 대해 우선 다룬다. 다음은 통제이론인데, 피드백 또한 성과관리의 핵심이며 자기규제적인 성과에 관한 관심이 늘고 있다. 마지막 사회인지이론은 모티베이션의 사회학습 관점에다 명확한 목표지향적인 측면을 더하는 방법과 관련이 있다.

시네마 ORGB

위플래쉬 Whiplash

끝까지 포기하지 않고 최고 드러머가 되는 앤드류

위플래쉬(Whiplash, 2015)

세이퍼 음악학교 신입생인 앤드류 네이먼(Andrew Neiman)은 천재 드러머 버디 리치와 같은 연주자가 되려는 꿈이 있다. 연주 실력으로 정평이 난 티렌스 플랫쳐(Terence Fletcher) 교수에게 발탁되어 첫 연습하는 날! 템포를 잘 못 맞춘다고 교수에게서 수차례나 따귀를 맞고 심한 말로 인격모독도 당하지만, 꿈을 위해선 뭐든 하겠다는 각오로 이겨낸다.

플랫쳐 교수는 혹독한 훈련을 통해 학생들을 최고로 만들지만, 학생들이 참고 견디기 힘든 최악의 폭군이기도 하다.

최고가 되길 갈망하는 앤드류의 마음을 알아챈 플랫쳐 교수!

그에 부응하기 위해 많은 연습을 통해 메인 연주자가 된 앤드류!

'더낼런' 경연 날, 교통사고가 나서 피범벅이 된 채 경연장으로 들어와 연주하는 앤드류…

망치고 만 그에게 플랫쳐 교수는 "넌 끝이다."라고 말한다. 좌절하고 화가 너무 난 앤드류도 교수를 폭행하고 욕을 해댄다. 이로 인해 앤드류는 학교에서 제적당하고 어려서부터 간직해 온 드러머로서의 소중한 꿈을 포기하고 만다.

어느 날 플랫쳐 교수와 조우하는 앤드류. 플랫쳐는 "난 학생들이 자신의 한계를 뛰어넘도록 하고 싶었을 뿐이야."라고 말하면서 자신이 학교를 관두고서 하는 밴드 공연의 드럼을 맡아 달라고 제안한다. 또다시 앤드류의 마음에 최고가 되고자 하는 불을 지핀다.

제안을 수락해 공연하는 날, 연주 직전에 "앤드류 너 때문에 학교에서 잘렸어."라고 하는 플랫쳐, 앤드류만 모르는 곡을 연주케 한다. 연주를 엉망으로 만든 앤드류… "아무래도 넌 안 될 것 같다."라고 말하며 또 한 번 앤드류를 짓밟는 플랫쳐…

앤드류는 이젠 정말 포기하려 했지만, 끝까지 굴하지 않고 플랫쳐를 엿 먹이듯 드럼연주를 먼저 시작한다. 전체 연주를 리드하며 정말 최선을 다해 본인의 한계를 넘어선, 미친 듯한, 온 힘을 기울인 연주로써 마침내 플랫쳐와 관객의 마음을 사로잡는다.

TIP!!

위플래쉬는 채찍질이란 뜻이다. 이 영화에선 앤드류와 플랫쳐 간의 소위 '밀당'의 연속 과정에서 최고 드러머가 되려는 집념이 더욱 강화되는 모습을 그린다. 앤드류의 행동에서 드러나는 자기규제를 언급하고자 이 영화를 선택하게 되었다. 자기규제는 목표를 위해 눈앞의 유혹이나 충동을 억제하거나 그것에 저항하는 능력, 즉 단기적인 만족을 지연시키는 능력을 말하며, 때로는 자기통제라고 한다. 앤드류는 최고 드러머가 꿈이기 때문에 갖은 모욕과 수모를 견딘다. 플랫쳐 같은 거장으로부터 인정받지 못하면 결국 안 된다는 것을 스스로 잘 알기에 그를 증오하면서도 끝까지 극복하려 했던 노력은 자기규제로 볼 수가 있다. 행동주의에 따르면 자신이 장기적인 목표를 위해 특정 행동을 한 경우엔 보상이 주어지고 그렇지 않았을 땐 처벌이 주어지게 되는데, 처벌을 피하고 보상을 얻고자 하는 과정에서 자기규제 능력이 생겨난다. 앤드류에겐 최고 드러머라는 찬사가 보상이라면 자존심 상하는 것이 그에겐 처벌이었을 수 있다. 한편 앤드류를 모델(model)로 해 누군가가 자기규제 능력을 배워 간다면 이는 사회 인지적인 관점으로 자기조절 프로세스를 설명하는 것이 될 수도 있다.

1 성과관리와 자기규제

옳은 수행법을 알고 프로세스에 문제도 없으며 자원마저 가용한데도 불구하고 종업원이 이런저런 이유로 업무를 소홀히 한다면 그건 십중팔구 모티베이션의 이슈이기 쉽다. 직무에 내재된 문제보다 사람 안에 있는 문제들이 어떤 결과물을 얻는 데 초점을 더욱 흐리게 할 수 있기 때문이다. 가족으로부터의 스트레스, 성격 갈등, 그리고 타인이나 프로세스에 영향을 미치는 어떤 행동에 대한 이해부족 등이 바로 그러한 것들이다. 이 같은 문제의 해결책들에 대해 고민하면서 사람들은 주로 직무를 행하는 종업원의 역량에 주목하지만, 성과는 역량과 모티베이션이 함께 작용하는 것이다[**성과=역량×모티베이션**]. 100%의 모티베이션과 75%의 역량을 가진 사람이 있다면 종종 평균 이상의 성과를 달성할 수 있을 것이다. 하지만 25%의 모티베이션을 가진 종업원이라면 그 사람의 역량 수준과 관계없이 기대하는 성과를 달성하기가 어려울 것이다.

매니저는 이러한 징후들에 대해 관찰에만 머물러서는 곤란하다. 해결책을 모색하고 문제에 초점을 맞춘 실천계획까지도 실행시켜 무엇이 문제인지 정확히 밝혀내야만 한다. 진상을 잘 모르는 것처럼 리더에게 나쁜 상황은 없을 것이다. 부정확한 진단이야말로 추후 더 많은 문제를 일으킨다. 예컨대 충분한 노력을 기울이지 않는 직원이라면 매니저는 그(녀)에게 직무를 잘 수행케 하려는 의도로 더 많은 압력을 가하기 쉽다. 하지만 사실상 역량에서 문제가 비롯된 것이면 그러한 압력이 오히려 일만 더 악화시킬 뿐이다. 저성과의 원인은 낮은 모티베이션 때문일 때가 허다하다. 이 경우 매니저는 동기가 유발될 만한 환경을 조성하기 위해 직원들과 긴밀하게 협력할 필요가 있다. 성과 목표의 설정(setting of performance goals), 수행에 대한 지원 제공(provision of performance assistance), 성과 피드백 제공(provision of performance feedback) 등 세 가지는 종업원들의 모티베이션을 향상하기 위한 중요한 해결책들이다.

▶ **성과 목표의 설정** 목표설정은 성과 개선을 위해 잘 알려진 부분으로서 종업원들에게 기대되고 있는 게 무엇인지를 반드시 이해시켜야 한다. 종업원

하이데거의 숲

피드백 제공시 명심할 것은?

▨ **적시성**(timeliness). 가능한 한 즉시 피드백을 제공한다. 이것은 행동과 평가를 연결하는 것이다.

▨ **개방성과 정직**(openness and honesty). 피드백은 정확해야 한다. 혼란스러운 메시지나 또는 성과보다 사람에 대해 언급하는 것을 피해야 한다. 그렇지만 강/약점을 제대로 이해시키기 위해선 직원들에게 긍/부정의 피드백을 둘 다 제공해야 한다.

▨ **맞춤화된 보상**(tailored reward). 피드백의 상당 부분이 보상, 인정과 관련이 있다. 직원들의 성공을 인정하는 시스템을 회사가 갖고 있어야 한다.

들 또한 개선을 위해서 그들이 해야 할 일들에 대한 약속을 이행해야 한다.

▶ **수행에 대한 지원 제공** 적절한 목표가 설정되고 나면 종업원들의 역량을 정기적으로 평가해서 부족 시에는 상응하는 조치를 마련하고, 그 밖에 훈련의 제공, 필요한 자원의 확보, 동료들의 협력 및 지원을 장려하는 일 등을 해서 그들의 성공을 돕는다.

▶ **성과 피드백 제공** 누구든 노력에 대한 피드백을 원하기 마련이다. 종업원들은 현재의 성과나 장기적인 기대 측면에서 그들의 현 위치를 알아야 한다. 진척도를 검토하고 피드백을 제공하기 위해서는 종업원들과 수시로 접촉해야 한다.

종업원들도 목표를 정해서 대안들 중 어느 하나를 달성하고자 노력하게 된다. 이것은 습관이나 반사작용, 충동과는 다른 행동으로서, 여기서는 목표지향적이고 의도적인 행동을 가정한 **자기규제 프로세스**(self-regulation process)를 설명한다. 자기규제란 한 개인이 자신의 생각, 느낌 및 행동을 조절할 수 있는 프로세스에 관한 것으로, 본인의 의도에 따라 탄력적인 방법으로 행동할 수 있는 능력으로 정의할 수 있다. 이러한 자기규제 프로세스는 역동적이며 순환적이다. 이를테면 목표지향적인 행동은 향후의 노력이나 인지에 영향을 미치는 피드백을 만들어 낸다. 이를 토대로 사람들은 노력을 조절하게 되고 자기효능감을 재평가하며 목표를 변경하기도 한다. 피드백은 업무에 대한 목표설정 및 자

자기규제 프로세스
더 나은 성과를 얻기 위해 자신의 생각, 태도, 욕구와 행동을 고치거나 조절할 수 있는 능력

그림 6.1 자기규제의 세 가지 프로세스

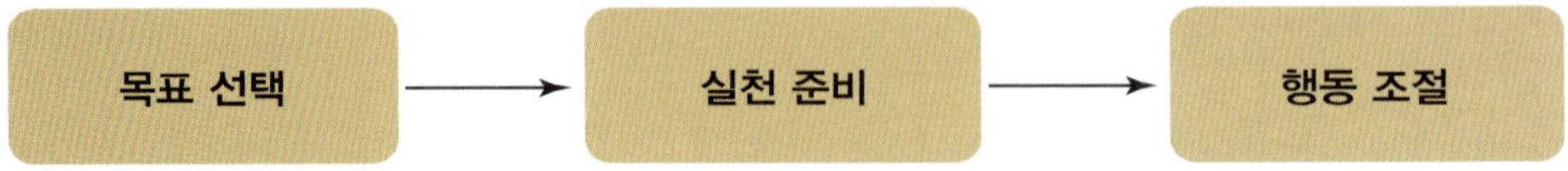

기규제에 있어 필수적으로서 이것이 없다면 사람들은 목표지향적 인지와 행동 조절에 필요한 정보가 부족하게 된다.

좀 더 구체적으로, 종업원들은 자신이 하고자 하는 것, 즉 **목표를 선택**(goal selection)해야 한다. 5장에서 학습한 것에 따르면, 이 같은 목표는 기대-가치의 프레임워크에서 발생한다. 즉, 목표에 도달할지에 대한 기대와 그러한 목표 달성에 부여하는 가치의 곱으로써 사람들은 목표를 정할 수 있다. 이렇게 목표가 정해지면 그들은 **실천을 위한 준비**(preparation for action)에 들어간다. 이 단계에서는 정보를 수집하고 가능한 결과물들에 대한 시나리오를 구상하게 되고 행동을 실천한다. 마지막 단계는 **행동의 조절**(cybernetic cycle of behavior)이다. 목표를 정해 실행계획을 세운 뒤 이를 달성하기 위한 노력 과정에서 종업원들은 부정적인 피드백 관리(negative feedback control)를 통해 불일치를 줄임으로써 자신의 행동을 기준에 부합되도록 조정한다. 이것을 **통제이론**(control theory)이라고도 한다.

통제이론
목표와 지각된 현 상태 간의 불일치를 줄이려는 행동을 한다는 이론

통제이론은 이처럼 목표를 정하고 나서 그것을 이루려 애쓴 정도에 대한 피드백을 평가하고, 그리고 그 차이로 인해 목표나 행동을 수정하려는 동기가 유발된다고 제안한다. 즉, 현 목표의 진척도를 자신의 기준과 비교해 피드백을 평가하는데, 그 진척도가 만족스럽지 않으면 곧 조처하려 든다는 것이다. 목표를 재평가해 수정하거나 아니면 다른 전략을 적용하는 것인데, 결국 더 열심히 노력(working harder)하거나 더 영리하게 일(working smarter)하는 것이다. 연구를 통해서도 이것은 입증된 바 있다. 예컨대 8주간 육상선수들의 목표와 성과를 지켜본 결과, 선수들은 성과와 이전 목표 간의 차이에 기초해 자신들의 향후 목표를 수정하는 경향을 보였으며 장래 먼 목표보다는 가까운 미래 목표를 위해 조정을 했다. 이것은 피드백이 원래의 목표를 충족시키기 위한 노력 증가뿐 아니라 목표의 수정까지 가져온다는 것을 증명해 준 것이다.

자기 행동을 규제하려는 종업원들의 노력에 영향을 미치는 요인들에 대해서 좀 더 살펴보자. 먼저 종업원들의 **자기효능감**(self-efficacy)이다. 이 믿음이 높은 사람들은 과업에서 성과를 내고 장애요인을 극복하여 목표를 이룰 만한 능력을 지녔다고 여기기 때문에 자기규제 프로세스에서 강력한 영향력을 행사할 수 있다. 자신의 능력에 대해 불신하며 목표에 다다르는 데 필요한 것들을 갖추지 못했다고 보는 사람들과는 사뭇 대조적이다. 목표를 선택할 때부터 자신의 능력에 확신을 보이는 이들은 목표 달성에 대한 기대를 높여서 보다 도전적인 목표를 추구하게 된다. 실천을 위한 준비 단계에서도 높은 자기효능감을

Mapping ORGB 통제이론

피드백 통제 또는 사이버네틱스(cybernetics)라고도 불리는 통제이론(control theory)은 행동 기준과 관측된 실제 행동 효과 간의 불일치 감소를 목표로 지속되는 비교의 과정으로서 그려진다. Carver와 Scheier(1981, 1998)는 통제이론이 어떻게 피드백을 통해 행동 형성을 설명하는지를 보여줬다. 핵심은 현재 행동을 설정된 기준이나 목표와 지속적으로 비교하는 센서에 있다. 즉, 실내온도를 조절하는 에어컨과 같은 원리로 사람들이 자신을 통제한다고 보는데, 물론 기계와 달리 사람의 통제는 인지 프로세스를 동반한다. 실제와 기준 간 불일치가 최소화되는 한 행동 변화는 더 이상 요구되지 않지만, 기준과 현재 행동 간 불일치가 증가하면 결국 변화가 요구된다.

통제이론에 따르면, 조직과 그 내부 시스템 간 통제의 방식을 규정함으로써 성과관리시스템 유지에 도움을 준다. 예컨대 어떤 편차가 발생하면 시스템의 제어장치에 의해 경영자들이 종업원들의 성과를 통제할 수 있게 하므로 외부 환경변화에 더욱 쉽게 대응할 수 있게 해준다. 팀으로서의 성취를 평가하는 데서도 매니저와 직원들 간의 지속적인 피드백 흐름을 용이하게 하고자 통제이론을 사용할 수 있다. 그래서 성과평가나 팀 미팅에도 적용할 수 있으며 더 나아가 인적자원관리에서 세 가지 형태의 통제시스템(행동, 아웃풋, 인풋)이 종업원의 행동과 성과를 분석하기 위해 활용될 수 있다.

통제이론은 주로 그 기계론적인 기원으로 인해 비판받아 왔다. 사람의 모티베이션은 단지 사이버네틱 모델을 사용해선 적절히 설명할 수 없다는 최근의 주장들이 '합리적인 통제이론(rational control theory)'을 만들기도 했다. 엄격한 기계적 모형과 대비하여 몇 가지 주장을 밝히고 있는데, 그중 하나가 사람들이 불일치에 자동 반응하지는 않으며, 행동-기준 간 갭 정도가 그리 크지 않다면 쉽게 처리될 수 있다는 것이다. 또한 기계와 달리 사람들은 목표 달성 후 더 높은 목표를 세울 수도 있다. 이성적 통제를 지지하는 이론가들은 행동을 통제한 다음 미래 성공을 위한 과거 성공 및 기대들에 대한 인간의 경향을 분석했다.

출처: Carver & Scheier(2004).

1998년 나가노올림픽 피겨 금메달리스트가 된 타라 리핀스키(Tara Lipinski)는 6살 때부터 88올림픽을 시청하며 자신이 금메달을 거는 모습을 늘 상상했다.

지닌 사람들이 더 많은 정보를 발견하게 되고 연습에도 훨씬 많은 시간을 할애한다. 행동의 조절에 있어서 그들은 일반인들이나 반대의 경우보다 더 열심히 일하고 인내하며 효율적인 문제해결 전략을 채택한다.

미래 자기 모습에 관한 생각(possible selves)도 동기화된 행동에 영향을 미친다. 1998년 나가노올림픽 피겨 금메달리스트가 된 타라 리핀스키(Tara Lipinski)가 있다. 그녀는 6살 때부터 88올림픽을 시청하며 자신이 금메달을 거는 모습을 늘 상상했다. 아빠가 그녀의 성화에 못 이겨 널빤지로 시상대를 만들어 주었을 정도였다고 한다. 결국 10년도 채 지나지 않아 리핀스키는 1998년도 시즌에서 미국 내셔널을 제외한 매 경기 미셸 콴(Michelle Kwan)을 제치고 세계까지 제패하게 되었다. 이러한 예처럼 자기 모습에 관한 생각은 목표의 선택에 있어 장래 자기 모습과 부합되는 목표에 가치를 더 부여하도록 만들 수 있다. 미래의 목표 달성을 또렷이 떠올릴 수 있는 사람들은 성공을 위한 시나리오를 미리 그려보는 경향이 있어서 더욱 준비가 철저하다. 그들에겐 미래의 성패에 대한 이러한 생각이 목표 달성을 향한 당근과 채찍으로 활용된다.

자기인식
자기 자신이나 어떤 내면의 상태에 대한 정확한 인식

내면에 관심을 두는 사람들에겐 자신의 현 상태를 관련 기준과 비교하는 경향이 있으므로 **자기인식**(self-awareness)도 중요한 영향요인이 될 수 있다. 즉, 사람들이 자기 자신을 관심의 대상으로 삼을 수 있다는 의미다. 불일치 지각에 따른 부정적인 감정이 발생할 때는 기준과 일치를 가져오는 식으로 행동해서 불일치를 줄일 수 있고, 혹은 자기 자신보다는 환경에 더 집중함으로써 불일치에 관한 생각을 회피할 수도 있다. 폭넓게 목표를 이해하고 자기인식과 결부시킴으로써 목표 달성의 가치 또한 높아지게 된다. 사람들은 이와 같이 성과를 관련 기준과 비교한 후, 향후 노력이 성공으로 이어질 가능성에 대한 기대를 형성할 뿐만 아니라 그 성과에 대해서 감정적으로 반응한다. 그리고 나서 행동을 조정하는데, 즉 목표를 계속 추구하거나 혹은 그만두는 것이다.

2 목표설정이론

개인 성과와 전반적인 조직의 성과를 연계시켜 최적화하는 성과관리시스템은 인적자원관리에서 필수적인 부분에 해당한다. 성과관리시스템(performance management system)이란 조직에서 성과를 규명, 측정, 개발하는 하나의 지속적인 프로세스를 일컫는 것으로, 각 개인의 수행 및 목표들을 조직의 전반적인 미션과 목표에 연결하게 함으로써 이를 달성한다. 이러한 프로세스를 단순화해서 성과관리의 프로세스를 효율적으로 만드는 전략이나 접근법들이 많은데 **목표설정이론**(goal-setting theory)도 여기에 포함된다. 그 유명한 로크(E. Locke)와 래이쌈(G. Latham)이 거의 삼십년 이상 동안이나 목표설정이론을 지지하며 발전을 이끌었다. 효과적인 목표들의 핵심을 파악하려는 연구를 통해서 그들은 목표 난이도 및 구체성이 성과에 가장 강력한 영향요인들임을 밝혔다. 특히 최선을 다하라는 식의 모호한 목표보다는 도전적이고 구체적인 목표가 더 높은 성과를 끌어낸다고 했다. 목표설정이론은 400여 편의 실험실 연구와 현장 조사를 토대로 귀납적으로 개발되었다.

목표설정이론
높은 모티베이션과 성과 향상을 위한 효과적인 목표의 유형을 규명하고, 더 나아가 왜 그런 영향을 미치는지를 설명하는 이론

한동안 적자를 보던 회사에 재무성과를 높이고자 새로 임명된 CEO가 있다고 하자. 그는 회사에 수익을 창출할 가장 중요한 목표들과 더불어 하나의 전략을 구상한다. 지난 일 년간 노력 끝에 운 좋게 회사가 다시 흑자로 돌아서자 그는 그동안 적자를 낸 요인들에 대해 생각해 본다. 저녁 6시면 텅 비었던 지하 주차장이 지금은 8시가 지나서도 빈자리를 찾아보기 어렵다. 기회가 있을 때마다 보너스와 임금 인상을 요구하던 일부 매니저들도 모두 잠잠해졌다. 어느 시점에서 그리고 왜 이 회사는 정상화되기 시작한 걸까? 이전엔 분명 직원들의 몰입에 문제가 있었으며 다른 관심사나 니즈에 의해 동기가 유발되었던 게 사실이다. 이 같은 변화를 이끈 건 다름 아닌 CEO에 의해 새로 도입된 수익성 목표가 아니었을까?

그림 6.2 목표의 기능들

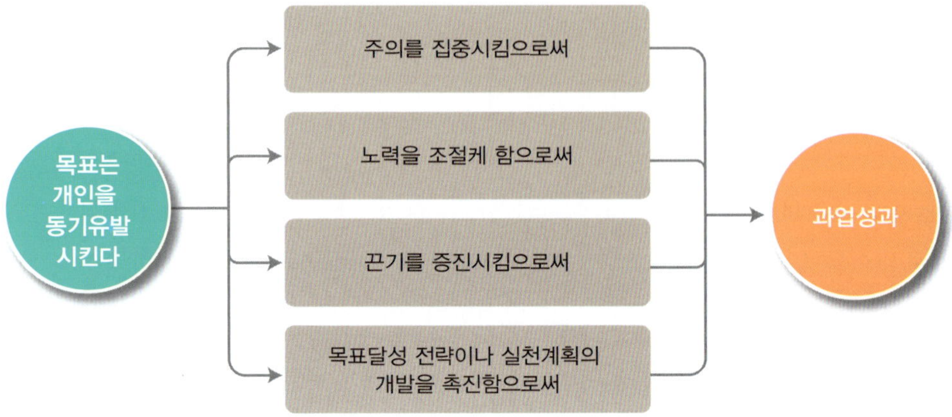

목표
개인이 의식적으로 이루고자 하는 것

동기가 충만한 직원들이 경쟁우위를 위한 전략적 자산이라는 말이 있다. 조직 목표가 개별 종업원들의 목표로 이어지게 되면 위와 같은 변화가 비로소 가능해질 수 있다. **목표**(goal)는 모티베이션과 학습, 자기효능감, 그리고 경과에 대한 자체진단에 영향을 미침으로써 자기규제를 강화한다. 목표설정이론은 도전적이고 구체적인 목표가 수행 결과로 이어지는 네 가지 메커니즘을 강조한다([그림 6.2] 참조). 목표들은 우선순위에 주목하게 만들고 힘을 북돋아 노력하도록 자극한다. 구체적이고 도전적인 목표들은 끈기 있는 과업노력을 유도하는 경향이 있으며, 그러한 목표들이 성공 가능성을 높이려는 사람들에게 보유한 지식이나 전략들을 활용하도록 만든다. 즉, 목표가 어려울수록 사람들은 가능한 모든 스킬을 더 활용하려 하고 더욱 혁신적인 전략들을 숙고해 세우게 될 가능성이 크다. 하지만 아직 필요한 지식을 획득할 준비도 덜된 사람들에게 어려운 목표를 부여하는 것은 성과에 악영향을 줄 수 있다. 이것은 성과 목표의 수립에서 비롯되는 자기규제 프로세스가 오히려 어떻게 과업을 수행할지에 관한 학습에 필요한 집중력을 저해할 수 있기 때문이다.

목표들이란 이처럼 행동을 형성하고 이끌기 위해 모티베이션을 작동하게 만드는 메커니즘이다. 이러한 메커니즘이 없다면 모티베이션은 발현되지 않은 채 잔존하는 별로 중요치 않은 내면의 힘들에 불과하다. 요컨대 모티베이션, 행동, 성과 간의 관계 이해를 위한 하나의 프레임워크로서 목표설정이론은 다음의 세 가지 주장을 제기한다. 우선, 목표설정이론은 구체적이고 도전적인 목표들이 "최선을 다하라."처럼 모호하거나 수월한 목표들보다 더 좋은 성과를 낸다고 주장한다. 다음으로는 목표몰입이 생기니까 목표난이도와 성과 간에는 긍정 선형관계가 존재한다고 주장한다. 즉, 더 높은 목표일수록 더 좋다는 것이다. 마지막으로, 피드백이나 금전 인센티브의 영향은 주로 구체적이고 도전적인 목표의 상황을 촉진할 정도까지 유효하다고 주장한다. 즉, 목표설정이 이러한 요인들과 성과 간의 관계를 매개한다는 것을 말한다. 이 같은 발견들은 지난 50여 년간 여러 국가에서 4만 명이 넘는 참여자들을 대상으로 100가지 이상의 다양한 과업들에 관한 목표설정을 검토했던 실증연구들의 결과물이다.

연구자들은 또한 목표 주도의 성과에 영향을 더 미칠 수 있는 조절변인들(moderators)을 추가로 설명했다. 특히 연구들에서 목표몰입, 피드백, 과업복잡성이 목표설정 효과성의 조절변인임을 밝혔다. 가장 핵심적인 것은 **목표에 대한 몰입**(goal commitment)으로서, 도전적이며 어려운 목표일수록 이는 더욱 중요하다. 목표몰입이 '목표-성과 관계'를 조절시킨다는 개념은 쉽게 이해될 수 있다. 만약 난이도로 인해 엄두가 나지 않아서 목표를 포기할 것 같으면 목표설정은 작동될 수 없다. 83개의 연구로 메타분석(meta-analysis)을 실시했던 클라인(H. Klein)과 동료들의 연구(1999)는 목표몰입이 목표설정과 성과 간의 관계에서 중요한 조절변인임을 입증한 바 있다. 그들은 또한 목표의 난이도가 낮을 때보다는 높을 때 훨씬 더 목표몰입이 목표-성과의 연결을 조절하는 것을 밝혀냈다. 이러한 발견은 높은 성과를 실현하는 구체적이고 도전적인 목표들에 대하여 강한 몰입은 특히나 중요하다는 사실을 시사한다.

목표에 대한 몰입
누가 목표를 설정하건 그것을 반드시 달성하겠다는 개인의 투지

그 중요성으로 말미암아 목표몰입의 선행요인들(antecedents)을 연구를 통해서 파악하려고도 했었다. 가장 주목할 만한 것은 위에서도 이미 언급한 **자기효능감**(self-efficacy), 즉 성공을 위한 자기의 역량에 대한 믿음이 더 도전적인 목표나 그에 대한 강한 몰입과 상관이 존재한다는 것이다. 역량에 대한 자신감이 강한 사람들은 실제로 어려운 목표들에 더 강한 몰입을 나타낸다. 목표 달성에 대한 기대, 목표의 매력, 그리고 목표의 구체성 등도 다른 연구들에서는 높은 수준의 몰입과 관련이 있었다. 그러나 그 결과들이 자기효능감처럼 일관되지는

ORGB 뉴스

자신과 사랑에 빠진 '자기애', 유익함과 유해함의 간극

지난 수 세기 동안 나르시시즘, 즉 자기애는 많은 이에게 흥미를 불러일으킨 대상이었다.

사회과학자들은 심지어 이를 오늘날의 현대 전염병으로 묘사하기도 했는데, 그만큼 자기 자신에게 푹 빠져있는 이들이 매우 많다는 증거다.

나 자신을 사랑해 죽음에 이른다? '나르시시즘'

나르시시즘은 고대 그리스 신화에서 그 유래를 살펴볼 수 있다. 호수에 비친 자신의 모습을 사랑하며 그리워하다 물에 빠져 죽어 수선화가 된 나르키소스라는 소년의 이름에서 온 것으로, 그는 자신의 미모에 너무 집착해 죽을 때까지 그곳에 머물렀다고 한다.

그러나 이처럼 다소 부정적으로 비춰지는 자기애의 모든 측면이 다 나쁜 것은 아니다. 퀸즈대학 인터랙트 랩의 이사 코스타스 파파조르지우는 "누구나 자기애를 조금씩은 가지고 있다. 이는 전혀 나쁜 심리가 아니다"라고 말했다.

자기애라는 용어는 과거 유명한 정신분석가였던 지그문트 프로이트가 대중화시키면서 보편적으로 알려지기 시작했다. 이러한 성향을 지닌 이들의 대부분이 자기중심적인 방식으로 행동하는 경향이 강하다는 면에서 부정적으로 인식됐다.

다른 사람들의 감정과 필요 요구에 대해서는 완전히 무시하고, 자신만이 위대하고 우월하며 특권을 가지고 있다고 생각하기 때문이다.

사회심리학자인 키이스 캠벨은 이와 관련, 자기애를 자아와 대인관계, 그리고 자기조절 전략이라는 3가지의 관점에서 분석했다.

먼저 이들의 자아는 자신만의 독특하고 특별한 느낌, 특권 의식, 그리고 남을 통제하려는 의지로 나타난다. 이에 대인관계 수준은 매우 낮을 수 있다. 타인에 대한 연민이나 공감, 동정은 어우러지지 않는다. 오히려 피상적이고 조작적인 관계로 인해 타인은 자신의 목표를 달성하기 위한 도구로 활용한다.

또한 자신의 장대한 비전만을 유지하기 위해 종종 다른 이들의 업적에 편승하면서 관심과 찬사의 중심에 서려 노력한다. 이러한 전략이 성공하면 자신의 인생이 번영하는 것처럼 느끼지만, 반면 실패하면 복수와 폭력성을 내보일 수도 있다. 이 모든 요소는 자기애 성향이 양날의 검과 같다는 것을 보여준다.

전문가들은 이 같은 자기애 성향을 취약형과 과대형의 2가지로도 분류한다. 과대형의 경우 강인한 정신력으로 인해 성공할 가능성이 매우 높은 편에 속한다. 취약성은 감정적으로 더 민감한 경향을 드러내 도전과제에 대한 무력감이나 불안감을 나타낼 수 있다.

자기애도 도움이 된다.

인간은 누구나 진정한 성과와 갈등, 도전을 딛고 일어설 수 있는 능력을 기반으로 한 건강한 자기애 및 자신감을 가질 능력이 있다. 이러한 정신적 강인함은 자기애주의자가 삶의 압박과 부담에 직면할 때도 보호막 역할을 한다.

인생에서 일과 사회생활 모두를 제대로 작용시켜 성공할 가능성이 더 높다. 이들이 가진 나름의 매력에 더해 뛰어난 언변술, 여러 전략이 뭉쳐지면서 자신이 성공하는 데 필요한 자원들을 주변으로부터 제공받는 것에 능하기 때문이다. 이 같은 타인에게 미치는 영향력은 이들의 출세에 커다란 기여 요인이 될 수 있다.

사회적인 측면에서도 이들은 강력한 영향력을 설파할 수 있다. 주변의 모든 이들이 자신에게 집중하고 감탄하기를 원하기 때문에, 그렇게 만들기 위해 사회계 여러 인맥 속에서 자신의 존재감을 강력하게 구축하는 것이다.

그렇게 만들어진 네트워크를 강하게 유지하고 개선하기 위해 노력한다. 이는 주변인들이 자신을 훌륭한 리더십을 가진 지도자로 인식하게끔 만들 수 있다. 동시에 실패에 대처하는 데도 유연성을 지닌다.

자기애는 또한 자기주장과 사교성, 긍정적인 감정

ORGB 뉴스

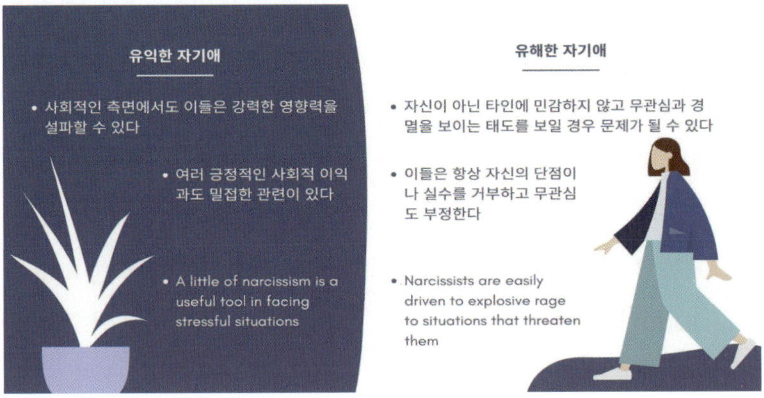

및 유머 감각, 높은 지능과 매력적인 성향 등 여러 긍정적인 사회적 이익과도 밀접한 관련이 있다. 반면 부정적인 편견에는 방어할 줄 알며 조직이나 그룹 내 창의성을 향상시키고 즉각적인 유대감을 강화하는 등 여러 유용한 결과를 제시하기도 한다. 이 같은 요소들은 약간의 자기애가 스트레스를 받는 상황에 직면할 때는 더 유용한 도구가 될 수 있다는 것을 뜻한다.

자기애가 삶을 망친다.

그러나 자기애는 자신이 아닌 타인에 민감하지 않고 무관심과 경멸을 보이는 태도를 보이면 문제가 될 수 있다. 더 나아가 자신이 원하는 결과를 얻지 못하거나 주변으로부터 인정을 받지 못한다고 느껴지면 자칫 술이나 마약에 빠질 수도 있다.

이는 대다수의 자기애 성향을 가진 이들이 자신만을 가장 중심에 두기 때문인데, 이에 사람들을 끌어들이는 능력은 매우 탁월할지 모르지만, 반면 자신에게 쏟아진 관심만큼 남에게 동일하게 헌신하지는 않기 때문이다. 게다가 자기애가 너무 지나쳐 사람에 관한 관심이 불타오를 경우 거짓이나 값비싼 환상까지도 꾸며낼 수 있어 위험하다.

앞서 언급된 유익한 자기애처럼 건강한 대인관계는 상호존중과 사랑에 기초하지만, 불행하게도 이들은 진실하고 상호적인 관계를 가질 수 없다.

특히 자기애주의자는 자신의 필요에 의한 것이 아닌 이상, 타인의 존재를 보거나 듣는 등 민감하게 반응하지 않는다. 오히려 자신이 관계를 지배하려고 해 선을 넘는 경우가 많다. 가령 타인의 소유물을 마음대로 가져가거나 개인 메시지 및 대화를 엿보고 엿듣는 행위에 대담한 것이다. 이는 스스로 남보다 자신이 더 우월하고 특권을 가지고 있다는 믿음에서 비롯한다.

또한 이들은 항상 자신의 단점이나 실수를 거부하고 무관심도 부정한다. 오히려 자신의 결점을 타인에게 투사하는 방식을 활용한다. 이는 타인에게 잘못을 덮어씌우고 책망한다는 점에서 관계적인 측면에서 매우 치명적일 수 있다. 조금이라도 자신이 위협당한다고 느끼는 상황에서는 쉽게 분노하고 폭발할 수 있다. 심각할 경우 살인으로도 이어질 수 있는 것이다.

사회의 이해도 필요하다.

심리학자 및 전문가들은 이 같은 자기애를 선하거나 악한 것의 이분법적인 분류가 아니라, 상황에 따라 유익하거나 해로울 수 있는 진화적 관점으로 봐야 한다고 강조한다. 자기애주의자들과 함께 있는 주변인들은 해당 상황에 따른 맥락을 파악하고 이에 대해 올바르게 대처하는 것이 바람직하다는 견해다.

출처: http://research-paper.co.kr/news/view/266739

않았다. 일례로 금전적 보상 같은 외적인 요인이 어느 목표이건 목표몰입에 영향을 미친다고 한 연구도 있는 반면, 외적인 요인은 단지 낮은 목표의 몰입에만 영향을 미친다고 밝힌 연구도 있었으며, 또 다른 연구들에서는 이들 간에는 아무런 관계가 없다고도 했다. 비록 목표몰입의 선행요인에 관한 연구들이 중요한 통찰력을 제공하지만, 이러한 문제들을 해결하기 위해서는 지속적인 연구가 요구된다.

피드백
종업원에게 현재 업무를 얼마나 잘 수행하고 있는지에 대한 정보를 제공하는 것

목표몰입뿐 아니라 목표설정 효과성을 위한 또 다른 중요 조절변인은 **피드백**(feedback)이다. 통제이론에 비해 목표설정이론은 목표의 구체성과 난이도를 강조하며 피드백을 다소 경시하지만, 목표를 추구하는 과정에서 피드백이 없으면 사람들은 자신의 진척도를 가늠할 수 없어서 목표설정이 힘을 잃게 될 것은 뻔하다. 이러한 논리적인 면과 함께 피드백이 목표설정의 효과를 조절한다는 생각은 여러 실증연구에 의해 지지되었다. 물론, 특정 유형의 피드백이 다른 것들보다 더 유용할 수 있고 피드백의 영향도 개인의 특성에 따라 달라질 수는 있다. 어떤 연구는 개인적으로 중요시하는 목표와 관련해 긍정 피드백이 제공되면 모티베이션이 진작되고, 의무적인 목표와 관련해서는 부정 피드백이 제공되더라도 모티베이션이 증가한다고 했다. 세일즈맨을 대상으로 한 또 다른 연구는 자기효능감이 높으면 피드백을 생산적으로 사용하지만, 낮은 사람들은 그렇지 못하다는 사실도 밝혀냈다. 피드백을 추구하는 이유는 성과를 향상시키려고, 자존심을 세우기 위해, 혹은 인상관리 차원에서 등 저마다 다양할지 모른다. 그러나 오직 생산적으로 사용하려 하는 피드백만이 성과를 향상시킬 수 있다.

과업복잡성
과업완수를 위해 개인에게 요구되는 인지적 처리과정

마지막으로, 연구들에서 목표설정의 효과성을 조절하는 것으로 밝혀진 세 번째 요인은 **과업복잡성**(task complexity)이다. 사전지식 없이 복잡한 과업을 수행한 항공관제사들에 관해 연구했던 칸퍼(R. Kanfer)와 애커만(P. Ackerman)의 연구(1989)는 "최선을 다하라." 같은 목표들이 실제로는 구체적이며 도전적인 목표보다 더 높은 성과로 이어진다는 의외의 사실을 발견했다. 과업복잡성이라는 상황에서 모호한 목표가 고성과로 이어진다는 결과는 구체적이고 높은 목표들의 이점을 주장한 목표설정이론을 약화시키는 것처럼 보이기도 했다. 그러

나 과업복잡성이 높으면 구체적이고 도전적인 목표들이 학습과 전략 개발이라는 눈앞의 프로세스보다 오히려 먼 미래의 결과 위주 목표들에 주의와 노력을 고정시켜 반대 효과를 불러올 수 있음을 시사한다. 다른 유사한 연구들에서도 구체적이고 도전적인 목표 상황에서의 참가자들은 무턱대고 과업 전략들을 바꾸거나, 작동하는 무언가를 찾는 데 당황해하는 경향이 있었던 데 반해, 모호한 목표 상황에 놓인 사람들은 궁극적으로 더 큰 성공으로 이끄는 학습 프로세스에 대해서 체계적인 접근방식을 나타냈다.

목표설정을 더욱더 효과적이게 하는 위 조건들은 이후에 블랜차드(K. Blanchard)와 존슨(S. Johnson)의 **스마트 목표들**(SMART goals)에 의해서 확장되었다. 하지만 주로 개인의 목표, 피드백과 관련되는 미시적인 목표에만 초점을 두던 목표설정의 연구들이 비교적 최근에서야 업무팀과 관련해 수행되기 시작했다. **목표에 의한 관리**(MBO: management by objectives)와 균형성과표(BSC: balanced score card)가 바로 이러한 거시적인 목표설정의 예다. MBO는 목표설정에 기반을 둔 모티베이션 프로그램이다. 목표는 전체로서의 조직을 위해 설정되고 각각의 관리 수준을 통해 위에서 아래로 전달된다. 개별 종업원들에 대한 경영진의 몰입이 높을 때 MBO는 조직 생산성에 매우 효과적인 것으로 밝혀졌다. 한편 BSC도 목표설정이 기업성과에 미치는 영향을 금전적, 비금전적 관점 양측에서 평가하도록 함으로써 경영진을 지원한다. 특히 학습과 성장 관점이라는 목표설정 방법은 어떻게 내부 프로세스, 고객 및 재무적 관점에 영향을 미치는지를 살피게 해준다. BSC와 MBO는 모두 목표 달성 접근법이라는 점에서 서로 유사하지만, 주로 단기적인 성장에 치중하는 MBO와 달리 BSC는 장기적인 관점에서의 전략에 초점을 두는 것이 가장 큰 차이점이라 할 수 있다.

스마트 목표
구체적이고(Specific) 측정가능하며(Measurable) 달성할 수 있고(Achievable) 현실적이며(Realistic) 기한이 정해져 있는(Time-bound) 목표

목표에 의한 관리
목표 난이도 및 명확성을 종업원 모티베이션의 토대로 활용하는 관리시스템

3 사회인지이론

사회학습이론
사람들은 경험뿐 아니라 관찰을 통해서도 학습한다는 관점

사회인지이론(social cognitive theory)도 목표설정이론처럼 모티베이션과 인간 행동을 이해하기 위한 하나의 프레임워크이다. 창시자인 반두라(A. Bandura)는 그의 **사회학습이론**에 대한 초창기 여러 연구로부터 사회인지이론에 대한 개념을 이끌어냈다. 사회인지이론에서는 모티베이션과 행동이 인지적, 사회적, 환경적 변인 간의 지속적이고 역동적인 상호작용으로부터 비롯되는 것이라고 본다. 목표들, 가치, 효능감 등의 **인지적 요인**들 모두 사람들의 모티베이션과 행동 방식의 결정에 영향을 미친다. 또한 **물리적인 환경 특성**들이 그렇듯이 사회적 규범 및 기대들도 모티베이션에 영향을 미쳐서 행동을 좌우한다. 즉, 인간의 행동은 인지과정(P)이 지속적으로 환경(E)과 행동(B)을 수정하여 이루어지며, 더 이상 환경자극(E) 독자적으로 행동을 유발하는 것이 아니라 고유한 특성을 가진 개인(P)에 의해 상호 결정된다. 사회인지이론에서 전적으로 중요한 것은 이들 영향력이 동시에 엉켜있는 와중에 사람들이 자신의 행동에 대한 통제를 유지한다는 가정이다. 이러한 이유로 반두라는 인간의 모티베이션과 행동에 대한 근본적인 행위자 관점에서 사회인지이론을 설명하는 것으로 평가된다.

반두라는 행동에서 인간 행위자가 더 부각되는 네 가지 방식을 규명했다. 즉, 사람들은 의도성(intentionality), 예지력(foresight), 자기규제(self-regulation),

그림 6.3 사회인지이론

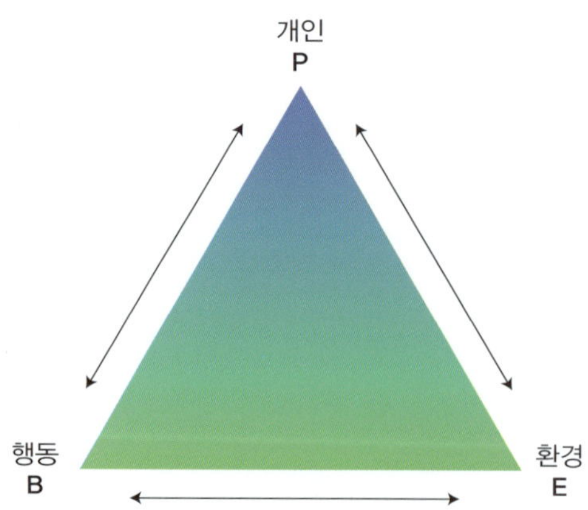

그리고 자기반성(self-reflectiveness)과 더불어 행동한다. 우선 사람들은 행동에서 **의도성**을 내보이는데, 그것은 무엇을 할지 그리고 대대적으로(예: 커리어 전환을 계획하는 것) 아니면 소소하게 할지(예: 정오에 점심식사를 계획하는 것)와 같은 계획을 수립하기 때문이다. 사람들은 또한 미래의 사건들에 대한 예상, 기대, 갈망들을 계획 속에 포함시키기 때문에 **예지력**을 발휘한다. 일례로 커리어 전환 계획은 더 나은 급여를 받아 더 행복할 것이라는 기대에서, 그리고 점심을 먹는 계획은 그렇지 않으면 배가 고플 것이라는 예상에서 비롯될 수 있다. 하지만 미래는 단지 예상할 수만 있을 뿐 미지의 것이기에 계획이 언제나 간단치만은 않다. 그 결과 사람들은 사건들이 생기고 새로운 정보가 제공됨에 따라 계획을 **스스로 통제하며 행동을 수정**한다. 이러한 전체 프로세스에서 사람들은 줄곧 **자기반성적**이어서 성취하려는 것과 할 수 있는 것에 대한 마음속 신념을 개발하고 유지하며 끊임없이 수정한다. 생각, 느낌과 행동을 목표 달성으로 향하게 하는 이러한 체계적인 노력과 자기규제는 심리학이나 교육학 문헌들에서 그 중요성이 대두되고 있다.

인간 행위자에 대한 위의 네 가지 설명은 목표설정이론의 윤곽과도 실제로 잘 맞는다. 미래를 생각해서 무엇을 할지 계획을 세운다는 것은 그들이 목표설

Mapping ORGB 반두라가 말하는 불일치 생성과 감소

목표-성과 간 불일치(goal-performance discrepancy)는 향후의 목표설정 및 수행 피드백의 주요 근거가 된다. 반두라(1986)는 사회인지이론에서 불일치의 생성과 감소라는 자기규제 프로세스를 제안했다. 고성과를 위한 동기유발을 위해서 사람들은 이전 성과보다도 더 도전적인 목표를 설정하면서 불일치 생성(discrepancy production)이 발생한다. 곧이어 긍정적인 자기평가를 얻기 위해 목표-성과 간의 격차를 줄이려 하는 불일치 감소(discrepancy reduction)가 뒤따른다. 불일치가 너무 클 때는 수행에 불만족하지만, 이것이 줄어듦에 따라 차츰 만족하게 된다(Bandura & Cervone, 1986). 목표 대비 성과가 아예 저조하면 목표를 낮게 재설정하기도 하지만, 그 격차가 크지 않은 경우엔 이전보다 더 높은 목표를 설정하는 것이 일반적이다. 이와 같이 번갈아 발생하는 불일치의 생성과 감소는 효과적인 자기규제를 의미하며, 이는 목표 달성을 통해 고성과로 이어지게 된다. 모티베이션이라는 지속적인 규제에서 목표-성과를 비교하는 피드백이야말로 필수적이라 할 수 있다.

출처: Nicklin & Williams(2011).

정자라는 의미이다. 끊임없이 스스로를 통제해서 행동을 조정한다는 개념도 목표를 수정하거나 새로운 목표를 설정하는 것으로서 이 역시 목표설정이론과 사회인지이론 양쪽에 공통적이다. 그러나 사회인지이론은 인간 행위의 자기반성적인 측면을 설명하는 데 있어서 그 핵심 개념인 자기효능감을 도입한다. 앞서도 언급했지만, 자기효능감 신념은 사람들이 설정하는 목표와 그들이 얻는 기회들의 강력한 선행요인이다. 자기효능감이 높은 사람들은 더 높은 목표들을 설정하고 도전적인 기회들을 수용하는 경향이 있는 반면, 자기효능감이 낮은 사람들은 그러한 것들을 달성할 수 없다고 봐서 반대의 행동을 하곤 한다. 이러한 효능감은 그들이 목표를 적극적으로 추구하며 보이는 행동들에 계속해서 영향을 끼친다. 도전에 직면하면 더욱 노력하고 인내하게 만드는 **회복탄력성**을 행동에 가득 주입시키는 것도 자기효능감이다. 앞서 성격 차원에서 설명했던 것을 좀 더 부연해서 설명하면 자기효능감은 다음 네 가지의 영향들을 통해 향상될 수 있다.

회복탄력성
역경을 극복하거나 이를 발판 삼아 성공적으로 대응하는 능력

- 첫 번째는 **성공 경험**(mastery experience)으로서 이는 성격에 미치는 효과적인 영향으로 인해 더욱 중요하다. 본질적으로 성공 경험이 더 발전적인 성공을 제공하고 이것이 또다시 자기효능감을 만들어 낸다. 장애를 극복하고 성공하는 사람들은 비교적 확신에 찬 수행자가 되지만, 명백한 실패, 특히 어린 시절 반복적인 실패 경험은 자기효능감 성장을 방해하고 자신의 역량에 대한 부정적 평가를 불러온다. 그러므로 자기효능감을 통해 어려운 상황들을 이겨낼 수 있는 수준에 도달하기 전까지는 성공 경험을 주의 깊게 관리하는 것은 매우 중요하다.
- 자기효능감을 느끼는 데 영향을 미치는 두 번째 요인은 사람들이 자신과 같은 과업을 수행하고 있는 **타인을 관찰**(watch others)할 때 발생한다. 타인이 성공하는 모습을 지켜볼 때, 특히 그 대상이 나와 비슷하며 관련 있는 사람인 경우 자신감은 더욱 증가한다. 사람들은 자신도 그 과업을 수행할 수 있을 것이라고 느낀다. 이러한 간접 관찰의 영향은 특히 수행자가 자기의 스킬과 능력을 과업에 적용해 본 경험이 거의 없을 때 도움이 된다.
- 세 번째 요인은 **구두 설득**(verbal persuasion)을 통해서다. 매니저들이 종

하이데거의 숲

자기통제로 인한 에너지의 소모

유치원생들에게 과자를 먹지 않고 참도록 했던 미셸(W. Mischel)의 실험이 있다. 과자를 먹고 싶은 유혹을 가장 잘 이겨낸 아이들은 결코 유혹과 싸우지 않았다. 이 아이들은 눈을 감거나, 과자에 등을 돌리고 앉거나, 신발 끈을 만지고 놀거나, 노래를 부르거나, 책상 밑에 들어가 버렸다. 스스로 주의를 다른 곳에 돌려서 잠깐 과자를 잊어버린 것이다. 반면 순진하게도 과자를 뚫어지게 쳐다보면서 의지만으로 참아보려고 한 아이들은 금세 유혹에 무릎을 꿇고 말았다. 2007년 플로리다 주립대학의 매튜 게일리엇(M. Gailliot)과 여러 심리학자는 자기통제는 에너지를 많이 쓰기 때문에 오랫동안 지속해 작동하기가 어렵다고 했다. 따라서 의지력이라는 것이 흔히 말하듯 무한하다기보다는 오히려 지극히 제한적인 힘임을 인식할 필요가 있다.

업원들에게 그들이 실제로 성공할 수 있는 능력을 갖추고 있다는 확신을 심어주려고 시도하는 것이 그것이다. 이러한 전략은 단기적인 영향에 그친다는 한계가 있지만, 사람들에게 성공을 위해 노력하도록 만드는 데는 이러한 일시적인 효과로도 충분할 수 있다. 하지만 과장이나 비현실적인 자기 신념의 형성은 주의를 요하는데, 과업을 성공리에 수행치 못할 경우 뒤따르는 자기효능감(그리고 설득자의 신용)의 훼손 때문이다.

- 네 번째로, 스트레스 상황에 대한 **생리적인 반응을 해석하는 방식**(the way people interpret physiological reactions)도 사람들의 자기효능감에 영향을 미치는 잠재적 원천일 수 있다. 사람들이 두려움과 같은 각성상태를 에너지가 충만한 또는 일할 준비가 된 상태로서 여기도록 해줌으로써, 사람들이 지쳐 쓰러지는 현상을 최소화할 수 있다.

업무와 관련하여 개인 및 조직 효과성에 미치는 자기효능감의 직 · 간접적 영향을 폭넓게 검토한 반두라는 매니저와 조직을 위한 다음의 시사점들을 제안했다. 그에 따르면, 조직들은 자기효능감이 높은 사람들을 선발해야 한다. 이러한 사람들은 업무를 수행하는 데 도움이 될 만한 행동들을 하도록 동기유발될 것이기 때문이다. 따라서 채용이나 승진 프로세스 동안 자기효능감의 평가에 주의를 기울여야 한다. 조직들은 또한 훈련 및 개발 프로그램에 참여할 대상자를 선별할 때도 종업원들의 자기효능감 수준을 고려해야 한다. 훈련비용은 언제나 제한적일 때가 많은데 자기효능감이 높은 사람들을 참여시키면 훈련 투자에 대한 높은 회수율을 실현할 수가 있다. 이들은 훈련으로부터 더 많은 것을 습득하는 경향이 있고, 궁극적으로 학습한 것을 직무성과를 높이기 위해 활용할 가능성이 높다. 이 밖에 조직들은 자기효능감이 높은 종업원들에게 더 높은 성과 목표를 설정하도록 권장할 수 있는데, 이는 종업원들을 높은 직무성과로 이끌게 된다. 오늘날과 같이 경쟁이 심화된 시대의 조직들에게는 이것이 중요한 것이 아닐 수 없다.

4 수행자 관점 적용

위의 모티베이션 이론들은 성과관리가 작동되는 원리를 설명하고 시사점들을 제공했어도 결코 종합적인 시각에서 접근했다고 보기 어렵다. 수행자의 관점에서 성과관리를 정의한다면 다음의 것들이 포함되어야 하는데, 즉 무엇을 달성해야 생산적인 수행자가 될 수 있는지를 강조하는 프로세스, 목표 달성을 위한 올바른 행동법을 이해하고 입증하는 프로세스, 피드백 루프를 확립하고 자신의 진척도와 효과를 점검하는 프로세스, 수행을 제한하는 장애요인들을 표면화시킬 수 있는 개인 능력과 환경적 지원을 평가하는 프로세스 등이다. 앞의 두 가지는 목표설정이론과 관계된 것으로 수행자들은 자기 일에 적용되는 기준을 알 필요가 있지만, '자신이 그 기준을 달성 가능하다고 보는가?'와 같은 질문에는 목표설정이론의 설명이 취약하다. 나머지 자기통제 메커니즘에 관한 두 가지는 사회인지이론과 관련된다. 수행자의 적절한 스킬, 지식과 능력에 대한 니즈를 다루었어도 수행자의 자기효능감 및 자신감 수준에 관한 구체적인 질문들에선 역시 취약함을 보인다.

목표설정이론에서 목표의 설정은 전형적으로 경영진 주도하에 있다. 비록 목표의 수립에서 종업원 참여에 대해 간단히 설명했지만, 실상은 종업원들을 위해 목표가 설정된다고 가정하고 참여는 목표의 중요성과 몰입을 강화한다고

Mapping ORGB 성과관리

조직에서 종업원의 성과 극대화를 위해 경영진이 적용하는 체계적인 프로세스들을 일반적으로 성과관리(performance management)라고 일컫는다. 성과관리의 초점은 분명 프로세스에 있음에도 수행자 입장에선 '자신들을 대상으로 행해지는 것'이라는 다소 부정적 의미로 비칠 수 있다. 더 진화된 정의들에선 커뮤니케이션 측면을 전면에 세우는데, 일례로 Weiss & Hartle(1997)는 성과관리를 "무엇을, 어떻게 성취해야 하는지에 대한 공유된 이해를 확립하는 과정, 그리고 수행의 성공 가능성을 높이는 종업원 관리법"(p.3)으로 정의했다. 그러나 이 역시 미미한 개선에 그쳤을 뿐 탑다운 방식을 고수하는 것은 여전히 다름없다.

Rummler & Brache(1995)의 인간수행시스템(human performance system)도 프로세스를 강조하는 성과관리 모델 중 하나다. 그러나 투입물과 자원을 득하고 과업 및 성과 활동들을 이행하며 산출물을 만들어 내는 당사자, 즉 수행자들을 그 중심에 둔다는 특징이 있다. 행동하라는 신호를 줘서 산출로 이끄는 성과기준들, 활동 및 산출을 감독하는 성과피드백 고리, 공식적인 성과평가 등에 의해서 이러한 기초적인 성과시스템은 개선이 이루어진다.

다음의 6영역들과 관련해 목록화한 요인들이 성과관리에 관한 중요한 질문들을 매니저들에게 던진다. 수행자 관점에서의 성과관리와 유사하다.

- 성과는 구체적으로 명시되었는가?
- 과업에 대한 지원이 적절한가?
- 결과들이 성과 목표와 일치하는가?
- 피드백은 제공되는가?
- 필요한 스킬과 지식을 수행자가 갖추었는가?
- 수행자들이 수행 능력은 있는가?

출처: Buchner(2007).

주장한다. 그러나 만일 목표설정에서 단순 참여 이상으로 그에 대한 책임까지 진다면, 종업원들이 체감하는 중요성과 몰입은 더욱 증가할 것이다. 따라서 주요 이슈라면 구체적이고 어려운 목표를 종업원 스스로 설정하도록 이끄는 영향력에 관한 것들이다. 다음의 질문들로 목표설정이론을 수행자 관점에서 좀 더 보완할 수 있을 것이다.

- 일의 우선순위를 결정하기 위해서 내가 보유한 정보와 더 필요한 정보는 무엇인가?
- 현재 나의 일에는 어떤 목표나 기준이 적용되고 있고 그것들에 대한 내 생각은 어떠한가?

- 무엇이 나 자신, 집단, 조직과 가장 관련이 깊은 중요한 목표이고 그 이유는 무엇인가?
- 나의 강점과 조직의 우선순위를 고려했을 때, 가장 도전적이고 어려운 목표는 어디에서 세워야 하는가?
- 구체적인 목표를 세우는 법을 아는가? 그렇다면 나의 목표들은 충분히 구체적이라 할 수 있는가?
- 목표를 설정할 때 나의 개인적인 성향은 어떠한가?
- 우리 조직의 목표설정 풍토는 어떠한가?
- 일단 목표를 설정하고 나면 나의 몰입 수준은 어느 정도인가?
- 어려운 목표에 대한 몰입도를 높이기 위해서 나는 무엇을 할 수 있는가?
- 나의 진척도를 살피기 위해서 내가 무엇을 할 필요가 있는가?

사회인지이론은 앞서 설명된 이론들 가운데 가장 광범위하다. 인간의 행동은 지속적인 자기영향력(self-influence)의 행사로 인해 더욱 유발 또는 규제된다고 주장한다. 사실상 자기통제는 자기효능감 메커니즘을 아우르기 때문에 성과관리의 차원에서 사회인지이론과 관련하여 주목할 만한 것도 역시나 자기효능감이다. 자신을 유능하다고 여기는 사람들은 평균보다 높은 수준의 몰입과 더불어 더 어려운 목표를 수용하는 경향이 있다. 이를테면 자기효능감이 높을수록 더 높은 목표에 도전하고, 그 목표를 추구하면서도 더욱 큰 노력을 하며, 인내심 및 회복탄력성도 높다. 사회인지이론을 기반으로 하는 다음의 질문들은 수행자들의 자기효능감 이해를 도울 것이다.

자기효능감 관련

- 나의 자기효능감은 어떤 수준인가? (예: 나는 어떤 부분에 가장 자신이 있는가?)
- 나는 내 자신을 얼마나 신뢰하는가?
- 나의 자기효능감 성향을 내가 얼마나 알고 이해하는가?
- 내가 택한 커리어/역할과 관련해 어떤 부분을 신뢰하는가?
- 나에 대한 신뢰와 일치하는 목표는 무엇인가?

숙련과 관련된 사회인지이론 개념

- 내 업무의 어느 부분이 가장 숙련되었는가?
- 나는 성공에 필요한 요인과 환경에 대해 알고 있는가?
- 내가 노력해서 성공할 수 있었던 부분은 어디인가?

롤모델 및 사회적 신념 관련

- 누구와 나 자신을 비교해야 하는가?
- 나와 비슷한 과업을 동료들은 어떻게 수행하는가?
- 나는 동료들의 경험으로부터 무엇을 배울 수 있는가?
- 타인들은 내 능력에 대해 어떻게 생각하는가?
- 내 업무 능력에 대한 타인들의 평가는 어떤가?
- 내가 일할 때 하는 셀프토크(self-talk)의 톤이나 특성은 어떤가?
- 평소 기분은 어떤가? 긍정적이며 활력 넘치는가? 아니면 근심 많고 자신감이 없는가?

단원 요약

1. 종업원들의 성과는 역량과 모티베이션이 함께 작용한 결과이다. 매니저는 직원들의 역량 부족보다는 낮은 모티베이션이 저성과의 주된 원인일 수 있음을 인식할 필요가 있다. 모티베이션 향상을 위해서는 성과 목표를 설정하거나, 수행에 대한 지원과 성과 피드백을 제공할 수 있을 것이다.

2. 자기규제 프로세스는 목표지향적이고 의도적인 행동을 가정한다. 종업원들은 우선 목표를 선택하고, 실천하기 위한 준비 단계를 거쳐서 행동의 조절에 이르게 된다. 이러한 프로세스에 영향을 미치는 요인들로는 자기효능감, 미래 자기 모습에 관한 생각, 자기인식 등이 있다.

3. 목표설정이론은 조직에서 성과를 규명, 측정, 개발하는 하나의 지속적인 프로세스인 성과관리시스템을 보다 효율적이게 할 수 있다. 이 이론에 따르면, 최선을 다하라는 식의 모호한 목표보다는 도전적이고 구체적인 목표가 더 높은 성과를 끌어낸다.

4. 목표는 행동을 형성하고 이끌기 위해 모티베이션을 작동하게 만든다. 목표에 대한 몰입, 피드백, 과업복잡성 등은 목표설정 효과성의 중요한 조절변인들이다. 앞서 다루었던 것들은 미시적인 목표들에 해당하며, MBO와 BSC는 거시적인 목표설정의 예다.

5. 사회인지이론에서는 모티베이션과 행동이 인지적, 사회적, 환경적 변인 간의 지속적이고 역동적인 상호작용으로부터 비롯되며, 이들 영향력이 엉켜있는 와중에 사람들은 자기 행동에 대한 통제를 유지한다고 가정한다. 그들은 의도성, 예지력, 자기규제, 그리고 자기반성과 함께 행동한다.

6. 사회인지이론은 인간 행위의 자기반성적인 측면을 설명하는 데 있어서 핵심 개념인 자기효능감을 도입했다는 데서 목표설정이론과 차이가 있다. 성공 경험, 타인을 관찰하는 것, 언어적인 설득, 생리적인 반응을 해석하는 방식을 통해서 자기효능감은 향상될 수 있다.

7. 이 같은 세 가지 모티베이션 이론들은 결코 종합적이라고 볼 수는 없어도 성과관리가 어떻게 작동하는지에 대한 설명과 통찰력을 제공해 줄 수 있다. 성과의 이론적 바탕에 관한 관심과 모티베이션에 대한 이해는 성과를 위해 필수적이라 할 수 있을 것이다.

논의할 문제

1. 성과관리에 대한 이해가 개인의 삶에 어떻게 기여하고 또 윤택하게 할 수 있을까?
2. 직장에서 종업원들이 특히 자기규제에 더 관심을 기울여야 하는 상황이 있다면 그런 상황은 언제일까?
3. 매니저라면 왜 해당 부서의 목표를 구성원들에게 명확하게 전달해야 하는 것일까?
4. 자기효능감을 특성보다는 상태라고 보는 것이 왜 더 타당할까? 교육훈련 프로그램의 설계 시에 이 같은 관점이 줄 수 있는 시사점은 무엇일까?
5. 어떤 종업원들은 충분한 역량이 있음에도 불구하고 자기효능감이 낮아 보인다. 이런 사람에게는 어떻게 동기유발을 시켜야 하는가?

더 읽을거리

Aguinis, H., & Vaschetto, S. J. (2011). Editorial responsibility: Managing the publishing process to do good and do well. *Management and Organization Review*, 7(3), 407–422.

Ashford, S. J., & Black, J. S. (1996). Proactivity during organizational entry: The role of desire for control. *Journal of Applied Psychology*, 81(2), 199–214.

Bandura, A. (1986). *Social foundations of thought and action: A social cognitive theory*. Englewood Cliffs, NJ: Prentice Hall.

Bandura, A. (1994). Self–efficacy. In V. S. Ramachaudran (Ed.), *Encyclopedia of human behavior* (pp. 71–81). New York: Academic Press.

Bandura, A. (1997). *Self-Efficacy: The exercise of control*. New York: W.H. Freeman Co.

Bandura, A. (2001). Social cognitive theory: An agentic perspective. *Annual Review of Psychology*, 52(1), 1–26.

Boxall, P., & Purcell, J. (2003). *Strategy and HRM*. London: Pal–grave.

Brown, S. P., Ganesan, S., & Challagalla, G. (2001). Self–efficacy as a moderator of information–seeking effectiveness. *Journal of Applied Psychology*, 86(5), 1043–1051.

Buchner, T. W. (2007). Performance management theory: A look from the performer's perspective with implications for HRD. *Human Resource Development International*, 10(1), 59–73.

Carver, C. S., & Scheier, M. F. (2004). Self–regulation of action and affect. In D. V. Kathleen & R. F. Baumeister (Eds.), *Handbook of Self-Regulation, Second Edition: Research, Theory, and Applications* (pp. 13–39). Guilford Press.

Davis, T. R., & Luthans, F. (1980). A social learning approach to organizational behavior.

Academy of Management Review, 5(2), 281–290.

Kadhiravan, S., & Suresh, V. (2008). Self–Regulated behaviour at work. *Journal of the Indian Academy of Applied Psychology*, 34, 126–131.

Kane, T. D., Marks, M. A., Zaccaro, S. J., & Blair, V. (1996). Self–efficacy, personal goals, and wrestlers' self–regulation. *Journal of Sport and Exercise Psychology*, 18(1), 36–48.

Klein, H. J., Wesson, M. J., Hollenbeck, J. R., & Agle, B. J. (1999). Goal commitment and the goal–setting process: Conceptual clarification and empirical synthesis. *Journal of Applied Psychology*, 84(6), 885-896.

Latham, G. 2007. A speculative perspective on the transfer of behavioral science findings to the workplace: "The times they are a changing." *Academy of Management Journal*, 50, 1027–1032.

Locke, E. A., & Latham, G. P. (2002). Building a practically useful theory of goal setting and task motivation: A 35–year odyssey. *American Psychologist*, 57(9), 705–717.

Nicklin, J. M., & Williams, K. J. (2011). Self–Regulation of goals and performance: Effects of discrepancy feedback, regulatory focus, and self–efficacy. *Psychology*, 2(3), 187–201.

Rummler, G. A., & Brache, A. P. (1995). *Improving performance: Managing the white space in organizations*. San Francisco: Jossey–Bass.

Schunk, D. H. (2001). Self–regulation through goal setting. In ERIC/CASS Digest, Greensboro, NC: ERIC Clearinghouse on Counseling and Student Services.

Stajkovic, A. D., & Luthans, F. (1998). Social cognitive theory and self–efficacy: Going beyond traditional motivational and behavioral approaches. *Organizational Dynamics*, 26(4), 62–74.

Van–Dijk, D., & Kluger, A. N. (2004). Feedback sign effect on motivation: Is it moderated by regulatory focus? *Applied Psychology: An International Review*, 53(1), 113–135.

Wood, R. E., Mento, A. J., & Locke, E. A. (1987). Task complexity as a moderator of goal effects: A meta–analysis. *Journal of Applied Psychology*, 72(3), 416–425.

Memo

CHAPTER

07

팀과 집단

1. 팀이란 무엇인가?
2. 팀 프로세스와 팀워크 프로세스
3. 집단/팀의 중요 개념들

▶▶ 학습목표

1 팀을 집단과 비교하고 작업집단이 어떻게 팀으로 변모하는지 설명한다.

2 팀이 수행하는 두 기능을 정의한다.

3 팀 프로세스를 이해하고 팀 효과성에 미치는 영향을 확인한다.

4 팀 발전의 5단계를 서술한다.

5 팀 효과성을 위해서 개선되어야 할 HR 영역들을 설명한다.

6 이 밖에 집단 및 팀의 중요 개념들을 이해한다.

각 산업 전반에서는 구성원들 간 시너지를 유지하며 자원들을 잘 편성할 목적으로 조직 형태와 관계없이 팀제를 시행 중이다. 어떤 회사들은 각기 다른 나라에서 일하는 팀장과 팀원들로 이루어진 글로벌 가상팀(global virtual team)을 운용하기까지 한다. 일례로 늦은 오후까지 보고서 초안을 넘기고 퇴근하면 마무리 지어야 하는 완성물이 다음 날 본사로부터 도착해 기다린다. 시차가 다른 지역의 팀원들이 면대면 없이도 프로젝트를 24시간 온종일 가동하는 것을 종종 보게 되는데, 그들은 전화통화, 이메일, 파일 공유, 기타 온라인미팅 등을 통해 세계 곳곳에서 협업한다. 팀은 이런 식으로 조립라인에서부터 임원진에 이르기까지 그들의 업무를 완수하는 주요 수단으로써 자리매김하고 있다.

시네마 ORGB

배틀 오브 비보이 Battle of the Year

팀워크로 이뤄낸 미국 드림팀의 훌륭한 퍼포먼스

배틀 오브 비보이(Battle of the Year, 2014)

미국 비보이의 명성을 되찾고 싶은 힙합 프로듀서 단테(Dante Graham)!

힙합 종주국임에도 늘 저조한 비보이 경연 성적이 안타까워 예전 동료였던 실력자 제이슨(Jason Blake)에게 자기 비보이팀 코치를 맡아달라고 부탁한다.

제이슨은 열정을 지녔고 팀을 하나로 만드는 재주를 가졌다.

'생각을 바꾸면 인생을 바꿀 수 있다.'라는 신조 아래 새롭게 비보이팀을 구성한다. 오디션을 거쳐 자신이 최고인 줄 아는 춤꾼들 22명이 뽑히고, 9주간의 혹독한 훈련을 통해 13명으로 추려지게 된다.

개개인의 능력은 출중해도 협동심이 부족해서 순위권에서 밀려나는 미국의 드림팀! 제이슨은 승리를 목표로 하기보다는 다 함께하는 팀워크에 초점을 맞춘다. 12시간의 강도 높은 훈련으로

인내를 키우며, 누구라도 규율을 어기면 탈락된다. 혼자만 잘났다고 하는 사람은 최고라도 탈락시킨다.

'배틀 오브 더 이어(BOTY)'의 1라운드는 팀원들끼리 서로 잘 통해서 한몸처럼 되어야 통과된다. 팀엔 나란 없다, 우리만 있을 뿐…

저마다 독특한 자만심과 이기심, 그리고 우월감으로 훈련 중 계속되는 팀원들의 갈등. 특히 루스터(Ruster)와 두낙(Do-Knock)의 돌출 행동으로 팀워크가 무너지고 러시아와의 시범경기에서도 패하고 만다.

팀원들은 점차 세계 최고의 팀이 되기 위해서는 개인기를 능가하는 협동심이 무엇보다 필요하다는 사실을 더더욱 뼈저리게 느끼며 팀을 위해 하나가 되기로 한다. 하나가 된 드림팀! 'BOTY' 결승에 진출하며 2등을 거머쥔다.

TIP!!

비보이들의 춤과 열정을 다룬 영화다. 마치 '공포의 외인구단'처럼 소수정예로 다듬어지는 과정에서 방향을 제시하는 리더와 더불어 팀원들끼리 한데 뭉쳐가는 전개가 흥미롭다. 잘 알다시피, 팀은 다양한 관점을 결합해 성원들의 강점을 활용함으로써 모두의 능력을 단순 합계한 것보다 더 나은 결과물을 성취할 수 있다. 이러한 효과적인 팀에서는 전체로서의 팀과 개별 성원 간의 미묘한 균형이 유기적으로 잘 유지되는데, 특히 상호의존성이 증가한다. 성원들 모두가 팀의 미션을 달성하도록 팀이 그들에게 적절하고 필수적인 가치를 부여하고 있음을 의미하는 것이다. 효과적인 팀에서는 각자의 수행으로 팀 효과성이 결정된다고 믿기 때문에 자신들의 효과성이 곧 팀 효과성이라고 인식한다. 영화 속 비보이팀 멤버들도 처음엔 나를 내려놓을 수 없었지만, 팀워크를 깨달은 후로는 그들 모두가 한결같이 어떤 플레이가 나와도 내가 아닌 팀이 이룬 결과라고 생각했을 것이다. 그래서 잘하면 더 기뻐했고 동료가 어려움을 겪으면 부담을 나누려 했을 것이다.

1 팀이란 무엇인가?

조직들은 팀과 팀워크를 비즈니스 수행의 효과적인 방식으로 인식하게 되었다. 글로벌 경쟁과 M&A, 혁신 등이 증가함에 따라 다양한 스킬, 전문성, 경험에 대한 니즈를 불러일으켜서 보다 신속, 유연하며 적응력 뛰어난 대응을 요구하게 되었기 때문이다. 최근 20년 동안 '상사'라는 용어가 '팀장'으로 많이 대체되어 온 것을 보더라도 이를 충분히 짐작할 수 있다. 조직의 영역과 전략이 계속 확장됨에 따라 팀들이 점차 보편화되며 그 중요성 또한 더욱 커지고 있다.

1.1 팀의 개념과 중요성

팀
목표를 달성하기 위해 긴밀하게 협력하는 작업집단

집단과 팀을 대개 혼용한다. 그러나 집단(group)이 공통된 관심사나 스킬, 특성 등으로 인해서 모인 개인들의 집합이라면, **팀**(team)은 하나의 목표를 위해 조화롭게 통합된 노력 안에서 성원들이 서로 결속된 보다 특별한 작업집단을 일컫는다. 다양한 관심과 사고방식, 태도를 지닌 사람들로 구성되는 집단에서 성원들 모두가 하나의 공동 목표를 가져야 할 이유까지는 없다. 하지만 팀이라면 달성해야 하는 단일 공동 목표가 있는 사람들이 팀원으로서 함께 노력하고 협력해야만 한다. 팀원들은 서로 보완적이어야 하며 개인의 관심은 뒤로하고서라도 서로 돕고 합심해서 일해야 한다. 팀원들의 업무는 이렇듯이 서로 의존적인 상호책임 아래에서 이루어지는 특성이 있다. 팀이란 조직의 성공을 위해 특정 과업의 달성이라는 역할을 지닌 목적의식이 매우 높은 종업원 집단이다. 팀의 이점들로는 다음과 같은 것들이 거론된다.

- 업무를 수행하는 팀원들에게 성과에 대한 더 많은 책임을 부여한다.
- 더 많은 권한과 의사결정권을 부여해서 개별 팀원의 동기를 유발한다.
- 조직이 개별 팀원들의 지식과 모티베이션을 활용하는 데 매우 유용하다.
- 조직이 관료제를 지양하고 유연성과 대응력을 높일 수 있게 한다.

하이데거의 숲

집단이나 팀에 소속되려는 까닭은?

- **사람 간의 끌림**(interpersonal attraction)—사람들은 서로에게 매료된다.
- **집단 활동**(group activities)—집단 활동이 사람들의 흥미를 이끈다.
- **집단 목표**(group goals)—집단 목표가 동기를 유발하여 가입하게 만든다.
- **욕구 충족**(need satisfaction)—사람의 친교욕구를 충족시킨다.
- **수단적 혜택**(instrumental benefits)—여러 혜택을 멤버십이 제공한다.

위에서 설명된 팀 개념은 **팀워크**(teamwork)의 원리들을 강조한다. 팀워크란 팀 목적 달성을 위해 개별 팀원들이 들인 노력의 합을 일컫는다. 집단 전체가 개인들의 합보다 더 큰 상황인 시너지(synergy)는 팀워크가 잘 발휘되는 곳에서 발생한다. 개인들은 종종 요구되는 지식이나 스킬을 전부 가지고 있지 않기 때문에 팀이 이로운 것이다. 팀이라면 협력적으로 일하는 것이 기본인데, 조화와 더불어 긍정적인 태도는 필수 불가결한 것이다. 만약 협력하지 않는다면 팀의 이익들은 실현되기 어렵다. 공동의 목표/과업에 대한 이해 또한 중요하다. 사람들은 팀이 존재하는 이유와 그 목적이 무엇인지에 대해 명확히 알고 있어야 한다. 이러한 특징들 가운데 어느 하나라도 부족하다면 그 팀은 실패하게 될 것이다. [표 7.1]은 집단과 팀 간의 주요 차이를 보여준다. 따라서 집단이 다음과 같이 변모하게 되면 비로소 팀이 될 수 있다.

팀워크
팀 성원들이 공동의 목표 달성을 위하여 각 역할에 따라 책임을 다하고 협력하는 것

표 7.1 집단과 팀 간의 주요 차이

집단	팀
지명된 강력한 리더가 존재한다.	리더십을 공유하거나 번갈아 발휘한다.
개별적 책임을 유지한다.	서로에 대한 개별 및 팀 책임을 유지한다.
집단은 조직과 동일한 목적을 설정한다.	팀이 달성하고자 하는 구체적인 비전과 목적을 설정한다.
성과는 개별적인 노력의 산물이다.	성과는 집합적인 노력의 산물이다.
효율적인 회의를 운영한다.	자유로운 의견개진과 문제해결 유도를 위한 회의를 운영한다.
다른 지표(예: 재무성과)에 대한 영향을 평가함으로써 간접적으로 효과성을 측정한다.	집합적 업무 산출물을 평가함으로써 직접적으로 효과성을 측정한다.
성원들 간에 토의, 결정 후 업무를 위임한다.	토의, 결정 후 업무를 공유한다.

- 리더십이 하나의 공유 활동이 될 때
- 엄격하게 개인에게만 주어졌던 책임이 개인과 집단 모두에게로 이동할 때
- 집단이 자신들의 목적이나 미션을 발전시키게 될 때
- 문제를 해결하는 것이 삶의 방식 일부가 아닌 전부가 될 때
- 집합적 성과와 산물에 의해 집단유효성이 평가될 때

다음은 HBR(*Harvard Business Review*)에서 팀의 중요성을 설명했던 레이(R. Reigh) 교수의 말을 인용한 것이다.

> "요즘처럼 치열한 경쟁 속에선 경제의 사활을 위해 개개인의 능력을 합친 것 그 이상의 힘을 발휘하는 팀 개념에 주목해야 한다. 그동안 찬사를 보내왔던 특출한 경제 영웅이나 경영의 귀재들보다도, 이젠 공동의 목적을 위해서 평범하지만 다양한 성원들이 헌신과 협력으로 폭발적인 힘을 내는 팀 능력을 더 높이 평가해야 할 것이다."

자신의 지식과 스킬 향상을 스스로 책임지는 사람들로 이루어진 집단이 바로 팀이다. 이러한 팀들은 지식과 탤런트, 스킬, 능력이 조직의 성원들 사이에 전파되도록 하는 데 알맞으며 과업 완수를 위해서 통합된 노력을 요구한다. 최근 강조되는 팀 중심의 업무환경에서는 권력 의존과 경쟁이 아니라 협력을 위한 임파워먼트(empowerment)를 중시한다. 기존의 업무환경과 차이점을 비교하면 [표 7.2]와 같다.

임파워먼트
일에서의 의미감과 자율성, 결정권, 그리고 결과에 영향을 미친다고 느끼게 하는 것

표 7.2 새로운 팀 환경 vs. 기존의 업무환경

새로운 팀 환경	기존의 업무환경
사람들이 대책을 내놓는다.	사람들은 명령을 따른다.
팀은 자신의 행보와 관련해 상당한 권한을 갖는다.	팀은 방향을 잡기 위해서 부서장에게 의존한다.
성원들은 마음대로 판단할 수 있는 권리가 있어도 협력하는 것을 배우고자 팀을 형성한다. 사람들은 개별적으로 그리고 공동으로도 일한다.	성원들은 부서장에 의해 설정된 목표에 동조했기 때문에 한 팀이 되었다. 아무도 개별 행동을 하지 않는다.
사람들은 자신의 생각과 감정을 이용해서 협력한다. 직접적인 대화를 통해 서로 연합할 수 있기 때문이다.	사람들은 생각과 감정을 억제함으로써 협력한다. 잘 지내기를 원하기 때문이다.

1.2 팀의 유형

조직을 팀들 간 네트워크라고 할 정도로 조직 내에는 수많은 **공식적인 팀들**(formal teams)이 생성돼 특정 목적들을 수행키 위해서 가동된다. 문제해결이나 규정된 과업수행을 위해 조직된 후 그 목적을 이루고 나면 통상 해산되지만, 한시적이지 않고 하나의 부서, 사업부 또는 팀으로서 조직도상에 그대로 존속되기도 한다. 단지 몇 명만으로 구성된 작은 팀부터 100명 가까이 되는 팀원을 보유한 팀까지 규모는 무척 다양하다. 조직에는 또한 광범위한 **비공식적인 집단들**(informal groups)의 네트워크가 있다. 특정 목적이나 공식 승인 없이도 조직 구조의 이면에 존재하게 되는데 주로 사적인 관계들을 통해 생성돼 자기들끼리의 연결망을 갖는다. 가령, 친교집단들(friendship groups)은 천성적으로 잘 맞는 사람들끼리의 집단이다. 함께 일하기를 원할 뿐 아니라 같이 있기 좋아해서 휴식도 함께하고 직장 밖에서의 시간까지 공유한다. 이외에도 관심사가 같은 사람들로 이루어진 각종 동호회 같은 이해집단들(interest groups)이 있다. 때로는 동호회의 성격이 업무와 관련되는 경우도 종종 있다.

공식적인 팀
문제해결이나 정해진 과업수행을 위해 조직된 팀

비공식적인 집단
목표 달성이나 문제해결에 도움이 될 것이라고 생각해서 자연스럽게 형성된 집단

조직 내 다양한 계층과 기능들을 아우르며 수직 혹은 수평, 어느 방식으로든 팀은 구성될 수 있다. 흔히 회사들에서 볼 수 있는 업무관련 팀(work-related team)의 유형으로는 프로젝트팀(cross-functional team) 및 문제해결팀(problem-solving team), 자율관리팀(self-managed team), 가상팀(virtual team) 등이 있다([그림 7.1] 참조). 아마도 향후 커리어 과정에서 여러분들도 이러한 팀들을 모두 경험하게 될 것이다.

그림 7.1 업무관련 팀의 유형

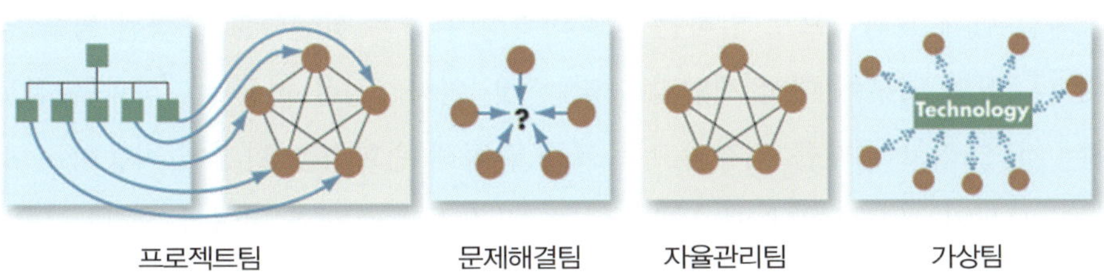

프로젝트팀 및 문제해결팀

프로젝트팀은 수평적인 협력을 위해서 서로 다른 기능부서에서 선발된 인력들로 구성된다. 이러한 형태의 팀제는 기존 조직으로는 수용이 어렵거나 효율적인 수행이 불가한 목표 과제를 달성키 위해서 관련 부서의 전문가들을 한군데 모아 놓은 것이다. 사내 모든 조직을 이런 식으로 전부 운영하기는 어렵고 일부 부서의 특정 프로젝트에 대해서만 운영한다. 특히 신제품 개발의 경우, 제품개발 기간을 단축하여 고객 니즈에 신속 대응하고 시장을 선도함으로써 제품의 시장경쟁력을 확보하는 데에 매우 적합한 형태다. 1980년대 들어 프로젝트팀은 유행하기 시작했다. 대표적 예로 크라이슬러의 Neon이란 승용차는 이러한 프로젝트팀을 통해 출시되었다. 모토롤라의 이리듐(Iridium) 플랜도 시장에서 실패하고 말았지만, 운영을 위한 프로젝트팀이 가동되었다. 77개의 인공위성을 이용하는 대규모의 복잡한 이리듐서비스 상용화를 위해 모토롤라는 20여 명의 본사 직원뿐만 아니라 러시아의 크루니체프, 레이시온, 록히드마틴, 사이언티픽애틀랜타, 제너럴일렉트로닉 등 타 기업들의 해당 분야 전문가들까지 포함된 프로젝트팀을 구성했었다.

또한 다수의 문제해결팀이 조직에 의해서 운영되기도 한다. 문제해결팀은 특정 이슈에 대하여 가능성 있는 해결책을 개발하고 정해진 시간 내에 조치까지 취하는 사람들로 이루어진 팀을 말한다. 이러한 팀들은 대개 품질이나 비용의 문제를 다루며 조직 내에서 비교적 장기간 유지되는 경우가 많다. 조직 대부분이 이러한 문제해결팀을 이용하고 있는데, 팀원들은 원래의 직무에 부가적으로 문제해결팀의 일원이 돼서 복수의 직무를 수행한다.

자율관리팀

자율관리팀이란 고객들을 위한 완성품 제조나 완벽한 서비스 제공을 위해서 매일 함께 효과적으로 일하는 상호의존성이 높은 성원들로 구성된 팀을 일컫는다. 팀의 업무에 대한 책임감을 갖는 것, 의사결정을 하는 것, 성과를 검토하는 것, 그리고 문제를 해결하고 목표를 달성해 변화하는 환경에 적응하는 것 등 이 모두가 부서장이나 매니저가 아닌 팀 스스로 주체가 되어야 한다는 의미를 자율관리팀은 내포하고 있다. 즉, 업무분배, 업무방식, 일정수립에 대한 의사결정을 포함한 과업 전반에 대해서 팀들이 자체적으로 행동을 조절할 수 있다면 그 팀은 자율관리팀이라고 할 수 있다. 자율관리팀은 자동적인, 리더가 없는 집단이나 혹은 자기주도적, 자기조절적, 또는 임파워된 팀으로 달리 일컬어지기도 한다. 이러한 팀들의 공통적인 특징은 자율성을 갖고 운영되며 전체 과업에 대한 책임도 갖고 있다는 점이다. 자율관리팀의 중요한 영향이라고 하면 그것은 경영진에서 팀 성원에게로 책임이 이동했다는 것이다.

오늘날 많은 기업은 자율관리팀에 눈을 돌리고 있다. 이러한 추세는 자율관리팀이 조직의 목표를 달성하고 변화하는 노동력 수요를 충족시킬 방안을 제공해 준다는 사실 때문이다. 특히 공장이나 병원, 서비스 조직을 비롯한 산업계 전반에서 효율성을 추구하게 되면서 잘 훈련되고 유연성과 다기능을 보유한 자율관리팀이 제공하는 여러 가지 장점들을 간과할 수 없게 되었다. 한편 종업원들도 자율적인 작업환경이 가져다주는 근본적인 이익들, 즉 참여할 수 있고 다양한 직무스킬을 학습할 수 있으며 조직의 가치 있는 일부분으로서 자신을 느낄 기회를 잘 인식하고 있다.

가상팀

흔히 말하는 팀들은 서로 대면하며 일하는 형태이지만 서로 물리적으로 떨어져 있으면서 조직의 목표를 위해 발달된 컴퓨터 기술을 활용하여 함께 일하는 팀도 있다. 즉, 가상팀은 팀원들이 네트워크, 화상회의, 이메일 등을 사용하여 온라인상에서 일을 하는 것이다. 팀의 성원들이 전혀 면대면 접촉을 하지 않기도 한다. 가상팀은 다른 일반 팀들이 하는 정보공유, 의사결정, 업무처리 등 모든 일을 수행할 수 있으며 같은 조직의 성원뿐 아니라 타 조직의 성원들과도 함께 일할 수 있다. 이 같은 가상팀들은 점점 더 보편화되고 있다. 가상팀의 장점으로는 한자리에 쉽게 모일 수 없는 사람들의 모임을 가능케 한다는 것이다. 비용을 줄일 수 있는 것은 물론이고 무엇보다도 프로젝트의 완수, 특정 문제의 해결 또는 전략적 기회를 탐색하기 위한 최적의 사람들을 신속히 모을 수 있는 것이 가장 큰 장점이다. 반면 가상팀의 단점 역시 쉽게 찾아볼 수 있다. 아무래도 대면의 부족이 커뮤니케이션에 있어서 감정과 비언어적 단서의 역할을 제한할 수밖에 없을 것이다. 이에 따라 가상팀의 팀원들 사이에서 원만한 관계를 맺기가 의외로 어려운 일이 될 수도 있다.

1.3 팀의 기능과 효과성

효과적인 집단이나 팀일수록 업무를 성공적으로 완수하기 위해 다양한 과업기능(task functions)과 유지기능(maintenance functions)을 수행하게 되고 성원들은 그 속에서 개인적인 만족과 팀 스피릿을 경험한다. 집단이 제 기능을 하게끔 하는 것이 과업기능이라면, 집단이 결속을 이어가도록 하는 것은 유지기능이다. 과업기능은 팀이 공동의 목적을 규정하고 이를 더욱 분명히 해서 추구토록 만든다. 예컨대 아이디어 제안, 문제 정의, 그리고 이에 대한 접근법과 해결책을 제시하는 것처럼 어떤 활동을 주도하는 것이 곧 과업기능에 해당한다. 회의에서 "오늘 해결해야 할 이슈가 뭐지?"라고 하는 사람이 있다면 그는 과업기능을 수행 중인 것이다. 한편 과업활동들이 때때로 긴장을 유발할 수 있어서 부정적이며 파괴적인 해소를 우려해 긴장완화 활동도 필요하다. 이미 유머나 농담을 주고받는 행동이 사회적 관계를 강화한다고 연구들은 밝힌 바 있다. 가벼운 농담과 함께 "이 계획에 대한 다른 의견들도 들어봅시다."라고 하는 사람은 팀 내 커뮤니케이션 중재자로서 모두가 균형적으로 기여할 수 있게 해준다. 이러한 유지기능은 팀에서 효과적이고 만족스러운 대인관계를 위해 필수적인

표 7.3 효과적인 팀/집단 업무

과업기능	유지기능
• 주도하기, 협동하기, 방법을 찾아내기 • 정보/의견을 탐색하기 • 정보/의견을 제공하기 • 명확히 하기, 자세히 설명하기 • 요약하기, 합의가 이루어졌는지 확인하기 • 비평하는 철학자처럼 행동하기 • 평가하기	• 조화를 이루기, 중재하기 • 격려하기 • 감정들을 표현하기 • 환경을 살피기 • 긴장을 완화시키기 • 타협하기 • 커뮤니케이션을 돕기 • 기준을 세우기

Mapping ORGB 팀에서의 역할 9가지

효과적인 팀에서는 다양한 성격 유형의 팀원들이 각기 다른 소임을 행한다. 이러한 시각에서 벨빈(M. Belbin)은 팀 역할을 "특정한 방식으로 타인들과 행동하며 기여하고 상호 관계를 맺는 경향"이라고 설명한다. 그가 9년간의 연구 끝에 1981년에 개발한 도구는 팀빌딩(team building)을 지원하기 위해 가장 접근이 쉽고 활용도가 높은 방식이 되었다. 모두 9개의 팀 역할이 다음과 같이 요약되는데, 즉 형성자, 실행자 및 완결자의 **행동지향적 역할**(action-oriented roles); 조정자, 협력자 및 자원탐색자의 **사람지향적 역할**(people-oriented roles); 창조자, 추적 평가자 및 전문가의 **사고지향적 역할**(thought-oriented roles)이 있다.

- **형성자**(Shaper). 결과를 얻기 위해서 자신과 타인의 동기를 유발하는 외향적인 사람이다. 역동적이고 의욕적이라서 팀원들에게 열정을 불어넣을 수 있다. 타고난 리더이기 때문에 위기에서 단호하게 행동하고 진전을 끌어낸다. 관리자 역할을 하기에 이상적이라고 할 수 있다.
- **실행자**(Implementer). 환경을 구조화하고 질서를 유지하는 것을 좋아하는 조직자이다. 실용적이라서 추상적인 아이디어로부터 구체적인 계획을 세우는 것을 좋아한다. 자기통제에도 능한 이러한 부지런한 팀원들은 목표가 가시적인 성공이 될 수 있도록 보장해 주는 사람들이다.
- **완결자**(Completer). 프로젝트의 주요 단계에서 질을 따져보는 사람이다. 완벽을 위해 노력하기 때문에 주변 사람들에게도 같은 것을 기대하는 경향이 있다. 팀이 고품질의 작업을 수행하게 하려면 조직은 이러한 사람을 꼭 필요로 한다. 마감일을 준수해야 하는 작업환경이라면 더욱 그렇다.
- **조정자**(Coordinator). 대인관계와 의사소통 능력이 뛰어난 성숙한 사람이다. 각 팀원의 장점을 적절히 활용할 수 있으려면 팀에는 조정자가 필요하다. 관리 스타일은 형성자와 좀 다르다. 개방적인 소통을 촉진하는 민주적인 접근방식을 선호하며 팀원들이 개별 목표를 달성할 수 있도록 돕는 데에 더욱 집중한다.
- **협력자**(Team Worker). 온화하며 친근한 성향의 외향적인 사람으로서 팀 내에서 조화를 이루기 때문에 필수적인 팀원이다. 좋은 청취자가 되는 경향이 있고 적응력이 뛰어나며 다재다능하므로 갑작스러운 변화에도 잘 대처한다. 타고난 호감도로 인기가 많고 종종 고위직에 오른다.
- **자원탐색자**(Resource Investigator). 주로 네트워킹에 재능이 있는 외향적인 사람이다. 새로운 기회를 탐구하고 더 나은 발전을 모색하기 좋아한다. 스스로 아이디어를 내지는 않더라도 타인들로부터 아이디어를 얻어 이러한 개념들을 팀에 소개하는 데 능하다. 신사업 개척과 후속 협상을 잘 수행한다.
- **창조자**(Plant). 독창적인 아이디어를 생산하고 과제 완성을 위해 혁신적인 방법을 제안하는 자유로운 생각을 지닌 사람이다. 창의적인 사고가 곧 솔루션으로 이어지기 때문에 대부분 팀과 회사들은 이들을 필요로 한다. 성장과 발전을 가져오는 팀원이지만 이들은 혼자 일하는 것을 더 선호한다.
- **추적 평가자**(Monitor Evaluator). 감정과 본능이 아닌 사실과 합리적 사고를 바탕으로 결정을 내린다. 프로젝트에 어려움이 있는 경우 추적 평가자는 모든 각도와 가능성을 신중히 고려한 다음 통찰력 있는 솔루션을 고안한다. 효과적인 결정을 내릴 수 있는 능력 때문에 이 사람들은 종종 관리직을 맡는다.
- **전문가**(Specialist). 특정 분야의 전문가로서 좁은 주제에 대한 깊은 지식을 가지고 있어서 필요할 때 그들은 귀중한 통찰력을 제공한다. 대개 팀 환경에서 일하는 것을 선호하지 않을 수도 있지만 자신의 전문 분야에 관해서는 열정이 넘치고 배우고자 하는 동료 팀원들과 지식을 잘 공유한다.

출처: Belbin(2010).

활동들이다. 팀이 성공으로 나아가는 동안 심리적 친밀감을 얻게 해주는 동시에 일체감, 협동심, 팀워크를 향상시킨다. 타인들을 이끄는 것만큼이나 팀 동료의 지휘를 따르는 것도 중요하다.

팀은 고유의 과업기능과 유지기능을 통해서 팀원들이 **심리적 친분**(psychological intimacy)과 **완전한 관계**(integrated involvement)를 이룰 수 있게 해준다. 전자는 팀 내 다른 성원과의 감정적 또는 심리적인 친밀함을 말하며, 후자는 과업과 활동 등을 통해 얻는 친밀감을 의미한다. 만약 팀원으로서 심리적인 친분과 완전한 관계를 이루는 데 실패하면 어떻게 될까? 감정적인 소외와 더불어 심각한 사회적인 고립감마저 느끼게 될 것이다. 심리적 친분과 완전한 관계는 둘 다 성공적인 집단이나 팀 멤버십으로부터 기대할 수 있는 사회적 이익들로서 이는 개인의 건강을 위해서도 바람직하다. 하지만 이 두 가지를 반드시 한 팀 안에서 경험해야 하는 것은 아니다. 완전한 관계를 직장 내 팀에서 추구하면서도 심리적인 친분은 직장 밖의 동호회나 사적인 모임을 통해 찾으려는 직장인들을 주변에서 보게 된다.

위의 두 기능은 팀에서의 여러 가지 상황이나 여건에 의해 영향받게 되고 결국엔 이에 따라 팀의 효과성이 결정된다. 팀 효과성은 주로 생산적인 결과(productive output), 팀원들의 만족(satisfaction), 그리고 적응 및 학습력(capacity to adapt and learn)에 근거해서 평가된다. 우선 생산적인 결과란 팀 목표에 의해 정

표 7.4 효과적인 팀과 역기능적인 팀 간 특성 비교

역기능적인 팀	효과적인 팀
신뢰의 결여: 실수를 두려워하고 관심이나 아이디어를 표명하는 것을 꺼린다.	신뢰: 서로를 깊이 신뢰하고 다소 손해가 예상되더라도 감수한다.
갈등에 대한 두려움: 조화를 위해 타인과 잘 지내지만 갈등을 불러올 만한 의견은 표명하지 않는다.	건설적인 갈등: 최상의 해결책을 찾기 위해 의견 불일치나 비판 등을 겸허히 받아들인다.
몰입의 부족: 솔직한 의견 개진을 꺼리므로 결정사항에 대한 몰입이 사실상 어렵다.	몰입: 모든 아이디어를 공유함으로써 참여를 이끌어서 결국 중요한 목표와 결정에 도달할 수 있다.
책임의 회피: 결과에 책임을 지지 않으려고 하면서 일이 잘못되었을 때는 비난에 동참한다.	책임: 매니저만을 책임의 주체로 여기고 의존하기보다는 팀원들 서로가 책임감을 가진다.
결과에 태만: 팀 성과보다는 개인적 야망이나 개별 부서의 니즈를 우선시한다.	결과 지향: 팀원들은 사익을 제쳐두고 팀에 이로운 것에 초점을 둔다. 팀의 성과가 곧 성공이다.

의된 과업 산출물의 양이나 질에 관한 것이다. 만족은 팀원들의 개인적 니즈를 충족시키고 그들의 멤버십과 몰입을 유지 · 강화하는 팀의 능력과 관련된다. 그리고 적응 및 학습력은 팀이 더 다양한 지식과 스킬을 직무상에서 불러일으키고 새로운 기회와 위협에 조직이 대응할 수 있는 잠재력을 강화하는 능력이다. 앞서 언급한 팀의 유형, 그리고 구조나 구성 등과 같은 중요한 팀의 특성들이 팀의 내부 프로세스(다음 단락에서 설명)에 영향을 미치고, 이것은 다시 생산적인 결과, 팀원들의 만족, 그리고 적응 및 학습력에 영향을 준다. [표 7.4]는 제 기능을 못 하는 팀의 주요 원인을 효과적인 팀 특성들과 비교한 표이다.

2 팀 프로세스와 팀워크 프로세스

조직의 유효성은 팀 내에서 발생하는 활동들과 상호작용의 정도에 상당 부분 달려 있다. 왜냐하면 이들이 모두 팀의 과업 관련 목표들과 연관되기 때문이다. **팀 프로세스**(team process)는 이처럼 궁극적인 최종목표에 기여하는 팀에서 발생하는 서로 다른 유형의 활동과 상호작용들을 반영하는 용어다. 사실상 상호작용의 행동적 측면뿐 아니라 좀처럼 파악이 어려운 상호작용으로 인한 감정과 사고까지 포함한다. 팀원들의 다양성, 과업 간의 상호의존성, 팀 규모 등과 같은 팀 특성들이 팀 프로세스에 영향을 주게 되고, 다시 팀 프로세스는 그 팀의 유효성에 영향을 미치게 된다.

2.1 팀은 항상 개별 팀원의 합 그 이상일까?

문제해결을 위해선 팀원들의 지식과 스킬, 노력이 필요한 매우 난이도 높은 과업에 당면했을 때 필요한 것은 바로 **시너지**(synergy)이다. 다른 말로 **프로세스 이득**(process gain)이라고도 한다. 애초에 팀이 생성되기 이전에는 존재치 않았던 유용한 자원과 능력을 가져오게 되므로 이것은 매우 중요한데, 사실상 팀으로 일하는 주요 이유이기도 하다. 하지만 아무리 우수한 팀원들로 구성된 팀

시너지
개별 노력의 합 그 이상의 효과를 창출하는 상호작용

2002 세계농구선수권대회에서 미국은 6위에 그쳤다. 2004 아테네 올림픽에서는 3등을 차지했다. 순위는 올라갔지만, 경기 내용만 놓고 보면 2004년 대표팀이야말로 미국 역사상 단연 최악의 팀이었다.

이라 할지라도 항상 프로세스 이득을 경험하는 것은 아니다. 이와 관련하여 자주 예로 드는 것이 2004년 올림픽에 출전했던 미국 국가대표 농구팀의 이야기다. 당시 미국 대표팀을 이룬 선수들은 팀 던컨, 알렌 아이버슨 등을 포함하여 그야말로 꿈의 무대인 NBA 리그에서 개별 능력이 최고로 입증된 선수들이었다. 하지만 그러한 드림팀은 스페인과 그리스에 이어 3위의 성적을 거두었다. 기대되었던 개개인의 능력의 합보다도 저조한 결과였다. 즉, **프로세스 손실**(process loss)에 따른 실망스러운 결과를 내고 말았다.

어떤 요인들이 프로세스 손실을 주는 것일까? 팀에서 개인은 자신의 과업 완수를 위해 일하는 것뿐 아니라 팀 내 다른 동료의 활동들과도 조화를 추구해야 한다. 과외 노력일 수도 있는 이것은 자기 일에 몰두해야 하는 시간과 에너지를 분산시키기 때문에 **조정 감소**(coordination loss)라고 말한다. 한 번이라도 협업해 본 사람이면 이해가 쉬울 것이다. 불필요하다고 여겨지는 회의로 시간을 허비하고, 동료 팀원들이 요청하는 정보를 제공하는 데 또다시 시간을 할애하고, 그들이 과업을 마무리해 내게 넘겨줄 때까지 기다리다 보면 혼자 처리하는 편이 더 낫겠다고 생각한 적이 있을 것이다. 프로세스 손실을 초래하는 또 다른 원인이라면 팀으로 일할 때 사람들은 대체로 자신이 할 수 있는 최선의 노력만큼 열심히 하지 않는다는 점이다. 바로 **모티베이션 감소**(motivational loss)이다. 팀 성과에서 개별 성원들의 기여를 정확히 측정하기란 사실 어려운 일이다. 이 때문인지 몰라도 팀으로 일할 때 결과에 대한 책임감을 덜 느낄 뿐만 아니라 혼자 할 때보다도 더 적은 노력을 기울이는 경향이 있는데, 이러한 현상을 **사회적 편승**(social loafing)이라고 부른다.

사회적 편승
단독으로 업무를 수행할 때보다 자신의 노력이 집단 속에서 뒤섞이는 상황일 때 성과가 더 저조해지는 현상

프로세스 손실을 최소화하면서 프로세스 이득을 증대시키는 데 기여하는 과정이 팀워크 프로세스(teamwork process)인데, 이것은 과업수행 그 자체와 직접적으로 관계되는 것은 아니지만 팀의 업무완수를 용이하게 하는 성원 간의

그림 7.2 팀워크 프로세스

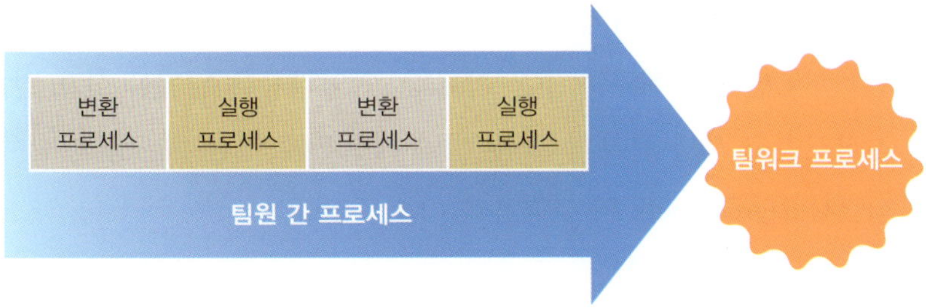

활동들을 일컫는다. 관련된 활동들로 변환프로세스(transition process), 실행프로세스(action process), 그리고 이들을 포괄하는 팀원 간의 프로세스(interpersonal process)가 있다.

- **변환프로세스** 본격적으로 업무를 시작하기에 앞서 향후 업무의 준비에 초점을 두는 팀워크 활동들이다. 팀의 미션을 분석하기, 전략을 수립하고 목표를 구체화하기 등이 이에 해당한다.
- **실행프로세스** 과업이 완수되어감에 따라 점차 중요해지는 것으로서, 조치 중에는 목표에 대한 모니터링이 있다. 이것은 팀이 목표로 하는 것에서 벗어나지 않게 해준다. 팀원들은 동료 팀원의 과업과 책임을 직접적으로 지원하는 것뿐만 아니라 피드백과 코칭의 형태로 간접적인 도움을 줄 수도 있다.
- **팀원 간 프로세스** 이 프로세스는 과업을 수행하는 도중이나 이전 등 시점에 상관없이 모두 중요하다. 팀원들 간에 동기를 북돋는 것과 신뢰를 구축하는 것은 꼭 필요하다. 효과적인 팀은 그들 자신에 대한 확신이 있는데, 즉 팀으로서 반드시 성공할 것이라는 믿음을 갖고 있다. 이것이 **팀 에피커시**(team efficacy)이다. 사소한 성공들이 점차 누적되어 팀에게 자신감을 심어주게 된다. 팀이 성과 목표를 달성하면 할수록, 미래의 노력 역시 성공을 가져다주리라는 집단적 믿음을 증가시키게 된다. 중요한 또 다른 팀원 간 프로세스로는 **갈등관리**(conflict management)가 있다. 갈등의 영향은 갈등 그 자체보다 그것의 관리법에 따라 달라진다. 갈등에는 팀 과업에 대한 팀원들 간의 의견 불일치로 인한 과업갈등과 개인적인 가치 및 선호와 관련된 불일

팀 에피커시
과업수행을 집단으로서 얼마나 잘할 수 있는지에 대한 팀의 공통된 판단

치에서 비롯되는 관계갈등이 있다. 관계갈등은 팀원들의 불만족을 초래하고 팀 성과에 지장을 가져온다. 하지만 반복적인 일을 하지 않는 팀이라면 과업갈등이 반드시 해로운 것은 아니다. 과업갈등은 팀원들 상호 간의 토의를 진작시키고 해당 문제와 그 문제의 해결책에 대한 비판을 증진시킴으로써 **집단사고**(groupthink)의 부작용을 감소시킨다.

집단사고
집단의사결정 상황에서 성원들이 응집력과 획일성만 강조하고 반대의견은 억압하여 비합리적인 결정에 이르는 것

2.2 팀의 발전단계

팀이 일단 생성되면 형성기(forming) → 격동기(storming) → 규범기(norming) → 성과기(performing) → 해체기(adjourning)라는 전형적인 5단계를 거치며 발전해 나간다. 팀의 발전단계에 따라 개인과 팀의 균형에 관한 이슈는 전반적인 팀 성과에 중대한 영향을 미칠 수가 있다. 따라서 각 단계를 이해하고 팀이 제 기능을 하도록 단계마다 알맞은 조치를 취하는 것은 리더들에게 매우 중요한 과제이다. [표 7.5]는 이와 관련하여 각 단계에서 개인과 집단의 이슈를 나타내고 있다.

- **형성기**: 새로운 팀을 구성하거나 현 조직을 팀 체제로 전환하는 것을 모색하는 시기로서 성원 간에는 서로 처음 대면하면서 어떻게 행동해야 하는지를 시험해 보는 단계이다. 서로 일치되는 면이 적고 불분명한 목적과 방향성이 특징이다.
- **격동기**: 성공적인 전환을 위해서 계획과 설계 및 준비작업을 하는 단계이다. 하지만 팀원들 간에 갈등이 표출되고 권력다툼도 발생하는 단계이다. 목적은 분명해져도 불확실성은 여전히 남아 있는 단계다.
- **규범기**: 조직, 규칙, 정책 및 절차, 실적평가제도, 정보전달 메커니즘 등이 변경되고 개발되어가는 단계다. 팀원들 간에 일치와 합의가 주요 특징이다.
- **성과기**: 팀이 스스로 발전하며 책임을 감당할 수 있는 단계다.
- **해체기**: 팀 목표가 완전히 달성된 후 스스로 해산되는 단계다.

표 7.5 팀 발전 단계에 따른 주요 이슈들과 접근법

단계	발생 가능한 이슈들	해결방안
형성기	• 서로를 알아가기 • 공동의 목적과 목표를 개발하기 • 이해관계자의 니즈를 파악하기 • 팀 몰입을 이끌어내기	• 팀원들 서로가 알아갈 수 있는 기회를 제공한다. • 명확한 팀의 목적을 개발한다. • 팀과 팀원들을 위한 목표와 성과에 대한 합의에 이른다.
격동기	• 불분명한 역할 • 팀원들 간의 역할과 접촉을 둘러싼 갈등과 오해를 줄이기 • 모호한 팀 리더십 • 커뮤니케이션과 정보공유에 관한 기타 문제들	• 잠시 멈춰서 지금까지 적용해온 팀 업무의 프로세스를 재고해 본다. • 신뢰와 이해 구축에 힘쓴다. • 갈등을 인식하고 관리한다.
규범기	• 역할 및 일하는 방식과 관련하여 합의하기 • 기대와 그 결과물을 구체화하기 • 누구나 받아들일 수 있는 업무방식을 고안하기	• 투명한 점검 프로세스들을 도입한다. • 팀 선언문을 만들고 함께 일하는 방식에 합의한다. • 팀원들이 서로를 이해하도록 팀 개발 활동에 착수한다.
성과기	• 현실에 안주하는 것을 경계하기 • 창의성이 유지되도록 하기 • 팀 외부로부터의 변화나 의견에 잘 대처하기 • 내/외부 변화에 의해서 팀이 이전 단계로 퇴보될 수 있다는 위기의식을 갖기	• 끊임없이 진척도를 점검하고 팀이 일하는 방식을 분석한다. • 정기적인 피드백을 제공한다. • 지원적이며 도전적인 환경을 유지시킨다. • 도전적이고 새로운 아이디어를 위해서 외부 인력을 수혈한다. • 팀의 업무수행 프로세스를 지속적으로 검토한다.
해체기	• 결별하는 방식을 구상하기 • 미래에 대한 걱정과 혼돈 • 팀의 성공을 인식시키기 • 팀원들이 스스로 성과를 인식할 수 있게 하기	• 핵심 이해관계자들과 함께 팀의 성과를 기념하고 축하한다. • 개인별 그리고 팀별로 학습과 성취를 검토하고 필요하면 타 부문들에까지 피드백을 제공한다. • 다음 커리어를 준비하는 팀원들에게 지원을 제공한다.

자신이 속한 팀은 지금 어느 단계에 있는지 생각해 보자. 격동기에는 무엇보다 경쟁이 발생하는 단계로 팀워크를 이끌기 위한 노력이 요구되며, 또한 주요 부산물로 응집성이 생성되는 규범기에는 집단의 하나된 노력이 올바른 방향으로 나갈 수 있도록 하는 것이 중요할 것이다. 이런 식으로 팀이 현재 머무르고 있는 단계를 이해하고 그 개발을 촉진함으로써 성과에 보다 빨리 도달함은 물론 오래 지속까지 할 수 있게 된다.

Mapping ORGB 팀워크의 핵심 요소들

팀워크 현상은 동적이라서 정의가 쉽지 않다. 팀워크와 팀 리더십 간에도 혼동의 여지가 있다. 그러나 팀워크의 구성요소들을 이해하면 어느 정도 해소할 수 있다. 팀워크는 바람직한 공동 목표를 달성하기 위해 활용되는 인지, 행동, 태도들의 조합으로서, 팀원들이 효과적인 팀 기능을 실행시켜서 각자 노력의 합보다 더 큰 성과를 얻으려면 보유해야 하는 역량이다. 그동안 팀워크의 핵심 요소들에 대해 명확한 게 없었는데, Salas, Sims & Burke(2004)가 팀워크의 개발을 촉진하거나 혹은 저해할 수 있는 다섯 요인을 제안했다.

- **상호 성과모니터링(mutual performance monitoring).** 업무를 수행하며 동료들의 업무까지 파악하는 역량으로서, 생각대로 모든 일이 되고 있는지 그리고 절차들이 잘 지켜지고 있는지 확인하는 것이다. 효과적인 팀들에는 팀 기능에 대한 인식을 잘 유지하는 성원들이 있다. 이것은 실수나 과실의 발생 전 또는 직후에 그것을 알아챌 수 있게 성원들의 업무를 모니터함으로써 지속될 수 있다. 과업, 팀 역할 및 요건에 대한 공유된 이해가 선행되어야 함은 당연하다.
- **지원행동(back-up behaviors).** 각자 역할에서 규정된 목표를 이루도록 돕기 위해 성원들에게 관련 자원을 제공하는 것이며, 보통 팀 내 업무량 배분에 문제가 있음을 인식하는 팀원에 의해 비롯된다. 동료 팀원을 모니터링하다 보면 결점이나 업무 과부하 등을 알 수 있고 필요시 나서서 돕게 되는데, 지원행동이 필수 불가결해지면 성원들은 업무에 대한 책임을 일부 분담할 수 있다.
- **적응성(adaptability).** 기대했던 행동에서 벗어났음을 인식하고 당면한 특정 과업의 요구에 맞추어 전략을 재조정할 수 있는 팀의 역량을 일컫는다. 적응성은 변화하는 조직 및 외부 환경의 요구에 팀들이 대응할 수 있게끔 자원을 분배하고 업무량을 조정해서 다시 재분배할 수 있게 하므로 조직 내에서 팀의 가치를 한층 더 높인다.
- **적극적인 리더십(active leadership).** 효과적인 팀 리더는 상호 성과모니터링, 지원행동과 적응성을 촉진하는 분위기를 조성한다. 즉, 팀 프로세스에 가치 있는 투입을 제공할 수 있다. 팀 기능과 제약에 대한 정보를 체계적으로 찾아서 평가하고 조직화함으로써 팀 내 공유멘탈모델을 개발한다. 그러고 나서 팀에게 핵심 정보를 설명하고 전달함으로써 이해를 형성하는 역할을 하고 마침내 공동의 이해와 행동을 촉진하는 멘탈프레임워크를 만들어 낸다.
- **팀 지향(team orientation).** 과업을 수행하면서 조정이나 평가, 심지어 타 집단 성원들로부터의 조언 등을 통해 개인의 성과를 향상하려는 경향이다. 자기중심적인 성향의 개인은 독립적으로 일하기를 선호하고 팀 상황에서는 상대적으로 저조한 성과를 보일 때가 많다. 따라서 팀 성과는 기꺼이 집단을 지향하고 공유된 사회정체성을 개발하려는 성원들을 모을 수 있는 능력에 의해 향상될 수 있다.

출처: Day, Gronn & Salas(2004).

2.3 개인을 팀플레이어로 변화시키기

효과적인 팀 프로세스를 지속적으로 유지하기 위해서는 전통적인 HR 방식에서 개선이 요구된다. 이러한 노력은 주로 다음의 영역들에서 이루어질 필요가 있는데, 즉 모집과 선발, 과업설계, 교육훈련, 그리고 평가와 보상이다.

모집과 선발

팀 환경에서 효과적이기 위해선 전통적 조직에서 중요하게 생각지 않았던 갈등해소, 공동의 문제해결, 커뮤니케이션, 목표설정과 성과관리, 그리고 기획과 과업조정 등과 같은 특정 영역에서의 KSA(knowledge, skill, ability)를 필요로 한다. 효과적인 팀원들을 얻고자 하는 조직이라면 분명 모집시기 내내 이러한 요건들의 중요성에 대해서 소통해야 할 것이다. 이것은 사실적인 직무소개(realistic job preview)를 제공함으로써 이직을 감소시키는 데에도 유용하다. 팀워크에 대한 성원들의 선호가 팀의 효과성과 직결되므로 이들 활동들을 선호하는 지원자들을 모집하는 것은 너무도 당연하다.

모집 외에도 선발 과정에서 팀워크 KSA를 고려하는 것은 중요하다. KSA의 측정이 쉬워 보일 수 있지만, 대부분의 선발 도구는 기본적인 학습능력이나 특정한 기술적 능력에만 초점을 맞춰왔다. 그동안 팀워크 KSA 측정을 위한 채용시험이 개발되어 왔고, 이러한 테스트는 전통적인 선발 적성시험에 의한 예측 수준을 넘어서 미래 성과를 예측할 수 있다. 인터뷰 역시 팀워크에 공헌하는 사회성 및 대인관계와 관련된 속성들을 평가할 수 있는 좋은 방법이다. 사회적인 KSA를 측정하기 위해 고안된 구조화된 인터뷰가 미래의 팀 효과성을 측정하는 데 유용하다는 증거는 이미 많이 있다.

과업설계

효과적인 팀은 그 팀이 수행하는 과업과 관련하여 설계된다. 중요한 것은 팀이 독립성을 유지하도록 하는 것과 여러 기능적인 측면들까지 스스로 다룰 수 있게끔 설계되어야 한다는 것이다. 팀은 조직의 구체적인 업무와 관련해서 공동의 책임이 있다. 팀원들 다수가 다기능자(multiskilled)가 되어야 하므로 업무의 우선순위 결정에서 그다지 의견이 분열되지 않는다. 또한 팀 단위로 보고토록 함으로써 팀원들이 상반되는 방향성으로 인해 갈등을 겪지 않도록 해야 한다. 팀들은 그들 자체의 기능적인 면에 대해서도 책임이 있다. 예를 들면, 팀 자원의 투입, 업무수행 전략, 품질관리를 적용하는 방법 등을 결정할 수 있어야 하며, 더 나아가 내/외부 고객들과 함께 협력하여 일하는 것에도 책임이 있다.

위의 두 가지 기본적인 설계원칙 외에도 특정 기능 위주로 팀을 설계할 것인지 혹은 여러 기능이 함께 모인 형태로 설계할 것인지도 하나의 쟁점이 된다. 기능적 조직들은 사람들을 전문 분야별로 그룹화한 후 다시 개인별 임무에 따라 기능적인 단위로 쪼갠다. 그러나 프로젝트 조직들은 전체 프로젝트를 수행하는 데 필요한 서로 다른 전문성을 결합하지만, 그 안에서 팀원별 기능으로 다시 업무를 쪼갠다. 팀을 특정 기능 위주 또는 다기능 위주로 설계하는 것은 달성해야 하는 업무의 프로세스 분석에 따른다. 만약 다른 기능영역들에 걸쳐 협동이 발생해야 한다면, 팀은 사실상 다기능 위주로 구성되어야 한다. 반면에 프로세스 분석 결과, 하나의 기능적인 영역 안에서 업무가 이루어진다면, 팀은 단일 기능 위주로 설계되어야 한다.

교육훈련

전문성을 지닌 사람들은 대체로 혼자서 일하는 데만 익숙하고 협업에 필요한 기본적인 대인관계 스킬이 부족하기 쉽다. 따라서 직접적인 팀 역량 개발에는 다소 취약하더라도 대인관계 스킬의 향상을 위해서 전통적인 교실교육의 형태를 벗어난 **팀빌딩**(team building) 활동들이 적용된다. 이 밖에도 훈련은 자율관리(self-management)를 위해 요구되는 스킬을 정립하는 데에 초점을 두어야 한다. 최적의 자율성이 어느 정도인지를 결정해야 하는 것이 우선인데, 팀 규모가 크고 다양한 기능이 필요하며 신생팀의 경우라면 자율관리가 적절치 않을 수 있다. 자율관리를 위해 요구되는 KSA를 모든 팀원이 갖출 수 있게 만드는 훈련과 개발에는 비용이 많이 든다. 어떤 팀에서는 팀원들이 다른 동료들의 훈련과 개발을 직접 수행하기도 한다.

팀빌딩
고성과를 낼 수 있는 응집력 높은 작업집단이 되기 위한 활동

팀제에서는 기능과 수준에 제한받지 않는 다각적인 학습(multidirectional

learning)이 요구되는데, 이것은 전통적인 조직과는 매우 다른 규범을 요한다. 실험과 혁신을 장려하고 이로 인한 공유학습 메커니즘을 설정하는 조직은 이런 학습의 잠재력을 활용할 수 있다. 수평적인 학습은 대화와 협력을 통해 발생되어야 하고, 수직적인 학습은 조직에서 수준이 다른 팀 간에 일어나야 한다. 한 부분에서의 학습과 혁신은 시행착오로부터 발생하지만, 광범위한 학습은 조직이 다양한 경험으로부터 학습을 포착하고 이를 반영하기 위한 메커니즘의 정립 여부에 따라 결정된다.

평가와 보상

팀워크를 진작시키고 싶다면 조직들은 팀워크 KSA를 평가시스템에 포함해야 한다. 팀 차원의 이익분배제(profit sharing)나 수익분배제(gain sharing)를 시행하는 조직들에서 이것들이 개인 및 팀 목표를 모두 반영하는 것이더라도 이런 유형의 팀 평가는 개인적인 목표에 의해 그 효과가 반감될 수 있다. 또한 각 팀은 성과평가를 위해 결과와 과정을 모두 고려해야 한다. 오로지 매출이익이나 성장률과 같은 결과에만 집중하게 되면 정작 팀이 어떤 행동을 수정할 필요가 있는지 알기가 어렵다. 팀이 지나치게 많은 평가지표를 개발하는 것도 피해야 한다. 대부분 전문가는 팀이 6~10가지의 성과영역을 유지할 것을 추천한다. 이 밖에도 어느 한 부분에서 최적화된 평가라도 다른 수준에서의 성과에 지장을 줄 수 있으므로 평가시스템은 조직 내에서 다른 단위나 수준의 성과에 기여하는 행동들까지 고려할 필요가 있다. 여기서 주의할 것은 가능하면 팀들이 스스로 성과를 기록하게 하는 것이다. 그리고 이러한 기록은 팀 미팅에서 정기적으로 논의될 필요가 있다.

팀으로의 전환 여부를 판단하는 데 있어 마지막 요소가 보상이라고 할 정도로 팀에서의 보상은 중요하고도 어려운 일이다. 팀 보상은 개발 자체가 어렵고 해당 조직의 특성에 맞춰져야 하는 문제를 가지고 있다. 팀 성과를 보상하기 위해서는 무엇을 성과로 볼 것인지부터 정의하고 이를 측정하고 평가하는 과정이 요구된다. 팀워크를 각 개인의 성과평가에서 가장 중요한 지표로 설정하는 것이 좋을 것이다. 개인 보상은 이러한 지표들의 달성에 기반을 두어야 한다. 이것은 팀 보상이 정착되기 위한 중간 과정으로서 팀워크에 대한 인식을 강화한다. 다음으로 HR 전문가들은 조직적인 보상 관행을 바꾸는 일을 하게 된다.

3 집단/팀의 중요 개념들

앞에서 우리는 집단과 팀의 개념을 구분하는 것으로 본 장을 시작했지만, 사실상 팀과 집단들은 많은 특성을 공유하고 있다. 우선 둘 또는 그 이상의 사람들이 상호작용함으로써 형성될 수 있다는 점을 비롯하여 이들은 업무를 위한 구조와 성원 간의 상호작용을 모두 제공한다는 공통점도 가지고 있다. 이 밖에도 집단과 팀의 성원들은 공동의 목표를 가지고서 특정의 기술적 역할, 리더십 역할, 문제해결의 역할, 그리고 감정적인 역할까지도 수행할 수 있다.

3.1 구성

사람들은 집단의 일원이라는 사실을 흥미롭게 표현하기도 하지만 그저 시시한 것으로 묘사할 때도 있다. 멤버십에 대한 이러한 반응들은 성원 간의 유사점과 차이점에 의해서 생겨날 수 있다. 집단구성(group composition)으로도 알려진 이 현상은 집단의 성원들이 서로 비슷하거나 다른 정도, 즉 성원들의 특성과 관련해서 서로가 동질적인지 또는 이질적인지를 명시한다. **동질적인 집단들**(homogenous groups)은 비슷한 특성이 있는 사람들로 이루어지며, **이질적인 집단들**(heterogenous groups)은 특성들이 서로 다른 사람들로 구성된다. 이질적인 집단의 특성은 다양성, 동질적인 집단은 유사성으로 구분할 수 있다.

매니저들은 무의식적으로 자신과 같은 특성을 가진 사람들로 구성된 집단이 가장 효과적일 것이라고 믿는다. 동질적인 집단의 성원들이 정보를 더 쉽게 공유하고 갈등을 덜 경험하며 적은 커뮤니케이션만으로도 문제를 쉽게 해결할 수 있다. 이러한 이유로 사람들은 이질적인 집단에 비해 동질적인 집단이 더

ORGB 뉴스

서울대 출신 많은 회사가 망하는 이유

한국 장기신용은행, 일본 장기신용은행, 미국 엔론…. 경영 부실로 무너져 결국 합병되거나 파산한 이 회사들의 공통점은 뭘까? 바로 이들 모두 최강의 학벌 집단이었다는 사실이다. 한국 장기신용은행은 서울대, 일본 장기신용은행은 도쿄대, 엔론은 하버드대 비중이 어느 회사보다 높았다. 이른바 '엘리트주의'로 똘똘 뭉친 회사들이었다.

하지만 1997년 외환위기가 터지면서 자산 부실에 시달리던 한국 장기신용은행은 1998년 국민은행에 합병되는 신세가 됐다. 거액의 부실을 안은 일본 장기신용은행 역시 비슷한 시기 파산했다. 엔론도 1996년부터 2001년까지 6년 연속 '미국에서 가장 혁신적인 회사'로 선정되며 승승장구했지만 2001년 돌연 파산했다.

'아폴로 신드롬(Apollo Syndrome)'이라는 용어가 있다. 소위 '엘리트'로 불리는 인재들이 모인 집단에서 오히려 낮은 성과 또는 최악의 결과가 나오는 현상을 말한다. 영국의 경영학자 메러디스 벨빈의 저서 '팀 경영의 성공과 실패'에서 처음 소개된 개념이다.

이 같은 현상은 벨빈이 헨리 경영대학에서 수행한 실험을 통해 확인됐다. 이곳에서 벨빈은 경영대 학생들로 여러 개의 팀을 만들고 경영게임을 벌이게 했다. 각 팀에는 지능지수가 평균 이상인 사람을 최소한 1명씩은 배정했다. 그러면서 벨빈은 유독 한 팀을 지능지수가 높은 사람들로만 구성했다. 그리고 그 팀에는 '아폴로팀'이라는 이름을 붙였다.

아폴로팀 구성원들의 면면을 본 참가자들 대부분은 당연하게도 아폴로팀을 유력한 우승 후보로 꼽았다. 그러나 결과는 정반대였다. 아폴로팀은 대개 꼴찌를 기록했다. 팀원들은 대부분의 시간을 쓸데없는 논쟁에 허비했다. 문제는 그러고도 어느 누구 하나 설득당하지 않았다는 점이다. 자연스레 이들은 일치된 합의를 이끌어내지 못했고 시급한 문제들에 대응하지 못했다. 꼴찌를 기록하자 이들은 서로 비난하기 바빴다. 구성원들 각자가 그 어느 누구보다 뛰어나다는 점이 최대 약점이었던 셈이다.

출처: https://news.mt.co.kr/mtview.php?no=2013120813195924881 수정 발췌

높은 목표 달성의 정도와 조직성과를 보일 것으로 예측한다. 그러나 리더에 의해 주도된 동질성은 오히려 집단유효성을 떨어뜨리게 되기도 한다. 이러한 결과는 기업의 최고위층에서 더욱 뚜렷한데, CEO가 구성한 동질적인 이사회는 주주에 의해 추천된 이사진을 포함한, 즉 다양성을 갖춘 이사회보다 이윤 창출에 있어 더 저조하다고 연구들은 밝히고 있다.

한편 이질성은 집단 내에서 갈등의 가능성을 높일 수 있으므로 의사결정을 더 엉망으로 만드는 경향이 있다. 그러나 이질적인 집단은 더 다재다능하며 창의적일 수 있어서 그러한 위협은 종종 팀 내부에서 사그라지게 된다. 다양성을 갖춘 집단들은 문제를 해결하기 위한 더욱 많은 방법을 찾아낼 수 있다. 다양성은 성원 간에 서로의 의견과 일 처리 방식에 대한 이의제기가 가능할 수 있

는 환경을 조성할 수 있기 때문이다. 질적으로 우수하고 다양한 관점들은 한 명의 편견으로 인해 결코 집단의 목표나 방법이 좌우될 수 없게끔 만든다. 이질적인 집단에서 예상되는 여러 한계를 극복하고 장점을 극대화하기 위해서는 우선 성원들 서로가 다르다는 사실을 인지하고 다양한 관점을 잘 활용할 줄 알아야 한다.

3.2 지위

지위
특정 집단이나 그 성원들에게 부여되는 것으로 사회적으로 명확히 규정된 위치나 서열

집단에서의 **지위**(status)는 타인들이 바라보는 한 개인의 명성이나 존경, 영향력과 관련된다. 기능주의적 관점에 따르면 지위는 집단적인 판단을 근거로 하는데, 즉 사람들은 가치 있는 특성이 어떤 것인지 암묵적으로 동의하고 그러한 특성들을 많이 가진 정도에 따라 지위가 부여된다. 일례로 원시부족에서는 사냥에 뛰어난 사람에게 높은 지위가 부여되곤 했는데, 그러한 스킬이 집단의 생존이나 성공에 중요했기 때문이다. 이처럼 어떤 직무를 수행하는 개인의 스킬이나 기술적인 전문성이 지위와 관련되며, 더구나 리더십 임무를 수행하는 사람들은 그 역할로 인해서 집단에서 지위를 갖는다. 성원마다 집단이나 팀에 참여하는 정도가 다르고 의사결정에 끼치는 영향력이나 기여 행동의 형태도 각기 다르다. 높은 지위에 있는 성원이 집단의 규범 개발에 큰 영향력을 행사하게 된다. 성원들끼리 이제껏 상호교류가 없었거나 지위 말고 별다른 정보가 없을 때는 지위가 성과기대에 영향을 미친다.

그렇다면 지위를 얻기 위해서 어떻게 해야 할까? 우선 개인들이 다른 성원들에게 높은 **과업역량을 가지고 있다는 사실을 피력**함으로써 높은 지위를 얻을 수 있다. 최근의 한 연구에 의하면, 과업 위주의 팀에서는 유력한 인물들이 많은 역량을 보유하고 있는 것처럼 성원들에게 인식되며 그 결과 더 높은 지위와 영향력을 얻게 된다. 하지만 흥미로운 것은 이러한 현상이 실제로 남들보다 그들이 역량이 부족할 때도 발생한다는 것이다. 비록 역량이 부족하더라도 그들은 솔선수범하고 자기 능력에 대한 자신감을 나타내기 때문에 역량이 높다는 인상을 주게 될 수 있다.

다음은 **이타적인 행동**을 통해 집단에 대한 몰입을 보여줌으로써 높은 지위를 얻게 될 수도 있다. 높은 지위를 추구하는 사람들일수록 집단에서 도움을 얻기보다는 더 많은 도움을 베푼다. 이 같은 전략적인 행동을 통해 집단에 많은 애정을 지닌 사람임을 드러내 보임으로써 집단에서의 자신의 가치를 드높일 수 있다. 설령 표면상의 이타적인 행동이라도 그들을 배려 깊은 사람으로 인식하게 해서 그 결과 높은 지위로 이어질 수가 있다.

마지막으로 집단 성원들과 **폭넓은 관계 형성**을 통해서도 높은 지위를 얻을 수 있다. 한 집단 내에서 유능하고 이타적으로 행동하는 것만으로는 충분하지 않을 수 있다. 일례로 외향적인 사람이나 권력 욕구가 높은 사람들은 다양한 대인관계를 맺고 자신에게 이목을 집중시켜 규모가 큰 집단에서도 높은 지위를 차지하게 되는 경향이 있다. 즉, 개인들은 집단 성원들과의 관계를 발전시킴으로써 집단 내에서 자신의 가시성을 높일 뿐 아니라 존재감을 잃게 될 가능성 또한 극복해야 한다.

3.3 역할

역할(role)이란 한 사회적 단위에서 특정 직위의 성원에게 기대되는 일련의 행동양식을 말한다. 개인마다 요구되는 역할이 더 분명해진 팀제가 보편화되면서 예전보다 직장에서의 역할로 인한 스트레스가 더욱 증대된 것이 사실이다. 주어진 상황에서 어떻게 행동할지에 대한 나 자신의 역할 지각(role perception)도 중요하지만, 남들이 내게 바라는 역할 기대들(role expetcations)을 이해하는 것도 중요하다. 놀랍게도 우리에겐 이러한 역할 지각과 기대에 부응하려는 경향이 존재한다. 팀이 과업기능과 유지기능을 함께 가지고 있듯이, 팀원들도 과업적 역할과 정서적 역할을 팀에서 수행한다. 어떤 유능한 팀원은 팀 과업은 물론 정서적인 니즈에까지 기여함으로써 이중역할(dual role)을 훌륭히 수행한다. 이러한 사람은 대개 팀의 리더가 될 가능성이 크다. 이에 반해 양쪽에서 모두 제 역할을 다하지 못하는 사람도 있다. 이들이 바로 **무임승차자**(free rider)다.

> **역할**
> 특정 방식으로 행동하고 기여하며 타인들과 상호 관계를 맺는 경향

> **무임승차자**
> 노력을 덜 하고도 집단의 과업수행에 따른 혜택을 동등하게 얻으려는 사람

“내 역할은 대체 어디까지야?” 개인이 수행해야 하는 역할이 본인의 능력을

훨씬 벗어날 정도로 클 때 발생하는 현상이 **역할과중**(role overload)이다. 예컨대 갑자기 팀원 중의 한 명이 이직해서 다섯 명이 하던 일을 네 명이 해야 할 경우라면 나머지 팀원들 모두가 역할과중을 경험할 수 있다. 혹은 결혼으로 인해 갑자기 늘어난 가정일 때문에 충분한 시간과 노력을 직장 업무에 투입할 수 없게 된 직원도 업무에서 역할과중을 경험할 수 있다. 사람들은 흔히 그 결과로 역할무기력도 함께 경험하게 되는데, 이는 스트레스 경험과 좌절감, 의욕상실, 탈진 등을 초래한다.

다음은 어떤 사람이 자신의 역할에 대해서 잘 알지 못하는 상황에서 초래되는 **역할모호성**(role ambiguity)이다. 개인에게 역할을 부여하는 역할 집단의 성원들이 그에게 기대하는 것들을 제대로 알려주지 않거나 그 역할 수행에 필요한 정보를 제공하지 않음으로써 그러한 상황이 발생한다. 이유라면 필요한 지식이나 정보를 갖고 있지 않아서거나, 또는 일부러 그러한 정보와 지식을 감추고 알려주지 않았을 수도 있다. 흔히들 많은 신입 직원들이나 회원들이 초기에 역할모호성을 경험한다.

한 개인에게 기대되는 역할들이 서로 다를 때에는 **역할갈등**(role conflict)이 발생한다. 즉, 어느 한 역할을 하는 과정에서 또 다른 역할의 수행이 방해받게 되면 갈등을 경험하게 된다. 이를테면 최근 관심을 받는 직장-가정의 갈등은 직장에서의 역할과 가정에서의 역할을 서로 양립시킬 수 없음으로 인해서 발생하는 대표적인 역할갈등이다. 또 다른 예로, 팀장은 팀원들의 기대와 상부로부터의 기대가 서로 다를 때 역할갈등을 경험한다. 전자는 역할 간 갈등(interrole conflict), 그리고 후자는 역할 내 갈등(intrarole conflict)으로 구분하기도 한다.

3.4 규범

팀을 포함한 집단들에는 모든 성원들에 의해 공유돼서 그들의 행동을 인도하는 기준이 되는 **규범**(norm)이 존재한다. 이것은 그 성원들에게 태도와 행동을 기준에 맞게 바꾸도록, 즉 **동조**(conformity)하게 압력을 가할 수 있음을 시사하는 것이다. 일반적으로 규범은 문서화되어 존재하는 것이 아니므로 공식적이라고 말하기는 어렵다. 하지만 규범은 특정 상황에서 성원들에게 "이러이러해야 한다." 혹은 "어떠어떠하지 말아야 한다."와 같이 수용가능한 행동의 범위를 정해주기에 중요하다. 무엇이 과연 옳은 것인지 혹은 그른 것인지에 대한 기준을 규범을 통해 알 수 있게 되므로 팀원들의 직장생활에 편리함을 주는 것이 사실이다. 규범은 핵심 가치를 규명하고 역할에 대한 기대를 분명히 해주며 팀의 성장을 수월하게 만든다. 이러한 규범은 팀원들 간의 초창기 상호작용에서부터 개발되기 시작한다. 그래서 팀의 성공에 이로운 규범들을 이끌 수 있는 상호작용을 잘 정착시키려는 리더의 노력이 매우 중요하다. 규범이 개발되는 방식으로 다음의 네 가지가 있다.

규범
한 집단에서 성원들 간에 공유되는 허용가능한 행동기준들

동조
타인의 행동이나 의견을 자발적으로 받아들이는 경향

- **중요한 사건**: 팀의 역사에서 결정적인 사건은 하나의 선례가 된다. 우리나라 해병대는 6.25동란 때 수많은 기록적인 전과를 올린 것으로 유명하다. 지금까지도 이러한 전통을 계승해서 타 군과는 다른 성과기준과 전투력을 강조하고 있다.
- **첫 번째 행동**: 팀에서 처음으로 있었던 행동이 종종 선례가 되기도 한다. 한 미팅에서 리더가 자기소개와 더불어 의제를 영어로 발의함으로써 회의를 주도했다고 하면, 이러한 처음의 패턴이 굳어져서 이 팀은 영어 미팅을 계속해서 이어 나가게 될 수 있다.
- **계속 이어지는 행동**: 팀 미팅 시에 한번 금연을 정해 지키면 퇴근 후 회식 때에도 흡연이 허용되는 곳이라 해도 이를 삼가게 된다. 이러한 패

인터넷에서 맛없는 집은 없다. 진정성 있는 리뷰들이 매우 쉽게 삭제되고 있기 때문이라고 한다. 그러나 어디가 진짜 맛집인지 도무지 알 수가 없게 된 데는 무분별한 동조도 한몫하지 않았을까?

ORGB 뉴스

우측통행 시행 4년… 여전히 '우왕좌왕'

매일 아침 서면 지하로를 지나가야 하는 장수은(27) 씨는 아침마다 스트레스다. 한시바삐 지하로를 지나 도시철도를 타야 하는데 도통 앞으로 나아가기 힘들다. 사람들이 우측통행을 지키지 않아 계속 부딪히며 우왕좌왕하기 때문이다. 장 씨는 "아침 출근시간에 늦을까 바삐 가야 하는데 우측통행을 지키지 않아 마주 오는 사람과 부딪히면 짜증이 이만저만이 아니다."라며 불만을 토로했다.

이러한 교통 혼잡이 발생하게 된 원인은 정부의 '우측통행' 정책 때문이다. 우리나라는 1921년 일제강점기 시절 좌측통행으로 통행방침을 결정한 이후 줄곧 좌측통행을 권유해 온 국가였다. 그런데 지난 2010년 국가경쟁력강화위원회가 마련한 '교통운영체계 선진화 방안'에 따라 우리나라는 통행방침을 좌측통행에서 우측통행으로 바꿨다. 잘 지켜져 오던 좌측통행을 90년 만에 우측통행으로 바꾼 이유는 뭘까. 가장 큰 이유는 좌측통행이 일제강점기의 잔재이기 때문이다. 과거 우리나라는 우측통행이 기본이었다. 과거 자료를 보면 전통적으로 우리 조상들은 우측통행을 시행해 왔다. 또한 안전상의 이유도 있는데, 오른손잡이인 사람들은 보통 오른손에 짐을 들기 때문에 좌측통행 시 마주 오는 사람과 부딪힐 우려가 있기 때문이다. 우리나라 사람들의 90%가 오른손잡이임을 고려한다면 우측통행을 할 경우 안전사고가 일어날 경우가 줄어들 것으로 예상할 수 있다. 건널목에서 일어나는 교통사고를 예방하는 효과도 있다. 보도 내에서 차와 마주 보고 보행할 수 있어 긴급한 순간에 차량을 피하기 쉽기 때문이다.

긍정적 효과를 바라고 우측통행이 시행됐지만, 4년이 지난 지금 오히려 혼란만 가중됐다는 목소리가 크다. 그 이유로 사람들은 정부의 홍보부족을 가장 먼저 꼽는다. 장 씨는 "유동인구가 많은 곳을 보면, 간간이 계단에 표시된 화살표가 전부일 뿐 우측통행 문구를 찾기 어렵다."며 "정부가 통행정책을 확실하게 바꿀 의지가 있다면, 안일한 생각을 버리고 적극적인 홍보활동을 하길 바란다."고 말했다.

출처: https://www.busan.com/view/busan/view.php?code=20140906000001 수정 발췌

턴은 비흡연자들에 대한 배려 차원으로 발전해서 팀의 모든 활동과 관련하여 금연은 당연시될 것이다.

- **명확한 선언**: 리더나 팀원들이 선언을 통해 규범을 만들기도 한다. "앞으로는 이러이러하자!"라는 식으로 명백히 선언하는 것은 특히 리더가 팀원들에게 영향을 미칠 수 있는 매우 효과적인 방법이다.

이렇게 개발된 규범들은 성원들로부터 다음과 같은 기능을 수행한다고 여겨질 때 더욱 강화되어 존속되게 된다. 즉, 팀의 생존(성공)에 대한 기회를 증진하는 데 도움이 된다고 여겨질 때, 팀원들의 행동을 예측하는 데 도움이 될 때, 팀원들 간의 문제를 해소하는 데 도움이 될 때, 그리고 팀원들에게 팀의 핵심 가치를 이해시키고 팀 정체성을 명확히 해줄 때 등이다.

하이데거의 숲

맛없는 맛집, 장사가 잘되는 이유는 무엇일까?

인터넷이나 방송매체를 통해 알려진 유명 맛집을 방문했다가 기대만큼 맛이 없어 실망했던 기억이 한 번쯤 있을 것이다. 그런데도 가게 앞에 손님이 끊이지 않는 것을 보면 어리둥절하기까지 하다. '맛없는 맛집'에 손님이 몰려드는 현상을 설명하는 것이 바로 레밍효과(lemming effect)일 것이다. 북유럽에 무리 지어 서식하는 들쥐 레밍은 눈이 어두워 바로 앞 동료 꽁무니만 따라다닌다. 그러다 보니 선두의 실수로 호수나 바다에 줄줄이 뛰어들어 집단자살하는 웃지 못할 광경이 이따금 벌어진다. 사람들도 비슷한 게 아닐까? 소문 듣고 멀리서까지 찾아와 줄을 서 기다리는 사람이 많다는 등의 이유로 맛이 없다고 솔직하게 말 못 하는 경우가 있다.

3.5 응집력

응집력
집단 성원들끼리 혹은 해당 집단에 대해 느끼는 유대감, 매력 및 일체감의 정도

팀/집단과 관련해서 또 다른 중요한 측면이 **응집력**(cohesiveness)이다. 응집력은 팀에 매료되고 그 안에 성원으로 남으려는 정도로서 정의된다. 성원들 간에 접촉이 많고 같이 보내는 시간이 길수록 팀의 응집력은 높아진다. 빈번한 상호작용을 통해 성원들은 서로에 대해 알게 되고 팀에 몰입하게 되는 것이다. 팀 목표에 동의할수록 더욱 높은 응집력을 갖게 되기도 한다. 목표와 방향성이 팀원들을 한데 묶는 역할을 하기 때문이다. 세 번째로는 개인적으로 느끼는 팀에 대한 매력, 즉 유사한 태도나 가치 등도 팀 응집력을 높이는 데 일조한다. 이러한 팀의 구조적 요인 외에 팀의 환경요인이라 할 수 있는 경쟁과 외부 평가가 응집력을 높이는 역할을 한다. 다른 팀과 어느 정도 경쟁관계에 있을 때 팀의 응집력이 높아진다. 팀의 지속적인 성공과 외부로부터의 긍정적인 평가도 구성원들에게 팀에 몰입하게 만든다.

팀 응집력의 결과로는 사기와 성과라는 두 가지 면을 고려해 볼 수 있다. 일반적으로 응집력 높은 팀에서 사기가 높게 마련이다. 팀원 간 증대된 커뮤니케이션, 우호적인 팀 분위기, 팀 몰입에 따른 멤버십 유지, 팀 활동과 결정에 대한 충성과 참여 때문일 것이다. 높은 응집력은 거의 공통으로 성원들의 만족 및 사기에 긍정적인 영향을 미친다. 반면 응집력과 팀 성과와의 관계는 이보다는

하이데거의 숲

"내가 할 수 있는가?"와 "우리가 할 수 있는가?"는 서로 달라

팀 에피커시(team efficacy)는 소속 팀이 직무관련 활동들을 성공적으로 수행할 것이라는 팀 능력에 대한 팀원의 평가를 일컫는 것으로 에피커시의 대상이 팀 수준으로 확대된 것이다. 하지만 팀 에피커시가 단순히 개별적인 팀원들의 에피커시 합을 의미하는 게 아니다. 어떤 일을 "내가 할 수 있는가?"에 대한 인식과 "우리가 할 수 있는가?"에 대한 인식은 서로 다를 수 있다는 점을 토대로 발전된 개념이다. 팀 에피커시는 팀의 성과뿐 아니라 팀의 정보 추구나 목표몰입과도 유의한 상관이 있음을 실증연구들은 밝히고 있다.

복잡한 면이 있다. 핵심 조절변인으로는 팀의 태도, 조직의 상위 목표와의 일치 정도가 있다. 응집력 강한 팀은 목표를 더욱더 잘 따를 것이다. 만약 유리한 목표라는 입장일 땐(예컨대 높은 성과물, 양질의 작업, 집단 외부인들과의 협력), 응집력 있는 팀이 그렇지 않은 팀보다 생산적이다. 그러나 응집력은 높은데도 태도가 비우호적이라면 생산성은 감소한다. 또한 응집력이 낮고 목표가 지지가 된다면 생산성은 향상하지만, 응집력과 지지 두 가지가 다 높을 때만큼은 아니다. 응집력이 낮고 목표도 지지가 되지 않는다면 생산성에 유의한 영향을 미치지 않는다. 이러한 결과는 [그림 7.3]에 정리되어 있다.

그림 7.3 응집력과 생산성의 관계

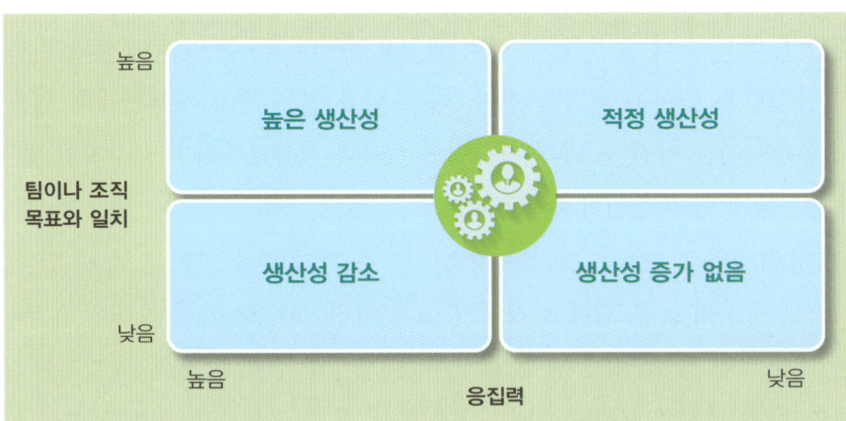

단원 요약

1. 공통된 관심사나 스킬, 특성 등으로 인해서 모인 집단과 달리, 팀은 하나의 목표를 위해 조화롭게 통합된 노력 속에서 성원들이 서로 결속된 보다 특별한 작업집단이다. 팀워크가 잘 발휘되는 곳에서는 시너지가 발생한다.

2. 팀의 유형은 조직에서 생성되어 어떤 목적을 수행하는 공식적인 팀들과, 사적인 관계를 통해 생성되는 비공식적인 집단들로 나뉜다. 기업에서 많이 볼 수 있는 업무 관련 팀의 유형으로는 프로젝트팀 및 문제해결팀, 자율관리팀, 가상팀 등이 있다.

3. 효과적인 팀은 다양한 과업기능과 유지기능을 수행함으로써 업무를 성공적으로 완수한다. 집단이 제 기능을 하도록 하는 것이 과업기능이라면, 유지기능은 집단이 결속을 이어가도록 하는 것이다. 이들을 통해서 팀원들은 심리적인 친분과 완전한 관계를 이룰 수 있다.

4. 우수한 팀원들로 구성된 팀이더라도 조정이나 모티베이션 손실로 인해 프로세스 손실이 발생할 수 있다. 이를 최소화하는 팀워크 프로세스는 과업완수 그 자체와 직접적인 관계는 없지만 팀의 업무완수를 용이하게 하는 대인 간의 활동들로, 변환프로세스, 실행프로세스, 팀원 간 프로세스 등이 있다.

5. 팀은 일단 생성되면 형성기, 격동기, 규범기, 성과기, 해체기의 전형적인 다섯 단계를 거치며 발전해 나간다. 각 단계를 이해하고 팀이 제 기능을 하도록 알맞은 조치를 취하는 것은 리더들에게 매우 중요한 과제이다.

6. 효과적인 팀 프로세스를 지속적으로 유지하기 위해서는 전통적인 HR 방식에서 개선이 요구된다. 구체적으로 모집과 선발, 과업설계, 교육훈련, 그리고 평가와 보상 등의 영역들에서 이러한 노력이 이루어질 필요가 있다.

7. 비슷한 특성이 있는 사람들로 이루어진 동질적인 집단은 높은 조직성과를 보일 것으로 여겨지곤 하지만, 실제로는 집단유효성을 오히려 떨어뜨리는 것으로 나타났다. 한편 이질적인 집단은 더 다재다능하고 창의적일 수 있다.

8. 집단에서의 지위는 타인들이 바라보는 한 개인의 명성이나 존경, 영향력과 관련된다. 자신의 과업역량이 높다는 인상을 주고 이타적인 행동을 통해 집단에 대한 몰입을 보여주거나 성원들과 폭넓은 관계를 형성함으로써 지위를 얻을 수 있다.

9. 역할이란 한 사회적 단위에서 특정 지위에 있는 성원에게 기대되는 일련의 행동양식이다. 팀원들이 과업 역할과 정서적 역할을 팀에서 수행하다 보면 역할과중, 역할모호성, 역할갈등 등을 경험할 수 있다.

10. 팀을 포함한 모든 집단에는 성원들에 의해 공유돼서 그들의 행동을 인도하는 기준인 규범이 존재한다. 이것은 핵심 가치를 규명하고, 역할에 대한 기대를 분명히 해주며, 팀의 성장을 수월하게 한다.

11. 응집력이란 팀에 매료되고 그 안에 성원으로 남으려는 정도를 말한다. 성원 간에 접촉이 많고 같이 보내는 시간이 길수록, 팀 목표에 동의할수록, 팀과 유사한 가치를 가지고 있을수록 팀 응집력은 높아진다.

논의할 문제

1. 오늘날 많은 기업이 팀제를 도입하는 이유는 무엇일까? 조직이 구성원들을 팀플레이어로 만들 방법은 무엇일까?
2. 팀이 과업기능과 유지기능을 균형 있게 수행하지 못한다면 어떤 문제들이 발생할 수 있을까?
3. 개인별로 하는 작업이 팀이 수행하는 것보다 더 효과적일 때는 언제인가?
4. 팀 에피커시가 팀 효과성을 저해하는 경우가 있다면 언제일까?
5. 스포츠팀의 경우엔 동질적인 집단과 이질적인 집단 중 어디가 승률이 더 높을까?
6. 팀 프로젝트에서 발생하는 사회적 태만을 해소할 방안들로는 어떠한 것이 있을까?

더 읽을거리

Anderson, C., & Kilduff, G. J. (2009). The pursuit of status in social groups. *Current Directions in Psychological Science*, 18(5), 295–298.

Belbin, R. M. (2010). *Management Teams: Why they succeed or fail*. Ocford: Butterworth Heinemann.

Campion, M. A., Campion, J. E., & Hudson, J. P. (1994). Structured interviewing: A note on incremental validity and alternative question types. *Journal of Applied Psychology*, 79(6), 998–1002.

Daft, R. L., & Marcic, D. (2013). *Understanding management* (8th ed.). Mason, OH: Cengage Learning.

Day, D. V., Gronn, P., & Salas, E. (2004). Leadership capacity in teams. *The Leadership Quarterly*, 15(6), 857–880.

Griffin, R. W. (2015). *Fundamentals of management* (8th ed.). Boston, MA: Cengage Learning.

Harrington-Mackin, D. (1994). The team building tool kit-Evaluations and rewarding team performance. *Compensation and Benefits Review*, 26, 67-76.

Hirchorn, L. (1991). *Managing in the new team environment: Skills, tools and methods*. New York: Addison-Welsey Publishing Co.

Jones, P. (2007). *Managing for performance: Delivering results through others*. London: Prentice-Hall.

Kanin-Lovers. J. (1993) Team-based reward systems. *Journal of Compensation and Benefits*, 8(4). 56-60.

KJimoski, R., & Jones, R. G. (1995). Staffing for effective group decision making: Key issues in matching people and teams. In R. A. Guzzo, E. Salas, & Associates (Eds.), *Team effectiveness and decision making in organizations*(pp. 291-332). San Francisco, CA: Jossey-Bass.

Mannix, E. A., & Sauer, S. J. (2006). Status and power in organizational group research: Acknowledging the pervasiveness of hierarchy. *Advances in Group Processes*, 23, 149-182.

Manz, C. C., & Sims, Henry P., Jr. (1993). *Business without bosses*. New York: Wiley.

Mohrman, S. A., Cohen, S. G., & Morhman Jr, A. M. (1995). *Designing team-based organizations: New forms for knowledge work*. San Francisco, CA: Jossey-Bass.

Nelson, D. L. & Quick, J. C. (2012). *Organizational Behaviour: Science, the real world, and You* (8th ed.). Mason, OH: Cengage Learning.

Quick, J. C., Quick, J. D., Nelson, D. L., & Hurrell, J. J. (1997). *Preventive stress management in organizations*. Washington, D.C., WA: American Psychological Association.

Sieweke, J., & Zhao, B. (2015). The impact of team familiarity and team leader experience on team coordination errors: A panel analysis of professional basketball teams. *Journal of Organizational Behavior*, 36, 382-402.

Stevens, M. J., & Campion, M. A. (1994). The knowledge, skill, and ability requirements for teamwork: Implications for human resource management. *Journal of Management*, 20(2), 503-530.

Tuckman, B. W., & Jensen, M. A. C. (1977). Stages of small-group development revisited. *Group & Organization Studies*, 2(4), 419-427.

Wanous, J. P., Sullivan, S. E., & Malinak, J. (1989). The role of judgment calls in meta-analysis. *Journal of Applied Psychology*, 74(2), 259-264.

CHAPTER

08

커뮤니케이션

1. 커뮤니케이션과 매니저
2. 개인 간 커뮤니케이션
3. 조직에서의 커뮤니케이션

▸▸ 학습목표

1 커뮤니케이션을 정의하고 그 기능들을 이해한다.

2 커뮤니케이션 프로세스를 설명한다.

3 효과적인 커뮤니케이션의 장애 요인들을 규명한다.

4 지원적인 커뮤니케이션 원칙과 효과적인 피드백 스킬에 대해 이해한다.

5 조직에서의 제언과 침묵을 정의하고 그 동기들을 이해한다.

6 IT 기술을 활용한 커뮤니케이션 수단들의 장 · 단점을 논의한다.

말이나 글로써 커뮤니케이션에 능한 것은 결정적인 매니지먼트 스킬로서 효과적인 리더십의 토대가 된다. 소통하는 사람이 되지 못하면 그 누구도 갈등을 조정하거나 협상해 가며 리더십을 발휘할 수 없다. 커뮤니케이션은 개개인이 대인관계를 형성하고 유지할 수 있게 하고 타인들에게도 귀기울여서 활기찬 직장을 만드는 데 필요한 정보를 얻게 해준다. 커뮤니케이션에 전적으로 의존하는 것은 조직도 마찬가지다. 커뮤니케이션이 줄거나 방해받을 때에는 매니지먼트의 핵심 기능들이 수행될 수 없으므로 조직은 곧 위험에 놓이게 된다. 협업이 더욱 요구되는 오늘날의 직장 환경에서 커뮤니케이션의 중요성은 과거 어느 때보다도 더욱 커지고 있다.

시네마 ORGB

인턴 The Intern

사람들의 이야기에 집중하고 공감하며 감정을 헤아리는 벤

인턴(The Intern, 2015)

'땡땡 땡땡땡'

한 직원이 종을 울리며 모든 직원의 시선을 끈다.

"오늘 인스타그램 '좋아요'가 2,500개야! 신기록이야!"

"우와~~~" "짝짝짝 짝 짝"

열정적이고 까다로운 여성 CEO 줄스 오스틴(Jules Ostin)이 단 1년 7개월 만에 스타트업에서 큰 규모의 회사로 성장시킨 'ABOUT THE FIT'!

벤 위태커(Ben Whittaker)가 노인 인턴으로 이 회사에 채용돼 처음 출근한 오늘! 이 회사는 좋은 일이 있으면 저렇게 알리고 함께 기뻐하며 즐겁게 일한다.

너무나도 열정적인 줄스는 주문 접수, 물건 포장, 재무팀 결재, e-mail 보내기, 홈페이지 관련

등등 모든 부서의 일을 알고 싶어 하며 매사 보고받고 결정 내리기를 원한다.

그러나 회사 규모가 커짐과 동시에 줄스는 너무 바빠져 늘 회의시간에 1시간씩 늦고, 프로그래머들은 새벽 2~3시까지 일하며, 고객서비스 등에서도 여러 문제가 발생하자 투자자들은 경험 있는 전문 CEO 영입을 원하게 된다.

CEO를 영입하면 제 뜻대로 회사가 운영되지 못할 것으로 생각하며 슬퍼하는 줄스…

CEO 줄스의 비서로 일하게 된 벤!

40년간 대기업에서 부사장을 역임하며 쌓은 경륜, 세밀하게 주위 사람을 관찰하는 관심, 상대방의 이야기를 경청하며 조언을 아끼지 않는 따뜻한 마음을 가진 벤…

이런 그에게 줄스는 차츰 마음의 문을 열고 그를 멘토로 여기게 된다.

줄스는 자신의 힘든 상황을 벤에게 솔직히 이야기하고, 벤은 줄스의 얘기를 진심으로 경청하고 함께 아파하며 조언을 아끼지 않는다.

벤은 줄스에게 'ABOUT THE FIT'을 제일 잘 알고 애정 많은 사람은 줄스 자신임을 상기시키며, 줄스가 CEO를 계속 해 나갈 수 있도록 용기를 준다.

TIP!!

70세 인턴과 30세 CEO라는 재미있는 영화 속 설정에서 두 사람의 커뮤니케이션은 정말 교과서적이라 할 만큼 이상적이다. 나이가 곧 지혜는 아니지만 인턴 벤은 자기 경험을 토대로 참모로서의 경청과 조언을 한다. 그의 신뢰할 만한 태도에서 CEO 줄스는 애초 가졌던 시니어 인턴에 대한 부정적인 편견을 버리고 열린 대화를 통해 지혜를 획득해 간다. 경험 많은 벤과 열정 많은 줄스가 세대를 뛰어넘어 공감하는 모습이 비치지만, 그들은 사실상 성별과 직급까지도 뛰어넘는 최상의 커뮤니케이션을 보여준다. 유교문화의 영향을 받고 자란 우리로선 비현실적인 일처럼 보일 수도 있지만, 흔히 보는 조부모와 손자, 손녀 사이의 소통을 보면 그렇게 이해 못할 일만도 아닌 듯하다. 대인 간 관계의 질적 변화 외에도 커뮤니케이션은 팀의 효과성을 위한 필수 항목이다. 앞으로 사람과 사람, 사람과 기계가 커뮤니케이션하는 것만이 아니라 기계와 기계가 서로 대화하는 세상까지 온다면 마음먹은 바를 서로 잘 공유하는 것이야말로 더더욱 중요한 역량이 될 것이다.

1 커뮤니케이션과 매니저

멋진 아이디어와 창의적인 제안, 혹은 아무리 훌륭한 계획들이라도 커뮤니케이션(communication) 없이는 성사될 수 없는 것들이다. 조직 안팎에서의 여러 사람과 커뮤니케이션을 효과적으로 하는 것이 매니저들에게는 중요한 과제이자 책임이다. 커뮤니케이션이 서툴다고 해서 그들이 건강을 위협받거나 생명에 지장을 초래하는 것은 아니지만, 비효과적인 커뮤니케이션은 부하직원들의 사기와 성과 저하, 환경의 기회/위협에 대한 적절한 대응 실패 등을 불러일으키기 쉽다. 매니저들은 커뮤니케이션에 관한 지식과 스킬을 향상시키고자 부단한 노력을 기울인다.

1.1 커뮤니케이션이란 무엇인가?

커뮤니케이션
둘 이상의 개인이나 집단이 정보를 교환함으로써 공동의 이해에 도달하는 것

언제부터인지 **커뮤니케이션**이란 용어가 일반인들 사이에서도 자주 사용되고 있다. 하지만 사람들에게 커뮤니케이션의 의미에 관해 묻는다면, '상사가 회의에서 업무 관련 지시사항을 하달하는 것', '스마트폰을 이용해 문자메시지를 전송하는 것' 등을 떠올려서 설명하는 경우가 전부다. 이같이 말하는 것, 쓰는 것은 커뮤니케이션에 대한 피상적인 설명일 뿐이다. 이 단어의 기원이 말해 주듯이, 즉 '공유하다'라는 라틴어 '*communicare*'에서 온 커뮤니케이션의 본질은 타인과 어떤 의미를 공유하는 것이다. 따라서 커뮤니케이션은 둘 또는 그 이상의 사람들에 의해서 정보가 교환되고 이해되는 프로세스로 정의될 수 있다. 이는 곧 공동의 이해를 위해서 개인이나 집단 간에 정보를 교환하거나 의미를 전달하는 과정으로 이해할 수 있을 것이다.

매니저들은 하루 업무시간 중 약 80%를 타인들과 직접적인 커뮤니케이션을 하는 데 사용하고 있다고 한다. 쉽게 말하면, 매시간 근무하면서 약 48분가량은 회의를 하거나 전화통화를 하며 또는 온/오프라인상으로 비공식적 대화나 교류를 갖는다는 것이다. 나머지 20%는 앉아서 서류작업을 하는 것인데, 이마저도 대부분 읽고 쓰는 형태의 의사소통이라고 한다. 다음의 [그림 8.1]은 커

그림 8.1 매니저의 커뮤니케이션 역할

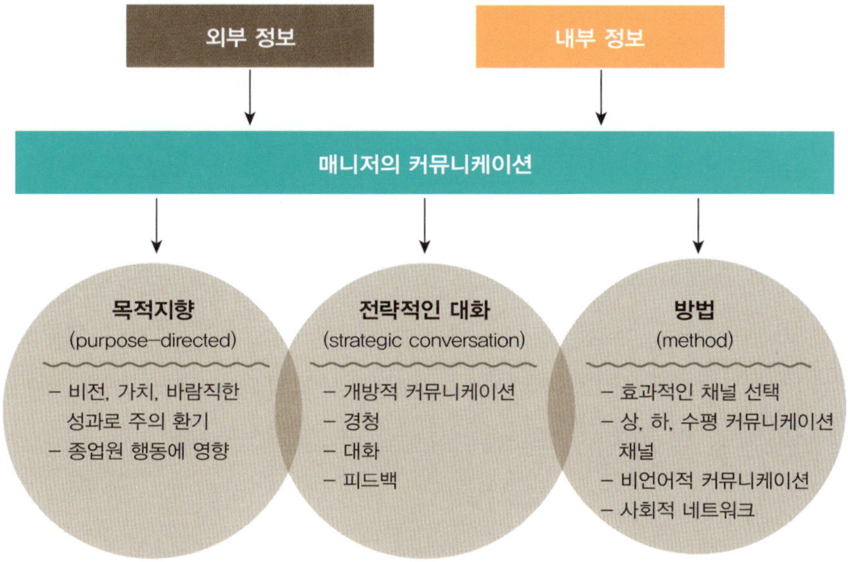

뮤니케이션과 관련된 매니저의 역할을 보여준다. 조직의 안팎에서 매니저들은 중요한 정보를 얻어 이를 필요로 하는 사람들에게 제공한다. 그들의 커뮤니케이션은 목적지향(purpose-directed)이라서 팀이나 조직의 비전과 가치, 목표에 직원들이 집중하도록 만든다. 또한 개방적인 커뮤니케이션을 통해 매니저들은 직원들이 업무영역이나 직급에 구애 없이 팀이나 조직의 비전, 전략적인 주제, 목표 달성을 위한 가치 등을 논의하는 전략적인 대화(strategic conversation)에 참여토록 유도한다. 효과적인 매니저들은 알맞은 채널과 상/하/수평 커뮤니케이션 방향을 선택하고 비언어적 커뮤니케이션도 활용하는 등 다양한 소통법(method)을 활용한다.

팀이나 조직에서 커뮤니케이션은 통제(control), 모티베이션(motivation), 감정표현(emotional expression), 정보전달(information)의 기능을 한다. 일상적으로 집단이나 조직에서 발생하는 상호작용적인 커뮤니케이션은 이러한 네 기능 중 어느 하나 또는 그 이상의 기능을 수행하고 있다고 할 수 있다. 우선 조직구성원들의 **행동을 통제**하는 기능을 한다. 조직은 권한의 위계구조와 구성원들이 따라야 하는 공식적인 행동지침을 가지고 있는데 이를 충실히 이행하도록 하는 기능이다. 그 예로서, 직무기술서를 이행하도록 하는 것, 그리고 기업정책에

직장 내 왕따
직장에서 상사나 동료들로부터 조직 동화와 적응을 방해하는 부당 대우에 반복적으로 노출되는 현상

순응토록 하는 것 등은 전형적인 커뮤니케이션의 통제기능이다. 한편 비공식적 커뮤니케이션으로도 구성원의 행동을 통제한다. 일례로 한 작업집단에서 특정 개인을 괴롭히고 소외시키는 **직장 내 왕따**(workplace wang-tta)는 구성원들 간에 비공식적인 커뮤니케이션을 통해 어느 한 개인의 행동을 통제하는 것이라고도 할 수 있다.

커뮤니케이션은 성과 목표를 구체화하고 그러한 성과를 내는 방법과 성과를 개선하기 위해서 어떻게 해야 하는지를 명확히 함으로써 **모티베이션을 촉진**하는 기능을 한다. 목표설정이론과 강화이론에 의하면 구체적인 목표의 설정, 그리고 피드백과 바람직한 행동의 강화는 구성원들의 동기유발을 촉진하는데 이것은 결국 효과적인 커뮤니케이션으로 가능해질 수 있다. 직원들이 자신의 업적으로 인해 장차 어떤 보상을 받을 수 있는지를 미리 가늠해 볼 수 있도록 커뮤니케이션을 통해 매력적인 비전을 제시하는 것은 매니저의 리더십 스킬에서 매우 중요한 부분이다.

대다수 종업원에게 있어 작업집단은 사회적 상호작용의 원천이며 그 안에서 발생하는 커뮤니케이션은 그들의 만족감이나 좌절을 표현하는 기본적인 메커니즘일 수 있다. 따라서 커뮤니케이션은 구성원들의 **사회적 욕구 충족과 감정표현**을 가능하게 한다. 일과 중 대부분을 직장에서 보내는 이들에게 직장에서의 원활한 커뮤니케이션은 동료나 상사와 인간관계를 유지하며 자신의 삶을 보다 윤택하고 행복하게 만드는 방법일 수 있다. 더구나 동료들 간의 업무 외적인 교류나 사내 동호회 활동들을 통해 더 자유로운 감정표현의 기회를 가질 수도 있다.

마지막으로 커뮤니케이션은 의사결정에 필요한 **정보전달**의 기능을 수행한다. 정보전달은 주로 의사결정의 촉진과 관련된다. 의사결정의 문제를 식별하고 이를 해결하기 위한 대안의 평가 과정에서 커뮤니케이션을 통해 개인이나 집단의 의사결정에 필요한 정보를 교류하게 된다. 이러한 정보가 업무와 관련된 정보이든 아니든 동료나 상사와 커뮤니케이션을 통해 주고받는 정보는 조직 안에서 공감대를 형성하는 데 일조하고, 특히 개인의 태도를 바꾸는 데에도 중요한 역할을 한다.

1.2 커뮤니케이션 프로세스

우리는 매일 누군가와 의사소통하며 살지만, 이것이 생각만큼 간단한 것만은 아니라는 사실을 깨닫곤 한다. 하루에도 수십 번씩 잘못된 메시지를 전달하거나 받을 때가 있기 때문이다. 언어라는 상징을 통해 메시지를 주고받는 인간 커뮤니케이션은 불확실성을 내포한다. 내 의도를 제대로 전달할 수 없는 것과 또 상대방의 의도를 정확히 이해할 수 없어서 커뮤니케이션이 어렵다. 직장이라는 맥락에서는 어려움이 더 증폭된다. 커뮤니케이션에 참여하는 관계의 수가 늘어나기 때문이다. 팀 안에서 돌고 도는 메시지는 수많은 관계의 복잡성을 거치며 변형되거나 탈색될 것이다. 그렇지만 이것은 우리의 커뮤니케이션을 어렵게 만드는 주범이자 동시에 풍요롭게 하는 원인이 되기도 한다. 관계의 복잡성 때문에 커뮤니케이션은 역동성을 잃지 않고 팀도 긴장과 새로움을 유지할 수 있다. 이러한 커뮤니케이션 프로세스를 이해하기 위해서는 [그림 8.2]에 제시된 핵심 요소들에 주목할 필요가 있다.

모든 커뮤니케이션 상황에서 가장 기본적인 두 요소는 발신자(sender)로서 화자와 수신자(receiver)인 청자일 것이다. 발신자는 하나의 메시지를 타인에게 전하고자 하거나 사고와 감정을 표현하고자 하는 사람이다. 수신자는 이러한 메시지를 받는 쪽이다. 발신자는 하나의 생각을 여러 상징으로 **부호화**(encoding)하여 메시지를 만든다. 메시지(message)는 수신자에게 제공되는 그 생각에 대한 명확한 어구를 말한다. 이러한 메시지는 하나의 운반책인 채널

부호화
자신의 생각을 수신자가 이해할 수 있는 상징이나 언어로 바꾸는 것

그림 8.2 커뮤니케이션 모델

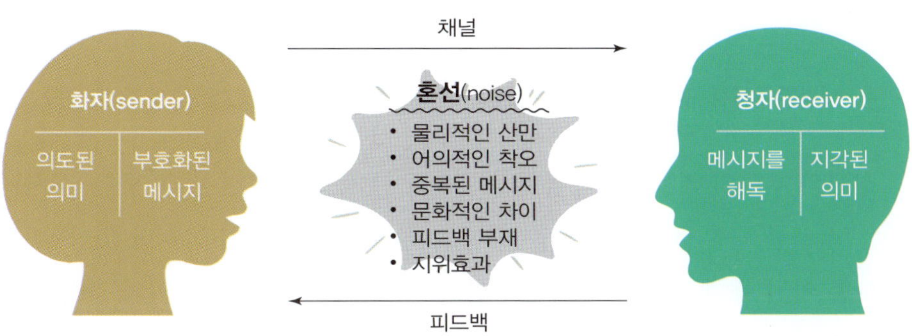

(channel)을 통해 보내진다. 이것은 공식적인 보고서나, 전화 통화, 전자메일 메시지 또는 면대면 회의 등이 될 수 있을 것이다. 이들 가운데 전통적으로 조직 내의 지휘 네트워크를 따르는 것으로써 공식 채널이 있으며 조직구성원의 직무활동과 관련된 메시지를 전달한다. 개인적이거나 친교 성격의 메시지는 이와 다른 형태의 조직 내 비공식적 채널을 따른다.

해독
발신자에 의해 부호화된 메시지를 해석하거나 이해하려는 노력

혼선
메시지의 전달을 방해하거나 그 의미를 왜곡시키는 것

수신자는 메시지의 의미를 해석하기 위해 상징을 **해독**(decoding)하게 된다. 상징들이 의미로 변환될 때 여기서 수신자의 지식과 태도, 경험은 여과기능을 하게 됨에 따라 여러 가지 **혼선**(noise)이 야기될 수도 있다. 혼선은 커뮤니케이션과 상관없는 것들에 주의를 빼앗기게 함으로써 소통 당사자들을 방해한다. 이처럼 부호화뿐 아니라 해독도 커뮤니케이션 오류의 잠재적 원인이다. 커뮤니케이션의 마지막 과정은 피드백(feedback)이다. 피드백은 수신자가 발신자의 커뮤니케이션에 응답 메시지를 가지고 반응할 때 발생하는 것으로, 주로 의도한 대로 메시지가 전달되었는가를 확인하는 것이기도 하다. 피드백은 수신자가 얼마나 발신자의 메시지를 이해하고 있는가에 따라 결정된다.

대부분 직장에서는 피드백이 많은 것보다 너무 적어서 문제다. 피드백이 부정적이어야 할 때는 더욱 그렇다. 정중하게 도움이 되기를 바라는 마음에서 하는 말도 불쾌하게 느낄 수 있으며 심지어는 적대적으로 받아들여지기 쉽다고 생각하기 때문이다. 특히 성과평가와 관련해서는 더더욱 민감해진다. 평가와 피드백은 분명 다른데도 말이다. 평가가 개인의 기여도를 판단하는 것이라면, 피드백은 개인의 기여도에 관한 정보를 제공하는 것이다. 피드백은 판단적인 언어 공격이 아니라 당사자가 이용할 만한 정보를 제공함으로써 성과를 향상하는 데 그 초점이 맞추어져야 한다.

1.3 효과적인 커뮤니케이션을 하는 매니저

상사와 부하의 커뮤니케이션에 관한 연구를 종합 검토한 결과 '좋은' 상사와 '나쁜' 상사를 구분 짓는 다섯 가지 커뮤니케이션 스킬이 입증된 바 있다. 이것은 다름 아닌 표현적인 화자, 공감적인 청자, 설득적인 리더, 타인의 감정을 헤

아리는 것, 그리고 정보제공자로서의 상사가 되는 것을 말한다. 이러한 스킬들이 커뮤니케이션을 위해 중요하다는 것은 부인할 수 없는 사실이다. 하지만 무엇보다 가장 중요한 것은 상사와 부하 간의 일대일 관계(dyadic relationships) 그 자체일 것이다. 이것은 조직 기반 커뮤니케이션의 핵심이기도 하다.

▶ 자기 생각이나 아이디어, 그리고 느낌을 회의 등에서 잘 표현하며 사적인 자리에서도 터놓고 이야기하는 **표현적인 화자**가 부하직원들에게 훌륭한 상사로 인식된다. 그들은 자신을 편안하게 표현하기 때문에 의도한 메시지가 잘 전달되었는지 확인하기 위해서라도 수시로 대화한다. 또한 그들은 외향적인 성향이 있어서 터놓고 말하는 것을 선호하여 자신의 입장과 신념, 느낌까지도 그때그때 숨김없이 부하직원들이 알 수 있게 한다. 바로 이것이 부하직원들이 생각에 대해 궁금해할 정도로 대화를 꺼리는 정보은폐형 상사들과는 다른 면이다.

▶ 표현하는 화자에 추가로 기꺼이 **공감하는 청자**가 훌륭한 상사이다. 그들은 사려가 깊은 경청 스킬을 사용하므로 부하나 동료 등 타인이 가져오는 문제들에 대해 상당히 반응적이다. 공감하는 청자는 화자의 입장에 자신을 놓음으로써 상대방이 자신에게 보내는 메시지를 통하여 생각이나 이슈의 내용뿐만 아니라 느낌이나 감정 차원까지도 이해하며 듣는다. 이처럼 훌륭한 상사는 다가가기 쉽고 제안이나 불평들을 기꺼이 들으려 한다. 사실상 경청은 말하는 것보다 어렵다고들 하는데, 이는 듣기와 달리 총체적인 집중을 요구하기 때문일 것이다.

▶ 모든 상사나 매니저들은 조직 내에서 수행을 책임지고 결과를 성취하기 위하여 그들의 권력과 영향력을 행사해야 하는데, 바람직한 상사들은 그 영향력을 끼칠 때 **설득적인 커뮤니케이션**을 사용한다는 차이점이 있다. 특히 그들은 해야 할 일을 명령하는 대신에 결과를 성취하기 위하여 부하직원들을 독려한다. 생명이 촌각을 다투는 병원 응급실과 같이 높은 위험 상황에서 상사들은 지시적이고 독단적일 필요가 있지만 인내와 절제는 매니저들에게 언제나 필요한 덕목이다. 어떤 이슈에 대해 화가 난 매니저는 그가 받은 메

시지를 잘못 해석하기 쉬울 뿐 아니라 이를 정확하게 내보내지도 못하기 때문이다.

▶ 훌륭한 상사들은 또한 부하직원들의 기분, 자아 이미지(self-image), 그리고 심리적 방어에 **세심하게 반응**한다. 비록 직원들에게 비판적이고 부정적인 피드백을 주어야 할지라도 그들은 그것이 사적이면서도 건설적으로 이루어져야 한다는 것을 잘 안다. 부정적 피드백을 전혀 하지 않거나 공개적으로 부하들에게 질책하는 것은 좋지 않다. 그러나 종업원의 성과, 성취, 그리고 업적에 대한 피드백은 공개적으로 해야 한다. 이렇듯 훌륭한 상사들은 타인들의 자존감(self-esteem)을 헤아릴 줄 알기 때문에 부하의 재능과 능력을 인정함으로써 그들의 자존감을 향상시킨다.

▶ 마지막으로 훌륭한 상사들은 부하들에게 필요한 **좋은 정보를 꾸준히 제공**해 준다. 이러한 역할에는 다양한 매체를 통한 대량의 정보수집은 물론 정보를 제공하기 전에 적절히 선별하는 작업이 포함된다. 너무 많은 정보나 복잡해서 다루기 힘든 정보는 개인에게 스트레스만 초래할 수 있다. 커뮤니케이션도 때에 따라서는 직원들의 소진(burnout) 원인이 되기도 한다. 이밖에 전반적인 팀의 학습능력을 개발하는 것도 훌륭한 상사들이 주로 효과적인 커뮤니케이션을 유도하기 위한 환경을 촉진하는 길이다. 지식경영(knowledge management)은 학습문화를 배양하기 위한 하나의 방안으로서 그 성공은 효과적인 의사소통을 전제로 한다.

2 개인 간 커뮤니케이션

개인 간 커뮤니케이션의 중요성은 아무리 강조해도 지나치지 않다. 직장 내에서 업무성과뿐만 아니라 원만한 인간관계를 형성하고 유지하는 데 있어서 개인 간 커뮤니케이션은 매우 중요한 역할을 하기 때문이다. 물론 커뮤니케이션 스킬만 좋다고 능사는 아니지만 효과적이지 못한 커뮤니케이션 스킬은 여러 상황에서 다양한 문제로 이어지기 쉽다. 예컨대 동료 간의 커뮤니케이션상의 단순한 오해가 팀 성과 저하의 주원인이 되거나 상사와의 불화가 직장을 떠나는 일로 귀결되는 것을 종종 볼 수가 있다. 이 절에서는 개인 간 커뮤니케이션의 채널들과 장애요인들을 살펴보고 의사소통에서 중요한 경청 스킬을 개발하는 방법들을 익히도록 한다.

2.1 커뮤니케이션 채널들

직장에서는 서면을 이용한 커뮤니케이션이 구두보다 더 빈번하게 이용되곤 한다. 구두보다 서면이 더 효과적이어서일까? 서면 커뮤니케이션은 메모, 편지, 이메일, 게시판과 기타 활자와 상징을 전달하는 다른 매체를 포함한다. 발신자가 서면 커뮤니케이션을 하는 이유는 무엇일까? 형태를 가지며 증명할 수 있는 데다 구두보다는 더욱 영구적인 다양성을 가지고 있기 때문일 것이다. 전형적으로 발신자와 수신자 모두 커뮤니케이션에 대한 기록을 두게 되며 메시지는 무기한으로 저장될 수 있다. 메시지 내용에 대한 의문점이 제기될 때는 나중에 참조용으로 이용도 가능하다. 이러한 특징은 복잡하거나 장기간의 소통이 필요할 때 특히 중요할 것이다. 서면 커뮤니케이션의 마지막 장점은 과정 자체에 있다. 공식적인 연설과 같은 특별한 경우를 제외하고는 구어보다 문어에 사람들은 더욱 주의를 기울이게 된다. 글을 쓴다는 것은 사람들이 전달하고자 하는 것에 대해 다시 한번 더 신경을 쓰게 만든다. 그러므로 서면 커뮤니케이션은 심사숙고하게 해서 논리적이며 명확하게 만든다.

물론 서면 메시지도 단점들을 가지고 있다. 우선 쓰기는 정교하지만 직접

표 8.1 서면이나 구두 커뮤니케이션 사용에 관한 가이드

서면 커뮤니케이션의 사용	구두 커뮤니케이션의 사용
사실을 전달할 때	감정과 느낌을 전달하고자 할 때
기록으로 보존할 필요가 있을 때	기록으로 보존할 필요가 없을 때
시간의 촉박함이 덜 할 때	시간이 촉박할 때
즉각적인 피드백을 하지 않아도 될 때	즉각적인 피드백이 필요할 때
내용이 좀 복잡할 때	내용이 간단하거나 설명으로 이해될 만할 때

대면이나 전화 통화보다 더 많은 시간이 있어야 한다. 사실, 기안하거나 작문하는 데 1시간쯤 걸리는 것도 구두로는 10~15분 안에 내용을 다 전달하고 끝낼 수 있을 것이다. 또 다른 단점은 피드백 그 자체에 있거나 혹은 피드백의 부족이다. 구두 커뮤니케이션은 수신자가 듣고서 생각한 것을 즉시 반응하게 해주지만 서면 커뮤니케이션은 고유의 피드백 메커니즘을 가지고 있지 않다고 할 수 있다. 예컨대 전자메일을 보내는 것만으로 이것이 반드시 읽힐 것이라는 보장이 없으며, 열어보았다 하더라도 수령인이 발신자가 의도한 대로 해독할 것이라는 보장도 없다. 따라서 어떤 메모가 상대방에게 잘 전달될 것을 가정하는 경우라면 수신자에게 정확한 요약을 요청하는 수밖에 없다. [표 8.1]은 서면이나 구두를 각각 언제 사용하는 것이 유리한지 이에 관한 가이드를 제공해 준다.

비언어적 커뮤니케이션
표정, 몸짓, 제스처 등과 같이 언어 외적인 커뮤니케이션 측면

어쩌면 가장 의미 있는 개인 간 커뮤니케이션 채널은 말이나 글이 아닐 수 있다. 일대일 대면에 의한 의사소통에서도 중요한 정보는 비언어적 단서에 의해 전달되는 경우가 많기 때문이다. **비언어적 커뮤니케이션**(nonverbal communication)에는 얼굴표정, 목소리 톤, 물리적 거리와 침묵과 같은 것들이 포함된다. 가장 잘 알려진 것이 보디랭귀지와 억양이다. 손동작, 표정, 그리고 기타 신체의 다른 움직임을 말하는 보디랭귀지는 호전성, 공포, 수줍음, 거만, 즐거움과 노여움 같은 감정이나 성질까지 커뮤니케이션할 수 있다. 단어나 구를 강조하는 억양 역시 마찬가지다. 이를테면 동료에게 팀장이 "그게 무슨 말이지?"라고 대답한다면 팀장의 억양에 따라 동료의 반응은 다를 것이다. 부드럽고 매끄러운 톤과 마지막 단어를 강하게 강조한 까칠한 톤은 분명 서로 다른 의미를 만들기 때문이다. 진심으로 설명을 원하는 경우라면 전자는 억양 정도

하이데거의 숲

비언어적 커뮤니케이션의 문화적인 차이

사람들이 커뮤니케이션하는 방식에서 중요한 보디랭귀지가 문화마다 차이가 있다. 예컨대 제스처(gestures), 터치(touch), 시선교환(eye contact) 등은 문화적 배경에 따라 다양한 의미가 있을 수 있다.

- **제스처.** 어떤 나라에서는 흔히 쓰이는 제스처들이 다른 문화권에서는 전혀 다른 의미로 사용되거나 심지어는 모욕적이기까지 할 수 있다. 예컨대 '이리 오라'는 의미로 손가락을 까닥거리는 것이 어떤 문화에서는 개를 부를 때 쓰는 것으로 매우 무례하다. 한 손가락으로 지칭하는 것 또한 예의 없다고 여겨질 수 있으며, 동양인들은 일반적으로 손 전체를 사용하기도 한다.
- **터치.** 머리를 쓰다듬는 것이 서양문화에서는 다정하고 애정 어린 제스처인 반면, 동양에서는 신체의 중요 부분인 머리를 건드리는 것을 불쾌하게 여긴다. 한편 중동에서는 왼손을 불결하다고 여겨 다른 물건을 만지거나 옮기는 데 사용하지 않는다. 이슬람문화에서 이성 간의 터치는 일반적으로 금기시된다.
- **시선교환.** 대부분의 서양문화권에서 시선교환은 주의를 기울이고 있으며 솔직하다는 의미이다. 그들은 상대방의 눈을 보고 말하라고 교육받아 왔다. 하지만 동양, 히스패닉, 중동 등 다수의 문화에서 시선교환은 무례하거나 버릇없는 것이며, 눈을 마주치지 않는다고 해서 그 사람에게 집중하지 않는다는 의미도 아니다. 여성들은 특히 이성과 눈 마주치는 것을 피하는데, 이는 성적인 관심으로 비칠 수 있기 때문이다.

로 볼 수 있으나 후자는 그 사람이 호전적이거나 방어적이라고 생각하기 쉽다.

비언어적 커뮤니케이션은 다음의 두 가지 면에서 언어에 의한 커뮤니케이션과 구분된다. 첫째, 언어에 의한 커뮤니케이션은 의식적인 데 반해, 비언어적 커뮤니케이션은 습관적이고 무의식적이다. 우리가 말하고 쓰고 할 때는 생각을 많이 하지만 대화 중에 표출되는 제스처나 표정은 자연스럽게 나올 때가 많다. 둘째, 비언어적 커뮤니케이션은 이렇다 할 형식이 없다. 따라서 말에 따라 나오는 비언어적 징후의 이해를 위해서 교육을 받는다는 것도 사실상 어려운 일이다. 경험이나 직관을 기초로 이것을 이해하기 때문에 비언어적 단서들을 잘못 이해할 가능성은 그만큼 높다. 한 연구에 따르면, 대부분 면대면 상황에서 발생하는 비언어적 커뮤니케이션은 각각 세 가지 커뮤니케이션 단서의 원천별로 언어적 영향 7%, 음성적 영향 38%, 그리고 표정적 영향이 55%나 됨을 밝혔다.

표 8.2 커뮤니케이션 매체: 정보의 풍부함과 데이터의 양

매체	정보의 질	데이터의 양
면대면 대화	최상	최하
전화	상	하
전자메일	중	중
사적인 편지	중	중
개별적인 노트와 메모	중	중
서면 보고서	하	상
게시판	하	상
수치 보고서	최하	최상

사람들은 저마다 커뮤니케이션을 위해서 적절한 채널을 선택할 수 있다. 메시지의 풍부함은 메시지를 전달하기 위해 선택하는 매체에 따라 달라진다. 즉, 여러 단서를 동시에 처리하는 능력, 신속한 양방향 피드백을 촉진하는 능력, 그리고 커뮤니케이션에 개인적인 초점을 두는 능력 등에 의해서 각 채널들의 정보 수용력은 달라지게 마련이다. [표 8.2]는 다양한 매체별로 데이터의 양과 정보의 풍부함을 비교해서 보여주고 있다.

2.2 커뮤니케이션의 장애요인들

통신기술을 활용한 커뮤니케이션은 업무환경의 변화를 가져왔지만 개인들 사이에 그리고 개인 내에 존재하는 수많은 장애요인을 완전히 극복한 것은 아니다. 우선, 최근 증가세에 있는 재택근무와 원거리 근무는 커뮤니케이션 장애를 유발하는 원인 가운데 하나이다. 물리적인 거리문제를 해결하기 위한 수단으로서 온라인상에서의 **가상근무**(virtual work)는 과다한 정보와 비언어적 단서의 부족이라는 커뮤니케이션 과정상의 문제뿐만 아니라 대인관계에서도 사회적 고립과 고독이라는 문제를 일으키기 쉽다. 그들은 면대면(face-to-face) 대화만큼의 풍부한 정보를 제공해 주지는 못한다. 주기적인 면대면 상호작용은 가상직장과 관련된 물리적인 분리를 해결하는 한 가지 방법이다. 왜냐하면 앞서

가상근무
컴퓨터 프로그램과 같은 테크놀로지를 사용하여 일상 과업을 완수하고 회의에 참석하는 등의 노동방식

그림 8.3 고관여 문화 vs. 저관여 문화

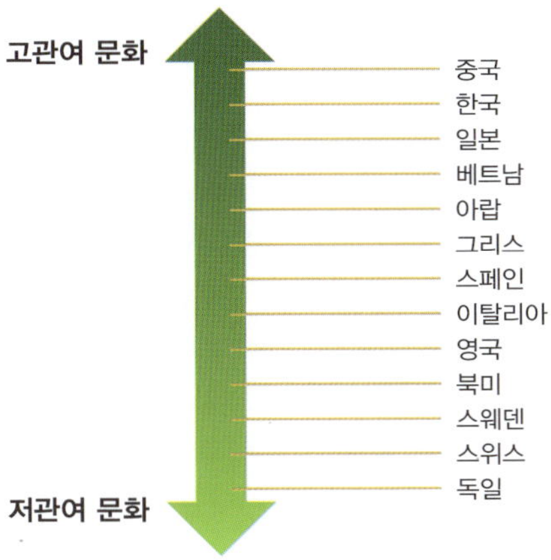

'고요속의 외침'이라는 TV 오락프로그램 속 코너가 있었다. 단어 하나를 1번째 출연자부터 차례로 설명해 마지막 출연자가 답을 맞히는 게임이다. 단 음악이 들리는 헤드폰을 쓰기 때문에 말소리는 거의 안 들린다. 따라서 잘못 알아듣고 생뚱맞은 단어를 말하게 돼 웃음을 자아낸다.

언급한 것처럼 커뮤니케이션은 비언어적인 신호의 결과로서 더 풍부해지기 때문이다. 면대면 대화처럼 정보가 풍부한 커뮤니케이션은 혼란, 갈등, 그리고 오해를 줄여준다.

개인이 속한 문화권의 독특한 가치와 행동양식으로 인해 커뮤니케이션에 혼선이 야기되기도 한다. 개인주의에 가치를 두는 미국과 집단주의를 강조하는 일본을 비교해 보자. 한 연구에 의하면, 미국 매니저들은 어떤 이슈에 대한 자신의 입장을 말하기 위해 주로 공식적인 양식에 의존하는 반면, 일본에서는 매니저들이 면대면 커뮤니케이션을 선호한다. 일본인 상사 밑에서 근무하는 미국인 직원들이라면 면대면 대화를 요구하는 상사가 처음에는 적응이 안 될 것이다. 한편 특정 문화 내에서의 관례적인 상호작용 형식이 종종 커뮤니케이션을 대신하기도 하는데 이를 이해하지 못해 혼란을 겪기도 한다. 이를테면 한국이나 중국과 같은 고관여 문화(high context culture)에서는 커뮤니케이션의 내용 그 자체보다도 상황이 부여하는 의미가 더 중요한 경우가 많다. 이런 점에서 보게 되면 모든 문화에서의 차이를 인정하고 다양성을 받아들이는 노력이 이문화 간의 교류에서는 반드시 요구된다.

고관여 문화
지식이나 관점들에 있어 사람들은 상당부분 공통점이 있기 때문에 많은 것들을 명백한 설명 없이 암묵적이거나 또는 간접적인 방식으로 커뮤니케이션하는 문화

커뮤니케이션의 장애는 남성과 여성의 대화방식 차이로도 발생할 수 있다. 여성의 사회참여가 증가하면서 다른 성별 간의 효과적인 커뮤니케이션은 어떤 조직에서든 중요한 이슈가 되고 있다. 남성과 여성은 커뮤니케이션에서도 매우

Mapping ORGB 조하리 윈도우(The Johari Window)

조하리 윈도우(The Johari Window)는 이해와 활용이 쉬운 커뮤니케이션 모델로서, 자신과 타인이라는 두 정보 원천 간의 상호작용을 반영하는 네 영역으로 이루어진다. 첫째, 공개적 영역(open area)은 나도 알고 있고 상대방에게도 알려진 나에 관한 정보를 의미한다. 둘째, 맹목의 영역(blind area)은 나는 모르지만 상대방은 알고 있는 나의 정보를 뜻한다. 사람은 이상한 행동 습관, 특이한 말버릇, 독특한 성격과 같이 '남들은 알고 있지만 자신은 모르는 제 모습'이 있는데 이를 맹목의 영역이라고 할 수 있다. 셋째, 숨겨진 영역(hidden area)은 나는 알고 있지만 상대방에게는 알려지지 않은 정보를 의미한다. 달리 말하면, 나의 약점이나 비밀처럼 상대방에게 감추는 부분을 뜻한다. 마지막으로 미지의 영역(unknown area)은 나도 모르고 상대방도 알지 못하는 나의 부분을 의미한다. 심층적이고 무의식의 정신세계처럼 우리 자신에게 알려지지 않은 부분이 바로 미지의 영역에 해당한다. 하지만 지속적인 관심과 관찰을 통해 이러한 부분은 언젠가는 스스로 의식할 수 있게 된다.

	Known to self	Not Known to self
Known to others	Open	Blind
Not Known to others	Hidden	Unknown

사람마다 마음의 창모양이 다르다. 개인이 인간관계에서 나타내는 자기노출과 피드백의 정도에 따라 마음의 창을 구성하는 네 영역의 넓이가 달라지기 때문이다. 이렇게 다양하게 나타나는 창모양은 어떤 영역이 가장 넓은가에 따라 크게 다음의 네 가지 유형으로 구분될 수 있다. 이 가운데 공개적 영역은 원활한 커뮤니케이션이 일어날 수 있는 조건을 제공하게 되므로 자기노출과 피드백 추구를 증진함으로써 이 영역의 크기를 가능한 넓히는 것이 요구된다.

▣ **공개적 영역**이 가장 넓은 사람은 대체로 인간관계가 원만한 사람들이다. 이들은 적절하게 자기표현을 잘할 뿐만 아니라 남의 말도 잘 경청할 줄 아는 사람들로 타인에게 호감과 친밀감을 주게 되어 인기가 있다. 그러나 지나치게 공개적 영역이 넓은 사람은 수다스럽고 경박한 사람으로 비칠 수도 있다.

▣ **맹목의 영역**이 가장 넓은 사람들은 자신의 기분이나 의견을 잘 표현하며 나름 자신감을 지닌 시원시원한 사람일 수 있다. 그러나 이들은 타인의 반응에 무관심하거나 둔감해서 때로는 자기 주장만 하는 사람으로 비칠 수 있다. 남의 말에 좀 더 진지하게 귀를 기울이는 노력이 필요하다.

▣ **숨겨진 영역**이 가장 넓은 사람들은 상대방의 이야기는 잘 경청하지만 자기 이야기는 잘 하지 않는 사람들이다. 자신의 속마음을 잘 드러내지 않으며 계산적이고 실리적인 경향이 있다. 이들은 실수가 적고 적응력이 좋으나 내면적으로는 고독감을 느끼는 경우가 많다. 자기개방을 통해 타인과 좀 더 넓고 깊이 있는 교류가 필요하다.

▣ 마지막으로 **미지의 영역**이 가장 넓은 사람들은 인간관계에 소극적이며 혼자 있는 것을 좋아하는 사람들이다. 타인과 접촉하는 것을 불편해하거나 무관심하여 고립된 생활을 하는 경우가 많다. 이러한 고립형은 인간관계에 좀 더 적극적이고 긍정적인 태도를 가질 필요가 있다. 인간관계 개선을 위해서는 일반적으로 미지의 영역을 줄이고 공개적 영역을 넓히는 것이 바람직하다.

출처: Brown & Harvey(2011).

다르다. 남성들은 허세를 부리고 심지어 거만해 보이는 언어들을 사용하는 경향이 있고, 여성들은 사람들을 배려하고 겸손해 보이는 언어들을 사용하는 경향이 있다. 한 연구에 따르면, 이러한 여성과 남성 사이에서의 대화방식 차이는 유년시절부터 시작된다고 한다. 대체로 소년들은 위계적으로 구조화된 그룹에서 놀이하며 그에 따른 독립적인 언어를 사용한다. 반면에 소녀들은 소규모의 그룹이나 두 명이 한 쌍을 이루어 놀이하고 관계적이며 친밀한 언어를 사용한다. 이러한 양성 간 대화방식에서의 성별 차이(gender differences)를 수용하고 이해하는 것이 커뮤니케이션에서의 성별 장벽을 해결하는 가장 중요한 방법일 것이다. 마치 '화성에서 온 남자, 금성에서 온 여자'처럼 말이다.

메시지를 수신하였을 때 수신자의 감정 상태 또한 그 메시지를 해석하는 방법에 영향을 끼칠 수 있는 중요한 요인이다. 즐겁거나 우울함에 따라 같은 메시지도 다르게 해석되는 경험을 누구나 한 번쯤은 해보았을 것이다. 어떤 감정은 사람들을 침묵하게 하거나 폭력적으로 만듦으로써 커뮤니케이션을 방해하기도 한다. 특히 극단적인 감정은 자기 자신을 명확하고 조리 있는 언어로 표현하지 못하도록 만든다. 이러한 감정은 더 나아가 상대방이 방어적인 자세를 취하도록 만들기도 한다. 극단적인 감정으로 인한 커뮤니케이션 장애 해결 방법의 하나는 의도적으로 말을 멈춤으로써 시간을 가지고 화자가 침착함을 회복할 수 있도록 하는 것이다. 그리고 두 번째 방법이라면 안전하고 비위협적인 장소나 경로에서 격렬한 감정을 발산하고 표출하여 해소하는 것이다.

다음은 마지막 장애요인으로서 **여과**(filtering)와 **선택적 수용**(selective perception)이다. 남을 잘 신뢰하지 않는 사람은 상대방이 거짓을 전한다고 가정하거나 정확하지 않은 것을 듣고 있다고 믿는다. 예컨대 평소 자기 동료가 유능하지 못하다고 믿는다면 그가 주는 정보는 아무리 중요한 것이라도 무시하려 든다. 이처럼 선택적인 수용을 하는 사람들은 또한 정보를 여과하여 일부만 상대방에게 전달하기도 한다. 이러한 여과가 실제 조직에서는 부정적인 정보는 제쳐두고 상사가 듣기 원하는 것만 추려서 전하는 식으로 많이 발생한다. 조직 내에서 수직적 계층이 많이 존재할수록 그 기회는 더욱 많아진다고 한다. 최근 조직 내에서 지속적으로 늘어나는 인트라넷과 전자메일의 사용은 차상위 상사와도 직접적인 접촉의 기회를 제공하고 있어서 여과의 폐해를 줄일 수 있게 해

여과
수신자에게 더 호의적으로 보일 수 있도록 정보를 조작하는 행동

선택적 수용
보거나 들은 것을 자신의 니즈에 맞게 가공하는 것

준다. 더구나 회람(참조) 기능은 발신자와 수신자 모두의 신뢰를 높임으로써 여과뿐 아니라 선택적 수용의 가능성까지 줄여준다.

2.3 지원적인 커뮤니케이션과 효과적인 피드백 스킬

조직에서 구성원들 또는 부서 간에 어떤 문제가 발생한다면 많은 사람이 그것을 적극적으로 나서서 해결하려 하기보다는 그냥 덮고 넘어가려 하는 경향이 있다. 왜 그럴까? 아마도 대화가 껄끄러울 것이라는 부담감과 문제를 더 악화시키게 될지도 모른다는 걱정이 앞서기 때문일 것이다. 1997년 발생한 대한항공 801편 비행기 추락 사고는 커뮤니케이션 부재가 빚은 참사 중 하나로 기억되고 있다. 기장의 판단이 잘못됐다는 것을 알면서도 승무원들이 이를 지적하지 못해 200명이 넘는 승객이 목숨을 잃은 사건이다. 커뮤니케이션 부재가 낳은 이 사건의 원인을 어떤 학자는 '**권력거리지수**(PDI: power distance index)'를 이용해 문화적인 관습 때문이라고 귀결 짓기도 했다. 하지만 문화적인 이유보다는 오히려 승무원들 간의 지원적인 커뮤니케이션 부족이 어쩌면 더 큰 원인이었을지도 모른다.

권력거리지수
한 사회에서 불평등의 수준을 나타내는 지표로서 권력의 불균등한 분배가 사회의 구성원들에 의해 용인되는 정도

지원적인 커뮤니케이션(supportive communication)이란 상호 간의 관계를 구축하고 지속해 유지·발전시켜 나가는 데 초점을 두는 개인 간의 커뮤니케이션을 의미한다. 불필요한 오해 없이 정확하고 솔직한 커뮤니케이션을 위해서는 평소 조직 내에서 지원적인 커뮤니케이션 원칙을 따르는 것이 좋다. 즉, **상대방이 불필요한 방어행동**(defensiveness)**을 취하지 않도록 유의하는 것과 본인도 자**

표 8.3 효과적인 커뮤니케이션의 두 가지 장애물

방어행동 (defensiveness)	• 커뮤니케이션의 결과로 한 쪽은 위협받거나 공격받는다고 느낀다. • 자기보호가 최우선이다. • 경청보다는 방어에 에너지를 쏟는다. • 공격성, 분노, 경쟁, 회피가 흔한 반응들이다.
오류입증 (disconfirmation)	• 커뮤니케이션의 결과로 한 쪽은 무능력하고 무가치하며 중요치 않다고 느낀다. • 자존심을 회복하려는 시도가 최우선이다. • 경청보다는 자신을 뽐내는 데 에너지를 쏟는다. • 자기자랑, 자기중심적 행동, 위축된 행동, 모티베이션 저하가 흔한 반응들이다.

하이데거의 숲

지원적인 커뮤니케이션이란?

- 겉과 속을 달리(incongruent)하는 게 아니라 같게(congruent) 말하자. 언어적 표현은 실제 생각 및 감정에 일치해야 한다. "내가 화난 것 같다고? 아니, 난 괜찮은데."보다 "너의 행동은 나를 정말 화나게 해."라고 말하자.
- 평가적(evaluative)이지 말고 서술적(descriptive)으로 말하자. 객관적인 사건과 그에 대한 나의 반응을 서술하고 대안을 제시해야 한다. "네가 한 일은 잘못됐어."보다 "일의 진상은 이렇고 내 생각은 이래. 그래서 이렇게 했으면 좋겠어."라고 말하자.
- 사람(person-oriented)이 아닌 문제(problem-oriented)에 대해 말하자. 사람들과 그들의 특성보다는 변화시킬 수 있는 문제와 이슈들을 다루어야 한다. "너 때문에 문제가 생겼어."보다 "어떻게 하면 이 문제를 해결할 수 있을까?"라고 말하자.
- 무시(invalidating)가 아니라 인정(validating)하면서 말하자. 존중, 유연성, 협력과 합의를 바탕으로 커뮤니케이션해야 한다. "너는 이해 못 할 테니까, 내 방식대로 하는 게 나을 것 같아."보다 "나는 이런 아이디어가 있는데, 너도 제안해 볼래?"라고 말하자.
- 포괄적(global)이지 않게 구체적(specific)으로 말하자. 대략적이거나 극단적이거나 양자택일식의 표현은 피하고 구체적인 사건과 행동에 초점을 두어야 한다. "넌 항상 관심 끌려고 하더라."보다 "이번 회의에서 넌 내 말을 세 번이나 끊었어."라고 말하자.
- 생뚱맞게(disjunctive) 말고 이어지게(conjunctive) 말하자. 이전에 했던 말에서 시작함으로써 상호작용을 촉진하는 식으로 표현해야 한다. "(무턱대고) 나 말할 게 있어."보다 "네가 방금 말한 것과 관련해서 할 이야기가 있어."라고 말하자.
- 남 이야기하듯(disowned) 하지 말고 내 이야기(owned)로 말하자. 직접적인('나') 단어들을 사용함으로써 자기의 말에 책임을 져야 한다. "아이디어는 꽤 좋은데, 채택되진 않을 거 같아."보다 "나는 네 요구를 거절하기로 했어. 그 이유는~"이라고 말하자.
- 무턱대고 듣기(one-way listening)보다 지원적인 경청(supportive listening)을 하자. 사려 깊은 반응을 보임과 더불어 다양하고 적절하게 반응해야 한다. "전에도 말했지만 넌 실수가 너무 많아. 제대로 하고 있지 않다는 거지."보다 "개선하는 데 장애가 되는 것들이 무엇이라고 생각하니?"라고 말하자.

존심 회복을 위해 오류입증(disconfirmation)**에 그토록 열을 올리지 않는 것**이다([표 8.3] 참조). 방어적인 커뮤니케이션(defensive communication)은 저돌적이고 공격적으로 화나서 하는 커뮤니케이션으로, 수동적이며 철회적인 커뮤니케이션까지도 포함한다. 조직에서의 방어적 커뮤니케이션은 감정의 상처, 커뮤니케이션의 단절, 작업 관계에서의 소외, 파괴적이고 보복적인 행동, 그리고 비생산적인 효과와 문제해결의 실패 등 광범위한 문제를 초래한다.

방어적인 커뮤니케이션은 흔히 또 다른 방어적인 커뮤니케이션을 유발한다. 방어의 두 가지 기초적인 양식은 지배적인 것과 종속적인 것이다. 지배적 방어(dominant defensiveness)는 활동적이고 공격적이며, 침략적인 행동으로 특징지어진다. 즉, "최선의 공격이 최고의 수비이다."라는 식이다. 다분히 공격 성향으로 이러한 지배적 방어 성향의 사람들은 "내가 옳고 당신은 그르다."라는 심리적 특성을 보인다. 조직의 높은 계층에 있는 사람들뿐 아니라 자격지심에서 손상된 자존감을 보상받고자 하는 사람들은 대부분 이러한 유형의 방어태도를 보일 수 있다. 한편, 종속적 방어(subordinate defensiveness)는 수동적이고 복종적이며 철회하는 행동들에 의해 특징지어진다. 종속적 방어 성향의 사람들은 "당신이 옳고 나는 틀렸어."라는 심리적 태도를 보인다. 주로 조직의 낮은 위치에 있는 사람들과 자존감이 낮은 사람들이 이러한 방어태도를 보인다. 겉보기엔 순종적으로 보이지만 결코 바람직한 태도라고는 할 수 없다.

지원적인 커뮤니케이션 원칙과 긴밀한 관련성을 갖는 것이 또한 **효과적인 피드백 스킬**이다. 지원적인 커뮤니케이션은 당면한 문제를 이야기하는 동안 당사자끼리 긍정적인 관계를 지속해 유지할 수 있도록 하는 것이므로 피드백하는 상황에서, 특히나 부정적인 피드백을 해야 하는 상황에서는 더더욱 중요하다. 피드백을 주고받는 것은 상사나 부하직원 양측에게 쉬운 일이 아니다. 그나마 긍정적인 피드백이라면 즉각적이고 열성적으로 응할 수 있지만 부정적인 피드백은 꽤나 다르게 다루어진다는 것을 알 수 있다. 대부분 수용되는 긍정적인 피드백과 달리 부정적인 피드백은 자주 저항에 부딪힌다는 것을 알기 때문에 상대방의 감정을 해치는 것이 두려워서 종종 이를 피하거나 지연시키거나 실질적으로 왜곡시키기까지 한다. 한 연구에서는 그러나 부정적인 피드백이 객관적이거나 또는 신뢰할 만한 근거를 바탕으로 이루어지게 되면 대부분 쉽게 받아들여진다고 했다. 이렇듯이 부정적 피드백도 지원적인 커뮤니케이션을 위해 다음에서 제시하는 것처럼 그 방법을 배울 필요가 있다.

- 특정 행동에 집중시켜라.
- 피드백을 비개인적으로 유지하라.
- 목적지향적인 피드백이 되게 하라.
- 피드백을 적시에 제공하라.
- 확실히 이해시켜라.
- 수신자가 통제할 수 있는 행동에 대해 피드백하라.

3 조직에서의 커뮤니케이션

우리나라 직장인 65.3%가 회사 내에서 커뮤니케이션이 원활치 않다고 답한 설문 결과가 있다. 주요 원인으로는 위계적이며 경쟁지향적인 조직문화를 꼽았다. '상명하복식의 위계문화'가 32.9%로 가장 높았고, '자기 이익만 추구하는 개인 · 부서 이기주의(32.1%)', '지나친 단기 성과주의 강조(31.4%)' 등의 순이었다. 조직에서는 업무지시와 보고 등 공식적인 커뮤니케이션과 업무 외의 사적인 교류나 사교모임에서의 소통 같은 비공식적 커뮤니케이션이 함께 존재한다. 기술의 발달과 함께 정보화와 네트워크화가 급속히 진행됨에 따라 수평적 커뮤니케이션의 중요성이 한층 더 강조되고 있다.

3.1 공식적 커뮤니케이션과 비공식적 커뮤니케이션

공식적 커뮤니케이션은 조직에서 정의하고 있는 책임과 권한에 따라 메시지의 전달이 일어나는 것을 의미한다. 이러한 커뮤니케이션은 그 방향에 따라 수직적이거나 수평적으로 흐를 수 있다. 더 나아가 수직적 커뮤니케이션은 다시 상향식과 하향식으로 구분할 수 있다. 한편 비공식적 커뮤니케이션은 조직 내에서 자생적으로 형성된 커뮤니케이션 체계를 일컬으며 통상 그레이프바인으로도 지칭한다.

하향식 커뮤니케이션

전형적인 커뮤니케이션 개념으로 업무와 관련된 상급자의 의견이나 전달사항이 공식적인 경로를 거쳐 하급자에게 전달되는 것을 의미하며 업무지시, 사내공지, 정책지시, 안내서 등이 포함될 수 있다. 집단이나 조직의 한 위계에서 더 낮은 위계로 흐르는 이러한 의사소통을 흔히 지시적 커뮤니케이션이라고도 한다. 하향식 커뮤니케이션은 명령의 일원화와 책임소재의 명확성을 확보할 목적으로 매우 널리 사용되고 있지만, 이 방법이 제대로 이루어지지 않았을 때는 조직구성원들 사이에 갈등을 유발하는 수가 있다. 따라서 상사는 하향식 커뮤니케이션을 이용할 때 왜 그러한 의사결정이 이루어졌는지에 대한 이유를 반드시 함께 설명해야 할 필요가 있다. 또 다른 문제점은 하향식 커뮤니케이션의 일방적인 성격에 있다. 일방적이다 보니 밑으로 내려갈수록 정확성이 떨어질 때가 있다. 게다가 일반적으로 상사들은 부하직원들에게 알리기는 해도 좀처럼 그들의 조언이나 의견을 수용하려 하지 않는 경향까지 있다. 쌍방향 커뮤니케이션이 상호이해와 정확도 면에서 일방적 커뮤니케이션보다 훨씬 효과적이란 사실은 누구나 잘 알 것이다.

상향식 커뮤니케이션

'보텀업(bottom-up)' 커뮤니케이션이라고도 하는 상향식 의사소통은 제안제도나 상황적 보고가 전형적인 예라 할 수 있다. 의견 등 제반 정보가 하급자로부터 상급자에게로 흘러가는 상향식 커뮤니케이션의 목적은 부하직원들의 자발적인 의사전달과 그들의 현장경험을 통한 실무 아이디어의 창출이라고 볼 수 있다. 그러나 조직의 규모가 비대해지면서 상향식 커뮤니케이션이 제대로 활용되지 못하는 경우가 많다. 그 주된 이유로서 상사들은 때때로 부하들의 의견이나 아이디어를 무시하는 경우가 많다는 것이다. 더구나 상명하복의 위계질서 문화로 우리나라에서는 이런 것이 당연시되는 경향까지 있다. 부하들 역시 보고할 내용이 좋지 못하고 결점이 많을 때는 보고를 은폐하려 한다는 것도 원인 가운데 하나다. 그 중요성에 비해 상향식 커뮤니케이션이 충분히 활용되지 못하는 것이 현실이다. 상향식 커뮤니케이션은 상사로 하여금 부하직원들이 직무와 동료, 그리고 조직 전반에 대하여 어떻게 느끼는지를 알 수 있게 해준다. 그래서 이러한 의사소통이 원활한 팀 기능을 위해 필수적이다.

열린 커뮤니케이션을 위해 쿠팡은 칸막이 없이 뻥 뚫린 사무실을 만들었다. 직급에 따른 자리 배치도 없을 뿐더러 자리를 지키고 앉아서보다는 오픈라운지 등에서 직원들끼리 어울려 소통할 수 있게 했다.

수평적 커뮤니케이션

조직 내에서 대등한 지위에 있는 구성원끼리의 의사소통은 수평적 커뮤니케이션이라고 한다. 팀제의 도입이 증가하면서 그 중요성이 더욱 강조되고 있는 커뮤니케이션으로 팀원들 간의 교류나 동등한 부서 간의 의사소통이 이에 속한다. 수평적 커뮤니케이션은 정보공유에 직접 관련되며 조정을 용이하게 해준다. 대부분의 고성과조직에서는 수평적 커뮤니케이션이 원활하게 이루어져서 구성원들에게 기업 내부의 정보공유를 활성화하고 있다. 비록 수직적인 커뮤니케이션이 조직 내에서 주요 의사소통으로 작용하지만 보다 효과적인 조직이 되기 위해서는 이 수평적 커뮤니케이션이 원활히 이루어져야 한다. 하지만 수평적 커뮤니케이션이 공식적인 경로를 위반하거나 특정 동료를 괴롭히기 위해 사용된다면 역기능적인 갈등을 유발하게 될 것이다.

수평적 커뮤니케이션의 특수한 형태로서 팀 커뮤니케이션의 집권화 정도와 팀 과업 성격 간 관계를 조사한 연구들이 있다. 집권화된 커뮤니케이션 네트워크는 중심이 되는 사람에게 관련 정보를 잘 전달하여 단순한 문제에 대해서 신속한 해결에 이를 수가 있다. 한편 복잡한 문제와 관련해서는 분권화된 네트워크가 더 문제해결이 빠를 수 있다. 필요한 정보가 한 사람에게만 집중되지 않는 광범위한 커뮤니케이션은 유익한 인풋(input)이 되기 때문이다. 문제해결의

ORGB 뉴스

일터(workplace)에서의 지시와 대화

입은 화의 문이요. 혀는 몸을 베는 칼이다.

지시와 대화는 '언어'이다. 혼자서도 가능한 것이 '말'이다. 대화는 둘 이상이어야 된다. 커뮤니케이션의 어원은 '교환하다, 공유하다'이다. 상호 간 대화를 전제로 한다. 중얼거림의 '혼잣말'이 아니다. 조화와 균형의 유지가 기본이다. 즉, 언어는 이타적 관계를 형성할 수도 무너뜨릴 수도 있다. 언어의 중요성은 풍도의 설시(舌詩)에서 찾아볼 수 있다. '입은 화의 문이요, 혀는 몸을 베는 칼이다(口是禍之門, 舌是斬身刀)'라고 하였다. '언어'는 지시와 대화의 근간이다. '말'을 어떻게 다루느냐에 따라 결과는 천양지차(天壤之差)이다.

일터(workplace)는 개인의 삶이다.

지시와 대화가 이루어지는 일터는 어떤 곳일까? 일터는 개인의 시간과 노력이 고스란히 녹아 있는 곳이다. 대부분 가정보다 더 많은 시간을 보내고 있다. 주 52시간이 시행되어 예전보다는 좋아졌다. 활동시간만 기준으로 한다면 가족보다 더 많은 대화와 만남이 형성되는 곳이 일터이다. 그만큼 개인의 삶에서 차지하는 비중이 높은 곳이다. 삶의 희로애락 대부분이 생성되고 소멸되는 일터에서의 효율적인 지시와 대화는 어떻게 해야 할까?

깔끔한 지시, 맛깔나는 지시, 속 편한 지시!

지시는 깔끔해야 한다. 맛깔나야 한다. 속이 편해야 한다. 소화도 잘 되어야 한다. 리더의 센스메이킹(sensemaking)이 '시각적(눈) 맛, 체험적(입) 맛, 느낌적(마음) 맛'을 결정한다. 지시는 센스메이킹의 결정체이다. 일에 대한 규칙과 성격을 얼마나 잘 파악하느냐는 것이다. 위대한 리더와 평범한 리더가 구분되는 출발점이 '지시'이다. 지시는 일의 이해도, 중요도, 시급성, 판단력 등의 종합선물세트이다. 즉, 전문적 지식과 경험에 인성이라는 양념이 가미되어 맛을 낸다. 이해가 쉬운 지시는 담백하다. 지시는 단방향이 아닌 쌍방향으로 공유할 때 감칠맛이 난다. 강압적이지 않은 지시는 소화가 잘 된다. 지시의 달인은 촌철살인(寸鐵殺人)과 같다. 군더더기가 없다. 뺄셈의 법칙을 이용한다. 말을 보태는 능력이 아니라 말을 걷어내면서 핵심을 전달한다. '이청득심(以聽得心) 리더십'이다.

집단적 리더십 'We 리더십'형 지시!

리더가 존중받고 이목이 집중되는 이유는 무엇일까? 최근 리더십은 리더 중심의 '나(me)'에서 집단적 'We'로 바뀌고 있다. '나(Me)'를 뒤집어 보면 '우리(We)'가 된다. 리더 혼자서 팀원들의 업무 역량과 경험을 압도하던 시대는 소멸되었다. 4차 산업혁명은 리더의 지식과 경험의 가치를 하락시켰다. '쓸모'라는 자산가치가 없어진 것이다. 힘(power)을 근간으로 하였던 3차 산업혁명시대의 과거 경험과 통찰력은 시효가 만료되었다. 인간의 머리(knowledge)를 빌려 사람을 이해하는 시대가 되었다. 후배들과 이해하고 협업의 관계 구축을 위해 노력해야 한다. '일방적' 지시에서 '협의적 공유'를 통한 '한 방향, 다양한 사고'를 만들어야 한다. 목표에 대한 방향성(Direction), 활동의 중간 조정과 정렬(Alignment), 집단 목표에 대한 몰입(Commitment)이 지시의 주요 목적이자 리더십(DAC)이다. 권위적 업무지시는 '꼰대 리더십'의 전형이다. 과식하면 '직장 내 괴롭힘'인 '갑질'의 소화불량이 된다. 스토리와 은유로 이해를 도와야 한다. 팀원들과 논쟁에서 이기려 하지 마라. 질문으로 논쟁의 수위를 낮추어야 한다. 질문은 이타적 사고를 단계적으로 이끌어 낼 수 있다. 질문은 참여도와 몰입도를 높인다. '지는 법'을 배워야 진정한(Authentic) 리더로 발전한다. 리더는 '고개를 숙일 때마다 성장한다'는 말이 있다. 굳이 이기려 하지 말자. 어떻게 하면 더 맛있고, 속이 편한 지시를 할 수 있을지 센스메이킹을 키우는 데 시간과 노력을 투자하자.

ORGB 뉴스

효율적 대화 '피자 두 판의 법칙(two-pizza team rule)!'

일터에서 효율적인 대화란 어떤 것일까? 사람이 많을수록 더 많은 혁신이 더 빨리 일어날까? 하버드대학 심리학 교수 리처드 해크먼은 일터에서 커뮤니케이션 건수를 수학공식[n(n-1)/2]으로 제시하였다. 2명이면 1건, 4명이면 6건, 10명이면 45건이 발생한다는 것이다. 참석자가 많아지면 커뮤니케이션이 풍성해진다. 과유불급(過猶不及)은 배가 산으로 갈 수도 있다. 아마존 창업자 제프 베이조스는 효율적인 커뮤니케이션 비법으로 '피자 두 판의 법칙(two-pizza team rule)'을 제시하였다. 일터에서의 팀 구성원 또는 회의 참석자는 '소규모'여야 한다고 강조하였다. 공동체 규모는 피자 두 판으로 식사가 해결될 수 있을 만큼의 인원이 더 효율적이라는 것이다.

'따스하고, 인정하고, 아우르는 말 한마디'에 잔설(殘雪)이 녹는다.

2015년도 하버드경영대학원과 스탠퍼드대가 '상사에게 받는 스트레스가 간접흡연에 노출된 것과 같다'라는 연구결과를 발표하였다. 그만큼 일상에서 상사 때문에 받는 스트레스가 너무 크다는 것을 데이터는 반증하고 있다. 겨울 마지막 길목에 남아 있는 잔설(殘雪)은 어떻게 녹을까? 나뭇가지 사이로 스며드는 따스한 빛 한줄기이다. 얼어붙은 마음을 녹이는 것은 리더의 '따스한 말 한마디, 인정하는 말 한마디, 아우르는 말 한마디'이면 충분하다. 잔설이 녹을 때 담백하고 맛깔난 지시가 된다는 것을 명심하자.

출처: https://www.hankyung.com/thepen/article/103193

정확도에서는 집권화된 네트워크가 단순한 문제와 관련해 에러가 적지만 복잡한 문제에서 에러가 많을 수 있다. 반면 분권화된 네트워크는 단순한 문제에서 정확도가 적지만 복잡한 문제에서 정확도가 높을 수 있다.

비공식적 커뮤니케이션(그레이프바인)

조직에는 공식적인 커뮤니케이션 체계뿐만 아니라 자생적으로 형성된 비공식적 커뮤니이션 체계도 존재한다. 이러한 비공식적 커뮤니케이션 체계를 포도넝쿨을 닮았다 하여 **'그레이프바인**(grapevine)**'**이라고도 칭한다. 그레이프바인은 조직 전반에 걸쳐서 뒷말이 퍼지는 방법을 말한다. 종종 정보는 공식적인 채널을 통해서보다 그레이프바인을 통해 더 빨리 퍼진다. 정보가 입에서 입으로 또는 전자매체를 통해서 퍼져 나간다. 거의 모든 사람이 어떤 식으로든 뒷말에 참여하기 때문에 그것은 정보를 퍼뜨리는 매우 효과적인 방법이다. 불행히도 이러한 정보는 통제되지 않으며 왜곡되거나 심지어 완전히 조작될 수 있다. 공식적인 커뮤니케이션이 불충분하다면 그레이프바인은 특히 중요하다. 사람들은 누구나 불확실한 것을 좋아하지 않으므로 공식 시스템에 의해 정보가 제공

그레이프바인
조직 내 비공식적인 뒷말 네트워크

그림 8.4 그레이프바인

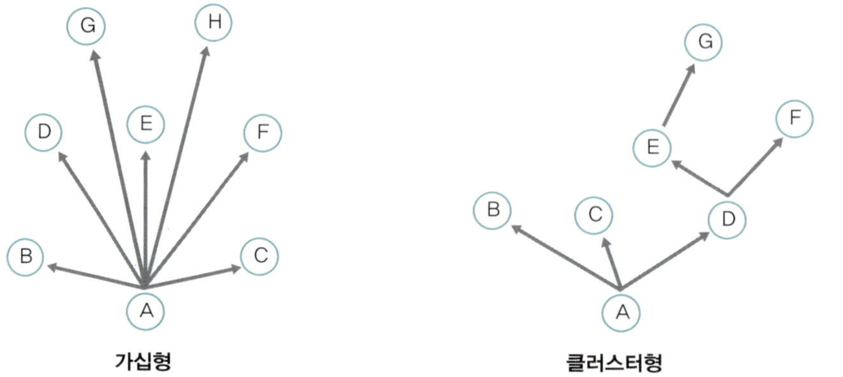

되지 않을 때 그들은 소문을 통해 정보를 찾고 또 퍼뜨린다.

전자통신과 소셜미디어는 그레이프바인의 속도와 확산을 크게 증가시켰다. 공교롭게도 좋은 소식보다는 나쁜 소식이 더 빠르게 떠돌아다닌다. 예컨대 대량해고와 공장폐쇄 등에 대한 소문은 누가 영향을 받을지, 언제 일어날지에 대한 부정확한 정보로 가득 채워져 있지만 뭔가 일어난다는 소문은 꽤 정확한 게 사실이다. 다양한 산업에 종사하는 종업원들을 대상으로 한 조사에서 응답자의 과반수, 55%가 그레이프바인을 통해 주요 정보를 얻고 있다고 했으며, 또 다른 연구에서는 공식적인 커뮤니케이션 채널을 통해 얻는 정보 이상으로 그레이프바인을 통해 얻는 정보를 신뢰한다고 보고했다.

[그림 8.4]에서 보듯이 그레이프바인은 크게 두 가지 유형으로 구분된다. 메시지가 한 사람으로부터 다수의 사람에게로 전달되는 가십형(gossip)과 몇몇 소수의 사람으로부터 다수의 사람에게로 전달되는 클러스터형(cluster)이 그것이다. 조직 차원에서 보면 그레이프바인은 구성원들이 상황에 대한 이해뿐 아니라 문제에 대해 신속한 반응을 하는 데에 도움을 준다. 비공식적인 커뮤니케이션이 활발하다는 것은 그만큼 조직이 건강하다는 증거이기도 하다. 하지만 그레이프바인을 통제하는 것이 어렵기 때문에 조직의 목표에 반하거나 부정적인 정보 확산의 통로로 사용될 때는 이를 제어하는 것이 불가능할 때도 있다. 비공식적인 커뮤니케이션 체계를 흐르는 정보는 대부분 소문의 형태이고 왜곡의 소지도 커 그동안 소홀하게 다루었던 것이 사실이다. 매니저가 효과적인 업무

하이데거의 숲

네트워크 패턴에는 어떤 것들이 있나?

개인은 자신의 네트워크에 있는 연결 멤버를 통해 다른 그룹의 도움도 받을 수 있고, 광대한 네트워크를 가졌다면 더 많은 정보에 접근할 수 있다. 조직에서의 커뮤니케이션은 주로 공식적인 네트워크를 통해 흐른다. 자주 사용되는 5가지의 네트워크(휠, 체인, Y, 서클 및 전채널)를 아래 그림들로 보여준다. 이 같은 패턴은 임의로 그룹핑에 개입할 수 있는 실험실 연구에서 파생되었는데, 각 네트워크 간의 주요 차이점은 집중화 또는 분산화 정도이다(Ramos, 2012).

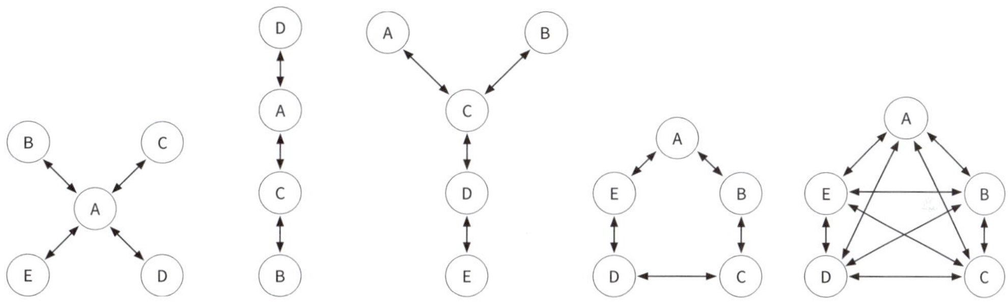

휠(Wheel) 체인(Chain) Y 서클(Circle) 전채널(All-Channel)

- **휠 네트워크**는 2단 계층 구조로서 각자가 다른 한 사람과만 소통할 수 있어서 가장 구조화되고 집중화된 패턴이다. 이를테면 팀장이 A이고, B, C, D, E는 각각 팀원이다. 네 명의 팀원은 팀장에게 정보를 보내고 팀장은 대개 결정의 형태로 해당 정보를 팀원들에게 다시 보낸다.
- **체인 네트워크**는 다음으로 집중화 정도가 높다고 할 수 있다. 오직 두 사람만이 소통하고 대상도 단 한 사람뿐이다. 정보는 이러한 네트워크를 통해 릴레이 방식으로 전송된다. 사원(B)이 대리(C)에게, 대리는 다시 과장(A)에게, 과장은 다시 부장(D)에게 보고하는 네트워크이다.
- **Y 네트워크**는 두 사람이 체인의 밖에 있다는 점 말고는 체인과 유사하다. 예컨대 Y 네트워크에서 A와 B는 C에게 정보를 보낼 수 있지만 그들은 누구로부터도 정보를 받을 수는 없다. C와 D는 정보를 교환할 수 있다. E는 D로부터 정보를 받을 수 있지만 어떤 정보도 보낼 수가 없다.
- **서클 네트워크**는 3단계 계층 구조로서 수평적이며 분산된 커뮤니케이션을 상징한다. 각자가 오른쪽과 왼쪽에 있는 사람과 소통이 가능하다. 앞서 언급한 다른 네트워크 채널보다 문제해결을 위해 열린 양방향 채널이 더 많다. 서클 네트워크에서는 모두가 의사결정자가 된다.
- **전채널 네트워크**는 서클 네트워크의 확장이라 할 수 있다. 서클 네트워크의 모두를 연결함으로써 자유롭게 분권화된 소통을 할 수 있도록 한다. 중앙 위치가 없으며 어떤 이에게도 소통 제한이 없다. 공식적으로나 비공식적으로 어떤 구성원도 리더십 위치를 차지하지 않는 위원회는 이러한 전채널 네트워크의 좋은 예이다.

를 위해서 비공식적인 커뮤니케이션을 관리하려면 그 경로를 들여다볼 필요가 있다. 역기능은 줄이고 장점을 활용하는 방안 모색이 바람직하다.

3.2 제언과 침묵

제언
조직에 보탬이 되려는 의도로 직원들이 자신의 의견을 표현하는 것

침묵
어떤 동기로 인해 자신의 의견을 의도적으로 표출하지 않는 것

종업원들은 자신의 업무와 조직을 개선하는 데 유용한 아이디어와 정보, 의견을 가지고 있다. 이러한 것들을 표현하는 행동이 **제언**(voice)이며, 표현하지 않는 행동은 **침묵**(silence)이다. 그러나 이들이 표면상으론 서로 반대로 보이지만 제언하지 않는 것과 의도적인 침묵은 서로 별개일 수가 있다. 이를테면 종업원들은 잘 모르거나 별 의견이 없어서 말을 아끼기도 한다. 그렇다고 그저 불만만을 토로하는 행동을 제언으로 볼 수도 없다. “침묵은 금이다.” “말 한마디에 천 냥 빚을 갚는다.”와 같은 속담들에서 알 수 있듯이 보기보다 이들의 관계는 꽤 복잡하다. 그래도 제언과 침묵은 의식적이고 신중한 의사결정으로 아무런 이유 없이 일어나는 것은 아니라는 점은 확실해 보인다. 제언과 침묵은 개인의 동기(motive)에 의해 선택된 결과다. 제언은 그저 현 상황을 비판하기보다는 조직에 도움이 되고자 하는 동기를 바탕으로 변화를 지향하는 행동으로, 그리고 침묵은 조직구성원이 능동적으로 자신의 의견 표현을 억제하는 행동으로 각각 이해해야 한다.

종업원들은 크게 다음의 세 가지 동기, 즉 자신이 무가치하다고 느끼는 체념적 동기, 부정적인 결과로부터 스스로를 보호하려는 방어적 동기, 그리고 조직에 건설적으로 기여하려는 친사회적 동기가 있다. 조직에 협력한다는 동기에서 업무 관련 아이디어, 정보, 또는 의견들을 표현하는 행동을 **친사회적 제언**(prosocial voice)이라고 한다. 마찬가지로 이타적이고 협력적인 동기에서 조직과 조직 내 타 구성원들의 이익을 보호하기 위해 일부 업무 관련 아이디어, 정보 혹은 의견들을 표출하지 않는 것은 **친사회적 침묵**(prosocial silence)에 해당한다. 이처럼 침묵과 제언은 서로 밀접하게 관련된 전략적 형태의 커뮤니케이션이다. 침묵에 관해서만 좀 더 부연하면, 구성원들이 발언으로 인해 부정적 결과를 초래할까 봐 두렵거나 책임져야 한다는 부담감에서 침묵을 일종의 자기보

호의 방식으로 삼는 **방어적 침묵**(defensive silence), 체념과 냉소주의로 인해 적절한 아이디어, 정보 혹은 의견 등을 표현하지 않는 경향을 의미하는 **체념적 침묵**(acquiescent silence)은 종종 조직들에서 볼 수 있는 현상들이다.

혁신에 대한 강조가 지나친 국내 대형병원들에서의 부작용을 언급했던 한 연구에서 침묵과 냉소에 관한 설문 결과(5점 척도)를 발표한 적이 있다. '나는 두려움으로 인해 변화를 위한 아이디어를 제시하거나 발언하지 않는 편이다', '나는 자기방어를 위해 간혹 중요한 사항의 보고를 누락시키는 편이다'라는 방어적 침묵에 관한 질문들에 의사는 3.72점, 간호사는 3.36점, 기타 기술자는 2.85점으로 평균 3.28점이었다. 체념적 침묵의 점수도 공개되었는데, '나는 나와 관련이 없다고 생각해 조직변화에 대한 의견 개진을 삼가는 편이다', '나는 변화를 일으킬 자신이 없기 때문에 개선을 위한 어떤 의견도 개진하지 않는 편이다'라는 질문들에서 각각 3.79점, 3.57점, 3.09점, 평균 3.48점으로 그 심각성이 더 드러냈다. 물론 서구에서 개발된 척도를 적용해 다소 편향되었을 수 있다는 한계점이 있지만, 침묵 여부가 조직구성원의 선택이더라도 한편으로는 조직 상황의 산물이기도 하다. 권력거리가 큰 동양문화권에서 상사-부하직원의 관계는 위계적이고 동등하지 못한 것이 일반적이기 때문에 부하직원들의 제언이 더욱 제한적일 수밖에 없을 것이다.

Mapping ORGB 제언 및 침묵에 관한 두 관점

규범적/기능적 관점에 따르면, 제언과 침묵은 하나의 상황 또는 상태이며 서로 완전히 반대된다. 매니저들은 제언이나 침묵의 관례, 분위기, 문화를 조성하고 종업원들은 그에 순응할 수밖에 없다는 것이다. 거시적 수준의 분석을 주로 다룬 조직 관련 문헌들 역시 제언과 침묵에 대한 구조의 영향력을 강조했고, 특히 침묵을 집단현상으로 개념화했다. 즉, 제언과 침묵이란 제약의 결과이며 종업원들은 이에 저항하여 싸우거나 다른 선택을 할 수 없다.

한편, **사회적 구성주의 관점**에서는 제언과 침묵을 전략적 커뮤니케이션 자원이자 사회적 활동들로 본다. 얼핏 보기에는 제언과 침묵이 반대되는 개념처럼 보이지만 사실은 서로 결부되어 있다. 제언은 침묵 없이 존재할 수 없고 침묵도 마찬가지다. 이러한 관점은 사람들이 관계를 벗어나서 존재할 수 없다는 사실을 암시한다. 제언과 침묵은 활동적이고 의식적이며 목적이 있는 행동으로서 사회적 상호작용의 중요한 요소들이다.

출처: Moasa(2013).

하이데거의 숲

말보다 침묵이 더 중요할 수 있는 이유

어떤 대화에서든 침묵이 더 중요할 때가 있다. 침묵만 잘해도 세련된 커뮤니케이션을 할 수가 있다. 그러기 위해서는 다음의 것들을 명심해야 한다.

- **침묵은 상대에게 압박감을 준다.** 상담전문가들이 흔히 사용하는 수단이 침묵이다. 상담 중에 침묵이 흐르도록 두는 것은 내담자에겐 무엇인가 말해야 한다는 압박을 준다. 만약 여러분들도 이런 상황에 놓이게 된다면 압박을 느껴서 말하고 싶지 않은 것까지 무심코 말하게 될 가능성이 높다. 면접관들도 이러한 책략을 흔히 사용한다. 숙련된 면접관은 침묵이 흐르도록 두고서 피면접자의 반응을 지켜본다.
- **침묵은 적대감이나 반대 의견을 드러낼 수 있다.** 침묵은 결코 무관심의 표현이 아니다. 부정적인 감정이 있다는 것을 말한다. 분노와 두려움, 당황 등을 겪게 될 때 사람들의 뇌는 일시적으로 정지된다고 한다. 씩씩대다가 말문이 막히기도 하고 너무 격분해서 적절한 말을 찾을 수도 없다. 때론 두렵고 무서워서 입을 닫기도 한다. 가령 사춘기 아이들을 생각해 보자. 건설적인 불만 해소법을 몰라 솔직하게 털어놓고 관계를 유지하기보다는 뚱한 채로 침묵하는 경향이 있다.
- **침묵은 존경이나 경외감 또는 공포 같은 심오함을 표현할 수 있다.** 타인들의 말을 듣다가 말문이 막혀서 더 이상 말을 잇지 못할 때가 있다. 남들이 겪은 끔찍한 트라우마나 아름답고 숭고한 상호작용에 대해 듣거나 또는 일몰이나 화산폭발같이 경탄을 자아낼 만한 자연현상을 목격하게 될 때가 바로 그 예들이다. 이런 상황에 놓이게 되면 "오", "와우", "대단해"로는 충분치 못하기 때문에 우리는 할 말을 잃고 침묵하게 된다.
- **침묵은 사색을 나타낼 수도 있다.** 이야기하고 있는 와중에 그들의 생각과 느낌을 알게 되는 외향적인 사람들과 달리, 내성적인 사람들은 신중히 생각한 다음 말을 꺼낼 가능성이 높다. 그들은 자기 머리와 마음속에 있는 것들을 먼저 이해하고 나서야 말을 꺼내게 된다.
- **침묵은 고의적인 무례일 수 있다.** 침묵으로써 대답을 거부하는 일은 상대를 무시하는 한 방법일 수 있다. 동양문화권에서는 침묵이 존경의 표시일 때도 있지만 서양에서는 대개 그렇지 않다. 특히 미국에서는 긴 침묵을 무례함으로 인식하며, 어떤 이들은 일부러 침묵해서 무례를 저지르기도 한다.
- **침묵은 경청할 여지를 만들 수 있다.** 상대의 말을 주의 깊게 듣고 있는 것은 그 사람에게 말할 여지를 제공한다. 이는 침묵이라는 비언어적 수단을 통해 경청할 자세가 되어 있음을 알려주는 것이다. 훌륭한 경청자는 이러한 방법을 잘 알고 있으며, 감성지능과 비언어적 커뮤니케이션에 대해 학습한다면 이 같은 신호들을 더 잘 활용할 수 있을 것이다.
- **침묵은 공감을 나타낼 수 있다.** 상대가 말하려고 하는 것을 받아들이려 작정했다면 말 속에 담긴 내용보다도 목소리의 톤, 억양, 속도에 더 주의를 기울이게 된다. 이러한 상황에서는 말로 대꾸하는 것이 적절치 않은 반응일지도 모른다. "음…", "어…"와 같은 추임새가 오히려 적절할 수 있다.

3.3 새로운 기술을 통한 커뮤니케이션

급격한 기술의 변화로 오늘날 기업들이 활용하는 커뮤니케이션 도구들은 매우 다양하다. 먼저 '인트라넷상의 게시판'으로 사보, 포스터 등과 함께 정보 게시를 위해서 사용한다. 두 번째는 '가상회의'로 오디오 · 비디오 콘퍼런스나 위성 미팅 등이 여기에 포함된다. 세 번째는 '최고경영자(CEO)의 직접적인 커뮤니케이션'으로 CEO 월간레터, 신년사 등이 있다. 이 밖에도 스마트폰이 본격적으로 성장한 2010년대부터는 '모바일 메신저'가 일상의 중심에 자리 잡았다. 모바일 메신저 이용이 늘며 상대적으로 음성통화 이용량은 크게 줄어드는 현상이 나타나고 있다.

성공적인 사내 커뮤니케이션 사례는 해외 기업들에서 더 많은 사례를 발견할 수 있는데 구글이 대표적이다. 구글은 사내 커뮤니케이션 활성화가 아이디어 창조에 기여하도록 인트라넷을 적극 활용한다. 모든 직원이 인트라넷(intranet)에 자기 아이디어를 게재하고 다른 직원의 아이디어에 댓글을 단다. 일정 수준 이상의 댓글을 얻게 되면 '20% 과제'로 등록되고 아이디어 제안자가 아이디어를 보다 구체화하게 된다. 아이디어에 관심이 있는 다른 직원들 또한 소속 부서와 상관없이 제안자와 함께 팀을 구성할 수 있다. 구글코리아가 직장인 행복도 조사에서 4년 연속 1위를 차지할 수 있었던 것도 이러한 조직문화와 관련이 있는 것 같다. 직원이 500명 안팎인 구글코리아는 커뮤니케이션을 근간으로 소모임 제도를 운용하고 있다. 그 핵심은 역시 자발성이다.

과거에 일대일 미팅이나 팀 미팅이 정보를 공유하는 하나의 방법이었다면 오늘날의 **화상회의**는 새로운 미팅 방식으로 또 다른 기술을 보여준다. 사람들이 네트워크 컴퓨터 시스템을 통해 전화나 이메일로 동시에 의논하는 것이 가능하게 되었으며 화면을 통해 회의 참가자들이 서로를 볼 수 있다면 이것이 곧 화상회의이다. 줌(Zoom)이나 웹엑스(Webex)를 개별적으로 이용하기도 하며 많은 회사가 직원들이 사용하도록 인스턴트 메시지나 음성통화시설을 겸비하고 있는 경우도 많다. 서로 다른 지역에 있는 크고 작은 작업집단들은 정보를 공동으로 활용하고 공유하는 이러한 커뮤니케이션 네트워크 툴을 사용해서 여러 지역의 구성원들을 직접 불러 모으는 수고 없이 효율적인 회의를 하는 조직이 늘고 있다.

위의 예에서 보듯이 정보기술은 조직구성원이 커뮤니케이션하는 방법을 급진적으로 변화시켰다. 우선 정보기술은 매니저가 개인과 팀 성과를 감독하는 능력을 두드러지게 변화시켰으며, 조직구성원들의 더욱 빠른 의사결정이 가능하도록 보다 완벽한 정보를 제공해 주었다. 게다가 사무실에 있든지, 번화가에 있든지, 혹은 지구상의 어디에 있든지 조직구성원들이 서로 커뮤니케이션할 수 있고 새로운 정보를 공유할 기회를 더 많이 제공했다. 이제는 스마트폰, 노트북, 기타 휴대용 커뮤니케이션 장치를 매니저가 항상 소지해야 하는 것으로까지 인식하고 있다. 하지만 기술의 발달로 시간과 거리의 전형적인 문제가 커뮤니케이션에서 덜 중요하게 된 것은 사실이나, 커뮤니케이션 기술이 가져온 영향들로 다음과 같은 특성들은 특별히 경계할 필요가 있다.

정보의 홍수
정보가 지나치게 넘쳐나서 개인의 처리능력을 벗어난 상황

- 컴퓨터 매개에 의한 커뮤니케이션은 비인간적 속성을 지닌다. 매니저들이 전자미디어를 사용할 때 사람이 아닌 기계와 상호작용함에 따라 재치나 상냥함 같은 대인관계에서의 스킬은 감소하고 더욱 둔감해진다. 대면 상황에서 조용하고 예의가 바르던 사람들도 무례해지고 절제되지 않는 경우도 생긴다. 또 다른 위험은 새로운 커뮤니케이션 기술과 관련된 **정보의 홍수**이다. 정보를 좀 더 빠르게 이용할 수 있게 된 반면 매니저가 다루어야 할 정보의 양이 비대해진다.
- 새로운 커뮤니케이션 기술의 또 다른 부작용은 우리가 메시지를 해독할 수 있는 비언어적인 단서의 부재에 있다. 몸짓, 접촉, 얼굴표정, 그리고 눈 맞춤을 사용할 수 없기 때문에 메시지의 정서적인 요소를 평가하기가 어렵다. 게다가 조직에서의 직위나 업무상의 멤버십과 같은 권력 단서들을 파악하기란 쉽지 않다. 그 결과 사회적 맥락에서의 교류방식이 변화되었다.
- 컴퓨터를 매개로 하는 집단에서는 특정 지배적인 사람으로부터의 영향이 적다. 기술변화에 따른 커뮤니케이션이 집단 상호작용까지 변화시킨 것이다. 높은 지위의 카리스마적인 사람이 권력을 적게 행사하게 되어 구성원들의 평등한 참여가 가능해졌다. 반면 컴퓨터를 매개로 하는 집단이

ORGB 뉴스

'카톡이 무서운 노동자들'…퇴근 후 '업무 카톡' 근로시간 · 임금 적용 가능한가

갓 입사한 직장인 A(28) 씨는 요즘 모바일 메신저 '카카오톡'이 원망스럽다. 몇 달 전 직장상사의 제안으로 부원 10여 명이 참여하는 카카오톡 그룹채팅방을 개설했다. 처음에는 채팅방에서 직장상사와 진솔한 대화를 나눌 수 있었다. 그러나 점차 상사의 사적인 글이 늘어나더니 최근에는 업무지시까지 내려온다. 집에서 쉬고 있을 때, 심지어 주말과 새벽에도 상사가 업무를 지시한다. A 씨는 "퇴근을 하고도 상사와 채팅을 해야 해 업무가 연장된 느낌"이라며 "요즘 회사 안에선 사표도 카카오톡으로 낸다는 우스갯소리마저 나오고 있다."고 한숨을 쉬었다.

모바일 메신저 카카오톡 등이 최근 폭발적으로 인기를 끌면서 직장인 사이의 새로운 소통수단으로 자리 잡았다. 하지만 업무 연장, 사생활 침해, 채팅 공해 등 부작용도 만만찮은 상황이다. 스마트폰, 태블릿PC 등 스마트기기로 인해 근로자들은 업무시간이 끝나고도 하루 1.44시간, 주당 11.3시간을 더 일해야 하는 것으로 나타났다.

전국의 제조업 · 서비스업 근로자 2,402명을 설문조사한 결과를 바탕으로 만들어진 '스마트기기 업무 활용의 노동법적 문제' 자료에 따르면 대부분의 근로자는 스마트기기로 인한 업무시간 외 노동에 시달리고 있었다. 전체 응답자 중 근무시간 외 업무 목적으로 스마트기기를 이용하지 않는다는 응답자는 13.9%에 불과했다.

이처럼 근로자가 퇴근 후 업무 용도로 스마트기기를 이용하는 시간은 평일 하루 평균 1.44시간(86.24분)에 이르렀다. 근로자들은 휴일에도 스마트폰으로 인한 업무 처리에 시달려야 했다. 조사 결과 휴일에 업무 목적으로 스마트기기를 이용하는 시간은 평균 1.60시간(95.96분)에 달해 평일보다 길었다. 스마트기기를 이용한 업무 처리로 참여시간이 감소한 활동으로는 '수면'(44.0%)이 가장 많았다.

스마트폰으로 인한 가외 노동은 세계적인 현상이어서 유럽에서는 아예 노사 단체협약 등으로 이를 규제한다. 독일은 업무시간 외에 회사가 직원 휴대전화로 전화를 걸거나 메신저, 이메일 등으로 업무 관련 연락을 하는 것을 원칙적으로 금지한다. 프랑스도 오후 6시부터 다음날 오전 9시까지 회사 이메일 발송 금지를 원칙으로 하는 노사 협정을 체결했다. 예를 들어, 다임러 벤츠는 모든 직원의 휴가기간에 도착하는 이메일을 자동으로 삭제한다. 이메일을 보낸 사람은 대신 '부재 중'이라는 정보와 함께 업무를 대체한 사람의 연락처를 받는다.

한 연구원은 "업무시간 외나 휴일에 스마트기기를 이용한 업무 수행이 근로시간에 해당할 경우, 사용자는 근로기준법에 따라 통상임금의 50% 이상을 가산해 연장 · 야간 · 휴일근로수당 등을 지급해야 한다."고 말했다. 또한 최근 발의된 일명 '퇴근후 업무카톡 금지법'은 사용자가 근로기준법에서 정하는 근로시간 외에 휴대전화나 문자메시지, SNS 등을 이용한 업무지시를 내려 근로자의 사생활을 침해해서는 안 된다는 내용을 담았다.

출처: http://news20.busan.com/controller/newsController.jsp?newsId=20140906000001 수정 발췌

대면 집단보다 합의에 도달하는 데 더 오랜 시간이 걸린다는 연구결과도 있다.

- 매니저들은 통신의 발달로 인해 사장이나 부하, 동료들과 접촉이 쉬워져서 과거보다 훨씬 업무로부터 벗어나지 못하는 상황이 되었다. 업무시간은 더 이상 오전 9시에서 오후 6시로 한정되어 있지 않다. 게다가 새로운 기술의 사용은 다중활동(polyphasic activity)을 가능하게 만듦으로써 한 가지 업무보다 더 많은 주의를 요하는 업무과중을 가져와 실수의 가능성을 증가시키고 효율성을 감소시킬 수 있다.
- 마지막으로, 새로운 기술은 일상적인 대면 커뮤니케이션에서 사람들의 인내심을 부족하게 만들 수 있다. 전자미디어의 이점인 속도는 모든 형태의 커뮤니케이션에서 좀 더 빠른 속도를 기대하도록 우리를 길들이기 때문이다. 사람들은 타인과의 사회적 상호작용 기회를 점차 놓치게 되고 그들의 사회적인 욕구가 결핍되어 간다는 사실에 우울해질 것이다.

많은 기업이 사내 커뮤니케이션을 글로벌 수준으로 활성화하기 위해 사력을 다하고 있다고 해도 과언이 아닌 것 같다. 한 리서치 회사가 98개의 세계적인 기업들을 대상으로 사내 커뮤니케이션 현황을 조사한 결과를 보면, 이들 기업의 절반이 커뮤니케이션을 관장하는 중앙조직이 있었으며 26%는 개별 단위조직에 의해서 운영되었다. 또한 약 81%의 기업들이 직원과의 소통을 위해 적어도 4개 이상의 커뮤니케이션 채널을 활용하고 있고, 그중 가장 효과적인 채널은 e메일과 타운홀미팅(townhall meeting)으로 각각 87%와 84%를 나타냈다. 그리고 조사 기업들의 76%가 사내 커뮤니케이션의 성과를 지속해 측정하고 있었다.

요즘 기업들이 활용하는 커뮤니케이션 활성화 방안도 꽤 창의적이다. 한솔그룹은 오래전부터 카드 색깔로 자신의 기분을 알리도록 하는 '컨디션 알림 카드제'를 실시해 왔다. 이 제도를 통해 직원들은 서로 불필요한 마찰이나 스트레스를 줄이고 있다고 한다. 현대카드는 임원실과 회의실 유리가 투명한 것으로 유명하다. 이는 모든 의사결정이 투명하게 이뤄지며 조직 내 커뮤니케이션이 활발해야 한다는 상징적 조치로 여겨진다. 이 밖에도 미국계 제약회사인 한국 MSD는 한 부서가 타 부서원들을 초대하는 '해피아워(Happy Hour)'를 개최한다고 한다. 한 달에 한 번꼴로 열리는 일종의 부서 간 회식을 통해서 부서 간의 벽 허물기를 하는 셈이다.

하지만 효과적인 사내 커뮤니케이션을 위해서는 어떤 제도를 도입하고 매체를 활용할 것인지보다 전체 임직원들이 열린 마음으로 커뮤니케이션할 자세가 되어 있어야 한다. 무엇보다 구성원으로부터 관심과 동의를 얻는 것이 가장 중요하다. 사내 커뮤니케이션은 서로가 주체와 객체로서 역할을 해야 해서 우선 소외대상이 있어서는 안 된다. 이런 식으로 동의가 이루어지게 되면 기업의 비전과 전략은 당연히 공유될 수밖에 없으며 구성원들 간의 신뢰가 차츰 쌓여짐에 따라 모 제과업체 CM송처럼 "말하지 않아도 알아요~ 눈빛만 보아도 알아"와 같은 이상적인 커뮤니케이션 단계에 이르게 될 것이다.

단원 요약

1. 커뮤니케이션이란 둘 또는 그 이상의 사람들에 의해서 정보가 교환되고 이해되는 프로세스라고 정의할 수 있다. 이것은 팀이나 조직에서 커뮤니케이션은 통제, 모티베이션, 감정표현, 정보전달의 기능을 한다.
2. 모든 커뮤니케이션 상황에서는 발신자와 수신자가 존재한다. 발신자는 자기 생각을 부호화하여 메시지를 만들어 내고, 수신자는 그 메시지를 해독하는 것이 바로 커뮤니케이션 프로세스이다. 이때 혼선이 야기되어 커뮤니케이션의 오류가 발생할 수도 있다.
3. 매니저들은 업무시간 대부분을 커뮤니케이션에 사용하고 있다. 특히 상사로서 부하직원에게 커뮤니케이션하는 경우는 더욱 흔할 것이다. 더욱 효과적인 커뮤니케이션을 하기 위해서 그들은 표현적인 화자, 공감적인 청자, 설득적인 리더, 타인의 감정을 헤아리고 정보제공자로서의 상사가 되기 위해 노력할 필요가 있다.
4. 직장에서는 서면 커뮤니케이션이 빈번하게 이용되곤 한다. 하지만 일대일 대면에 의한 커뮤니케이션에 있어서 중요한 정보는 비언어적 단서에 의해 전달되는 경우가 많다. 사람들은 저마다 커뮤니케이션을 위해서 적절한 채널을 선택할 수 있다.
5. 장애요인들로 인해 커뮤니케이션에서 혼선이 빚어지기도 한다. 예를 들어, 통신기술의 발전으로 인한 재택근무 및 원거리 근무, 다양한 문화에서 비롯된 가치와 행동양식, 성별, 수신자의 감정상태, 여과 및 선택적 수용 등이 있다.
6. 커뮤니케이션의 부재는 조직에 악역향을 끼칠 수 있다. 이를 방지하기 위해서라도 매니저들에게는 상호 간의 관계를 구축하고 지속해 유지 · 발전시켜 나가는 데 초점을 두는 지원적인 커뮤니케이션과 효과적인 피드백 스킬이 요구된다.
7. 공식적 커뮤니케이션은 조직에서 정의하고 있는 책임과 권한에 따라 메시지의 전달이 일어나는 것을 의미한다. 한편 비공식적 커뮤니케이션은 조직 내에서 자생적으로 형성된 커뮤니케이션 체계를 일컬으며 통상 그레이프바인으로도 지칭한다.
8. 종업원들은 자신의 업무와 조직을 개선하는 데 유용한 아이디어와 정보, 의견을 가지고 있다. 이러한 것들을 표현하는 행동이 제언이며 표현하지 않는 행동은 침묵이다. 매니저들은 특히 그러한 행동들에 내재된 동기가 무엇인지를 파악해야 할 것이다.
9. 급격한 기술의 변화로 오늘날 기업들이 활용하는 커뮤니케이션 도구들은 스마트폰, 인트라넷, 화상회의 등 매우 다양해졌다. 하지만 매니저들은 이러한 기술 발달의 양면성을 이해하고 특별히 경계할 필요가 있을 것이다.

논의할 문제

1. 커뮤니케이션 스타일은 왜 대인 간 갈등의 원인이 될 수 있을까?
2. 대학 강의실은 교수자와 학습자가 커뮤니케이션하는 공간이다. 이를 커뮤니케이션 프로세스 측면에서 단계별로 묘사해 보자.
3. 소셜네트워크(SNS)를 활용할 때 상대적으로 덜 발생하거나 또는 생략되는 커뮤니케이션 프로세스가 있다면 어떤 것일까?
4. 아이스브레이킹(icebreaking)에 효과적일 수 있는 비언어적 커뮤니케이션 방법이 있다면 몇 가지 예시를 들어보자.
5. 부득이 부정적인 피드백이 필요할 때가 있다면, 상사 혹은 부하에게 이를 어떻게 효과적으로 할 수 있을까?
6. 대부분의 부서마다 최근 활용하고 있는 소위 '단톡방'의 장·단점에 대해 논의해 보자.

더 읽을거리

Ashford, S. J., Rothbard, N. P., Piderit, S. K., & Dutton, J. E. (1998). Out on a limb: The role of context and impression management in selling gender-equity issues. *Administrative Science Quarterly*, 43(1), 23–57.

Barnum, C., & Wolnianshky, N. (1989). Taking cues from body language. *Management Review*, 78(6), 59–60.

Brown, D. R., & Harvey, D. F. (2011). *An experiential approach to organization development*. Upper Saddle River, NJ: Prentice Hall.

Burris, E. R., Detert, J. R., & Chiaburu, D. S. (2008). Quitting before leaving: The mediating effects of psychological attachment and detachment on voice. *Journal of Applied Psychology*, 93(4), 912–922.

Chen, K., Yen, D. C., Hung, S., & Huang, A. H. (2008). An exploratory study of the selection of communication media: The relationship between flow and communication outcomes. *Decision Support Systems*, 45(4), 822–832.

Detert, J. R., & Burris, E. R. (2007). Leadership behavior and employee voice: Is the door really open?. *Academy of Management Journal*, 50(4), 869–884.

Dutton, J. E., Ashford, S. J., O'neill, R. M., Hayes, E., & Wierba, E. E. (1997). Reading the wind: How middle managers assess the context for selling issues to top managers. *Strategic Management Journal*, 18(5), 407–423.

Dyne, L. V., Ang, S., & Botero, I. C. (2003). Conceptualizing employee silence and employee voice as multidimensional constructs. *Journal of Management Studies*, 40(6), 1359–1392.

Farace, R. V., Monge, P. R., & Russell, H. (1977). *Communicating and organizing*. New York: Random House.

LePine, J. A., & Van Dyne, L. (1998). Predicting voice behavior in work groups. *Journal of Applied Psychology*, 83(6), 853–868.

Lynch, J. J. (2000). *The cry unheard*. Baltimore, MD: Bancroft Press.

Moaşa, H. (2013). Struggling for organizational identity: Employee voice and silence. *Procedia-Social and Behavioral Sciences*, 92, 574–581.

Ramos, P. P. (2012). *Network models for organizations*. New York, NY: Palgrave Macmillan.

Russ, G. S., Daft, R. L., & Lengel, R. H. (1990). Media selection and managerial characteristics in organizational communications. *Management Communication Quarterly*, 4(2), 151–175.

Whetten, D. A., & Cameron, K. (2011). *Developing management skills* (8th ed.). Upper Saddle River, NJ: Prentice Hall.

Memo

CHAPTER

09

의사결정

1. 결정의 상황과 의사결정 모델
2. 집단의사결정
3. 의사결정에서의 창의성과 윤리성

▸▸ 학습목표

1 의사결정 상황들에 대해서 이해한다.

2 의사결정의 합리성 모델과 제한된 합리성 모델을 비교한다.

3 의사결정에 있어서 직관의 역할을 설명하고 평가한다.

4 집단의사결정의 장·단점을 논의한다.

5 집단사고의 징후와 예방법을 설명한다.

6 의사결정에서 창의성과 윤리성의 역할을 이해한다.

조직에서의 의사결정은 전략적인 방향과 관계된 매우 중요한 것에서부터 일상적인 업무 활동에 관한 지극히 사소한 것까지 매우 다양하다. 때로는 수개월간의 정보 수집과 분석을 거쳐 이루어지는 결정이 있는가 하면, 그다지 신중을 기하지 않고 즉각적으로 이루어지는 결정도 있다. 하지만 중요도와 결정방법을 떠나 주목할 만한 것은 개인보다는 여러 사람이 팀으로 참여하는 의사결정이 증가하고 있고, 조직에서는 이것을 더 효과적인 것으로 받아들인다는 사실이다. 이 장에서는 전형적인 결정의 상황들과 다양한 의사결정 모델들을 창의성과 윤리성의 관점에서 살펴보도록 한다.

시네마 ORGB

머니볼 Moneyball

팀을 성공으로 이끈 빌리 빈의 창의적인 결정

머니볼(Moneyball, 2011)

MLB 최하위 성적으로 만년 꼴찌를 벗어나지 못하는 오클랜드 에슬레틱스!

단장인 빌리 빈(Billy Beane)은 꼴찌에서 벗어나고자 큰 노력을 기울이지만, 가난한 구단으로서 쉽지만은 않다.

우연찮은 기회에 마주친 피터 브랜드(Peter Brand)!

예일대에서 경제학을 전공한 피터는 빌리에게 기존의 선수 선발방식과는 다른 새로운 통계를 활용한 선수 선발방식을 소개한다. 이를테면 타율 높은 타자보다 출루율 등이 좋은 타자들로 팀을 꾸려 득점 확률을 높이고 팀을 승리로 이끌어야 한다는 머니볼 이론!

기존의 평가방식에 따라 유망주로서 스카우트되었지만, 두각을 내지 못하고 은퇴한 전력이 있었던 빌리로선 실제 성적 중심으로 팀을 구성해야 한다는 피터의 말을 전적으로 신뢰하게 된다.

새로운 도전이 필요한 빌리는 스텝들과의 회의시간에 피터가 제안한 머니볼 선수 선발에 대해 제안하지만, 노장들인 다른 스텝들은 선수의 자질 문제, 사생활 문제, 잦은 부상, 야구가 숫자와 과학으로만 설명될 수 없다는 등등의 여러 가지 이유를 들어 단장이 추천하는 선수들을 거부한다.

이때 "구단주와 신 외엔 누구도 빌리에게 토 달지 못해. 우린 의견만 제시할 뿐이야."라는 한 스텝의 말!

단장이 선발해 온 선수가 감독의 반대로 출전하지 못하는 등의 여러 우여곡절 끝에, 불안하기만 했던, 실패라고 주변에서 놀리기까지 한 파격적인 머니볼에 따른 선수 선발방식이 점차 빛을 발하며 승리 횟수를 높이게 된다. MLB 역사상 20연승이라는 유례없는 진기록을 세우는 신화를 만들어 낸다.

TIP!!

영화 속에서 선수 선발은 일종의 의사결정이다. 즉, 문제를 해결하기 위해 여러 대안 중 가장 적합한 대안을 선택하는 것이다. 단장 빈은 열악한 재정 형편 때문에 저평가된 선수들을 저렴한 연봉으로 데려오는 수밖에 없었다. 경제학을 전공한 피터를 영입하여 그가 제시하는 매우 파격적인 방법에 따라 빈은 선수들을 선발한다. 기존의 야구선수 평가에선 타율, 홈런, 도루 등이 중요시되었지만, 빈은 더욱더 현실적인 출루율과 장타율 그리고 이들을 더한 OPS에 우선순위를 둔다. 기존 방식도 어느 정도 합리적이었지만, 그는 나름 제한된 합리성을 최소화하기 위해 좀 더 나은 방식을 택한 것이다. 재정이 넉넉지 않은 팀들에서는 실제로도 최소 비용으로 최고 효과를 내고자 선수 선발에 사활을 건다고 한다. 영화에서 자세히 묘사되지는 않았어도 빈은 모든 대안을 신중하게 검토했을 것이다. 일단 대안을 선택하고 나서는 다른 대안들은 포기해야 한다는 것도 잘 실천했으리라 본다. 또한 그의 의사결정과정에는 수리적인 접근뿐만 아니라 직관의 과정도 있었을 것이다.

1 결정의 상황과 의사결정 모델

매니저의 하루는 매 순간이 의사결정의 연속이다. 이러한 까닭에 경영의 핵심이 의사결정이라고 하는지도 모르겠다. 그들의 의사결정은 전략을 실현하고 재무적인 성과를 이끌어낸다. 기업의 최상위 레벨에서 규정된 전략의 이행은 파트너, 공급업체, 고객, 종업원들과의 상호작용 방법에 관한 의사결정으로 이어진다. 이러한 의사결정은 특히 전장에서 학습했던 커뮤니케이션을 전제로 한다. 성공의 배후에는 매 순간의 현명한 결정들이 있었듯이, 어떤 조직이든 그 조직의 성공은 효과적인 의사결정으로부터 비롯된다고 할 수 있다.

1.1 의사결정의 상황

효과적인 의사결정이란 타이밍이 적절하고 개개인이 모두 그 결정의 결과를 수용할 만하여 원하는 목표를 달성할 수 있게 하는 결정일 것이다. 그러나 아무런 가이드라인도 없는 상황에서 이러한 의사결정을 단독으로 하는 것은 쉽지만은 않을 것이다. 의사결정자들은 언제나 위험과 불확실성을 느끼게 된다. 경우에 따라서는 별다른 정보도 없이 의사결정을 해야 할 상황에 놓이기까지 한다. 조직에서의 의사결정은 대부분 [그림 9.1]에 제시된 세 가지 상황, 즉 확실, 위험, 불확실하에서 발생한다. 조직에서 높은 지위에 있을수록 위험과 불확실성은 더욱 증대되는 경향이 있다. 가령 맥도날드와 롯데리아 같은 회사에서 신제품 출시를 계획하고 있다고 하자. 이들 회사의 경영진은 과연 신제품이 성공을 거두리라는 확신을 갖고 의사결정을 하는 것일까? 아니면 신제품이 소비자들의 긍정적인 반응으로 이어질지 불확실한 가운데 위험을 감수하고 하는 것일까?

어떤 결정에 앞서 각 대안의 결과를 예측할 만한 충분한 정보가 주어지면 **확실한 환경**(certain environments)이라고 할 만하다. 은행에서 확정이자율이 명시된 저축상품에 투자하는 경우라면 확실성하에서의 투자결정이라고 볼 수 있을 것이다. 확실성이란 의사결정과 문제해결을 위한 이상적인 상태로서 현실에

그림 9.1 조직에서의 의사결정 환경: 확실, 위험, 불확실

서는 사실상 존재하기 어려운 상황이다. 결정의 결과가 불확실하고 다만 가능성 정도만 알고 있을 때라면 **위험한 환경**(risk environments)이라 할 수 있다. 여기서 가능성은 통계적 분석 절차에 의해 주어질 수도 있고 직관적으로 주어지기도 한다. 펀드매니저가 데이터 분석을 통해서나 혹은 직관에 따라 투자 시점을 결정하듯이 말이다. 사실상 위험은 보편적인 의사결정 환경이라고 볼 수 있다. 마지막으로 **불확실한 환경**(uncertain environments)은 너무 정보가 적어서 다양한 대안들과 결과에 대한 가능성조차 예측이 곤란한 경우다. 이러한 불확실성은 의사결정자에게 매우 획기적인 대안을 개발케 할 때도 있는데, 이 경우 직관이나 학습된 추론 등에 의해 영향을 받게 된다.

1.2 합리적 모델

조직행동의 고전적 이론들에서 의사결정이란 완전히 합리적이고 논리적인 프로세스이다. 조직구성원들은 먼저 결정해야 하는 문제에 주목하고, 그 문제를 세심하게 정의한 후 밀접하게 관련된 모든 적절한 정보를 조사한다. 의사결정자는 몇 개의 대안들을 개발해서 결정의 효과성을 위해 마련한 기준에 따라

하이데거의 숲

의사결정자의 감정과 위험의 감수

의사결정에서 감정이 위험을 감수하는 데 미치는 영향에 대해 이론적으로 설명하는 "기분유지가설(mood maintenance hypothesis)"이 있다. 의사결정자들은 자신의 기분 상태를 관리하기 위해 애쓴다는 것을 시사한다. 즉, 긍정적인 기분의 사람은 실패가 기분 변화를 불러올 수 있으므로 위험을 회피하는 반면, 부정적인 감정 상태에 있는 이는 더 나아지기를 바라는 마음에 위험을 감수할 태세가 되어 있다는 것이다. Mittal & Ross(1998)에 의하면, 부정적인 감정 상태에 있는 사람들은 더 체계적으로 정보를 처리하는 반면, 긍정적인 상태에 있는 사람들은 더 전략적으로 그것을 한다. 그렇지만 위험 감수에 관한 결과는 일정치 않다. 서로 다른 부정적 감정이 상이한 결과를 초래할 수 있고 또 개인마다의 차이는 상당히 중요할 수 있다.

신중히 평가한다. 의사결정 프로세스는 최선의 결정이 규명되고 실행이 시작될 수 있을 때 비로소 끝난다. 이러한 합리적이고 논리적인 의사결정 모델은 매우 교과서적인 **규범적 방법**(normative method)으로 평가된다. 새로운 제조설비의 구매 의사결정을 해야 하는 경영진(팀)을 가정해 보자. 공식화 단계(1단계)에서 해당 설비의 필요성과 기대효과를 우선 조사하는 것이 필요할 것이다. 콘셉트 확장 단계(2단계)에서는 경영진이 그 문제를 해결하기 위한 여러 가지 다른 대안들을 고려할 수 있다. 구체화 단계(3단계)에 접어들면서 관련 하위부서들을 통해 다양한 대안들에 대한 찬/반 정보가 더욱 철저히 조사되게 한다. 앞서 얻어진 정보를 가지고 각각의 대안에 대한 이익과 손실을 계산하고 검증하는 평가단계(4단계)를 거친다. 마지막으로 실행단계(5단계)에서는 경영진에 의해 그 결정이 이행되게 된다.

의사결정의 합리적 모델
결과의 극대화를 위해 개인들이 어떻게 행동해야 하는지를 설명하는 의사결정 모델

의사결정의 합리적 모델(rational model of decision making)은 고전적 경제이론에서 비롯되었으며 다음과 같은 중요한 가정들을 포함한다. 1) 결과는 완전히 합리적이어야 한다. 2) 의사결정자는 최상의 대안을 선택할 때 자신만의 견고한 의사결정체계가 있다. 3) 의사결정자가 가능한 모든 대안을 거의 모두 파악하고 있다. 4) 각 대안의 성공 가능성에 대해서도 의사결정자는 정확히 예측할 수 있다. **합리성**(rationality)이란 의사결정에 있어서 대안들과 그에 따른 결과들의 철저한 분석을 통해 논리적이며 단계적으로 접근하는 것을 의미한다. 합리

표 9.1 너트가 제안한 의사결정의 전형

프로세스 유형	빈도	단계	주제
전통형	41%	공식화, 구체화, 실행	타인들의 방식을 적용
기성품형	30%	공식화, 구체화, 평가, 실행	적극적이며 확실한 탐구
평가형	7%	공식화, 평가, 실행	정당성 추구
탐색형	7%	공식화, 실행	소극적이며 방어적인 탐구
노바형	15%	공식화, 콘셉트 확장, 구체화, 평가, 실행	새로운 아이디어 추구

적 모델에서 의사결정자는 최상의 대안을 선택하기 위해 노력하지만, 위에 제시된 가정들은 다소 비현실적인 게 사실이다. 인간의 지식과 정보처리능력에는 시간적 제약은 물론 여러 한계가 있다. 게다가 의사결정 당사자의 선호도나 니즈가 종종 변하기도 한다. 그러므로 매니저를 포함한 개인들이 합리적 모델을 이용해 의사결정을 하려는 것은 너무나 이상적이라는 비판을 받는다.

의사결정 연구의 권위자인 너트(P. Nutt)는 기본적인 규범적 모델(공식화, 콘셉트 확장, 구체화, 평가, 실행)을 가지고서 과연 조직의 의사결정자들이 실제로 이러한 합리적인 프로세스를 따르는지를 조사했다. 그 결과, 규범적인 모델의 다섯 단계를 모두 고려하는 의사결정자는 생각보다 많지 않은 것으로 나타났다. [표 9.1]에 서술된 것처럼 사람들은 주로 이러한 프로세스 중에서 일부만을 이용했고, 이러한 패턴을 너트는 의사결정의 전형(decisional archetypes)이라고 불렀다. 연구를 거듭하면서 너트는 조직 내 의사결정의 절반이 실패한다는 주장을 펼쳤다. 그것은 경험이 부족하거나 지적으로 열등한 사람들에게만 국한되지 않고 심지어 글로벌 조직의 똑똑한 사람들도 나쁜 결정을 내린다고 했다. 이러한 실패의 주범을 그는 의사결정 과정에서 어중간하게 대안을 찾는 것(a half-hearted search for alternatives)으로 보았다.

첫 번째 유형인 전통형은 41%의 의사결정자들이 사용했다. 여기선 문제에 주목하고 타인들이 사용했던 해결책을 적용했다. 문제의 해결 가능성에 대한 논의나 그 해결책에 대한 평가가 없다. 두 번째인 기성품형(30%)은 적극적인 조사와 더불어 외부 전문가로부터의 해결 가능성에 대한 평가가 있다. 세 번째인 평가형(7%)은 평가 그 자체와 미리 선택된 해결책의 실행과 관계되지만 문제 정의나 해결 대안에 대한 고려는 전혀 없다. 네 번째로서 문제의 공식화와 실행만을 수행하는 탐색형(7%)은 비교적 사소한 문제만 다루는 매니저들에 의해 사용되었다. 마지막으로, 유일하게 다섯 가지의 모든 규범적인 단계들을 포함한 의사결정 유형인 노바형(nova)은 15%만이 사용했다. 이처럼 조직에서의 의사결정은 정보탐색과 결정선택이라는 완벽하고 합리적인 과정이 아님을 알 수 있다. 특히 콘셉트 확장은 의사결정 프로세스에서 거의 생략되는 단계였다. 의사결정자들은 일반적으로 중간중간 건너뛰는 의사결정 프로세스를 사용하고 직관과 만족할 만한 해결책, 또는 문제와 해결책 간 매치에 의존한다.

1.3 합리적 모델의 대안

제한된 합리성 모델
인지적 능력의 한계로 모든 대안을 검토하지는 못하지만 되도록 최선의 결정을 한다는 의사결정 프로세스

합리적 모델은 대안이 결정되는 방식을 보여주지만 경영상 의사결정의 현실성을 잘 반영해 주지는 못한다. 사이몬(H. Simon)은 이러한 합리적 모델의 단점을 시인하면서, 조직에서의 의사결정을 현실적으로 'satisfy(만족시키다)'와 'sacrifice(희생하다)'가 결합한 용어, '그럭저럭 만족스러움(satisficing)'을 얻는 프로세스로 보았다. 관리인(administrative man) 가설로 알려지기도 한 **제한된 합리성 모델**(bounded rationality model)은 다음의 네 가지 가정을 포함한다. 1) 매니저들은 제일 만족스럽다고 여겨지는 대안을 선택한다. 2) 매니저들은 자신들의 세계관이 단순함을 인정한다. 3) 매니저들은 가능한 모든 대안의 검토 없이도 의사결정을 한다. 4) 매니저들은 주먹구구식이나 휴리스틱 방법을 이용하여 의사결정을 한다. 시간 제약과 기타 압박 아래에서 나름 합리적인 선택을 하는 것을 설명하기 위해 제한된 합리성 모델이 개발되었다.

휴리스틱스
복잡한 문제나 불완전한 정보 하에서 사용되는 단순 주먹구구식 의사결정 방법

제한된 합리성(bounded rationality)은 정보를 처리하는 자기 능력이 제한된 상태에서 되도록 합리적인 과정을 충실히 수행하는 것을 말한다. 최적을 찾기 위해서는 상당한 시간과 노력이 투입되어야 하므로 매니저들은 여건상 최적 대신에 어느 정도 만족할 만한 대안을 선택한다고 가정하는 것이다. 이 이론은 또한 의사결정을 하는 데 있어 정신적인 활동을 줄일 목적으로 **휴리스틱스**(heuristics)라는 일종의 편법까지 동원한다고 가정한다. 휴리스틱스는 매니저들

Mapping ORGB 휴리스틱스 의사결정 과정에 개입되는 보편적 오류들

휴리스틱(heuristic)은 과거에 비슷한 문제를 해결했던 경험을 바탕으로 즉각적으로 추측하고 가설을 형성해 해결하는 방법이다. 휴리스틱은 신속하고 간편한 문제 해결법이지만 비합리적인 의사결정을 하게 마련이다. 매니저들이 자신들의 경험에 따른 원칙을 고수하면 그 결정은 신뢰할 만하다고 볼 수 없다. 휴리스틱에 의해 내려진 판단은 다음과 같은 편향(bias)을 동반하여 객관적인 평가와 상당한 거리를 보일 수 있기 때문이다.

의사결정자들이 실제로 자기가 알고 있는 것보다 더 많이 안다고 생각하고 자신과 자기 행동에 대해 비현실적으로 긍정일 경우, 그들은 **과잉확신 편향**(overconfidence bias)에 빠져 있다고 말할 수 있다. 첫 아이디어나 공시가격, 1차 평가 등은 또한 하나의 기준으로서 의사결정자가 차후에 주어지는 정보에 대해 부적절한 가중치를 부여하도록 만들기 쉽다. 예컨대 배가 닻을 내리면 그곳에만 머무르듯이 임의로 처음 설정한 기준(닻)을 모든 판단의 출발점으로 삼아서 발생하는 편향이 **닻 내리기 효과**(anchoring effect)이다. **확증 편향**(confirmation bias)은 자신의 믿음을 확증하는 정보만을 찾아서 받아들이려는 성향을 의미한다. 한마디로 믿고 싶은 것만 믿는다는 뜻으로 사전에 형성된 고정관념에 부합하는 정보는 그대로 받아들이지만 이에 어긋나는 정보에 대해선 비판적이고 회의적이다. **프레이밍 편향**(framing bias)은 상황의 다른 부분은 배제한 채 의사결정자가 특정한 부분만 강조하는 것을 말한다. 여타의 부분들을 경시하고 생략하는 한편 상황의 특정 부분에만 주의를 기울이고 강조하는 것은 자신의 시각을 왜곡하고 옳지 않은 관점을 만들어 가는 행동이다. **가용성 편향**(availability bias)이란 의사결정자가 가장 생생한 최근의 사건들만을 기억하는 것을 말한다. 결과는 어떨까? 객관적 태도를 갖고 상황을 회상해 내는 능력을 왜곡함으로써 어떤 판단이나 가능성 판단에 문제가 생긴다. 이 밖에 의사결정자가 객관적인 확률을 무시하고 특정 사안에 대한 정보는 그 사안의 전형성을 얼마나 반영하는가에만 의존해 판단하는 것을 **대표성 편향**(representativeness bias)이라고 한다. 매니저들은 자신에게 닥친 상황이 다른 사건과 실제로는 유사하지 않음에도 유사점을 찾고서 같다고 판단한다.

매니저들은 휴리스틱을 이용한 의사결정을 하더라도 이러한 편향에 대해 알고 있다면 아마 부정적인 상황은 크게 줄어들 수 있을 것이다. 어떻게 의사결정을 내려야 하는지, 흔히 갖는 편향은 무엇인지 알고 있어야 한다. 의사결정 방식과 휴리스틱을 비판적으로 평가할 수 있을 때 휴리스틱의 이점을 누릴 수 있게 된다.

출처: Gilovich, Griffin & Kahneman(2002).

로 하여금 과거 경험에 근거해 주먹구구식 결정을 하게 만드는 방법이다. 분석적인 결정을 하면서 이러한 방식을 쓰면 부정적인 결과를 낳기 쉽다. 합리성이 제한받는 원인 중 하나는 매니저들이 위험 및 시간의 압박 속에서 의사결정을 해야 한다는 것인데, 이외에도 흔한 오류의 원천으로 **집착적인 몰입**(escalation of commitment)이 있다. 의사결정이 잘못됐어도 매니저들은 집착을 못 버리고 최초 결정으로 인한 행동 방침에 계속 몰입하기도 한다. 이처럼 제한된 합리성 모델은 관리적 의사결정 프로세스를 더욱 현실적으로 반영한다.

집착적인 몰입
부정적인 피드백에도 불구하고 이전에 취했던 결정과 관련된 행동들을 고집하는 경향

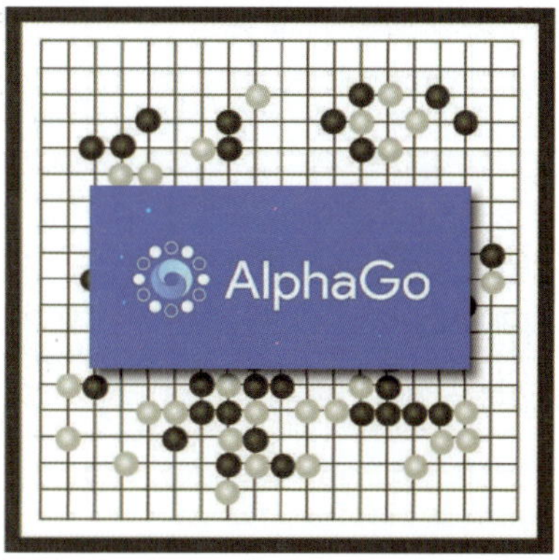

이세돌 9단, 현존하는 최고 바둑고수가 깨달은 '직관'은 과연 무엇일까? 인공지능 '알파고'를 이긴 제4국의 백78수, 그다지 길게 고민하지 않은 직관의 수였다고 한다.

근래 들어 조직에서 의사결정의 상당수는 매니저의 **직관적 프로세스**(intuitive processes)에 따른 것이라는 연구결과가 보고되고 있다. 직관이 이성을 대체할 수는 없어도 한 조사에서 밝혔듯이, 직관을 이용한 의사결정을 거의 하지 않는다고 답한 매니저는 10% 정도에 불과했다. 경영의 구루 중 한 명인 민츠버그(H. Mintzberg)도 매니저의 역할에 관한 연구에서 그들은 의사결정을 할 때 체계적이고 단계적인 방식을 사용하지 않고 '직감'으로 결정을 내린다고 주장했다. 주관적 판단이 개입되자마자 합리적 추론을 적용하기란 사실 어렵다. 직관이 중요한 역할을 하는 예들로는 배우자 선택이나 직장 결정, 진로 결정 등 일상에서 어렵지 않게 찾아볼 수가 있다. 직관은 실제 매니저들의 의사결정에서 매우 광범위하게 사용되며, 특히 이미 내려진 의사결정을 더욱 합리적으로 평가하기 위한 메커니즘으로써 유용하다.

직관
무의식적이며 자동으로 얻어지는 암묵적 지식

그렇다면 **직관**(intuition)은 무엇일까? 상황의 잠재성을 신속하고 즉각적으로 파악하거나 인지하는 능력, 학습된 행동방식의 자연스럽고 자동적인 수행, 인식을 통해 단순 분석을 습관화하는 것 및 빠른 반응력 등으로 정의된다. 이러한 정의들은 다음의 공통적인 가정을 지니는데, 즉 1) 직관은 빠르다는 인식이 있다. 2) 직관은 의식보다 아래에서 작용한다. 3) 직관은 정보에 대한 학습된 패턴과 관련된다. 4) 직관은 의사결정에서 명확한 추진력이 될 수 있다. 비논리적으로 보이는 이러한 프로세스의 원천은 생리적 조건이나 요소, 혹은 별 의식적 노력 없이도 인상적으로 만드는 물리적/사회적 환경에 있다. 이것들은

Mapping ORGB 직관의 역할에 관한 두 가지 관점

의사결정에서 직관의 역할에 대한 두 가지 관점이 있다. 첫 번째 관점은 **직관을 복잡한 문제해결의 단순화와 결부**시켜 규정하는 것이다. 이러한 관점은 환경과 기타 단서들에 대한 정보를 무시 또는 지나치게 단순화시키기 때문에 인지적 편향이 생길 위험에 역점을 둔다. 의사결정자의 인지적 부담을 덜려는 방법으로 휴리스틱스가 바로 좋은 예다. 직관은 의사결정자의 경험에 의해 좌우될 수 있어서 환경으로부터 가용한 정보를 고려하지 않으면 과거의 경험이 인지적 편향으로 이어지게 된다.

두 번째 관점은 **직관을 계획적이고 신중한 사고 방법의 대안으로 인식**해 복잡한 문제해결에서 직관의 가치를 분명히 보여준다. 이러한 관점에서는 직관이 갖는 전체적인 특성을 강조함으로써 휴리스틱스의 사용과는 선을 긋는다. 그들 주장의 핵심은 판단의 근거로서 작용하는 직관이 기억 속에 저장되고 연상학습의 활용으로 구성된 의사결정자의 경험으로부터 나온다는 것이다. 구조화되지 않은 문제들을 판단할 때 직관이 더 좋은 인풋을 제공하며 결정의 정확성도 높인다는 것이 이들의 공통된 견해다.

직관은 정량적 분석의 반대편에 있는 것도 아니며 그렇다고 해서 이것을 아예 배제하는 것도 아니다. 정확한 정보를 적시에 얻기가 매우 어렵다는 데에서 직관을 이해하고 활용할 필요가 존재하는 것이다. 또한 판단은 종종 감정과 결부되는 경향이 있으므로 직관적인 판단도 감정이 개입되는 것으로 개념화될 수 있다. 단지 이성적 사고와 거리를 두고 있다는 이유에서 사람들은 이성이 머리와 관계된다면 직관은 마음과 관계된다고 말하곤 한다.

출처: Constantiou, Shollo & Vendelø(2016).

어떤 사실, 패턴, 콘셉트, 기법, 관념, 그리고 일반적으로 지식과 신념이라고 부르는 것들의 집합으로 구성된다. 그러고 나서 직접 체험과 연구, 교육을 통해 증진하는 것이 이러한 비논리적인 멘탈 프로세스의 두 번째 원천이 된다. 직관에 기초한 의사결정은 비록 논리적인 것 같지 않지만, 그렇다고 비논리적이라 단정 지을 수도 없다. 매니저들은 여러 의사결정 상황에서 직관적인 방법이 필요하며 신속한 결정과정의 처리, 결정의 질 향상, 개인적인 발전 도모, 그리고 조직문화와 양립될 만한 결정의 촉진 등 여러 면에서 유익할 것이라고 본다.

조직에서의 의사결정 프로세스가 때로는 우연적이며 예측마저 쉽지 않다. 이처럼 결정이 무작위적이며 체계적이지 않다는 것을 강조하는 모델이 **쓰레기통 모델**(garbage can model)이다. 합리적인 의사결정의 또 다른 대안인 쓰레기통

쓰레기통 모델
의사결정 프로세스를 문제의 정의부터 해결책 규명에 이르는 연속적인 단계로 보지 않는 모델

하이데거의 숲

의사결정과 남성 호르몬 사이에는 무슨 관계가 있을까?

미국 캘리포니아공과대(칼텍) 등 공동연구진은 성인 남성 243명을 무작위로 선정해 남성호르몬 수치에 따른 의사결정의 차이를 조사했다. 이들을 두 그룹으로 나눠서 한쪽에는 테스토스테론 처치를 하고 다른 한쪽은 그대로 둔 채, 4시간 뒤 심리검사와 의사결정 관련 수학 문제를 풀게 했다. 테스토스테론을 바른 그룹은 그렇지 않은 그룹보다 문제 푸는 속도는 빨랐어도 정답률은 20~30% 낮았다.

이러한 현상은 테스토스테론 수치가 높을수록 자신감과 공격성이 높아져 위험감수 능력은 좋아지는 반면, 위기관리 능력과 협력하며 경청하는 능력은 떨어지므로 의사결정을 합리적으로 하기보다는 순간 판단에 의존하는 경향이 강해진 것으로 해석될 수 있다.

그림 9.2 쓰레기통 모델

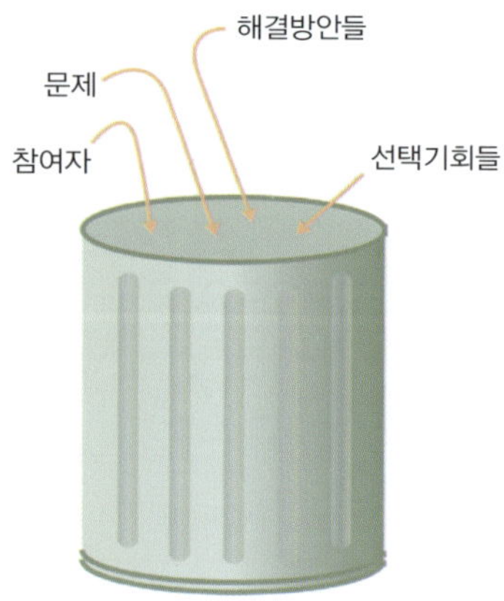

모델은 마치(J. March)와 그의 동료들에 의해 제안되었다. 그들은 쓰레기통 모델에서 조직은 의사결정의 문제들, 해결책들, 참여자들, 그리고 선택기회들이 비교적 독립적인 조건에서 모두 같이 내버려져서 표류하는 하나의 쓰레기통과 같다고 제안하였다. 따라서 이 네 가지 요인이 서로 연결될 때 비로소 의사결정이 내려지게 된다. 의사결정의 질도 타이밍에 달려 있다. 즉, 올바른 참여자가 올바른 문제에 대한 올바른 해결방안을 올바른 시간 내에 찾아내야 하는 것이다. 쓰레기통 모델은 조직에서의 모든 의사결정이 차근차근 체계적으로 이루어지는 것은 아니라는 것을 보여준다. 특히, 불확실성이 높은 환경에서의 의사결정 프로세스는 질서정연하지 않으며 혼란스러워 보일 수도 있다. 심지어 어떤 의사결정은 운이 나빠서 발생한 것으로 보이기도 한다.

ORGB 뉴스

후회할 만한 이메일을 안 보내려면 알아둬야 할 4가지

정신없이 돌아가고, 즉각적인 반응을 요구하며, 스트레스가 높은 비즈니스 세계에서는 평상심을 잃기 쉽다. 감정이 격해진 상태에서 무모하고 경솔한 이메일이나 트위터를 날린 뒤 곤욕을 치르는 리더가 한둘이 아닌 것만 봐도 알 수 있다. 사실 스트레스 상황에서 이런 반응을 보이게 되는 건 과학적으로 설명이 가능하다.

신경과학자들은 의사결정 과정의 뇌를 스캔한 결과, 스트레스나 감정이 개입될 때 우리의 사고패턴이 바뀌는 것을 발견했다. 우리가 침착한 상태일 때는 사고 중추인 전두엽이 '차가운 인지(cold cognition)'라 불리는 합리적, 이성적인 사고를 유도하지만, 스트레스나 분노, 심지어 사랑이 원인이 되어 흥분한 상태일 때는 감정 중추인 소뇌 편두에 의해 순간적, 충동적인 '뜨거운 인지(hot cognition)' 결정을 내리게 된다는 것이다. 즉, 전두엽이 정보를 처리하기도 전에 소뇌 편두가 가로채버리는 식이다.

과학자들은 이 뜨거운 인지시스템이 어떻게 우리의 뇌를 장악하는지뿐 아니라 우리가 어떻게 반격할 수 있는지도 어느 정도 알아냈다. 만약 스트레스 요인에 직면한 상황에서 후회할 결정을 하지 않기 위해서는 다음의 네 가지를 기억하면 좋을 것이다.

1. 감정은 변형된 의사결정(altered decision making)과 관련이 있음을 인식하라. 당신이 폭발 직전이라는 사실을 감지하기만 해도 스트레스나 분노가 가라앉을 때까지 이메일이나 전화를 자제할 수 있을 것이다.
2. 의사결정 때문에 잠을 이룰 수 없다면 명상하거나 평상심을 되찾을 만한 무언가를 하라. 핵심은 소뇌 편두가 성급한 결정을 내리지 못하게 하는 데 있다.
3. 친구가 같은 상황에 처했다고 보고 훈수를 두는 식으로 생각해 보라. 자신이 아닌 타인에게 조언할 때 우리의 뇌는 자동으로 차가운 인지 시스템을 가동한다.
4. 마찬가지로, 친한 친구에게서 스트레스 요인에 대처하는 방법에 관한 조언을 구하라. 감정이 덜 들어간 타인의 관점이 아마도 도움이 될 것이다.

출처:https://blogs.wsj.com/experts/2015/03/23/the-neuroscience-behind-hot-headed-emails/?mod=trending_now_3 수정 발췌

2 집단의사결정

집단 성원들이 대안들을 규명하고 그것들을 평가해 가장 좋은 안을 선택하는 상황이 **집단의사결정**(group decision making)이다. 이것은 다수의 성원이 함께 활동하는 참여적인 과정이라고 할 수 있으며, 일종의 공유 프로세스로서 커뮤니케이션의 과정이기도 하다. 리더가 결정에 앞서 주변에 조언을 구하는 것부터 집단과 그 성원에게 민주적인 결정권이 이양되는 것까지 그 형태는 다양하다. 이러한 집단의사결정은 인간사회 어디서나 보편적인 활동이 되고 있다.

집단의사결정
어떤 식으로든 두 명 이상이 관여된 의사결정의 상황

2.1 집단의사결정의 장 · 단점

집단들도 조직적으로 결정에 이르려 한다는 점에서 대부분의 집단의사결정 모델은 일련의 단계들을 제안한다. 대표적인 것이 지향(orientation), 갈등(conflict), 출현(emergence), 그리고 강화(reinforcement)의 네 단계를 제안한 피셔(B. Fisher)의 모델이다. 지향단계에서 성원들은 서로 친숙해지며 문제를 가까이서 들여다보게 된다. 갈등단계 동안은 문제에 대한 가능한 해결책이 제시되며 논의된다. 이후 출현단계에서 집단은 어느 정도의 의견일치에 이르게 되며 결정은 마지막 단계인 강화과정에서 지지를 얻는다. 어떤 면에서 이러한 단계 모델은 앞서 설명한 의사결정의 합리적 모델을 반영한다. 그러나 풀(M. Poole)과 동료들의 연구(1985)에서 단계 모델들이 규정하는 합리적 절차를 따르는 집단은 실제로 4분의 1도 채 되지 않는다고 했다. 집단들은 순환적이며 복잡한 절차를 채택하거나(즉, 문제를 하위문제로 쪼개서 이를 하나씩 처리하는 것), 또는 문제의 정의나 논의 없이 해결책에만 집중하는 것으로 나타났다. 이는 집단의사결정 역시 팀 성원들이 일일이 대안들을 조사하고 평가하는 선형적이고 이성적인 프로세스가 아님을 나타낸다.

집단의사결정에서는 개인이 아닌 집단의 일원으로서 결정에 대한 책임을 갖는다. 의사결정이 옳았을 때는 성원 전체가 보상받게 되고, 반대의 경우라도 집단이 비난받지 어느 한 개인이 비난받지는 않는다. 만약 개인이 결정에 대한 책임을 모두 져야 한다면 누구든 조직을 위한 최선의 결정보다도 자신이 비난받지 않을 대안을 선택하려 할 것이다. 이런 점을 악용해 충분한 시간과 노력을 기울이지 않고 의사결정을 하게 되는 경우도 종종 있다. 집단의사결정에는 항상 갈등의 가능성도 존재한다. 서로 다른 스킬과 전문성, 사건에 대한 서로 다른 경험이 있기 때문이다. 이러한 차이로 인해 집단의 성원들은 기호와 문제에 대해 다른 관점을 가지며 대처 반응에서도 차이를 보이게 된다. 이 과정에서 발생하는 갈등이 대안들에 대한 철저한 평가로 이어지면 긍정적이다. 하지만 개인이 이익을 얻는 것에 지나친 관심을 보일 땐 부정적으로 작용한다. 이처럼 집단의사결정은 장점, 단점 모두 가지고 있다. 집단의사결정이 개인의사결정에 비하여 갖는 장점부터 우선 살펴보면 다음과 같다.

- 우선 집단의사결정은 개인의사결정보다 더 완전한 정보를 제공한다. 개인 한 사람보다는 여러 명의 팀원이 문제를 파악하는 방법이나 새로운 아이디어를 불러일으키는 데 더 유리할 수 있다. 혼자서 단독으로 결정할 때보다 창의적이고 다양한 대안들을 개발할 수 있으며 문제를 해결하는 데도 더욱 유연한 태도를 보이게 된다. 이는 **다양성의 가치**와도 관계된다. 집단은 문제해결의 상황에서 더 다양한 지식과 경험이 발휘되도록 만든다. 집단의 성원들이 서로 다른 전문성을 가지고 있을 때는 정보의 양과 다양성이 최대화된다.
- 둘째는 집단의사결정이 결정의 수용성을 증가시킨다. 최종 선택이 이루어진 이후에 의사결정들이 실패하게 되는 것은 사람들이 그 결정을 받아들이지 않기 때문이다. 그러나 의사결정에 의해 영향을 받게 되는 사람들이나 해당 의사결정을 실행할 사람들이 직접 그 결정 프로세스에 참여한다면 최종 결정된 사항은 이들에게 수용되기 쉬울 것이다. 이것은 **참여의 효과**를 의미한다. 종업원들을 변화에 덜 저항적으로 만든다는 것이 여러 연구를 통해 이미 입증되었다.
- 세 번째로 집단의사결정의 장점은 **시너지**로서, 집단 내에서 성원 간의 상호 영향과 격려의 과정을 통해서 문제에 대한 새로운 해결책을 촉진할 때 시너지가 나온다. 집단 성원들은 논의와 의문 제기, 협력 등을 통해서 더 완전하고 강력한 해결책과 제안을 찾아낼 수 있다. 집단의사결정 프로세스는 중요한 커뮤니케이션 기능을 하므로 어떤 문제이든 간에 올바른 결정을 위해 가능한 많은 의견이 필요할 때 집단의사결정은 더욱더 이상적이다. 시너지는 다양성의 가치와 참여의 효과를 더욱 활성화해서 가치 있게 만드는 원동력이 된다.

다음으로 집단의사결정의 단점으로는 무엇보다 집단이 개인에 비해 의사결정을 더 천천히 내리기 때문에 상당 시간이 소모된다는 점을 들 수 있다. 성원 간의 상호작용이 비효율적이면 더더욱 그렇다. 다음은 의견 주장이 강하고 영향력 있는 특정 개인이나 권력을 장악한 소수자들에 의해 집단이 좌우될 수 있어서 집단 성원들 사이에 완전한 평등이 존재하기 어렵다는 점이다. 조직 내

서열이나 타 성원들에 대한 영향력뿐 아니라 경험, 문제에 대한 사전 지식, 언어적 스킬, 주장의 강도 등에서의 불균형도 최종 의사결정에서 부당한 영향력으로 작용하기 쉽다. 또 다른 문제는 집단에서 발생하는 순응에 대한 압력이다. 특정 안건을 위한 회의에서 합의를 이룬 집단의 견해에 반대 의사를 개진하고 싶었지만 침묵해야 했던 경험은 누구나 한두 번쯤은 있었을 것이다. 이것이 바로 **집단사고**(groupthink)의 예이다. 집단사고는 집단 내에서 비판적인 사고를 약화시키고 결국 의사결정의 질을 떨어뜨리게 된다. 마지막으로 모호한 책임이 집단의사결정의 문제가 될 수 있다. 집단의 성원들은 서로 목표를 공유하는 것 같지만 사실상 누가 책임을 질 것인지가 불분명한 경우가 많다.

집단사고
불완전한 의사결정을 초래하는 과도한 집단 응집력

위와 같이 집단의사결정의 장단점을 고려할 때, 개인이나 집단 중에 어느 쪽이 더 효과적인지는 그 효과성을 정의하는 기준에 달려 있을 것이다. 정확도 면에서는 집단의사결정이 더 효과적이다. 비록 집단사고의 가능성은 있어도 집단은 성원들이 지닌 다양한 지식과 경험의 폭으로 인하여 개인보다 더 나은 결정을 하는 경향이 있다고 보고되고 있다. 하지만 의사결정의 효과성이 속도라는 측면에서 판단된다면 개인들이 더 나을 수 있다. 창의성 측면 역시 집단이 개인보다 더 효과적이다. 성원들이 집단에서 오랜 기간 상호작용을 가질수록 이러한 집단의사결정의 효과성은 더 나아질 수 있을 것이다. 한 연구에서도 오랫동안 호흡을 맞추었던 집단의 결정은 가장 유능한 성원 홀로 내린 결정보다 70% 정도 우월했다고 밝혔다. 이러한 연구는 개인의 의사결정과 집단의 의사결정을 비교할 때 집단의 경험이 하나의 주요 변수가 될 수 있음을 시사한다.

팀의 중요성을 고려해 다수의 매니저는 직장에서 집단이 개인보다 더 나은 의사결정을 내린다고 믿을 수 있겠지만, 이에 관해 연구들은 여전히 일관되지 않은 결과들을 보고한다. 더욱 신뢰할 만한 결과를 찾기 위해서는 더 많은 연구가 수행될 필요가 있다. 다음은 집단의사결정에서 발생하기 쉬운 집단사고와 집단극화라는 독특한 현상에 대해 더 살펴보도록 하겠다.

2.2 집단사고와 집단극화

흔히들 문제해결팀에서 수렴과 합의를 지향하는 의견일치 추구(concurrence-seeking)의 경향을 보인다. 어떤 문제나 제안된 해결책이 충분히 분석되거나 평가되기 전에 이러한 의견일치 추구가 나타나는 상황을 설명하는 데 사용되는 용어가 바로 집단사고이다. 집단사고는 팀 내 압력에 의해 발생하는 정신적 효율성의 악화, 현실 및 도덕적 판단의 악화를 지칭한다. 특정 상황들은 이러한 집단사고를 더욱 촉진하게 되는데 높은 응집력이 바로 주원인이다. 응집력 있는 팀에서는 성원들이 만장일치라는 과욕에서 다른 대안들에 대한 현실적인 평가 의지를 억제할 수 있다. 응집력이 높은 팀에서 성원들은 자신을 팀과 강하게 동일시하기 때문에 단결하려는 경향이 있기 때문이다. 특히 지금까지 성과가 좋았던 팀들이라면 이미 공유된 멘탈모델(shared mental model)을 지니고 있어서 집단사고에 빠질 가능성이 크다.

성원 간의 다양성이 거의 없거나 전혀 없는 팀일수록 더욱더 집단사고를 할 위험에 놓이게 된다. 이러한 팀일수록 아이디어나 대안에 대한 솔직한 평가보다는 우호관계의 보존을 더 중시하는 규범에 따라 의견일치 추구가 촉발되기 쉽다. 집단사고를 촉진하는 또 다른 두 가지 조건으로는 시간 제약과 팀 리더십이 있다. 의사결정이 신속하게 이루어져야 할 때 집단사고가 일어날 확률은 더 높아진다. 팀 성원들이 의사결정을 하는 데 있어서 시간의 압박을 느낀다면 의사결정 프로세스를 서두를 수 있기 때문이다. 그리고 팀에서의 리더십 스타일에 따라 집단사고가 촉진될 수도 있으며(리더가 자신의 견해를 앞세울 때), 반대로 집단사고가 예방될 수도 있다(리더가 개방되고 솔직한 토론을 권장할 때). 팀 내 리더십이 수평적으로 분배된 경우라면 집단사고의 가능성은 그만큼 줄어들 가능성이 있다.

쿠바 피그스만(Bays of Pigs) 침공 사건으로 케네디 정부는 국제적 망신을 당한다. NSC 구성원들이 비슷한 나이 또래에 뉴잉글랜드 태생 하버드대 동문들로서 케네디와 '코드'가 완벽하게 맞아떨어졌던 것과 결코 무관치 않다.

집단사고의 결과는 대안에 대한 불충분한 조사, 선호되는 대안의 위험성 평가 실패, 편향된 정보처리, 그리고 비상사태를 대비한

하이데거의 숲

집단동일시 정도가 높을수록 집단사고를 야기할까?

집단과의 동일시(identification with groups)—개인이 집단에 소속감을 느끼고 있고 집단과 밀접한 관계에 있어서 집단을 자신과 분리될 수 없는 일체로서 지각하는 것—정도가 높을수록 사람들은 집단규범에 순응하는 경향이 있다. 내 의견에 동료들이 반대할 것으로 생각하면 그로 인한 사회적 비용을 우려하여 의견을 내세우기보다는 스스로 침묵을 택하게 된다. 이것이 집단의사결정을 실패에 이르게 하는 주요 원인으로 여겨져 왔다.

하지만 이러한 관점이 항상 유효한 것만은 아니라고 최근 연구들은 말한다. 일례로 규범적 갈등 모델(normative conflict model)에 따르면, 동일시가 강한 성원들은 집단의 문제들에 주의를 기울인다고 가정하고서 현상유지가 집단에 해가 된다고 여길 땐 서슴지 않고 반대 의견도 표현한다고 주장한다. 즉, 반대로 인한 사회적 비용도 기꺼이 감수하므로 집단사고의 가능성을 줄일 수 있다.

계획 부재 등을 포함한다. 집단사고는 결국 결함이 있는 불완전한 의사결정으로 이어져서 재앙을 불러오기도 한다. 우주왕복선 챌린저호(Challenger)와 콜럼비아호(Columbia) 사고가 그러한 예일 것이다. 1986년 챌린저호의 폭발로 7명의 승무원 전원이 사망한 사건이 있었다. 이때 진상조사위원회는 사고의 근본적 원인이 잘못된 의사결정 때문이라고 결론 내렸다. 우주왕복선을 발사할지 말지에 대한 두 가지 대안만 고려했을 뿐, 의사결정 집단은 발사에 따른 위험성을 정확하게 평가하지 않았고 비상사태를 대비한 어떠한 계획도 준비해두지 않았다. 2003년에 콜럼비아호가 이륙 후 73초 만에 폭발하며 승무원 전원이 또다시 사망하는 사고가 발생했다. 그 후 우주왕복선의 이륙 시 발생되는 손상을 간과하고 비행을 속개한 의사결정에 의문이 제기되었다. 계속된 조사 끝에 나사(NASA)의 의사결정 프로세스가 1986년 때와 마찬가지로 집단사고의 전형적인 특징을 보였다는 결론을 내놓았다. [표 9.2]는 집단사고 예방을 위한 제니스(I. Janis)의 가이드라인을 제시하고 있다. 여기에서의 제안들은 성원들 모두에게 토론기회가 주어지는지와 의사결정이 완벽한 분석과정을 거쳤는지를 중요시한다. 이 전략은 서로의 의견을 분석적이고 비판적으로 평가하도록 촉진한다.

집단극화
어떤 이슈에 대해 집단으로 논의한 후 성원들이 더욱더 위험하거나 더 조심스러운 입장으로 변화되는 경향

또 다른 집단현상으로서 **집단극화**(group polarization)—*홀로 독립적으로 결정*

표 9.2 집단사고의 징후와 예방법

집단사고의 징후
• **자신들의 논리는 완벽하다는 착각(illusions of invulnerability)**: 자신들의 결정은 완벽해서 비판의 여지가 없다고 생각한다. 이것은 지나친 낙관주의와 위험감수로 이끈다.
• **자신들의 집단은 윤리적이라는 착각(illusions of group morality)**: 자신들은 윤리적으로 행동하기 때문에 비난받을 이유가 없다고 생각한다. 이러한 징후가 집단의사결정에서 윤리성을 도외시하게 만든다.
• **만장일치의 착각(illusions of unanimity)**: 자신들의 의사결정이 만장일치로 이루어졌다고 생각한다. 침묵하면 동의한 것이라고 오해한다.
• **합리화(rationalization)**: 의사결정이 합리적이고 옳은 것처럼 보이게 하려고 말을 지어낸다. 그 결과 다른 대안들은 고려되지 않고 이미 결정된 사안에 대한 재검토도 잘 이루어지지 않는다.
• **경쟁자에 대한 고정관념화(stereotyping the enemy)**: 경쟁자들은 사악하거나 우둔하다고 고정관념화한다. 이것이 집단으로 하여금 상대를 과소평가하게 만든다.
• **자기검열(self-censorship)**: 집단의 행동방침에 대한 의심이나 우려를 표현하지 않는다. 이것은 의사결정에 대한 비판적 분석을 방해한다.
• **동료 압박(peer pressure)**: 의심이나 우려를 표하게 되면 다른 성원들에 의해 충성심이 결여됐다는 압력을 받는다.
• **정신적 수호자(mindguards)**: 성원들이 집단을 부정적인 피드백으로부터 보호하는 역할을 수행한다. 그러므로 그 밖의 다른 성원들에게는 부정적인 정보들이 차단되어 전달되지 않게 된다.
집단사고를 예방하기 위한 가이드라인
• 성원들 모두가 적극적으로 이의제기하고 의구심을 표출하는 비판적 평가자의 역할을 수행하도록 한다.
• 리더는 집단의 결정이 있기 전까지는 이슈에 대한 자신의 의견 표명을 하지 않도록 한다.
• 독단적인 의사결정을 피하기 위해 여러 집단들이 동시에 의사결정에 참여케 한다.
• 집단 프로세스를 평가하기 위해 외부 전문가를 초빙한다.
• 집단 행동방침에 대한 지속적인 문제제기를 위해 선의의 비판자(devil's advocate)를 임명한다.
• 가능한 많은 동기와 의도들을 살펴보기 위해 경쟁 대안들을 신중하게 평가한다.
• 일단 합의에 도달하면 집단이 그 대안들을 재검토하는 것을 권장한다.

할 때보다도 집단으로 하는 결정에서 더 극단적인 결정을 내리게 되는 경향—가 있다. 한 연구에서는 집단 및 각 개인이 어떤 이슈에 대한 집단토론이 있고 나서 더 위험성이 큰 대안을 택하게 된다는 것을 입증했다. 다른 후속 연구들에서도 좀 더 조심스러운 방향으로 비슷한 변화가 일어남을 밝혔다. 따라서 초기에 특정 입장을 보인 집단이라면 상호작용을 거치면서 보다 더 극단적인 견해를 갖게 될 것이라는 예측이 가능하다. 애초에 반대 입장이던 사람들은 반대 입장을 더 강력하게 고수하며, 찬성한 성원들은 더 강력한 찬성 입장을 취한다는 것이

다. 집단극화가 발생하는 원인은 무엇일까? 사회적 비교접근법에 따르면, 사람들이 집단토론을 거치면서 타 동료들의 생각도 별 다를 바 없다는 확신을 가지면서 마침내 더 극단적인 태도를 보이게 된다는 것이다. 다음은 설득적 논의관점으로 이것은 집단토론이 설득으로 작용해 성원들의 초기의 관점을 더욱 강화함으로써 극단적인 태도가 유발된다고 설명한다. 두 의견 모두 연구를 통해서 검증되었으며, 실제로도 극단적인 태도를 더욱 강화할 것으로 예상된다.

2.3 집단의사결정을 개선하기 위한 기법들

집단을 비효과적인 의사결정에 이르도록 만드는 잠재적인 요소라고 하면 1) 선택 상황에 대한 부적절한 평가, 2) 부적합한 목표의 설정, 3) 다양한 대안들의 긍정적/부정적인 질에 대한 부적절한 평가, 4) 결함을 지닌 데이터베이스 구축, 5) 집단의 데이터베이스를 바탕으로 한 잘못된 추론 등이 있을 것이다. 이 외에도 집단사고나 집단극화 역시 집단의사결정에서 극복해야 하는 장애물로서 이들을 예방하거나 통제하기 위해서 다음의 기법들이 활용될 수 있다. 브레인스토밍(brainstorming), 명목집단기법(nominal group technique), 델파이기법(delphi technique), 선의의 비판자(devil's advocate) 그리고 변증법적 질문(dialectical inquiry)과 같은 다섯 가지 기법을 살펴보도록 하겠다.

브레인스토밍
자발적인 참여 의사결정 기법으로 집단의사결정에 필요한 다양한 대안들을 만들어 내는 과정

브레인스토밍은 모든 아이디어가 도출될 때까지 판단을 보류한 채 가능한 한 많은 아이디어가 도출될 수 있도록 유도하는 기법이다. 특히 창의적인 대안 개발을 저해하는 순응 압력을 극복하는 데 유용하다. 전형적인 브레인스토밍은 6명에서 12명의 사람이 테이블에 둘러앉고 집단의 리더가 나서서 모든 참석자가 이해할 수 있도록 문제를 정의하는 것으로부터 시작된다. 그리고 나서 사람들은 주어진 시간 내에 가능한 많은 대안을 자유롭게 개진한다. 개진된 대안들에 대해서는 어떠한 비판도 허락되지 않으며 모든 대안이 이후에 이루어질 토론과 분석을 위해 기록된다.

최근에는 일반 브레인스토밍보다는 e-브레인스토밍을 활용하는 추세이다. e-브레인스토밍은 생산저해(production blocking)와 평가우려(evaluation apprehension)를 극복할 수 있는 장점이 있다. 사람들은 타인의 의견을 듣는 동안에 자신의 생각에 집중할 수 없으므로 방해를 받을 수 있다. 이것이 생산저해이다. 의견이 전자적으로 기록되면 참가자들은 이러한 방해로부터 자유로워질 수 있게 된다. 또한 타인들이 자신의 아이디어에 부정적인 반응을 보일지 모른다는 두려움을 갖는 사람들도 있다. 의견이 익명으로 제시되기 때문에 이러한 평가우려가 줄어들 수 있다. 연구결과들은 익명의 e-브레인스토밍을 실시하는 집단이 제시된 아이디어의 수에 있어서 대면 브레인스토밍을 하는 집단보다 더 나은 결과를 나타낸다고 보고한다.

대안들을 개발하고 그중 하나를 택하는 데 중점을 두는 구조화된 의사결정 기법을 **명목집단기법**이라고 한다. 이 기법의 주요한 장점은 팀 성원들이 공식적으로 서로 만나서 회의는 하지만 전통적인 상호작용 집단에서와 같이 각자의 독창적인 사고를 제한하는 일이 없도록 하는 것이다. 명목집단기법은 다음과 같은 네 단계가 있어야 한다. 즉, 개인 각자에게 자기 아이디어를 조용히 리스트로 만들게 한 다음, 모든 아이디어를 하나의 도표에 다시 기록한다. 토론은 아이디어를 명백하게 설명해야 할 필요가 있을 때만 허용되고 브레인스토밍처럼 어떠한 비평도 용납되지 않는다. 마지막으로 투표를 통해 결정한다.

다음은 **델파이기법**으로서 전문가들의 평가를 수집하여 의사결정에 활용하는 기법이다. 한군데 모여 있지 않는 전문가들에게 질문지를 이용해 답변받는다. 이후 코디네이터는 그 질문지의 답변을 요약해서 다시 각 전문가에게 돌려보낸다. 전문가들은 이러한 과정을 통해 개발된 대안들을 평가하고 조정자는 그 결과들을 표로 작성한다. 델파이기법은 대면 회의를 거치지 않고서도 많은 독자적인 판단을 산출해낼 수 있다는 점에서 그 가치가 있다.

의사결정과정에서 특정 그룹이나 개인이 비판자의 역할을 부여받는 **선의의 비판자** 역시 집단의사결정을 개선하는 데 유용한 방식이다. 이러한 선의의 비판자는 제안된 의견이 함축하고 있는 잠재적인 문제점들을 파악해 내야 한다. 의사결정을 할 때 미리 잠재된 문제점들을 확인하여 조직이 향후 막대한 비용을 지출하지 않도록 실수를 예방해 주는 역할을 한다. CEO와 최고경영진에 대한 선의의 비판자 역할을 하는 사람이나 집단은 고위 경영진들의 업무수행이

선의의 비판자
의사결정의 타당성을 확인하기 위해 반대의 입장에서 끊임없이 이의를 제기하는 사람

나 지속성을 유지하는 데 도움을 제공할 수 있다.

변증법적 질문은 두 가지 대립하는 제안들 사이에서의 논쟁을 의미한다. 이 방법은 갈등을 유발하지만 두 제안의 장점과 단점을 모두 파악할 수 있게 해주기 때문에 건설적인 방법이 될 수 있다. 변증법적 질문을 활용할 때는 승패의 태도를 벗어나 모든 관련 당사자가 가장 효과적인 해결책을 도출하는 것에 집중하는 것이 중요하다. 연구들은 의사결정이 진행되는 방식(즉, 양측 모두에게 도움이 되는지 아니면 한쪽에게만 유리한 것인지)이 무엇보다 중요하다고 밝히고 있다. 의사결정의 결과는 그것이 진행되는 방식에 따라 이득으로 보일 수도 있고 손실로 보일 수도 있을 것이다.

3 의사결정에서의 창의성과 윤리성

매니저가 더 바람직한 의사결정을 하기 위해서는 참신하고 고상한 아이디어를 제안하는 능력, 즉 창의성(creativity)이 필요하다. 왜 창의성이 의사결정에서 중요한가? 그것은 의사결정이 하나의 창조적 활동이기 때문이다. 창의성은 의사결정자가 타인들이 볼 수 없는 부분까지 볼 수 있게 하여 문제를 더 완전하게 평가하고 이해하는 것을 가능하게 한다. 창의적인 사람은 상황과 관계없이 항상 어떤 일이든 더 나은 해법이 있다고 가정하며 이해한다. 또한 대안 중에는 쉽게 무시할 만한 것은 없다고 인식하여 결정 전에는 가급적 그 문제의 여러 면을 상세히 다루어 질문을 통해 답을 얻는다. 이처럼 모든 것을 당연하게 여기지 않으므로 적절한 평가도 반드시 거치게 된다. 관계자들이 문제의 모든 면을 인식하게 만들어서 과연 도전받을 만한 게 없는지 꼼꼼히 따져본다.

창의성의 가장 명백한 가치는 결국 의사결정자가 모든 실행 가능한 대안들을 찾는 데 도움을 준다는 데에 있다. 창의성을 사고 프로세스로서 이해하는 월라스(G. Wallas)는 준비단계(the stage of preparation), 부화단계(the stage of incubation), 조명단계(the stage of illumination), 검증단계(the stage of verification)를 통해 창의적 사고가 이루어진다고 제안한다.

- **준비단계**: 문제를 인식하고, 필요한 자료를 모으며, 원인을 찾는 등 문제 탐구를 위한 준비상태를 말한다. 주어진 문제를 여러 각도에서 지각하고 이해해 보려고 노력하는 단계이다. 길포드(J. Guilford)가 말한 **확산적 사고**(divergent thinking)가 활발하게 일어나는 단계이다.

확산적 사고
가능한 많은 해법들을 탐구함으로써 창의적인 아이디어를 개발하는 프로세스

- **부화단계**: 문제해결에 고심하고 있지만 외견상으로는 다른 일을 하거나 휴식하고 있는 것처럼 보이는 정지상태이다.
- **조명단계**: 갑자기 새로운 아이디어가 떠오르면서 부화기를 종료하는 단계이다. 직관적 사고나 영감 등의 작용으로 지금까지 해결하지 못했던 문제에 대한 결정적인 단서를 잡는 단계이다.
- **검증단계**: 직관이나 영감에 의해 제시된 아이디어를 논리적 사고에 의해서 확인하고 검증하는 단계이다. 최종산물에 도달하기 위한 **수렴적 사고**(convergent thinking)가 이루어지는 단계이다.

수렴적 사고
가장 적합한 것에 도달하기 위해 다양한 아이디어들을 줄여나가는 프로세스

사람들은 선천적으로 타고나는 창의성에 있어서 차이가 난다. 그러나 한 연구에 따르면, 창의성이 높은 사람들은 약 10% 정도이고 우리 대부분(약 60%)은 어느 정도의 창의적인 잠재력을 가지고 있다고 밝힌 바 있다. 개인과 조직들은 종업원들의 창의성을 자극하기 위해 무엇을 할 수 있을까? 이 질문에 대한 최선의 답변은 광범위한 연구를 기반으로 밝혀진 **창의성의 3원 모델**에 있다. 이 모델은 개인의 창의성이 본질적으로 특정 영역에서의 전문지식(expertise), 창의적인 사고스킬(creative-thinking skills), 내적인 과업동기(intrinsic task motivation)로 구성되어 있음을 보여주고 있다. 이런 세 가지 요소의 수준이 높으면 높을수록 창의성도 더 높아진다는 것이다. [그림 9.3]은 창의성의 3원 모델을 보여준다.

창의성의 3원 모델
개인의 창의성을 위해서는 전문지식, 창의적인 사고스킬, 내적인 과업동기가 필요하다는 주장

그림 9.3 창의성의 3원 모델

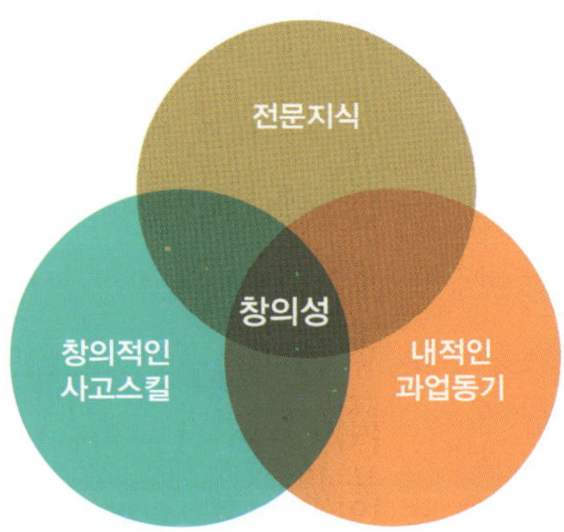

전문지식은 창의성이 발휘되어야 할 각 영역에서 기본적으로 요구되는 지식을 말한다. 어느 한 분야에서 10년 이상 일을 하다 보면 달인의 경지에 이를 수 있다는 소위 '10년 규칙(10 years rule)'이라는 것에 의해서도 잘 설명될 수 있는 부분이다. 전문성

은 모든 창의적 활동의 기본이다. 달리(S. Dali)의 예술에 대한 이해와 아인슈타인(A. Einstein)의 물리학 지식은 그들이 자신의 분야에 창의적인 기여를 할 수 있도록 하는 데 필수조건이었다. 우리는 프로그래밍에 대하여 최소의 지식만 가지고 있는 역사학 전공 학생이 자동제어 소프트웨어 설계에서 높은 창의성을 발휘할 것으로 기대할 수는 없을 것이다. 창의성을 위한 잠재능력은 개인들이 노력한 분야에서 능력, 지식, 숙달, 해당 영역의 유사한 전문지식을 가질 때 증가한다.

두 번째 요소는 **창의적인 사고스킬**이다. 창의적인 사고스킬은 창의성과 관련된 성격 특성을 내포한다. 창의적인 사람들은 대개 개방성과 통합성을 모두 지니는 양면적 성격(marginal personality)을 가지며 내적인 통제의 위치를 갖고 있다. 이들은 또한 독립심과 인내심, 위험감수 성향이 높은 사람들이다. 알렉산더 그레이엄 벨(Alexander Graham Bell)이 바로 이런 사람이었다. 그는 귀 내부의 작동원리를 이해하고 그것을 전화기에 적용했다. 귀 안의 뼈들이 민감하고 얇은 막에 의해 작동된다는 것에 주목했다. 왜 더 얇고 강한 막이 철 조각 형태로 만들어질 수 없는지 의문을 가졌다. 그런 유추를 통하여 전화는 탄생되었다. 그의 성격에 기초한 창의적인 사고스킬이 이를 가능케 한 것이다.

마지막 요소는 **내적인 과업동기**인데, 이는 창의적 작업에 지속해 몰입하게 하는 요인을 말한다. 이러한 동기요인은 창의적인 잠재능력을 실제의 창의적 아이디어로 전환해 준다. 내적인 동기가 큰 사람들은 자기 일에 열정을 쏟아 그 일에 빠져들며 또한 일을 곧 놀이라고 생각하는 경향마저 있는데 종종 강박적일 만큼 제 일을 사랑하는 것은 이와 관련된다. 물론, 개인의 과업환경과 조직의 문화와 같은 외적인 동기 역시 큰 영향을 줄 수 있다. 개인 특성으로서의 창의 역량을 정의할 때는 외적인 동기를 제외하지만, 다음은 창의성을 저해할 만한 다섯 가지 조직 요인들이다.

1) 평가에 대한 기대 — 당신의 과업이 어떻게 평가될지에 초점을 두는 경우
2) 감독 — 일하는 동안 감독을 받는 경우
3) 외부적 동기요소들 — 외적이며 눈에 보이는 보상을 강조하는 경우
4) 경쟁 — 동료들과 패자/승자를 결정짓는 상황이 발생한 경우

5) 선택의 제한 — 자신의 과업을 어떻게 수행할지 자유로운 선택이 어려운 경우

또한 의사결정을 할 때 고려해야 하는 중요한 기준이 바로 윤리성(ethics)이다. 기업윤리의 실천이 곧 경쟁력이며 기업성과에 긍정적 영향을 미친다는 것은 여러 연구를 통해 속속 입증되어 왔다. 불과 얼마 전 미국의 최대 에너지회사 엔론(Enron)이 분식회계의 여파로 파산한 것은 윤리경영의 중요성을 일깨워주는 사건이었다. 1985년 창립, 2000년에는 미국 포천지가 선정한 500대 기업 가운데 7위의 초우량기업으로 선정되기도 했던 엔론이 짧은 기간에 주가가 폭락하고 310억 달러라는 천문학적인 빚을 내며 파산하게 된다. 분식회계와 경영자의 부정, 그리고 이를 은폐하기 위한 로비활동 등으로 80달러이던 주가는 40센트로 폭락하면서 2001년 파산에 이르렀다. 엔론의 회계감사를 맡았던 세계적인 회계법인 아서 앤더슨마저도 한순간에 공중분해가 되고 말았다.

매니저들은 어떤 의사결정에 앞서 다음의 세 가지 질문들을 숙고해 봐야 한다. **합법적인가?**(내가 법이나 회사정책을 위반하는 게 아닌지?), **균형적인가?**(단기적/장기적인 관점에서 관련된 모든 이해관계자에게 공정한 결정인지, 모두에게 유익한 관계를 촉진하는지?), 그리고 **이 결정으로 인하여 나의 감정 상태는 어떻게 될 것인가?**(추후 나의 행동을 과연 자랑스럽게 여길 수 있을지, 다른 사람들이 이 결정에 대해 알게 되면 내 기분은 과연 어떠할지?) 기업이 생각보다 장수하지 못하는 이유에 대해 전문가들은 기업들의 경영방침과 방식이 지나치게 경제적인 사고에 의존하는 것을 문제로 지적한다. 만약 엔론의 의사결정자들이 그들의 결정에서 위의 세 가지 질문을 고려했다면 어떻게 됐을까?

의사결정의 주체가 개인이든 집단이든 모든 의사결정은 윤리성을 고려해야 한다. 의사결정에서 효과성과 윤리성은 반드시 상호 배타적인 것은 아니다. 조직은 구성원들을 격려하고 적절한 보상을 해주며 **윤리적인 조직분위기**(ethical organizational climate)를 조성해야 한다. 조직의 사회화 과정에서부터 신입직원들에게 윤리적인 행동기준을 잘 전달할 수 있어야만 한다. 그리고 부서 단위로는 집단사고의 잠재성과 비윤리적 의사결정을 줄이기 위해서 선의의 비판자와 변증법적 사고를 적극 활용하는 것도 필요하다.

윤리적인 조직분위기
수용가능한 윤리적 행동들에 대한 근거를 조직구성원들에게 제공하는 문화

ORGB 뉴스

이런 상사가 부하의 창의성을 죽인다.

세계적 히트상품인 애플의 아이팟과 소니의 워크맨은 남들이 생각하지 못한 창조적 발상으로 고객들이 기꺼이 돈을 주고 사고 싶어 하는 차별적인 가치를 창출했다. 이렇듯 창의성은 기업경쟁력을 가늠하는 결정적인 힘이라 할 수 있다.

기업에서 창의성의 원천은 구성원 개개인이다. 이들의 창의력을 끌어내는 핵심은 경영진을 비롯한 관리자들의 리더십이다. 의사결정을 주도하는 리더들이 일상 업무수행 과정에서 어떤 방식으로 구성원들을 이끌어 가느냐에 따라 그 기업의 창의성이 좌우된다. 하지만 어떤 리더는 구성원들의 창의성을 최대한 발현하게 하는 반면 어떤 리더는 오히려 창의성을 떨어뜨린다. LG경제연구원 이춘근 상무는 창의성을 저해하는 리더들의 6가지 주요 행동 특성을 다음과 같이 정리했다.

유아독존형: 독선과 닫힌 귀

조직에서 창의성이 발현되기 위한 가장 기본적인 요건은 구성원 개개인이 생각하는 다양한 의견과 아이디어를 부담 없이 밖으로 표출할 수 있는 열린 커뮤니케이션 문화다. 구성원들이 상사의 눈치를 보거나 자신의 생각을 격의 없이 이야기할 수 없는 닫힌 조직에서는 창의성이 발현될 수 없다. 특히 상사가 부하들의 이야기를 들어주는 경청의 인내심이 부족하고, 자기 생각을 강요하는 독선적 성향이 강하면, 부하들은 입을 닫게 된다. 이런 침묵하는 조직에서는 구성원들은 상사가 시키는 것만 하게 되고, 스스로가 창의성을 발휘하여 주도적으로 일하지 않게 된다. 결국, 아무리 뛰어난 인재를 데려온다 하더라도 성과를 내기 어렵다.

눈뜬 장님형: 흡수능력 부족

구성원들이 아무리 창의적인 혁신 아이디어나 지식을 제시한다 하더라도, 리더가 그 아이디어의 잠재 가치를 제대로 간파하고 활용하여 조직 성과물로 연결하지 못하면 무용지물일 뿐이다. 새롭고 창의적인 아이디어들은 기존에 익숙한 것이 아니기 때문에, 항상 어딘가 어색해 보이기 마련이다. 그렇기 때문에, 리더가 시장과 미래를 보는 안목이 없으면, 창의적인 아이디어들이 경시될 수 있다. '그거 해서 성공하겠냐', '내 경험으로 보면 성공 못해', '쓸데없는 데 시간 낭비하지 말라'라는 식으로 이야기하여 아이디어의 싹을 자르기도 한다.

일 중독형: 감성 결핍

상사가 지나치게 일 중심으로 움직이고 부하의 개인적 고충이나 스트레스 등 인간의 정서적인 측면에 무감각하게 되면 창의성을 저해하는 여러 가지 부작용을 낳게 된다. 우선 구성원들이 지치고, 피로도가 가중되어 조직적 탈진(burn-out) 현상이 나타날 수 있다. 또한 감성이 결핍된 일 중심의 상사의 언행은 구성원들이 직장생활에서 느끼는 재미, 근무 의욕을 해칠 수 있다. 하버드대 경영대학원의 테레사 아마빌 교수는 "일상적 업무수행 과정에서 상사가 던지는 사소한 말과 행동이 부하들의 창의성과 업무성과에 큰 영향을 준다."며 "창의성을 저해하지 않기 위해 직원들의 감정과 기분을 해치지 않도록 말과 행동에 유의할 필요가 있다"고 말했다.

완벽주의형: 실패불용

상사가 작은 실수나 실패조차 용인하지 않으면 부하들의 생각과 행동은 실패 위험이 적은 보수적인 쪽으로 흐르게 될 수밖에 없다. 이렇게 되면 뭔가 새로운 것에 도전하고 시도하는 창의적인 발상과 행동이 위축될 수밖에 없다. 사업이든 제품이든 기존에 해보지 않은 새로운 것, 남들이 생각지 못한 창의적인 것일수록 성공과 실패를 가늠하기 어려운 높은 불확실성이 동반하기 마련이다. 따라서 오직 성공이냐 실패냐 하는 결과만 보고 정당한 실패, 건강한 실패조차 절대 허용되

ORGB 뉴스

지 않는 풍토에서는 혁신적 아이디어가 발현되기 어렵다. 이런 상황에서는 '점진적 개선'은 가능해도 '현상타파적 이노베이션'은 이뤄지기 어렵다.

복사기형: 'Me-too' 의식

남들이 하지 않는 새로운 것을 먼저 개척해 나가는 선도자적 실험정신이 부족한 리더도 구성원들의 창의성을 저해한다. 내부에서 좋은 아이디어가 있어도 자신이 없어 실행을 주저하다가, 나중에 다른 기업들이 하는 것을 보고 나서야 따라 하는 'Me-too' 의식이 많으면, 조직의 창의성은 죽을 수밖에 없다. 상품이든 제도든 그 아이디어가 참신한 것일수록 기존에 없었던 남들이 하지 않은 새로운 것이기 때문에 실행을 위해서는 리더가 불확실성을 감수할 수 있는 용기가 있어야 된다. 구성원들이 기존과 다른 파격적인 아이디어를 제시하더라도 리더가 '그런 사례가 있느냐?', '그것이 성공할 수 있다는 증거를 가져와 봐라'는 식으로 반응을 하게 되면 절대 실행에 옮겨질 수 없다. 이렇게 되면 아이디어 그 자체로 끝나버리고 아이디어의 실행을 통한 성과 창출로 연결되지 않게 된다.

하루살이형: 단기 운영업무 중심의 관리

경영진을 비롯한 관리자들이 사업모델, 전략, 미래준비 등 큰 것을 고민하기보다는 기존 사업틀 속에서 당장의 이익, 비용관리 등 단기성과 개선에 우선한 운영에 치중해서는 구성원들의 창의성이 극대화되기 어렵다. 그 이유는 두 가지다. 첫째, 리더들이 단기성과를 우선하게 되면 미래 가치가 있더라도 당장에 이익이 안 되는 아이디어들은 사장되게 되기 때문이다. 둘째, 구성원들이 수행하는 일의 가치가 낮아질 수 있기 때문이다. 리더들이 큰 그림보다는 운영관리 업무에 치중하면 현장에 대한 지시나 통제가 매우 세부적으로 이뤄지고 보고 등 잡무가 많아질 가능성이 크다. 창의성이 발현되기 위해서는 잡무에 시달리기게 해서는 안 된다. 머리를 쓰고 지혜를 짜내게 하는 일을 많이 부여해야 한다. 이를 위해 리더는 끊임없이 의미 있는 일을 발굴하고 구성원들에게 적절히 부여하는 직무 메이커(Job Maker)로서의 역할도 해야 한다.

출처: https://news.mt.co.kr/mtview.php?no=2007042016185289339&outlink=1&ref=http%3A%2F%2Fsearch.naver.com

단원 요약

1. 효과적인 의사결정이란 타이밍이 적절하고 모두 그 결정의 결과를 수용할 만하며 원하는 목표를 달성할 수 있게 하는 결정일 것이다. 하지만 조직에서 높은 지위에 있을수록 의사결정의 위험과 불확실성은 더욱 증대되는 경향이 있다.
2. 의사결정의 합리적 모델은 개인이 의사결정에 있어서 대안들과 그에 따른 결과들의 철저한 분석을 통해 논리적이며 단계적으로 접근할 것이라고 가정한다. 하지만 이러한 가정은 여러 한계로 인해 다소 비현실적인 게 사실이다.
3. 합리적 모델의 대안으로 등장한 제한된 합리성 모델은 정보를 처리하는 자기 능력이 제한된 상태에서 되도록 합리적인 과정을 충실히 수행하는 것을 말한다. 한편 쓰레기통 모델은 조직의 의사결정이 무작위적이며 체계적이지 않다는 것에 중점을 둔다.
4. 집단의사결정은 개인의사결정보다 더 완전한 정보를 제공하고, 결정의 수용성을 증가시키고, 시너지를 발생시킨다는 장점이 있다. 하지만 동시에 많은 시간이 소모되며 영향력 있는 소수에 의해 좌우될 수 있고 순응에 대한 압력이 발생할 수도 있다.
5. 집단사고란 팀 내 압력에 의해 발생하는 정신적 효율성의 악화, 현실 및 도덕적 판단의 악화로 주로 높은 응집력에서 비롯된다. 집단극화는 혼자 독립적으로 결정할 때보다 집단으로 하는 결정에서 더 극단적인 결정을 내리게 되는 경향을 말한다.
6. 집단을 비효과적인 의사결정에 이르도록 만드는 잠재적인 장애물들을 극복하기 위해서 여러 가지 의사결정 기법들을 활용할 수 있다. 예를 들어, 브레인스토밍, 명목집단기법, 델파이기법, 선의의 비판자 그리고 변증법적 질문 등이다.
7. 창의성은 의사결정자가 타인들이 생각하지 못한 대안들을 찾는 데 도움을 줌으로써 보다 바람직한 의사결정으로 이끈다. 또한 기업윤리의 실천이 곧 경쟁력이며 기업성과에 긍정적 영향을 미친다는 점에서 윤리성 또한 의사결정을 할 때 고려해야 할 중요한 기준이다.

논의할 문제

1. 성공적인 의사결정과 실패한 의사결정의 가장 중요한 차이는 무엇일까?
2. 소위 '결정장애'가 있다고 하는 사람들에게 도움이 될 만한 의사결정 모델은 무엇일까?
3. 직관이 하나의 의사결정 스타일로서 인정되어야 마땅하다는 주장에 동의하는가? 그 이유는 무엇인가?

4. 집단사고와 집단극화가 조직에 긍정적인 영향을 미치는 경우는 과연 없는 것일까?

5. 확산적 사고와 수렴적 사고의 차이는 무엇이고 창의성 프로세스에서 이들 간의 관계는 무엇인가?

6. 최근 들어 기업윤리와 기업의 사회적 책임이 더 강조되는 이유는 무엇인가? 윤리성과 효과성이 대치되는 상황에서 의사결정자는 어느 쪽을 선택하는 것이 과연 옳은가?

더 읽을거리

Amabile, T. M. (1997). Motivating creativity in organizations: On doing what you love and loving what you do. *California Management Review*, 40(1), 39–58.

Appelbaum, S. H., Deguire, K. J., & Lay, M. (2005). The relationship of ethical climate to deviant workplace behaviour. *Corporate Governance*, 5(4), 43–55.

Burke, L. A., & Miller, M. K. (1999). Taking the mystery out of intuitive decision making. *The Academy of Management Executive*, 13(4), 91–99.

Constantiou, I. D., Shollo, A., & Vendelø, M. T. (2016). Making space for intuition in decision making: The case of project prioritization. In K. J. Sund, R. J. Galavan, & A. S. Huff (Eds.), *Uncertainty and strategic decision making* (pp. 147–169). Bingley, Emerald Group Publishing Limited.

Gilovich, T., Griffin, D., & Kahneman, D. (2002). *Heuristics and biases: The psychology of intuitive judgment*. Cambridge University Press.

Guilford, J. P. (1956). The structure of intellect. *Psychological Bulletin*, 53(4), 267–293.

March, J. G., & Olsen, J. P. (1986). Garbage can models of decision making in organizations. In March, J. G., & Weissinger-Baylon, R. (Eds.), *Ambiguity and command*. Marchfield, MA: Pitman.

Mittal, V. and Ross, W. T. (1998). The impact of positive and negative affect and issue framing on issue interpretation and risk taking. *Organizational Behavior and Human Decision Processes*, 76(3), 298–324.

Mullen, B., Anthony, T., Salas, E., & Driskell, J. E. (1994). Group cohesiveness and quality of decision making: An integration of tests of the groupthink hypothesis. *Small Group Research*, 25(2), 189–204.

Nutt, P. C. (2004). Expanding the search for alternatives during strategic decision-making. *Academy of Management Executive*, 18(4), 13–28.

Packer, D. J. (2009). Avoiding groupthink: Whereas weakly identified members remain silent, strongly identified members dissent about collective problems. *Psychological Science*, 20(5), 546–548.

Pfeffer, J., & Sutton, R. I. (2006). Evidence–based management. *Harvard Business Review*, 84(1), 2–13.

Poole, M. S., Seibold, D. R., & McPhee, R. D. (1985). Group decision–making as a structurational process. *Quarterly Journal of Speech*, 71(1), 74–102.

Simon, H. A. (1960). *The new science of management decision*. New York: Harper & Brothers.

Stanovich, K. E. (2009). *Decision making and rationality in the modern world*. New York: Oxford University Press.

Whyte, G. (1991). Decision failures: Why they occur and how to prevent them. *Academy of Management Executive*, 5(3), 23–31.

Memo

CHAPTER

10

리더십 효과성: 전략적 리더십과 팀 리더십

1. 리더십과 조직성과
2. 전략적 리더십
3. 팀 리더십

▸▸ 학습목표

1. 리더의 역할을 정의하고 리더십 효과성을 설명한다.
2. 전략적 리더십을 정의하고 자원으로서의 최고위층 경영자에 대해 논의한다.
3. 전략적 리더십의 구성요소와 유형들에 관해 서술한다.
4. 팀 리더십(team leadership)과 리더 중심의 팀(leader-led team)을 구분한다.
5. 팀 리더십의 기능들을 팀 활동의 변환 및 실행 국면으로 구분하여 비교한다.
6. 공유리더십을 정의하고 활성 방안에 대해 논의한다.

훌륭한 리더들은 도전적인 상황들을 맞아 전략적으로 생각해서 대처방안을 모색하고 다른 이해관계자들이 모두 바람직한 성과에 도달하도록 영향력을 행사한다. 팀 상황에서도 역시 집단규범을 형성하고 팀원들 자신이 처한 상황에 잘 대처하도록 도우며 집단 노력이 조화를 이루도록 하는 것은 리더들의 몫이다. 어떤 규모의 조직에서든 조직성과는 특정 리더 한두 명보다는 각 계층 리더의 효과를 집계한 것과 더 관련이 있을 수 있다. 즉, 조직성과에 대한 리더십의 효과는 여러 수준에서의 리더십을 동시에 검토해 볼 필요가 있다.

시네마 ORGB

잡스 Jobs

혜안을 지닌 전략적 리더, 스티브 잡스

잡스(Jobs, 2013)

"이건 혁명이야! 모든 게 바뀔 거야!"

"스티브 오버하지마… 그냥 내가 쓰려고 만든 거야."

순수한 마음에서 PC를 만든 워즈니악(Wozniak)에게 잡스(Jobs)는 또다시 이렇게 말한다.

"PC를 통해 뭔가를 창조해서 만들어내는 자유가 모든 이들에게 주어지는 거야. PC가 이제 세상을 바꾸게 될 거야!"

끈질기고 포기를 모르며 배짱 두둑한 스티브!

애플을 설립하고 자본을 필요로 했던 스티브는 여기저기 전화해서 투자금을 모으고 있었지만 결과는 좋지 못했다. 어느 날 찾아온 마이크 마쿨라(Mike Makkula)는 그의 친구가 투자요청 전화를 무려 150번이나 받았다며 한번 가보라 하여 왔다고 말한다. 그는 인텔에서 은퇴하고 스톡옵

션으로 엄청난 부를 지닌 상태였다. 마이크는 야심에 찬 스티브의 눈을 보고서 또한 큰 금액 투자를 요구하는 그의 배짱을 믿고 제안을 승낙해 애플을 키우는 데 함께 한다.

회사의 비전을 망각하지 않는 스티브!

스티브는 위대해지기 위해선 도전해야 하며 비전을 가지고 도박을 해야 한다고 강조한다. 고객의 마음을 사로잡는 제품 디자인을 위해서는 고치고, 고치고, 또 고치는 계산된 시행착오와 완벽을 향한 도전으로 직원들을 그야말로 달달 볶았다. 빠듯한 시간에 워드 프로그램의 예쁜 폰트 따위는 만들 수 없다고 한 직원을 가차 없이 해고시킨다. 회사의 철학을 이해 못하고 비전과 목표에 무관심하다면 아무리 실력이 뛰어나도 함께 할 수 없다고 그는 생각한다.

스티브의 창의성이 상상 속 디자인을 제품화될 수 있게 했고, 그의 열정은 애플을 사랑하는 열성적인 팬들을 만들어 낸다.

TIP!!

스티브 잡스의 알려진 모습들 가운데 전략가로서의 면모를 더 깊이 들여다보게 해준 영화다. 무심코 보면 워즈니악과 함께 애플 컴퓨터를 만들어 팔며, 투자자 마이크 마쿨라를 만나 애플을 설립하고, 쫓겨났다가 다시 복귀해서 디자이너 조나단 아이브와 함께 아이맥을 준비한다는 식으로 평이하게 풀어간다. 하지만 잡스의 배짱 두둑한 승부사로서의 모습과 리더십을 연관 지을 수 있다. 냉혈한 같은 성격 외에도 넘쳐나는 자신감은 그를 대표하는 특성인 것 같다. 특히 상대가 제시한 조건을 그대로 수용하지 않고 그 이상의 물량과 가격으로 협상하는 첫 거래 장면, 투자자의 제안도 더 큰 규모로 확대하고 상응하는 매력적인 조건을 함께 제시하는 장면 등을 통해 전략적 리더로서 그의 비즈니스 혜안을 일부 엿볼 수 있다. 잡스는 자기 제품으로 세상을 뒤집어놓겠다는 원대한 야망을 품고 있었다. 다행히 창조적 열망을 전쟁과 격변을 일으키는 데 이용한 유사한 성격의 나폴레옹이나 알렉산더, 히틀러 등과 달리, 그는 혁신으로 세상을 바꾸어놓을 수 있었다.

1 리더십과 조직성과

다양한 이해관계자들(고객, 소유주, 지역사회)의 요구사항들과 내부 종업원들의 니즈 사이에서 균형을 찾게 될 때 비로소 그 조직이 효과적이라고 인식되곤 한다. 회사의 최고경영자(CEO: chief executive officer)는 리더십을 잘 발휘해 이들 개개인의 동기들을 자극하고 도움을 제공함으로써 이러한 균형을 깨닫게 해준다. 훌륭한 리더십의 개발이야말로 기업이 성공을 거두는 데 있어 매우 중요한 요인이 아닐 수 없다. 이에 반해 부적절한 리더십과 매니지먼트 스킬은 기업 실패의 원인들 가운데 하나일 것이다. **리더십**(leadership)은 어떤 집단이 공동 목표를 달성하도록 인도하는 개인의 행동으로서, 집단 노력을 이끌기 위한 매니지먼트 능력이 이러한 리더십 역량에 의해 판가름 난다고 해도 과언이 아니다. 리더십은 잠재력을 현실로 변모시킨다. 그저 조직의 목표 실현을 위해 사람들이나 그들의 잠재력을 사용한다고 해서 리더십이 아니다.

리더십
바람직한 목표 달성을 위해 개인이나 집단의 행동을 이끌고 영향을 미치는 프로세스

기업들에서는 점차 리더십과 같은 무형자산을 인력, 프로세스, 조직성과를 결합하는 강한 원동력으로 간주하게 되었다. CEO와 같은 고위층 리더들의 행동은 특히 전략에 관계된 정보를 하위 리더들이 해석하고 전파하는 데 영향을 미친다. 보다 구체적으로, 엘렌코브(D. Elenkov)와 동료들의 연구(2005)는 CEO를 포함한 최고경영진들이 아래의 다양한 방식으로 조직혁신 프로세스에 영향을 미칠 수 있다고 주장한다.

- 조직의 미래에 영향을 미치는 환경적 동향을 더 잘 파악하고 이를 구성원들에게 더 효과적으로 커뮤니케이션함으로써
- 미래의 성공적인 혁신 활동에 관한 비전을 창출함으로써
- 변화의 귀재들을 선발하고 승진시키며 지속적으로 지원함으로써
- 업무가 생산적으로 행해지고 생산적인 직원들이 보상받으며 생산적인 관계가 구축되고 증진되는 조직문화를 창조함으로써

중간 및 하위 매니저의 리더십이 변변치 못하더라도 CEO는 리더십을 발휘해서 그 부정적 효과를 상쇄하고 조직성과가 올라가게도 만든다. 이러한 CEO

하이데거의 숲

고성과 조직의 임원들은 남달라?!

- 리더십과 결부된 전략 관련 사항들에 시간 투자를 많이 한다.
- 영향력 유지를 위한 전략적 리더십과 정기적인 전략계획의 수립을 서로 구분한다.
- 조직 차원의 전략적 리더십이 조직 내 개별 리더십과 차이가 있음을 인식한다.
- 전략적 목표의 본질로 구성원들을 동화시키고 잠재성을 발휘하도록 이끄는 것이 그들에 대한 고려 없이는 불가능함을 인식한다.
- 비즈니스 전략뿐 아니라 리더십 전략에도 유의해서 고성과에 이르도록 한다.

의 역할에 초점을 두고 이를 측정하고자 했던 미국 미시간대학교의 하트(S. Hart)와 퀸(R. Quinn)은 조직의 성과 달성을 위한 비전설정자(vision setter), 동기유발자(motivator), 분석가(analyzer), 그리고 감독자(taskmaster)로서의 네 가지 역할을 설명했다. 유능한 경영자는 사실상 이러한 역할들을 동시에 별 무리 없이 수행함으로써 그들의 역량을 입증한다.

- **비전설정자**: 사회, 경제, 기술적인 경향에 주의를 기울여가며 기업의 근본 목적과 미래 방향을 규정하고 정교화한다.
- **동기유발자**: 조직의 비전과 경영전략이 이뤄내야 할 가치 있는 것으로 이해되도록 만든다. 이를 위해 조직구성원들에게 영감을 불어넣고 동기를 자극한다.
- **분석가**: 내부 운영시스템의 효율적인 관리와 의사결정의 공유, 그리고 매니지먼트 프로세스의 통제에 초점을 둔다.
- **감독자**: 부하들의 의사결정에 영향을 미치고 우선순위가 높은 활동에 자원을 할당함으로써 기업의 성과 및 책임에 중점을 둔다.

한 조직의 목표 달성은 여러 구성원의 참여를 전제로 하므로 그들의 재능과 열정을 끌어내는 역량은 리더가 반드시 갖춰야 할 덕목이다. 조직의 목표는 설정된 목적에 따라 매우 다양하겠지만, 제조업체의 경우라면 아마도 수익, 성장,

그리고 생존이 주요 목표일 것이다. 이익이나 시장점유율, 품질과 관련해 동종 산업 내 타 기업들과 비교를 할 때 흔히 조직성과가 검토된다. 성과는 최소 비용과 효과적인 비용 간(경제성)의 관계, 효과적인 비용과 실현한 산출물 간(효율성)의 관계, 그리고 산출물과 달성된 결과 간(효과성)의 관계 등 여러 정보를 제공하기 때문이다. 특정 결과를 이뤄내기 위해 투입물을 산출물로 변환시키는 것이 조직성과(organizational performance)라고 하면, 이는 더 구체적으로 기업이 일정 기간 전략적 행동을 통해 고수익, 고품질, 시장점유 확대, 재무성과, 생존과 같은 목표들을 달성하기 위한 능력이기도 하다.

조직은 계획을 실천에 옮겨서 결과를 산출해낼 유능한 리더를 필요로 한다. 비전이 아무리 훌륭해도 이를 실현할 수 없으면 무용지물에 불과하다. 조직의 수준마다 유능한 리더들이 없을 땐 비전이 더욱 실패로 끝나기 쉽다. 리더십은 목표 달성과 불가분의 관계라는 점에서 그동안 연구자들에게도 높은 관심을 불러일으켰다. 하지만 지금껏 수많은 연구가 수행되었지만, **CEO의 리더십과**

Mapping ORGB 성과에 대한 다양한 접근법

조직성과는 다음과 같은 세 영역에서의 기업활동 결과물들을 주로 포괄한다. 즉, 재무성과(수익, 자산수익률, 투자수익률 등), 제품시장성과(매출, 시장점유율 등), 그리고 이해관계자수익(이해관계자 총수익률, 경제적 부가가치 등)이다. 조직성과를 평가하는 데 쓰이는 기준에 대한 보편적 합의는 없지만, 다음의 네 가지 접근법을 살펴보자.

- **목표 접근법**(goal approach). 이해관계자들이 정한 구체적인 목적을 위해 조직이 형성된다. 그래서 조직성과란 그 목표들을 달성하는 조직의 능력인 셈이다.
- **시스템자원 접근법**(system resource approach). 조직과 환경의 관계를 검토하는 것으로서, 가치 있고 희소한 자원을 얻고자 조직이 환경을 잘 활용할 때 비로소 성과를 얻게 되고 인상적이다.
- **구성원 접근법**(constituency approach). 이해관계자들 다수가 판단하기에 조직이 효과적이면 그 조직은 효과적인 것이다. 자원에 대한 통제권을 가진 조직일수록 성과를 얻기 쉽다.
- **경쟁가치 접근법**(competing values approach). 구성원들의 기대가 다양해 조직에서의 목표는 다를 수밖에 없으므로 단일 기준으로는 측정이 곤란하다. 이해관계자들은 유연성과 적응력을 높이려 애쓰며, 실제로도 성과가 높은 조직에서는 업무집단, 팀 프로젝트 등을 통해 협력과 몰입이 잘 이루어진다.

출처: Richard & Devinney(2009).

조직성과의 관계는 생각만큼이나 **일관되지는 않는다**. 이에 대한 원인을 두고 일각에서는 리더십에 대한 서로 다른 개념이 연구마다 적용되어 사실상 불가능한 비교를 하고 있기 때문이라고 주장한다. 리더십이라는 개념적 정의나 조직성과에 대한 그 효과에 의문을 제기하는 일부 회의론자 중에는 리더십은 하나의 사회적인 구조(a social construction)에 불과한 것으로서 성과와는 무관하다고 말하는 이들도 있다.

리더십과 조직성과 간의 비일관성에 관한 또 다른 설명은 연구 간의 성과 측정(performance measurement)에 대한 차이와 다양한 조절변인들(moderating factors)의 영향이다. 우선 리더십의 정의와 마찬가지로 연구자의 관심에 따라 조직성과로 간주하는 결과물이 제각기 달랐다는 것이다. 시장점유율이나 매출 같은 재무성과가 조직성과 지표로 사용되는가 하면, 종업원들의 이직률이나 직무성과가 활용되기도 했다. 또 비용이나 품질도 때에 따라선 조직성과로 평가되기도 했다. 이처럼 조직성과를 측정하는 데 이용되는 기준에 대한 보편적 합의가 부족했던 게 사실이다.

조직성과로 고려되는 결과물이 설령 같더라도 리더십 효과성이 일관되게 보고된 것도 아니었다. 즉, 조직성과에 미치는 리더십의 영향력이 다양한 요인들에 의해 조절될 수 있음을 의미한다. 리더십 분야에서 저명한 유클(G. Yukl)이 그의 연구(2008)에서도 언급했듯이, 조직의 성과는 내부 프로세스의 효율성과 외부 환경에 대한 적시 적응이 상호 작용함으로써 결정될지 모른다. 조직의 규모나 환경의 불확실성 정도 같은 조절변인들을 포함시켜서 리더십 효과성이 리더와 조직이 처한 상황에 따라 달라짐을 입증한 연구들이 이를 뒷받침한다. 하지만 지난 반세기 동안 수행된 리더십 효과성에 관한 실증연구들은 최고위층 경영자들보다는 주로 중간 또는 하위 매니저에 관한 것이었다.

2 전략적 리더십

최고경영진
조직에 대한 전반적인 책임을 갖고 있는 영향력이 강한 임원들로 구성된 소규모의 팀

기업의 **최고경영진**(TMT: top management team)은 미래를 예측해 비전을 세우고 유연성을 유지하면서 전략적으로 사고하여 조직이 미래 환경에서 경쟁우위를 달성할 수 있도록 변화를 관리해야 할 책임이 있다. 개별 부서보다는 전체 조직에 초점을 두고 리더십 프로세스의 새로운 복합성을 설명하는 것이 전략적 리더십이다. 전략적 리더십 이론은 전략적 활동으로서의 경영진 업무에 초점을 맞추고 기업의 지배체제를 대표하는 최고경영진의 상징성과 사회적 구성도 강조한다. 대부분의 리더십이 '조직에서의' 리더십을 다루지만, 전략적 리더십은 '조직에 대한' 리더십을 다룬다. 전략적 리더십은 리더들에게 조직의 목적, 즉 비전을 개발해서 이를 기반으로 커뮤니케이션하기를 요구한다.

2.1 전략적 리더십의 개념

운영적 리더십
단기 계획의 실행에 필요한 일상의 세부 업무들에 초점을 두는 것으로 하나의 프로젝트가 순조롭게 되도록 실행 및 통제하는 것을 포함함

조직의 어느 계층에서든 리더십이 존재할 수 있다. 간단히 구분하면, 우선 팀 수준에서 작동하는 리더십으로서 팀원들과 그들이 공유하는 목표 달성에 **팀 리더십**(team leadership)은 기본 책임이 있다. 다음은 **운영적 리더십**(operational leadership)으로 이는 조직의 특정 기능영역과 그 영역 내의 모든 인적자원, 그리고 해당 전문분야에서 의사결정에 기여할 책임을 갖는다. 마지막 세 번째는 조직 내 최고 위치에서 모든 조직의 기능들과 주요 의사결정에 기여할 책임이 있는 **전략적 리더십**(strategic leadership)이다. 전략적 리더십은 따라서 조직을 통제할 일부 소수의 리더들(CEO, 사업부의 수장, 최고경영진 이사회의 임원진 등)을 상징하며, 그들이 성과 전략의 수립, 이행, 통제를 위한 최종 권한과 책무를 갖는 것과 관계된다. 전략적 리더들은 함부로 이양할 수 없는 실질적인 의사결정의 책임을 갖는데, 그 리더십 책임은 조직의 최고 지위인 이사회, 더 정확히는 CEO에게 있는 경우가 많다.

캐나다 웨스턴대학교 로우(W. Rowe) 교수는 이러한 전략적 리더십을 비전 제시와 관리적 리더십이 시너지를 내는 조합이라고 했다. 장기 방향성에 주로

그림 10.1 **전략적 리더십 역할**

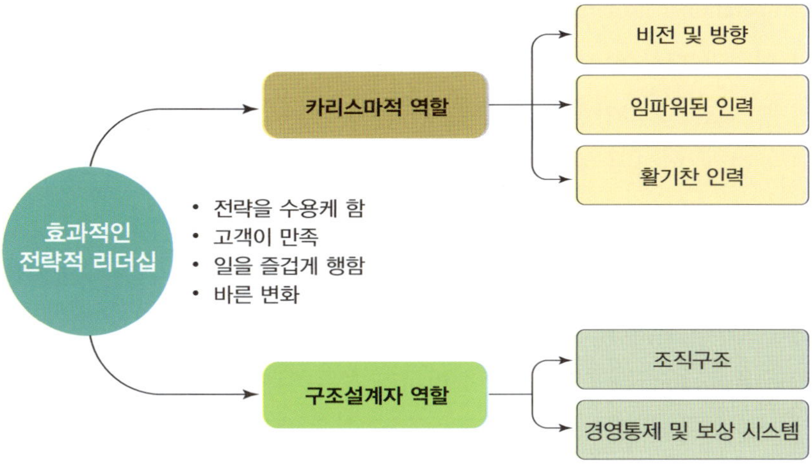

초점을 둔 비전형 리더십(visionary leadership)이나 단기 성과 달성만을 강조하는 관리형 리더십(managerial leadership)과는 달리, "단기 재무안정성의 유지뿐 아니라 조직의 장기 생존력 개선에도 영향을 미치는 일상의 결정들을 자진해서 수행할 수 있게 타인들에게 영향력을 행사하는 능력"으로 그는 묘사한다. 네덜란드 심리학자 케츠 드 브리스(M. F. R. Kets de Vries)도 훌륭한 전략적 리더들이 [그림 10.1]에서와 같이 카리스마적인 역할(charismatic role)과 구조설계자 역할(architectural role)을 효과적으로 수행한다고 주장한 바 있다. 비전을 세워 이에 대한 지지를 얻는 것을 비롯해 직원들을 임파워시키고 활기를 불어넣는 것 등과 관계되는 것이 전자라면, 후자는 통제나 보상을 위한 시스템 등을 갖춘 조직구조를 구축하는 것과 관계된다. 이러한 결과로 전략은 수용되어 일을 즐겁게 할 수 있으며 고객도 만족하고 빠른 변화도 비로소 가능해질 수 있다.

전략적 리더십은 궁극적으로 타인들을 통해 관리하는 것과 관련되며, 또 조직이 변화에 대응토록 돕는 것이다. 타인들이 필요에 따라 전략적인 변화를 창출할 수 있도록 유연성을 유지하고 힘을 실어주는 리더로서 능력이 바로 **전략적 리더십**이다. 지난 반세기 동안 수행된 리더십 효과성에 관한 실증연구들은 최고위층 경영자들보다는 대부분 팀장급이나 중 · 하위 매니저에 관한 것이었다. 이들의 리더십 특성은 최고경영진에서와는 사뭇 다르며 요구되는 속성이

전략적 리더십
조직이 미래에 경쟁력을 갖추도록 준비시키는 것으로 목표설정, 능력신장과 혁신지원 등을 포함함

질적이나 양적으로도 다르다. 일상적으로 반복되는 활동들을 관리하는 운영적 리더들(operational leaders)과는 달리, 전략적 리더들(strategic leaders)은 조직의 방향성 설정과 더불어 전략 수립 및 실행에 대한 책임이 막중하다. 또한 주주, 정부기관, 노조 등 다양한 이해관계자들과의 상호작용에 대한 최종 책임도 이들에게는 있다. 따라서 전략적 리더십은 조직의 최고 위치에 있는 리더의 전략적 선택과 그 제반 모든 활동에 관계된다.

다른 한편으로 전략적 리더십이 아니라고 하는 것들은 무엇인지 알게 되면 훨씬 더 개념이해가 쉬워질 수 있다. 먼저, 분명히 말할 수 있는 것은 세밀한 관리(micromanaging)는 결코 전략적 리더가 하는 일이 아니다. 매니저들이 직원들이 할 일에 대해 목록을 보유할 수는 있지만, 이것이 지나치면 비전과 야심에 찬 목표를 설명하는 데 실패를 겪게 된다. 세밀한 매니저들은 모든 이들이 X, Y, Z를 해야 한다고 주장하고서 이 기준을 충족하지 못하는 사람들을 질책할 수도 있다. 하지만 전략적 리더들은 주변인들에게 대신에 비전을 제시한다. 모든 이가 비전을 믿고 이를 달성하기 위해 노력하기 때문에 전략적 리더가 세세하게 관리하고 작업에 매진하게끔 곁에서 지켜볼 필요는 없다. 또 하나는 전략적 리더들은 결코 사후 반응을 보이는 사람들(reactionaries)이 아니라는 것이다. 말하자면 그들은 불을 끄는 데 시간을 보내지 않는다. 전략적 리더십은 문제들을 사전에 예측하고 더 큰 그림(big picture)을 본다. 반응만 하는 사람이라면 결코 혁신하거나 남을 이끌 수 없다. 전략적 리더들은 반응적인 모델은 피하고 혁신가가 되는 것에 더욱 집중한다.

전략적 리더십은 정말 중요할까? 핀켈스테인(S. Finkelstein)과 햄브릭(D. Hambrick) 교수는 그들의 저서 『*Strategic Leadership: Top Executives and Their Effects on Organizations*』(1996)에서 이 문제를 리더특성, 외부환경, 조직특성이라는 세 측면에서 다루었다. 그들은 먼저 리더가 **분별력**과 같은 적절한 특성들을 갖추고 있는 한 전략적 리더십은 중요하다고 했다. 이를테면 전략적 의사결정에서 분별력 발휘가 조직 성공에 결정적인데, 분별력 정도는 모호함에 대한 인내, 조직에 대한 몰입, 대인관계 스킬들, 열망과 자신감의 정도 등에 의해 영향을 받는다. 성과에 긍정적인 영향을 미치기 위해서는 그러나 분별력에 대한

분별력
조직 발전을 위해서 매니저가 수행하는 조리 있고 이성적이며 일관된 결정들

하이데거의 숲

전략적 리더 vs. 운영적 리더

관리감독자와 같은 운영적인 리더들과 전략적인 리더는 적어도 다음의 세 측면에서 차이가 있다.

- **폭넓은 시야(broad in scope).** 조직을 상호의존적이면서 서로 연결된 것으로 보기 때문에 전략적 리더는 특정 조치나 결정이 다른 부분에 미치는 영향력도 고려한다.
- **미래에 중점(future focused).** 장기적 관점에서 계획을 수립하는 전략적 리더는 단기적 결과물과 장기 지향적 태도를 통합시키고자 한다.
- **변화지향(change oriented).** 조직변화의 원동력으로서 전략적 리더의 영향력은 조직 전체에 퍼지고 확산된다.

주관적 인식과 실상이 서로 일치할 필요가 있다. 만약 분별력이 없는데 그것이 있다고 인식하거나, 반대로 분별력이 있어도 없다고 인식할 때 매니저의 의사결정은 실패할 가능성이 크다. 리더가 분별력을 지니고 있지 않다면 그의 의사결정과 행동은 제한될 수밖에 없고 개인차라는 것도 별 의미가 없지만, 리더의 분별력이 큰 상황이라면 전략적 리더십이 결정적인 역할을 할 수 있다.

분별력이 차이를 불러오는 리더의 능력을 증가시키지만, 기회를 포착할 수 있는 능력 또한 리더에게 필수적이다. 따라서 전략적 리더십은 특정 상황에 직면할 때 더욱 긴요해진다. 예컨대 리더가 내리는 결정의 내용만큼이나 중요한 것은 바로 적시에 그러한 결정을 하는 것이다. 의사결정의 알맞은 시기란 조직의 생애주기에서 발생하는 **전략적 변곡점들**(SIP: strategic inflection points)과 관련될 것이다. 이것은 산업구조, 시장성장률, 경쟁자의 수와 유형, 법적 규제의 정도, 상품의 차별화 정도 등 환경 요인들로부터 영향을 받게 된다. 또한 유행이나 새로운 비즈니스 기회들도 이에 해당될 것이다. 이러한 변곡점이 도래할 때마다 의사결정의 알맞은 타이밍을 알아채기 위해 리더에게는 전략적 리더십이 요구된다. 변화가 발생하는 동안 격변과 불확실성을 헤쳐나가면서 조직의 새로운 비전과 전략을 개발하고, 조직을 새로운 방향으로 이끌기 위해서 전략적 리더십은 중요할 것이다.

전략적 변곡점
비즈니스 환경에서 중요한 격변이 발생하는 시기

마지막으로 조직의 특성에 상당한 영향을 미칠 수 있다는 점에서도 전략적 리더십이 중요하다. 아마도 전략적 리더십이 어떻게 차이를 만들어내는지에 대한 해답이 될는지도 모른다. 전략적 리더십의 영향력을 설명하는 데 있어서 조직성과를 가장 적절한 변수로 보기도 하지만, 대신에 전략적인 방향 전환 또는 변화, 전략적인 인내, 긍/부정적 갈등, 기업의 불법행위 등과 같은 기업 차원에서의 행동들에 초점을 두었던 연구들도 많았다. 이 밖에 재무성과의 향상, 고객만족, 지식기반 구조의 확장, 이해관계자들 간의 커뮤니케이션 조정, **공유리더십** 등도 전략적 리더십의 긍정적인 효과라 할 수 있다. 이처럼 기존 연구들에서는 경영진들이 조직의 구조와 보상체계, 조직문화에 큰 영향을 미칠 수 있으므로 조직의 새로운 전략적 계획을 결정하는 데 있어서 전략적 리더십의 중요성을 제안했다.

공유리더십
임명된 팀 리더가 아니라 팀의 성원들에게서 나오는 리더십

2.2 전략적 리더십의 구성요소

조직 최고위층에 있는 리더의 전략적인 선택과 그 모든 제반 활동에 관계된 전략적 리더십은 조직의 내 · 외부 비즈니스 환경을 통합시키고 복잡한 정보처리를 잘 수행하고 관리할 수 있는 능력을 필요로 한다. 특히 전략적 리더십은 조직의 목적과 의미를 창조해서 전략적 방향성을 결정짓는 활동들을 수반하는데, 이러한 활동들은 조직 내부나 환경적 요인들로부터 결코 자유로울 수 없으며, 경쟁이 치열하고 급변하는 환경일수록 이러한 상태가 더욱 고착될 수밖에 없다. 볼(K. Boal)과 후이즈버그(R. Hooijberg) 교수는 이와 같이 경쟁과 변화가 심한 환경에서는 최고경영진이 발휘해야 하는 전략적 리더십의 본질은 흡수역량(absorptive capacity), 적응역량(adaptive capacity), 그리고 경영지혜(managerial wisdom)라고 제시하기도 했다.

흡수역량
외부 원천으로부터 습득한 새로운 지식을 체화시켜서 활용할 수 있는 능력

▶ **흡수역량**은 환경 적응력으로서의 학습능력을 일컫는 용어이다. 이것은 조직과 환경 간의 적합도를 높이기 위한 목적으로 새로운 정보를 인식하고 수용하여 그것을 새로운 가치 창출에 적용하는 프로세스와 관련된다. 이 프로세스는 기존 행동 패턴이 유지될 것을 요구하기도 하지만 때에 따라 정보를 해석하는 시스템의 수정을 요구하기도 한다. 또한 주어진 상황을 어떻게 정의할지 결정해 주는 개인의 세계관 안에서 자극을 선택, 해석하는 메타수준

그림 10.2 전략적 리더십의 본질

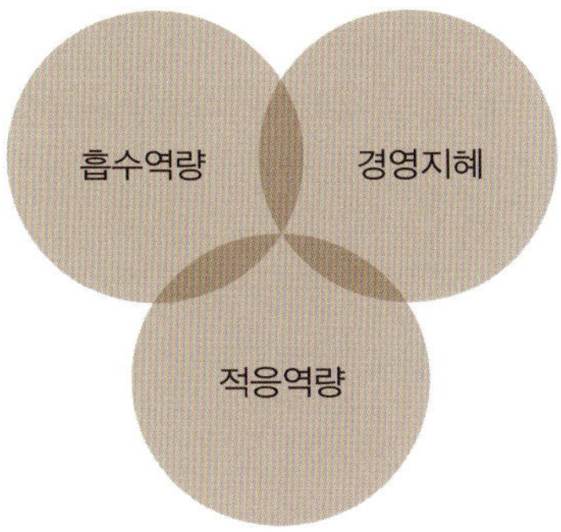

의 시스템 재구조화를 요구하기도 한다. CEO처럼 조직의 현재 행동패턴을 상황에 따라 유지 및 강화시키거나 혹은 변화시켜야 할 책임이 있는 전략적 리더들에게는 이것이 특히 중요하게 작용한다.

▶ **적응역량**은 변화하는 능력을 의미한다. 전략적 불안정, 초경쟁적 시장, 혁신 및 지속적인 학습이 주목받는 새로운 경쟁 환경에서 조직의 성공 여부는 전략적 유연성에 의해 결정된다. 전략적 유연성은 기업이 경쟁 상황 변화에 신속히 반응하거나 혹은 사전 조처를 하는 것을 의미하는 것으로, 목표 달성이나 미래의 기회가 주는 이점을 취할 수 있게 도움을 준다. 조직 차원에서의 유연성은 최고 위치에 있는 리더한테서 나온다. 따라서 조직의 적응역량은 CEO가 인지 및 행동적 복합성(complexity)뿐 아니라 변화에 대한 개방성 및 수용성과 결부된 유연성도 함께 지닐 것을 요구한다.

적응역량
경쟁적인 환경이 초래한 변화에 대한 개방성과 수용성

▶ **경영지혜**는 통찰력과 적절한 타이밍 포착이 결합한 것이라 할 수 있다. 이 중 통찰력은 경영지혜의 핵심으로서 환경상의 차이를 지각하고 대인 간 관계를 이해하는 능력들을 포함한다. 대인 간 관계를 이해하는 능력은 사회적 지능(social intelligence)이나 대인 간 지능(interpersonal intelligence)이라는 용어로 쓰이기도 한다. 공감과 같은 사회적 자각(social awareness), 그리고 갈등 관리와 같은 사회적 스킬(social skill)이 사회적 지능을 구성하는 주요 요소들이다. 적절한 타이밍 포착이란 중요한 순간에 적절한 조치를 취하는 능력을 말한다.

경영지혜
환경변화를 인식하는 능력, 그리고 사회적 영향요인들 및 그들 간의 관계에 대한 이해 전략을 실행에 옮기는 일은 한 조직의 리더로서 수행해야 할 과업 가운데 가장 중요한 일일 것이다. 전략을 성공적으로 실행시켜서 탁월한 경영성과로 이끄는 리더가 있는 반면, 또 다른 리더는 전략적 의도를 바람직한 결과로 변환시키는 데에서 왜 실패를 겪는 것일까? 그것은 아마도 전략적으로 이끄는 종합적인 능력의 차이 때문일 것이다. 이러한 관점에서 미국 텍사스A&M대학교 아일랜드(D. Ireland)와 히트(M. Hitt) 교수는 전략적 리더십과 관련된 연구들을 종합하여 전략적 리더십 모델을 제시했는데, 그 구성요소들에는 전략적인 지휘감독(strategic direction), 핵심역량(core competence)의 개발 및 유지, 인적자본(human capital) 개발, 효과적인 기업문화(effective organizational culture) 유지, 윤리적 실천(ethical practice), 전략적 통제(strategic control)의 확립 등이 포함된다.

▶ **전략적인 지휘감독** 조직의 비전과 목표를 명확하게 수립하여 제시하고, 구성원들과 이를 공유하며, 비전과 목표 달성을 위해 균형 있게 조직을 운영하는 것을 말한다. 즉, 비전에 근거하여 조직의 내부 자원과 핵심역량을 움직이는 전략적 의도를 갖는 것이다. 조직을 부흥시켜야 할 필요성을 인식하게 되더라도 사람들을 움직일 방안을 찾아야 하는데, 익숙한 방식을 버리는 데 따른 손실을 정당화할 만큼 충분히 매력적인 비전을 CEO가 갖고 있어야 한다.

▶ **핵심역량의 개발 및 유지** 여기서 핵심역량이란 한 기업이 비교우위를 달성하는 데 필요한 자원과 능력을 말한다. 타 기업이 쉽게 모방하지 못하는 그 기업만이 가진 고유한 기술과 능력을 규명하고, 이와 더불어 구성원들이 보유하고 있는 핵심역량의 개발 및 유지를 위해 노력을 하는 것과 관련된다.

▶ **인적자본의 개발** 구성원들이 지식과 노하우를 학습하고 축적할 수 있도록 교육 프로그램을 제공하여 그들이 창의적인 시각에서 능력을 개발하고 발휘할 수 있게 지원하는 것을 말한다. 사람들을 가치 있는 자원으로 간주하고 이들의 개발과 활용이 CEO의 중요한 역할이며 의무라는 것을 강조하는 것이다.

▶ **효과적인 기업문화 유지** 조직구성원들의 활동 지침이 될 행동규범을 창출

그림 10.3 **전략적 리더십의 구성요소**

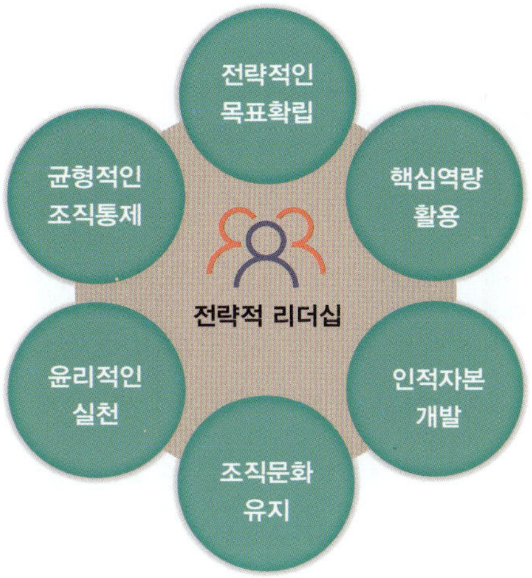

하는 공유된 가치, 신념의 체계, 즉 기업문화의 중요성을 인식하고 혁신과 임파워먼트를 통해 성실한 직무수행과 자기개발을 위한 기업문화를 조성하며, 또 이것의 유지를 위해 구성원들과 개방된 분위기에서 조직의 정보를 교환하는 것을 말한다.

▶ **윤리적인 실천** 전략적인 리더들의 개인적인 정직성 또한 조직의 에너지와 방향을 위한 강력한 동력이 된다. CEO는 사적 감정보다는 도덕적 원칙과 기준을 가지고 직무수행에 관한 기본방침과 규정을 제시해야 하며, 구성원들에게 이들을 공정하게 적용함은 물론, 솔선수범을 통해 실천함으로써 그들로부터 하나의 제도로서 동의와 지지를 이끌어내 조직문화로 정착시켜야 한다.

▶ **전략적 통제의 확립** 전략적 통제란 기업이 원하는 적절한 결과를 얻기 위해 전략이 제대로 실행되고 있는가를 분석하고 모니터링하는 것을 의미한다. 전략적 리더는 장단기 성과, 위험부담, 경쟁우위의 기회와 전망 등 관련 정보를 통합함으로써 조직이 처한 복잡한 상황에 알맞은 유연성을 갖고 신속히 대응할 수 있어야 한다. 이때 전략적 통제의 핵심은 제 기능 간의 상호의존성에 바탕을 둔 조화로운 통합에 있다.

국내 최초로 핀테크 유니콘 반열에 오른 토스가 하나의 앱으로 은행 · 증권 · 보험 등 모든 서비스가 가능한 '슈퍼앱' 전략을 추진한다. 토스를 창업한 비바리퍼블리카 이승건 대표의 사고가 굉장히 전략적이라는 평가가 있다.

경험적 증거가 불충분함에도 사람들은 리더십에 대한 로맨스를 갖고 있다. 그러나 일부 회의론자들은 사내 결탁, 조직의 역사, 외부 이해관계자, 가변적인 경제상황 등의 제약들로 인해 조직성과에 대한 CEO의 영향력이 미미하다고 말한다. 이 같은 회의론에도 불구하고 전략적 프로세스와 결과에 대한 전략적 리더십의 영향을 주장하는 지금까지의 연구 흐름은 다음의 세 가지로 요약될 수 있다.

첫 번째 흐름은 **최고경영진 관점**(upper echelon perspective)이다. 리더십 회의론도 어느 정도 수긍할 수 있지만 경영진들은 때때로 조직성과에 매우 중요해서 그들의 분별력에 따라 조직성과가 달라진다는 점을 인식했다. 이 관점은 그러나 인구통계학적 특성을 이용해서 전략적 리더십 행동을 추론했을 뿐, 실제 행동을 직접 연구하지는 못했다는 비판을 면치 못한다.

두 번째 흐름은 **리더십의 전 범위 관점**(full range of leadership perspective)이다. 거래적, 변혁적 리더십 연구가 좋은 예가 된다. 거래적 리더는 부하들의 즉각적인 사익을 충족시키는 반면, 변혁적 리더는 부하들의 사기, 모티베이션, 도덕성을 향상시킨다. 하지만 연구의 대부분이 CEO 개인 수준의 분석이었고 그들의 리더십 요소가 조직 수준의 프로세스 및 성과와 어떻게 관련되는지는 검토되지 않았다.

세 번째 흐름은 **비전형 리더십 관점**(visionary leadership perspective)이다. 연구자들은 비전을 추구하여 타인의 협력을 이끌어내는 경영활동으로 리더십을 정의함으로써 비전의 중요성과 조직 프로세스 및 결과에 대한 영향을 강조했다. 실증연구가 아쉽지만, 현상유지에서 벗어나고자 한다면 공유될 수 있고 영감을 주는 비전을 수립하고 이를 구체화해야 한다고 했다.

2.3 전략적 리더십의 유형

개인별 전략적 리더십 특성들을 규명코자 했던 연구들이 그동안 꽤 있었다. 이들에 따르면 고연령대의 CEO들은 위험을 혐오하고, 내부 승진한 CEO들은 주로 현상유지에 주력한다. 따라서 이들 CEO들은 조직에서 변화를 만들어내기가 어렵다고 한다. 한편, 최고경영진에 속한 매니저들의 직무 경험과 전략 선택의 관계를 검토한 연구에서는 내재론자 성향의 매니저들이 반대의 경우보다 R&D를 강조하며 훨씬 더 혁신적이라는 사실도 밝혀냈다. 이와 유사한 차원에서 나하반디(A. Nahavandi)와 말렉자데(A. Malekzadeh)의 연구(1993)는 기존의 전략 및 리더십에 관한 연구를 종합해 전략적 리더의 도전 추구(challenge-seeking)와 통제 의지(desire for control)에 기반을 두고서 네 가지의 전략적 리더십 유형을 제시했다. 즉, 통제적 혁신가(high control innovator), 참여적 혁신가(participative innovator), 현상유지 보호자(status quo guardian), 프로세스 매니저(process manager)가 바로 그들이다.

도전 추구는 경영자가 **변화와 혁신에 대해 개방적인 정도**를 나타내며, 전략의 수립과 실행이라는 측면에서 보면 실행보다는 **수립**과 더 관련되는 차원이다. 도전 추구 정도가 높은 CEO는 미개척 영역에 대한 탐험을 두려워하지 않고 이전에 시도된 적 없거나 고위험이 수반되는 전략도 주저 없이 채택한다. 반면에 도전 추구 정도가 낮은 리더는 조직 내부 운영에 있어서 최소한의 수정이 요구되는 전략만을 수립함으로써 위험을 회피하고 현 상태 유지에 주안점을 둔다. **통제 의지**는 경영자가 **조직의 내부 기능을 통제하려는 정도**를 나타내며, 전략을 **실행**하는 방식에 더 영향을 미치는 차원이다. 통제 의지가 높은 CEO들은 권한의 집권화를 추구해 위임을 거의 하지 않는 반면, 통제 의지가 낮은 CEO들은 분권화를 강조함으로써 다양한 활동들에서 구성원들에게 권한을 위임한다.

▶ **유형 1. 통제적 혁신가** 높은 위험이 수반되는 혁신이나 R&D지향적인 전략을 주로 수립함으로써 새로운 기회를 항상 추구한다. 조직 내부적으로는 의사결정 권한을 혼자 행사하려고 하며 여러 활동에서 모든 권한을 가지고

그림 10.4 전략적 리더십의 차원과 유형

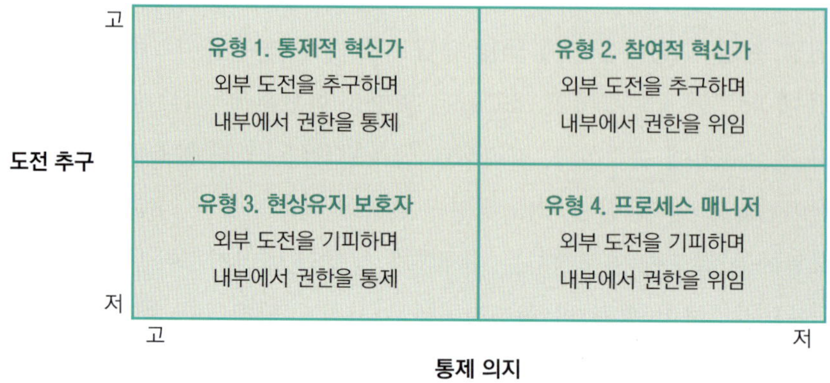

통제하려는 속성을 갖는다. 마이크로소프트(Microsoft)의 빌 게이츠(B. Gates) 같은 기업가적 리더가 주로 여기에 해당한다.

▶ **유형 2. 참여적 혁신가** 유형1과 마찬가지로 도전 추구 리더지만, 조직을 운영하는 방식에 있어서는 통제권을 내려놓고 분권화와 개방성을 인정한다. 종업원들의 이의 제기를 수용할 뿐 아니라 스스로 문제를 찾아 해법을 모색하도록 지원한다. 리바이스(Levi's)의 로버트 하스(R. Haas)가 이러한 리더로 거론되곤 한다.

▶ **유형 3. 현상유지 보호자** 방어적인 전략이나 효율성 위주의 원가 주도 전략을 수립해서 기존의 조직구조나 프로세스 등에 가능한 변화를 주지 않으려 한다. 높은 수준의 통제 의지를 보임으로써 집중화된 조직을 구축하고자 한다. 위험이 큰 전략을 회피하는 성향이 있으나 매우 엄격한 내부 통제력을 발휘했던 것으로 알려진 투시 롤(Tootsie Roll)의 멜빈 고든(M. Gordon) 회장이 있다.

▶ **유형 4. 프로세스 매니저** 유형 3과 같이 저위험 전략을 주로 수립하지만, 조직 운영에 있어서는 유기적인 조직구조와 참여적인 의사결정을 선호한다. 내부 운영과정에서 구성원들을 많이 참여시키더라도 전략적 선택에 있어서는 매우 보수적이어서 위험이 따르는 전략을 멀리했던 아이비엠(IBM)의 전 CEO 루 거스너(L. Gerstner)가 이 유형에 가깝다고 할 수 있다.

표 10.1 나는 과연 전략적 리더일까?

예측하기(Anticipate)							
1) 나는 업계 안/밖의 인맥을 통해 전문가나 소식통들로부터 정보를 자주 얻는다. Gather information from a wide network of experts and sources both inside and outside your industry or function.	1	2	3	4	5	6	7
2) 나는 경쟁자들의 움직임을 예측해서 새로운 시도나 제품 출시에 잘 대응한다. Predict competitors' potential moves and likely reactions to new initiatives or products.	1	2	3	4	5	6	7
도전하기(Challenge)							
3) 나는 근본 원인을 찾고자 다양한 시각에서 문제점을 재구조화하곤 한다. Reframe a problem from several angles to understand root causes.	1	2	3	4	5	6	7
4) 나는 어떤 이슈의 여러 면들을 보기 위해 다양한 관점으로 접근한다. Seek out diverse views to see multiple sides of an issue.	1	2	3	4	5	6	7
해석하기(Interpret)							
5) 나는 호기심을 드러내고 개방적인 사고를 하는 편이다. Demonstrate curiosity and an open mind.	1	2	3	4	5	6	7
6) 나는 결론을 내리기에 앞서 타인들과 여러 가능성들에 대해 검토해 본다. Test multiple working hypotheses with others before coming to conclusions.	1	2	3	4	5	6	7
결정하기(Decide)							
7) 나는 성장을 위한 장기 투자와 단기의 성과 압박 사이에서 균형을 잘 유지한다. Balance long-term investment for growth with short-term pressure for results.	1	2	3	4	5	6	7
8) 나는 의사결정을 할 때 고객이나 여러 이해관계자들을 위한 균형, 리스크, 그리고 의도치 않은 결과들까지도 판단한다. Determine trade-offs, risks, and unintended consequences for customers and other stakeholders when making decisions.	1	2	3	4	5	6	7
일렬로 맞추기(Align)							
9) 나는 이해관계자들의 변화에 대한 내성 및 모티베이션에 관해 잘 파악하고 있다. Assess stakeholders' tolerance and motivation for change.	1	2	3	4	5	6	7
10) 나는 이해관계자들 사이의 상충되는 이해를 정확히 집어내서 잘 처리한다. Pinpoint and address conflicting interests among stakeholders.	1	2	3	4	5	6	7
학습하기(Learn)							
11) 나는 조직학습을 촉진시키기 위해 성공 또는 실패의 일화들을 공유해간다. Communicate stories about success and failure to promote institutional learning.	1	2	3	4	5	6	7
12) 나는 이미 결정을 내린 후라 하더라도 부당하다면 그 증거에 기초해서 결정을 수정한다. Course correct on the basis of disconfirming evidence, even after a decision has been made.	1	2	3	4	5	6	7

지금까지 살펴본 것처럼, CEO는 다양한 역할을 동시에 수행할 수 있는 능력을 갖추고 있어야 한다. 전략적 리더들의 역할은 조직의 성공에 필수적이다. 타인들이 스스로 조직의 지속가능성을 강화하는 식으로, 단기적으로는 더 나은 성과를 유지하게 일상의 의사결정을 하도록 영향을 미치는 것이 바로 전략적 리더의 역할이다. 그들은 조직 내부적으로 전략적 의사결정, 미래를 위한 비전 창출, 조직구조 개편, 조직구성원 통제 등의 많은 활동을 담당해야 하며, 외부적으로는 조직이 제도적 환경에 적응할 수 있도록 지속적으로 관리해야 한다. 이런 식으로 전략적 리더십 활동이 효과적으로 발휘됨으로써 경쟁우위의 원천이 될 수 있다. 효과적인 전략적 리더십 활동들을 통해 변화무쌍하고 복잡한 비즈니스 환경에서 조직의 성과를 향상시킬 수 있다. 이러한 경쟁우위가 결국 조직의 장기적 생존과 더불어 평균 이상의 이익으로 이끄는 것이다.

3 팀 리더십

팀 환경에서는 영웅적이거나 카리스마적인 개인 리더십보다도 공동의 목표 달성을 위해 상호보완적 역할들을 하는 팀원들 간 상호작용 조정이 오히려 더 중요할지 모른다. 왜냐하면 지금처럼 복잡한 환경에선 팀 활동 중에 발생되는 다양한 팀 니즈를 어느 한 명의 리더가 모두 충족시켜 주기란 사실상 불가능하기 때문이다. 이것은 개인 한 사람이 팀을 이끄는 데 필요한 수많은 스킬과 능력을 전부 다 갖추기 어렵다는 것을 의미하기도 한다. 불황 속에서도 꾸준히 흑자를 기록하는 사우스웨스트 항공(Southwest Airlines)은 저비용 전략과 펀(fun) 경영이 성공요인으로서 알려졌지만, 이전 CEO 짐 파커(J. Parker)는 그들의 경쟁우위 원천을 공유리더십에 철저히 기반을 둔 조직문화로 평가한 바 있다.

3.1 팀 리더십의 본질

서로 관여된 목표들을 완수하기 위해 조직 내에 형성된 집단이 팀(team)이라면, 팀워크(teamwork)는 그 팀의 사회적인 프로세스를 일컫는다. 팀워크는 팀들이 사회적 상호작용 패턴, 조정전략, 커뮤니케이션, 협력, 리더십, 그리고 팀원 간 관계 등을 어떻게 개발해서 일을 완수하는지에 대해 설명한다. 전문성과 함께 지식 및 스킬을 적용함에 있어 팀워크는 자율성을 추구하는 팀원들에게 달려 있으므로 리더십 기능에 영향을 미치고 참여할 기회를 그들은 더더욱 원할 수밖에 없다. 조직들도 권력, 권한, 의사결정 책임의 분산을 통해서 경쟁력을 유지할 수 있도록 팀의 유연성과 신속한 대응력을 기대한다. 팀제의 보편화는 목표 달성을 위해서 어떻게 해야만 팀을 효과적으로 관리할 수 있는지에 대한 새로운 도전을 발생시켰고, 이로 인해 **팀 리더십**(team leadership)이 조직성과에 기여하는 중요 요인으로 등장하게 되었다.

팀 리더십
한 명의 공식 리더보다는 여러 팀원에게 분배되는 리더십 기능들에서 비롯되는 팀 특성

데이(D. Day) 교수와 동료들의 연구(2004)에 의하면, 팀 리더십은 다음의 두 가지 방식으로 이해될 수 있다. 그중 하나는 전통적인 관점에서처럼 리더십을 주로 팀 프로세스 및 성과에 대한 하나의 **투입물**로 봐서 이들에 직접적인 영향을 미치는 개별 리더의 스킬, 능력, 행동 및 기타 특성들로 개념화하는 것이다. 그리고 다른 하나는 팀 개발의 단계를 거치며 팀의 적응과 성과를 촉진하는 **팀 프로세스의 산물**로서 이해하는 것이다. 전자는 리더의 개인적 공헌에 초점을 둔다면, 후자는 상황에 따라 팀원들이 서로를 이끄는 방식 안에서 팀원들 간 리더십 분배에 초점이 있다. 개인적인 공헌 관점에서는 팀 성과가 어느 한 시점의 산출물에 불과할 수 있지만, 팀 성원 간의 상호관계의 결과가 리더십이라고 하면 그것은 또 다른 투입이며 향후 시점에서 성과로 이끄는 프로세스의 일부다. 전통적인 I-P-O 프레임워크는 단일 순환과 투입(I)부터 산출(O)까지의 선형경로를 의미하며, 팀 프로세스에 관한 피드백 순환과 팀 성과의 동적인 성질에 관한 중요한 역할은 다루지 않았다.

리더십을 과연 한 개인의 역할, 아니면 사회적인 영향 프로세스로서 검토해야 할지에 관해서는 이전부터 논쟁이 있어 왔다([그림 10.5] 참조). 단일 리더라고 하는 전통 관점에서는 리더십 기능은 전문적인 역할이라서 공유하면 집단

그림 10.5 리더십에 대한 전통적 접근법과 공유 접근법 간의 구분

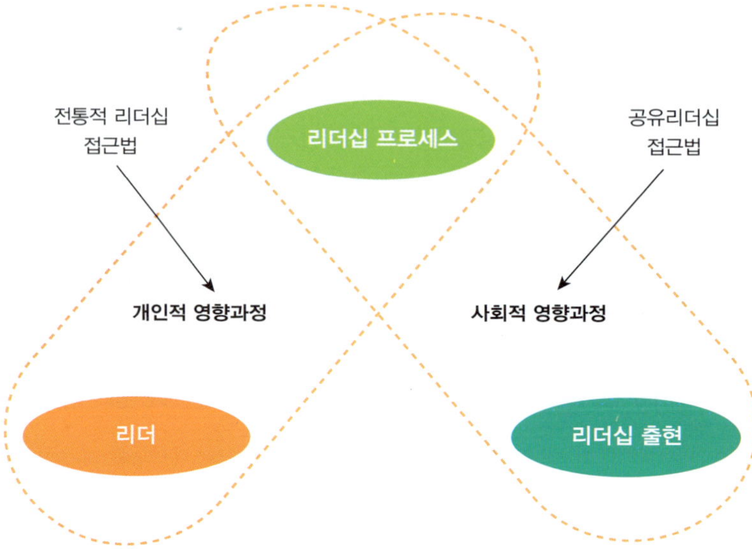

유효성에 대한 위험이 따를 수밖에 없다고 제안한다. 이러한 관점은 리더가 모든 활동을 결정짓는 위계적인 리더십을 대표한다. 한편 명령 계통상에 있는 한 개인으로부터 리더십이 나오기도 하지만, 팀 안에서 자체 출현할 수 있다는 생각도 점차 설득력을 얻고 있다. 리더십을 공유된 프로세스로 보는 사람들은 무엇을 그리고 그것을 어떻게 할지와 같은 중요 결정들이 한 사람이 아닌 여러 사람 간의 상호작용을 통해 만들어진다고 주장한다. 그래서 효과적인 팀에서는 리더십이라는 것이 공식 임명된 리더한테서 나오기도 하지만 팀 전체에서도 나오게 된다. 즉, 팀 니즈를 충족시켜 주는 수단이 되는 팀 리더십은 정해진 주체(예: 임명된 리더)로부터 나오는 개인의 능력으로만 한정된다기보다 상황에 따라 다양한 주체들에 의해 행해지는 것으로 볼 수도 있다.

3.2 팀 리더십의 기능들

초기 형성단계에서 팀은 저마다 다른 니즈, 목표들, 기대성과를 가진 독립된 개인들로 구성된다. 이들의 니즈, 목표들, 기대성과들은 리더십 프로세스(leadership process)를 통해 자신에 대한 정의를 나(I)에서 우리(We)로 변화시키려는 노력과 일치를 이루게 된다. 사람들은 독자적인 개별 정체성 대신 자신을 집단과 함께 규정하는 모티베이션과 능력을 가짐으로써 비로소 팀 니즈와 목표들, 그리고 팀의 기대성과와 동일시할 수 있게 된다. 이러한 팀 기반의 정체성 형성이 향후의 성과를 위한 리더십 자산(leadership resource)의 역할을 톡톡히 해낸다. 개인보다 팀에 대한 동일시가 다른 형태의 리더십 출현을 허용하고 리더십에 참여할 추가 가능성까지 열어주는 것이다. 이는 또한 팀의 사회적 자본을 증진시키는 원천으로서 어느 개별 리더의 발전이라기보다 팀의 발전이다. 단지 개인 속성이 아닌 전체 시스템 속성으로 리더십을 보게 되면 리더십 효과성은 시스템 내 어느 한 부분의 결과이기보다 부분 간의 연결 또는 관계의 산물이라 할 수 있다.

팀 활용 이면에는 팀으로서의 수행이 팀원들 임파워먼트(empowerment)와 어느 정도 관련된다는 가정이 있다. 팀 환경에서의 업무수행은 상호의존적인 여러 활동들의 순환으로 이루어지는데, 이는 7장 2.1에서 설명한 것처럼 크게 **변환기**(transition phase)와 **실행기**(action phase)로 구분된다. 팀 리더십은 변환기 동안에 주로 계획을 수립하거나 목표 달성을 촉진하는 활동들을 수행하며, 실행기 동안에는 목표 달성과 직결되는 활동들을 수행한다. 이 두 단계를 반복적으로 거치며 팀 내/외부로부터 여러 도전에 직면하게 되면서 다양한 팀 니즈가 발생하게 된다. 그 주체가 누구이든 상관없이 팀 리더십은 이러한 팀 니즈를 충족시켜 주는 수단이 된다. 다음의 [표 10.2]는 핵심적인 팀 리더십 기능들을 보여준다.

변환기
팀이 주로 미션분석, 계획수립, 목표설정, 평가활동 등에 중점을 두는 시기

실행기
팀이 과업을 수행하며 목표 달성에 직결되는 조정 및 감독활동에 주력하는 시기

팀은 변환기 동안 직접적인 업무 그 자체보다 오히려 팀 효과성을 가능케 하는 구조들과 프로세스들을 정립하게 된다. 업무수행을 위한 준비가 불충분한 이 시기엔 전반적인 목적의 윤곽을 알 수 있게끔 팀 조직도의 정립, 팀 규범과 공동 이해의 개발, 그리고 팀 내 지식공유를 명확히 하는 것과 같은 팀 니즈가

표 10.2 팀 리더십의 기능들

변환기	실행기
• 팀 구성 • 팀의 미션, 목표 및 성과기준의 수립 • 팀 설계 • 팀 훈련 및 개발 • 의미 부여 • 피드백 제공	• 팀 모니터링 • 팀 경계 관리 • 도전 • 팀 과업수행 • 문제해결 • 자원 제공 • 팀 자기관리 독려 • 사회적 분위기 지원

발생된다. 한편 팀 성과 사이클의 일부로서 실행기 동안에는 팀이 성과를 내기 위한 최적의 방법을 모색하며 과업을 이행한다. 이때 팀에서는 외부의 환경을 인식하기 위해 모니터링에 대한 니즈가 발생하는데, 그 대상에는 성과, 팀 내/외부 시스템, 팀 행동, 그리고 팀 멤버 코칭 등이 있다. 이외에도 팀 외부와 효과적인 접촉을 위해서 발생되는 실행기의 팀 니즈들로 조화로운 팀 활동, 커뮤니케이션의 질, 팀 외부 집단들과 경계 유지 등이 있다. 시간이 지나면서 팀들은 집합적 활동을 일으키는 성과 사이클을 통해 변환기와 실행기를 여러 차례 순환한다. 실행기와 변환기 리더십 기능을 수행하는 동안에도 대인관계 프로세스들은 반드시 관리되어야 하는데, 팀 성원의 적절한 모티베이션 강화, 심리적 안정감의 촉진, 팀 내에서 발생하는 감정 및 갈등의 관리 등이 중요한 대인관계 니즈에 포함되는 것들이다. 팀 리더가 되면 이러한 니즈를 가급적 모두 충족시키고 팀을 목표 달성으로 향하도록, 그리고 팀의 원활한 업무 촉진을 위해서 리더십 기능들을 효과적으로 수행해야 한다.

3.3 공유리더십

사실 팀 내에서 리더십이 공유될 수 있다고 하는 그 기본 아이디어가 1920년대에 벌써 조직행동 분야의 선구자인 폴렛(M. Follett)의 책 『*The Law of Situation*』에서 언급된 바 있다. 호주 심리학자 깁(C. Gibb)의 연구(1954)에서도 **분산적 리더십**(distributed leadership)이라는 용어를 써서 이미 리더십 기능, 역

Mapping ORGB 팀 리더십의 유형

리더십을 발휘하는 주체가 팀 성과에 대한 책임을 공식적으로 부여받았는지(리더십 공식성 여부), 그리고 주체의 직위가 팀 내/외부 중 어디에 있는지(리더십의 소재)에 따라 팀 리더십을 다음과 같이 구분할 수 있다.

- **내부, 공식적인 리더십**은 팀의 성원이면서 조직에 의해 임명된 리더로부터 발휘된다. 주로 팀 리더나 프로젝트 매니저가 여기에 해당한다.
- **내부, 비공식적인 리더십**은 리더십 책임이 팀원들 간에 공유되어 있거나 특정 팀원이 자생적으로 리더로 부상하는 경우 발생한다.
- **외부, 공식적인 리더십**은 팀 성원이 아니지만 조직이 임명한 리더로부터 발휘된다. 후원자, 코치, 조언자 등이 해당되며 이들은 팀에 소속된 것이 아니기 때문에 팀 리더나 프로젝트 매니저와 달리 일상적인 팀 과업활동에 관여하지 않는다.
- **외부, 비공식적인 리더십**은 팀 외부 사람들이 팀의 중요한 니즈를 충족시키기 위한 시도를 할 때 발생한다. 팀 멘토나 팀 옹호자 등이 여기에 해당한다.

대부분의 팀 리더십 연구는 주로 팀 내부에서 기인하는 리더십에 초점을 둔다. 내부, 공식적인

		리더십 공식성	
		공식	비공식
리더십 소재	내부	팀 리더 프로젝트 매니저	팀원 간 공유 자생적 리더
	외부	후원자 코치 조언자	멘토 대변인

리더십은 팀 리더십을 설명하는 전통적인 접근법으로서 주로 리더로 지명된 개인의 역할, 스킬, 과업을 설명한다. 이 접근법은 팀 리더가 나머지 팀원들에게 미치는 하향식 영향력(downward influence)에 역점을 둔다는 점에서 수직적 리더십(vertical leadership)이라 불리기도 한다. 반면에 내부, 비공식적인 리더십은 공식적으로 임명된 리더 외에 팀원 누구나 목표 달성을 위해 영향력을 행사할 수 있다고 보는 관점이다. 즉, 팀 수준의 노력을 관리하는 책임은 공식적인 팀 리더에게만 있는 게 아니라 팀원들 간에 공유되며 상황에 따라 성원 누구나 팀의 니즈를 충족시켜 팀 성공에 기여할 수 있다. 이와 같이 팀 리더십을 공식적 리더가 아닌 팀 중심으로 설명하는 개념을 공유리더십(shared leadership)이라고 한다.

출처: Morgeson, DeRue & Karam(2010).

할 및 책임이 둘 이상의 개인에 의해 공유될 수 있다고 제안했다. 공유리더십(shared leadership)은 리더십 활동에 대한 책임이 팀 성원 간에 공유되고 수평 또는 측면적 영향 과정을 수반하는 집단 안에서의 리더십 현상이다. 리더의 강력한 통제가 강조되던 당시엔 별 반향을 불러일으키지 못하다가 최근 지식사회로 접어들며 업무의 복잡성이 증대됨에 따라 공유리더십은 새로 주목받기 시

작했다. 복잡하고 급변하는 환경에서는 지명된 리더 혼자 모든 업무를 처리하기 어렵고 해당 분야의 전문성을 지닌 팀원이 오히려 효과적일 수 있다. 조직들에서 자율경영팀의 확산, 참여적 의사결정 및 셀프리더십에 관한 관심이 늘어난 것도 공유리더십 연구를 증가시키는 하나의 요인으로 작용했다. 공유리더십은 연구자마다 다음과 같이 다양하게 정의한다.

- 팀이나 조직의 목표 달성을 위해 성원들이 리더의 역할을 나누어 수행하는 역동적 과정에서 발생하는 집단적 관계 패턴(Pearce, 2004)
- 다수의 팀원에게 영향을 미치는 것으로 리더십의 분산으로부터 오는 의외의 팀 특성(Carson et al., 2007)
- 팀원들 사이에 공유되고 하나 또는 그 이상의 공동의 목표 달성을 위한 사회적 영향력의 프로세스(Hoch, 2007)

공유리더십과 전통적인 리더십 간의 중요한 차이라면 리더로부터 부하에 이르는 영향력 프로세스가 하향적인 것 그 이상이라는 점이다. 즉, 리더 역할을 하는 한 개인의 손에 리더십이 집중되기보다 여러 사람 사이에 분산되는 것이다. 이러한 공유리더십이 발현되려면 팀원들이 팀의 목적과 모티베이션을 위해 영향을 미치는 식으로 팀에 대한 각자의 피드백을 기꺼이 늘려나가야 한다. 팀 성원들은 또한 하나의 팀으로서 상호 간의 피드백을 수용하고 의지하려는 마음이 생겨야 한다. 자기의 리더십 행사뿐 아니라 팀 동료들이 발휘하는 리더십의 수용까지도 모두 긍정적이며 바람직한 행동으로 인식할 때 이것이 비로소 가능해진다. 공유리더십의 가치는 기업의 실제 사례를 통해서도 확인된다. 2000년대 초 심각한 자금난을 겪던 시스코(Cisco)는 고위 임원 10여 명에 의해 하향식으로만 진행되던 의사결정 프로세스에 변화를 주었다. 바로 공유리더십 전략의 채택이었다. 6개월 정도나 걸렸던 사업계획의 수립 기간이 단 1주로 급감하는 등 시스코의 혁신 속도는 이전과 달리 매우 빨라졌다.

공유리더십에서 가장 중요한 특징이라면 팀원으로서 자신의 활동에 대한 더 큰 **집단자율성**(collective autonomy)을 갖는 것이다. 그렇다면 무엇이 공유되고 그것들은 또 어느 상황에서 어떻게 공유되는 것일까? 앞서 설명했던 팀 리

집단자율성
팀으로서 높은 윤리적, 기술적 기준을 시행할 수 있는 능력

하이데거의 숲

공유리더십이라는 개념이 등장하게 된 배경은?

공유리더십 연구의 출현 배경과 관련된 변화 세 가지를 Fletcher와 Kaufer(2003)는 다음과 같이 언급한다.

- 한 명의 단일 리더라는 개념이 차츰 쇠퇴하고, 보이는 부분보다 보이지 않는 부분이 조직에서 더 중요하다고 여기기 시작했다. 개인의 성취로부터 집단의 성취나 공유된 책임으로 초점이 옮겨졌다.
- 리더십을 사회적 활동으로 보기 시작했다. 위계적인 '탑-다운' 관행들은 덜 중요해진 대신, 부하들에게 새롭게 관심이 쏠리면서 그들이 리더십의 중요한 공동창조자로 간주되었다.
- 세 번째 변화는 학습으로서의 리더십이다. 전체 집단에 영향을 미치는 공동의 학습 프로세스를 암시한다.

더십 기능들 모두가 팀에서 공유될 수 있는 것들이다. 하지만 이들 기능도 똑같이 분배되는 것은 아닐 게고 그 자체가 과연 공유될 수 있는 것인지도 아직 확실치 않다. 리더십이 어떻게 공유되는지와 관련해서는 우선 변혁적 혹은 임파워링 리더십 같은 수직적 리더십의 활용으로 공유리더십의 촉진이나 출현이 가능하다는 것이 실증연구들로 인해 밝혀졌다. 또 다른 설명으로는 공유된 인식의 역할에 초점을 둔 것인데, 집단적 확신에 대한 공유 태도와 팀원들 간 정보공유가 공유리더십의 수용과 이행을 용이하게 한다. 이를테면 팀 과업과 그 성공 요건들, 팀원들의 역할에 대한 멘탈 모델, 그리고 반응해야 할 행동에 관한 정보 차원으로서 환경에 대한 멘탈 모델 등이 언제 누구에게 리더십 기능들이 이전되어야 할지를 결정하는 요소들이다.

최근 연구들은 공유리더십과 팀 성과, 혁신, 매출 등의 긍정적인 관계에 대해서도 보고하고 있다. 학술 가치는 더 입증되어야 한다는 견해와 함께 공유리더십으로 인한 긍정적 효과를 보고하는 연구들이 꾸준히 증가세에 있다. 특히 71개의 변화관리팀을 대상으로 팀 리더십의 효과를 검토했던 한 연구에서는 수직적 리더십과 공유리더십 모두 성과에 기여하지만 공유리더십이 상대적으로 더 중요한 역할을 하는 것으로 나타났다. 이러한 결과는 **공유리더십이 지닌 다음의 이점들**과 주로 관계된다.

넷플릭스는 공동 CEO 체제를 이어가기로 했다. 리드 헤이스팅스와 공동 CEO 직을 수행했던 테드 서랜도스가 기존 역할을 유지하며, 최고운영책임자(COO)인 그렉 피터스가 헤이스팅스의 뒤를 이어 공동 CEO 자리에 오른다. 공동 CEO 모델은 통념과 달리 실용적이라고 한다.

첫째, 팀원들 간에 지식과 권력의 전파가 용이해 탑다운 지시가 없이도 어떤 정보에 대해 신속한 대응이 이루어지게 한다. 둘째, 리더십의 핵심이 공유이므로 팀원들이 전략 실천이나 가치 창출과 같은 일에 관여해서 리더십과 매니지먼트 스킬을 개발할 수 있다. 셋째, 내/외부 환경에 대한 이해가 있는 다양한 계층의 리더들이 조직혁신의 중요한 대세로 부상할 수 있다. 이것은 한 명의 영웅적인 리더가 떠나거나 변화가 좌절될 때 특히나 더 명확해진다.

팀 안에서 공유리더십을 촉진하려면 어떻게 해야 할까? 칼슨(J. Carson)과 동료들의 연구(2007)에서 공유리더십이 촉진될 팀 내부의 환경으로서 공유된 목적(shared purpose), 사회적 지원(social support), 제언(voice)을 제안한 바 있다. 공유된 목적은 팀원들이 주요 팀 목표에 대해 공동의 이해를 갖고 그러한 목표에 초점을 두기 위한 조치들을 취할 때 발생한다. 팀 내 공유된 목표는 팀 및 업무 몰입, 임파워먼트, 모티베이션 수준의 증가를 가져오며 이에 따라 팀원들은 리더십 책임을 공유하고 목표 달성에 기여하는 다른 팀원들의 리더십 행동을 지원하게 된다. 사회적 지원은 격려와 인정을 통해 서로 간에 정서적이며 심리적인 힘을 제공하려는 팀원들의 노력을 말한다. 팀원들은 이러한 지원을 통해 더 협력적으로 업무를 수행하며 결과에 대한 책임도 공유할 수 있게 된다. 제언은 분야에 따라 다양하게 정의되나 여기선 팀 목표의 달성 과정이나 방식에 있어 팀원들이 의견을 제안하는 정도를 의미한다. 팀 내 상호작용의 촉진 역할을 하는 제언 행동은 팀원들의 몰입도와 업무 관여도를 높여줌으로써 팀원들 간에 사회적 영향력 수준을 높인다.

하지만 공유리더십이 모든 팀에서 효과적이라고 단정 지을 수는 없다. 공유리더십의 이점들은 단순 반복적이기보다 복잡한 과업을 수행하는 팀을 대상으로 한 연구들에서 주로 입증되었다. 일반적으로 다음의 업무 환경에서 공유리더십은 가장 효과적이다.

하이데거의 숲

임파워된 팀과 공유리더십은 무슨 차이일까?

팀의 영향력 행사에 초점을 두고 있더라도 공유리더십이 임파워된 팀들(empowered teams)과 개념적으로 같지는 않다. 공유리더십은 충족시켜야 할 다음의 3가지 기준들이 더 있다.

- 팀 성원들은 건설적인 수평적 영향력이 일시적인 것이 아닌 지속적인 성과 기대라는 사실을 알아야 한다.
- 팀 성원들은 건설적인 리더십 발휘는 물론 동료들의 리더십에 적절히 호응하는 것을 책무로 받아들여야 한다.
- 팀 성원들은 각자 모두가 효과적인 리더이자 팔로워로서의 스킬들을 반드시 개발해야 한다.

결론적으로 공유리더십은 팀에서 성원들의 영향력 행사에 대한 설명에 더 강조점을 둔다고 할 수 있다.

- 서로 다른 다양한 분야의 지식과 스킬을 필요로 하는 복잡성이 매우 높은 과업들
- 각자의 일이 서로에게 영향을 미치는 상호 의존성이 높은 과업들
- 대안을 마련해야 하는 것처럼 창의성이 요구되는 과업들
- 자발성을 보일 만큼 몰입도가 매우 높은 팀원들
- 즉각적인 조치를 요하기보다 학습과 적응을 위한 시간적 여유가 있는 과업들

하지만 공유리더십이 최선이 아닐뿐더러 해롭기까지 한 상황도 있다. 일례로 공유리더십에 필요한 지식이나 스킬과 능력이 결핍되었을 때, 팀 성원 간 혹은 팀과 조직 간의 목표가 불일치할 때, 공유리더십을 발전시키기에 시간이 부족할 때, 공유리더십에 대한 이해력이 결여되었을 때 등이 그렇다. 비록 공유리더십에 관한 연구와 실천이 오늘날 리더십 담론에서 받아들여지며 적절한 것 같아도 모순을 안고 있다. 우선, 조직들이 수평적이며 덜 위계적이고 적응력 뛰어난 조직으로 거듭나길 원하면서도 그러한 조직변화를 이끌 것으로 기대되는 CEO들은 지배적이며 강인한 전형적인 리더라는 점이다. 다음 모순은 조직에서 리더십에 관한 이야기나 서술들이 빼어난 성취를 거둔 영웅적인 단일 리더들만을 다루는 경향이 있다는 점이다. 지원적이고 협력적인 공유리더십의 성

Mapping ORGB 다른 지위 간 협력, 공동리더십

Triano(1999)는 공동CEO십(co-CEOship)과 공동리더십(co-leadership)을 구분했다. 두 사람이 CEO 자리를 공유하고 그 직분에 대한 책임도 똑같이 지는 것이 공동CEO십이라면, 이보다 넓은 개념으로 대개 공식적 리더는 한 사람이더라도 다른 한 명 또는 여러 사람들과 책임을 공유하는 것이 공동리더십이다. 공동CEO십의 가장 흔한 상황은 두 회사가 합병해서 대표를 정해야만 할 때일 것이다. 두 CEO가 직위를 공유하는 상황에선 대체로 성공적이기 어려운데, CEO들 사이에 지나친 경쟁 때문이라고 한다. 성공적인 공유리더십을 위해서는 기본적으로 공통 견해를 가지고서 위신에 상관없이 서로를 신뢰해야 한다.

Heenan & Bennis(1999)는 일하는 것에 비해 빛을 보지 못하는 리더들이 조직들에는 존재한다는 것으로 공동리더십의 개념을 설명하기도 했다. 상하 직위에 있는 두 리더들이 리더십 책무들을 분담하는 것이 곧 공동리더십이다. 위대한 영웅의 그림자와도 같은 이러한 리더들은 종종 그 영웅들보다 더 뛰어난 재능이 있고 헌신적인 사람들일 때가 많다. 공동리더십에서의 찬사는 조직 비전을 구체화하는 카리스마적인 리더들이 아니라 실제 일을 행하는 이러한 사람들에게 주어진다. 하지만 대중매체나 학자들에 의해 분석되거나 연구된 바는 거의 없다.

빌 게이츠와 같은 훌륭한 리더들 곁에는 공동리더들이 있다. 그들은 중요한 부분을 담당하며 조직 성장에 기여한다. 공동리더십이 리더십을 향상시켜 주는 이유는 오늘날의 복잡한 환경이 리더들에게 더 많은 것을 요구하고 있고, 주어진 과업들을 두 사람이 함께하게 되면 이러한 요구들에 훨씬 수월하게 대처할 수 있기 때문이다. 공동리더십은 모든 조직의 모든 수준에 스며들어야 한다. 공동리더들이야말로 최고경영진과 그 구성원들 간의 격차를 줄여줄 수 있다. 하지만 찬사를 받는 사람은 그럼에도 불구하고 최고의 위치에 있는 리더이다.

취에 관한 이야기는 영웅적이지 않다고 여겨져 곧 사라지고 만다. 세 번째 모순은 리더라는 높은 직위에 오르는 데 필요한 스킬과 공유리더십을 위해 요구되는 스킬은 거리가 멀다는 점이다. 책임의 공유, 훌륭한 경청자 되기, 타인에게서 배우는 중요성 등을 강조하는 CEO들이라도 솔직히 자신은 그런 방법으로 그 자리에 오른 것이 아니라고 말할 때가 비일비재하다.

수직적 리더십
한 명 또는 소수의 사람들이 집단이 제 기능을 하도록 책임을 지는 위계적인 구조

팀 리더십을 이해하면서 유념해야 할 점은 바로 공유리더십의 가치가 **수직적 리더십**의 비효과성을 의미하지는 않는다는 것이다. 팀 내부에 리더십이 분산되어 있어도 수직적 리더십은 효과적으로 수행될 수가 있다. 예컨대 팀 리더가 성원들을 위한 동기유발자 역할을 수행하는 동안에도 공유리더십을 통해서

얼마든지 팀 역동성은 증진될 수가 있다. 결국 수직적 리더십의 가치를 배제하기보다는 팀 리더의 제한된 능력이 팀 내 공유리더십을 통해 보완되는 차원으로서 팀 리더십을 이해하는 것이 더욱 바람직할 것이다. 리더십의 대가 로크(E. Locke) 교수는 공유리더십이 수직적 리더십과 결부되지 않고서는 제대로 작동할 가능성이 작고 공유리더십 달성을 위한 모든 필요조건들을 주요 약점으로 지적했다. 또한 어떤 과업들(예: 부하직원들의 선발 및 훈련, 모티베이션, 팀빌딩)은 공유될 수도 있는 반면, 공유되어서는 안 될 과업들(예: 비전, 핵심 가치, TMT 성원의 구성, 조직의 구조 및 재구조화)도 분명히 존재한다고 주장했다.

리더십 개발의 노력은 주로 공식적인 리더십 지위에 있는 사람들에게만 맞춰져 왔었다. 하지만 부하들이 **셀프리더십**을 숙달할 수 있게 하고 또 공유리더십을 효과적으로 활용케 하려면 그들도 리더십 개발의 대상에 포함되어야 마땅하다. 팀원들 스스로 자신을 이끌 수 있는 역량을 지녀야 한다고 가정하는 셀프리더십은 공유리더십의 핵심이다. 리더들은 먼저 자신을 이해하고 자신의 절제, 관리, 통제를 통해 타인에게 영향 미치는 효과적인 셀프리더가 될 필요가 있다. 자기 이해를 위해선 내가 무슨 영향력을 가졌는지, 지금 나보다 더 나은 사람은 누구인지, 이 일이 제대로 되지 않는다면 내가 무엇을 변화시켜야 하는지와 같은 질문을 던져야 한다. 팀이나 조직에서 타인을 이끌기 전에 자신을 리드하는 법부터 그들은 배워야 하기 때문이다. 공유리더십은 팀원들이 팀 리더십에 완전히 관여할 때 발생하는 것이므로 셀프리더십과 공유리더십은 서로 보완적이다. 셀프리더들은 공유리더십의 역할과 책임을 열정적으로 기꺼이 수용하기 쉽다.

셀프리더십
스스로가 리더가 되어 자신을 통제하고 행동하는 것

ORGB 뉴스

타바레스 PSA 회장의 집단리더십

프랑스 자동차그룹으로 푸조와 시트로엥 브랜드를 보유한 PSA는 올 상반기 영업이익이 10% 넘게 증가했다. 비용 절감과 가성비 좋은 신차가 상승작용을 일으키며 기대 이상의 실적을 올렸다. 차량공유와 친환경차로 산업 판도가 바뀌면서 다른 글로벌 자동차 업체들이 고전하고 있는 것과는 딴판이다. 최고경영자인 카를로스 타바레스 회장을 다시 보게 되는 이유다.

그는 일반인들에게 잘 알려지지 않았지만 자동차 업계에서는 카를로스 곤 전 르노그룹 회장에 버금가는 기업 회생 전문가로 통한다. 2014년 PSA를 맡아 수년간 적자에 허덕이던 회사를 2년도 안 돼 흑자로 돌려놓았기 때문이다. 침몰하는 PSA를 살려낸 프로젝트 '레이스로 복귀(Back in the Race)'는 타바레스 회장을 상징하는 문구가 됐다. 모터스포츠에 심취했던 그는 1981년 대학을 졸업하자마자 르노의 시험운전 엔지니어로 입사해 32년간 르노와 닛산을 오가며 다양한 경험을 쌓았다. 여러 국가에서 근무했고 거치지 않은 부서가 없었을 정도다. 2011년 르노그룹 최고운영책임자로 발탁되며 곤 전 회장을 이을 강력한 후계자로 부상했다. 하지만 곤 전 회장의 장기 집권에 반발하며 2013년 8월 르노를 떠나 이듬해 PSA에 합류했다.

그가 회사를 재건한 방법은 단순하다. 잘 팔리지 않는 차종을 없애고 플랫폼을 통합하는 '선택과 집중'을 통해 수익성을 높인 것이다. 다른 점이 있다면 뛰어난 리더십에 바탕을 둔 실행력이다. 그는 지난 4월 한 매체와 인터뷰하며 이런 말을 했다. "우리는 한 번에 크게 투자하기보다는 규모에 맞춰 접근하는 전략을 선택한다. 적절한 기술과 서비스로 시장이 원하는 제품을 내놓는 평범한 전략이다. 중요한 것은 실행이다."

그는 리더십을 강조하지만 기업을 위기에서 살려내는 원동력이 최고경영자의 카리스마에서 나온다고 보지 않는다. 조직구성원 모두가 리더 역할을 하는 '집단리더십'이 기업 경쟁력을 높인다고 역설한다. "집단의 힘은 스포츠맨 정신을 일깨워 성과를 높인다. 모두의 잠재력을 끌어올리는 집단리더십은 도전적인 목표를 설정하고 이를 달성하는 바탕이 된다. 지도자가 할 일은 모든 싸움에 나가는 게 아니라 전쟁터에서 돌아올 때 이기고 진 이유를 명확하게 아는 것이다." 최고경영자의 진정한 역할이 무엇인지 생각하게 만드는 말이다.

출처: https://www.mk.co.kr/opinion/columnists/view/2019/08/608280/

단원 요약

1. 리더십이란 어떤 집단이 공동 목표를 달성하도록 인도하는 개인의 행동을 말한다. CEO의 리더십과 조직성과의 관계는 생각만큼이나 일관되지 않는데, 측정에 이용되는 기준에 대한 보편적 합의 부족과 조직성과에 미치는 리더십의 영향력이 다양한 요인들에 의해 조절될 가능성이 존재하기 때문이다.
2. 조직에서 리더십은 팀 리더십, 운영적 리더십, 전략적 리더십으로 구분된다. 타인들이 필요에 따라 전략적인 변화를 창출할 수 있도록 유연성을 유지하고 힘을 실어주는 리더로서 능력인 전략적 리더십은 특히 리더가 분별력을 지니고 있을 때, 전략적 변곡점이 도래할 때 이는 더욱 중요해진다. 조직특성에 영향을 미칠 수 있다는 점에서도 그러하다.
3. 전략적 리더십의 구성요소들로는 전략적인 지휘, 핵심역량의 개발 및 유지, 인적자본 개발, 효과적인 기업문화 유지, 윤리경영, 전략적 통제의 확립 등이 있다. 경쟁과 변화가 심한 환경에서 최고경영진은 흡수역량, 적응역량, 그리고 경영지혜를 발휘할 필요가 있다.
4. 경영자가 변화와 혁신에 대해 개방적인 정도를 나타내는 도전 추구, 조직의 내부 기능을 통제하려는 정도인 통제 의지에 기반을 두고 전략적 리더십은 통제적 혁신가, 참여적 혁신가, 현상유지 보호자, 프로세스 매니저의 네 가지 유형으로 나뉠 수 있다.
5. 팀제가 보편화되면서 조직성과에 영향을 미치는 중요 요인으로서 팀 리더십이 등장했다. 팀 니즈를 충족시켜 주는 수단이 되는 팀 리더십은 정해진 주체로부터 나오는 개인의 능력으로만 한정된다기보다 상황에 따라 다양한 주체들에 의해 행해지는 것으로 볼 수 있다.
6. 팀 환경에서의 업무수행은 크게 변환기 및 실행기로 구분된다. 팀 리더십은 변환기 동안에 주로 계획을 수립하거나 목표 달성을 촉진하는 활동들을 수행하며, 실행기 동안에는 목표 달성과 직결되는 활동들을 수행한다.
7. 공유리더십은 리더 역할을 하는 어떤 개인의 손에 리더십이 집중되기보다 여러 사람 사이에 분산되는 것이다. 이를 위해 리더들은 먼저 자신을 이해하고 자신에 대한 절제와 관리, 통제를 통해 타인에게 영향을 미치는 효과적인 셀프리더가 될 필요가 있다.

논의할 문제

1. 어떤 조건이나 상황 요인들이 조직성과에 대한 리더십의 영향력을 조절할 수 있을까?
2. '회사는 CEO의 그릇만큼 성장한다.'라는 말이 있는데, 전략적 리더십은 개발이 가능한 것일까? 그렇다면 어떤 방법이 가장 효과적일까?
3. 최근 들어 전략적 리더십에 관한 관심이 증가한 이유는 무엇일까? 위기 상황에서는 전략적 리더십이 과연 만병통치약이라고 할 수 있을까?
4. 자동차 제조회사의 디자인 개발팀이라면 수직적 리더십 접근법과 공유리더십 접근법 중 어느 것이 더 단기적인 성과를 위해서 유용할까?
5. 팀의 변환기와 실행기에서 각기 더 적합한 리더가 있다면 그들은 어떤 사람일까?

더 읽을거리

Bandura, A., & Locke, E. A. (2003). Negative self-efficacy and goal effects revisited. *Journal of Applied Psychology*, 88(1), 87-99.

Boal, K. B., & Hooijberg, R. (2001). Strategic leadership research: Moving on. *The Leadership Quarterly*, 11(4), 515-549.

Carson, J. B., Tesluk, P. E., & Marrone, J. A. (2007). Shared leadership in teams: An investigation of antecedent conditions and performance. *Academy of Management Journal*, 50(5), 1217-1234.

Day, D. V., Gronn, P., & Salas, E. (2004). Leadership capacity in teams. *The Leadership Quarterly*, 15(6), 857-880.

Dent, E. B., Higgins, M. E., & Wharff, D. M. (2005). Spirituality and leadership: An empirical review of definitions, distinctions, and embedded assumptions. *The Leadership Quarterly*, 16(5), 625-653.

Finkelstein, S., & Hambrick, D. C. (1996). *Strategic leadership: Top executives and their effects on organizations*. St. Paul, MN: West Educational Publishing.

Hambrick, D. C. (2007). Upper echelons theory: An update. *Academy of Management Review*, 32(2), 334-343.

Hart, S. L., & Quinn, R. E. (1993). Roles executives play: CEOs, behavioral complexity, and firm performance. *Human Relations*, 46(5), 543-574.

Hitt, M. A., Keats, B. W., & DeMarie, S. M. (1998). Navigating in the new competitive landscape: Building strategic flexibility and competitive advantage in the 21st century. *The Academy of Management Executive*, 12(4), 22-42.

Konradt, U., & Hoch, J. E. (2007). A work roles and leadership functions of managers in virtual teams. *International Journal of E-collaboration*, 3(2), 16–35.

Koontz, H. & Donnell, C. (1993). *Introduction to management*. New York: McGraw–Hill.

Lawler, E. E., & Worley, C. G. (2006). Designing organizations that are built to change. *MIT. Sloan Management Review*, 48(1), 19–23.

Nahavandi, A., & Malekzadeh, A. R. (1993). Leader style in strategy and organizational performance: An integrative framework. *Journal of Management Studies*, 30(3), 405–425.

O'Connor, P. M., & Quinn, L. (2004). Organizational capacity for leadership. In C. D. McCauley, & E. Van Velsor (Eds.), *The center for creative leadership handbook of leadership development* (2nd ed.) (pp. 417–437). San Francisco, CA: Jossey–Bass.

O'Reilly, C. A., Caldwell, D. F., Chatman, J. A., Lapiz, M., & Self, W. (2010). How leadership matters: The effects of leaders' alignment on strategy implementation. *The Leadership Quarterly*, 21(1), 104–113.

Pearce, C. L. (2004). The future of leadership: Combining vertical and shared leadership to transform knowledge work. *The Academy of Management Executive*, 18(1), 47–57.

Pearce, C. L., & Sims, H. P., Jr. (2002). Vertical versus shared leadership as predictors of the effectiveness of change management teams: An examination of aversive, directive, transactional, transformational, and empowering leader behaviors. *Group Dynamics: Theory, Research, and Practice*, 6(2), 172–197.

Schoemaker, P. J., Krupp, S., & Howland, S. (2013). Strategic leadership: The essential skills. *Harvard Business Review*, 91(1), 131–134.

Sirmon, D. G., Hitt, M. A., & Ireland, R. D. (2007). Managing firm resources in dynamic environments to create value: Looking inside the black box. *Academy of Management Review*, 32(1), 273–292.

Wang, D., Waldman, D. A., & Zhang, Z. (2014). A meta–analysis of shared leadership and team effectiveness. *Journal of Applied Psychology*, 99(2), 181–198.

Vera, D., & Crossan, M. (2004). Strategic leadership and organizational learning. *Academy of Management Review*, 29, 222–240.

Yukl, G. (2008). How leaders influence organizational effectiveness. *The Leadership Quarterly*, 19(6), 708–722.

CHAPTER

11

리더십 스타일과 행동

1. 리더십의 본질
2. 전통적인 리더십 이론
3. 리더십에 대한 새로운 접근

▶▶ 학습목표

1. 리더십이라는 용어를 정의하고 이를 이해하기 위한 개념적 프레임워크를 설명한다.
2. 특성/행동/상황 이론들이 효과적인 리더십과 매니지먼트에 대한 이해를 어떻게 향상시키는지 설명한다.
3. LMX 리더십이론을 설명하고 자신의 상황들에 적용한다.
4. 변혁적인 리더와 거래적인 리더를 비교한다.
5. 서번트리더십과 진(정)성리더십의 핵심적인 내용을 이해하고 시사점을 논의한다.
6. 수퍼리더십과 셀프리더십의 관계를 이해한다.

리더십이란 용어는 다양한 이미지를 불러온다. 가령, 정치지도자라면 열의에 차서 사조직을 꾸려나가는 모습, 남은 대원들을 이끌고 정글을 헤치고 나아가는 탐험가의 모습, 경쟁사를 누르기 위해 전략을 개발하는 기업 임원들의 모습 등이 그렇다. 리더들은 자신은 물론 타인들이 옳은 일을 수행하게끔 만든다. 그들은 목적을 정해서 매력적인 비전을 마련하고 새로운 무언가를 창조해낸다. 리더십은 팀으로서 어딜 향해야 하는지 혹은 한 조직이 어디로 가야 할지에 대한 계획을 수립하는 것에 관한 것이다. 리더십이란 동적이며 짜릿하고 영감이 솟게 하는 것이다.

시네마 ORGB

콜 오브 와일드 The call of the Wild

야성의 부름과도 같은 리더십 본능

콜 오브 와일드(The call of the Wild, 2020)

캘리포니아의 한 마을에서는 골칫덩어리가 말썽이다. 그의 이름은 벅(Buck)! 부유한 판사 집의 개로 어딜 가나 사고뭉치지만 막을 수 있는 사람은 아무도 없다.

“넌 여기 앉아서 네가 한 짓을 반성해! 안돼 벅.”

비가 오는 어느 날 밤, 어김없이 활발한 기운을 주체 못해서 테라스 신세를 면치 못하게 된 벅을 누군가가 부른다. 지금껏 본능에 충실한 삶을 살아온 벅은 결국 호기심에 길을 나서게 되는데…, ‘철컥!’ 하는 소리에 정신을 차리고 보니 어두컴컴한 나무 상자에 갇히고 말았다.

목소리의 정체는 예전부터 벅의 커다란 덩치를 눈여겨보던 개장수! 결국 벅은 꼼짝없이 납치되어 알래스카의 썰매 개로 팔려나가게 된다. 안락했던 캘리포니아와는 전혀 다른 유콘의 낯선 야생 세계에서 벅의 새로운 삶이 시작된다.

혹독한 알래스카의 추위. 식사라곤 고작 물고기 한 마리. 게다가 썰매 개들의 리더 스피츠(Spitz)의 텃세는 벅을 지치게 한다. 그럴 때마다 벅을 다잡아 주는 것은 언제부터인가 눈앞을 아른거리기 시작한 검은 늑대의 환영.

우편배달의 개썰매 일은 점차 벅에게 자신감과 기쁨을 가져다준다. 그러나 평화도 잠시뿐, 벅을 눈엣가시로 여기던 스피츠가 리더 자리에 위협을 느끼곤 벅을 공격하는데…, 결과는 벅의 승리! 결국 다른 동료 개들의 지지와 신임을 발판 삼아 벅은 리더의 자리에까지 오른다.

순탄할 것 같았던 리더 생활이었지만 갑작스럽게 개썰매 서비스가 폐지되면서 벅은 주인과 동료들을 이별하고, 저지 밀러(Judge Miller)라는 노인과 함께하게 된다. 아들을 잃어 술에 빠져 사는 저지와 마침 비슷한 실의에 빠진 벅 사이에는 묘한 유대감이 생기고…, 둘은 저지의 아들이 생전 꿈꾸던 모험에 함께 나선다.

모험의 끝에 다다른 곳은 사금이 넘쳐나는 한적한 자연. 모험을 거듭해 나가며 저지와 벅은 더욱 돈독해지지만, 알 수 없는 야생의 부름은 벅을 자연으로 끌어당긴다.

TIP!!

개를 의인화한 이 영화에서는 주인공 벅이 타고난 리더임이 잘 드러난다. 야성의 부름이라는 제목처럼 리더의 자질을 갖고 태어난 사람은 언제든 여건이 되면 리더로 부상할 수 있다는 것을 이해할 수 있도록 잘 묘사하고 있다. 주체할 수 없을 정도로 넘치는 에너지에서부터 동료 개들로부터 신임을 얻는 과정까지 벅의 특성과 행동이 리더로서의 전형적인 모습임을 알 수 있다. 또한 용기와 정의감, 그리고 따뜻한 배려와 지혜로 벅은 위기를 극복해간다. 여기서 과업주도(initiating structure)라고도 할 수 있는 기존의 리더 스피츠의 스타일과는 확연한 차이를 보이는데, 벅은 카리스마를 바탕으로 한 변혁적 리더십에 더 가깝다고 할 수 있다. 벅이 개썰매팀에서 내집단(in-group)의 범위를 넓게 확보한 것도 이와 연관을 지어 설명될 수 있다. 다양한 리더십 이론들을 가지고서 사람들은 그 우월성에 대해 논하곤 하는데, 어쩌면 이것은 무의미하다. 오히려 영화 속 벅처럼 리더가 된 누군가의 모습을 통해 현실에서도 리더 특성과 카리스마가 무엇인지 재고해 볼 기회를 가질 수 있다면 좋겠다.

1 리더십의 본질

만약 주변에서 사람들을 잠시 붙잡고 리더십을 정의해보라고 한다면 제각기 다양한 정의를 내놓기 십상이다. 하지만 리더십이 조직성과의 중요한 결정요인이라는 데에는 이견이 별로 없을 듯하다. 연평균 10%씩 성장하는 중국 화장품시장에서 최근 성장을 거듭해 매출 100조 원 시대를 곧 열게 될 것으로 기대되는 아모레퍼시픽 같은 기업의 CEO는 각 사업에서의 성공에 필수 불가결한 역할을 해 온 것이 사실이다. 반면 해양 · 조선업을 위기로 내몰게 한 대우해양조선이나 한진해운의 사태를 들여다볼 때, 경영진의 부적절한 리더십은 그 책임을 면하기 어렵다. 이처럼 조직의 성패에 있어 리더십은 중요하지만 그 과정과 본질에 대해서는 논란이 여전하다. 단일의 정의를 찾기가 불가능에 가까울 정도로 리더십은 각기 다른 방식으로 정의됐고, 현재는 리더십에 관한 복잡한 문제들에 대한 단편적인 답들을 제공하는 여러 이론들이 있다.

기업 조직의 리더들은 흔히 사람들이 변화수용에 확신을 갖게 하는 데나 혹은 오랜 문제들에다 새로운 시각을 적용케 하는데 그 노력의 초점을 맞춘다. 크게 보면 리더십은 회사의 비전을 정교하게 수립하고 그 구성원들이 이와 함께하도록 납득시키는 것에 관한 것이다. 어떤 면에서는 리더와 부하들 간의 커뮤니케이션이라고도 할 수 있을 것이다. 조직행동 분야에서 가장 폭넓게 연구되어 온 주제 중 하나임에도 아직 이렇다고 할 만한 통일된 리더십 정의나 이론이 존재치 않는다는 것은 신기한 일이다. 리더십 분야 인기도서 작가인 노트하우스(P. Northouse) 교수는 리더십을 "한 개인이 여러 명으로 구성된 집단이 공동 목표를 달성하도록 영향을 미치는 프로세스"라고 정의한다. 이외에도 몇 가지 대중적인 리더십 정의들을 살펴보면 다음과 같다.

- 어떤 미션 완수를 위해 한 개인이 타인들에게 영향을 미치는 프로세스(U.S. Army, 1983)
- 한 개인의 비전 추구를 위해서 타인들의 영감을 고취해 공동의 노력, 비전, 성공을 도모하는 것(Zeitchik, 2012)

- 타인의 노력을 극대화하는, 어떤 목표 달성을 향한 사회적 영향의 프로세스(Kruse, 2013)

트럼프 대통령의 파리기후협정 탈퇴선언으로 리더십에 공백이 생기자 시진핑 주석은 곧바로 "기후변화 대응 국제협력에서 중국이 운전석에 앉을 것"이라고 적극적인 의지를 드러냈다. 트럼프의 축소지향성과 시진핑의 확대지향성이 대비된다.

위의 정의들은 모두 공통된 프로세스를 가지고 있음에 주목해 볼 필요가 있다. 첫째, 리더십은 **타인의 행동에 영향을 미치는 것**과 분명히 관련된다는 점이다. 특히 이루어야 할 무엇인가를 위해 권력이 아닌 사회적 영향력(social influence)을 통해서 한 개인이 타인들에게 영향을 미친다. 둘째, 리더십은 이루어야 할 무엇인가를 위해 **타인들**(others)**을 필요**로 하며 그들은 꼭 직접적인 상하관계일 필요까지는 없다. 성공을 위해 팀이나 집단을 이끄는 리더는 무수히 많아도 그 구성원들의 도움 없이 이러한 성취란 불가능하다. 셋째, **무엇인가 달성해야 할 필요**(a need to accomplish something)가 있다는 사실이다. 주로 이것은 현상 유지에 대한 도전과 관련된다. 평소 생각해 보았던 리더십이란 어떤 것이었는지 여기서 잠깐 생각해 보는 것도 좋을 듯하다.

리더십을 정의하는 데에 있어서 또 다른 중요한 사항은 리더십(leadership)과 **매니지먼트**(management)를 구분하는 것이다. 리더십과 매니지먼트는 함께 일하며 목표를 달성하는 것처럼 공통점도 많으나 이들은 주요 기능들에서 차이를 보인다. 매니지먼트의 주요 기능이라면 지시를 내리고 계획 및 예산 수립, 조직화, 인력배치, 문제해결 같은 프로세스를 통해 조화를 유지하는 것이다. 반면 **리더십**의 주요 기능은 비전 수립과 조정, 모티베이션과 영감고취 등 방향 설정 프로세스를 통해 끊임없는 동요와 건설적인 변화를 유도하는 것이다. 이와 같이 리더와 매니저의 차이와 관련해서는 매니저가 수행하는 역할 중 하나가 리더십이라고 하는 전통적인 견해에서부터, 매니저는 변화를 거역하고 현실에 안주하려는 자로서 리더에 비해 열등하다고 보는 견해, 그리고 리더와 매니저의 역할이 양립할 수 있고 똑같이 중요하다고 보는 견해까지 대개 세 가지 정도의 관점이 존재한다.

매니지먼트
타인의 노력을 활용해서 어떤 일들을 완수해내는 스킬

리더는 매니지먼트 기능을 충족시키는 것뿐만 아니라 부하들에게 영감을 고취하고 동기유발을 시키는 동시에, 조직의 중요한 변화를 촉진할 수 있는 사람이다. 리더들은 현상 유지를 거부하는 대신 변화를 제시한다. 따라서 그들은 회사에 대한 그들의 비전에 타인들이 동참하도록 잘 설득할 수 있는 사람이어야 한다. 리더들은 회사의 새로운 비즈니스모델을 설명하면서 '게임의 룰'을 변화시킨다. 이것이 바로 변혁(transformation)이며, 어떤 CEO들을 우리가 '변화아티스트'나 '국면전환의 전문가'라고 부르는 이유이다. 반면 **매니저**들은 CEO의 비전을 수용하고 그것을 이루기 위해 팀을 이끌어 간다. 매니저는 자신의 집단을 악화시키지도 않지만, 그렇다고 집단을 더욱 발전시키는 사람도 아니다. 조직의 하부에서 현장감독이나 부서장들이 획일적으로 안정성 및 통제에 대해 강조하는 것을 보게 되는데, 이들은 단기 성과를 이뤄내는 능력에 의해 평가되고 보상되기 때문이다.

여기서 매니저와는 차별되는 리더의 중요한 역할들에 대해 좀 더 살펴보기로 한다.

- 우선, 리더는 집단이나 조직 전체에 **전략적 방향과 비전을 제시**해야 한다. 작업집단의 성원들은 주어진 과업을 시간 내 완수해야 하므로 그들의 집단이 어느 곳으로 향해 가고 있는지까지 미처 생각하기 어렵다. 따라서 전략계획과 비전 수립 활동 같은 노력의 중심에 리더가 있게 된다.
- 리더의 또 다른 중요 기능은 직원들의 **모티베이션을 유발하고 그들의 행동을 코칭**하는 것이다. 경험 많은 직원들도 때로는 직무관련 문제를 해결하는 데 어려움을 겪곤 한다. 특히 작은 집단의 리더인 경우, 전략계획과 비전 제시뿐만 아니라 모티베이션과 코칭 활동도 대부분 그들의 몫이 된다.
- 조직에서 리더가 지닌 세 번째 중요한 기능은 **조직 정책의 집행 및 설명**이다. 리더는 조직의 고위층에 있는 사람들과의 '연결고리' 같은 역할을 하므로 종종 조직의 정책을 설명하고 집행하는 일을 맡게 된다. 이 과정에서 리더는 개인들의 목표를 조직의 목표와 통합하며 일치시킬 수 있다.
- 마지막으로 리더는 **집단을 위해서 필요한 자원을 획득**해야 하는 책임이 있다. 리더는 조직 그 안에서 자기가 속한 팀의 이익을 대표한다. 집단 간

Mapping ORGB 리더십의 구성요소

리더, 부하들, 커뮤니케이션, 그리고 상황은 리더십의 4가지 주요 구성요소들이다(U.S. Army, 1983).

- **리더(leader).** 리더는 우선 자신에 대한 진솔한 이해가 있어야 한다. 또한 리더의 성공을 결정하는 것은 다름 아닌 부하들이다. 만약 부하들이 리더를 신뢰하지 않거나 그에 대한 확신이 없다면 그들은 영감을 얻을 수 없다. 리더는 따를 가치가 있다는 확신을 부하들이 갖도록 해야 성공에 이를 수 있다.
- **부하들(followers).** 신입직원에게는 경력자들보다 더 많은 감독이 요구되듯이, 사람마다 다른 스타일의 리더십이 필요하다. 따라서 리더는 그들의 부하들에 대해 먼저 알아야 한다. 기본적으로 니즈, 감정, 모티베이션 같은 인간본성에 관한 이해에서 출발해야 한다. 리더로서 부하들의 상태, 지식, 행동의 속성들을 알아야 하는 것은 당연하다.
- **커뮤니케이션(communication).** 양방향 커뮤니케이션을 통해 리드해야 한다. 이것은 상당 부분 비언어적인 것과 관계되곤 한다. 리더와 부하들 간의 관계가 공고 혹은 훼손되느냐의 문제는 리더가 무엇을 어떻게 커뮤니케이션하느냐에 달려 있다.
- **상황(situation).** 모든 상황이 같을 수는 없다. 어떤 상황에서 했던 것이 다른 상황에도 반드시 적용될 수는 없는 일이다. 각 상황마다 요구되는 리더십 스타일을 선택하기 위해 판단력을 발휘해야만 한다. 리더의 특성보다도 상황은 일반적으로 그들의 행동에 더 큰 영향을 미친다.

출처: Sharma & Jain(2013).

자원 획득은 주로 리더의 설득 능력에 의해 좌우된다. 리더가 없으면 집단의 성원들은 각자 자기 방식대로 일시에 자원을 획득하려 할 것이다.

이상 언급한 리더의 네 가지 기능은 리더십의 속성을 모두 보여 준 것이라기보다는 리더십의 중요성을 강조한 것이다. 조직에서 신뢰와 믿음을 얻는 데는 리더십에 의한 효과적인 커뮤니케이션이 결정적이다. 일례로 회사의 전반적인 전략을 구성원들이 이해할 수 있게 돕는 것, 그들 자신이 어떤 식으로 핵심 비즈니스 목표에 기여하는지에 대한 이해를 돕는 것, 그리고 회사가 하는 일과 그들의 부서가 하는 일에 대한 정보를 모두 구성원들과 공유하는 것 등이 핵심이다. 매니저들은 그저 지위가 주는 권위를 이용한다는 점을 들어 리더십 역할을 관리적 역할과 구분하기도 하지만, 효과적인 매니저라면 리더십 능력을 반드시 보유하고 또 발휘해야 할 것이다.

2 전통적인 리더십 이론

리더십 연구는 상호 연관되지만 구분 역시 가능한 세 가지 영역으로 발전해 왔다. 첫 번째 영역은 리더가 회사의 성공에 있어 뚜렷한 영향력을 행사한다는 것을 강조한다. 이것을 리더십의 특성 접근법(trait approach)이라고 한다. 다음은 리더의 행동이 어느 리더십 상황에서든 일관적이고 예측할 수 있어야 함을 강조하는 행동 접근법(behavior approach)인데, 이것이 두 번째 영역에 해당한다. 마지막 세 번째는 상황적 접근법(situational approach)으로서 리더의 성격과 그가 직면하는 상황을 통합하는 것을 목표로 한다. 제시한 순서에 따라 각 이론에 대해 살펴보기로 한다.

2.1 리더십 특성들에 관한 연구

역사가나 전기 작가들처럼 리더들의 삶과 업적에 관심을 두는 사람들은 걸출한 리더들이 일반인들과는 다른, 그 자신을 리더로서 구분 짓게 만드는 특별한 특성들이 있었다고 믿는다. 이와 같이 특성 접근법은 성공적인 리더의 핵심 특성들을 규명하는 방식 중 하나인 **위인이론**(great man theory)에서 비롯되었다. 리더들은 예외적인 사람들로서 이미 그럴 만한 자질을 이미 갖고서 태어났다고 이 이론은 가정한다. 이것이 바로 리더십 특성이론의 핵심이다. 특성이론은 개인의 리더십 자질이 유전되며 성격 일부라고 보는 것이다. 조지메이슨대학교 자카로(S. Zaccarro)와 동료들의 연구(2004)는 리더 특성(leader traits)을 상대적으로 안정적이며 일관된 개인특성들의 융합이라고 정의하고, 이로 인해 다양한 집단이나 조직에서 일정한 리더십 패턴이 만들어진다고 했다. 수년간 여러 연구들을 통해 개인차를 반영하는, 리더가 갖는 다양한 특성들이 밝혀졌다. 이를테면 신체적 특성들, 사회적 배경, 지적 능력, 성격, 업무 성향 그리고 대인관계 스킬이 바로 이러한 사례들이다.

위인이론
초기 리더십 이론들 중 하나로 리더십은 오로지 개인의 특성과 기질의 결과라고 주장하는 이론

2차 세계대전 중이나 그 이후 독재자들이 초래한 엄청난 결과들로 인해 효과적인 리더가 될 만한 사람들을 식별하기 위한 노력이 이루어졌다. 성격테스

그림 11.1 리더십 이론의 발전

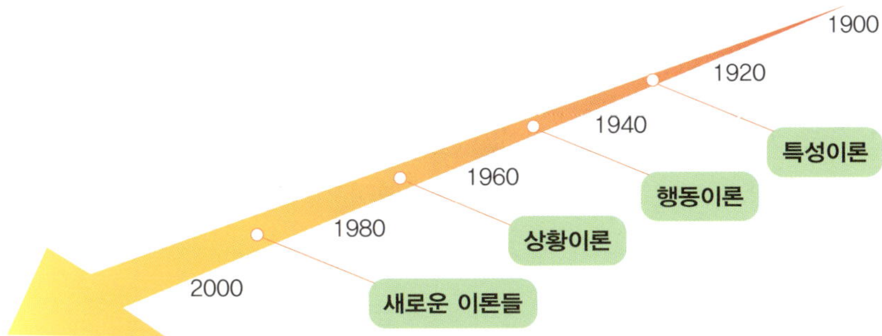

트도 이때 리더십 잠재력을 가지고 있는 사람들을 발굴하기 위해 개발된 것이다. 테스트 결과를 장교양성기관들에 사람들을 알맞게 배정하는 데 사용했다. 종전 이후엔 기업들에서 이러한 성격테스트를 리더와 비리더를 구별하는 데 활용했다. 주목할 만한 것으로는 심리학 교수 리차드 만(R. Mann)의 연구(1959)가 있다. 그가 리더십과 관련지어 여러 특성을 비교했을 때, 리더십과 지능(intelligence), 적응력(adjustment), 외향성(extroversion)이 매우 밀접한 관계임을 확인했고, 이 밖의 지배성(dominance), 남성성(masculinity), 대인관계 민감성(interpersonal sensitivity)과는 수차례에 걸쳐 상관관계를 발견했다. 더구나 그는 상황적인 요소의 중요성도 인정했다. 효과적인 리더의 '특성'에 대해 종합적으로 정리하면 [표 11.1]과 같다.

그렇다면 리더 개인의 특성들이 기업 유효성과 어느 정도나 관련 있을지

표 11.1 리더십 특성들의 예시

신체	사회적 내력	정신적 특성
• 에너지 수준 • 신장 • 매력 • 체중	• 경제/사회적 지위 • 출신 학교와 학력 • 직업경력 • 사회봉사	• 지능 • 판단력 • 언변 • 추리력
성격	**업무 성향**	**사회적 스킬/능력**
• 지배성 • 적극성 • 자신감 • 창의성 • 스트레스 내성	• 성취욕구 • 주도성 • 책임/승진욕구	• 협조적임 • 호감도 • 인간관계 스킬 • 사교술 • 인기몰이

가 문제인데, 그에 대한 답은 꽤 실망스럽다. 다수의 연구가 많은 특성이 리더십의 부상이나 성공과는 약하게 관련되거나 혹은 전혀 관계가 없다고 제시했다. 어떤 특성들은 일부 학자들에 의해서 거듭 규명되었어도 이들 모두가 결정적인 것은 못 되었다. 그것들이 없다고 한들 리더가 되지 못하는 것은 아니기 때문이다. 이와 같은 결론을 얻고서 경영 분야 연구자들은 접근방식이 너무 협소했음을 깨닫고 이들의 범주를 더욱 확대하면서도 쓸모없는 특성들을 대폭 제외했다. 이후 연구자들은 리더 효과성을 예측하기보다 **리더 부상**(leader emergence)을 예측하는 것을 더 강조하게 되었다. 높은 에너지 수준, 스트레스 통제력, 건실도, 정서적 성숙도, 자기확신 등은 조직에서의 관리적 유효성과 촉진을 예측하는 몇몇 특성들로 밝혀졌다.

2.2 리더십 행동학파

행동 접근법
특정한 행동들이 리더와 비리더를 구별시켜 준다고 주장하는 이론들

정직, 성실, 충성이나 근면 같은 특성들을 어떻게 정확히 측정할 수 있을까? 리더십에 대한 **행동 접근법**은 이러한 리더의 특성들을 강조하기보다는 부하의 성과와 만족에 영향을 미치는 리더들의 행동에 중점을 둔다. 효과적인 리더는 어떤 사람이 될 수 있는가 대신에 리더는 무엇을 하는지에 관심을 두는 것이다. 행동학파의 핵심 질문은 바로 "리더십 유형들 가운데 부하들에 의해 선호되는 보다 유력한 리더십 유형이 있는가?"이다. 미국의 여러 비즈니스 스쿨들에서는 리더의 행동에 관한 포괄적인 연구를 수행했었다. 그중 리더십의 대가로 알려진 스톡딜(R. Stogdill)과 그의 오하이오대학교의 동료들은 리더십 행동을 **과업주도**(initiating structure)와 **배려**(consideration) 같은 2개의 기본 유형으로 나눌 수 있다고 했다. 강한 상관이 있는 과업주도와 배려 행동은 성과와도 각각 .48, .29의 상관을 갖는 것으로 메타분석 결과 보고되었다.

과업주도
부하들의 역할을 구조화하고 지침을 제공하며 성과 향상을 가져올 수 있게 하는 다양한 행동들

배려
종업원들의 감정에 관심을 기울이고 그들을 존중해서 대우하는 행동들

- **과업주도**는 1) 업무 절차, 2) 기획과 과업 배분, 3) 요구되는 역할 명시, 4) 부하에 대한 감독, 5) 결과의 요구 등을 강조하는 리더 행동들이다. 즉, 부하의 활동들에 초점을 두고서 정보를 전하며 지도하는 리더의 행동으로서 이러한 행동들로 성과를 낼 수 있게 된다.

- **배려**는 1) 접근 수월, 2) 우호적임, 3) 집단 내 사기 부양, 4) 집단 복지에 관심, 5) 협력적인 분위기 옹호 등을 드러내는 리더의 행동들이다. 리더의 배려 행동은 집단 내 유지활동들, 특히 입증된 성과를 토대로 개별 구성원들을 지원하고, 신뢰와 존경의 분위기를 조성함으로써 집단응집력 유지에 집중한다.

리더 행동을 이런 식으로 구별하는 연구를 했던 사람들은 또 있었다. 저명한 조직심리학자 리커트(R. Likert)에 의해 주도된 미시간대학교 리더십 연구에서는 직무중심(job-centered)의 리더 행동과 종업원중심(employee-centered)의 리더 행동으로 분간했다. 1960년대에 경영이론가 블레이크(R. Blake)와 모우튼(J. Mouton)도 관리격자(managerial grid) 이론을 개발하여 생산위주(concern for results)와 인간위주(concern for people)의 리더 행동이라는 유사한 구분을 했다. 이 같은 모든 시도는 과업 달성을 촉진하는 리더 행동과 집단 내 대인관계의 조화를 증진하는 리더 행동 간의 기본적인 차이를 반영한 것이다. 당시의 연구자들은 이러한 두 범주의 행동들이 리더십 수수께끼를 푸는 데 핵심이라고 생각했었다. 이러한 리더 행동들에 관한 연구결과를 검토해 보면 두 유형의 행동 모두 조직에 이롭더라도 용도 면에서 다르다고 할 수 있다. 즉, 리더들이 인간지향적인 행동을 보이면 직원들은 더욱 만족하고 긍정적인 반응을 보이고, 리더들이 과업지향적이면 생산성이 좀 더 나아지는 경향이 있다.

특성들은 추론해야 하는데 행동은 관찰할 수 있으므로 리더의 행동 분석이 특성이론보다 더 많은 진전을 불러왔다. 행동이론에 따르면 누구나 리더가 될 수 있지만 리더십 자질을 개발하기 위해선 좋은 환경과 교육이 있어야 한다. 특성이론과의 핵심적인 차이점은 리더가 타고난 특성이 있다고 말하는 것과 달리, 리더의 타고난 덕목을 거부하고 그들을 육성할 수 있다고 말하는 부분이다. 행동이론은 리더의 행동들이 학습될 수 있고, 또 경험 공유를 통해서 이것이 한 사람으로부터 다른 사람에게 전파될 수 있다는 주장을 편다. 행동이론은 리더들에게 두 가지의 리더십 행동을 실천할 방법을 제안하며 조직이 리더를 훈련, 개발하려는 노력에 지지를 나타낸다. 아울러 배려 행동과 과업주도 행동의 균형을 잘 유지하는 이상적인 리더가 있을 수 있음도 제안한다.

그러나 행동 접근법도 취약점이 없는 것은 아니다. 먼저, 리더의 행동을 2개의 큰 유형으로 간단히 나누었지만 미해결된 채 남아 있는 문제들이 여전히 많다. 일례로 리더 행동이 완전히 과업주도적이거나 혹은 완전히 배려적이기는 어렵다. 어떤 이들은 이 두 차원이 서로 상관없는 독립적이라고 주장한다(예 : Blake & Mouton, 1964). 즉, 리더는 과업주도와 배려 행동을 동시에 보일 수 있다는 것이다. 또 다른 연구자들은 이들 행동이 부(−)적으로 상관된다고 주장하기도 한다(예: Likert, 1961). 과업주도는 배려 행동을 희생함으로써 일어나고, 배려도 과업주도 행동을 희생하여 일어난다는 것이 그들의 생각이다. 행동 접근법의 또 다른 한계점이라면 리더의 행동이 집단의 성과 및 만족을 유발하는지, 혹은 그 반대로 성과나 만족을 경험한 집단 성원에 의해 리더의 행동이 만들어지는지는 아직 알려진 게 없다는 것이다. 행동이론은 리더십의 근본 이슈를 인과(因果)로써 다루지 않았다. 오히려 리더로부터 요구되는 행동은 상황에 따라 달라지기도 한다. 이러한 관점이 리더십의 상황적합성 접근법을 유도해냈다.

2.3 상황적합 리더십 이론

리더의 성격, 행동, 그리고 직면하는 상황, 이제는 이들을 모두 합칠 수가 있다. 이러한 통합이 리더십 이론을 복잡하게 만들 수도 있겠지만, 이것이야말로 더욱더 현실적이고 폭넓은 접근법으로서 이론의 발전가능성을 한층 더 높여준다. 피들러의 상황적합이론부터 하나씩 살펴보자.

피들러의 상황이론

피들러의 상황적합적 리더십 모델(Fiedler's contingency model of leadership)은 리더 행동이 집단의 성과에 영향을 미치기 위해서 상황 호의성과 상호작용을 한다는 사실을 제시한다. 심리학자인 피들러(F. Fiedler)는 어떤 상황들은 호의적이거나 혹은 비호의적이며 그러한 상황에 따라 다른 리더의 행동들이 요구된다고 생각했다. 또한 그는 리더로서 선호되는 스타일은 '**함께 일하기 가장 꺼려지는 동료**(LPC: least preferred co-worker)'에 대한 리더 개인의 성향으로 측정

LPC
어떤 사람이 과업지향인지 관계지향인지를 측정하는 도구

표 11.2 LPC 설문

유쾌한	8 : 7 : 6 : 5 : 4 : 3 : 2 : 1	유쾌하지 못한
상냥한	8 : 7 : 6 : 5 : 4 : 3 : 2 : 1	상냥하지 못한
다정한	8 : 7 : 6 : 5 : 4 : 3 : 2 : 1	차가운
쌀쌀한	8 : 7 : 6 : 5 : 4 : 3 : 2 : 1	친밀한
우울한	8 : 7 : 6 : 5 : 4 : 3 : 2 : 1	원만한
여유 있는	8 : 7 : 6 : 5 : 4 : 3 : 2 : 1	긴장되어 있는
따분한	8 : 7 : 6 : 5 : 4 : 3 : 2 : 1	재미있는
진실한	8 : 7 : 6 : 5 : 4 : 3 : 2 : 1	진실하지 못한

될 수 있다고 제안한다. LPC 설문지는 리더나 매니저에게 최근 함께 일하기 어려웠던 사람을 떠올리게 한 후 검사요소들에 응하게 하는 16문항으로 구성된 지필검사다. [표 11.2]에 제시된 것처럼, 각 문항은 1에서 8까지의 범위 내에서 코딩되어 각 항목의 점수를 합산한 것이 리더의 LPC 점수가 된다.

피들러에 의하면, LPC 점수는 리더의 모티베이션 패턴을 반영한다. 가장 함께 일하고 싶지 않은 사람을 유하게 포용적인 용어로 묘사하는 리더들은 관계지향 리더로 간주된다. 또한 그들을 거의 봐줄 만한 자질이 없는 형편없는 사람이라고 여기는 리더들은 과업지향 리더에 해당한다. 높은 LPC 점수의 리더들은 부하들과 좋은 대인관계를 유지하는 데 의욕적이지만, 낮은 LPC 점수의 리더들은 목표를 달성하고 지속적으로 과업을 수행하려 하는 경향이 있다. 피들러의 상황 모델에서 LPC 점수와 리더 효과성의 관계는 아래에 제시하는 몇 가지 상황변수들, 즉 리더와 부하들의 관계의 질(the quality of leader-member relations), 과업구조(task structure), 리더의 권한(the leader's position power)에 의해 달라진다.

- **리더와 부하들 간 관계의 질:** 이것은 리더와 그 부하들 간의 충성, 지원, 그리고 신뢰로 구성된다. 지위 권력이나 강압적인 힘에 의해 리더를 따르는 것이 아니라 부하들이 리더를 기꺼이 따르고자 하는 마음이 있다면 리더는 부하에게 상당한 영향력을 행사할 수 있을 것이다.

- **과업구조**: 집단의 업무방식 및 목표의 명확성을 의미한다. 과업수행 과정과 절차가 규정되어 있다면 과업의 구조화 정도가 높다고 한다. 구조화 정도가 높으면 리더가 부하의 과업수행을 지시하거나 통제하기 쉽지만, 구조화가 낮다면 부하의 자유재량권이 높아짐으로써 부하에 대한 영향력은 상대적으로 낮아진다.
- **리더의 권한**: 이것은 리더가 타인에게 지시를 내리기 위해 가지는 합법적인 권한이다. 이러한 지위 권력은 기업의 명령체계에서 위로 올라갈수록 증가한다. 권력이 클수록 상황은 더 호의적이다.

과업지향 리더는 상황이 매우 호의적이거나(Ⅰ, Ⅱ, Ⅲ) 매우 비호의적일 때(Ⅶ or Ⅷ) 가장 효과적이다. 관계지향 리더는 상황이 적당히 호의적이거나 호의적이지 못할 때(Ⅳ, Ⅴ, Ⅵ) 가장 효과적이다([그림 11.2] 참조). 피들러는 이러한 결과를 다음의 방식으로 설명했다. 상황이 매우 호의적이면 상황 자체에서 오는 스트레스가 적어 과업지향 리더들(낮은 LPC 점수)이 관계지향적으로 행동이 가능해진다. 그러나 집단이 위기에 처했을 때(몹시 호의적이지 못한 상황)에는 반드시 리더가 결단력을 가져야 하며 과업지향 리더가 되어야 한다. 약간 호의적에서 약간 비호의적까지의 중간 상황에서는 리더가 부하들과 긍정적이고 힘을

그림 11.2 리더십 스타일과 상황의 결합

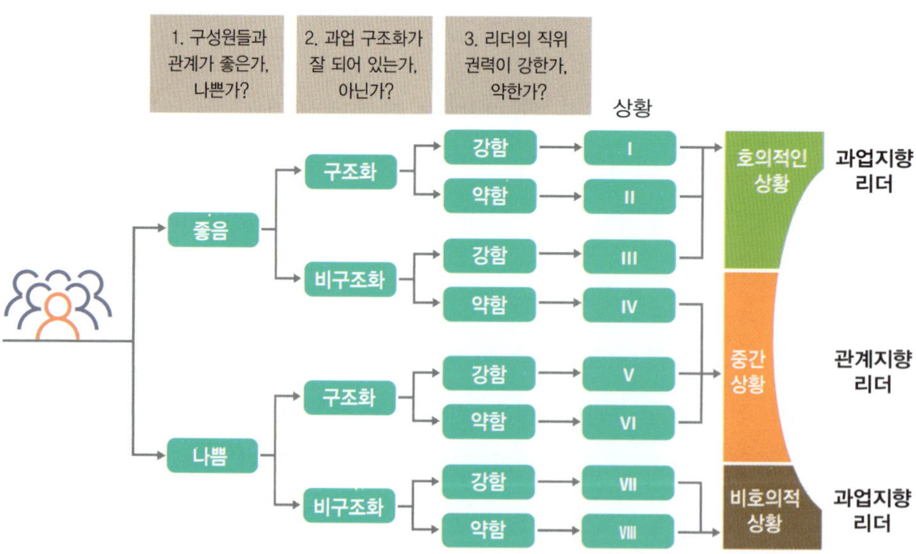

북돋아주는 관계를 유지하는 데 집중할 필요가 있다. 피들러는 리더 성향(LPC 점수)이 거의 불변이라고 본다. 이러한 까닭에 상황의 호의성부터 반드시 진단할 필요가 있다고 말한다. 만약 LPC 점수와 상황의 호의성이 일치하지 않는다면 새로운 리더로 교체될 필요가 있다.

허쉬와 블랜차드의 상황이론

허쉬와 블랜차드의 리더십 모델(Hersey–Blanchard's model of situational leadership) 또한 리더십에 대해 상황적인 관점을 취한다. 훌륭한 리더들이라면 하나의 스타일만 고수하기보다 그들이 이끄는 부하들의 성숙도와 과업의 요건에 따라 리더십 스타일을 변화시켜야 한다고 이 모델은 주장한다. 즉, 주어진 상황과 부하의 성숙도 수준에 따라 리더가 제공해야 하는 알맞은 **지시**(direction)**의 양과 사회–정서적 지원**(socio–emotional support)**의 양**에 기반을 두고 있다. 허쉬(P. Hersey)와 블랜차드(K. Blanchard)에 의하면, 오하이오대학교의 연구(과업주도, 배려)에 기초한 네 가지 스타일의 리더십이 존재한다. [그림

그림 11.3 허쉬와 블랜차드의 네 가지 리더십 스타일

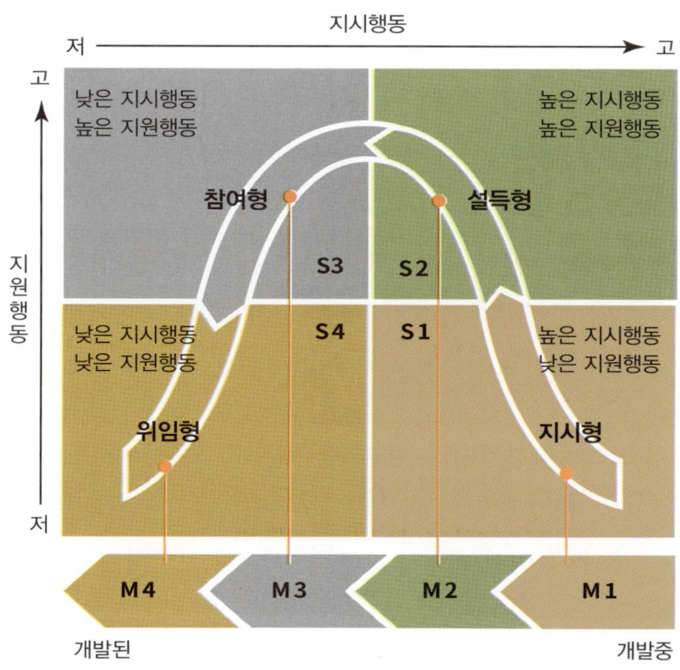

11.3]에서와 같이 지시형(telling/directing, S1)과 설득형(selling/coaching, S2)은 과업의 완수에 중점을 두고 있으며, 참여형(participating/consulting, S3)과 위임형(delegating, S4)은 독립적으로 업무를 수행할 수 있는 팀원들의 능력 개발에 관심을 둔다. 그리고 단 하나의 상황변수, **부하의 성숙도**(maturity)가 사용되었다. 이러한 성숙도는 특정 과업을 수행하기 위해 숙달된 스킬과 역량을 보유하고 있는지 여부와 그 과업수행에 대한 긍정적인 태도 및 자발성을 지녔는지 여부를 일컫는다.

부하의 성숙도
특정 과업을 완수하고자 하는 의지와 능력의 정도

- **지시형 리더**들은 그들 부하가 무엇을 어떻게 할지를 일러준다. 높은 지시적-낮은 지원적 행동 유형으로서 여기서는 대부분의 커뮤니케이션 초점을 목표 달성에 맞추고 지원적 행동을 위해서는 적은 양의 시간만 소비한다.
- **설득형 리더**들은 여전히 정보와 방향을 제공하나 부하들과 더 많은 소통을 한다. 높은 지시적-높은 지원적 행동 유형으로서 커뮤니케이션의 초점을 목표 달성과 사회정서적 지원 양쪽에 맞추고 있다. 무슨 목표를 달성할지에 관한 결정은 여전히 리더의 몫이란 점에서 S1 유형의 확대라 할 수 있다.
- **참여형 리더**들은 지시보다는 관계에 더욱 중점을 두고 팀으로 일하며 의사결정의 책임을 공유한다. 높은 지원적-낮은 지시적 행동 유형으로서 지원적 행동을 통해 부하들이 능력을 발휘하도록 동기유발을 시도한다. 의사결정의 책임을 부하들에게 넘기지만 문제해결을 촉진하는 책임은 그대로 리더에게 있다.
- **위임형 리더**들은 책임 대부분을 부하 또는 팀에 이양한다. 모니터는 해도 결정에는 잘 관여하지 않는다. 낮은 지원적-낮은 지시적 행동 유형으로 과업완수를 위한 지시는 물론 사회적 지원도 덜 제공한다.

부하의 성숙도도 마찬가지로 네 가지 수준, 즉 역량 수준의 고(高), 저(低)와 몰입도의 고(高), 저(低)에 따라 다음과 같이 구분될 수 있다. 역량과 몰입도는 리더가 기대 수준을 높여서 개발할 수 있는 것으로 보았다.

- 성숙도 M1: 역량이 부족하고 일에 대한 몰입도는 높은 부하들이다. 주어

진 과업이 생소하고 수행 방법을 정확히 알지 못하지만 새로운 과업수행에서 오는 도전에 흥미를 느끼는 경우다.

- **성숙도 M2**: 약간의 역량을 보유하고 있지만 몰입도는 낮은 부하들이다. 직무수행 방법을 이제 막 배우기 시작해서 역량이 약간 높아졌지만 처음 느꼈던 도전에 대한 흥미는 잃어버린 상태다.
- **성숙도 M3**: 중간 정도의 역량이 있으나 여전히 몰입도는 결여된 부하들이다. 직무수행을 위한 스킬과 노하우를 기본적으로 습득하고 있으나 과업완수에 대한 신념은 아직 부족한 상태다.
- **성숙도 M4**: 발달 수준이 최고조에 이른 부하들로서 역량 수준도 높고 몰입도 역시 높다. 직무수행을 위한 스킬이나 노하우를 이미 터득했을 뿐 아니라 과업을 완성하려는 모티베이션 수준 또한 높은 경우다.

이 모델에 따르면, 부하직원들의 역량 수준과 몰입도는 사람마다 다르고 과업에 따라서도 다르므로 상황에 맞게 리더십 행동을 달리해야 한다. 부하의 성숙도가 극히 낮다면 리더는 지시적 행동을 하는 것이 옳지만, 그들이 중간 정도의 성숙도를 보일 때까지 리더는 지시적 행동은 줄여가면서 지원적 행동을 증대시켜야 한다. 그러다가 중간 수준을 넘어서게 되면 지시적 행동을 계속 줄여나가면서 지원적 행동도 줄여야 한다. 이미 부하가 성숙했기 때문에 배려 행동이 별로 실효성이 없기 때문이라 할 수 있다. 이 모델은 리더십 훈련 및 개발 프로그램에서 광범위하게 활용됐음에도 실증연구가 많이 이루어지지 않아 타당성이 부족하다는 지적을 받는다. 이 외에도 성숙도에 대한 모호한 개념화와 오직 하나의 상황변수에 의존해서 지나치게 현상을 단순화시켰다는 점 등은 자주 약점들로 거론된다.

리더-구성원 교환이론

이 이론은 다른 리더십 이론들과 차별적으로 리더와 부하들 간 상호작용에 중점을 둔 하나의 프로세스로서 리더십을 개념화한다. 여기에서 초점은 리더와 부하 간의 쌍에 근거한 양자관계(dyad)에 있으며, **리더-구성원 교환**(LMX: leader-member exchange)이란 리더와 부하가 발전시키는 교환의 질(quality)을

리더-구성원 교환(LMX)
리더와 부하가 서로 영향을 주고 받으며 맺는 신뢰의 정도

그림 11.4 내집단 vs. 외집단

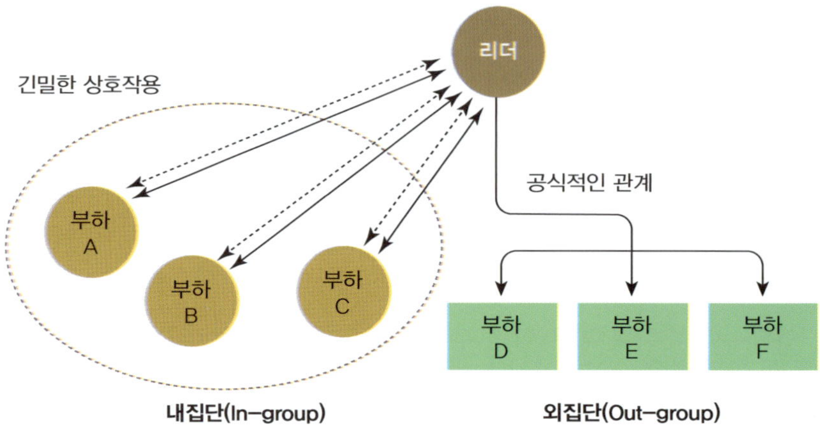

일컫는다. 이러한 연계나 관계는 질적으로 다양할 수밖에 없다([그림 11.4] 참조). 따라서 같은 리더라 하더라도 어떤 부하들과는 보잘것없는 관계에 있을 수 있고 또 다른 부하들과는 개방적이며 신뢰하는 관계를 유지할 수가 있다. 즉, LMX 이론은 **다수의 부하직원들을 리더가 결코 동일하게 다루지 않는다고 가정**한다. 그들의 업무 관련 태도나 행동들 역시 리더가 그들을 다루는 방식에 달려 있다고 주장한다. 교환관계의 질에 따라 쌍 관계는 내집단 또는 외집단으로 구분된다. 조직에서 리더는 일찍부터 부하들과의 양자관계 내에서 내집단(in-group) 또는 외집단(out-group)을 주도해 간다.

- **내집단**: 공식 역할 이외의 역할들에 근거한 관계 유형이다. 내집단 성원들은 의사결정에 참여가 허용되며 부가적인 책임도 주어진다. 리더가 이들에게는 재량권을 부여해 사실상 승인 없이도 일처리를 할 수 있는 신뢰되는 사람들이다. 재량권의 혜택을 누리는 이들은 시간과 노력, 책임, 조직에 대한 헌신 등을 요구되는 그 이상으로 리더와 교환한다.
- **외집단**: 고용계약상 공식적으로 명시된 역할들에 근거한 관계 유형이다. 외집단 성원들은 고용계약이라고 하는 제한된 범위 내에서 감독받고 권한도 명확한 계약으로 정당화된다. 리더는 의무적으로 해야 하는 지원과 배려, 도움 등을 제공하며 그 이상은 절대로 하지 않는다. 리더는 사실상

그들과 계약적인 교환만을 유지하므로 외집단 성원도 해야 할 것만 하고 이 이상은 거의 하지 않는다.

쌍 관계의 개발은 역할이론(role theory)과 사회교환이론(social exchange theory)에 근거해 설명될 수 있다. 이들 이론은 어떻게 LMX가 형성되는지에 대한 이해를 돕는다. **역할이론**에 의하면, 상사가 부하들에 대해 갖는 역할 기대와 그 기대들을 충족시키는 정도가 먼저 교환 프로세스라는 하나의 관계적인 맥락을 구성한다. 그리고 역할수용, 역할형성, 역할일상화로 이루어진 LMX 개발의 세 가지 국면 모델이 제시될 수 있다. 예컨대 상사들은 다양한 업무들을 부여하면서 부하직원들을 테스트한다. 이 과정에서 부하들은 과업 요건들에 부응하고 신뢰받을 만함을 입증하는 정도에 따라 그들이 형성하는 LMX 관계의 유형이 달라진다. 이것은 다시 리더가 정보나 도전적인 업무 할당, 자율성 등과 같은 직무 관련 자원들로 되갚는 정도를 결정하게 만든다. 이런 식으로 부여하고 수용하는 역할 안에서 리더들과 부하들은 상호의존성들을 기반으로 하나의 역할관계를 발전시키게 되며, 역할 상에서의 부하들의 성과야말로 이 과정에서 가장 중요한 핵심이 된다.

한편, **사회교환이론**은 리더와 성원들 사이에서 역할을 강조하기보다 교환에 초점을 둔다. 일리노이대학의 리든(R. Liden)과 동료 교수들의 연구(1997)는 한 쌍의 개인들 사이에서 초기 상호작용에서부터 비롯되는 여러 단계를 설명했다. 처음의 상호작용 이후 질 높은 교환관계 개발에 필요한 신뢰, 존중, 의무 등의 관계적 요소들을 과연 형성할 수 있을지 가늠하고자 서로를 테스트하는 교환들이 계속해서 뒤따르게 된다. 만약 교환 행동을 긍정적으로 수용하고 상대방도 그 반응에 대해 만족한다면 그들은 교환을 계속 유지하게 된다. 하지만 교환에 대한 반응이 부정적이거나 또는 더 이상의 교환이 전혀 없다면 질 높은 교환관계를 발전시킬 기회는 제한되어 그 관계가 낮은 LMX 개발 단계에 머물고 말 것이다. 즉, LMX 개발은 교환에 대한 기대와 그리고 그 교환 행동들에 대한 만족에 의해 결정된다.

그렇다면 이러한 교환의 결과로 나타나는 효과는 무엇일까? LMX 이론의 중요한 시사점은 바로 리더와의 관계의 질이 **업무 결과의 차이를 초래**한다는 것이다. 구체적으로, 내집단에 속한 부하들은 더 높은 생산성과 직무만족, 증진된 모티베이션을 나타내고 더 많은 시민행동에 관여하는 것으로 보고된다. 따라서 리더들은 이러한 부하들에게 더 많은 자원을 투자하고 외집단 성원들과는 다른 대우를 한다. 리더들은 가급적 많은 부하와 높은 관계의 질을 개발해야 한다. **내집단을 최대화**하는 대신 **외집단은 최소화**해야 한다. 이 이론에서는 시간이나 자원 등의 부족에서 오는 제한 때문에 리더가 부하직원 중 몇몇 사람들하고만 좀 더 친밀한 관계를 할 수밖에 없다고 주장하지만, 불가피하게 외집단에 대한 차별을 만든다는 점과 리더-구성원 간 교환관계가 어떻게 이루어지는가에 대한 설명이 여전히 부족하다는 것 등 비판도 여전히 만만치 않다.

3 리더십에 대한 새로운 접근

1980년대 후반 들어서면서 기존의 전통적인 리더십 이론에서 다루지 않았던 새로운 리더십 개념들이 차츰 등장하게 되었다. 그동안 연구에서 진전이 많았던 변혁적 리더십을 필두로 여기서는 충분히 검증된 이론이라 하긴 좀 어려워도 리더십 현상을 개념화하는 데 도움이 될 만한 여러 이슈를 소개한다.

3.1 변혁적 리더십

변혁적 리더십
변화를 통해 부하의 동기를 유발하고자 하는 리더십

변혁적 리더십(transformational leadership)은 고성과를 창출할 수 있게 부하들에게 호소력 짙은 비전을 제시하고 목표를 향해 나아가도록 고무시키며 또 흥미를 일깨워 동기를 유발하는 행동과 관계된다. 변혁적 리더십 이론은 부하들에게 긍정적인 변화를 불러일으켜서 그들이 서로의 권익에 관심을 두고 집단 전체의 이익을 위해 행동하게끔 만드는 리더십에 관한 것이다. 다양한 메커니즘으로 변혁적 리더십은 부하들의 모티베이션과 사기, 성과를 강화한다. 이를테면 부하들의 정체성을 조직의 프로젝트나 집단 정체성과 연계시키기, 부하들이 영감을 얻고 흥미를 갖도록 롤모델이 되기, 자신의 일에 대한 주인의식

하이데거의 숲

변혁적 리더십 vs. 카리스마 리더십

차이의 핵심은 카리스마 리더십에서 리더의 매력과 흡인력이 그의 추종자들 사이에 영감과 헌신을 창출하는 반면, 변혁적 리더십에서는 집단의 비전을 통해 개인과 사회 시스템의 변화를 창출한다는 점이다. 자칫 카리스마 리더십은 추종자들의 이익보다 자신의 이익을 위해 일한다는 믿음이 생겨 비판받을 때가 있다. 실제로도 그들은 권력을 조직보다 사적인 이익과 이미지 개선을 위해 사용하는 경우가 있다. 반면 변혁적 리더십의 단점은 변혁 그 자체이다. 조직이나 그 구성원들이 변화를 원하지 않을 때가 있기 때문이다. 이러한 시점에서는 리더가 좌절하고 비전을 상실하기 쉽다. 추종자들이 조직의 성공에 파트너가 되도록 설득하지만 비전이 힘을 잃게 되면 아무런 소용이 없다.

을 갖도록 의욕을 돋우기, 그리고 부하들의 강 · 약점을 이해하기 등으로 리더는 부하들과 과업을 일치시켜 성과를 강화할 수 있다. 변혁적 리더십의 하위차원에는 카리스마/이상적인 영향력(charisma or idealized influence), 영감적인 동기유발(inspirational motivation), 지적인 자극(intellectual stimulation), 개별적 배려(individualized consideration) 등이 있다.

- **카리스마/이상적인 영향력**: 리더가 훌륭한 행동을 보이고 확신을 심어주며 또한 부하들에게 뚜렷한 가치관을 지닌 롤모델로서 인식될 수 있게 태도를 보이는 정도. 비전과 사명감을 제공해서 리더에 대한 동일시와 신뢰, 존경을 끌어낸다.
- **영감적인 동기유발**: 리더가 미래 목표들에 관한 낙관론으로 부하들에게 호소력 짙은 비전을 명확하게 표현하고, 그리고 현재 과업의 의미감을 제공하는 정도. 높은 기대를 표현해서 부하가 헌신하도록 고무시킨다.
- **지적인 자극**: 리더가 기존의 가정들에 도전해서 부하들의 창의성을 자극하고 권장하는 정도. 리더, 조직, 목표 등과 연결되는 방식을 부하들이 이해할 수 있게 프레임워크를 제공함으로써 어떠한 장애든 극복할 수 있게 한다.
- **개별적 배려**: 리더가 개별 부하의 니즈를 경청하고 멘토나 코치로 행동하며 팀에 대한 각자의 기여를 존중하고 인정하는 정도. 이것은 개별 팀원들의 자아실현욕구와 자존감을 강화해서 성취와 성장을 경험하게 해준다.

그림 11.5 거래적/변혁적 리더십: 전 범위의 리더십 모델

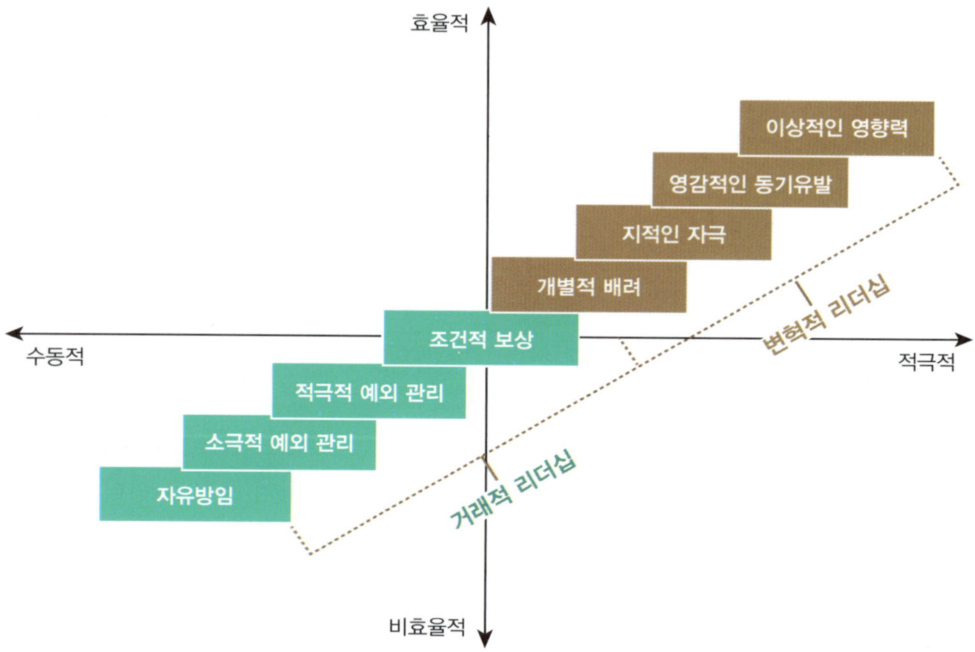

이 개념이 소개된 것은 1978년 정치지도자들에 관해 연구했던 번즈(J. Burns)에 의해서지만, 이후 바스(B. Bass) 같은 학자들에 의해 수정을 거듭하며 조직심리와 경영 분야에 널리 알려졌다. 변혁적 리더를 거래적 리더와 차별화하는 데 초점을 두었던 바스는 리더가 부하의 보상과 처벌을 통해 순응케 하는 **거래적 리더십**(transactional leadership)을 변혁적 리더십과 상호 독립적이기보다는 단일선상의 연속체로 설명함으로써 번즈의 연구결과를 확장했다. 변혁적 리더십과 달리, 거래적 접근법을 사용하는 리더들은 미래를 변화시키기보다 단지 현상유지를 기대한다. 부하들의 업무에 관심을 보이는 것도 주로 결점이나 편차를 발견하기 위해서다. 이러한 유형의 리더십은 위기나 긴급 상황에서, 또는 프로젝트가 특정 방식으로만 수행되어야 할 때 효과적일 수 있다. 거래적 리더십은 매슬로우의 여러 욕구단계 중 기본적인 욕구 만족의 차원들에서 주로 작동한다. 따라서 거래적 리더들은 저차원적인 욕구에 중점을 두며 성과나 긍정적인 결과에 대해서는 보상을 제공하고 그 반대의 경우엔 문제가 해소될 때까지 처벌을 적용하는 일종의 교환모델을 활용한다.

거래적 리더십
리더와 부하 간의 교환관계에 바탕을 둔 리더십

하이데거의 숲

변혁적 리더 밑에서 골병드는 부하직원들

부하직원들로부터 기대 이상의 성과를 끌어내는 변혁적 리더십이 장기적으로는 직원들의 건강을 악화시킬 수 있다. 영국 이스트앵글리아대학교 조직심리학과 연구팀은 덴마크의 우체국 직원들 155명을 대상으로 직속상관의 성향을 평가해 달라고 요구한 뒤, 1년 동안 각자가 냈던 병가 횟수, 추가 근무 강도 등을 조사했다. 이후 2년, 3년이 지난 시점에 병가를 내는 비율이 얼마나 증가하는지 확인해 보았다. 가장 병가 비율이 높았던 직원들은 의외로 변혁적 리더를 상사로 두고 있었다. 당장 몸에 이상이 생겨도 성과를 강조하는 상사 때문에 더 큰 건강상의 문제를 겪게 되었을 수 있음을 암시한다. 연구를 이끈 다니엘스(K. Daniels) 교수는 혁신적이기만 하면 된다는 일부 임원들의 가정은 장기적으로 옳지 않으며 진정 변혁적인 상사라면 직원들의 상태를 늘 점검하고 스스로 자기 건강을 챙길 수 있도록 권유해야 한다고 주장한다.

[그림 11.5]에서는 거래적, 변혁적 리더십의 전 범위를 보여준다. 리더십이 없는 상태를 나타내는 **자유방임**은 리더의 행동으로서는 가장 수동적이며 비효과적이다. **예외관리**는 부정적 피드백 및 처벌을 수반한 리더십이다. 자유방임에 비하면 조금 낫지만 효과성이 떨어지긴 마찬가지다. 여기에는 두 가지 형태, 즉 리더가 개별 부하들의 성과를 주시하고 변화시켜 교정되도록 만드는 적극적인 예외관리와 기준에 미달하거나 문제가 불거질 때만 개입하는 소극적인 예외관리가 있다. **조건적 보상**은 거래적 리더십 요인들 가운데 가장 핵심이 되는 것으로, 리더는 수행되어야 할 과업을 제시하고 완수 시 주어지는 보상에 관해서도 합의를 구한다. 이것이 효과적인 리더십 스타일이라고 할 수도 있겠지만, 부하가 기본적인 업무 그 이상을 수행하도록 동기를 유발하기에는 역부족이다. **변혁적 리더십 차원들**만이 개인의 사익을 초월해 더 큰 조직의 목표를 위해 몰입하게 하고 기대 이상의 성과를 달성하게 할 수 있다.

하지만 거래적 대(對) 변혁적 리더십에 대한 논쟁에서 아직 이렇다 할 승자는 없다고 해야 할 것 같다. 대부분의 리더십 전문가는 두 리더십 스타일이 상사나 리더들에게 혼합되어 나타난다고 제안한다. 변혁적 리더십도 상황에 따라 지시적이거나 거래적이어야 할 때가 있을 것이다. 게다가 플로리다대학의 저쯔(T. Judge)와 피콜로(R. Piccolo)가 수행한 메타분석(2004)에서는 변혁적 리더십과 거래적 리더십 간의 강한 상관(r=.80)이 발견되었는데, 이는 두 리더십이 단일 차원에서의 반대 개념이 아님을 입증하는 것일 수 있다. 변혁적 리더십은 이것이 부하들에게 긍정의 마인드를 불어넣어 줌으로써 결국 효과적이라는 사실을 입증해 왔다. 특히 경제 불황 같은 위기 상황에서 더 효과적이다. 반면, 변혁적 리더십이 적합한 지위에서 활용되지 않으면 인재 이탈의 가능성도 무시할 수 없다. 변혁적 리더십과 부하 업무성과 간의 관계가 그들의 인간관계의 질에 초점을 두는 LMX에 의해서 매개된다는 연구결과도 매우 흥미롭다.

3.2 서번트리더십

서번트리더십
사익은 제쳐두고 부하들과 공동체의 이익을 위해 일하는 리더십 접근법

서번트리더십(servant leadership)은 인간의 존엄성 및 가치를 바탕으로 부하들을 존중하고 그들에게 창의성을 발휘할 기회를 제공함으로써 자기발전을 돕는 리더십을 일컫는다. 서번트리더십이란 용어는 1970년 그린리프(R. Greenleaf)의 저서 『*The Servant as Leader*』에서 처음 등장했다. 리더로서의 하인이라는 개념은 그의 오랜 직장 경험과 영적 순례자들의 신기한 여행을 다룬 헤세(H. Hesse)의 단편 '동방 순례'에서 얻은 영감이 더해져 탄생되었다고 한다. 그린리프는 훌륭한 리더일수록 타인들에 대한 하인으로서 비춰지며, 이것은 그 리더가 대단하다는 사실을 보여주는 것이라고 했다. 올바른 리더십은 타인을 돕고자 하는 깊은 욕구에서 비롯된 동기유발로부터 나온다고 주장하며, 리더십에 대한 더 나은 접근법으로서 종업원, 고객, 공동체를 포함한 타인들에 대해 봉사하는 것을 강조했다.

저스틴 트뤼도, 캐나다 역사상 두 번째로 젊은 총리이자 미남 총리로도 유명하다. 그는 성소수자를 옹호하는 대표적인 지구촌 정치인이다. 지난해에는 현직 총리로서는 처음으로 '토론토 게이 퍼레이드'에 참가하기도 했다.

서번트리더십 전문가 스피어스(L. Spears)는 새로운 리더십 모델로서 정의한 서번트리더십에 대해 다음과 같이 말한다. "이 모델에서는 **타인에 대한 봉사**를 제일 순위로 둔다. 서번트리더십은 타인에 대한 봉사, 업무에 대한 전체적인 접근, 커뮤니티의 일체감 조성, 그리고 의사결정권의 분산을 강조한다." 타인에 대한 봉사

표 11.3 서번트리더십의 특징

특성	내용
경 청	부하들에 대한 존중과 수용적 태도로 그들의 의견에 귀 기울이는 행동
공 감	부하의 입장에서 상황과 의견을 이해하려고 노력하는 행동
치 유	업무수행 중 건강 및 대인관계 악화에 따른 감정손상이나 스트레스를 경감시켜 주는 행동
설 득	권위나 일방적 지시, 통제보다는 대화나 설득으로 영향력을 행사하는 행동
자 각	전체적인 상황이나 그 영향 요인들을 남들보다 정확하게 판단하는 능력
통 찰	경험과 직관을 통해 현재와 미래의 결과를 예측할 수 있는 능력
개념화	비전을 제시하고 명확한 목표와 연계시켜 방향을 설정해 주는 행동
스튜어드십	어떤 결정이나 행동에 앞서 그 결과가 부하들에게 미칠 영향을 고려하는 태도 및 행동
부하 육성	부하들이 능동적으로 일할 수 있게 지원하며 잠재력 발휘를 통해 성장할 기회를 주는 행동
일체감 조성	공동체란 구성원들이 하는 일과 그 일의 의미를 알고 함께 공유하는 역동적인 시스템으로서 부하들 간의 활발한 소통과 협력을 장려하여 이를 조성하고자 하는 행동

는 부하와의 관계에서 리더가 하인의 위치라고 가정하는 것부터 강조한다. 업무에 대한 전체적인 접근은 일이라는 것이 사람을 위해 존재하는 것이므로 직업뿐 아니라 개인 삶에서도 자신의 정체성을 찾도록 리더가 도와야 한다는 관점을 반영한다. 그리고 커뮤니티의 일체감 조성은 조직의 목표를 달성하는 데 있어서 조직의 능력보다도 서번트 리더들 개인의 행동에서 비롯되는 부하들 간 일체감 형성에 더 가치를 두는 것을 말한다. 마지막으로 참여를 장려하고 임파워링 환경을 조성함으로써 보다 효과적인 직장을 만들고 결국 조직도 성공할 수 있음을 의사결정권의 분산이 설명해 준다.

서번트리더십은 다른 어떤 리더십보다도 개인의 핵심 특성들과 신념을 강조한다. 행동과학자들은 그린리프의 저서나 기고문들을 바탕으로 경청, 공감, 치유, 설득, 자각, 통찰, 개념화, 스튜어드십, 부하 육성, 일체감 조성 등 10개의 주요 리더십 특성들을 규명한 바 있다. 실제 위튼(C. Wheaton)의 박사 논문(2009)에서는 서번트리더십의 특성과 지각된 효과적인 리더 특성과의 관계 연구에서 경청, 공감, 자각, 일체감 조성, 통찰, 비전 제시 등이 효과적인 리더의 특성임을 입증했다. 서번트리더십에 대한 개념의 정의나 하위 요소들에 대한 합의가 아직 미비하지만, 서번트리더십에 관한 관심은 끊임없이 증가하고 있다. 포천(*Fortune*)이 선정하는 '일하기 좋은 100대 기업' 중 3분의 1 이상이 서번트리더십을 매니저 교육에 포함하고 있으며, 최근 국내 기업에도 높은 관심을 얻고 있다.

3.3 진(정)성리더십

진(정)성리더십의 개념은 2003년 조지(B. George)의 저서 『*Authentic Leadership*』이 유명세를 얻으며 알려지기 시작했다. 이 용어는 이제 경영 분야의 전문용어가 되다시피 했다. 진(정)성리더십은 리더들이 스스로 자기인식과 정체성, 성의, 열정을 갖고서 사람들을 이끌 수 있게 만든다. 미국 네브라스카 대학교 연구진들에 따르면, 진정성을 갖춘 리더들은 자신 및 타인의 가치관, 지식, 강점들, 그리고 상황까지 인식해서 자신이 생각하고 행동하는 방식이나 남들이 어떻게 지각하는지를 잘 알고 있으며, 자신감, 희망, 낙천성, 회복탄력성 그리고 높은 도덕적 특성이 있는 사람들이다. 예컨대 그들은 1) 타인들의 기대를 한몸에 받고자 리더십을 꾸미지 않고 자기 자신에게 진실하다. 2) 지위나 명예 또는 다른 사익들에 의해서가 아닌 개인적 신념에 의해서 동기유발된다. 3) 있는 그대로를 보여주지 결코 남을 흉내 내지 않는다. 그들은 자신의 관점에 따라 이끈다. 4) 개인적인 가치와 신념을 바탕으로 행동한다.

진정성(authenticity)과 진심(sincerity)을 많은 사람이 혼동한다. 타인에게 그 자신을 정확하고 거짓 없이 표현하는 정도를 **진심**이라고 한다면, **진정성**은 나 자신과의 관계에 대한 개념으로 자신에게 진실한 정도를 말한다. 따라서 진(정)성리더십의 진정성은 개인 경험에서 비롯된 '자신을 알라'는 명령에 따라 얻어진 사고, 감정, 니즈, 선호 또는 신념, 프로세스이며 더 나아가 개인이 진짜 자아와 일치되게 행동하며, 내적 사고 및 느낌과 일관되게 자신을 표현하는 것이다. 진정성의 본질은 자아에 있으므로 진정성에는 분명 '타인'에 대한 고려 대신 '전적으로 자신의 원칙에 의해 존재하는 사람'이 진정성 있는 자아로 간주된다. 이런 관점에서 조직 내에서의 **진(정)성리더십**(authentic leadership)이란 "긍정의 심리적 역량들과 고도로 진화된 조직 상황에서 비롯되는 프로세스로서 리

진(정)성리더십
스스로 자신의 행동을 규제하는 데 사용되는 내적 도덕 기준에 의해 유도되는 리더십

더와 부하들이 자기인식과 자기규제적 행동을 함으로써 긍정적인 자기개발을 촉진하는 것"이라고 정의된다.

서번트 및 영적 리더십(spiritual leadership)도 진(정)성리더십과 마찬가지로 리더의 자기이해/통제의 역할에 대해 명시적으로나 묵시적으로 인정한다. 하지만 리더의 인지, 공감, 개념화, 그리고 선견지명(비전)에 대한 논의가 서번트 리더십 이론에 포함되었다고 해도 이들 개념에 대한 논의는 주로 비이론적이거나 실증연구에 바탕을 두고 있지 않다. 또한 부하들의 자기이해 및 통제가 매개역할을 할 가능성에 대한 인식이 결여되어 있고 긍정심리자본과 조직 환경의 역할도 다루지 않고 있다. 심지어 진정으로 지속가능한 성과에 대한 기여가 아직 명확히 다루어지지 않았다. 영적 리더십 역시 정직, 신뢰, 용기, 희망, 인내 등에 초점을 두고 있다는 점에서 진(정)성리더십과 상당히 비슷한데, 단 이러한 주제들이 리더 및 부하들의 자아시스템(self-system)에 대한 여러 이론이나 연구들과 잘 어우러지지는 못했다. 자기통제에 대한 고려와 긍정심리, 그리고 조직 상황의 조절역할 또한 고려되지 않은 점은 서번트리더십과 마찬가지다.

한편 변혁적인 리더들은 낙관적이며 희망차고 발전적인 방향을 추구하며 높은 윤리적 특성이 있는 것으로 묘사되곤 하는데, 이러한 것들은 진(정)성리더십과 공통된다. 그러나 진정성 있는 리더라 해서 반드시 변혁적 리더일 필요는 없다. 일례로 진정성 있는 리더들은 부하들을 리더로 개발시키는 행동에 적극적으로 나서서 치중할 수도 또 아닐 수도 있는데, 이것은 역할모델링을 통해서 그들에게 긍정적인 영향을 미친다고 하더라도 그렇다. 진정성 있는 리더는 영감고취나 극적인 표현, 또는 어떤 인상관리의 형태보다는 그들 개인의 특성과 예시, 헌신을 기반으로 부하들의 가치/윤리적 관점에 대한 자기인식에 영향을 미칠 수 있다. 부하들을 설득하고 영향을 줘서 부추기고자 할 때도 카리스마적 리더들처럼 언변을 활용하지 않고 진정성 있는 리더는 의미를 부여해서 그들 자신과 부하직원들이 진실을 구현함으로써 힘을 얻을 수 있게 한다.

3.4 셀프리더십과 수퍼리더십

셀프리더십
바람직한 행동을 위해 자기모티베이션과 자기목표설정을 할 수 있게 스스로 영향을 미치는 프로세스

셀프리더십(self-leadership)은 타인에 대한 영향력 행사가 아니라 자신이 스스로 나아갈 방향을 정해 끌어나가도록 동기유발시키는 프로세스를 말한다. 셀프리더가 되기 위해서는 자기관찰을 통해 변화의 필요성과 목적을 파악한 뒤, 변화에 따른 보상을 스스로 약속하는 등의 자기관리를 착실히 잘해 나가며 동기를 유발한다. 셀프리더십이라는 개념은 자기규제이론(self-control theory)과 리더십 대체(substitutes for leadership)에 기원을 둔 자율관리(self-management)의 확장으로서 1980년대 중반 처음 알려졌다. 셀프리더십 전략들은 행동중심 전략(behavior-focused strategies), 당연한 보상 전략(natural reward strategies), 그리고 건설적인 사고패턴 전략(constructive thought pattern strategies)으로 세분된다.

먼저, 행동중심 전략은 행동 관리를 잘하고자 한 개인의 자기인식(self-awareness)을 강화하기 위해 애쓰는 것이다. 특히 유쾌하진 않지만 해야 하는 과업들과 관련하여 그렇다. 자기관찰, 자기목표설정, 자기보상 및 자기처벌, 자기신호 등이 이것들에 해당한다. **자기관찰**(self-observation)은 언제 그리고 왜 자신이 특정 행동에 관여하는지를 인식할 수 있게 해준다. 이는 비효과적이고 비생산적인 행동을 제거하거나 변화시키기 위해서 필수적인 첫 단계이다. 현재의 행동과 성과 수준에 관해 정확히 알면 보다 효과적으로 행동을 변화시키는 **자기목표설정**(self-goal setting)할 수 있기 때문이다. 도전적이고 구체적인 목표를 설정하는 프로세스가 개인의 성과 수준을 현저히 향상시킬 수 있다고 많은 연구가 주장했다. 자기목표설정과 연결되는 **자기보상**(self-reward)은 목표 달성에 필요한 노력을 북돋우는 것을 도울 수 있다. 중요한 업무 달성을 마음속으로 자축하는 듯 소박하고 무형적일 수 있으며, 특별한 휴가를 보내는 것처럼 구체적인 것일 수도 있다. **자기처벌**(self-punishment) 또는 자기수정 피드백은 바람직하지 못한 행동과 실패가 차후에는 고쳐질 수 있도록 그것들을 긍정적으로 표현하고 자기성찰 방식으로 검토하는 것이다. 다만 너무 지나치면 자기비판과 죄책감으로 이어져 오히려 성과에 해로울 수 있어서 주의해야 한다. 마지막으로, 구체적인 환경과 관련된 **자기신호**(self-cueing)는 건설적인 행동을 촉진하고 파괴적인 행동을 제거하거나 줄이는 수단으로서 효과적인 역할을 한다. 예컨대

목록, 메모, 컴퓨터 바탕화면과 동기유발 포스터 등은 목표 달성을 위해 계속해서 주의를 기울이고 노력하도록 도울 수 있다. 요컨대 행동중심 셀프리더십 전략들은 성공적인 결과로 이끄는 긍정적이고 바람직한 행동들을 장려하면서 실패로 이끄는 부정적이고 바람직하지 못한 행동은 억제하기 위해 설계되었다.

다음으로, 당연한 보상 전략이란 어떠한 과업이나 활동의 즐거운 측면에 의해서 동기가 유발되고 보상되는 그런 상황을 만들기 위한 것이다. 이는 다음과 같은 두 가지 전략을 포함한다. 첫째, 주어진 활동에 기쁨과 즐거움을 더해서 과업 그 자체가 보상되도록 하는 것이며, 둘째는 과업의 불쾌한 면은 잊고 긍정적인 측면들에 집중하게 함으로써 인식을 변화시키는 것이다. 마지막으로 건설적인 사고패턴 전략은 성과에 긍정적인 영향을 미칠 수 있는 적극적인 사고방식과 특유의 판단 방식 형성을 용이하게 하고자 의도된다. 이 전략에는 역기능적인 신념들과 가정들을 규명하여 대체하기, 마음속에서의 형상화, 긍정적인 자기대화가 포함된다.

한편 **수퍼리더십**(super leadership)은 부하가 셀프리더가 될 수 있게 영향력을 행사하는 프로세스이다. 전통적인 리더십이론은 리더에 초점을 맞추지만, 셀프리더십과 수퍼리더십의 경우에는 부하에 초점을 둔다. 수퍼리더가 되기 위해서는 스스로 셀프리더십을 갖추어야 한다. 셀프리더십을 갖춘 수퍼리더는 부하가 자기 자신을 리드할 수 있는 역량과 스킬을 갖도록 유도해야 한다. 자신이 뛰어난 리더가 되는 것 못지않게 중요한 것은 부하들을 뛰어난 리더로 육성하는 것이며, 이러한 역할을 하는 리더가 바로 수퍼리더이다.

수퍼리더십
부하가 셀프리더십에 필요한 능력을 갖도록 지원하는 리더십

ORGB 뉴스

스포츠 감독의 리더십, 교사의 리더십

교사와 감독은 유사한 점이 있다. 특히 담임교사는 더욱 그렇다. 학생들에게 적절한 동기를 부여해야 하고, 학생들의 상태를 파악해 문제를 파악하고 개입해야 한다. 열정을 불어넣어 주기도 하고, 안 되는 부분을 반복적으로 지도하기도 한다.

학교만큼이나 시대적 변화를 맞이하고 있는 것이 스포츠 구단이다. 지난 몇십 년간 학생들이 변해 왔듯이, 스포츠 선수들도 변해 왔다. 엄격한 규율로 선수단을 운영하던 방식을 고집하면 요즘 선수들은 버티지 못한다고 지도자들이 투덜대기도 한다.

이러한 변화를 가장 잘 나타내는 것이 '작전타임' 때 감독의 모습이다. 특히 작전타임은 보통 지고 있는 상황에 사용하는 것이니 더욱 그렇다.

프로배구를 예로 들어보자. 지난 몇 년간 감독의 변화를 알 수 있다. 2013-14시즌까지 우승을 양분한 신치용 전 삼성화재 감독과 김호철 전 현대캐피탈 감독은 초창기 감독이자 백전노장 감독이다. 이 두 감독은 경기 중에 잘 안 되는 부분을 꾸짖고 혼내는 모습을 많이 보인다. 때론 자신의 감정을 그대로 드러내기도 한다.

그러나 2014-15, 2015-16시즌에 우승한 김세진 감독은 전혀 다른 타입이었다. 이전 감독에 비해 훨씬 젊은 축에 속한 김세진 감독은 팀이 수세에 몰려 작전타임을 불러도 전혀 화를 내지 않았다. 그는 선수들에게 무엇이 안 되는지, 어떻게 하면 상황을 반전할 수 있을지 차분하게 전달했다. 바깥에서 경기를 파악한 내용을 선수들에게 이해시키고자 힘썼다. 때론 화가 난 듯한 모습도 있었지만 바로 앞선 두 명장과 비교하면 자신의 감정을 전달하지 않으려 노력하는 모습이 보였다.

2016-17시즌에는 김세진 감독보다 한 살 어린 최태웅 감독이 돋보였다. 감독 첫해였지만 그는 다양한 어록을 남겼다. 그의 작전타임은 마치 명언집을 보는 듯해서 배구 팬들은 그 시간을 기다리기도 했다.

그가 작전타임에 한 얘기들은 어록이 되어 기사가 되었다. 대표적인 어록은 다음과 같다.

"우리는 계속 발전되는 팀이지, 지금 잘하고 있는 팀이 아니야."

"오늘 너희들 지면 두 번 지는 거야. 배구도 지는 거지만 자존심도 지는 거야. 오늘, 경기는 져도 되는데 자존심은 지지 마. 그거 보여주고 나와."

"수봉아, 너의 큰 힘이 뭔지 알아? 너는 싱글벙글 웃으면서 뛰어다니는 거야. 그게 너한테 가장 경기력이 좋을 때 나오는 모습이란 말야. 지금 그런데 그게 없어졌어."

"여기 있는 모든 사람이 다 너희들을 응원하고 있는 거야. 그 힘을 받아서 한 번 뒤집어봐. 이길 수 있어."

최태웅 감독은 힘든 상황에서도 선수들이 웃을 수 있게, 에너지를 얻을 수 있게 북돋아 주는 타입이다. 이러한 힘인지 첫해부터 바로 우승하는 등 성과를 보였다.

그렇다고 젊은 사람들의 새로운 리더십만 있는 것은 아니다. 51년생 박기원 감독이 그렇다. 최태웅 감독의 현대캐피탈이 우승한 16-17시즌에 이어 17-18시즌은 박기원 감독의 대한항공이 우승을 거뒀다. 박기원 감독은 이탈리아와 이란에서 감독을 해본 산전수전 다 겪은 노련한 감독이다. 특히 작전타임 때 특별한 말을 하기보단 선수들이 숨을 돌릴 수 있는 타이밍을 잡아준다.

감독마다 작전타임에 다양한 스타일이 존재하듯, 교사들 역시 다양한 지도법이 존재한다. 김세진 감독, 최태웅 감독처럼 젊은 교사들의 지도방식도 있지만, 박기원 감독처럼 노련한 교사가 지도하는 방식이 먹힐 때도 있다. 요즘은 학생들에게 이해와 격려가 트렌드처럼 되었지만, 한편으론 학생들에게 열정을 쏟아부어야 할 때도 있다. 또는 노련한 교사의 적절한 개입이 필요할 수도 있다.

출처: http://www.eduinnews.co.kr/news/articleView.html?idxno=21584 수정 발췌

단원 요약

1. 리더십은 회사의 비전을 정교하게 수립하고 그 구성원들이 이와 함께하도록 납득시키는 것에 관한 것이다. 매니저와 달리 리더는 부하직원들에게 영감을 고취하고 동기유발을 시키는 동시에, 조직의 중요한 변화를 촉진할 수 있다.

2. 리더십에 대한 특성 접근법은 리더들이 특별한 자질을 타고난다고 가정하면서 효과적인 리더의 특성들을 밝히기 위해 노력해 왔다. 하지만 이러한 특성들은 리더 효과성보다는 리더 부상을 예측하는 것과 관련이 있다.

3. 리더의 행동을 다룬 행동학파의 연구에서는 과업주도와 배려라는 두 유형으로 리더십 행동을 나눌 수 있다고 주장하기도 했다. 이 같은 이론은 리더를 훈련 및 개발하려는 조직의 노력을 지지해 준다.

4. 상황적합 리더십 이론은 효과적인 리더십 유형이 상황에 따라 달라진다고 가정한다. 예를 들어, 피들러는 리더십 효과성에 대한 상황변수로 리더와 부하들 간 관계의 질, 과업구조, 리더의 권한을 제안했고 허쉬와 블랜차드는 부하의 성숙도를 강조했다. LMX 이론은 리더와 부하들 간 상호작용에 초점을 두기도 했다.

5. 변혁적 리더십은 리더가 부하들에게 긍정적인 변화를 불러일으켜서 그들이 서로의 권익에 관심을 두고 집단 전체의 이익을 위해 행동하게끔 만드는 리더십에 관한 것이다. 반면 거래적 리더십은 성과에는 보상을, 그 반대에는 처벌을 적용하는 일종의 교환모델을 활용한다.

6. 서번트리더십은 종업원, 고객, 공동체를 포함한 타인들에 대한 봉사에 관한 것이다. 즉, 부하와의 관계에서 리더는 하인의 위치에 있다고 가정한다. 특히 개인의 핵심 특성들과 신념을 강조한다.

7. 진(정)성리더십은 리더들이 스스로 자기인식과 정체성, 성의, 열정을 갖고서 사람들을 이끌 수 있게 만드는 것이다. 진정성이란 나 자신과의 관계에 대한 개념으로 자신에게 진실한 정도를 말하는 것이다. 진정성 있는 리더는 진짜 자아와 일치되게 행동하며, 내적 사고 및 느낌과 일관되게 자신을 표현한다.

8. 셀프리더십은 자신이 스스로 나아갈 방향을 정해 끌어나가도록 동기를 유발시키는 프로세스이다. 리더들은 수퍼리더십을 발휘함으로써 부하직원들이 셀프리더가 될 수 있게 영향력을 행사할 수 있다.

논의할 문제

1. 리더가 각기 다른 성향의 부하들에게 맞춰서 다양한 리더십 스타일을 발휘한다는 것이 과연 가능한 것일까?
2. 부하직원들과 높은 LMX 관계를 유지한다는 것이 단순히 친하게 지내는 것과는 구체적으로 어떻게 다를까? 이들과의 신뢰관계를 지속하기 위해서는 무엇이 가장 필요할까?
3. 변혁적 리더와 비교하면 거래적 리더는 덜 효과적일까?
4. 카리스마에도 유효기간이 있는가? 있다면 얼마나 될까?
5. 진(정)성리더십이 특히 효과적인 상황에 대해 논의해 보라.
6. 수퍼리더와 자유방임형 리더의 차이는 무엇일까?

더 읽을거리

Asrar-Ul-Haq, M., & Anwar, S. (2018). The many faces of leadership: Proposing research agenda through a review of literature. *Future Business Journal*, 4(2), 179–188.

Avolio, B. J., & Gardner, W. L. (2005). Authentic leadership development: Getting to the root of positive forms of leadership. *The Leadership Quarterly*, 16(3), 315–338.

Bennis, W., & Nanus, B. (1985). *Leaders. The strategics for taking charge*. New York: Harper & Row Inc.

Blake R. R., & Mouton J. S. (1964). *The new managerial grid*. Houston: Gulf Publishing Company.

Bligh, M. C., Pearce, C. L., & Kohles, J. C. (2006). The importance of self-and shared leadershipin team based knowledge work: A meso-level model of leadership dynamics. *Journal of Managerial Psychology*, 21(4), 296–318.

Erickson, R. J. (1995). The importance of authenticity for self and society. *Symbolic Interaction*, 18(2), 121–144.

Fiedler, F. E. (1967). *A theory of leader effectiveness*. New York: McGraw-Hill.

Fry, L. W. (2003). Toward a theory of spiritual leadership. *The Leadership Quarterly*, 14(6), 693–727.

Gardner, W. L., & Avolio, B. J. (1998). The charismatic relationship: A dramaturgical perspective. *Academy of Management Review*, 23(1), 32–58.

Graen, G. B., & Scandura, T. A. (1987). Toward a psychology of dyadic organizing. *Research in Organizational Behavior*, 9, 175–208.

Harter, S. (2002). Authenticity. In C. R. Snyder & S. J. Lopez (Eds.), *Handbook of Positive Psychology* (pp. 382–394). New York: Oxford University Press.

Judge, T. A., & Piccolo, R. F. (2004). Transformational and transactional leadership: A meta analytic test of their relative validity. *Journal of Applied Psychology*, 89(5), 755–768.

Liden, R. C., Sparrowe, R. T., & Wayne, S. J. (1997). Leader–member exchange theory: The past and potential for the future. *Research in Personnel and Human Resources Management*, 15, 47–119.

Likert, R. (1961). *New patterns of management*. New York: McGraw–Hill.

Luthans, F. and Avolio, B. J. (2003). Authentic leadership development. In K. S. Cameron, J. E. Dutton, & R. E. Quinn (Eds.), *Positive organizational scholarship* (pp. 241–258). San Francisco, CA: Berrett–Koehler.

Mann, R. D. (1959). A review of the relationships between personality and performance in small groups. *Psychological Bulletin*, 56(4), 241–270.

Neck, C. P., & Houghton, J. D. (2006). Two decades of self–leadership theory and research: Past developments, present trends, and future possibilities. *Journal of Managerial Psychology*, 21(4), 270–295.

Russell, R. F., & Stone, A. G. (2002). A review of servant leadership attributes: Developing a practical model. *Leadership & Organization Development Journal*, 23(3), 145–157.

Wang, H., Law, K. S., Hackett, R. D., Wang, D., & Chen, Z. X. (2005). Leader–member exchange as a mediator of the relationship between transformational leadership and followers' performance and organizational citizenship behavior. *Academy of Management Journal*, 48(3), 420–432.

Wheaton, C. E. (1999), *Servant leadership and the public school superintendent*, Unpublished doctoral dissertation, Gonzaga University.

Yammarino, F. J., Spangler, W. D., & Bass, B. M. (1993). Transformational leadership and performance: A longitudinal investigation. *The Leadership Quarterly*, 4(1), 81–102.

Yukl, G. & Van Fleet, D. D. (1992). Theory and research on leadership in organizations. In M. D. Dunnette & L. M. Hough (Eds.), *Handbook of industrial and organizational psychology* (pp. 148–197). Palo Alto, CA: Consulting Psychologists Press.

Zaccaro, S. J., Kemp, C., & Bader, P. (2004). Leader traits and attributes. In J. Antonakis, A. T. Cianciolo, & R. J. Sternberg (Eds.), *The nature of leadership* (pp. 101–124). Thousand Oaks, CA: Sage.

CHAPTER

12

권력과 정치

1. 권력의 개념

2. 조직에서의 정치적 행동

3. 정치적 스킬과 인상관리

▸▸ 학습목표

1 권력을 정의하고 권력과 의존성의 관계를 설명한다.

2 다섯 가지 권력유형을 비교한다.

3 임파워먼트와 권력의 윤리적 사용에 대해 이해한다.

4 조직정치를 정의하고 권력과의 관계를 논의한다.

5 권력을 영향력으로 전환시키기 위한 전술들에 대해 서술한다.

6 정치적 스킬 및 인상관리 기법들을 이해하고 그 관계를 설명한다.

협력을 요하는 다양한 이해가 한데 모여서 조직을 이루므로 정치는 조직생활의 일부가 될 수밖에 없다. 사실상 정치는 매니지먼트 활동들에서 중심에 있다. 조직에서의 정치는 권력과 영향력의 활용이다. 권력은 어떤 목적을 이루기 위한 능력으로서 그것이 긍정적이거나 혹은 부정적인 것은 목적에 달려 있다. 사람들은 권력을 획득하고 또한 이를 바탕으로 더 권력을 확장하려 하므로 다양한 전략과 전술을 구사한다. 그러나 영향력이 큰 사람들은 권력을 지녔지만 권력자들이라고 해서 언제나 영향력을 갖는 것은 아니다. 훌륭한 매니저는 일을 성사시키는 데 있어 권한보다 영향력을 더 선호한다.

시네마 ORGB

빅쇼트(The Big Short)

무소불위의 권력에 도전하는 마크와 동료들

빅쇼트(The Big Short, 2016)

돈줄 쥔 자들에게 아부하길 꺼리는 마크 바움(Mark Baum).

그는 모건스탠리 산하에 '프런트포인트'라는 3명의 직원으로 구성된 펀드회사를 차린다.

마크는 수백만 명이 모기지론을 갚지 못해 부도가 나면 돈을 받는 신용부도스와프를 팔러온 도이체뱅크의 자레드 베넷(Jared Vennett)의 설명을 듣고 있다.

모기지론을 갚지 않는 사람은 없지 않은가? 그러나 현재 주택담보대출의 연체율은 높아만 가고, 모기지채권 중에는 부실채권이 많다. 그런데도 은행들은 채권판매수수료를 챙기려 부실채권을 계속 판매하고 이에 따라 발생할 위험에는 점점 무감각해지고 있다.

자레드 자신은 은행에서 일하지만 은행처럼 생각하진 않는다고 말한다. 그래서 주택시장 폭락에 돈을 걸어 열 배나 스무 배의 수익을 올릴 수 있다고 설명한다. 이미 신용부도스와프를 그는 많

이 사두었지만, 상사들을 안심시키려 스와프를 팔게 된 것이라 말한다.

또한 모기지채권 중 위험이 너무 커서 안 팔리는 것들을 묶어 CDO(자산담보부증권)로 만드는데, 이를 공정하게 평가해야 할 신용평가기관들은 투자은행과의 관계를 생각해 무조건 묻지도 따지지도 않고 좋은 평가를 해준다고 한다.

프론트포인트 파트너스는 주택시장에 거품이 있는지, 은행은 이 위험에 얼마나 노출되어 있는지 등의 자료조사를 통해 사기에 가까운 주택시장의 거품을 확인하고 자레드가 제안한 상품에 투자한다.

모건스탠리가 모기지채권을 많이 팔아 150억 달러의 큰 손실이 예상되는 상황에서 직원인 비니 다니엘(Vinny Daniel)은 스와프를 매도하자고 제안한다. 지금 시점이라면 투자자들에게 수익을 챙겨줄 수 있지만, 자칫 늦어지면 팔 시장마저 없을 수 있고 모건이 망하면 우린 무일푼이 된다고 간곡히 제안한다.

그러나 마크는 "기다리고 또 기다릴 거야. 내가 원하는 건 그거야! 놈들에게 구명보트를 주긴 싫어! 매도 시점은 내가 정해! 내가 정한다고!!!"

TIP!!

영화 빅쇼트는 세계 금융시장을 뒤흔든 '서브프라임' 사태의 본질과 과정을 표현한 작품이다. 미국 사회를 잘 아는 사람들은 금융을 유대계 자본이 벌이는 투기라고 말한다. 이 투기가 의도대로 흘러갈 땐 수익률 극대화를 위해 천문학적인 레버리지(차입투자)를 걸게 된다. 1929년의 경제 대공황도 레버리지를 건 주식시장 붕괴에서 비롯되었다고 한다. 빅쇼트의 '쇼트'는 금융시장에서 공(空)매도를 뜻하는 것으로 자산가치가 상승할 때 수익을 내는 구조가 아닌 하락 시에 이익을 얻는 구조다. 곧 폭락할 것이라는 확신을 하고 가격이 고점일 때 레버리지를 걸었다가 얼마 안 가 다시 매도하는 공격적인 스킬이라서 시장을 읽을 수 있는 정확한 정보를 지닌 사람만이 성공할 수 있다. 자본은 이미 통제불능의 무소불위 권력을 지녔음을 영화는 보여준다. 은행이 주도한 거대 사기극에서 신용평가기관들이 그들과의 관계를 생각해 계속 좋은 평가를 내려주는 것은 권력과 정치의 관계를 느끼게 하는 대목이다. 이 밖에 자레드가 회사의 상사들과 다른 생각을 품고 사익을 우선시하는 것 등도 전형적인 정치적 행동에 해당한다.

1 권력의 개념

사내에서 정보나 지식의 공유를 그토록 강조하는데도 일부 직원들은 왜 사소한 것조차 공유를 꺼리는 것일까? 정부의 독점규제에도 불구하고 기업들은 왜 소위 '갑을(甲乙)' 체계를 존속시키려 하는 것일까? 개인이나 기업 모두 권력을 행사함으로써 상대방의 행동을 조정하고 이를 자신의 목표 달성에 활용하는 것이 유리하다는 것을 잘 알기 때문일 것이다. 이처럼 신념, 감정, 행동에 의도적으로 영향을 미치는 권력을 효과적으로 이용하는 것은 경영에서 중요한 요소이다. 권력은 남을 통제하고 지배하려는 원초적인 성격, 남과 내 자신에게 자신감을 북돋는 사회적인 성격, 이러한 양면을 모두 지니고 있다.

1.1 권력과 의존성

권력
남에게 영향을 미치는 능력

의존성
불균등한 권력분배 상태에 있는 하나의 관계 형태

권력(power)이란 어떤 사람(행사자)이 자신이 원하는 것을 타인(수용자)이 행하도록 영향을 미칠 수 있는 능력이다. 이때 수용자가 행사자에 대한 **의존성**(dependancy)이 크다면 이러한 행사자의 권력은 더욱 크다고 할 수 있다. 의존성에 대한 일반적인 가정은 남들이 필요로 하는 어떤 것을 오직 나만 가지고 있다면 그들이 내게 의존하도록 할 수 있다는 것이다. 즉, 남들이 나에게 의존하도록 할 수 있을 때 나는 그들에게 권력을 행사할 수 있게 된다. 권력을 형성시켜 주는 의존성은 보유하고 있거나 다루고 있는 자원의 중요성(importance)과 희소성(scarcity), 그리고 대체불가능성(nonsubstitutability)이 높을수록 증대된다. 경영전략 분야에서는 이를 자원의존이론(resource dependance theory)이나 전략적 상황이론(strategic contingency theory)을 통해 설명하기도 한다.

▶ **보유자원의 중요성** 의존성을 기대한다면 뭔가 중요한 것을 갖고 있거나 할 수 있다는 능력을 남들이 알고 있어야 한다. 예컨대 조직은 불확실성을 회피하기 위해서 적극적인 노력을 하게 되므로 불확실성을 다룰 수 있는 사람이 우선 중요한 인물로 파악될 것이다. 제품의 품질과 기술을 중시하는

그림 12.1 의존성의 발생 원인

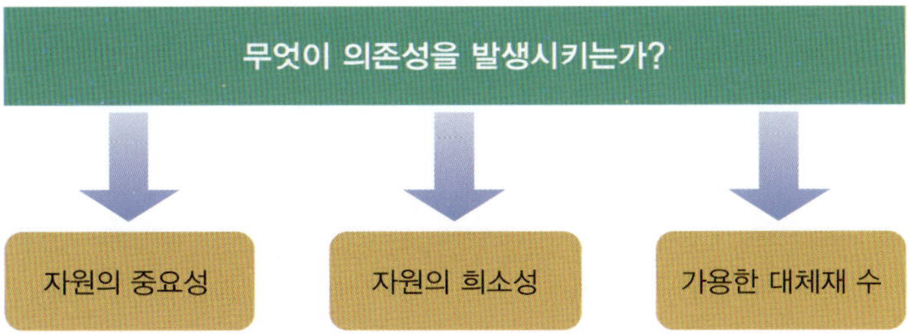

마쓰시다(松下電器)와 같은 기술지향적 조직에서는 엔지니어나 그들이 속한 부서가 상대적으로 많은 권력을 갖는다고 한다.

▶ **보유자원의 희소성** 의존성을 유발하기 위해서는 중요한 것 외에도 희소가치가 인식되어야 한다. 인력 공급이 제한적인 펀드매니저 같은 특정 전문직에서는 일반 직장인들보다 훨씬 높은 임금을 기대할 수 있는데 이는 그들이 지닌 희소가치 때문이다. 사법고시제도가 법학전문대학원으로 대체되면서 수요공급의 불균형으로 로스쿨 졸업생들이 7급 공무원직에까지 지원하는 현상 역시 마찬가지로 해석될 수 있을 것이다.

▶ **대체불가능성** 모방하거나 다른 것으로 대체가 곤란한 자원일수록 그 중요성과 희소성이 증대된다. 산유국들의 국제적 위상이나 특허권과 독자적인 기술을 보유한 기업들의 시장에서의 지위가 이를 잘 설명해 준다. 독보적인 존재이거나 유일한 대안으로 주목받을수록 의존성은 높게 되며 양자 관계에서 순종하게 되지만 이러한 블루오션을 대체할 수 있는 상황이 발생하면 언제든 의존 관계가 약화되게 마련이다.

만약 선택권이 있다면 사람들은 더 많은 권력을 갖는 지위를 선호할 게 뻔하다. 권력은 긍정적인 영향을 끼칠 수 있고 남들의 관심 증가도 불러오며 그리고 사회적 교류에서 더 나은 결과와도 연관되기 때문이다. 심지어 권력은 행사(즉, 타인의 행동을 결정하거나 지시하는 것)만으로도 만족감을 느낄 수 있어 이것은 꽤 매력적이다. 욕구이론을 제안한 맥클러랜드(D. McClelland)도 권력을 매력적인 목표로 바라봤다. 더 나아가 그는 권력 욕구를 인간의 근본적 동기라고 말한다. 이러한 권력을 향한 욕구는 매우 다양한 신념과 행동으로 이어진다. 누구든 권력을 획득하려 하고 이를 사회적 상호작용에 사용하길 원하며 결국엔 교류에서 이익을 얻는다는 것을 터득한다. 한편, 사람들이 종종 자신들의 권력을 남용한다는 연구결과도 있다. 예컨대 유명한 스탠포드대학교 감옥 실험에서는 교도관 역할에 무작위로 배정된 학생들이 그들의 권력을 남용하여 연구를 조기에 종료하는 일이 있었다. 마찬가지로 조직 시뮬레이션에서도 권력이 많은 매니저 역할을 받은 학생들은 부하 역할을 하는 이들에게 영향력 행사를 위해서 노력했고, 그들의 성과는 가벼이 여길 뿐 아니라 이마저도 자신의 통제로 인한 결과로 보았다.

매니저가 권력을 행사할 때 직원들은 과연 어떻게 반응할까? 켈만(H. Kelman)에 따르면, 사람들은 권력에 대해 다음의 세 가지 반응, 즉 순응, 동일시, 내면화를 보이는 경향이 있다. **순응**(compliance)은 호의적인 결과를 얻고자 타인의 바람이나 지시에 따를 때 일어난다. 동의해서라기보다는 보상을 얻거나 처벌을 피할 수 있어서 새로운 태도나 행동을 취한다. 보상이나 처벌이 존재하는 한 이러한 행동을 계속하게 될 것이다. **동일시**(identification)는 권력을 지닌 자와 동질감을 느끼며 관계를 지속하고 싶어서 영향력이나 지시를 수용할 때 일어난다. 그 요구에 동의하거나 이를 가치 있게 여겨서 따르는 것은 결코 아니다. 교우관계를 잘 유지하고 싶어서 서로의 요구를 들어주는 것이 좋은 예라 할 수 있다. **내면화**(internalization)는 타인의 태도와 행동이 개인적 니즈를 충족시켜 주거나 가치관과 일치한다고 생각되기 때문에 따르는 것이다. 어쨌든 사람들은 권력을 지닌 자의 영향력을 전폭적으로 수용하게 된다.

1.2 권력의 유형 및 원천

권력이 주로 의존성에 기인한다면, 그러한 의존을 발생시키는 원천은 무엇일까? 사회심리학자인 프렌치(J. French)와 레이븐(B. Raven)은 매니저들이 대인관계에서 사용하는 권력의 유형을 다섯 가지로 구분했다. 강압적 권력(coercive power), 보상적 권력(reward power), 합법적 권력(legitimate power), 준거적 권력

(referent power), 그리고 전문적 권력(expert power)이 그것들에 해당한다. 이들은 다시 개인 권력과 직위 권력으로 구분할 수 있는데, 전자에는 준거적, 전문적 권력이, 후자에는 나머지 원천들이 포함된다.

▶ **강압적 권력** 권력 행사자가 수용자에게 불쾌한 경험을 유발할 수 있는 능력에 기반을 둔다. 이는 수용자에게 그의 의지에 반하여 무엇인가를 강제적으로 하게끔 하는 권력으로서 물리적이거나 언어적인 위협이 동반되기도 한다. 직장에서 강압적 권력은 징계처분, 강등, 해고 등의 형태로 나타난다. 강압적 권력은 영향력을 미치는 목적 달성은 할 수 있을지언정 상처로 남을 수 있다. 특히 힘으로 위협을 하거나 별 볼 일 없는 일거리를 할당하는 것 등은 오히려 권력을 현저히 감소시키게 될 것이다. 강압적 권력을 효과적으로 사용하는 가장 좋은 방법은 공평하고 기준에 맞춰 모순이 없도록 하는 것이며, 또한 절대적으로 필요한 때에만 사용되어야 할 것이다.

강압적 권력
순응하지 않았을 때 발생하는 부정적 결과에 대한 두려움에 기초한 권력

▶ **보상적 권력** 수용자가 원하는 보상을 권력 행사자가 통제할 수 있는 능력에 기반을 둔다. 보상에는 상품, 승진, 임금 인상 등 여러 형태가 있을 것이다. 피드백이나 칭찬 같은 것은 반드시 큰 비용이 드는 것도 아니고 조직 체계상 높은 지위가 아니어도 된다. 영향력을 발휘하고픈 대상에게 보상을 제공할 때 가장 중요한 점은 그들이 얻고 싶어 하는 것을 보상해 준다는 데 있다. 따라서 보상적 권력을 효과적으로 사용하기 위해서는 보상이 주어지는 행동을 매니저가 명확히 정해주고, 행동과 보상 간의 분명한 연계성을 확인시켜 줘야 한다.

보상적 권력
타인들이 가치 있게 여기는 보상을 줄 수 있는 능력에 기초한 권력

▶ **합법적 권력** 공식조직이나 집단에서 가장 흔히 나타나는 권력은 조직구조상의 지위로부터 나오는 합법적 · 제도적, 그리고 합리적 차원의 권력이다. 권한(authority)과 유사한 성격을 지닌 합법적 권력은 지위와 상호동의에 바탕을 둔다. 효과적으로 합법적 권력이 발휘되기 위해서는 직원들 역시 매니저가 자신들이 해야 할 것에 대해 지시할 수 있는 권리를 지녔다고 생각해야 한다. 따라서 순응적인 행동을 끌어내기에는 충분할지 몰라도 어떤 일에 진정으로 전념토록 하는 데는 부족한 면이 있다. 조직 위계 내의 직위에서

합법적 권력
조직 내 공식적인 위계질서상의 지위로 인해 얻어진 권력

'연예인 조공'은 연예인을 위해 팬들이 십시일반 모은 돈으로 선물을 바치는 것을 뜻하는 신조어다. 스타를 향한 응원의 표현이며 개인의 취미라고 하지만 고액 입금을 인증하며 경쟁하는 수준에 이른 것은 지나치다는 의견도 있다.

비롯되기 때문에 합법적 권력은 직위 권력이라고 부르기도 한다.

준거적 권력
바람직한 자원이나 개성을 지닌 인물에 대한 동일시에 기초한 영향력

▶ **준거적 권력** 주로 매력에 기반을 둔 것으로서 상대방을 존경하고 흠모하여 그와 같은 인물이 되려는 나에게 상대방이 행사할 수 있는 권력이다. 손흥민이나 걸그룹멤버 제니 같은 유명인에게 엄청난 대가를 지불하며 상업적 광고모델로 활용하는 이유도 여기에 있다. 일반적으로 모르거나 싫어하는 사람보다는 좋아하고 존경하는 사람의 요구를 더 잘 들어주고자 한다는 사실로도 증명된다. 흔히 카리스마(charisma)가 강한 사람은 준거적 권력을 지녔다고 여겨진다. 준거적 권력을 증가시키기 위해서는 신뢰와 존경을 받아야 한다. 친근함과 공정함, 친밀함과 유능함을 보여준다면 준거적 권력을 증가시킬 수 있을 것이고 이를 대인관계에서 효과적으로 이용할 수 있을 것이다.

전문적 권력
특별한 스킬이나 지식에 기초한 영향력

▶ **전문적 권력** 전문적 권력은 지식이나 경험 또는 특별한 스킬을 보유하고 있는 사람이 이를 모르는 사람에 대하여 행사할 수 있는 권력이다. 어떤 사람이 커뮤니케이션을 필요로 하는 지식과 스킬을 보유하고 있다면 그 사람은 전문적 권력을 가지고 있다. 환자들이 병원에 갔을 때 의사의 처방을 믿고 따르는 것도 그가 전문가이기 때문이다. 전문적 권력을 키우기 위한 가장 일반적인 방법은 교육받는 것이다. 또한 교육의 범위를 넘어 희소성 있고 특수한 지식을 습득하는 것도 한 방법이다. 종사하는 업무영역에서 전문성을 높일수록 조직 내에서 전문적 권력은 상승할 것이다.

다음의 [그림 12.2]는 상사의 권력유형과 부하직원의 만족도 간의 관계를 나타낸 표이다. 이 밖에도 오늘날과 같은 정보화시대에서 정보에 대한 개인의 접근과 타인에게 정보를 분배하는 것에 대한 통제가 의존성의 원천 중 하나로 포함될 수 있을 것이다. 중요한 정보에 대한 접근성을 갖고 해당 정보를 통제할 수 있는 권력이 바로 **정보권력**(information power)이다. 가령 중역회의에서 내린 결정을 미들매니저가 부하나 동료들에게 선택적으로 해석해 줌으로써 그

그림 12.2 상사의 권력유형과 부하의 만족도

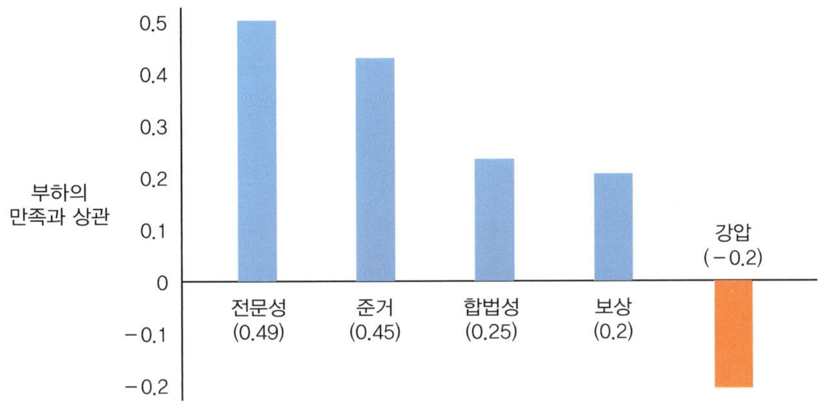

들에게 영향을 미칠 수 있다. 외부에서 발생하는 중요한 정보의 유입을 통제하는 위치에 있는 리더는 그러한 정보들을 해석해 주는 과정에서 부하들의 인식과 태도에 영향을 준다. 리더는 특정한 방향의 행동이 바람직하다는 것을 부하들에게 설득하기 위하여 정교하게 정보를 왜곡 전달할 수도 있다. 정보에 대한 통제는 리더의 전문성을 제고시켜 리더로 하여금 부하들보다 더 많은 전문적 권력을 갖게 하는데 이용된다.

1.3 임파워먼트와 권력의 윤리적 사용

참여적인 리더나 자유방임적인 리더들은 임파워먼트(empowerment)라고 일컬어지는 의사결정 권한을 부하들과 공유하는 방식을 사용한다. 현대사회에서 조직이 점차 수평화되고 과거에 비하여 매니저의 수가 줄면서 임파워먼트는 점차 중요시되고 있다. 임파워먼트란 종업원들 스스로 의사결정을 내릴 수 있도록 자율성과 결정성을 더 많이 줄 뿐 아니라 이러한 결정을 이행하는 데 필요한 자원통제권도 함께 부여한다는 뜻이다. 보다 근래에는 임파워먼트를 심리적인 차원에서 "개인의 자기효능감(self-efficacy)을 개발시켜서 모티베이션이 강화될 수 있는 상황을 만드는 것"이라고 정의하기도 했다. 이것은 개인이 직무를 행하는 자신의 능력을 믿게 되는 것과 같은 식으로 권력을 공유하는 것을 의미한다. 임파워먼트의 전제는 업무 및 고객과 가장 밀접한 관계에 있는 사람이 의사결정을 해야 하며, 이로써 곧 직원들의 스킬과 재능을 가장 잘 활용할 수 있다는 것이다. 그들 스스로 권력을 지니고 있다는 느낌이 들도록 하는 것은 이처럼 매우 중요하다.

심리적인 임파워먼트
개인이 자신의 업무 역할과 관련하여 통제감을 느끼는 데 필요한 일련의 심리적 상태

심리적인 임파워먼트(psychological empowerment)는 의미감(meaning), 역량감(competence), 자기결정(self-determination), 영향력(impact)이라는 네 가지 차원으로 구성된다. 의미감은 직장에서 부여받은 역할과 종업원으로서의 가치 및 신념 간의 적합성을 말한다. 이것은 활력적으로 업무에 임하게 하는 임파워먼트의 엔진과도 같다. 역량감은 자신이 맡은 업무를 잘 해낼 수 있다는 능력에 대한 믿음이다. 이러한 자신감이 없으면 업무처리에 부적합하다고 느끼며 임파워먼트를 지각하지 못할 가능성이 크다. 자기결정은 업무처리 방식에 대한 자율통제권을 갖는 것이다. 부여된 지시사항만 수행하고 있다고 여긴다면 역시 임파워먼트를 지각하지 못할 것이다. 영향력은 조직 내에서 자신의 업무가 차별화되어 있다는 확신이다. 자신의 업무가 목표 달성에 별 기여를 못 한다고 느끼면 직원들은 임파워먼트를 지각할 수 없게 된다. 진정으로 임파워먼트를 느끼기 위해서는 이러한 네 차원을 모두 경험할 필요가 있으며, 그 결과 조직유효성의 증가와 직무만족의 증가, 스트레스의 감소 같은 성과를 기대할 수 있다.

임파워먼트를 주장하기는 쉬워도 정작 이를 실행에 옮기기란 매우 어려운 일이다. 콘거(J. Conger)는 리더가 타인들에게 어떤 방식으로 임파워먼트를 해야 하는지에 대한 가이드라인을 다음과 같이 제시한다.

- 매니저는 직원들에 대한 신뢰를 표출하고 성과에 대해 높은 기대를 해야 한다.
- 매니저는 직원들이 의사결정에 참여할 기회를 부여해 줘야 한다. 이것은 자신의 의견 표명과 그에 대한 선택까지 할 수 있는 형태로의 참여를 의미한다.
- 매니저는 자율권을 억압하는 관료주의적인 제약을 없애야 한다. 자율적 관리를 저해하는 낡은 규정과 정책들이 있다면 이를 철폐해야 한다.

하이데거의 숲

사회적 권력 vs. 개인적 권력

McClelland와 Wilsnack(1972)는 사람들은 자기고양(self–serving)이나 타인고양(other–serving)을 위해서 영향력을 남에게 행사할 수 있다는 것을 발견했다. 개인적인 권력 동기(personalized power motivation)는 소유권 획득과 관련되고 경쟁에서 이긴 후 테스토스테론 분비가 촉진된다. 반면 사회적인 권력 동기(socialized power motivation)는 자신이 책임감 있는 사람으로 평가받고 타인의 커리어 멘토로서 선발되는 것과 관련이 있었다. 이처럼 두 가지 독립적인 요인들로 권력 욕구는 이루어진다.

- 매니저는 직원들에게 영감과 의미감을 줄 목표를 설정해야 한다. 자신에게 적합하고 유익한 목표를 지녔다고 느끼면 이를 달성하기 위한 개인적인 책임감을 더 느끼게 될 수 있기 때문이다.

다음의 [그림 12.3]은 임파워된 적정 권력의 중요성을 보여준다. 권력의 남용을 비판할 때 제일 먼저 거론하는 것이 윤리적인 평가이다. 단순히 권력을 소유하고 있는 자는 이를 남용하지 않을 윤리적 의무도 동시에 진다고 생각하기 쉽다. 하지만 권력과 관련된 매니저들의 행동이 윤리적인지 아닌지를 결정하는 문제는 그리 단순하지 않다. 권력의 행사와 관련된 행동의 윤리성 여부는

그림 12.3 임파워된 적정 권력

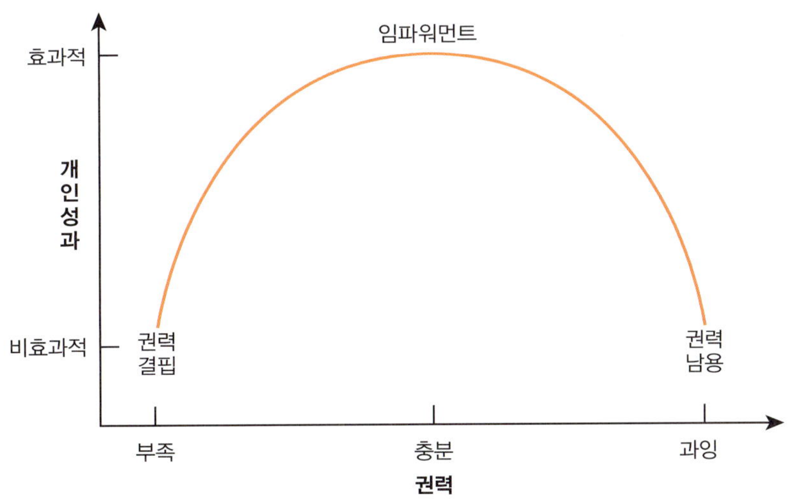

다음의 세 가지 질문을 통하여 검토해 볼 수 있으면 좋겠다.

- 과연 그 행동이 조직 내부뿐만 아니라 외부인들에게도 모두 **긍정적인 결과**를 가져다주었는가? 이 질문은 공리적 결과에 관한 기준을 나타낸다. 그 행동은 최대 다수의 사람이 가장 좋다고 여기는 결과를 발생시켜야 한다. 만일 권력과 관련된 행동이 개인의 이기심만을 채워주고 조직의 목표를 달성하는 데 기여치 못한다면 그것은 비윤리적인 행동이라고 할 수 있다.
- 그 행동이 관계된 모든 사람의 **권리를 존중**하는가? 이 질문은 개인적 권리에 대한 기준을 강조한다. 표현과 사생활의 자유, 그리고 정당한 절차는 언제나 존중받아야 할 개인적 권리이다. 그러므로 이에 어긋나는 권력 관련 행동들은 비윤리적으로 여겨질 수 있다.
- 그 행동이 관계된 모든 이들을 **공정하고 공평하게 대우**하였는가? 이 질문은 분배공정성에 대한 기준을 나타낸다. 제멋대로 일을 처리하거나 타인의 비용을 발생시켜 특정인이 이익을 얻을 수 있게 하는 것은 비윤리적이다. 바쁜 상황에서 특정 직원의 휴가를 인정하여 다른 종업원들에게 일의 부담을 가중하는 것이 비윤리성의 대표적인 예다.

2 조직에서의 정치적 행동

조직에서 발생하는 상황들은 이미 정치적인 활동들을 내포하고 있다. 가령 승진을 앞둔 사람들이 윗사람들에게 좋은 인상을 남기거나 좋은 관계를 만들려고 하는 일이 그러하다. 평소에도 누군가와 교류할 때 사람들은 공통적인 목표가 있는지 또 공통 가치관이 무엇인지부터 찾는다. 그리고 본인을 잘 포장하려 하고 힘든 일이 있을 때 타인의 도움을 요청한다. 즉, '사내정치'라고도 하는 이러한 행동들은 그 상황에 따라 순기능적이거나 혹은 역기능적일 수 있지만, 지각된 정치적 행동은 일반적으로 부정적인 영향이 있다고 알려져 왔다. 사내

정치에 대한 비우호적인 이미지는 비즈니스 사회에서 최근 대두되고 있는 윤리적인 이슈에 대한 관심과 연관이 있을 수 있다.

2.1 조직정치의 지각

사내에서의 정치적 행동은 타인이나 조직의 웰빙(well-being) 따위는 고려치 않은 채, 사익만을 목표로 삼는다고 비춰지는 개인의 행동과 관련된다. 이러한 행동은 너무 일상적이라서 생활의 일부라고까지 말하는 이들도 있다. 조직의 특성상 개인은 자원의 분배, 정책 결정, 그리고 제한된 승진을 둘러싼 경쟁 및 갈등의 상황에서 자신의 이익을 지키고 확보하기 위해서 정치적인 행동을 하게 된다. 조직정치(organizational politics)는 이처럼 자기 이익을 극대화하기 위해서 전략적으로 의도된 행동으로 정의된다. 불분명한 목표, 애매한 성과측정, 난해한 의사결정 프로세스, 개인 또는 집단의 과도한 경쟁, 그리고 크고 작은 제 변화들이 **불확실성**(uncertainty)을 발생시키기 때문에 이 같은 정치적 행동이 초래된다. 조직에서의 정치적인 분위기를 이해하기란 쉬운 일이 아니지만 하나의 조직을 보다 더 잘 이해하기 위해서는 매우 중요할 것이다.

직급과 상관없이 사람들 대부분이 조직에서 **정치적 행동**을 인식한다. 직급이 같은 사람들의 정치적 행동을 예민하게 인식할 뿐만 아니라 상사나 임원들의 정치적 행동도 잘 파악한다. 그러나 조직정치의 지각(perception of organizational politics)은 객관적 실제이기보다는 업무현장에서 주관적으로 인식되며 이에 따라 개인의 태도와 행동, 나아가 조직유효성에도 잠재적인 영향을 미칠 수 있다. 이러한 점에서 조직구성원들의 정치적 행동에 초점을 두던 과거와 달리, 최근에는 조직정치 지각에 관한 연구가 보다 활성화되었다. 문헌들 대부분은 조직정치의 지각이 사람들에게 직무에 대한 불만족이나 불안감을 느끼도록 하고, 조직에 대한 만족감도 떨어뜨리며 상사의 직무수행에 대해서도 비효과적이라고 인식하게 만든다고 보고한다. 그뿐만 아니라 이러한 지각은 자신에 대해서도 좋지 않은 평가를 하게 하며, 스트레스, 탈진, 불확실성을 가중한다고 보고되고 있다. 이처럼 직무, 상사, 조직 및 구성원들 자신에 대한 부정적인 태도 형성에 지각된 조직정치는 중대한 영향을 미치게 된다.

사익 추구로 말미암아 조직의 이익이 훼손될 때 정치적 행동은 주로 부정적인 힘이 된다. 만일 사람들이 조직에서 사익만 추구한다면 직장은 더 이상 이롭지 않고 오히려 위협적이며 예측이 어려운 곳으로 보일 수 있다. 따라서 조직분위기를 매우 정치적이라고 지각하는 종업원들은 조직의 목표보다는 자신의 관심사에만 중점을 두게 될 것이고 이러한 과정에서 분노, 긴장감, 피로, 그리고 탈진까지도 경험할 수가 있다. 직무에 대해서 불만족을 느낌으로써 직장을 떠나려는 마음을 가질 수도 있다. 하지만 일부 사람들은 정치적 행동에 대하여 호의적 태도를 보인다. 그들은 정치적인 전술의 사용을 보다 만족스러워하며 정치적 행동을 할 때 더 큰 직무 만족도를 보인다. 그래서 어떤 사람들은 정치적인 환경에서 더욱 성공할 수 있는 반면, 또 다른 사람들은 조직정치를 불쾌하고 스트레스를 유발하는 것으로 여긴다. [표 12.1]을 참고하여 나의 정치적 성향은 과연 어떤지 알아보도록 한다.

표 12.1 나는 정치적인가?

특성	순진파	현실파	정치파
정치행동에 대한 태도	• 정치행동은 나쁘다.	• 정치행동은 필요는 하다.	• 정치행동은 하나의 기회다.
의도	• 어떤 일이 있어도 피해야 한다.	• 조직의 목표를 위해서라면 사용할 수 있다.	• 자기 잇속을 차리기 위해서라면 사용할 수 있다.
테크닉	• 있는 그대로 말한다.	• 인맥을 이용한다. • 연줄을 만든다. • 호의를 주고받는 시스템을 활용한다.	• 농간을 부린다. • 필요시 속임수를 쓰거나 기만한다.
선호하는 기법	• 진실은 승리한다고 믿기 때문에 딱히 기법이란 게 없다.	• 타협하거나 흥정한다.	• 위협한다. • 정보를 악용한다. • 갖은 연고나 인맥을 총동원한다.

2.2 영향력 전술

영향력은 타인의 생각과 행동, 감정에 영향을 주는 과정이다. 권력은 당연히 영향력을 위한 전제조건이다. 그 대상이 되는 사람들이 권력자의 바람대로 행하길 동의하면 권력은 곧 영향력으로 전환된다. 타인에게 영향력을 발휘하기 위해서는 다양한 종류들의 전술이 사용된다. 리더십 분야에서 명성 높은 유클(G. Yukl)은 선행연구들이 제시한 **영향력 전술**들(influence tactics)을 고찰한 후 이성적 설득, 교환, 합법적 요구, 압력, 그리고 개인적 또는 상향적 호소라는 다섯 가지의 방안들을 제시했다. 이들 영향력 범주가 프렌치와 레이븐에 의해 제안된 권력의 원천들과도 거의 일치하는 것으로 드러났다. 이후 유클과 동료 교수 팔베(C. Falbe)는 키프니스(D. Kipnis) 등이 제안한 여섯 가지 영향력 전술들, 즉 압박(pressure), 이성적 설득(rational persuasion), 호의(ingratiating), 교환(exchange), 상향적 호소(upward appeals), 연합(coalition)에 새로운 차원인 영감적 호소(inspirational appeals)와 상담(consultation)을 추가했다([표 12.2] 참조). 그들은 상담, 이성적 설득, 영감적 호소, 호의가 가장 자주 사용된다는 것 또한 밝혔다.

영향력 전술
개인들이 권력을 구체적인 행동들로 전환시키는 방법들

그렇다면 어떤 영향력 전술이 가장 효과적일까? 영향력 행사의 목적과 영향력을 행사하고자 하는 목표물에 따라 이것은 달라질 것이다. 사람마다 여러 목표에 대해 서로 다른 전술을 사용하며, 상대가 누구인지에 따라서도 전술을 달리한다. 예컨대 부하직원에 대한 영향력 행사는 그들에게 임무를 부여하거나 행동을 변화시키려는 것을 수반한다. 동료에 대한 영향력 행사의 목적은 도움을 요청하고자 하는 것이다. 상사에 대한 영향력 행사는 요청사항 승인, 자원 분배, 정치적 후원 또는 개인적 이익을 얻고자 하는 것이 그 목적일 것이다. 이성적 설득은 윗사람에게 가장 많이 사용되고, 그다음은 동료, 부하 순이었다. 호의와 영감적 호소는 부하에게 사용하는 경우가 동료와 상사에게 사용하는 경우보다 더 많았다. 교환, 개인적 호소, 합법성은 동료, 부하, 상사의 순으로 사용했다.

성별에 따라 영향력 전술을 다른 시각으로 본다는 연구결과도 있다. 여성보다는 남성들이 정치적 행동을 더 호의적으로 보는 경향이 있다고 한다. 남성과 여성이 정치적 행동을 목격할 때 그 행위자가 자신과 동성이고 목표대상이 이

표 12.2 다양한 영향력 전술들

전술	설명	예시
압박	요청에 순응하거나 제안에 협조하도록 요구, 위협, 협박한다.	"이것을 하지 않는다면 해고할 거야!" "만일 마음을 바꾸지 않는다면, 당신을 배제한 채 일을 진행하겠어!"
상향적 호소	권한이나 권리의 주장을 통해서 혹은 요청이 조직의 정책, 규범, 관행 등과 일관된 것임을 입증하여 정당성을 얻으려 든다.	"전무님께 보고될 사안이네." "상무님도 같은 생각이실걸…"
교환	요청이나 제안을 들어주면 보상이나 이익을 얻을 거라는 약속을 암묵적이나 명시적으로 한다. 이전에 있었던 호의까지 들먹이며 호혜적 행동을 유도한다.	"예전에 내가 잘해줬던 걸 기억해봐." "이번 일에서 도와주면 내가 저녁 근사하게 살게."
연합	상대를 설득하기 위해서 타인의 도움을 얻는다. 타인의 지원을 이용해 의견에 동조하도록 만든다.	"모든 매니저들이 나에게 이미 동의했어." "다 모인 자리에서 공론에 부쳐볼까?"
호의	요청에 앞서 상대가 나를 호의적으로 보게 하거나 기분 좋게 만든다.	"이 일을 제대로 처리할 수 있는 사람은 당신밖에 없어." "평소에 너를 적임자라고 여겨왔기 때문에 부탁하는 거야."
이성적 설득	논리적 주장과 사실적 증거를 가지고 제안이나 요청이 실행가능하며 성공할 것이라고 설득한다.	"새로운 절차가 간접비 15억을 절감시켜 줄 거야." "그를 고용하는 것이 맞아, 그가 경험이 가장 풍부하잖아."
영감적 호소	가치관이나 이상에 호소하거나 자신감을 심어줌으로써 상대의 열정을 자극해 요청이나 제안을 한다.	"환경을 중요시하는 것은 분명 옳아." "설명하긴 좀 어려워도, 너는 그 일을 충분히 해낼 수 있다고 믿어."
상담	정책, 전략, 변화 등을 계획하거나 결정하는 데 있어 상대의 참여를 구하고 그의 제안에 따라 수정할 태세임을 내비친다.	"새로 시행되는 서비스는 논란의 여지가 많은데 어떻게 하면 수용될 수 있을까?" "근로자들이 생산라인에 로봇을 투입하는 것에 대한 거부감을 없애려면 어떻게 해야 할까?"

성이라면 양쪽 모두 이러한 행동을 긍정적으로 보았다. 여성 임원들은 대체로 정치를 혐오스러운 것으로 보고 오직 직무성과만으로 인정받아 승진하기를 원한다고 한다. 그러다 보니 조직정치에 대한 이해의 부족은 여성들이 임원으로 승진하는 데 있어서 걸림돌이 되기도 한다. 여성들에겐 멘토와 역할모델이 부족하며 비공식적 네트워크에서 제외되는 경우마저 있어서 **정치적 스킬**(political skill)을 개발시키기 위한 기회가 남성들보다 적을 수 있다.

정치적 스킬
자기를 잘 관리하며 타인과 관계도 잘 맺고 상황에 맞게 반응도 달리해가면서 신뢰감마저 주는 대인관계 스타일

어쨌거나 권력은 영향력을 위한 필요조건이므로 권력에 대한 이해 없이 영향력을 논할 수는 없다. 이미 언급했듯이 영향력 있는 사람은 권력을 갖게 되

Mapping ORGB 권력과 영향력의 구분

권력과 영향력은 흔히 구분 없이 쓰이지만 본질적으로 다른 개념들이다. **권력(power)**의 특징은 행동의 자유를 제한하거나 확장하는 가능성에 있다. 물리력이나 강압과 제재의 적용뿐 아니라 필요한 자원의 분배를 통해서도 권력은 얻어진다. 이에 반해 **영향력(influence)**은 타인의 행동을 자유에 대한 제한이나 확장 없이도 결정짓는 가능성으로 간주된다. 영향력 발휘는 주로 설득, 식견과 충고 등의 수단을 통해 이루어진다. 타인의 행위뿐만 아니라 심리적이고 주관적인 만족에도 영향을 미친다. 현실에서 두 개념이 복잡하게 얽혀 있긴 하지만 권력은 대개 영향력 없이도 존재할 수 있다.

출처: Mokken & Stokman(1974).

지만 권력이 있다고 해서 모두가 영향력이 있는 것은 아니다. 영향력은 하나의 목적을 달성하기 위해 함께 하겠다는 타인의 동의 확보를 필연적으로 수반한다. 매니저들은 영향력 전술을 잘 활용하기 위해 어떻게 해야 할까? 먼저 위, 아래, 그리고 옆쪽까지 모든 방향으로 개방적인 커뮤니케이션 경로를 개발하고 유지해야 한다. 그리고 영향력 행사의 대상이 되는 사람이 매니저이든, 부하직원이든 아니면 동료이든 기본적으로 그들을 존중하는 마음을 지녀야 한다. 마지막으로, 영향력 행사는 양방향적 관계로서 호혜적인 특성이 있다는 점을 이해해야 한다. 영향력 행사가 조직의 목표와 부합하는 한, 영향력 행사 프로세스는 관련된 모든 당사자에게 도움이 될 수 있다.

2.3 조직에서의 정치적 행동 관리

생각해 보면 정치적인 행동이란 다음의 네 가지 공통 요소들을 지니고 있다. 먼저 조직에서 대개 용인되지 않듯이 개인에게서 직무 일부는 아니다. 또한 타인이나 조직을 희생시켜서라도 자신이 원하는 결과를 얻으려는 이기적인 행동이다. 그러한 행동의 이면에 있는 동기를 종종 다른 사람들이 간파하기 어렵다. 마지막으로 자원 분배에 관한 명확한 규칙이 없는 경쟁적인 상황에서 발생하는 경향이 짙다.

이 같은 조직정치는 없을 수도 없거니와 어쩌면 없어서도 안 될 일이다. 매니저들은 앞을 내다보는 태도를 지니고 불가피하게 발생하는 정치적 행동을 효과적으로 관리할 수 있어야 한다. 개방적인 커뮤니케이션, 성과 및 보상에 관한 명확한 기대, 참여적인 의사결정 절차, 집단 간 협동, 부족한 자원의 효과적인 관리, 그리고 후원적인 조직분위기는 매니저들이 정치적 행동의 부정적인 결과를 예방하는 데 도움이 될 수 있을 것이다.

- 불확실성이 높은 환경에서는 정치적 행동이 많이 일어나는 경향이 있어서 **불확실성을 감소시킬 수 있는 커뮤니케이션**이 중요하다. 이에 도움이 될 만한 커뮤니케이션의 한 형태는 조직에서 인정되는 행동과 그렇지 않은 행동을 명확히 하는 것이다. 예를 들어, 사적인 권력과 대립되는 것으로서 사회적 권력을 장려할 수도 있다.
- 다음으로 중요한 요소는 **성과에 대한 기대치를 분명히** 하는 것이다. 이것은 명확하고 정량화시킬 수 있는 목표를 세우고 목표 달성과 보상 간의 연관을 분명히 함으로써 가능해질 수 있다. 직장에서의 보상이 성과보다는 인맥의 영향을 받는다고 지각한다면 불만족을 느낄 수밖에 없다.
- 참여적인 경영 또한 정치적 행동을 관리하는 핵심요소가 된다. 조직의 의사결정과정에서 자신이 배제되었다고 느낄 때 사람들은 종종 정치적 행동을 하려고 한다. **직원들을 의사결정과정에 참여**시킴으로써 긍정적인 노력의 투입을 장려하고 은밀한 술수와 책략을 제거할 수 있다.
- 집단 간의 협동을 장려하는 것도 정치적 행동을 관리하는 전략이 될 수 있다. 조직은 공동의 목표를 위한 **협력적인 행동을 보상**하고, 각 집단의 노력 통합을 강조하는 활동을 시행하여 목표를 중심으로 한 단결의 중요성을 강조해야 한다.
- 부족한 자원을 관리하는 것 또한 중요하다. 이 문제에 대한 확실한 해결책은 자원의 양을 늘리는 것이지만, 대부분의 조직 환경에서 그것은 쉬운 일이 아니다. 자원의 분배 절차를 명확히 하고 **성과와 자원 간의 연관성을 확립**함으로써 역기능적인 정치적 행동을 감소시킬 수 있다.

표 12.3 정치적 행동을 유발하는 개인 및 조직 요인

개인 차원	조직 차원
• 셀프모니터링(self-monitoring) 수준 • 권력욕구 • 내적 통제위치(locus of control) • 조직에 대한 투자 정도 • 대안의 많고 적음 • 성공에 대한 기대	• 낮은 신뢰 수준 • 조직 내 의사결정 관행(민주 혹은 강입) • 성과에 대한 압박 정도 • 자원부족, 특히 제로섬(zero-sum) 상황 • 역할 모호성 • 불명확한 성과시스템

▶ **후원적인 조직분위기를 형성**하는 것도 정치적 행동을 효과적으로 관리할 방법이 된다. 후원적인 분위기에서는 논란의 소지가 있는 이슈들도 적절한 시기에 솔직하게 논의될 수 있게 된다. 또한 문제가 악화되는 것도 막아주며 직원들 간의 잠재적인 마찰 가능성이 줄어들도록 예방해 준다.

직장에서 정치적인 행동을 관리하는 것은 중요한 문제이다. 역기능적인 정치적 행동의 지각은 불만족을 유발할 수 있다. 만일 종업원들이 직장에서 강한 영향력을 행사하는 집단이나 파벌을 지각하게 되면 임금과 승진에 대해 불만족스러워할 것이다. 더욱이 동료가 정치적 행동의 모습을 보이면 그에 대해서도 불만족을 느낄 수 있다. 정치적인 행동을 매니저로서 관리하기 위해서는 무엇보다도 이러한 행동을 유발하는 개인적인 요인과 조직적인 요인들에 대해 이해하는 것이 필수적이다([표 12.3] 참조). 사내정치가 없는 조직은 상상이 곤란하다. 피할 수 없는 현상이라면 이를 조직의 이익을 위해 충분히 활용하는 편이 나을 것이다. 사내정치를 부정적으로만 볼 것이 아니라 개인과 조직을 위해 활용만 할 수 있다면 경영의 도구가 될 수 있을 것이다.

3 정치적 스킬과 인상관리

리더가 특정 행동을 표출하는 방식은 곧 리더의 스타일로서 그(녀)의 유효성 결정에 잠재적으로 중요한 요인이라고 할 수 있다. 이와 관련해서 리더의 정치적 스킬은 팀 성과, 리더에 대한 부하들의 신뢰와 지원에 긍정적 영향을 미친다고 보고되어 왔다. 게다가 정치적 스킬은 직장에서 역할갈등 같은 스트레스 요인들의 부정적 효과마저도 완화해 주는 것으로 밝혀졌다. 이러한 연구 결과들은 정치적 스킬을 개발시키는 것이 성공적인 경영을 위해서 중요하다는 점을 지적한다. 정치적 역량은 타고나는 것이라기보다 개발될 수 있다.

3.1 정치적 스킬

정치적 스킬(political skill)은 함께 일하는 타인들을 효과적으로 이해하고, 이러한 지식을 활용해서 개인적인 목표나 조직의 목표를 향상시키기 위한 방식으로 그들이 행동하도록 영향력을 행사하는 능력을 말한다. 조직에 대한 정치적 관점을 역설한 페퍼(J. Pfeffer)는 일찍이 성공을 위해서는 정치적 스킬이 요구된다고 주장하고 이 개념에 대한 연구의 필요성을 제안한 바 있다. 이보다 시기가 좀 늦지만 경영의 구루 중 한 명인 민쯔버그(H. Mintzberg) 역시 설득과 조종, 협상을 통한 영향력 발휘를 의미하는 정치적 스킬을 제안했다. 이후 미국 미시시피 대학의 아메터(A. Ammeter) 등은 리더십의 정치적 모델을 제시하면서 리더의 대인관계 스타일, 특히 리더의 정치적인 기교를 강조했다. 그들은 정치적 스킬이 조직 환경에서 사회적 영향력 기술을 명확하게 설명하기 위해 개발된 구성개념 중의 하나라고 주장했다. 정치적 스킬을 갖고 있는 사람들은 다음과 같은 몇 가지 특징이 있다.

- 그들은 사회적 신호를 쉽게 이해하고 타인들을 잘 관찰해서 그들의 욕구와 동기를 정확히 파악한다.
- 타인들에게 진실되고 성실하다는 모습을 보여주기 위해서 자신들의 진정

한 의도를 숨기거나 가장된 행동을 할 수 있다.

- 정치적 스킬을 많이 갖고 있는 사람들은 그렇지 못한 사람들보다 네트워크 형성능력이 매우 뛰어나고 더 쉽게 관계를 형성한다.

지난 수십 년 동안 학자들과 경영실무자들은 조직 내에서 정치의 존재와 그 중요성을 인정하고 이론 및 연구, 실무 측면들에서 사람들이 정치적으로 행동하기 위해 사용하는 전략과 전술 형태에 대해서 연구해 왔다. 그러나 조직 내에서 성공을 이끌기 위해 개인이 하는 영향력 행사의 특성들에 대해서는 거의 알려진 게 없다. 다만 몇몇 연구자들이 이러한 특성을 대인관계 스타일, 요령, 풍부한 경험 및 정치적 스킬이라고 언급했지만, 이들 개념을 측정하기 위한 노력이 없었다. 그러다가 페리스(G. Ferris)와 동료들의 연구(2007)에서 정치적 스킬을 측정하기 위한 단일 차원의 도구를 개발했다. 정치적 스킬의 네 가지 차원, 즉 사교적인 영리함(social astuteness), 대인 간 영향력(interpersonal influence), 네트워킹 능력(networking ability) 및 명백한 성실성(apparent sincerity)에 대해 살펴보자.

▶ **사교적인 영리함** 타인들을 주의 깊게 관찰하고 다양한 사회적 상황에 세심하게 대응하는 능력과 관련된다. 사교 면에서 영리함을 보이는 사람들은 사회적 상호작용을 이해하고 자신의 행동뿐 아니라 타인의 행동도 정확히 파악한다. 자기인식을 매우 잘하고 타인들을 이해하는 데도 매우 기민한 이러한 특성을 지닌 사람들은 타인들을 상대할 때 특히 탁월하다. 사교적인 영리함은 네 가지 하위차원 중에서 상사 평점과 리더 유효성을 예측하는 데 있어 매우 좋은 변수임이 확인되기도 했다.

▶ **대인 간 영향력** 타인들에게 강한 영향력을 발휘하는 예리하면서도 설득력 있는 개인 스타일을 말한다. 대인 간 영향력이 높은 사람들은 타인들로부터 특정한 반응을 끌어내기 위해 각 상황마다 적절한 행동을 취하며 대응할 수 있다. 타인에 대한 설득력이 탁월한 이들은 영향을 주려는 대상에 따라 이러한 스킬을 달리 적용한다. 그리고 서로 다른 환경에서 여러 다양한 사람들에게 맞게 자신의 행위를 전략적으로 조절할 수 있다. 페퍼는 이러한 스

킬을 유연성이라고 표현했다.

- ▶ **네트워킹 능력** 타인들과 다양한 인적 관계를 개발하고 형성하는 능력을 의미한다. 네트워킹 능력이 뛰어난 사람들은 사적인 삶이나 직장생활에 필요한 가치 있는 인적자원을 보유하고 있는 것이다. 그들은 손쉽게 우호적 관계를 개발하고 강하면서도 이로운 연합체 또는 네트워크를 구축한다. 기회를 만들거나 이용하기 위해 언제나 좋은 입지를 만들려 하는 그들은 목표를 달성하기 위한 지원을 받을 수 있게 폭넓고 다양한 영향력이 있는 인맥을 유지한다.
- ▶ **명백한 성실성** 정직하고 개방적이며 솔직함을 의미한다. 명백한 성실성은 행위자의 영향력 행사가 성공적인지 아닌지를 알 수 있는 중요한 요인이다. 왜냐하면 그의 행위를 통해서 사람들은 의도를 인식하기 때문인데, 만약 숨은 의도가 있다거나 정직하지 않다고 생각된다면 그가 하는 설득 행위는 별로 효과적이지 못할 것이다. 명백한 성실성이 높은 사람들은 강압적이거나 조작적이지 않다고 여겨져서 타인들로부터 신뢰를 얻는다. 정치적 스킬의 네 가지 차원 중에서 이것은 성공적인 영향력 발휘를 위해서 가장 큰 잠재력을 갖고 있다.

정치적 스킬의 이러한 네 차원은 학습을 통해 개발될 수 있다고 한다. 미국의 한 기관에서 조사했던 기업 임원들이 실패하는 원인 중 가장 유력한 것이 사회성 부족이었다. 자신을 잘 모니터링하고 정치적 수완이 능한 리더들에겐 감성지능(emotional intelligent)의 수준이 높았으며 또한 정치적 스킬에 관한 항목들에서도 높은 점수를 보였다. 이런 점에서 볼 때 사회성 높은 리더들은 올바른 사내정치의 롤모델이 되어 내부정치를 활성화하거나 제지할 수 있다. 일례로 정치적 스킬이 좋으면 자신의 정치적 의도를 가장해서 부하들 사이에서 냉소적인 반응이 덜 일어나게 만들고 지나치게 정치적이라는 생각도 들지 않게끔 할 수 있다. 부하직원들의 니즈와 목표를 효과적으로 다루는 데 필요한 사회적 기민성과 행동의 유연성 및 적응력을 높여줌으로써 정치적 스킬은 부하직원 개인의 업무반응과 행동뿐 아니라 부서 분위기에까지 영향을 미칠 수 있다.

감성지능
감정들의 의미와 관계를 파악하고 이를 바탕으로 문제를 추론하고 해결하는 능력

3.2 인상관리

남들과 엇비슷하게 행동하거나 상황에 맞는 규범에 동조하려 들며, 행동과 태도가 일치하는 모습을 보여주고 또 상대를 칭찬하려고 하는 등 사람들은 대체로 타인에게 긍정적인 인상을 전달하려고 애쓰는 경향이 있다. 이처럼 타인이 자신에 관해 생각하는 방식에 영향을 주기 위한 개인의 의식적 노력이 바로 **인상관리**(impression management)이다. '인상'의 사전적 정의란 어떤 대상을 보거나 듣거나 했을 때 그 대상이 사람의 마음에 주는 느낌이다. 따라서 인상관리의 핵심은 자기표현(self-presentation)을 통제하는 것이다. 자기표현에는 언어적, 비언어적 행위 그리고 의복과 공간장식 등의 인공적인 꾸밈도 포함되어 있다. 행위자는 자기 정보를 노출하고 때론 숨기거나 특정 부분을 강조하는 등의 자기표현을 통해 자기에 대한 정보를 조작하며 규정하여 이상적 자아(ideal self)와 공적 자아(public self)를 일치시키려 노력한다. 이것은 개인이 바람직한 사회 이미지를 창조하고 원만한 대인관계를 개발하며 자아 정체성을 형성하는 데 매우 중요한 일종의 정치적 스킬이다.

인상관리
타인이 자신을 어떻게 인지하고 평가하는지에 대한 지속적인 관심을 갖고 자신에 대해 형성하는 인상을 통제하려는 것

인상관리는 일반적으로 적극적, 방어적 인상관리로 크게 분류된다. **적극적인 인상관리**(assertive impression management)는 상황적 요구에만 반응하는 것이 아니라 타인에게 특정한 정체성을 형성하고자 하는 행위자의 의지가 반영되어 행해지는 것이고, **방어적인 인상관리**(defensive impression management)는 단지 상황에 반응하여 전형적으로 행위자가 곤란에 처했을 때 부정적 인상의 형성을 막기 위해 행해지는 노력이자 치유적인 자기연출행위이다. 사회적 이미지를 향상시키기 위한 개인의 자기강화 의도로부터 적극적인 인상관리가 유발된다면, 방어적인 인상관리는 자신의 사회적 이미지에 위협이 지각됨에 따라 당황이나 부끄러움 같은 부정적 정서 상태로 인해 유발되기 쉽다. 적극적인 인상관리 전략에는 크게 환심사기(ingratiation)와 자기PR(self-promotion) 전략이, 방어적인 인상관리 전략에는 변명(excuses), 합리화(justifications) 등이 포함된다.

환심사기는 가장 많이 연구된 인상관리 전략으로서 타인으로부터 대인 간 매력이나 선호를 불러일으키고자 하는 것이다. 구체적인 형태로는 언어적으로 상대방을 칭찬하는 타인강화(other-enhancement), 상대방의 가치나 태도에 대한

대선 후보자들의 TV 토론은 유권자들에 의한 일종의 공개 면접과도 같은 것이 되었다. 후보들은 저마다 자신의 공약을 설명하며 지지를 얻기 위한 나름의 인상관리 전략들을 펼쳐 보인다.

언어적 지지를 뜻하는 의견동조(opinion conformity), 조직의 가치나 태도와 자신의 가치, 태도가 유사함을 표현하는 조직과의 부합(fit-with-organization)이 있다. **자기PR**은 유능함 같은 바람직한 자질이 있음을 드러내는 것이다. 이를테면 긍정의 결과를 가져왔던 일에서 책임자가 자신이라고 하는 것(entitlement), 내 책임 아래에서 일이 전보다 더 호전되었다고 하는 것(enhancement), 목표를 이루고자 난관 극복은 어떻게 했는지 말하는 것(overcoming obstacle) 등이 자기PR 전략에 포함된다. 한편 **변명**은 부정적인 행동에 대해 자신은 책임이 없다고 주장하는 것을 말하고, **합리화**는 자신의 책임하에 있는 일이 보이는 것만큼 그리 나쁘지 않다고 주장함으로써 인상관리의 대상자가 그 행동의 의미를 해석하는 데 영향을 미치려는 것이다. 대표적인 방어적 인상관리 방법인 이들 외에도 자신의 의견이나 태도 혹은 가치와 맞지 않는 것에 대해서 자기 뜻을 분명히 밝히는 불이행(noncompliance), 부정적 결과에 대한 자신의 책임을 인정하고 후회하는 사과(apology)가 있다.

조직시민행동
동료를 도와준다거나 딱히 보상이 없어도 과외 업무를 하는 등 요구되는 것 이상으로 조직을 돕는 자발적인 행동

어떤 적극적 인상관리 전략들은 얼핏 보기에 **조직시민행동**(OCB)과 유사하다. 예를 들어, 상사를 돕는 일은 시민행동일 수 있지만 동시에 인상관리행동일지도 모른다. 타인이나 조직을 도우려는 의도에서 비롯된 시민행동과 달리 순전히 사익 추구만을 위한 인상관리는 조직 및 업무집단 유효성을 어느 정도까지 촉진한다 해도 장기적으로는 조직에 역기능적인 결과를 가져오기 쉽다. 흔히 인상관리 전략을 이용하는 직원들은 주어진 과업에 온 관심을 쏟지 않으며 노력과 에너지를 의식적으로 덜 들이려 하기 때문이다. 이들은 그렇지 않은 사람들에 비해 성과평가에서도 높은 고과를 받기까지 한다. 조직에 해를 가져올 수 있는 이들이 오히려 승승장구할 수 있다고 할 땐 조직의 화합을 저해할 수 있다. 면접 상황에서 인상관리를 사용하는 지원자는 높게 평가되는 경향이 있

하이데거의 숲

상사에게 좋은 인상을 주려면 어떻게…?

상사의 눈에 들려면 어떻게 해야 할까? 직장인 546명을 대상으로 설문조사한 결과, 응답자의 절반(49%)이 상사에게 잘 보이기 위해 앞에서는 더 열심히 하는 모습을 보이는 것으로 나타났다. 웃음이나 애교를 이용한다고 응답한 사람은 23%로 2위를 차지했다. 회식이나 술자리는 무조건 참석한다는 의견도 20%에 달했다. 상사에게 직접적으로 아부하는 사람은 9%로 약간 드문 편이었다. 열심히 일해서 좋은 성과를 내는 것도 중요하지만, 직장 내 동료나 상사와의 관계를 잘 유지하는 것 또한 회사생활의 중요한 요소라 할 수 있다.

는 것을 보더라도 그렇다. 과유불급(過猶不及), 과도한 인상관리는 진정성을 떨어뜨려 위선적이라는 시각을 이끌 수 있다.

3.3 정치적 스킬과 인상관리의 관계

위에서 설명한 환심사기는 많이 연구된 전략들 가운데 하나다. 하지만 성과, 몰입, 집단 결속력 등에 환심사기가 긍정적 영향이 있었어도 이들의 관계에서 무관계를 보인 연구들도 이에 못지않게 많았다. 이것은 환심사기와 같은 인상관리와 업무성과의 관계에서 영향을 미치는 다른 조절변수의 존재가능성을 암시한다. 정치적 스킬이 바로 이러한 조절변수들 중 하나일 것이다. 정치적 스킬은 개인이나 조직의 아젠다(agenda)를 달성하려는 동기에서 비롯되긴 하나 인상관리와 중복되지는 않는다. 그저 상황마다 다 쓸 수 있는 만능도구가 아니라 언제 어떤 도구를 써야 할지 아는 것으로서, 정치적 스킬을 지닌 사람들은 상황에 걸맞은 영향력 기법을 선택하고 그것을 적절하게 실행할 수 있다. 또한 스트레스를 덜 받으면서 고성과를 달성할 수 있어서 그들이 인상관리에 에너지를 쏟더라도 높은 직무만족과 긍정적인 자기평가를 보이는 것은 어쩌면 당연한 일이 될 수도 있다.

사람들은 매 상황마다 같은 인상관리 전략을 사용하지 않으며 또 그렇게 해서도 안 될 것이다. 매니저라면 특히 다양한 대상들과의 상호작용이나 조직의 복잡성 등을 고려하여 여러 인상관리 기법을 활용할 수 있어야 한다. 하나의 전략보다는 다양한 전략들의 조합이 긍정적인 결과를 발생시키는데 더욱 효과적일 수 있다. 리더들이 사용하는 기법들을 관찰하고자 했던 한 연구에서는 청중들 지위의 높낮이나 소속을 참작해서 교장들의 연설이 달라진다는 사실을 발견하기도 했다. 한 메타연구의 결과에서도 특정 영향력 전술의 성공은 상황에 좌우된다고 했다. 즉, 인상관리 전략의 성공 여부는 그 대상들과 관련된 조건들 그리고 수많은 관계 속에서 적절한 영향력을 이용하는 것에 달려 있다. 정치적 스킬이 있는 사람이라면 환심사기 같은 인상관리 전략을 사용하더라도 그것이 영향력 전술로 인식되기보다 오히려 명백한 성실성처럼 여겨져서 굳건한 관계를 만드는 데 유리할 것이다.

ORGB 뉴스

회의실에서 앉은 자리가 그 사람의 성격을 말한다.

대기업에 근무하는 직원 4만여 명을 직접 인터뷰한 임상심리학자 샤론 리빙스턴(S. Livingston)은 회의 시간에 앉는 자리에 따라 그 사람의 태도와 심리를 7개 유형으로 나눌 수 있다고 했다. 이를 통해 사람들은 왜 회의 때마다 늘 같은 자리에 앉는 경향이 있는지 설명할 수 있다. 예를 들어, 리더는 늘 회의실 깊숙이 출입구를 향해 앉고, 그의 오른편에는 리더의 지시에 순응적인 '예스맨(yes-man)'이, 리더를 마주 대하는 탁자 건너편에는 반대파가 앉는 경향이 있다고 한다.

출처: http://news.chosun.com/site/data/html_dir/2007/07/18/2007071800117.html 수정 발췌

앉은 자리에 따른 직원의 성격 유형

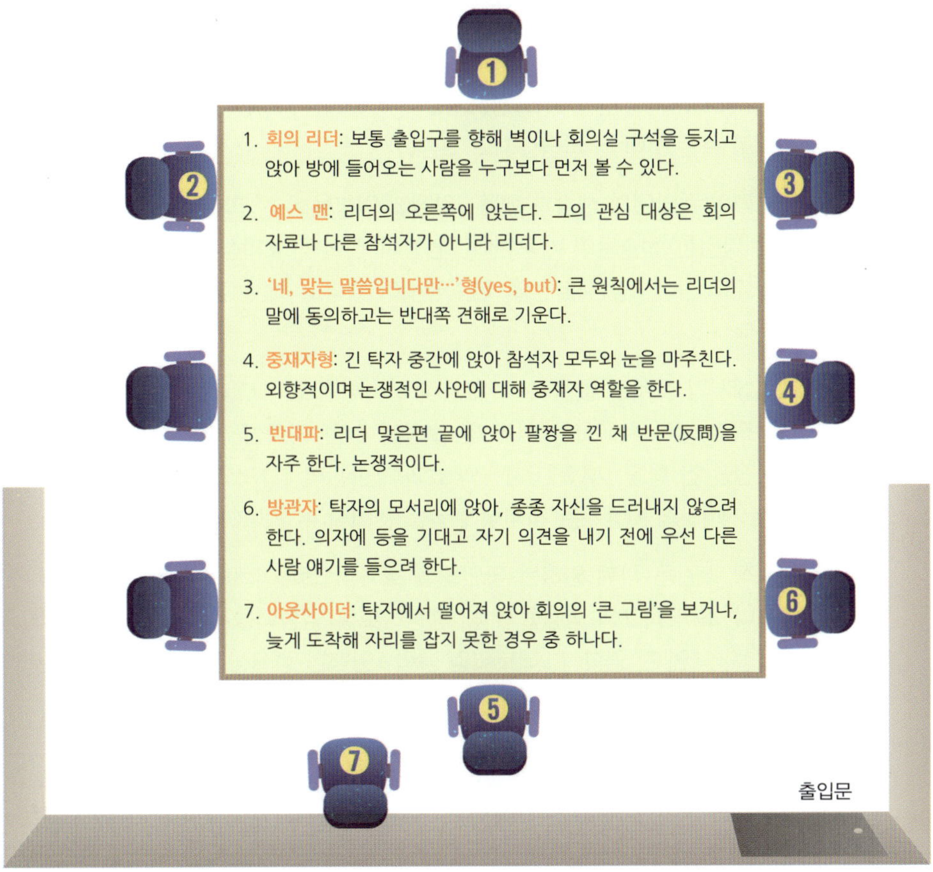

단원 요약

1. 권력이란 그 행사자가 자신이 원하는 것을 수용자에게 행하도록 영향을 미칠 수 있는 능력이다. 수용자가 행사자에 대한 의존성이 크다면 권력은 더욱 크다고 할 수 있으며 자원의 중요성, 희소성, 대체불가능성에 따라 의존하는 정도가 달라진다.

2. 매니저들이 대인관계에서 사용하는 권력의 유형에는 강압적 권력, 보상적 권력, 합법적 권력, 준거적 권력, 그리고 전문적 권력이 있다. 이 밖에도 오늘날과 같은 정보화시대에서는 정보권력도 의존성의 원천 중 하나가 될 수 있다.

3. 현대사회에서 조직이 점차 수평화되고 과거에 비하여 매니저의 수가 줄면서 임파워먼트는 점차 중요시되고 있다. 심리적인 임파워먼트는 의미감, 역량감, 자기결정, 영향력의 네 가지 차원으로 구성된다.

4. 조직정치란 자기 이익을 극대화하기 위해 전략적으로 의도된 행동으로 정의된다. 조직 내 대부분의 사람들이 조직정치를 지각하지만, 객관적 실제라기보다 주관적인 인식으로 보는 것이 더 타당할지도 모른다.

5. 영향력이란 타인의 생각과 행동, 감정에 영향을 주는 과정으로, 이를 발휘하기 위해서는 다양한 전술들이 사용된다. 영향력 전술의 효과성은 행사의 목적과 목표물에 따라 달라진다. 명심해야 할 것은 권력이 있다고 해서 영향력이 있는 것은 아니라는 점이다.

6. 조직에서의 정치란 없을 수도 없거니와 어쩌면 없어서도 안 될 일이다. 매니저들은 개방적인 커뮤니케이션, 성과 및 보상에 관한 명확한 기대, 참여적인 의사결정 절차, 집단 간 협동, 부족한 자원의 효과적인 관리, 그리고 후원적인 조직분위기를 통해 불가피하게 발생하는 정치적 행동을 관리할 수 있어야 한다.

7. 정치적 스킬은 함께 일하는 타인들을 효과적으로 이해하고, 이를 활용해 개인적인 목표나 조직 목표의 향상을 위해 행동하도록 영향력을 행사하는 능력이다. 사교적 기민성, 대인 간 영향력, 네트워킹 능력, 명백한 성실성은 그 네 가지 차원이다.

8. 타인이 자신을 어떻게 인지하고 평가하는지에 대한 지속적인 관심을 가지고 자신에 대해 형성되는 인상을 통제하려는 것을 인상관리라고 한다. 일반적으로 적극적, 방어적 인상관리로 분류할 수 있으며 어떤 것들은 얼핏 보기에 조직시민행동과 유사하기도 하다.

9. 인상관리와 업무성과 간의 관계는 생각만큼이나 일관되지 않았다. 이는 다른 조절변수의 존재 가능성을 암시하는데, 정치적 스킬이 바로 그중 하나라고 할 수 있다. 개인은 정치적 스킬을 이용하여 상황에 적절한 인상관리전략을 사용해야 할 것이다.

논의할 문제

1. 조직 내 권력 남용을 방지하는 방법에는 무엇이 있을까?
2. 업무수행 시 사람들에게 임파워먼트를 하는 방법에는 무엇이 있으며, 임파워먼트가 잘 일어나게 하려면 어떻게 해야 할까?
3. 권력이 윤리적으로 사용되고 있는지를 판단하기가 어려운 이유는 무엇인가? 어떤 정치적 행동이 윤리적인지 아닌지를 판단하기 위해서 어떤 기준을 사용할 수 있을까?
4. 문화적 가치는 정치에 대한 인식과 권력 및 영향력 전술에 대한 선호도나 효과성에 어떠한 영향을 미칠까?
5. 지각된 조직정치가 조직에 순기능적 영향을 미치는 때도 있을까? 있다면 언제일까?
6. 개인이 효과적으로 인상관리를 하는 방법은 온라인과 오프라인상에서 다를까? 그렇다면 어떤 차이가 있을까?

더 읽을거리

Andrews, M. C., & Kacmar, K. M. (2001). Discriminating among organizational politics, justice, and support. *Journal of Organizational Behavior*, 22(4), 347–366.

Bolino, M. C. (1999). Citizenship and impression management: Good soldiers or good actors?. *Academy of Management Review*, 24(1), 82–98.

Emerson, R. M. (1962). Power–dependence relations. *American Sociological Review*, 27(1), 31–41.

Ferris, G. R., Treadway, D. C., Perrewé, P. L., Brouer, R. L., Douglas, C., & Lux, S. (2007). Political skill in organizations. *Journal of Management*, 33(3), 290–320.

Gallagher, V. C. (2007). Situational and dispositional antecedents and consequences of impression management tactics: The role of political skill (Unpublished doctoral dissertation).

Gandz, J., & Murray, V. V. (1980). The experience of workplace politics. *Academy of Management Journal*, 23(2), 237–251.

Goltz, S. M. (2003). Considering political behavior in organizations. *The Behavior Analyst Today*, 4(3), 354–366.

Higgins, C. A., Judge, T. A., & Ferris, G. R. (2003). Influence tactics and work outcomes: A meta–analysis. *Journal of Organizational Behavior*, 24(1), 89–106.

Hinkin, T. R., & Schriesheim, C. A. (1989). Development and application of new scales to measure the French and Raven (1959) bases of social power. *Journal of Applied Psychology*, 74(4), 561–567.

Kacmar, K. M., & Baron, R. A. (1999). Organizational politics: The state of the field, links to related processes, and an agenda for future research. *Research in Personnel and Human Resources Management*, 17, 1–39.

Magee, J. C., & Langner, C. A. (2008). How personalized and socialized power motivation facilitate antisocial and prosocial decision-making. *Journal of Research in Personality*, 42(6), 1547–1559.

McClelland, D. C. (1987). *Human motivation*. New York: Cambridge.

Mokken, R. J., & Stokman, F. N. (1974). Power and influence as political phenomena. In B. Barry (Ed.), *Power and political theory: Some European perspectives* (pp. 33–54). London: Wiley.

Mulder, M. (1977). *The daily power game*. Leiden: Martinus Nijhoff.

Pettigrew, A. M. (1972). Information control as a power resource. *Sociology*, 6(2), 187–204.

Pinto, J. K., & Kharbanda, O. P. (1995). Lessons for an accidental profession. *Business Horizons*, 38(2), 41–50.

Sivanathan, N., Pillutla, M. M., & Keith Murnighan, J. (2008). Power gained, power lost. *Organizational Behavior and Human Decision Processes*, 105(2), 135–146.

Treadway, D. C., Hochwarter, W. A., Ferris, G. R., Kacmar, C. J., Douglas, C., Ammeter, A. P., & Buckley, M. R. (2004). Leader political skill and employee reactions. *The Leadership Quarterly*, 15(4), 493–513.

Wayne, S. J., & Liden, R. C. (1995). Effects of impression management on performance ratings: A longitudinal study. *Academy of Management Journal*, 38(1), 232–260.

Yukl, G., & Falbe, C. M. (1990). Influence tactics and objectives in upward, downward, and lateral influence attempts. *Journal of Applied Psychology*, 75(2), 132–140.

Yukl, G., & Tracey, J. B. (1992). Consequences of influence tactics used with subordinates, peers, and the boss. *Journal of Applied Psychology*, 77(4), 525–535.

Memo

CHAPTER

13

갈등과 협상

1. 갈등관리 스킬의 중요성
2. 조직 내 갈등의 진단과 관리
3. 협상에 대한 이해와 전략

▸▸ 학습목표

1 조직에서의 여러 갈등 국면을 제시하고 갈등의 수준을 설명한다.

2 순기능적 갈등과 역기능적 갈등을 비교한다.

3 갈등의 초점과 원인 그리고 효과적인 갈등관리 전략을 이해한다.

4 갈등이 협상으로 이어지는 과정과 협상 프로세스를 이해한다.

5 분배적 협상과 통합적 협상에 관해 설명한다.

6 협상 인센티브와 협상가능영역에 대해 이해한다.

갈등이 없는 삶은 거의 불가능하며 또 그렇다고 한들 반드시 행복한 것도 아닐 것 같다. 비온 뒤에 땅은 더 굳어진다는 말처럼, 효과적으로 잘 관리된 갈등이 사적이거나 혹은 직업상의 관계들을 성장시키고 더 공고하게 만들 수도 있다. 이 장에서는 갈등이 잘 관리되면 어떠한 긍정적인 결과를 가져오는지 주로 학습하게 된다. 쌍방을 모두 파멸에 이르게 할 수도 있는 갈등에 대한 해결책들을 탐구하고 그 진단법과 함께 문제의 해결을 위한 다양한 협상전략들에 대해 익히도록 한다. 어떤 결정에 이르기 위해 문제를 대화로 해결하려는 커뮤니케이션 과정이 곧 협상이다. 갈등이 삶의 일부라면 일상적인 타인들과의 거래가 모두 협상이다.

시네마 ORGB

리멤버 타이탄 Remember The Titans

팀원의 갈등을 진정한 화합으로 이끈 하먼

리멤버 타이탄(Remember The Titans, 2001)

"Hey, Hey, Goodbye…"

T.C.윌리암스 고교 풋볼 팀 '타이탄스'의 쿼터백이던 게리 버티어(Gerry Bertier)의 장례식, 게리를 그리워하며 함께 모인 풋볼 팀 친구들과 가족들.

버지니아 알렉산드리아. 이곳은 백인과 흑인 간 교류가 거의 없던 지역이다. 그러다가 1871년 한 흑인 소년이 상점 주인에게 살해당해 도시 전체가 폭발 직전까지 치닫게 되자, 주정부는 흑인을 달래고 인종 간의 화합을 위해 백인 학교와 흑인 학교를 통합해 T.C.윌리암스 고교를 만든다.

또한 흑인 사회의 폭동을 막기 위해 풋볼 팀 '타이탄스'의 수석코치로 흑인인 하먼 분(Herman Boone)을, 부코치로 백인인 빌 요스트(Bill Yoast)를 마침내 임명한다.

흑인과 백인 간의 심한 갈등 속에서 전지훈련을 가게 된 풋볼 팀 '타이탄스'.

하면 수석코치는 흑인-백인 선수로 짝을 구성, 2주 동안 한방을 쓰게 하여 서로에 관해 관심을 가지고 대화를 할 수 있도록 지시했다. 말을 잘 듣지 않는 선수들에게는 강도 높은 훈련을 시켜 억지로라도 상대방에 대해 알게 했다.

또한 게티스버그 격전지로 선수들을 이끌고 가 전장에서 목숨 걸고 싸웠던 군인들처럼 승리를 위해 팀원 모두가 하나가 되지 않는다면 우리 팀도 무너지게 될 것이라고 강조한다. 처음엔 걸핏하면 싸웠던 선수들도 차츰 서로를 조금씩 인정하고 함께 노래하고 장난치면서 이해해 갔다. 팀원들이 자신을 위해서가 아닌 팀의 승리를 위해 이기적인 선수를 스스로 제명하며 경기 출전 시 자신들만의 독특한 몸풀기 댄스를 추는 등 진정으로 화합해 가기 시작했다.

그 결과 13전 무패라는 놀라운 기록으로 역사에 남았고 버지니아주 챔피언, 전국대회 준우승의 기염을 토했다.

TIP!!

이 영화는 미국 내에서 인종차별이 공공연하던 시절에 흑인과 백인 학생들이 서로 풋볼을 통해 하나로 화합하고 이를 세상에 보여주는 과정을 그린 작품이다. 흑인 수석코치에 백인 부코치, 백인 주장에 흑인 부주장, 설정이 그렇듯이 영화 속 장면마다 갈등과 대립이 극에 달할 정도로 심각하다. 베테랑 요스트가 부코치로 밀려나자 백인 선수들은 이에 강력히 반발한다. 요스트는 그러나 불쾌한 심정을 접고 수석코치 분과는 다른 스타일로 선수들을 지도하며 타이탄스의 연승행진을 돕는다. 차츰 이들 간의 갈등이 사라진 데에는 서로 간의 이해와 존중이 있었고, 무엇보다 하나의 목표이자 공통된 관심사 풋볼이 있었기 때문에 가능했다. 게다가 갈등을 해소하고자 하는 이들의 바람으로 인해서 영화가 미처 담아내지 못했던 매 순간들에서 어떤 형태로든 그들이 협상에 적극적으로 임했을 수도 있다. 요스트가 자신의 영역을 분에게 위임하는 모습, 반대로 분이 요스트의 조언을 적극 수용하는 모습은 특히 통합적 협상을 연상케 한다.

1 갈등관리 스킬의 중요성

갈등
둘 또는 그 이상의 당사자 간 견해차나 현저한 불일치

팀 관리를 위해서 요구되는 스킬 중 갈등을 관리하는 것보다 중요한 것은 없을 만큼 조직 내의 불협화음 제거는 바람직한 리더십의 핵심요소다. 갈등을 관리하는 데 매니저들은 일과 시간의 약 21%를 할애한다는 보고도 있다. 일주일로 치면 약 하루에 해당하는 시간이다. **갈등**(conflict)은 어느 일방이 상대방의 의도나 목표를 차단하려 하는 가운데 발생하는 적대적 상호작용을 말한다. 개인이나 조직이 가지고 있는 가치관과 이해관계가 다양해질수록 갈등과 분쟁이 발생할 소지는 더 커진다. 언제 어디서든 존재하는 갈등은 부정적인 면뿐만 아니라 동시에 긍정적인 역할도 수행하므로 갈등관리의 스킬을 통해 관리적 성공을 예측해 볼 수 있다.

1.1 다양한 갈등 국면

사람들은 갑자기 평화로운 분위기에서 갈등 국면으로 돌입하는 것이 아니다. 갈등은 [표 13.1]에서 제시된 바와 같이 서서히 발전되면서 여러 국면을 거치게 된다. 즉, 조직에서의 갈등은 상호작용에서 커뮤니케이션을 통해 명확히 드러나기 전까지 잠재적 갈등(latent conflict), 인식된 갈등(perceived conflict), 통감된 갈등(felt conflict), 표면화된 갈등(manifest conflict), 갈등의 여파(conflict aftermath)와 같은 과정을 겪는다. 먼저, **잠재적 갈등**은 쌍방 간의 상호의존과 불일치 때문에 갈등이 무르익기 시작하는 상황을 의미한다. 갈등이 발생할 잠재성만 존재할 뿐이다. 두 번째 국면으로서 **인식된 갈등**은 어느 한쪽 또는 쌍방이 불일치와 상호의존성이 존재한다는 확신이 들 때 발생한다. 즉, 자신의 목표가 상대방에 의해 좌절되었음을 알게 되었을 때이다. 갈등의 인식이 없더라도 잠재적인 갈등은 존재할 수 있다. 예컨대 업무처리방식에서 서로 차이를 보이지만 이 차이가 양측 모두에게 중요한 이슈가 아니라면 그럴 수 있다. 반대로 업무방식이 달라도 양측이 서로 동일한 가치를 가지고 있다면 인식된 갈등이 있어도 잠재적인 갈등은 없는 경우다.

표 13.1 갈등의 전개 과정

국면	설명
잠재적 갈등	서로 불일치가 있는 가운데 상호작용을 하기 때문에 갈등의 씨앗이 존재한다.
인식된 갈등	어느 일방 또는 양쪽 모두가 자신들의 상황을 불일치와 상호의존의 상황으로 지각한다.
통감된 갈등	쌍방은 각자 갈등이슈에 집중하고 갈등관리 전략을 계획함으로써 인식된 갈등을 개인화한다.
표명된 갈등	커뮤니케이션을 통해 갈등이 뚜렷해진다. 다양한 전략이 본격적으로 사용됨에 따라 상호작용은 강해지기도 하고 약화되기도 한다.
갈등의 여파	개별 당사자와 그들 간의 관계, 그리고 조직에까지 갈등은 장/단기적인 영향을 끼친다.

한편, **통감된 갈등** 국면에서는 당사자들이 서로 문제의 원인은 상대방에게 있다고 주장하며 부정적이고 적대적인 감정을 키운다. 갈등으로 인해 긴장을 경험하게 되고 이로 말미암아 쌍방은 갈등을 처리할 전략을 수립하고 또한 수용할 수 있는 것과 없는 것들에 대해서도 생각한다. 이러한 전략과 목표는 비로소 **표명된 갈등** 단계에 이르러 대화나 혹은 행동으로 표현됨으로써 갈등이 더욱 뚜렷해지게 된다. 심지어는 자신의 이익을 관철하고자 폭력을 동반한 싸움이 발발하기도 한다. 여기서 원인이 제거되거나 조정되면 갈등은 해소되지만, 실패하는 경우라면 갈등상태에 놓이고 마는 것이다. 마지막으로 갈등은 곧 진정되더라도 그 **갈등의 여파**로서 개인의 성격과 쌍방 간의 관계, 그리고 조직에서의 기능들에 변화를 불러올 수 있다. 얼핏 갈등이 사라진 듯해 보이더라도 근본적인 갈등의 원인은 이후 더 큰 문제를 일으킬 수도 있다.

1.2 갈등의 수준

개인 간 갈등
일시적인 의견충돌에서부터 격한 논쟁이나 괴롭힘에 이르는 직장에서의 부정적 상호작용들

우리에게 익숙한 **개인 간 갈등**(interpersonal conflict)은 주로 쌍방 간의 성격 차로 인해 발생하는 것으로, 사람들이 목표, 태도, 가치관, 또는 행동에서 상대방과 상반됨을 지각할 때 일어나는 갈등이다. 소설이나 드라마에서 흔히 등장인물 간에 그려지는 갈등 양상 대부분은 여기에 해당한다. 고부간의 갈등, 부

모와 자식 간의 갈등, 연인 간의 갈등, 그리고 상사와 부하 간의 갈등이 대표적이다. 그들은 한결같이 "너는 늘…", "당신은 결코…", "이것을 해야만 해, 그렇지 않으면…"과 같이 갈등을 유발하는 말을 많이 사용하는 것을 알 수 있다. 요즘은 직장이나 가정 이외에도 아파트 생활이 보편화되면서 층간소음의 문제나 공간 부족으로 인한 주차시비 등 이웃 간의 갈등도 그 발생 빈도가 증가하는 현실이다. 하지만 불신, 적개심 등 부정적 결과를 불러오는 개인 간 갈등이 때로는 자기인식, 창의성, 적응과 학습 등의 긍정적 결과를 가져오기도 한다는 것이 꽤 흥미롭다.

일반적으로 갈등을 두 사람 사이에만 발생하는 것으로 생각하기 쉽다. 하지만 개인 내 갈등, 집단 간 갈등, 그리고 조직 간 갈등 등 여러 형태로 존재한다. 우선 개인의 내부에서 갈등이 일어날 때 그것을 **개인 내 갈등**(intrapersonal conflict)이라고 한다. 개인 내 갈등은 주로 한 개인에게 동시에 여러 가지 역할상의 요구가 주어졌을 때나 내적 가치와 역할 요구 간 충돌이 일어날 때 발생한다. 이를테면 고객과 중요한 미팅을 갖기로 한 날 공교롭게도 딸의 유치원 졸업식이 예정될 수도 있다. 긴축예산의 압박은 또한 충성심 많고 성실한 비정규직 직원을 해고하도록 강요할 수도 있다. 이러한 갈등 속에서 최선의 결과를 가져올 결정, 피해를 최소화할 만한 결정, 그리고 장단점의 양면성을 동시에 지닌 결정 사이에서 선택해야만 한다. 유일한 정답이라는 것은 있을 수 없다. 우리가 믿는 둘 이상의 것 중에서 정답을 구하려 하기보다는 책임 있게 행동할 준비가 우선되어야 할 것이다. 선택이라는 결정적인 순간을 통해서 자신만의 가치관을 형성하게 되고, 이것을 개인의 성장을 위한 기회로 삼아야 할 것이다.

개인 내 갈등
목표, 활동, 신념 등이 상반됨으로써 한 개인 내면에서 일어나는 갈등

사내에서 집단이나 팀 사이에 갈등이 일어나는 것은 **집단 간 갈등**(intergroup conflict)이라고 한다. 가장 전형적인 예는 마케팅이나 생산부서와 같은 기능이나 부문 간의 갈등일 것이다. 마케팅부서가 주로 수익 측면에 집중하는 반면 생산부서는 원가절감과 효율성을 강조하다 보면 의견충돌이 발생하기 쉽다. 집단들 사이의 갈등은 내부적으로는 집단응집력을 높이고 과업에 집중하게 하며 집단에 대한 충성심을 높이는 등의 긍정적인 효과가 수반될 수도 있다. 하지만 이에 대한 부정적 효과 역시 뒤따르기 마련이다. 집단 간 갈등이 있을 때 집단

집단 간 갈등
둘 또는 그 이상의 집단 성원들 간 혹은 리더들 사이에서의 불일치나 차이, 대립

의 성원들은 상대 집단을 적으로 간주하고 '그들에 반대하는 우리'라는 심리를 발전시켜 그들과의 소통을 점차 줄이게 된다. 집단은 종종 개인보다 더 경쟁적이며 서로 협력하지 않는다. 특히 기능 간 갈등보다 계층 간의 갈등일 경우에 이러한 현상이 더욱 두드러진다. 집단 간 갈등은 역기능적인 갈등으로 심화할 수 있으므로 반드시 신중하게 관리되어야 한다.

북한 핵개발의 평화적 해결안을 놓고 협상론-제재론이 대립하는 가운데 협상론 측에선 기존의 비핵화와 경제지원의 교환보다는 비핵화와 북한의 체제 우려를 덜어주는 조치들이 교환되는 새로운 협상구도를 한·미가 함께 검토해야 한다고 주장한다.

둘 이상의 조직 사이에서도 갈등은 발생한다. **조직 간 갈등**(interorganizational conflict)은 마치 통신업계 라이벌 KT와 SKT처럼 동일한 시장을 놓고 경쟁하는 기업들이나 인수합병을 추진 중인 기업들에서 흔히 발생할 수 있다. 이러한 갈등은 생각보다 꽤 다양하다. 규제를 담당하는 정부기관과 기업 간의 갈등, 환경보호단체와 기업들의 갈등도 조직 간 갈등에 해당된다. 이 밖에도 또 다른 조직 간 갈등의 예로서 산업별 노조와 기업 경영진 간 갈등은 어떠한 양상으로 비칠까? 임금 인상 등 처우개선을 요구하며 이를 관철하기 위해 동맹파업을 주도하는 산업노조의 행동에 대해 기업들은 급기야 사업장 폐쇄로 맞서기도 한다.

조직 간 갈등
상호의존성이 어떤 식으로든 있는 둘 이상의 조직들 사이에서 발생하는 갈등

1.3 순기능적 갈등 vs. 역기능적 갈등

갈등이라고 해서 전부 나쁜 것만은 아니다. 적정 수준의 갈등이라면 오히려 팀에서 반대의견 개진을 어렵게 하는 집단사고 예방에 도움이 된다. 하지만 너무 심한 갈등, 업무보다는 개인적인 것에 대한 갈등, 그리고 적절히 관리되지 못한 갈등은 팀의 사기나 생산성에 해를 끼치게 된다. 팀 리더는 갈등과 협력 사이에서 균형을 찾아야 한다. 잘 관리된 적정 수준의 갈등이 팀의 성과를 최고로 가져오기 때문이다. 어떤 갈등들은 때때로 팀에 이로워서 새로운 해결책을 제안해 주며 창의력을 향상시켜 준다. 따라서 순기능적 갈등은 촉진하되, 역기능적 갈등은 예방하거나 해결하는 것이 갈등관리의 핵심이 된다. [표 13.2]

표 13.2 갈등의 결과

긍정적인 결과	부정적인 결과
새로운 생각이 유도된다.	업무에 투입돼야 하는 에너지가 분산된다.
창의성이 고무된다.	심리적인 웰빙(well-being)에 위협이 된다.
조직에 활기를 불어넣어 준다.	자원을 낭비할 수 있다.
변화에 대한 동기를 유발시킨다.	부정적 분위기가 형성된다.
개인이나 집단의 정체성 확립을 돕는다.	집단응집력이 떨어진다.
문제점을 보여주는 안전장치로 작용한다.	적개심이나 공격적 행동이 증가할 수 있다.

에서 제시된 바와 같이 갈등의 결과는 그 관리 여하에 따라 긍정적일 수도 있으며 부정적일 수도 있다.

순기능적 갈등
집단의 목표를 지원하며 성과를 향상시키는 갈등

순기능적 갈등(functional conflict)이란 조직의 성과를 높이는 데 기여하는 갈등으로서 사람들 사이의 건전하고 건설적인 불일치를 말한다. 순기능적 갈등은 새로운 생각과 학습, 그리고 개인의 성장을 제공해 줄 수 있다. 건설적인 갈등을 통하여 개인은 자신과 차이를 지닌 사람들에 대한 더 나은 인식을 개발시킬 수 있다. 게다가 순기능적 갈등은 업무상 관계를 향상시킬 수 있다. 일례로 두 명의 당사자가 의견 차이를 해결했을 때 그들은 과업을 함께 완수하였다는 성취감을 느낄 수 있다. 그리고 관련된 당사자들이 일을 할 때 긴장을 풀고 문제를 함께 해결함으로써 사기가 높아지게 된다. 순기능적 갈등은 조직의 혁신과 긍정적인 변화를 이끌어 낼 수도 있다. 개인들의 창의성을 촉진한다는 점에서 이러한 긍정적 형태의 갈등은 생산성의 향상으로 이어질 수 있다. 순기능적 갈등을 인식할 때 중요한 점은 갈등의 원인부터 정확히 파악하는 것이다.

역기능적 갈등
조직이 제 기능을 하는데 방해가 되는 파괴적인 성격의 불건전한 행동

역기능적 갈등(dysfunctional conflict)은 조직의 성과를 저해하는 불필요한 갈등으로서 사람들 간의 건전치 못한 파괴적인 불일치를 말한다. 역기능적 갈등이 위험한 이유는 갈등의 초점이 업무에 있지 않고 갈등 그 자체나 혹은 갈등과 관련된 당사자들에게 있기 때문이다. 지나친 갈등은 생산적으로 사용될 수 있는 에너지를 불필요하게 소모한다. 역기능적 갈등을 인식할 때 그 원인이 정서적이거나 혹은 행동적인 측면에 있는 것은 아닌지 파악하는 것이 중요하다.

Mapping ORGB 갈등에 대한 세 가지 관점

초기 **전통적 관점**에서 갈등이란 나쁜 것으로 조직 목표에 부정적 영향을 미쳐서 증가할수록 성과는 감소한다고 보았다. 갈등은 줄이고 억제 또는 제거되어야 하는 것으로서, 매니저들은 권위적인 방식으로 갈등을 제거하려 들었지만 이 접근법이 효과적이지만은 않았다. 갈등의 근원도 밝히지 않은 채 억제만 하면 잠재적인 긍정적 측면까지 발현될 수 없기 때문이다.

다음은 갈등이란 조직에서 자연 발생하는 불가피한 것으로서, 어떻게 다루느냐에 따라 긍정 혹은 부정적 영향을 미칠 수 있다고 가정한다. 갈등이 증가하면서 성과도 어느 정도까지는 증가하는데 갈등이 증폭되거나 해결되지 않는다면 성과는 감소하고 만다. 이러한 **인간관계 관점**에서는 억제나 제거보다도 갈등을 효과적으로 관리해야 한다고 주장한다.

가장 최신의 **상호주의 관점**에서는 갈등이 성과 증대를 위해서 필수적이라고 가정한다. 너무나 조화롭고 협력적인 조직은 정적이고 냉랭해져 변화와 혁신에 잘 대처할 수 없으므로 갈등이 장려되어야 한다는 것이다. 매니저들은 적절한 수준의 갈등이 유지되도록 조직을 비판적, 창의적, 혁신적으로 운영해야 한다.

출처: Verma(1998).

	전통적 관점	인간관계 관점	상호주의 관점
갈등은…	• 트러블메이커에 의해 발생한다. • 나쁜 것이다. • 피해야 한다. • 억제되어야 한다.	• 사람들 사이에서 불가피한 것이다. • 항상 나쁘진 않다. • 변화의 결과이다. • 관리될 수 있다.	• 목표에 대한 몰입에서 발생한다. • 유익할 때가 많다. • 촉진되어야 한다. • 창의성 증진이 목표가 되어야 한다.
성과에 대한 영향	• 갈등이 증가하면 성과는 감소한다.	• 갈등이 얼마나 효과적으로 다뤄지느냐에 따라 성과는 달라진다. • 어느 정도까지는 갈등 증가에 따라 성과가 향상되지만, 이를 해결 못 하거나 계속 증가하면 성과는 떨어진다.	• 성과향상을 위해 어느 정도의 갈등은 필수적이다. • 어느 정도까지는 갈등 증가에 따라 성과가 향상되지만, 이를 해결 못 하거나 계속 증가하면 성과는 떨어진다.
권고 사항	• a = d이면 아무 조치도 취하지 않는다. • a > d이면 갈등을 해결한다. • d = 0이다.	• a = d이면 아무 조치도 취하지 않는다. • a > d이면 갈등을 해결한다. • d ~ 0이다.	• a = d이면 아무 조치도 취하지 않는다. • a > d이면 갈등을 해결한다. • a < d이면 갈등을 촉진한다. • d > 0이다.

a. 팀 성원들 간 실제 갈등 정도
d. 성원들이 편안함을 느끼는 바람직한 갈등 정도

특정 아이디어가 아닌 특정 인물에 대한 개인적인 분노 및 원한과 관련된 논쟁은 역기능적 갈등의 예라 할 수 있다. 이러한 갈등에 연루된 사람들은 생각보다 행동이 앞서는 경향이 있고 협박이나 속임수를 잘 쓰며 커뮤니케이션을 할 때도 공격적인 언어를 사용한다. 역기능적 갈등을 경험하는 쌍방 모두 이익은 커녕 손실만 입게 된다.

2 조직 내 갈등의 진단과 관리

매니저들은 갈등을 효과적으로 관리하기 위하여 갈등의 다양한 원인들을 이해해야 한다. 기본적으로 갈등이 발생하려면 상호의존성, 정치적 비(非)결정성, 다양성이 충족되어야 한다. 상호의존성은 여타의 협력적인 행위를 수행하는 쌍방 간의 관계를 말한다. 이들 두 당사자 간의 정치적 서열이나 우선순위가 불확정적이고 문제가 있는 상태로서 정치적 비결정성, 그리고 당사자 간의 차이와 불일치를 의미하는 다양성이 그 나머지 조건들이다. 이러한 전제조건을 바탕으로 갈등의 원인을 규명하고 이에 따른 직 · 간접적 대응전략을 살펴보기로 한다.

2.1 갈등의 초점과 원인

흔히 갈등을 관리하기 위한 목적으로 조직에선 그것이 사람과 관련된 것인지 아니면 이슈에 관련된 것인지부터 구분한다. 이것은 갈등의 성격이 논쟁적인지 혹은 협상적인지 파악하기 위해서다. 사실상 거의 모든 갈등이 사람과 관련된 것들이다. 피해 고발, 억울함의 호소, 적개심 등이 전형적인 개인 분쟁에서 발생하는 모습들이다. 이러한 **사람 위주의 갈등**(people-focused conflict)은 해결에 어려움이 따를 뿐만 아니라 장기적인 영향으로 인해 상호 간의 관계를 황폐화할 수 있다. 한 연구에 따르면 조직에서는 연평균 약 9주, 즉 2달 이상의 시간을 이러한 갈등을 관리하는 데 허비한다고 한다. 관계를 훼손할 수 있는 사람 위주의 갈등과 달리 **이슈 위주의 갈등**(issue-focused conflict)은 잘 관리만 되면 관계를 더욱 공고히 다질 수 있다. 따라서 '생산적인 갈등'이라고 한다면 바로 이슈 위주의 갈등을 지칭하는 것으로 이러한 갈등은 합리적인 협상을 유도할 수 있다. 당사자 양측은 서로 수긍할 만한 우호적인 협의를 끌어냄으로써 상호발전을 도모하게 된다. 실제로 이슈 위주 갈등의 비율이 높은 팀이 더 성공적이라는 연구결과들이 시종일관 보고되고 있다.

갈등은 어떤 식으로든 항상 존재하기 마련인데, 그러한 갈등의 원인은 어디에 있을까? 조직에는 다양한 성격이나 가치관, 능력을 지닌 서로 다른 사람들이 상호작용을 하고 있다는 점을 우선 들 수 있다. 그뿐만 아니라 조직의 특성 및 직무가 조직화되는 방식도 중요한 갈등유발요인들로서 결코 배제할 수 없는 부분이다. **개인 간 차이로 인해 발생하는 갈등**의 원인에는 다음과 같이 성격 및 가치관의 차이에서부터 지각과 감정, 스킬과 능력, 문화적인 차이, 그리고 커뮤니케이션 장벽 등이 있다.

▶ **성격 및 가치관의 차이** 직장에서도 사람들은 자신의 개성을 쉽게 드러내게 된다. 늘 팀을 최고의 성과로 이끄는 상사지만 지나치게 완벽주의적이고 비판적이라서 팀장이 타인들의 감정 따위는 중요치 않게 여기는 경향이 있다고 하자. 팀원들에게 이것은 스트레스와 피곤으로 작용할 수 있다. 사람마다 서로 다른 가치체계가 갈등의 원인이 되기도 한다. 일례로 나이가 많은 팀장 직급에서는 될 수 있으면 변화가 적은 의사결정을 선호하지만, 젊은 팀원들은 혁신을 선호할 수 있다. 이러한 예시가 모든 직원에게 적용되는 것은 아니지만, 결국 성격과 가치관의 차이가 갈등으로 이어질 수 있다는 점을 보여준다.

▶ **지각과 감정의 차이** 지각의 차이도 갈등을 유발할 수 있다. 예컨대 팀장과 팀원들은 각기 다른 입장이 있기 때문에 성과 수준에 대한 지각이 서로 다를 수 있다. 기대했던 것이라 생각해서 달성한 성과가 실제로는 팀장이 원했던 것이 아니었을 때 팀장과 팀원들 간에는 갈등이 발생할 수 있다. 본래 갈등은 정서적인 상호작용의 특성을 지녔기 때문에, 갈등을 겪게 될 때도

양측 당사자의 감정은 각자 상대방에게 반응하는 방식에 중대한 영향을 미치게 된다. 따라서 사람마다 감정이 다르다는 점 또한 직장에서 갈등의 원인이 되기도 한다.

▶ **스킬과 능력의 차이** 개인들의 스킬과 능력 수준이 다양해서 조직에 도움이 될 때도 있지만, 그 격차가 심하면 갈등을 유발하기도 한다. 특히 상호의존성이 높은 직무 프로세스라면 이것은 더욱 심해질 수 있다. 유능하고 숙련된 직원들은 일이 익숙하지 않은 신입직원과 함께 일하면 속도가 더디거나 실수가 잦아 어려움을 겪을 수 있다. 또 다른 예로는 사람 관리능력에는 별문제가 없는 상사지만 그의 업무 관련 전문성이 부족하다고 평가되는 경우다. 그는 타 부서의 상사나 이전 상사와 비교되어 부하직원들은 이에 불만을 가질 수 있다.

▶ **문화적인 차이** 다른 문화권에 대한 이해의 부족으로 종종 갈등이 발생하기도 한다. 예를 들어, 무슬림 종교를 가진 동료 여성이 팀 회식 때마다 가벼운 음주는 물론 음식으로 고생한다면 과연 팀 회식의 의미가 있을까? 오히려 팀워크를 저해하는 일이 될지도 모른다. 또한 여름철 인도인 동료가 냉방용 에어컨 바람이 너무 차다고 사무실에서의 사용 중지를 요청한다면 어떤 반응을 보여야 할지 난감할 것이다. 문화 차이에 대한 교육을 강조하는 다양성 훈련이야말로 평소 상호 간의 오해를 줄일 수 있는 의미 있는 방안이 될지도 모른다.

▶ **커뮤니케이션 장벽** 물리적인 거리나 언어와 같은 커뮤니케이션 장벽은 메시지의 왜곡을 유발할 수 있고 이것이 곧 갈등으로 이어지기도 한다. 또 다른 커뮤니케이션 장벽으로는 메시지가 도달하기 전에 미리 자신이 메시지의 가치를 판단하는 것을 들 수 있다. 일례로 상사의 평소 표현이 좀 과장적이라고 가정해 보자. 그가 무슨 이야기를 하든 부하직원들은 정확한 진위판단 이전에 언제나 그의 이야기를 평가절하하여 대응할 수 있다. 결국 이러한 점은 갈등의 빌미로 이어질 수 있다.

하이데거의 숲

관계갈등 vs. 과업갈등

관계갈등과 과업갈등으로 갈등을 구분해 볼 수 있다. 정서적 갈등이라고도 하는 관계갈등(relationship conflict)은 집단 성원 간에 불화로 인해 발생하는 것이며, 긴장감, 적대감 그리고 짜증 등 부정적인 감정을 불러일으킨다. 반면 인지적 갈등 혹은 과업갈등(task conflict)은 성원 간에 진행 중인 업무 내용이나 의사결정에 대해 의견의 불일치가 있을 때 발생하며, 구체적으로는 관점, 아이디어, 의견의 불일치 등이 있다. 이를테면 개인 취향, 정치적 입장, 가치관 그리고 대인관계 스타일 등과 관련된 갈등은 모두 관계갈등의 예이며, 조직 내 자원배분, 업무 절차 및 정책, 사실에 관한 판단 및 해석으로부터 기인한 갈등은 모두 과업갈등에 해당된다.

이처럼 규범을 해석하고 적용하는 데서 발생하는 갈등도 있지만, 조직에서는 하나의 관계를 결정짓는 그러한 원칙들과 관련된 **구조적인 갈등**도 존재한다. 이 같은 갈등의 원인에는 목표의 차이, 지위의 차이, 책임 소재의 모호, 제한된 자원이 있다. 구성원들이 제아무리 합리적으로 행동한다고 하더라도 구조적 요소들이 갈등을 불러일으킬 소지가 다분하다. 이 경우엔 절차, 인적요소, 자원, 보고체계 등 갈등을 일으킬 만한 측면들을 눈여겨볼 필요가 있다.

- **목표의 차이** 목표가 다르면 인식의 방향과 내용도 달라진다. 부서마다 혹은 개인과 조직 간에 서로 양립할 수 없는 다른 목표를 가지고 있을 수가 있다. 일례로 어느 케이블 TV 회사에서 가입 실적당 일정률로 커미션을 받는 판매원은 가능한 많은 가입자를 모집하는 것이 목표다. 하지만 서비스 부서의 목표는 적시에 설치해서 불만이 접수되지 않도록 하는 것이기에 이러한 가입자 증대 목표가 이 부서에서는 문제로 작용할 수 있다. 작업량 증가로 결국 제때 설치하는 것이 지연되면 서비스 부서의 책임은 가중될 수밖에 없기 때문이다. 목표가 다른 사람들이 유관부서의 목표를 고려하지 않을 때 종종 이런 형태의 갈등이 발생하곤 한다.
- **지위의 차이** 팀제의 도입으로 전문화가 보편화되었다 해도 팀장은 팀원들이 할 일을 지시할 권리를 지녔기 때문에 팀원들 입장에선 결코 편한 상대가 될 수 없다. 어떤 조직에서는 간부급과 일반 직원들 사이의 지위 격차

가 더 심할 수도 있다. 간부급들은 일반 직원들에게는 해당하지 않는 다양한 의사결정의 참여 기회라든가 법인카드 결제권, 그리고 유동적인 업무 스케줄 등의 특권을 누릴 수 있다. 이러한 점은 불만과 갈등으로 이어질 수가 있으며, 특히 지위 차이에서 비롯되는 정보의 불균형에 어떤 사람들은 더욱 예민하게 반응하며 갈등을 유발할 수 있다. 게다가 다른 상사들에 비해 독재적 성향이 유독 강한 상사는 부하직원들과의 관계에서 더욱 갈등을 악화시킬 수 있다.

▶ **책임 소재의 모호** 애매하고 불명확한 책임 소재가 갈등의 중요한 원인이 되기도 한다. 어떠한 문제로 인하여 관공서에 전화를 걸게 되었을 때 당신의 요구사항이 특정 부서에서 바로 처리되지 않고 여러 사람이나 부서로 돌아가며 연결된 적이 한 번쯤은 있을 것이다. 이러한 상황이 바로 조직에서 책임에 대한 경계가 분명하지 않을 때 존재하는 책임 소관의 모호(jurisdictional ambiguity)라 할 수 있다. 이것은 개인 간에도 해당한다. 특히 팀 프로젝트의 경우 역할과 한계를 처음부터 분명히 해두지 않으면 팀 성원 간에 갈등이 발생할 수밖에 없다.

▶ **제한된 자원** 조직에서는 여러 사람이 자원을 공유해야 할 때가 있는데, 이 점 역시 갈등을 불러일으킬 수 있다. 특히 부족한 자원을 공유해야 할 때는 경쟁과 갈등이 더욱 심해질 수 있다. 일례로 여러 명의 부서장이 한 대의 업무용 차량을 공유하는 경우가 있다. 부서장들은 저마다 자기 일이 가장 중요하다고 생각한다. 이것이 운전기사에게 압력으로 작용할 수 있으며 운행 스케줄 조정에 있어 갈등이 발생할 수 있다. 부서별로 차량이 배정되었다면 아무런 갈등 없이 일 처리가 순조롭게 이루어질 수 있었을 것이다.

2.2 갈등관리전략

매니저들은 조직에서의 갈등이 잘 해결될 수 있도록 평소에도 많은 관심을 기울인다. **갈등관리**(conflict management)란 조직에서의 학습과 유효성 증진을 위해서 갈등의 역기능은 최소화하고 순기능을 강화하려는 거시적 수준의 전략 설계를 의미한다. 구체적으로 갈등관리기법들은 갈등의 해소와 촉진이라는 두 가지로 범주화할 수 있다. **갈등해소**(conflict resolution)는 조직 내에서 갈등을 감소시키기 위한 기법들, 즉 문제해결, 자원의 확충, 회피, 타협, 권위적 명령, 인적 및 구조적 요소의 변경 등이 포함된다. **갈등촉진**(conflict stimulation)은 조직 내에서 변화를 유발하기 위해 갈등을 만들어 내는 것을 일컬으며, 외부인의 영입, 조직의 재구조화와 같은 것이 여기에 해당한다. 갈등을 해소하는 데에만 주로 중점을 두지만 어떤 상황에서는 갈등을 촉진하는 것이 더 이로울 수도 있다.

갈등관리
바람직한 정도의 갈등을 유지하기 위해 해소 및 촉진 전략을 사용하는 것

갈등해소
갈등의 요소나 근원을 제거함으로써 갈등이나 분쟁을 종결시키는 것

갈등촉진
바람직한 변화를 위해 갈등을 유발하거나 증가시켜 건설적으로 사용하는 것

갈등을 유발하는 문제를 당사자가 어떻게 인식하느냐에 따라 갈등의 진행 양상은 달라질 수 있다. 이를 경쟁적으로 인식한다면 과업 달성에 있어서 적대적인 이해에 초점을 두고 상대방 세력을 약화하려 할 것이고, 다행히 문제를 협력적으로 인식한다면 상대방의 요구에 지원하는 반응을 보임으로써 개방적이며 정직한 커뮤니케이션이 뒤따르게 될 것이다. 당사자 측면에서 본 **개인 간 갈등의 해소방안**은 [그림 13.1]에 제시된 바와 같이 자신의 견해만 고수하는

그림 13.1 개인 간 갈등해소 방안

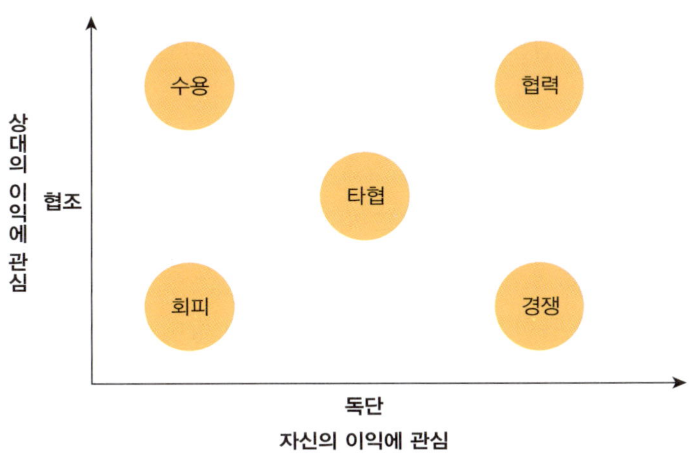

독단적임(assertiveness)과 타인의 입장도 생각하는 협조적임(cooperativeness)의 두 차원을 결합해서 경쟁(competition), 수용(accommodation), 회피(avoidance), 협력(collaboration), 타협(compromise)의 다섯 가지 방법을 도출할 수 있다.

▶ **경쟁** 자신의 견해를 굽히지 않으면서 협력하려고 하지 않는 방법으로서 전형적인 윈-루즈 전략(win-lose strategies)인 셈이다. 갈등관계에 있는 상대방을 힘이나 우월한 스킬로 이기려 하는 것이므로 일종의 전쟁 상황이다. 상대방의 분노와 원망을 초래한다는 점에서 단점을 지니고 있다.

▶ **수용** 자신의 관점에서 한발 양보하여 상대방에게 협조함으로써 갈등을 해결하는 수동적인 방법이다. 먼저 배려해 준 후 무엇인가를 보답받을 수 있다는 기대를 할 때 적절하지만 이미 악화된 문제에 있어서는 부적합하고 단지 일시적인 대안이 될 수 있다는 것이 단점이다.

▶ **회피** 자기 뜻을 내세우지도 않고 협조 의사도 없는 것으로서 마치 갈등이 존재하지 않는 것처럼 행동하며 갈등이 사라지길 바라는 방법이다. 문제가 사소하다든지 상대방보다 자신이 열세에 있다고 판단될 때 주로 사용된다. 자연스러운 방법이기도 하지만 꼭 다루어져야 하는 중요한 문제마저 회피할 가능성이 있다.

▶ **협력** 자신의 견해를 고수하면서도 상대방에게 협조적으로 갈등을 해결하는 방법으로서 자신과 상대방이 모두 이득을 보게 되는 윈-윈 전략(win-win strategies)에 해당한다. 문제가 중요하고 복잡할 때 유용한 방법이 될 수 있지만 장기적 관점으로 접근하기 쉬우므로 단시일 내의 해결에 이르기는 어렵다.

▶ **타협** 갈등 당사자가 서로의 입장을 조금씩 양보하여 부분적인 만족을 얻고자 하는 방법이다. 양측이 서로 다른 목표를 가지고 있거나 비슷한 힘을 가지고 있을 때 유용하다. 하지만 잦은 타협은 우유부단한 결과를 초래하고 창조적인 활동을 통한 해결방안을 도출하는 데 방해가 되기도 한다.

한편, 갈등관계에 있는 당사자가 아닌 **매니저(제3자)의 측면에서 본 간접적인 갈등관리 방안**들로는 다음과 같이 상호의존성의 조정(managed interdependence), 상위 권력의 이용(upward referral), 공동목표의 도입(appeals to common goals), 직접 대면(confrontation), 그리고 자원의 확충(expansion of resource)이 있다. 갈등의 원인을 잘 파악하고 상황에 알맞은 방법을 적용하는 것이 곧 매니저의 리더십 역량이 될 것이다.

▶ **상호의존성 조정** 작업흐름과 관련하여 갈등이 존재할 때 매니저들은 팀이나 개인 간의 상호의존성 정도를 재조정할 수 있다. 가장 간단한 방법으로는 갈등 당사자 간의 연계를 제거(decoupling)하는 것이다. 그들 사이에 완충역할(buffering)을 신설하거나 연결자(linking-pin role)를 배치하는 것도 또 다른 방법이 될 수 있다.

▶ **상위 권력의 이용** 일반적으로 하위 부서들은 명령계통의 상급자에게 복종한다. 따라서 갈등을 해결하기 위해 상급자의 권한을 이용하는 것이다. 하지만 이러한 방법은 갈등의 원인을 해결한다기보다 그 결과만을 타결하려는 방법이기 때문에 갈등이 재발할 우려가 크다.

▶ **공동목표 도입** 갈등을 겪고 있는 개인이나 팀 간에 공동의 목표를 설정함으로써 자신들에게 바람직한 결론에만 집중할 수 있게 하는 것이다. 공동의 목표를 중요시하게 되기 때문에 부서 간에 갈등이 있다 하더라도 서로 의논하고 소통하게 되어 갈등이 해소될 수 있다는 것은 기존 연구를 통해 입증되고 있다.

▶ **직접 대면** 갈등 당사자 간에 직접 대면시킴으로써 서로의 입장과 갈등의 원인을 밝혀 해결하고자 하는 방법이다. 실제로는 전문상담역의 도움을 받아 당사자 간의 대화를 이끌어가는 과정자문(process consultation)을 주로 사용하고 있다. 갈등 당사자 간의 가치관이 크게 다를 경우에는 갈등을 오히려 심화시킬 수 있는 단점을 가지고 있다.

▶ **자원의 확충** 부족한 자원이 갈등을 초래할 수 있다고 위에서 언급한 바 있다. 이러한 상황에서는 어떤 팀에게 자원을 제공하는 것이 곧 다른 집단은

표 13.3 갈등관리 방안의 분류

루즈-루즈 (lose-lose)	윈-루즈 (win-lose)	윈-윈 (win-win)	기타
회피 타협 3자 개입	경쟁 수용 상위 권력의 이용	협력 공동목표 도입 자원의 확충	직접 대면

그만큼 받지 못하는 상황으로 이어져 갈등이 발생하곤 한다. 파이의 크기를 키운다는 말처럼 자원 자체의 규모를 확충해서 갈등을 해결하는 것이다.

[표 13.3]은 위에서 설명한 갈등관리 방안들을 종합하여 재분류한 것이다. 이들이 주로 역기능적 갈등을 해소하는 방안이었다면 순기능적 갈등을 의도적으로 자극하는 것도 갈등관리의 한 방법이다. 이미 언급했듯이 **갈등촉진**은 갈등의 부정적인 영향을 최소화하고 갈등이 초래하는 비용을 미리 방지하는 것을 목표로 하는 선제적 접근법이다. 갈등촉진은 그동안 잘 인식하지 못했던 조직 내 문제점들에 관해 관심을 기울이게 해주고 사태가 더 진전되기 전에 문제를 잘 해결할 수 있도록 방안을 제공하기도 한다. 이를 위해 경영진 및 매니저들은 다음의 방법들, 즉 커뮤니케이션(communication), 외부 인사의 영입(bringing in outsiders), 리스트럭처링(restructuring the organization), 경쟁심리의 자극(encouraging competition) 등을 활용할 수 있다.

▶ **커뮤니케이션** 매니저들은 메시지를 조작하여 갈등을 촉진할 수 있다. 예컨대 모호하거나 위협적인 메시지를 전달함으로써 갈등을 유발한다. 회사의 파산, 부서 폐지, 정리해고 등의 소식은 무관심을 불식시키고 구성원들이 새로운 아이디어를 위해 상호 간의 차이를 직시하고 현재 행동들을 재평가하게 만든다. 매니저들은 이 밖에도 메시지의 초점이나 채널을 변경함으로써 갈등을 유발할 수 있다.

▶ **외부 인사의 영입** 배경, 가치관, 태도, 업무 스타일 등이 다른 사람을 영입함으로써 갈등을 촉진할 수 있다. 완전히 새로운 인력을 끌어들이는 것은 부정적인 결과를 초래할 위험도 있지만 느슨해진 조직의 분위기를 쇄신하

는 데는 긍정적인 효과를 기대할 수 있다. 조직문화를 변화시키기 위해 기업들이 외부 전문가를 영입했다는 기사를 종종 볼 수 있다. 폐쇄적인 조직일수록 그 효과는 생각보다 클 것이다.

▶ **리스트럭처링** 작업집단의 재배치, 규칙과 규율의 변경, 상호의존성의 증대, 변화를 위한 구조변경 등을 통해 순기능적 갈등을 유발한다. 이는 역기능적 갈등을 해소하는 동시에 순기능적 갈등을 끌어내는 방법이기도 하다. 다기능팀을 활용하는 것도 조직구조를 변경시키는 좋은 예가 된다. 다양한 부서원들로 이루어진 다기능팀은 수많은 활동 간의 조정 작업을 수월하게 하고, 순차적으로 활동이 이루어지기보다 동시에 수행되게 해서 지연을 줄일 수 있다.

▶ **경쟁심리의 자극** 한 취업포탈이 시행한 설문조사에서 '현 직장에 경쟁심리를 자극하는 동료'가 '있다'고 답한 사람이 84.4%에 달했다. '직장인들은 동료를 통해 경쟁심리를 자극받으면 어떻게 할까?'라는 질문에도 '다른 방식으로 동료를 앞서려 노력한다(46.8%)'에 이어 '해당 동료를 따라해 본다(22.2%)'는 답변이 있었다. 경쟁은 이처럼 순기능적인 갈등을 초래해서 조직 전반에 걸쳐 성과 수준을 높이는 효과를 가져올 수 있다. 하지만 동료 사이의 적당한 경쟁심리는 상호발전의 기회를 마련하는 긍정적인 영향을 가져오나 지나친 경쟁의식은 조직의 분위기를 와해시킬 수 있으므로 주의해야 한다.

2.3 비효과적인 기법

갈등이 거의 없어 보이는 집단이 오히려 상호 간의 무관심, 창의성 결핍, 우유부단, 그리고 매너리즘 등의 문제에 시달리는 경향이 있다. 매니저들은 이에 따라 그들이 주로 취하는 여러 조치가 갈등관리에 그리 효과적이지 못하다는 섣부른 판단마저 하게 된다. 이것은 아마도 갈등관리전략의 문제보다 지금까지 비효과적인 관행을 근절하지 못하는 데 더 큰 원인이 있다고 할 수 있다. 여기서는 갈등관리에 비효과적인 방법들로 매니저가 유념해야 하는 무조치(nonaction), 은폐(secrecy), 비방(character assassination)에 관해 소개한다.

- ▶ **무조치**는 어느 정도의 갈등은 당연한 결과이고 곧 갈등이 없어질 것이라고 희망하면서 당사자들 간에 알아서 하라는 식으로 아무런 조치를 하지 않는 것이다. 일반적으로 대부분의 갈등은 쉽사리 사라지지 않는다. 따라서 방치는 좋은 방법으로 볼 수 없으며 무책임한 것이다. 이것은 갈등에 연루된 사람들에게 냉소적 태도를 보이게 만들거나 좌절감을 가져다줄 수 있다.
- ▶ 갈등이 있어도 대다수의 다른 사람에게 이를 보이지 않게 하려고 **은폐**하는 것은 하나의 미봉책으로 더 큰 갈등의 씨앗이 될 수 있다. 갈등에 연루된 사람들에게 문제가 개선되고 있다고 말하거나 상사가 아직 그 문제를 고민 중이라고 하는 등 시간을 벌어서 갈등에 관한 조치를 의도적으로 지연시키는 것이 흔한 예다. 무조치와 마찬가지로 사람들에게 좌절감이나 분노를 초래할 수 있다.
- ▶ **비방**은 자신 또는 자신의 집단에 대해 반대하는 사람에 대한 평판을 나쁘게 하는 것을 의미한다. 한쪽 편에서의 비방은 애당초 의도한 대로 결과가 나오지 않을 수 있으며, 비방하는 사람만 사악하고 정직하지 못한 사람으로 보일 수도 있다. 때에 따라서는 당사자들 간의 욕설과 비난으로 사태가 악화될 수 있으며 갈등과 무관한 사람들로부터도 비난받게 된다.

3 협상에 대한 이해와 전략

갈등이 악화되어 분쟁으로 표출되는 경우 협상은 갈등을 진정시키는 역할을 한다. 갈등의 당사자들이 협상을 통해 자신이 얻고자 하는 것을 상대방에게 잘 이해시킬 수 있을 뿐만 아니라 동시에 상대방의 이익이 무엇인지도 더 잘 이해할 수 있게 된다. 이러한 과정에서 상대를 얼마나 많이 이해할 수 있느냐에 따라 협상의 진행 양상과 그 결과에 대한 만족도도 달라질 것이다.

3.1 갈등 인식과 협상

협상(negotiation)은 쌍방이 서로 다른 입장에 있을 때 합의된 결정을 만들어 가는 프로세스이다. 협상은 우리 일상에 깊숙이 들어와 있지만 평소 협상이란 말을 잘 쓰지 않고 그런 상황에 임하고 있어 약간 생소하게 생각될 뿐이다. 사실 우리가 사는 세상은 아주 큰 협상테이블이라고 해도 과언이 아니다. 금전과 사랑, 정의, 그 무엇이든 우리가 누리고자 하는 온갖 것들은 협상을 통해 얻고 있기 때문이다. 최근에 이슈가 되는 아파트 주민들 간의 갈등, 특히 위 아랫집 원수 만드는 '층간소음'은 인구의 절반이 아파트 생활을 하는 우리나라에서는 국가 차원의 대응마저 거론되는 매우 심각한 갈등이 아닐 수 없다. 이와 관련된 사례를 가지고 협상에 이르는 과정과 함께 협상 프로세스에 대해 살펴보자.

협상
합의에 도달해 결정을 내리기 위한 교환 프로세스

A씨는 아래층 B씨 가정에서 들려오는 피아노 연주가 소음 수준이라며 중단해 줄 것을 주장한다. 반면 B씨는 예술계대학 수험생이 있어 이를 용납할 수 없다고 말하고 있다. "자녀 진학도 중요하지만, 공동주택에서 이웃도 생각해야 하는 것이 아니냐?"고 A씨가 따지자 B씨는 "9시는 요즘 초저녁인데 할 일을 왜 맘대로 못 하느냐?"고 격분하면서 그동안 참았던 A씨 손자들로 인한 소음까지 문제 삼아 맹비난을 다시 퍼붓는다. 고성이 오가는 사이 민원이 접수되고 안내방송에서까지 자제를 요청하면서 언쟁은 일단락되었다. 한동안 다툼은 잠잠했지만 B씨 가정에선 낮

서울시 서울이웃분쟁조정센터 포스터

에도 피아노를 연습할 엄두가 나지 않았으며, A씨 가정도 손주들이 놀러 오면 예전처럼 자유롭게 놀 수가 없었다. 어느 날 우연히 엘리베이터에서 마주치게 된 두 사람은 어색하지만 서로 화해를 하게 되었다. B씨는 자녀의 진학문제로 마음의 여유가 없었다고 말하고 앞으로 시간을 정해서 그 시간에만 연습하게 하겠다고 말하자, A씨도 손주들이 주말마다 소음을 일으킨 것은 전혀 모른 채 예민하게만 군것을 사과하면서 갈등은 원만히 해결되었다.

악화되는 갈등을 협상으로 해결하게 되는 과정은 다음과 같이 단계화시켜 볼 수 있다. 최초 단계에서 **당사자들의 갈등이 증폭**되어 나타났다. 상대방 주장이나 공격에 대해 한층 수위를 높여 강하게 대응하며, 이 과정에서 특정 문제의 다툼이 다른 문제로까지 확산하기도 한다. 사례에서 보면 늦은 시간 피아노 연주에 대한 항의는 참아왔던 주말 층간소음을 문제 삼는 것으로까지 증폭되었다. 그다음 단계에서는 당사자들이 **갈등을 증폭시켜서는 더 이상 득이 될 게 없다고 생각**하게 되었다. 따라서 일종의 휴전상태에 도달하게 된다. 타 주민들의 관심이 집중되고 소란에 대한 민원이 발생하자 A씨와 B씨는 다투는 것을 자제하게 되었다. 세 번째 단계는 대립해서는 **어느 한쪽도 이길 수 없다는 점을 갈등 당사자들이 인식**하는 단계였다. 지속할수록 갈등으로 인해서 결국 본인들이 피해를 보게 된다는 것을 인식하게 된다. 즉, 손주들과 시간을 보내는 것이 오히려 불편함으로 바뀌고 진학 준비생은 연습에 차질을 가져오게 된다. 그뿐만 아니라 다툼에 의한 민원 발생은 A씨와 B씨가 서로 해결해야 하는 과제가 되었다. 마지막 네 번째 단계는 갈등이 지속되면서 입게 되는 **피해 때문에 갈등 당사자들이 협상하지 않을 수 없게** 되었다. 위 사례에서는 A와 B씨가 각기 서로의 생활 방식이나 기대 등을 논의한 후 해결방안을 모색하게 된다.

대체로 협상 프로세스는 [그림 13.2]와 같이 다섯 단계로 이루어진다. 먼저, 준비 및 기획(preparation and planning)이다. 협상 시작에 앞서 개인은 갈등, 협상에 임하게 된 내력, 그리고 협상으로부터 기대하는 것 등을 알아야 한다. 다

그림 13.2 일반적인 협상 프로세스

음은 협상의 기본 원칙을 규정(definition of ground rules)하는 것이다. 계획과 전략이 수립되면 상대방과 협상의 기본 원칙 및 절차를 정해야 한다. 협상 당사자들은 이 단계에서 초안이나 요구를 주고받는다. 그러고 나서 설명과 정당화(clarification and justification)를 통해 자신의 요구를 부연설명하고 강화하고 정당화하려 한다. 대립한다기보다는 오히려 해당 이슈들이 왜 중요한지와 어떻게 최초 요구에 도달할 것인지를 서로에게 알려주는 기회가 된다. 결론에 도달하려고 시도하는 과정에서 일어나는 흥정과 문제해결(bargaining and problem solving)이 남아 있다. 즉, 적절한 합의에 이르는 것이 협상의 본질이라 할 수 있는데, 이 단계에서 당사자끼리 서로 양보할 필요가 있다. 마지막 단계는 종결과 이행(closure and implementation)으로 지금까지의 합의사항들과 절차를 공식화한다. 세부 사항들을 공식적으로 문서화하여 확정 짓게 된다. 비즈니스 조직에서라면 이상의 모든 협상 프로세스에서 당사자들이 체계적인 방식으로 협상에 임해서 희소한 자원을 분배할 방법을 결정하고 서로의 이익을 보존해야 한다.

집단과 조직에서 발생하는 대부분의 상호작용에는 협상 프로세스가 깃들어 있다. 협상은 조직 내에서 갈등관리 프로세스의 일부이며, 개인과 조직이 사용하는 핵심적이며 기초적인 갈등해결 및 관리 도구로써 이해되어야 한다. 어떠한 협상이라도 반드시 고려해야만 하는 두 가지 목표라면 그것은 실질목표(substance goals)와 관계목표(relationship goals)일 것이다. **실질목표**는 현재 협상 중인 이슈의 결과에 관한 것으로서 흔히 연봉협상에서 인상액이나 삭감액이 얼마인지가 바로 당사자들 간의 실질목표에 해당한다. 이에 반해 **관계목표**는 협상이 끝나고도 쌍방이 얼마나 잘 지낼 수 있느냐에 관한 결과를 일컫는다. 노사협상이 타결된 이후에도 노조간부들과 경영진이 서로 잘 지내느냐의 여부는 바로 관계목표의 좋은 예가 되며 이는 전적으로 그들의 협상능력에 달려 있

하이데거의 숲

여성의 협상능력이 남성보다 우월?!

남성과 비교하면 감정을 더 잘 드러내는 여성이 높은 지위에 있더라도 협상을 성공적으로 이끌지 못할 수 있다. 지위와 관계없이 그 정당성이 잘 인식되는 남성들과 달리, 여성의 경우엔 지위가 높은 사람들의 주장만 타당하게 인식되는 경향이 있다. 권력이 있는 여성들은 남성들보다 그 권력으로 말미암아 협상에서 강한 자기주장을 펼친다고 한다. 그러나 그들이 만족감을 표시하는 순간, 지금까지의 지배력 상실은 물론 상대로부터 얕잡아 보이게 된다고 한다. 권력과 지위뿐 아니라 이처럼 성별도 협상과 갈등 프로세스에 상당한 영향을 미칠 수 있다.

다. 효과적인 협상이란 실질적인 이슈가 해결되고 기존의 당사자들 간의 관계 또한 유지되거나 보다 향상될 수 있는 경우일 것이다. 이러한 맥락에서 '입장에 의한 협상'이 아닌 '원칙에 의한 협상'이 요구되는데, 이를 위해서는 다음의 조치가 필요하다.

- **사람과 문제를 결부시키지 않고 분리**: 당사자들 간에 서로 불신하고 공격하기보다는 성공적인 협상을 위해서 문제와 갈등의 원천에 더 집중하는 것이다. 이를 문제의 외재화라고 한다. 한배에 탄 사람들처럼 상대와 함께 문제를 해결해 나가는 동료로 생각하고 문제에만 집중해야 한다.
- **입장이 아닌 이해 관심사를 분석**: 입장은 협상으로부터 얻기를 원하는 것이라고 한다면 이것들을 얻어야만 하는 이유가 관심사이다. 가령 임원 승진기회를 놓고 경쟁(입장)하는 두 명의 부장에게 승진하려는 이유(관심사)를 물었을 때, 한 명은 높은 지위에 대한 열망이라고 답한 반면 나머지 한 명은 더 나은 보수라고 했다고 하자. 이러한 관심사에 초점을 둔다면 승진 없이도 임금 인상을 통해 갈등을 해결할 수 있게 된다.
- **상호이익이 되는 여러 방안을 새로 마련**: 성급한 판단과 함께 한 가지 방안만을 고집하는 것은 자신의 문제만이 해결되어야 하는 문제라고 인식하는 것과 같다. 양측은 문제해결을 위한 다양한 대안들을 마련하고 어느 것이 서로를 위해 유익한지 논의를 주고받는 것이 필요하다.
- **결과가 객관적인 기준에 근거함을 강조**: 협상에 임하는 쌍방이 자신의 관

심사를 가지고 이를 극대화하려 하는 것은 당연하다. 그러므로 성공적인 협상은 주관적인 판단보다는 객관적인 근거에 초점을 두고 공정한 기준을 유지하는 것을 요구한다.

3.2 분배적 협상과 통합적 협상

협상은 그 성격에 따라 통합적 협상(integrative negotiation)과 분배적 협상(distributive negotiation)으로 나누어 볼 수 있다. 앞서 설명한 원칙에 의한 협상이 사실상 통합적 협상을 위한 전략이다. **통합적 협상**은 협력적으로 공동의 이익을 위해서 문제를 풀어가려고 노력하는 협상이다. 즉, 한정된 크기의 파이를 어떻게 나눌지 고민하기보다는 파이의 전체 크기를 키워서 서로에게 나눠지는 몫도 크게 할 수 있는 방법을 논의하는 것이다. 이 경우에는 한쪽의 이익을 얻기 위해서 다른 상대방의 손실을 요구하는 것이 아니라 양측의 니즈와 이익을 모두 충족시켜 주는 방법을 추구하는 것이다. 장기적인 관계를 형성할 수 있고 장차 협력을 촉진한다는 점에서 통합적 협상은 분배적 협상보다 바람직한 것으로 여겨진다.

통합적 협상
윈-윈 해결책을 위해 하나 이상의 합의를 도출하려는 협상

분배적 협상은 한정된 파이를 어떻게 나눌지에 관한 협상으로서 일종의 제로섬 게임(zero sum game)이다. 즉, 내가 더 많이 얻는 만큼 상대방의 몫은 더욱 작아지고 상대방의 몫이 커지면 그만큼 내가 얻는 것이 작아지는 것이다. 따라서 이러한 상황에서 어느 일방의 목표는 상대방의 목표와 경쟁적이며 갈등관계에 있게 된다. 분배적 협상의 흔한 예라면 임금과 종업원복지에 관한 전통적인 노사협상을 들 수 있다. 전형적으로 노측 대표들은 사측으로부터 가능한 한

분배적 협상
한정된 자원을 나누고자 하는 윈-루즈 상황의 협상

표 13.4 분배적 협상과 통합적 협상의 비교

	분배적 협상	통합적 협상
목표	개별 이득을 극대화하고 손실을 극소화	공동의 이익을 주로 극대화
이슈	제한된 자원하에서 일방의 손실이 다른 일방의 이익	상호 노력에 따른 공동이익의 증대
결과	타협, 거래, 윈-루즈 결과	양보에만 국한되지 않는 창의적인 해결
커뮤니케이션	정보 탐색, 자료 확보, 기만적인 폭로	정보 공유, 니즈와 목적에 대한 정확한 공표

많이 그들의 요구사항을 관철하고자 노력한다. 노사분규에 따른 손실은 일반적으로 사측에게 큰 부담이 되지만 분규가 길어지면 결국 양측 모두에게 득이 없기 때문에 양측은 공격적으로 협상하고 이따금 상대방을 반드시 물리쳐야만 하는 적으로 간주하기도 한다.

어느 상황에서 어떤 전략을 사용해야 좋을까? 이러한 두 전략의 접근 방식을 고려할 때, 분배적 협상은 어느 정도의 강점을 지닌 채 협상하기 좋은 여건에 있을 때 주로 사용한다. 이와 반대로 자신이 강하다고는 할 수 없지만 뭔가를 협상에서 쟁취하고 싶은 상황이라면 통합적 협상이 더 유리할 수 있다. 협상 전략을 택하는 데 사용할 수 있는 또 다른 요소는 협상 자원이 얼마나 제한적인지다. 만약 제한적이라면 분명히 더 큰 파이를 쟁취하고 싶을 것이므로 분배적 전략을 택하는 쪽이 더 유리해진다. 또한 장기적인 시나리오를 생각해 보고 상대방과 우호와 경쟁 관계 중 어느 쪽을 원하는지 판단해 보는 것도 중요하다. 이번 한 번의 거래로 끝나서 향후 상대방의 도움이 필요하지 않으리라고 생각한다면 분배적 협상이 최선이다. 그러나 앞으로도 의존성이 두드러질 것 같으면 통합적 협상이 안전한 선택일 것이다. 협상 결과는 협상자들이 취하는 태도에 전적으로 달려 있어서 협상테이블에서 올바른 행보를 하기 위해선 분배적 협상과 통합적 협상의 차이를 명확하게 이해해야 한다.

협상에서 상대방이 내게 유리한 방향으로 의사결정을 내리도록 영향을 미칠 수 있는 능력이 협상력이다. 합의에 도달하지 못하면 쌍방 중 누가 더 손실이 큰지에 따라 대개 협상력의 크기는 달라진다. 자신의 이익에만 집착하고 상대방의 이익은 일반적으로 무시하게 되는 분배적 협상에서는 협상력의 크기가 고스란히 협상의 과정과 결과에 반영될 수 있다. 하지만 통합적 협상에서는 쌍방 간의 협상력의 차이가 가진 중요성은 상대적으로 적다. 협상력을 이용해서 상대방에게 양보를 요구하기보다는 상대방이 인식을 바꿀 수 있는 여건을 조성한다. 따라서 상대방에 대한 리더십이나 영향력, 설득력이 곧 협상력이며 자기의 욕구를 조절하는 능력 또한 협상력을 위해 중요하다.

ORGB 뉴스

나란히 추락한 쌍용차, 르노삼성…노사관계는 딴판

올해 쌍용자동차와 르노삼성 자동차의 부진은 한국 자동차 산업에 뼈아픈 부분이다. 한국 자동차 업계 생산량의 마지노선 격인 '연간 400만 대 생산'의 벽까지 위협받고 있다. 현대기아자동차에 이어 나란히 내수 판매 3위, 4위를 차지했지만 쌍용차와 르노삼성의 판매량은 지난해와 비교해 곤두박질쳤다. 수익성 악화에 11분기 연속 적자를 기록한 쌍용차는 노사가 임원 수 축소, 임금 반납, 복지혜택 축소 등 뼈를 깎는 체질 개선에 나섰다. 반면 르노삼성은 노사가 임금 협상에서 합의점을 찾지 못하고 평행선만 달리고 있다.

심각한 적자…허리띠 졸라맨 쌍용차 노사

쌍용차의 올해 11월까지 누적 판매량은 12만 2,312대로 지난해 같은 기간과 비교해 5.1% 감소했다. 쌍용차는 상반기까지만 해도 창사 이래 최대 매출액 신기록인 1조 8,683억 원을 기록했고 판매량도 지난 2003년 이후 16년 만에 최대치인 7만 277대를 기록하는 등 성과를 냈다. 하지만 이후 부진이 이어지며 내수시장 판매량 3위는 유지했지만 판매량은 곤두박질쳤다. 특히 올해 렉스턴 스포츠 칸과 코란도 등 신차 출시가 이뤄진 점을 고려하면 더욱더 아쉬운 부분이다. 판매량 부진 속에 12분기 연속 적자의 가능성도 높아졌다. 쌍용차는 앞서 올해 3분기까지 11분기째 연속 적자를 기록한 상황이다. 올해 3분기 영업손실은 1,052억 원으로 집계됐다.

공격적 신차 출시에도 적자가 계속되자 쌍용차는 올해 그 어느 때보다 높은 수준의 경영쇄신안을 쏟아냈다. 노사가 함께 허리띠를 졸라매기 시작했다. 우선 지난 8월, 회사는 경영위기를 타개하기 위해 임원 20% 감축과 임원 급여 삭감을 진행했다. 쌍용차 예병태 사장이 직접 임직원에게 담화문을 내고 "지금 경영쇄신 등을 하지 않으면 더 큰 경영위기가 올 수 있다"며 "여러 가지 자구책을 노조와 협의할 것"이라며 더욱 강력한 쇄신책을 예고했다.

추가안은 9월에도 나왔다. 이번엔 노조가 양보했다. 당시 자구안의 내용은 ▲근속 25년 이상 사무직 대상 안식년제 시행을 시작으로 ▲명절선물 지급 중단, ▲장기근속자 포상 중단, ▲의료비와 학자금 지원 축소 등이다. 총 22개의 복지 항목을 축소하거나 아예 중단했다. 당장 이달에도 '임금 반납'이라는 고강도 쇄신안이 이어졌다. 이달 19일 쌍용차와 쌍용차 노동조합은 미래 경쟁력 확보를 위한 추가적인 경영쇄신 방안으로 ▲상여금 200% 반납과 ▲PI 성과급 및 생산격려금 반납, ▲연차 지급률 변경(150%→100%)을 진행한다고 밝혔다. 다만 안정적인 노사관계 속에도 쌍용차는 내년에 이렇다 할 신차 출시 계획이 없는 상황이다. 실적 개선에 집중할 것으로 보인다.

기본급 문제로 또 충돌한 르노삼성

한때 무분규 사업장이라 불리던 르노삼성은 올해 노사가 쉴 새 없이 충돌했다. 노사 갈등도 갈등이지만 판매량 하락폭이 국내 5개 완성차 업체 중 가장 컸다. 판매량(11월 누적 기준)이 지난해와 비교해 23%나 감소했다. 르노삼성 노사는 올 한 해에만 '임금 및 단체협약 협상'을 두 차례 진행했다. 계속해 협상이 결렬되면서 2018년도 임단협과 2019년도 임단협이 올 한 해 이뤄진 것이다. 2018년도 임단협은 300시간이 넘는 파업 끝에 지난 6월, 가까스로 합의점을 찾았지만 노사는 곧장 2019년도 임단협 문제로 다시 충돌했다.

노사의 충돌 지점은 '기본급 인상'이다. 르노삼성은 지난 2017년 이후 기본급이 동결된 상황이다. 노조는 르노삼성이 계속해 흑자를 내고 있지만 기본급은 계속해 동결됐다며 지난 2018년도 임단협에도 양보한 만큼 이번엔 기본급을 올려야 한다는 입장이다. 이에 기본급 15만 원 인상과 수당, 격려금 지급 등을 요구했다. 르노삼성노조 이종열 영업지부장은 지난 24일 성명서를 통해 "올해도 2,000억 원 가까운 이익이 나는데도 또다시 기본급 동결을 강요하고 있다"고 주장했다. 회사는 수용할 수 없다는 입장이다. 르노삼성 부산공장의 인건비가 이미 르노 그룹 내 공장 중 가장 높은 상황이며 또 내년도 신규 물량 배정을 위해선 기본급을 올릴 수 없다는 것이다.

대신 회사는 일시금 형태로 약 900만 원(타결 격려금 100만 원, 기본급 동결 격려금 100만 원, 신차 출시 격려금 200만 원, 고정 생산성 격려금 평균 400만 원, 추가 생산성 격려금 평균 100만 원 등)을 지급하겠다는 안을 제시했지만 노조는 거부했다. 협상 결렬은 결국 부분파업으로 이어졌다. 우선 노조는 지난 23일부터 주야간 6~8시간 부분파업을 진행 중이다. 부분파업은 다음날인 31일까지 이어질 예정이다. 결국 기본급 인상을 두고서 평행선을 달리고 있는 르노삼성 노사는 2019 임단협을 끝내 마무리 짓지 못하고 내년으로 넘길 것이 유력한 상황이다.

출처: https://www.nocutnews.co.kr/news/5263690

3.3 협상 인센티브와 협상가능영역

협상을 통해서 자신의 이익을 증대시킬 수 있을 때 사람들은 서로 협상을 모색하게 된다. 이익을 얻을 수 있는 여지, 즉 **협상 인센티브**가 클수록 협상하고자 하는 동기도 커지게 된다고 할 수 있다. 협상 인센티브와 그 크기는 **협상가능영역**(contract zone)으로 설명될 수 있다. 협상가능영역은 협상 당사자들이 합의하지 않기보다 차라리 합의하는 편이 유리한 영역이다. 따라서 협상 인센티브는 협상가능영역의 크기와 비례한다고 볼 수 있다. 일례로 출시된 지 얼마 안 된 외제 중고차를 싸게 사려는 매수자와 되도록 비싸게 팔기를 원하는 매도자를 생각해 보자.

> 매도자 L씨는 시세대로 5천만 원을 요구하고 있지만, 사업자금이 급해서 4천 3백만 원 이상이면 팔려는 의사가 있다. 매도자에게는 이것이 보유보다는 차라리 매도가 나은 최저가격 수준이다. 중고차 중개상을 하는 K씨는 최근 외제 차의 수요 증가로 투자 전망을 낙관하고 있지만 아직 구매를 서두르지 않고 시세보다 낮은 4천 5백만 원 이하에서 매입 의사가 있다. 이것은 매수자가 관망보다는 차라리 매입이 나은 최고가격 수준이다. K씨는 그러나 L씨의 자금사정이 급하다는 정보를 지인들에게 듣고서 4천 1백만 원을 제시하게 되었다. 이들의 매매 협상에서 협상가능영역은 L씨가 요구하는 최저 수준 4천 3백만 원과 K씨가 원

그림 13.3 **협상가능영역의 예**

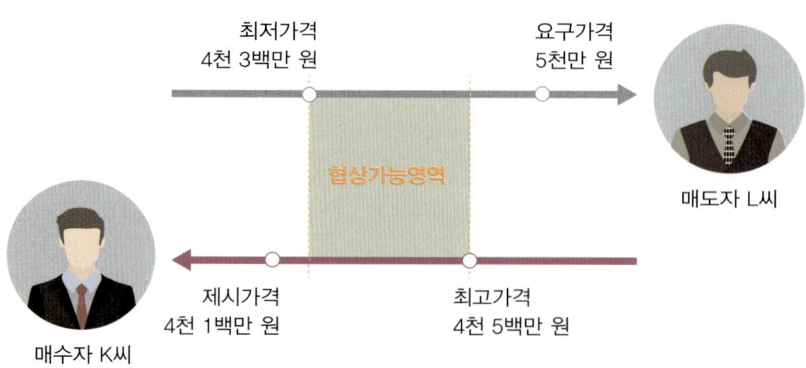

하는 최고 수준 4천 5백만 원이 된다. 협상을 통해 매매가 실제 이루어지는 가격과 매수자가 생각하는 최고가격 간 차이는 매수자의 협상 이익이 되고, 매도자가 생각하는 최저가격과 실제 가격의 차이는 매도자의 협상 이익이 된다. 이 경우 4천 4백만 원에서 매매가 성사되었다면 L씨는 협상을 통해 1백만 원의 이익을, 그리고 K씨도 1백만 원의 협상 이익을 거두게 된다.

협상의 인센티브가 크다고 해서 반드시 협상 당사자들이 합의에 도달할 수 있는 것은 아니다. 협상가능영역이 넓고, 협상을 통해서 얻을 수 있는 이익도 크다 하더라도 합의에 도달하지 못해서 협상 이익을 실현할 수 없는 경우가 종종 발생한다. 타협이 가능한데도 **협상이 실패로 돌아가거나 갈등의 해결을 어렵게 만드는 이유**는 크게 보면 다음의 세 가지로 설명할 수 있다.

- 협상 당사자가 가지고 있는 심리적인 문제이다. 협상 당사자가 갈등이나 분쟁의 상황을 사실보다 어렵게 보며 협상가능영역과 협상의 이익을 실제보다 작다고 느끼는 등 심리적인 문제가 합의의 장애요인으로 작용하여 합의에 도달하지 못하는 문제가 발생할 수 있다.
- 협상 당사자들 사이에 정보의 비대칭성 문제가 작용한다. 이러한 문제는 자신이 알고 있는 정보를 상대방이 정확하게 알 수 없고 거꾸로 상대방이 가지고 있는 정보를 자신은 잘 모르는 데서 발생한다. 협상 당사자들은 합의할 수 있는 최고 수준이나 최저 수준 등에 대한 정보를 정확히 알 수 없어서 합의에 도달하지 못하는 문제가 발생하기도 한다.
- 협상 당사자나 분쟁의 이슈가 가지고 있는 제도적인 문제이다. 협상을 통해서 합의에 도달할 수 있다고 하더라도 협상 당사자가 속한 조직의 문제 때문에 합의에 도달하기 어렵거나, 분쟁 이슈가 지닌 법적 성격 때문에 당사자만의 합의로 해결하는 데 한계가 있는 경우 협상만으로는 분쟁 해결을 못하는 문제가 발생한다.

이러한 세 가지 협상의 장애요인은 흔히 복합적으로 작용하는 때가 많다. 특히 정보의 비대칭성 문제와 심리적 문제는 밀접한 관계를 갖게 된다. 즉, 협상 당사자가 가지고 있는 심리적 문제는 정보의 비대칭성 문제를 악화시키고, 정보의 비대칭성 문제는 심리적 장벽을 키운다.

단원 요약

1. 갈등은 서서히 발전되면서 여러 국면을 거치게 된다. 조직에서의 갈등은 상호작용에서 커뮤니케이션을 통해 명확히 드러나기 전까지 잠재적 갈등, 인식된 갈등, 통감된 갈등, 표면화된 갈등, 갈등의 여파와 같은 과정을 겪는다.

2. 네 가지 수준의 갈등으로는 주로 쌍방 간의 성격 차로 인해 발생하는 개인 간 갈등, 동시에 여러 역할의 요구가 주어졌거나 내적 가치와 역할 요구 간 충돌이 일어날 때 발생하는 개인 내 갈등, 팀 사이에서 발생하는 집단 간 갈등과 경쟁기업들 사이에서의 조직 간 갈등 등이 있다.

3. 갈등이라고 해서 전부 나쁜 것은 아니며, 적정 수준의 갈등은 오히려 집단에 도움이 된다. 팀 리더는 갈등과 협력 간의 균형을 잘 유지해서 팀 성과를 향상시켜야 한다. 즉, 순기능적 갈등은 촉진하고, 역기능적 갈등은 예방하거나 해결하는 것이 갈등관리의 핵심이다.

4. 조직에서는 흔히 갈등을 관리하기 위한 목적으로 그것이 사람 위주의 갈등인지 이슈 위주의 갈등인지 구분한다. 갈등이 발생하는 원인으로는 개인들 간의 차이도 있지만, 조직에서의 원칙들과 관련된 구조적 요인도 있다.

5. 갈등관리전략은 크게 갈등해소와 갈등촉진으로 나뉜다. 갈등해소는 조직 내에서 갈등을 감소시키기 위한 기법들이며, 갈등촉진은 조직 내에서 변화를 유발하기 위해 갈등을 만들어 내는 것을 일컫는다.

6. 조직에서는 갈등관리에 있어 비효과적인 관행들이 종종 행해지기도 한다. 매니저들은 갈등에 대해 아무런 조처를 하지 않거나 은폐하거나 자신과 의견이 다른 상대방을 비방하는 행동들을 지양해야 한다.

7. 협상이란 쌍방이 서로 다른 입장에 있을 때 합의된 결정을 만들어가는 프로세스를 말한다. 대체로 준비 및 기획, 기본 원칙의 규정, 설명과 정당화, 흥정 및 문제해결, 종결과 이행이라는 단계로 이루어진다.

8. 분배적 협상은 한정된 파이를 어떻게 나눌지에 관한 협상으로서 일종의 제로섬 게임이다. 하지만 통합적 협상은 한정된 크기의 파이를 어떻게 나눌지 고민하기보다는 파이의 전체 크기를 키워서 서로에게 나눠지는 몫도 크게 할 수 있는 방법을 논의하는 것이다.

9. 협상을 통해서 이익을 얻을 수 있는 여지, 즉 협상 인센티브가 클수록 협상하고자 하는 동기도 커지게 된다. 협상 인센티브는 협상가능영역의 크기와 비례한다고 할 수

있는데, 협상가능영역이란 협상 당사자들이 합의하지 않기보다 차라리 합의하는 편이 유리한 영역이다.

논의할 문제

1. 매니저들이 조직에서 갈등의 국면들에 대해 이해해야 할 필요가 있는 이유는 무엇일까?
2. 내면 갈등 중인 신입직원에게 제안해 줄 수 있는 가장 효과적인 갈등관리 기법은 무엇일까?
3. 우리 팀에서 적정한 수준의 갈등 부재로 인해 발생될 수 있는 문제들로는 무엇이 있을까?
4. 협상테이블에서 분배적 협상전략을 사용하는 상대를 만났다면 상황이 어떻게 전개되리라 예상하고 어떤 전략으로 대응해야 할까?
5. 글로벌 시대인 오늘날 범문화 간 협상에서 나타나는 주요 특징들에는 무엇이 있을까?

더 읽을거리

Bazerman, M. H., Curhan, J. R., Moore, D. A., & Valley, K. L. (2000). Negotiation. *Annual Review of Psychology*, 51(1), 279-314.

De Dreu, C. K. W., & West, M. A. (2001). Minority dissent and team innovation: The importance of participation in decision making. *Journal of Applied Psychology*, 86(6), 1191-1201.

Greer, L., & Bendersky, C. (2013). Power and status in conflict and negotiation research: Introduction to the special issue. *Negotiation and Conflict Management Research*, 6(4), 239-252.

Griffin, T. J., & Daggatt, W. R. (1990). *The global negotiator: Building strong business relationships anywhere in the world*. New York: Harper Business.

Janis, I. (1982). *Groupthink*. Boston, MA: Houghton Mifflin.

Jehn, K. A. (1994). Enhancing effectiveness: An investigation of advantages and disadvantages of value-based intragroup conflict. *International Journal of Conflict Management*, 5(3), 223-238.

Jehn, K. A. (1995). A multimethod examination of the benefits and detriments of intragroup conflict. *Administrative Science Quarterly*, 40(2), 256–282.

Jeong, M., Minson, J., Yeomans, M., & Gino, F. (2019). Communicating with warmth in distributive negotiations is surprisingly counterproductive. *Management Science*, 65(12), 5813–5837.

Mazei, J., Hüffmeier, J., Freund, P. A., Stuhlmacher, A. F., Bilke, L., & Hertel, G. (2015). A meta-analysis on gender differences in negotiation outcomes and their moderators. *Psychological Bulletin*, 141(1), 85–104.

Miles, R. H. (1976). Role requirements as sources of organizational stress. *Journal of Applied Psychology*, 61(2), 172–179.

O'Reilly, C. A., Chatman, J., & Caldwell, D. F. (1991). People and organizational culture: A profile comparison approach to assessing person-organization fit. *Academy of Management Journal*, 34(3), 487–516.

Rao, V. S. P., & Krishna, V. H. (2009). *Management: Text and cases*. New Delhi, Excel Books.

Simons, T. L., & Peterson, R. S. (2000). Task conflict and relationship conflict in top management teams: the pivotal role of intragroup trust. *Journal of Applied Psychology*, 85(1), 102–111.

Thompson, L. (1990). Negotiation behavior and outcomes: Empirical evidence and theoretical issues. *Psychological Bulletin*, 108(3), 515–532.

Thompson, L., Peterson, E., & Brodt, S. E. (1996). Team negotiation: An examination of integrative and distributive bargaining. *Journal of Personality and Social Psychology*, 70(1), 66–78.

Wall, J. A., & Callister, R. R. (1995). Conflict and its management. *Journal of Management*, 21(3), 515–558.

Yang, J., & Mossholder, K. W. (2004). Decoupling task and relationship conflict: The role of intragroup emotional processing. *Journal of Organizational Behavior*, 25(5), 589–605.

CHAPTER

14

조직문화와 혁신

1. 조직문화
2. 조직문화의 유형
3. 조직 변화와 혁신

▶▶ 학습목표

1 조직문화를 정의하고 그 세 가지 수준에 관해 서술한다.

2 조직문화를 형성하는 요인들을 규명한다.

3 강한 문화와 약한 문화의 특성을 이해하고 비교한다.

4 조직문화가 성과에 어떻게 영향을 미치는지를 설명한다.

5 네 가지 유형의 조직문화를 규명한다.

6 변화와 혁신의 과정을 설명하고 조직문화의 역할을 이해한다.

조직문화는 꽤 복잡한 개념이다. 수많은 문제와 불일치가 조직문화와 관련해서 존재하는 게 사실이다. 무려 150여 가지의 정의들이 있는 것을 봐도 이를 짐작할 수 있는데, 문화(culture)라는 용어 자체가 너무도 여러 방면에서 사용되어 왔기 때문에 그렇다. 하지만 대다수의 조직문화 정의가 조직구성원들의 행동을 이끄는 공유된 규범과 가치의 중요성을 인식한다. 문화라는 것은 긍정 혹은 부정적인 태도를 초래하며 일하는 방식에도 영향을 미칠 수 있으므로 일개 조직의 성공을 위해 조직문화는 중요한 수단이 될 수 있다. 역동적인 조직으로 성장시키려 할 때 리더들이 활용할 수 있는 몇 가지 요소들 가운데 하나로서 조직문화는 규명되어 왔다.

시네마 ORGB

리틀 미스 선샤인 Little Miss Sunshine

엉망인 듯 보이지만 공통의 가치를 지닌 올리브의 가족

리틀 미스 선샤인(Little Miss Sunshine, 2006)

아빠 리차드 후버(Richard Hoover)는 세상을 승자, 패자로 양분하여 도약을 이끄는 9단계 실패탈출 프로그램의 강사다. 엄마 쉐릴(Sheryl)은 늘 피곤해 보이고 오늘도 패스트푸드 치킨을 저녁으로 차린다. 또 치킨이냐며 화를 내는 할아버지 애드윈(Edwin)은 양로원에서 마약을 하다 쫓겨났다. 16살 아들 드웨인(Dwayne)은 공군사관학교에 입학해 예비 파일럿이 되기 전까진 절대 말을 않겠다고 묵언을 선언한다. 외삼촌 프랭크(Frank Ginsberg)는 동성애자로 자살 시도 이후 가족의 보호가 필요해 잠시 이들과 함께 살고 있다. 7살 딸 올리브(Olive)는 캘리포니아에서 열리는 '리틀 미스 선샤인'이라는 미인대회에 나갈 수 있게 되어 너무 기뻐한다. 올리브의 미인대회 참가 문제로 리차드와 쉐릴은 소리 지르며 싸우고, 할아버지도 언성 높여서 올리브의 코치로 참석하겠다고 말한다.

하나도 어울리지 않는 가족들… 대화와 화합이 불가능해 보이는 가족들… 다들 내켜 하진 않지만, 마침내 후버 가족 모두 미니버스에 타고 미인대회가 열리는 캘리포니아 리돈도 해변으로 출발한다. 여정 동안 리차드는 자신의 이론을 출간하려던 계획이 무산된 것을 알게 되고, 쉐릴은 리차드에게 우린 파산이냐고 화를 내며 서로 다툰다. 드웨인은 차 안에서 자신이 색맹이라는 사실을 우연히 알게 되고, 조종사가 될 수 없다는 프랭크의 말에 분노 가득한 욕으로 말문을 열기 시작한다. 좌절한 조카에게 프랭크는 힘겨웠던 시간이 삶에서 가장 좋은 시기로 생각될 때가 있을 거라고 말해 준다.

대회를 앞두고 자신이 패배자가 되면 아빠가 싫어할 거라고 걱정하며 우는 올리브… 할아버지는 시도조차 하지 않는 사람이 진짜 패배자라며 올리브는 사랑스럽고 예쁘다고 말해 준다. 이날 밤 할아버지는 약물 과다복용으로 돌아가신다.

성인 같은 외모와 훌륭한 재능을 요구하는 미인대회! 순수하기만 한 올리브는 할아버지가 가르쳐줬던 우스꽝스러운 섹시 댄스를 춘다. 당황하는 주최 측, 말리는 사회자, 야유하며 자리를 뜨는 관객들… 그러나 너무 독특해 섞이지 않고 싸우고 삐걱거리기만 하던 가족들이 순수하고 예쁜 막내 올리브를 지켜주기 위해 무대에 함께 올라 춤을 춘다, 아주 즐겁게.

TIP!!

조직문화는 한 조직 내에서 공유된 의미체계를 말한다. 가정도 하나의 조직이라는 시각에서 영화 속 후버 가정의 문화를 말하고자 한다. 숨기고 서로 말하지 않는 것으로 갈등을 피해 왔던 가족 구성원들이 장거리 자동차 여행을 통해 가족애를 은연중 깨닫는 모습이 그려진다. 막내 올리브의 미인대회 참가를 계기로 모든 해프닝이 발생하지만, 그들에게 존재했던 공유 가치, 가족애가 존재한다는 사실을 인식하게 된다. 가족 구성원들은 제각기 무엇 하나 닮은 데가 없는 독특한 캐릭터로 묘사되고 있지만 가족이란 이름으로 그들이 한데 뭉쳐지고 협심하는 엔딩이 매우 인상적이다. 이것은 마치 조직문화가 기능적으로 작동되는 상황과 유사하다. 모든 문화가 똑같이 종업원들에게 영향을 미치지는 않는다. 핵심 가치로 구성원 간에 밀접한 연결이 있는 강한 조직문화에서만 가능한 것이다. 영화 속 후버 가족은 겉으로는 발견하기 힘든 핵심 가치를 이미 깊이 공유하고 있었던 것으로 생각된다. 다만 무의식적이거나 너무도 당연시되는 생각이라서 눈에는 잘 띄지 않았던 것뿐이다.

1 조직문화

기업의 조직문화란 하나의 공유된 지각으로서 사람들은 그 안에서 보고 듣고 느끼는 것을 토대로 직장의 조직문화를 지각한다. 심지어 구성원들이 서로 다른 배경을 지니고 있거나 조직 내의 지위가 다르더라도 유사한 방식으로 묘사하게 됨을 알 수 있다. 따라서 문화는 개개인이 세상을 바라보고 반응하는 방식을 결정한다. 어떤 문제에 직면할 때도 조직문화는 올바른 방식을 제안함으로써 한 사람이 할 수 있는 것들을 구체화하거나 때론 제재하기도 한다. 여럿이 함께 생활하는 곳이면 어디든 그들만의 문화가 형성되기 마련이며, 의도적이건 아니건 문화는 자연스럽게 발전한다.

1.1 조직문화의 개념

조직문화라는 주제는 지금까지 인류학, 사회학, 조직행동, 리더십 등 다양한 관점들과 영역들로부터 연구되어 왔다. 조직문화란 쉽게는 사람들이 근무하는 환경을 의미한다. 여기엔 사람들의 행동, 태도, 신념, 스킬, 관점, 습관과 편견들이 모두 포함된다. 이러한 것들 가운데 어떤 것은 리더들에 의해 만들어져서 세뇌와 영향력, 강화 등을 통해 더 좋아지거나 나빠지기도 한다. 조직문화 전문가이자 MIT 경영대학원 교수, 샤인(E. Schein)은 조직문화라는 현상을 우리가 일하는 방식, 회사의 의식과 의례, 회사의 분위기, 보상시스템, 기본 가치 등으로 서술한다. 즉, **조직문화**(organizational culture)란 일개 조직을 상징하는 두드러진 가치와 비전, 관점, 기준, 그리고 행동 양식의 총체라 할 수 있다. 따라서 조직문화는 구성원들 간의 일체감을 심어주고, 자기 자신 그 이상의 것에 몰입하도록 하며, 시스템의 안정성을 향상하는 것은 물론, 조직구성원들을 인도할 수 있는 이해구축 장치를 구성하기까지도 한다.

조직문화
어떤 행동이 적절한지 혹은 그렇지 않은지를 알려주는 공유된 가정, 가치 및 신념의 체계

문화의 의미를 더 잘 이해하기 위해서 샤인이 제안한 조직문화의 세 가지 단계에 대해 살펴보자([그림 14.1] 참조). 그에 따르면 조직문화는 삼겹살처럼 3개의 겹으로 이루어져 있으며, 하단으로 갈수록 외부 사람들의 이해는 더욱

그림 14.1 조직문화의 세 단계

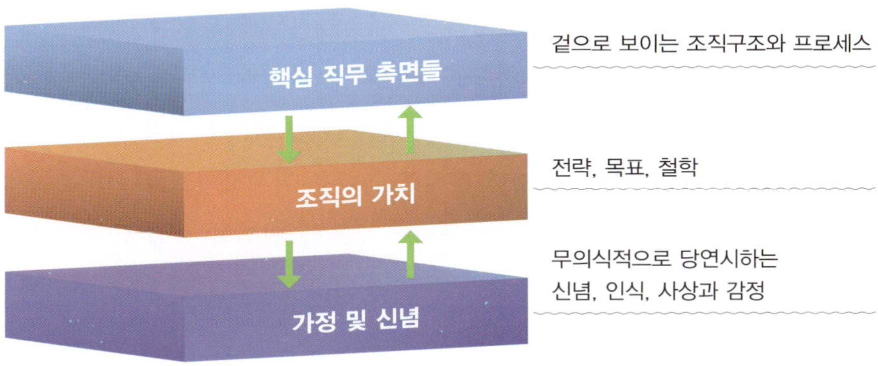

어려워진다. 첫 번째 층은 가시적인 **행동과 인공물**(behavior and artifacts) 수준으로 이러한 것들은 사람들의 행동 패턴과 문화의 외적 발현으로 이루어진다. 근무 환경의 물리적인 배치, 드레스 코드, 기술 수준, 사람들의 행동과 태도 등이 그렇다. 두 번째 층은 행동을 결정하는 **조직의 가치**(values of an organization)이다. 물리적인 행동이나 인공물처럼 잘 관찰되지는 않고, 내세우는 가치와 작동되는 가치 사이엔 더구나 차이가 존재한다. 예컨대 고객만족이 핵심 가치라고 주장하는 기업들이 고객 불친절을 여전히 묵과한다. 실제 작동되는 가치가 그 조직이 추구하는 가치의 진면이므로 한 조직의 문화를 이해하려면 내세우는 가치 그 이상의 것을 다루어야 함을 알 수 있다. 따라서 세 번째 최하층에 자리잡은 **가정 및 신념**(assumptions and beliefs)을 이해해야 한다. 즉, 공유되고 학습된 가치, 신념, 가정을 말한다. 창업자나 리더들이 그동안 조직을 성공으로 이끌었다고 여기는 한 이것들이 구성원들에겐 너무도 당연시되고 또 옳다고 여겨진다.

행동과 인공물 보고 만질 수 있는 문화의 요소들

조직의 가치 공유된 원칙, 기준 및 목표들

가정 및 신념 인간 본성과 현실에 관해 당연시되는 믿음들

이러한 조직문화는 내부 조정뿐 아니라 외부 적응 및 생존의 필요성에 의해 형성된다. **외부 적응 및 생존**(external adaptation and survival)은 변화하는 환경에 조직이 잘 대처할 수 있도록 하나의 틈새시장 같은 적합한 환경을 찾는 것과 관련된다. 이러한 관점에서 보면 조직문화는 진화의 과정을 거치게 되는데, 이는 조직문화가 조직이 존속하고 번창하게끔 돕는 기능을 가지고 있기 때문이다. 예컨대 3M사는 혁신을 강조하는 문화를 개발한 덕분에 오늘날 거대 글

로벌 기업으로 성장할 수 있었다. 한편, **내부 조정**(internal integration)은 구성원들 간의 효과적인 업무관계의 설정과 유지를 목적으로 보상과 처벌뿐 아니라 언어와 사상을 확장하고 팀의 역할을 구분하며 권력과 지위를 개발하는 것을 수반한다. 만약 조직에 공통된 문화가 존재치 않는다면 그 조직은 어떻게 운영될까? 신입직원들이 **사회화**는커녕 자신의 역할을 이해하기조차 어려울지 모른다. 사실상 조직문화는 조직이라는 사회적 구조를 연결하는 접착제 역할을 하므로 내부 조정을 통해 조직 내 다양한 수준의 문화(예: 하위문화) 사이에서도 융화를 이뤄낼 수 있다.

사회화
신입직원들이 조직문화에 적응해 가는 프로세스

조직문화를 형성하는 또 다른 중요 요인이라 한다면 이번엔 그 조직의 **설립자 혹은** CEO다. 우선 이들이 말하는 것과 행동으로 보여주는 것이 내부에서는 하나의 규범으로 굳어지기 쉽다. 예컨대 위험 감수의 적정수준이라든가 중간급 매니저의 자율권, 승진, 각종 보상에 관한 규정 등은 그들로부터 조직의 하층부까지 물 흐르듯이 잘 전달된다. 또한 이들은 회사의 전략 수립에 크게 관여함으로써 조직에서 형성되는 문화에 영향을 미칠 수도 있다. 만약 어떤 조직이 오직 제품의 원가와 품질에만 주안점을 두는 전략을 취한다면, 이는 종업원들과의 상생 및 협력에 더욱더 가치를 두는 조직과 비교할 때 아주 다른 문화를 형성하게 될 것이다. 이러한 설립자나 CEO의 영향은 그들이 조직을 떠난 이후까지도 얼마간 지속되는 것으로 알려져 있다. 문화가 전승의 과정을 거쳐 지속되기 때문에 아마도 그 문화의 창시자 역시 살아남게 되는 것이라 할 수 있다.

1.2 강한 문화와 약한 문화

조직문화란 결국 조직의 여러 이해관계자에게 영향을 끼치는 지배적인 문화(dominant culture)를 일컫는다. 그것은 조직에서 일이 행해지는 방식에 영향을 끼치기 때문일 것이다. 조직문화에 대해 강하다 혹은 약하다고 표현하는 것을 보게 되는데, **강한 문화**(strong culture)는 구성원들이 조직의 가치와 일치를 이루고 활기가 넘칠 때 존재할 수 있다고 한다. 조직의 핵심 가치가 굳건히 유지되고 널리 공유되는 것이 바로 강한 조직문화다. 더 많은 구성원이 조직의

강한 문화
핵심 가치가 철저하게 유지되고 폭넓게 공유되는 문화

하이데거의 숲

조직문화의 기능은?

조직문화는 구성원들 사이에서 무엇이 옳고 근원적이며 또한 의미 있는 행동인지에 대한 공통된 이해를 만들어 낸다. 그 기능들을 좀 더 자세히 살펴보면 다음과 같다.

- 일개 조직을 타 조직들과 구분될 수 있게 영역을 규정하는 역할(boundary defining role)을 한다.
- 조직구성원들의 정체성(sense of identity)을 심어준다.
- 사적인 이기심보다 더 위대하고 숭고한 것에 몰입이 발생(generation of commitment)되도록 한다.
- 사회시스템의 안정성(social system stability)을 강화하고 사람들의 언행에 대한 기준을 제공함으로써 조직 운영을 돕는다.
- 구성원들의 태도와 행동을 이끌며 영향을 미치는 일종의 이해 형성 및 통제 메커니즘(a sense making and control mechanism)의 역할을 한다.

핵심 가치를 공유하고 그것에 더더욱 몰입하게 되면 그 조직문화가 구성원들의 가치관 및 태도에 미치는 영향이 클 것이고 행동 일치에 대한 압력 또한 커질 것이다. 그러한 환경에서는 마치 기름칠한 기계처럼 회사가 잘 운영되고 기존의 절차에서 작은 조정만으로도 두드러진 성과를 거둘 수 있게 만든다. 강한 조직문화가 끌어내는 조직정체성과 조직몰입, 집단규범에 대한 순응 압력 등이 조직 안에서 강한 통제 메커니즘으로 작동하기 때문이다.

강한 조직문화를 지닌 조직에서는 일치되고 몰입된 구성원들한테서 나오는 인간 에너지를 느낄 수 있다고 한다. 강한 문화를 개발함으로써 조직들은 다음과 같은 이익을 얻을 수 있다.

- 회사가 비전, 미션, 목표의 달성에 더욱 전념
- 종업원들의 충성도와 모티베이션을 드높임
- 다양한 부서와 부문 내에서 팀들의 응집력 증진
- 일치성을 높이며 조정 및 통제를 장려
- 노력을 분담케 하여 조직의 효율성을 강화

그러나 행동의 일치성을 높여서 **공식화**(formalization)를 대체할 만한 것으로도 여겨지지만, 강한 조직문화는 조직 변화에 대한 커다란 장애가 될 수도 있다.

공식화
조직 내에서 업무와 절차가 표준화된 정도

특히 조직의 계획된 변화 노력이 기존 문화에 반할 경우, 강한 조직문화일수록 그러한 혁신 노력은 저항에 부딪히게 될 것이다. 또한 조직의 전략적 관심을 단기적이고 미시적인 것으로 만들며 조직의 다양성과 창의성마저 약화하는 문제점도 강한 조직문화는 갖고 있다.

약한 문화(weak culture)는 조직과 가치가 잘 맞지 않으며 바람직한 결과를 위해선 각종 절차와 관료제로써 통제해야만 되는 경우다. 그 결과로 조직의 비용을 초래하고 만다. 거기에는 여러 하위문화가 존재하여 부서들끼리도 서로 다른 믿음을 지지하고 가치 및 행동규범이 공유되지 않아 딱히 전통이라고 할 게 거의 없다. 따라서 사람들은 별다른 몰입감이나 충성심, 정체성 등을 갖지 못한다. 조직의 성원이라기보다는 오히려 그저 봉급 받는 사람들에 불과하다. 좀 더 특성을 나열하자면 정치적인 조직 환경, 변화에 대한 적대감, 창의성과 기업가정신보다 관료제 장려, 외부로부터 본받고자 하는 의지 부족 등을 들 수 있다. 이러한 문화 속에선 에너지가 분산될 수밖에 없고, 갈등을 일으키는 현안이나 비난들, 그리고 불명확한 커뮤니케이션을 통해 그나마 남은 에너지마저 쉽게 고갈되고 만다. 약한 문화에서는 직원 이직과 같은 부정적인 영향을 끼치게 된다. 이는 결국 사기와 의욕 저하로 이어지고 만다. 다음 [표 14.1]은 강한 문화와 약한 문화 간의 특성들을 비교하고 있다.

표 14.1 강한 문화 vs. 약한 문화

강한 문화	약한 문화
가치가 널리 공유된다.	가치는 일부의 사람들, 특히 최고경영진들끼리만 공유된다.
문화는 무엇이 중요한지에 대한 일관적인 메시지를 전달한다.	문화는 무엇이 중요한지에 대한 상반된 메시지를 전달한다.
대부분의 직원들은 회사 역사와 영웅에 관한 이야기를 알고 있다.	직원들은 회사 역사와 영웅에 대해 거의 모르고 있다.
직원들은 문화와 일체감을 느낀다.	직원들은 문화와 거의 일체감을 느끼지 못한다.
공유 가치와 행동 간의 강한 연결고리가 있다.	공유 가치와 행동 간의 연결고리를 찾기 어렵다.

하이데거의 숲

하위문화의 유형 세 가지

지배적인 문화와 하위문화 사이에 발생하는 갈등 수준에 주목했던 Martin & Siehl(1983)에 의하면, 하위문화에는 세 가지 유형이 있다. 즉, 고양문화, 교차문화, 대항문화가 그것들이다.

- 고양문화(enhancing culture)에서는 종업원들이 지배적인 문화의 가치와 신념을 강하게 신봉하고, 주로 오랜 근속이 지배적인 문화에 대한 몰입을 불러온다.
- 교차문화(orthogonal culture)는 종업원들이 지배적인 문화와 하위문화 양쪽을 모두 지지할 때에 발생한다.
- 대항문화(counterculture)는 지배적인 문화에 대한 일종의 직접적인 도전을 나타내며, 특히 조직이 변화를 도모할 때 최고경영진의 관점/믿음에 대한 저항세력에서 드러난다.

구별하기가 수월한 핵심문화(core culture) 외에도, 조직들 대부분은 **하위문화들**(subcultures)을 갖고 있다. 하위문화들도 공유 가치나 규범들 같은 문화의 구성요소들을 지니고 있지만, 속해있는 그 문화와는 별도의 다른 것들을 내포하고 있다. 하위문화란 부서 구분이나 지리적인 격리로 인해서도 윤곽이 잘 드러난다. 조직 내의 다른 사람들보다도 더 자주 대면하는 사람들끼리 형성되기 때문이다. 하위문화는 **분권화**(decentralization)의 당연한 결과일 수도 있다. 조직들은 내부적으로 소규모 단위나 부서들로 분화하므로 타인들보다도 자기네 성원들끼리 더 많은 상호작용을 하게 되고 그러면서 하위문화가 발전, 진화되는 것이다. 조직 곳곳에 하위문화들이 산재하므로 어느 한 하위문화 속의 사람들은 타 하위문화에 그다지 관심이 없을 수 있는데, 이것이 종종 협력과 조화에 큰 걸림돌이 되곤 한다. 각각의 하위문화는 상이한 목표를 가지고 있어서 갈등을 관리하기도 쉽지 않다. 이러한 문화적 딜레마를 해결하기 위해서는 도덕성과 효과성에 도움이 되는 하위문화를 개발해야 한다. 게다가 조직의 번영을 촉진하는 조직 차원의 가치와 규범을 받아들이는 것이 무엇보다 절실하다.

하위문화
부서 구분이나 지리적 격리 등으로 윤곽이 드러나는 조직 내 소문화들

분권화
중앙집중화된 개체에서 분산 네트워크로 통제와 의사결정을 이전하는 것

1.3 성과 관련 조직문화의 효과

이미 설명했듯이, 조직문화는 구성원들이 조직의 목표 달성을 위해 스스로 행동하는 방식에 영향을 미친다. 한 조직의 문화를 알게 되면 그 조직의 과거 역사와 현재 운영방식을 이해할 수 있는데, 이러한 통찰력은 기대되는 미래 행동들에 관한 지침까지도 종업원들에게 제공한다. 이로써 조직의 철학과 가치에 대한 몰입을 증가시켜 결국 공동 목표를 위해 서로 협력하는 느낌을 받게 할 수 있다. 조직문화는 바람직한 행동들로 향하게 이끌고 규범을 통해 바람직하지 못한 것은 사멸케 하는 일종의 통제 메커니즘으로 작용한다. 모집 및 선발, 그리고 조직의 가치와 잘 맞는 인재를 유지함으로써 이것은 이룩될 수가 있다. 긍정적인 조직문화는 조직의 리더가 원치 않는 가치와 행동들은 약화하면서 동시에 원하는 핵심 가치나 행동들은 강화한다. 반면 부정적인 조직문화는 유독해 조직의 생명을 앗아가고 어떠한 성장 가능성마저도 저해하게 된다. 문화야말로 고성과 조직과 그렇지 못한 조직을 구분 짓는 것이다.

특정 유형의 문화가 다른 것보다 더 직접적으로 효과성이나 생산성과 직결될 수도 있다. 하지만 무엇이 중요하고 중요치 않은지에 대한 우선순위가 불분명한 조직은 앞서 말한 약한 문화의 전형으로서, 이러한 조직들에서는 사실상 문화가 성과에 커다란 영향을 미치기 어렵다. 종업원들이 개인적으로 그들의 목표들을 이루려면 지원적인 조직문화가 필요하다. 재차 말하지만, 조직문화는 한 기업의 운영과 직원들 간의 내적인 통합 및 조정의 기능을 한다. 조직성과의 많은 부분이 그 조직의 잘 통합되고 효과적인 가치, 신념, 행동들을 보이는 강한 문화와 관련되어 있다. 견고한 문화를 가진 조직들은 약한 문화를 지닌 조직들에 비해서 더 많은 매출증가, 인원확대, 주가상승, 순익증가를 경험한다. 그러나 주목해야 할 것은 문화가 반드시 광범위하게 공유되어야 하며 또한 독특해서 모방도 쉽지 않아야만 한다는 점이다. 게다가 환경적인 여건들과도 잘 어울려서 변화에 효과적으로 적응할 수 있다면 그 문화는 계속해서 우월한 성과와 관련될 것이다.

초창기 연구자들은 성과에 긍정적으로 작용하는 우수한 조직문화 특성이나 유형을 규명하는 데 집중했다. 국내에서도 많은 연구가 이러한 흐름을 따랐다.

하지만 대부분이 만족스러운 결과를 얻지 못했는데, 그 주된 이유는 조직문화 자체가 깔끔하게 유형별로 분류되기 쉽지 않은 개념인 데다가 조직문화와 성과 사이에는 여러 가능성 있는 매개변수들과 조절변수들이 존재했기 때문이다. 설령 문화와 조직유효성 간의 의미 있는 상관을 발견했다고 하더라도 대부분 이론적인 기반을 토대로 했다기보다 변수 간의 통계적인 서베이에만 주로 의존하는 식이었다. 따라서 이들 간의 관계에 대한 함의가 현재로선 매우 제한적이다.

2 조직문화의 유형

미시간대학교의 카메론(K. Cameron)과 퀸(R. Quinn)은 작용하는 조직문화와 추구하는 조직문화를 나누어 측정해서 조직유효성에 어떤 차이를 가져오는지 실증분석할 수 있는 조직문화진단도구(OCAI: organizational culture assessment instrument)를 개발했다. [그림 14.2]에서 보듯이, 그들은 조직문화의 서로 다른 가치를 비교하고자 x축은 조직의 지향점(focus)을 내부(통합)/외부(분화)로 구분하고, y축은 조직구조(structure)의 안정성(통제)/유연성(자율)으로 나누어 네 가지 조직문화를 도출했다. 이러한 경쟁가치모델은 상반되거나 보완되는 가치들을 조직이 동시에 추구한다는 사실을 개념화한 것으로써 적정범위 내에서 서로 균형적으로 가치들을 추구하는 조직이 효과적이라고 본다. 문화가 조직마다 다양하게 나타나는 이유는 서로 다른 독특한 가치 성향을 소유하고 있기 때문이 아니라 저마다 강조하는 가치지향점, 리더의 유형, 조직유효성 창출에 대한 접근방식 등이 다르기 때문이다. 따라서 비록 어떤 상황에서는 특정 문화가 다른 문화유형보다 더 나을지라도 궁극적인 최상의 조직문화란 존재치 않는다.

▶ **위계형 문화** 공식화되고 구조화된 직장이라고 할 수 있다. 조직의 안정적인 유지가 가장 중요한 가치이다. 리더 역시 효율성을 중시하고 공식적인 통제 수단에 의한 조정과 조직화로 부하들을 관리한다. 따라서 조직의 성공

위계형 문화
내부 통합과 기계적인 구조에 중점을 두는 조직문화

그림 14.2 카메론과 퀸의 경쟁가치모델

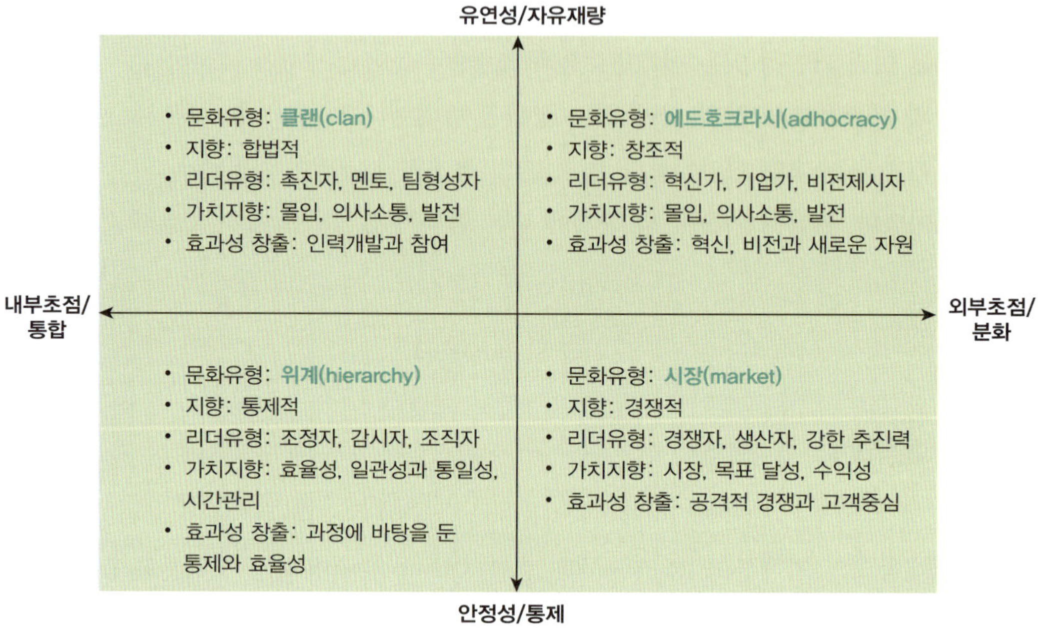

여부는 질서의 확립과 체계적인 일정 실행 등에 의해 결정된다고 믿는다. 맥도날드(Mcdonald's)에서부터 자동차 제조업체 현대(Hundai)에 이르기까지 많은 기업이 여기에 속한다고 할 수 있다. 이러한 위계형 조직문화는 정보관리와 문서화가 잘 되어 있어 체계적인 조직관리가 이루어진다는 장점이 있다. 반면에 실속 없는 절차를 양산하고 인습이나 관례의 고수로 인해 변화하는 외부 환경에 적절하고 신속하게 대응하지 못할 수 있다. 통제문화가 더욱더 비대해지면 규정만능주의, 토론문화의 부재, 관료주의에 매몰되는 부작용을 겪게 된다.

시장형 문화
즉각적이고 효율적인 성과에 중점을 두는 조직문화

▶ **시장형 문화** 시장 메커니즘처럼 작동되는 직장이다. 즉, 경쟁우위를 위해 다른 구성요인들과의 거래 성사에 초점을 두는 결과지향적인 조직으로서 성공적인 목표 달성이 주된 관심사이다. 리더는 일을 추진력 있게 밀어붙이고 결과를 이뤄내야 하며 경쟁의식이 매우 강하다. 시장점유율 증대나 혹은 새로운 시장침투 정도에 의해 조직의 성공도 결정된다. 과거의 제록스(Xerox Inc.)나 삼성전자(Samsung Electronics)를 예로 들 수 있다. 이와 같은 시장형

조직문화는 생산성, 과업완수, 효과성 면에서 강점이 있다. 지시와 목표가 명료하며 기획도 체계적이다. 반면 생산성과 과업을 지나치게 강조하다 보면 결과지상주의로 인해서 오히려 비효율성을 낳을 수 있다. 경쟁풍토가 지나치면 유연성 경색과 종업원 소외라는 부작용을 낳게 된다.

▶ **클랜형 문화** 팀워크, 참여, 합의에 높은 가치를 두는 것으로 확장된 가족과 같은 직장을 말한다. 리더나 조직의 대표자는 후견인이나 부모님처럼 여겨지고 조직은 충성심과 전통을 통해 결속된다. 한국 중소기업들의 특성과 유사할 수 있으며 흥미롭게도 영화사인 픽사(Pixar Animation Studios)의 문화를 예로 삼기도 한다. 영화사들 대다수는 다음의 애드호크라시 문화일 것으로 예상되지만 말이다. 클랜형 조직문화는 직원들의 사기와 조직에 대한 몰입이 높고 구성원들 간의 참여와 토의가 활발하다는 점이 긍정적 측면이다. 반면에 무의미한 참여와 결론 없는 토론의 지속은 조직의 비효율성을 높인다. 공동체적인 조직문화가 점차 비대해지면 부서 이기주의, 규범 부재의 아노미, 그리고 평가를 꺼리는 분위기를 형성하는 부작용도 경험하게 된다.

클랜형 문화
유연성, 종업원에 대한 배려, 고객에 대한 세심함을 바탕으로 내부 유지에 집중하는 조직문화

▶ **에드호크라시 문화** 역동적이고 기업가정신과 창의성이 충만한 조직분위기를 말한다. 혁신적인 제품과 서비스를 생산하고 새로운 기회를 신속하게 포착하는 것을 가장 중요시해서 사람들은 위험을 기꺼이 감수하려고 한다. 리더 역시 혁신을 주도하며 위험을 감수한다. 조직의 경쟁력을 판단하는 기준은 독특해서 새로운 제품이나 서비스의 제공이다. 시장형, 위계형과 달리 집권적인 권력에 의존하지 않는다. IT 관련 스타트업들과 나사(NASA)나 구글(Google)과 같은 회사가 이와 유사할 수 있다. 이 같은 문화는 외부 지원, 자원 획득, 성장에서 유리한 면이 있지만, 불확실성이 높은 상황에서 성급하게 무모한 실험도 불사하기 때문에 사전에 환경에 대한 분석이 제대로 이루어지지 않으면 조직 실패에 이를 위험이 다분하다. 유기체형 조직문화가 점차 비대해지면 검증의 부재로 인한 자원낭비의 부작용을 초래하기 쉽다.

에드호크라시 문화
종업원 재량과 외부지향, 차별화를 강조하는 조직문화

ORGB 뉴스

'님'자 붙여도 꼰대는 그대로, 기업 65%, '직급 호칭파괴' 실효성 낮다.

"철수님", "영희님"

권위적이고 딱딱한 상무, 부장, 과장이라는 호칭 대신 '님'이나 '매니저' 등으로 부르는 '호칭파괴' 제도가 기업에 확산되고 있는 추세다. 수평적 조직문화를 통해 업무 효율성을 높이고 창의적 아이디어를 발굴하겠다는 취지다. 하지만 호칭·직급에 변화를 줬다가도 이전 체계로 돌아간 경우도 있어 제도 시행의 실효성에 대한 평가가 엇갈리고 있기도 하다.

구인구직 매칭 플랫폼 사람인(www.saramin.co.kr 대표 김용환)이 기업 962개를 대상으로 '기업 내 직급·호칭파괴 제도'에 대해 조사한 결과, '호칭파괴 제도' 도입을 한 기업은 11.6%에 불과했고, 도입하지 않거나 도입을 해도 다시 직급 체계로 회귀한 기업은 88.3%였다.

위계질서가 뚜렷한 한국 문화의 특성상 호칭파괴 제도의 도입은 현실적으로 어려운 것으로 보이는데, 도입하지 않는 이유 1위로도 '호칭만으로 상명하복 조직문화 개선이 어려워서'(37.3%, 복수응답)가 꼽혔다. 이어 '불명확한 책임소재로 업무상 비효율적이어서'(30.3%), '승진 등 직원들의 성취동기가 사라져서'(15.6%), '조직력을 발휘하는 데 걸림돌이 될 것 같아서'(13.4%), '신속한 의사결정이 오히려 힘들어서'(12.2%) 등이 뒤를 이었다.

호칭파괴 제도를 도입한 기업은 어떨까. 이들은 제도 도입의 이유로 역시 '수평적 조직문화로 개선'(53.6%, 복수응답)을 가장 최우선으로 꼽았다. 다음으로 '유연한 분위기 조성으로 창의성 강화'(45.7%), '자유로운 의사소통을 통한 업무 효율성 제고'(41.4%), '동등한 커뮤니케이션으로 부서 간 협업 강화'(23.6%), '연공서열보다 능력 중시 문화 조성'(21.4%) 등의 의견이 이어졌다. '호칭파괴 제도'를 도입한 기업 분야를 살펴보면, 자율적 분위기와 창의성을 중시하는 'IT 기업'(23.2%)이 가장 많았고, '제조업'(17.9%), '유통/무역'(12.5%), '식음료·외식'(7.1%) 등의 순이었다.

그렇다면 제도의 실현과는 관계없이 '호칭파괴 제도'에 대해서는 어떻게 생각하고 있을까. 응답한 기업의 65.4%가 '호칭파괴 제도'가 효용성이 낮다고 보고 있었다. 실제로 제도를 운영하는 기업(112개사)의 25%도 실효성에 대해서는 부정적이었다. 또한 도입하지 않은 기업(822개사)의 83.3%는 향후에도 도입 의사가 없었다.

사람인 임민욱 팀장은 "4차산업혁명 시대를 맞이해 기업에 혁신이 요구되면서 '호칭 파괴'를 도입하는 기업이 많아지고 있는 것 같다"며 "직급 호칭파괴는 하나의 수단일 뿐이며, 창조적 의견을 반영할 수 있는 조직의 의사결정 시스템을 정비하고, 그에 맞는 평가와 보상 시스템을 갖추는 것이 더 중요하다"고 덧붙였다.

출처: https://www.saramin.co.kr/zf_user/help/live/view?idx=81914&listType=news

Mapping ORGB 조직문화와 조직풍토의 차이

조직문화(organizational culture)와 조직풍토(organizational climate)의 연구는 중첩되는 것 같아도 약간 다르다. 종종 연구자들의 인식론적 접근법에서 차이가 존재한다.

조직풍토에 관한 연구자들은 응답자 간에 비교가 가능한 개인의 지각 또는 집단의 공통 지각을 주로 측정했다. 상대적으로 편협한 환경 특성들에 초점을 두었지만, 특정 분위기를 목표로 삼은 것은 어떤 구체적인 영역에서의 변화에 영향을 끼치기 위한 유용한 접근법이었다. 하지만 조직과 그 구성원들을 고정적인 자원으로 간주함으로써 전략, 목표, 효율적인 실행력, 그리고 구성원들의 몰입과 임파워먼트처럼 조직유효성을 위해 긴요한 타 시스템들을 간과하는 경향이 있었다.

이에 반해, **조직문화**를 다룬 학자와 실무자들은 조직이 직면한 핵심 이슈들을 이해하고 규명하려 했다. 한 조직의 독특한 가치와 규범을 규명하려는 사회학 및 인류학적 기원에서 비롯된 질적 방법론을 주로 적용해 왔다. 주제의 초점이 집단이 외부 적응과 내부 조정의 문제들을 해결하면서 학습한 공통의 기본 가정들에 있었다. 측정을 위한 도구도 조직풍토를 측정하려던 것들보다 더 광범위한 특성들에 관심을 둔다. 따라서 조직 전반에서 개선이 필요한 영역들을 규명하는 데 도움이 된다. 전체의 시스템을 강조하는 조직문화는 조직풍토에 비해 더 폭넓고 한 차원 높은 접근법이라 할 수 있다.

출처: Gillespie, Denison, Haaland, Smerek & Neale(2008).

3 조직 변화와 혁신

기업들이 변치 않을 수는 없다. 따라서 "기업의 조직문화는 변하는가?"라는 질문에 대한 답 역시 명쾌하다. 조직문화란 한 기업을 나타내는 믿음, 가치, 태도라고 했다. 그런데 외부 환경이 바뀌면 그것으로 인해 새로운 문제들이 발생한다. 이들 중엔 기존의 의미체계로는 해석이 쉽지 않은 것들도 끼어있기 마련인데, 곧 새로운 해석을 위한 담론이 일고 이 과정에서 기존 의미체계에 대한 재해석이 불가피해진다. 예컨대 '야근 없는 패밀리데이' 같은 근로시간의 단축을 위한 캠페인, '회의실 모래시계'처럼 시간 낭비의 대책 등은 몇 년 전부터 기업들에서 업무 비효율 개선을 위한 시도들이었다. 과거에 회식은 참여해야만 하는 중요한 의식이었지만 이젠 회사 차원에서 불필요한 회식의 경우 지양한다고도 한다. 일사불란함이나 집단적인 유대감보다도 실질적인 성과와 개인적인 삶이 더 바람직한 것으로 여겨진다고 할 수 있다. 이 같은 재해석은 결국 조직 변화의 원동력이라 할 수 있다.

조직의 성장 단계에 따라 샤인은 다음과 같이 창립 및 초기성장기(birth and early growth), 중반기(organizational mid-life), 그리고 성숙기(organizational maturity)로 나누어 조직 변화를 설명했다. 이 같은 문화의 생애주기는 조직이 어떻게 변화하고 진화하는지를 이해할 수 있게 해준다.

- **창립 및 초기성장기**는 주로 창업자나 그 가족들의 지배하에 놓이는 시기다. 조직이 발전하면서 조직문화는 일관성을 더욱 높여나가게 된다. 조직문화는 마치 접착제 같은 기능을 한다. 자신들의 문화가 타 조직들과는 달리 독특하다는 점을 강조하게 됨으로써 내적인 동질화와 함께 외적인 차별화를 추구하게 된다. 그러다가 승계의 시기가 도래하게 될 때 창업정신을 그대로 유지하려는 보수파와 조직에 새로운 바람을 일으키려는 급진파 간에 갈등이 발생한다. 2세대 경영자는 자연적인 변화의 흐름에 맡기는 방법을 취할 수도 있고, 아니면 보다 의도적인 조직요법을 활용하여 통제시스템을 발전시킬 수도 있다. 또는 양자 혼합을 통한 발전이나 외부인에 의한 혁신 방법을 채택할 수도 있다.
- 조직이 **중반기**에 접어들면 짜임새를 갖추더라도 성장, 다각화, 합병 같은 전략적 선택을 해야 하는 상황에 놓인다. 이전의 일사불란한 소규모기업형 문화는 자취를 감추는 대신 부문, 분야 또는 부서별 소단위 하위문화가 보다 강하게 생성된다. 따라서 특유의 문화적 통합이 약화되고 정체성의 위기를 맞게 되어 새로운 전제와 가치관, 그리고 목표 정립을 고려하게 된다. 이러한 상태에선 조직들이 계획적인 변화를 위해서 우선 조직개발기법들을 활용한다. 다음은 내부적으로 기술혁신을 도모하거나 외부로부터 새로운 기술을 도입해 확산시킴으로써 조직문화 변화의 기회를 제공한다. 세 번째와 네 번째는 수치스러운 관행이나 모순, 문화적 가정들을 공개함으로써 변화를 유도하는 것, 그리고 점진적으로 조직 내부의 여러 요소를 변화시켜 나가는 방법이 있다.

▶ **성숙기**는 조직이 매우 안정을 찾는 시기로서 성숙한 시장을 잘 활용하고 대체로 변화는 꺼리는 시기이다. 조직은 새롭게 혁신하거나 정체를 겪다 곧 소멸을 택해야 하는 상황에 직면하게 된다. 시장 규모 자체가 감소하기도 하고 조직 내부적으로는 변화에 대한 저항이 어느 때보다도 거세게 작용하게 된다. 이 단계에서 적용할 수 있는 방안이라면 대략 강제설득, 국면전환, 그리고 재조직화/파괴/재탄생의 세 가지가 가능하다. 강제설득이란 막다른 위기 국면으로 조직의 구성원들을 몰고 가서 스스로 새로운 문화를 택하게끔 만드는 것이다. 국면전환이란 경영자가 모든 변화 메커니즘을 활용하여 의도적으로 문화의 변혁을 추진해 가는 것이다. 재조직과 재탄생의 방법은 문화뿐 아니라 조직 자체를 파괴하고 원점에서부터 다시 시작하는 것으로 문화적 연속성을 상실케 되는 극단적인 방법이다.

삼성전자는 최근 '스타트업 삼성 컬처혁신'을 선포한 적이 있는데, 이것은 성숙기의 국면전환에 해당하는 좋은 예일 것 같다. 삼성은 글로벌 기준에 도달하기 위한 생산 및 기술의 변화 대신에 업무 환경을 쇄신하는 데 주력하고 있다. 물리적인 덩치 키우기는 지양하고 그들의 문화가 구글이나 이전의 페이스북(facebook) 같은 회사들과 경쟁할 수 있는 글로벌 기업으로서의 면모를 갖추도록 조직을 변혁하려는 것이었다. 그들의 성장 발판으로 여겨져 왔던 위계적이며 성취지향적인 문화는 이제 그들의 성장에 오히려 방해된다는 자성에서 비롯되었다고 한다. 이러한 변화 시도가 삼성에서는 1990년대 초반에 한 차례

표 14.2 삼성 신경영선언과 스타트업 삼성 비교

이건희 회장		이재용 부회장
1993년 6월 7일(이건희 회장 52세)	시기	2016년 3월 24일(이재용 부회장 48세)
독일 프랑크푸르트	장소	수원 디지털시티
마누라와 자식 빼고 다 바꿔라	슬로건	스타트업(Start Up) 삼성
위에서 아래로	변화방향	아래에서 위로
양이 아닌 질 경영 나부터 변화, 한 방향의 변화, 정보화, 국제화, 21세기 초일류 기업	핵심가치	자율성, 창의적 사고, 수평적 조직문화, 소통, 열망, 자발적 몰입, 성과형 보상, 직급 단순화, 수평적 호칭

Mapping ORGB 변화관리의 의미

소위 '변화관리(change management)'라 일컫는 조직문화의 변화를 생각하면서 사람들은 혁신(innovation)을 말할 때가 많다. 둘 다 변화와 관계된 용어지만 약간의 차이가 있다. **혁신**은 조직이 상대하는 것들과의 관련성을 일신하는 것이다. 그 목적이라면 신제품이나 프로세스, 서비스의 형태로 새로운 가치를 개발하고 도입하는 것이며, 여기에서 초점은 본래 외부나 타인을 위한 것이다. 이와 달리 **변화관리**는 조직과 구성원들의 성과를 변화시키려는 시도다. 생산성의 향상이 주 관심사가 되며 자기중심적이므로 기존 고객과 시장에서의 조직 핵심역량에 초점을 둔다. 변화관리를 통해 시장변화에 효과적이며 효율적으로 적응할 때 조직은 경쟁우위 획득을 위한 기회를 잡을 수 있다. 변화에 적응(adapting to change)하고 변화를 통제(controlling the change)하며 변화에 영향(effecting the change)을 미치는 세 단계로 변화관리는 이루어진다. 첫 단계는 변화에 적응을 위한 개별적인 준비와 자발적인 몰입의 정도를 결정한다. 두 번째는 일상에서 변화를 통제하고 실천하는 것과 관련된다. 마지막은 변화를 유지하는 것으로 변화에 익숙해지는 단계를 말한다.

출처: Vincent(2008).

더 있었다. "아내와 자식 빼고는 뭐든 다 바꿔라."라고 했던 신경영을 위한 모토는 지금까지도 각종 지면 등에서 혁신을 언급할 때 인용되는 유명한 말이다. 성숙기에서의 강제설득과 유사했다고 할 수 있는 이러한 조직 변화를 단행함으로써 삼성이 이제까지 소니나 애플 같은 경쟁사들과 어깨를 나란히 할 수 있었다는 평가를 받고 있다.

혁신에서 조직문화의 핵심적인 역할은 이미 다양한 연구들에서 언급이 있었다. 그 논리는 문화가 구성원들에게 조직의 중요한 가치로서 혁신을 수용하게 하고 이에 대한 몰입 또한 강화해서 그들 사이에서의 혁신적 행동을 불러일으키기 때문이라고 주로 귀결 짓는다. 이들 중에서 테스럭(P. Tesluk)과 동료들의 연구에선 더욱더 구체적으로 혁신에 대한 조직문화의 효과를 두 가지, 즉 **사회화**(socialization)와 **조직화**(coordination)의 관점으로 요약했다. 우선 사회화를 통해 사람들이 창의적이고 혁신적인 행동들은 조직에 도움이 될지를 파악할 수 있다. 이와 동시에 활동과 정책, 절차 등의 조직화를 통해 창의 및 혁신을 지지하는 가치를 발생시킬 수 있다. 이로써 조직의 혁신능력은 향상될 수 있게 된다. 혁신을 위해서는 특히 구성원들의 가치와 신념을 바꾸려는 것보다

ORGB 뉴스

IMF 이후 30대 그룹 중 19개 해체·탈락… 대우·쌍용 등 역사 속으로

지난 1997년 우리 정부가 외환위기로 국제통화기금(IMF)에 구제 금융을 신청한 이후 20년간 국내 30대 그룹 가운데 무려 19개가 해체해 사라지거나 30위권 밖으로 밀려난 것으로 조사됐다. 기업 경영성과 평가사이트 CEO스코어에 따르면, IMF 사태 직후와 올해의 국내 30대 그룹 현황을 비교한 결과 19곳(63.3%)이 명단에서 사라진 것으로 나타났다. 해체돼 역사 속으로 사라진 그룹은 당시 3위였던 대우를 비롯해 쌍용, 동아, 고합, 진로, 동양, 해태, 신호, 뉴코아, 거평, 새한 등 11곳이다. 또 한라, 한솔, 코오롱, 동국제강, 동부, 아남, 대상, 삼표(옛 강원산업) 등 8곳은 IMF 충격 등으로 30대 그룹에서 탈락했다.

삼성과 현대, SK, LG, 롯데, 한화, 두산, 한진, 금호, 대림, 효성 등 모두 11곳은 20년이 지난 지금도 30대 그룹에 남았다. 이 가운데 현대는 무려 9개 그룹으로 쪼개졌고, '모태'인 현대그룹이 30대 그룹에서 탈락했으나 현대자동차, 현대중공업, 현대백화점 등 3곳은 30대 그룹에 이름을 올렸다. LG 역시 5개 그룹으로 나뉘었고 이 가운데 모태인 LG를 비롯해 GS, LS 등 3곳이 30대 그룹에 속해 있다.

지난 20년간 순위가 가장 많이 오른 곳은 롯데였다. 롯데는 그룹 서열 11위에서 5위로 뛰어올라 가장 상승 폭이 컸다. SK는 5위에서 3위로 2계단 상승했고, 삼성(2위→1위)과 두산(14위→13위)은 각각 1계단씩 뛰어올랐다. 반대로 금호아시아나는 9위에서 19위로 10계단 하락했고, 효성도 16위에서 25위로 9계단 내려갔다.

새로 30대 그룹에 합류한 곳은 포스코, 농협, KT, 신세계, CJ, 부영, 대우조선해양, 미래에셋, 에쓰오일, OCI, 영풍, KT&G, 한국투자금융, 대우건설, 하림 등 15곳이다. 포스코, KT, KT&G는 2000년대 초 민영화했고, 농협은 일반기업으로 분류돼 30대 그룹에 합류했다. 신세계와 CJ는 IMF 사태 전인 1997년 4월 삼성에서 분리된 후 30대 그룹에 이름을 올렸다.

외환위기 당시 30대 그룹의 현재 순위 변화

그룹	1998년	2017년	등락	기타
현대	1	–	–	현대차(2위) 현대중공업(9위) 등 분할
삼성	2	1	↑1	
대우	3	–	탈락	그룹 해체
LG	4	4	–	GS(7위) LS(17위) 등 분할
SK	5	3	↑2	
한진	6	14	↓8	
쌍용	7	–	탈락	그룹 해체
한화	8	8	–	
금호	9	19	↓10	
동아	10	–	탈락	그룹 해체
롯데	11	5	↑6	
한라	12	–	탈락	
대림	13	18	↓5	
두산	14	13	↑1	

그룹	1998년	2017년	등락	기타
한솔	15	–	탈락	
효성	16	25	↓9	
고합	17	–	탈락	그룹 해체
코오롱	18	–	탈락	
동국제강	19	–	탈락	
동부	20	–	탈락	
아남	21	–	탈락	
진로	22	–	탈락	그룹 해체
동양	23	–	탈락	그룹 해체
해태	24	–	탈락	그룹 해체
신호	25	–	탈락	그룹 해체
대상	26	–	탈락	
뉴코아	27	–	탈락	그룹 해체
거평	28	–	탈락	그룹 해체
강원산업(현 삼표)	29	–	탈락	
새한	30	–	탈락	그룹 해체

출처: https://www.yna.co.kr/view/AKR20171031198500003 수정 발췌

그들의 행동부터 차츰 변화시키는 접근 방법이 더 효과적이라고 한다.

알다시피, **리더십**은 어느 한 사람이 타인의 가치, 신념, 행동 및 태도를 변화시킬 수 있는 일종의 권력이다. 안정된 리더십 능력을 지닌 사람이 좋은 본보기가 되거나 혹은 역할 모델이 되는 것은 당연하다. 은연중에 신뢰와 존경을 받으며 그들은 직원들의 가치, 신념, 태도 및 행동에 영향을 끼치게 된다. 특히 조직의 종업원들과 리더 간의 신뢰 안에서 문화가 생성된다. 견고한 리더십 스킬을 지닌 리더들이 긍정적인 문화를 창조할 수 있는 것도 그들이 종업원들에게서 신뢰를 불러일으킬 수 있기 때문이다. 긍정적인 문화가 성과를 향상시키는 것은 물론이거니와 그 구성원들의 행동과 태도를 더욱 바람직하게 만든다. 종업원들의 의욕을 높이고 소속감도 불어넣어서 조직에 몰입을 보이게 만든다. 이뿐만이 아니다. 긍정적인 조직문화는 조직 내부의 문제해결을 쉽게 하고 일하기에 즐거운 분위기를 만들어서 갈등을 줄이고 협력을 유도한다. 건전한 경쟁이란 느낌을 주며 종업원들을 더더욱 혁신적이 되도록 할 수 있다.

단원 요약

1. 조직문화란 하나의 조직을 상징하는 두드러진 가치와 비전, 관점, 기준, 그리고 행동 양식의 총체라 할 수 있다. 샤인은 조직문화를 행동과 인공물, 조직의 가치, 가정과 신념이라는 세 가지 수준으로 나누기도 했다.
2. 여러 가지 요인들에 의해 조직문화는 형성된다. 예를 들어, 변화하는 환경에 조직이 잘 대처할 수 있도록 적합한 환경을 찾는 것과 관련된 외부 적응 및 생존, 구성원들 간의 효과적인 업무관계의 설정과 유지를 목적으로 하는 내부 조정, 설립자 혹은 CEO의 영향력 등이 그러한 요인들에 해당한다.
3. 조직의 핵심 가치가 굳건히 유지되고 널리 공유되는 것을 강한 조직문화라고 한다. 이러한 문화를 지닌 조직에서는 종업원들이 더욱 일치되고 몰입되지만, 한편으로는 조직 변화에 대한 커다란 장애가 되는 등 문제점도 있을 수 있다.
4. 조직문화는 구성원들이 바람직한 행동들로 향하게 이끌고 바람직하지 못한 것은 사멸되게 한다는 점에서 일종의 통제 메커니즘이라 할 수 있다. 매니저는 조직의 가치와 잘 맞는 인재의 선발 및 유지를 통해 긍정적인 조직문화를 이룩해야 할 것이다.
5. 카메론과 퀸은 조직문화를 위계형 문화, 시장형 문화, 일가형 문화, 에드호크라시형 문화라는 네 가지 유형으로 분류했다. 효과적인 조직은 상반되거나 보완되는 가치들을 적정범위 내에서 서로 균형 있게 추구한다.
6. 기업의 조직문화도 외부 환경에 따라 변하기 마련이다. 조직은 그 성장 단계에 맞게 기존 의미체계를 재해석함으로써 변화할 수 있다. 이때 혁신이란 조직이 상대하는 것들과의 관련성을 일신하는 것이고, 변화관리는 조직 및 구성원들의 성과를 변화시키는 것과 관련된다.

논의할 문제

1. 내가 속한 조직의 문화를 조직문화의 세 수준별로 분석해 보자.
2. 수많은 기업에서 같은 조직문화를 찾아보기가 어려운 이유는 무엇일까?
3. 강한 조직문화에서 발생할 수 있는 문제점은 무엇일까? 반대로, 약한 조직문화를 지닌 조직에서 긍정적으로 기대할 수 있는 것은 무엇일까?
4. 조직 내 하위문화들을 어떻게 하면 전략적 목표를 달성하기 위해 효율적으로 이용할 수 있을까?

5. 신입사원의 조직사회화를 돕기 위해 사용할 수 있는 방법들로는 무엇이 있을까? 신입사원이 부서의 문화를 변화시킬 수 있다면 어느 정도까지 가능할까?

더 읽을거리

Arogyaswamy, B., & Byles, C. M. (1987). Organizational culture: Internal and external fits. *Journal of Management*, 13(4), 647–658.

Barney, J. B. (1986). Organizational culture: can it be a source of sustained competitive advantage? *Academy of Management Review*, 11(3), 656–665.

Bauer, T. N., Bodner, T., Erdogan, B., Truxillo, D. M., & Tucker, J. S. (2007). Newcomer adjustment during organizational socialization: A meta–analytic review of antecedents, outcomes, and methods. *Journal of Applied Psychology*, 92(3), 707–721.

Chatman, J. A., & Jehn, K. A. (1994). Assessing the relationship between industry characteristics and organizational culture: how different can you be? *Academy of Management Journal*, 37(3), 522–553.

Dasanayake, S. W. S. B., & Mahakalanda, I. (2008). A literature survey on organizational culture and innovation. In *Issues in Global Business and Management Research: Proceedings of the 2008 International Online Conference on Business and Management (IOCBM 2008)* (pp. 539–550). Florida: Boca Raton.

Gillespie, M. A., Denison, D. R., Haaland, S., Smerek, R., & Neale, W. S. (2008). Linking organizational culture and customer satisfaction: Results from two companies in different industries. *European Journal of Work and Organizational Psychology*, 17(1), 112–132.

Hao, M. J., & Yazdanifard, R. (2015). How Effective Leadership can Facilitate Change in Organizations through Improvement and Innovation. *Global Journal of Management And Business Research*, 15(9), 1–7.

Hartnell, C. A., Ou, A. Y., & Kinicki, A. (2011). Organizational culture and organizational effectiveness: A meta–analytic investigation of the competing values framework's theoretical suppositions. *Journal of Applied Psychology*, 96(4), 677–694.

Hofmann, D. A., & Jones, L. M. (2005). Leadership, collective personality, and performance. *Journal of Applied Psychology*, 90(3), 509–522.

Kerr, J., & Slocum, J. W. (1987). Managing corporate culture through reward systems. *The Academy of Management Executive*, 1(2), 99–107.

Lok, P., Westwood, R., & Crawford, J. (2005). Perceptions of organisational subculture and their significance for organisational commitment. *Applied Psychology*, 54(4), 490–514.

Martin, J., & Siehl, C. (1983). Organizational culture and counterculture: An uneasy symbiosis. *Organizational Dynamics*, 12(2), 52–64.

Schein, E. H. (2010). *Organizational culture and leadership*(4th ed.). San Francisco, CA: Jossey–Bass.

Schneider, B., Salvaggio, A. N., & Subirats, M. (2002). Climate strength: a new direction for climate research. *Journal of Applied Psychology*, 87(2), 220–229.

Tesluk, P. E., Farr, J. L., & Klein, S. R. (1997). Influences of organizational culture and climate on individual creativity. *The Journal of Creative Behavior*, 31(1), 27–41.

Vincent, L. (2008). Managing innovation or culture change? *Innovating Perspectives*, 21(5), 1–2.

Wei, L. Q., Liu, J., Zhang, Y., & Chiu, R. K. (2008). The role of corporate culture in the process of strategic human resource management: Evidence from Chinese enterprises. *Human Resource Management*, 47(4), 777–794.

찾아보기(INDEX)

ㄱ

가망성(expectancy) 145
가상근무(virtual work) 240
가상팀(virtual team) 199
가설(hypothesis) 12
가용성 편향(availability bias) 275
가정 및 신념(assumptions and beliefs) 439
가치(values) 66
가치시스템(values system) 67
가치 적합 76
갈등(conflict) 404
갈등관리 415
갈등촉진 415, 418
갈등해소 415
감각적인 지각(sensory perception) 105
감성지능(emotional intelligence) 55, 390
감정(emotion) 88
감정노동(emotional labor) 93
감정의 전이(emotional contagion) 88
강압적 권력 375
강한 문화(strong culture) 440
강화이론 154
개념적 스킬 19
개별적 배려 355
개인 간 갈등 405
개인 내 갈등 406
개인-조직 간 가치 갈등 75
개인주의 69
개인차(individual difference) 36
거래적 리더십(transactional leadership) 356
경영지혜 311
고관여 문화(high context culture) 241
고령 근로자들(older workers) 24
고차원 욕구 137
공동리더십 328
공리주의 72
공식적인 팀 199
공식적 커뮤니케이션 247
공식화(formalization) 441
공유된 멘탈모델(shared mental model) 283
공유리더십 310
공정성이론 148
공평성(equity) 148
과업기능 202
과업복잡성 178
과업 정체성 152
과업주도 344
과업 중요성 152
과업지향 리더 348
과잉확신 편향(overconfidence bias) 275
관계목표 423
관계지향 리더 348
궁극적 가치(terminal values) 67
권력(power) 372
권력거리 69
권력거리지수(PDI: power distance index) 244
권력 욕구 142
권리론적 가치 72
귀인(attribution) 114

귀인오류 118
귀인이론(attribution theory) 114
규범(norm) 219
규범적 몰입 85
균형성과표(BSC: balanced score card) 179
그레이프바인(grapevine) 251
근본적 귀인오류 119
글로벌 매니저(global manager) 27
글로벌 위기관리(global risk management) 27
글로벌 조직(global organization) 26
글로벌 학습(global learning) 26
기대이론(expectancy theory) 145
기분 89
기획 16

ㄴ

낙관적인 귀인 스타일(optimistic attribution style) 120
남성성 69
내면의 가치 갈등 74
내면행동 94
내부고발자(whistle blower) 73
내부귀인(internal attribution) 115
내재적 모티베이션 134
내재적 직업가치(intrinsic work values) 71
내집단 352
네트워크 패턴 253
능력 52

ㄷ

다양성(diversity) 22
다중몰입(multiple commitment) 85
단기 지향 70
닻 내리기 효과(anchoring effect) 275
대비효과 113
대인 간 가치 갈등 74
대표성 편향(representativeness bias) 275
델파이기법(delphi technique) 287
독립변인(independent variable) 12
동기(motive) 132
동기요인(motivators) 140
동조(conformity) 219
동질적인 집단 214
동형귀인(isomorphic attribution) 118

ㄹ

리더-구성원 교환(LMX: leader-member exchange) 351
리더 부상(leader emergence) 344
리더십(leadership) 302

ㅁ

마키아벨리즘(Machiavellianism) 50
매니지먼트(management) 339
매슬로우의 욕구단계설 137
명목집단기법 287
모티베이션(motivation) 132
모티베이션 감소 206
목표(goal) 174
목표설정이론(goal-setting theory) 173
목표에 대한 몰입 175
몰입(commitment) 134
무례한 언동 90
무임승차자(free rider) 217
문제해결팀 199

ㅂ

반생산적 행동 13
방어적인 인상관리 391
방어적 침묵(defensive silence) 255

배려(consideration) 344
변인(variable) 12
변증법적 질문 288
변혁적 리더십(transformational leadership) 354
변화관리(change management) 452
변환기 321
보상적 권력 375
부분강화 계획 156
부적 강화(negative reinforcement) 154
부하의 성숙도 350
부호화(encoding) 233
분권화(decentralization) 443
분배공정성 150
분배적 협상 425
분별력 308
분산적 리더십(distributed leadership) 322
분석단위(levels of analysis) 10
불확실성 회피성향 69
브레인스토밍(brainstorming) 286
비공식적인 집단 199
비공식적 커뮤니케이션 248
비관적인 귀인 스타일(pessimistic attribution style) 121
비언어적 커뮤니케이션 238
비윤리적인 친조직행동(unethical pro-organizational behavior) 75
비인격적 감독(abusive supervision) 105
비정규직 근로자들(contingent workers) 22

ㅅ

사람-문화 간 적합 76
사례연구 14
사회교환이론 353
사회인지이론(social cognitive theory) 180
사회적 지각(social perception) 105
사회적 편승(social loafing) 206
사회적 학습(social learning) 78
사회정체성 107
사회지능(social intelligence) 55
사회학습이론 180
사회화 440
상향식 커뮤니케이션 248
상호작용공정성 150
상호작용 심리학(interactional psychology) 접근법 36
상황적 접근법(contingency thinking) 10
서번트리더십(servant leadership) 358
선의의 비판자(devil's advocate) 287
선택적 수용(selective perception) 243
설득형 리더 350
설문조사 14
성격(personality) 40
성격의 5요인 43
성과관리(performance management) 185
성취감 91
성취 욕구 142
셀프리더십(self-leadership) 329, 362
셀프리더십 전략 362
셀프모니터링(self-monitoring) 49
소거(extinction) 155
수단성(instrumentality) 146
수단적 가치(instrumental values) 67
수렴적 사고(convergent thinking) 289
수익분배제 213
수직적 리더십 328
수직적인 학습 213
수퍼리더십(super leadership) 363
수평적인 학습 213
수평적 커뮤니케이션 249
순기능적 갈등 408

스마트 목표들(SMART goals) 179
스키마(schema) 106
스킬 다양성 152
스테레오타입 111
시너지(synergy) 197, 205
시스템(system) 6
시스템적인 연구(systematic study) 12
시장형 문화 446
신경증 48
실용지능(practical intelligence) 54
실질목표 423
실행기 321
실험설계 15
심리적인 임파워먼트 378
쓰레기통 모델(garbage can model) 277

ㅇ

안도감 91
알더퍼의 ERG 이론 139
약한 문화(weak culture) 442
업무관련 팀 199
업무태도(work attitudes) 82
에드호크라시 문화 447
여과(filtering) 243
여성성 69
역기능적 갈등 408
역할(role) 217
역할갈등(role conflict) 218
역할과중(role overload) 218
역할모호성(role ambiguity) 218
역할이론 353
연속강화 계획 156
영감적인 동기유발 355
영향력 전술 383
예외관리 357
외부귀인(external attribution) 116
외재적 모티베이션 134
외재적 직업가치(extrinsic work values) 71
외집단 352
욕구(need) 132
운영적 리더십(operational leadership) 306
위계형 문화 445
위생요인(hygienes) 140
위인이론(great man theory) 342
위임형 리더 350
위험성향 51
윈-루즈 전략(win-lose strategies) 416
윈-윈 전략(win-win strategies) 416
유의성(valence) 146
유지기능 202
윤리(ethics) 72, 291
윤리적 가치(ethical values) 72
윤리적 딜레마(ethical dilemma) 25
윤리적인 조직분위기 291
응집력(cohesiveness) 221
의사결정의 합리적 모델 272
의존성 372
이상적인 영향력 355
이익분배제 213
이직 12
이질적인 집단 214
인상관리(impression management) 109, 391
인지(cognition) 105
인지부조화(cognitive dissonance) 80
인트라넷(intranets) 28
일-가정의 균형(work-life balance) 23
임파워먼트(empowerment) 198, 321, 377

ㅈ

자기결정이론(self-determination theory) 135

자기고양적 편향 120
자기규제 프로세스(self-regulation process) 169
자기범주화 107
자기인식(self-awareness) 172
자기지각이론(self-perception theory) 81
자기충족적 예언(self-fulfilling prophecy) 112
자기효능감 47, 171, 175
자유방임 357
자율관리팀 199
자율성 153
자존감 46
잠재적 모티베이션 지수 153
장기 지향 70
저차원 욕구 137
적극적인 성격 49
적극적인 인상관리 391
적대감 92
적대적인 귀인 스타일(hostile attribution style) 121
적응역량 311
전략적 리더십(strategic leadership) 306
전략적 변곡점들(SIP: strategic inflection points) 309
전문적 권력 376
전문적 스킬 19
절차공정성 150
정보의 홍수 258
정서사건이론(affective events theory) 88
정서안정성 48
정서적 몰입 84
정의론적 가치 72
정적 강화(positive reinforcement) 154
정치적 스킬(political skill) 384, 388
정치적 행동 381
제언(voice) 254
제한된 합리성 모델(bounded rationality model) 274
조건적 보상 357
조정 감소 206
조직 간 갈등 407
조직몰입(organizational commitment) 84
조직문화(organizational culture) 438
조직시민행동(OCB: organizational citizenship behavior) 13, 82, 392
조직에서의 정치 122
조직의 가치 439
조직의 성장 단계 450
조직풍토 449
조직행동(OB: organizational behavior) 6
조직행동수정 158
조직행동의 학문적 특징 9
조직화 16
조하리 윈도우(The Johari Window) 242
종속변인(dependent variable) 12
준거적 권력 376
지각(perception) 104
지각된 역량발휘 가능성 123
지각된 외부평판 123
지각된 훈련의 이익 122
지능(intelligence) 52
지속적 몰입 84
지시형 리더 350
지원적인 커뮤니케이션 244
지위(status) 216
지적인 자극 355
지휘 16
직관(intuition) 276
직무만족(job satisfaction) 13, 82
직무충실화(job enrichment) 142
직무특성모델 151
직업가치(work values) 71
직장 내 왕따 232

직장에서의 일탈 88
진(정)성리더십(authentic leadership) 360
집단(group) 196
집단 간 갈등 406
집단극화(group polarization) 284
집단사고(groupthink) 208, 282
집단의사결정 279
집단자율성(collective autonomy) 324
집단주의 69
집착적인 몰입(escalation of commitment) 276

ㅊ

참여형 리더 350
창의성의 3원 모델 289
처벌(punishment) 155
첫인상효과 110
체념감 92
체념적 침묵(acquiescent silence) 255
최고경영진(TMT: top management team) 306
친사회적 제언(prosocial voice) 254
친사회적 침묵(prosocial silence) 254
친화 욕구 142
침묵 254

ㅋ

카리스마(charisma) 355, 376
커뮤니케이션(communication) 230
커뮤니케이션 모델 233
커뮤니케이션 프로세스 233
코칭 20
클랜형 문화 447

ㅌ

타입 A 50
타입 B 50
태도(attitude) 77
통제 17
통제의 위치 48
통제이론(control theory) 170
통합적 협상 425
투영 112
특성(traits) 43
팀(team) 196
팀 리더십(team leadership) 306, 319
팀빌딩(team building) 212
팀 에피커시(team efficacy) 207
팀워크(teamwork) 197
팀워크 프로세스(teamwork process) 206
팀의 발전단계 208
팀 프로세스(team process) 205

ㅍ

파견주재원(expatriate manager) 27
표면행동 94
표현규칙 94
프레이밍 편향(framing bias) 275
프로세스 손실(process loss) 206
프로세스 이득(process gain) 205
프로젝트팀 199
피드백(feedback) 153, 178

ㅎ

하위문화 443
하향식 커뮤니케이션 248
합리성(rationality) 272
합법적 권력 375
해독(decoding) 234
핵심문화(core culture) 443
핵심자기평가(core self-evaluation) 46
행동과 인공물 439

행동 접근법 344
행위자-관찰자 편향(actor-observer bias) 118
허쯔버그의 2요인 이론 140
협상(negotiation) 421
협상가능영역(contract zone) 428
협상 인센티브 428
협상 프로세스 422
혼선(noise) 234
확산적 사고(divergent thinking) 289
확증 편향(confirmation bias) 275
회복탄력성 182
효과적인 협상 424
후광효과 111
휴리스틱스(heuristics) 274
휴먼스킬(humam skill) 16, 19
흡수역량 310

* * * * *

e-브레인스토밍 286
I-O 심리학 11
LPC: least preferred co-worker 346
MBTI 40

[저자 소개]

강대석

인하대학교 경영대학 교수(kang0180@inha.ac.kr)

인하대학교 학부와 성균관대학교 대학원을 졸업 후 미국 Univ. of Minnesota에서 박사 학위를 받았다. 조직행동 및 인적자원관리에 관한 다수의 논문을 국내·외 유명 학술지에 매년 게재하고 있다. CPA를 비롯한 각종 자격시험에서 출제를 맡기도 했다. 기업과 정부 기관들에서는 자문이나 평가위원으로 활동 중이다.

딱 한 번 읽는 **조직행동** –제3판–

인쇄 2023년 8월 10일
발행 2023년 8월 17일
지은이 강대석
펴낸이 김광범
펴낸곳 도서출판 **시대가치**
출판등록 2017년 3월 23일 제2018-000088호
주소 서울특별시 마포구 토정로 222, 422-1호(한국출판콘텐츠센터)
전화 02)3152-2620 / 팩스 02)6442-2621
홈페이지 시대가치.com
ISBN 979-11-89607-79-1 93320

정가 32,000원